本书为国家社科基金项目"独联体国家共产党的理论与实践研究"
（项目批准号：08BKS037）成果

中国社会科学院创新工程学术出版资助项目

独联体国家共产党的理论与实践

刘淑春 陈爱茹 薛福岐 康晏如◎著

中国社会科学出版社

图书在版编目（CIP）数据

独联体国家共产党的理论与实践／刘淑春等著.—北京：中国社会科学出版社，2016.9
ISBN 978 – 7 – 5161 – 7864 – 5

Ⅰ.①独⋯　Ⅱ.①刘⋯　Ⅲ.①共产党—研究—独联体　Ⅳ.①D351.2

中国版本图书馆 CIP 数据核字（2016）第 063188 号

出 版 人	赵剑英
责任编辑	田　文
特约编辑	杨晓芳
责任校对	石春梅
责任印制	王　超

出　　版	中国社会科学出版社
社　　址	北京鼓楼西大街甲 158 号
邮　　编	100720
网　　址	http://www.csspw.cn
发 行 部	010 – 84083685
门 市 部	010 – 84029450
经　　销	新华书店及其他书店
印　　刷	北京君升印刷有限公司
装　　订	廊坊市广阳区广增装订厂
版　　次	2016 年 9 月第 1 版
印　　次	2016 年 9 月第 1 次印刷
开　　本	710×1000　1/16
印　　张	34
字　　数	575 千字
定　　价	108.00 元

凡购买中国社会科学出版社图书，如有质量问题请与本社营销中心联系调换
电话：010 – 84083683
版权所有　侵权必究

致读者(代序)

当前,世界资本主义总危机愈演愈烈。帝国主义日渐增强的进攻性对全世界人民构成最严重威胁。1991年苏联解体之时,新的全球格局随之出现。从那个悲剧时刻起,世界上极端反动的势力日渐张目。这一切在当今美国及其盟国赤裸裸的扩张主义政策中表现得淋漓尽致。

在当今世界,只有共产党人对资本主义的野蛮行径提出了真正进步性的替代方案。然而,社会主义的胜利不会自然到来。它需要组织严密的共产党采取积极的、经过深思熟虑和理论论证的行动。为此,各国共产党之间扩大合作极为重要。而研究共产主义运动历史的和当代的经验,对各共产党的活动则具有特殊的意义。

这部专著以《独联体国家共产党的理论与实践》命名。作者在书中对目前在独立国家联合体(简称"独联体")各国活动的20个共产党的经验进行了认真且多视角的研究。这本书是中国社会科学院的学者们多年集体研究的结晶。从事这项学术研究的作者是我十分尊重的刘淑春、薛福岐、陈爱茹和康晏如。我和他们在北京和莫斯科的相识与交流给我留下了极为温馨的回忆。

本书读者能看到的是此类研究的第一个成果。该书的作者们完成了一项重大科研任务。他们依据纷繁的事实材料,对独联体空间各共产党的重建与发展的诸多问题进行了全方位的研究。迄今为止,本书所研究探讨的诸问题,无论在俄罗斯的社会科学界,还是在西方的社会科学界,尚无前例。

这部著作由六个部分构成。第一部分介绍共产党联盟—苏共的活动。这个联盟联合和协调原苏联地区各国共产党的活动。这一国际联合组织的主要目标是:捍卫劳动人民的权利和社会保障;保存和重新确立社会主义原则;恢复苏联各族人民的全面联系和友谊,并在自愿基础上重建各族人民的国家联盟。

1993年3月26—27日在莫斯科举行的苏共第二十九次代表大会在共产党联盟的形成中发挥了重要作用。参加这次大会的有来自阿塞拜疆、白俄罗斯、哈萨克斯坦、立陶宛、拉脱维亚、摩尔多瓦、俄罗斯联邦、塔吉克斯坦、土库曼斯坦、乌兹别克斯坦、乌克兰、爱沙尼亚、德涅斯特沿岸和南奥塞梯的416名代表。大会将苏联共产党重组为共产党联盟，即共产党联盟—苏共。

代表大会是该联合组织的最高机构。两次大会期间由共产党联盟—苏共的理事会主持工作，从理事会的成员中组成执行委员会和书记处。自2001年起，俄罗斯联邦共产党中央委员会主席根纳季·安德烈耶维奇·久加诺夫当选为理事会主席。

2005年4月16日的共产党联盟—苏共第三十三次代表大会上确立了联盟成员的组成原则："一个国家——一个共产党"，并在这一基础上形成联盟的领导机构。共产党联盟—苏共最近的即第三十四次代表大会于2009年10月24日在莫斯科举行。

中国研究者的这部著作认真分析了独联体国家共产党的状况和活动。书中列举了政治实践中的一些饶有兴趣的事实，说明了这些党对本国社会生活影响力日渐增强的潜力。

值得一提的是，1991年禁止苏联共产党的活动是违背苏联宪法的。在俄罗斯，这是根据俄联邦总统叶利钦的违法指令干的。当时，全苏境内的共产党人便开始了争取恢复自己的党的斗争。这一斗争一直持续进行，即使1991年12月苏联由于别列韦日阴谋而终止存在，也没有停止。1993—1995年，各共产党在原苏联所有加盟共和国都得以重建，唯有土库曼斯坦除外。

在苏联解体后的近四分之一世纪里，后苏联空间的共产主义运动积累了丰富而多样的经验。在这里活动的共产党，其工作环境是极为不同的。例如，摩尔多瓦共产党人曾取得通过议会途径重返政权的经验，而后又重新变为反对派。在白俄罗斯，共产党支持共和国总统卢卡申科的爱国主义和社会取向的方针。以西蒙年科为首的乌克兰共产党如今处于极为复杂的境地，2014年2月在基辅上台执政的极端民族主义和反共主义势力竭力将乌共从该国政治舞台上彻底清除。波罗的海沿岸、外高加索和中亚的共产党人也是在严酷的条件下工作，有些党尚处于地下状态。

俄罗斯联邦共产党是国内的首要反对派政治力量。俄共在国家杜马的党团从人数上位列第二，在执政的资产阶级的"统一俄罗斯"党党团之后。长期以来，俄共坚持与原苏联各加盟共和国兄弟党之间开展合作。与此同时，俄共不断扩大与世界上许多左翼政党的互动，其中，中国共产党占据特殊地位。

后苏联空间共产主义运动的前景与共产党联盟—苏共内各党在群众中的影响力紧密相关。2013年2月23—24日举行的俄共第十五次代表大会对增强共产党人的政治影响力给予高度关注。2012—2015年，为制定策略和政策，提高党在俄罗斯社会中的作用，俄共中央召开了一系列极为重要的全会。全会研究了完善党的思想理论工作的迫切问题；专门研究了俄罗斯的民族问题，形成了俄共在加强各族人民友谊方面的任务；认真研究了工人阶级在国家中的地位，确定了提高俄罗斯共产党人在无产阶级队伍中的影响的措施；审议了"伟大十月的革命遗产与俄共的任务"的问题，为此，俄共要为纪念伟大的十月社会主义革命一百周年做准备。

俄罗斯的共产党人在执行中央决定时，首先要以集中完成一系列任务为前提。进行争取劳动人民利益的斗争时，俄共首先应当争得工人阶级大规模的支持，为此，要预先坚定地提高工人阶级的阶级意识。在遵循阶级斗争和无产阶级国际主义的原则时，党要努力联合俄罗斯的国际主义力量和爱国主义力量，以对抗买办资本和世界资本。

俄共继续宣传重建联盟国家的思想。将原苏联各族人民联合起来，这是使他们在全球化的世界里保持独立和成功发展的保障。在2013年10月召开的三中全会文件中，俄共强调了在自愿基础上重建更新的各国联盟的必要性，强调了共产党联盟—苏共在这一进程中的作用。俄共积极支持旨在实现后苏联空间经济和文化统一的倡议。

俄共竭尽全力，以使转向社会主义发展道路的思想在俄罗斯公民的心灵深处得到最广泛的回应。这方面的工作之一是必须揭露资产阶级关于苏联社会主义的谎言。由于伟大的十月社会主义革命，我国摆脱了剥削者对被剥削者的压迫。这保证了社会在社会主义建设和保卫建设成果的事业中实现前所未有的统一。在民族和少数民族平等的基础上，苏联成功解决了民族问题。在苏联，形成了人类历史上第一个非对抗性的人的共同体——苏联人民。正是人民的团结统一，保障了工业化、文化革命取得成就，当然也保障了苏联人民在伟大的卫国战争中取得胜利。不仅如此，粉碎西方的法西斯德国成为战胜东方的军国主义日本和结束整个第二次世界大战的重要条件。

俄共和共产党联盟—苏共的其他共产党始终同伪造历史的言行进行着斗争。捍卫社会主义的历史功绩，这是原则性的重要事业。我们的神圣义务是捍卫关于苏联时代的事件和人物——关于伟大的十月社会主义革命、关于伟大的卫国战争、关于征服宇宙、关于列宁和斯大林、关于卓雅·科斯莫杰米扬斯卡娅和亚历山大·马特洛索夫等人民英雄——的真相。不允许苏联文化的杰出创作被遗忘。文学和音乐、戏剧和电影的优秀作品记载了苏联人民的成就、他们的理想和崇高道德准则。所有这一切都应该作为我国人民和世界文明的极为重要的财富保存下来。为此，在未来一段时间，筹备伟大的十月社会主义革命一百周年的纪念活动，在俄罗斯共产党人的工作中具有重大意义。

《独联体国家共产党的理论与实践》一书的作者们对原苏联地区共产主义运动的现状及未来作出了自己的评价。而中国读者可以对这一研究的实践意义作出评价。本书从完善建设中国特色社会主义实践的角度出发对独联体共产党经验给予评价，这正是这本专著的价值之所在。

这部专著的重要组成部分是附录。附录提供了在后苏联空间活动的共产党的名单。该书收录了俄罗斯、乌克兰、白俄罗斯、摩尔多瓦和哈萨克斯坦的共产党的纲领性文件，考察了这些党的历史中最有意义的事实、党的组织结构、政治实践，并介绍了党的领导人的情况。这些信息兼具工具书和研究性特点，因此，对想了解独联体共产党活动总体情况，获得每个政党信息的中国读者也具有重要意义。

作者团队研究问题的广度，凸显了这部专著的基础研究性质。作者透彻分析了独联体国家共产党关于资本主义现阶段的本质的看法，关于苏联解体原因的评价；展示了各党对未来社会主义及实现路径的科学探索之成果；阐释了独联体各共产党在自己的实践活动中遇到的问题和挑战。

不能不指出，原苏联各共和国人民正经历自己历史中极为艰难的时期。他们为资本主义复辟付出了高昂的代价。千百万人民沦为贫困和赤贫。社会分裂极为严重。这种分裂正滋生并加剧阶级和族际之间的矛盾。

俄罗斯共产党人坚信：要解决我国人民面临的诸多关键性问题，就必须在社会主义原则基础上改造国家。更新的社会主义——这就是俄共提交俄罗斯的全民族思想。为了社会主义建设在我国重新成为现实，必须解决有利于人民的所有制和政权问题。正是这一任务处于今天俄共活动的中心位置。

列宁领导下的布尔什维克党开创的社会主义事业仍在他的故乡继续。在反共势力得势的条件下坚持社会主义理想，这是极其艰难的。夺取了政权的资产阶级及其代表人物在政治上竭尽全力控制共产党人的影响，为此不惜利用谎言、压制、禁止、信息上的"洗脑"、伪造选票结果及许多其他手段。所有这一切远不是维持政权的民主的方式。但这正可以看出资产阶级民主制的虚伪性。面对这一制度带来的种种挑战，独联体几乎所有的共产党都不得不时时应战。

从苏联命运这一例子中，世界共产主义运动得到了一个沉重的教训：共产党人为劳动人民夺取了政权后，没有权利再把政权拱手让给反人民的势力。一旦这种情况发生，接踵而至的是极其严重的后果，而承受这后果的，不仅仅是共产党人，还有广大人民群众。今天，争取社会主义的斗争——这是独联体国家各共产党面对本国人民的义务，也是面对国际共产主义运动的义务。俄罗斯、乌克兰、白俄罗斯、哈萨克斯坦、摩尔多瓦、吉尔吉斯斯坦、格鲁吉亚及其他原苏联成员国中的共产党在开展争取社会主义的斗争时，要考虑本国的特点和本党的可能性。它们的活动在整个世界历史背景中的意义即在于此。

本专著可为读者提供思考的丰富食粮。我以为，这一研究成果对于发展中国特色社会主义理论和巩固中国共产党在中国社会中的领导地位极为有益。

作者们完成了一项意义重大的研究工作。它有助于新的研究者积累关于世界共产主义运动发展的知识。这本专著是当代社会主义理论与实践研究者的重要材料。

俄罗斯联邦共产党中央委员会副主席
共产党联盟—苏共中央理事会副主席
俄罗斯联邦国家杜马科学与高科技委员会第一副主席
德米特里·格奥尔吉耶维奇·诺维科夫

2015年12月8日
于莫斯科

目　　录

导　言 ……………………………………………………………（1）

第一部分　独联体地区共产党

第一章　重建与扩展 …………………………………………（15）

第二章　分歧与分裂 …………………………………………（18）

第三章　并存与演变 …………………………………………（21）
　　第一节　舍宁的联盟：联合之路历尽坎坷 ………………（21）
　　第二节　久加诺夫的联盟：发展壮大成为主体 …………（26）

第二部分　俄罗斯共产党

第一章　俄罗斯联邦共产党 …………………………………（37）
　　第一节　发展历程 …………………………………………（37）
　　第二节　组织状况 …………………………………………（55）
　　第三节　理论主张 …………………………………………（68）
　　第四节　斗争实践 …………………………………………（107）
　　第五节　国际联系 …………………………………………（137）
　　第六节　面临的挑战与前景 ………………………………（140）
　　第七节　党的领导人 ………………………………………（143）

第二章　俄罗斯共产主义工人党 …………………………（148）
第一节　发展历程 ………………………………………（148）
第二节　组织原则 ………………………………………（150）
第三节　理论主张 ………………………………………（152）
第四节　斗争实践 ………………………………………（161）
第五节　国际联系 ………………………………………（164）
第六节　面临的问题与前景 ……………………………（165）
第七节　党的领导人 ……………………………………（167）

第三章　全联盟布尔什维克共产党 ………………………（169）
第一节　发展历程 ………………………………………（169）
第二节　组织情况 ………………………………………（169）
第三节　理论主张 ………………………………………（170）
第四节　实践活动 ………………………………………（173）
第五节　国际联系 ………………………………………（174）
第六节　面临的问题与前景 ……………………………（175）
第七节　党的领导人 ……………………………………（175）

第四章　全联盟共产党（布尔什维克） …………………（176）
第一节　发展历程 ………………………………………（176）
第二节　组织原则 ………………………………………（177）
第三节　理论主张 ………………………………………（178）
第四节　实践活动 ………………………………………（179）
第五节　国际联系 ………………………………………（180）
第六节　面临的问题和前景 ……………………………（181）
第七节　党的领导人 ……………………………………（181）

第五章　俄罗斯共产党—苏共 ……………………………（182）
第一节　发展历程 ………………………………………（182）
第二节　组织原则 ………………………………………（183）
第三节　纲领主张 ………………………………………（185）
第四节　实践活动 ………………………………………（192）

第五节　国际联系 …………………………………………（194）
　　第六节　面临的问题与前景 …………………………………（195）
　　第七节　党的领导人 …………………………………………（195）

第六章　俄罗斯共产党人党 ……………………………………（197）
　　第一节　发展历程 ……………………………………………（197）
　　第二节　组织原则 ……………………………………………（198）
　　第三节　理论主张 ……………………………………………（199）
　　第四节　实践活动 ……………………………………………（200）
　　第五节　面临的问题与前景 …………………………………（201）
　　第六节　党的领导人 …………………………………………（201）

第七章　社会公正共产党 ………………………………………（203）
　　第一节　成立的背景及目的 …………………………………（203）
　　第二节　理论主张 ……………………………………………（204）
　　第三节　实践活动 ……………………………………………（204）
　　第四节　面临的问题与前景 …………………………………（205）
　　第五节　党的领导人 …………………………………………（205）

第八章　联合共产党 ……………………………………………（207）
　　第一节　成立的背景及目的 …………………………………（207）
　　第二节　理论主张 ……………………………………………（209）
　　第三节　实践活动 ……………………………………………（209）
　　第四节　面临的问题与前景 …………………………………（210）
　　第五节　党的领导人 …………………………………………（211）

小　结 ……………………………………………………………（212）

第三部分　乌克兰、白俄罗斯、摩尔多瓦三国共产党

第一章　乌克兰共产党 ………………………………………（221）
第一节　发展历程 …………………………………………（222）
第二节　组织状况 …………………………………………（232）
第三节　纲领主张 …………………………………………（242）
第四节　实践活动 …………………………………………（253）
第五节　国际联系 …………………………………………（259）
第六节　面临的问题与发展前景 …………………………（262）
第七节　党的领导人 ………………………………………（269）

第二章　白俄罗斯共产党 ……………………………………（272）
第一节　白俄罗斯独立后政治经济发展概况 ……………（272）
第二节　白俄罗斯共产主义组织的分化与组合 …………（274）
第三节　组织状况与组织建设 ……………………………（275）
第四节　指导思想与理论主张 ……………………………（280）
第五节　活动方式 …………………………………………（288）
第六节　面临的问题与发展前景 …………………………（289）
第七节　党的领导人 ………………………………………（291）

第三章　摩尔多瓦共和国共产党人党 ………………………（292）
第一节　发展历程 …………………………………………（292）
第二节　组织状况 …………………………………………（296）
第三节　纲领主张 …………………………………………（306）
第四节　实践活动 …………………………………………（316）
第五节　国际联系 …………………………………………（322）
第六节　面临的问题及发展前景 …………………………（325）
第七节　党的领导人 ………………………………………（335）

小　结 …………………………………………………………（337）

第四部分　高加索三国共产党

第一章　格鲁吉亚统一共产党 ……………………………………（343）
第一节　发展历程 ……………………………………………（343）
第二节　组织状况 ……………………………………………（345）
第三节　纲领主张 ……………………………………………（345）
第四节　实践活动 ……………………………………………（350）
第五节　国际联系 ……………………………………………（353）
第六节　面临的问题与发展前景 ……………………………（355）
第七节　党的领导人 …………………………………………（356）

第二章　亚美尼亚共产党 …………………………………………（358）
第一节　发展历程 ……………………………………………（358）
第二节　组织状况 ……………………………………………（359）
第三节　纲领主张 ……………………………………………（360）
第四节　实践活动 ……………………………………………（361）
第五节　国际联系 ……………………………………………（362）
第六节　面临的问题与发展前景 ……………………………（363）
第七节　党的领导人 …………………………………………（364）

第三章　阿塞拜疆共产党 …………………………………………（365）
第一节　发展历程 ……………………………………………（365）
第二节　组织状况 ……………………………………………（367）
第三节　纲领主张 ……………………………………………（368）
第四节　实践活动 ……………………………………………（370）
第五节　国际联系 ……………………………………………（372）
第六节　面临的问题和发展前景 ……………………………（374）
第七节　党的主要领导人 ……………………………………（375）

小　结 ………………………………………………………………（376）

第五部分　中亚五国共产党

第一章　哈萨克斯坦共产党 (381)
  第一节　发展历程与组织状况 (381)
  第二节　纲领主张 (382)
  第三节　实践活动 (383)
  第四节　国际联系 (383)
  第五节　面临的问题及原因 (383)
  第六节　党的领导人 (385)

第二章　哈萨克斯坦共产主义人民党 (386)
  第一节　发展历程 (386)
  第二节　组织状况 (387)
  第三节　纲领主张 (394)
  第四节　实践活动 (403)
  第五节　国际联系 (407)
  第六节　面临的问题及发展前景 (408)
  第七节　党的领导人 (409)

第三章　吉尔吉斯斯坦共产党 (411)
  第一节　党的建立及组织状况 (411)
  第二节　纲领主张 (411)
  第三节　面临的问题及前景 (413)
  第四节　党的领导人 (413)

第四章　吉尔吉斯斯坦共产党人党 (414)
  第一节　发展历程及组织情况 (414)
  第二节　纲领主张 (415)
  第三节　实践活动 (422)
  第四节　国际联系 (423)
  第五节　党的领导人 (423)

第五章　塔吉克斯坦共产党 (424)
第一节　发展历程与组织状况 (424)
第二节　路线与策略分歧 (425)
第三节　发展中的困难 (425)
第四节　政策主张 (426)
第五节　国际联系 (427)

小　结 (428)

第六部分　结论与思考

第一章　几点结论 (433)
第一节　苏联虽然解体,但社会主义事业并未终结 (433)
第二节　社会思潮向"左转",但共产主义力量仍不敌对手 (434)
第三节　议会道路选定,但能否行得通仍待观察 (438)

第二章　思考与启示 (441)
第一节　无产阶级的政权不能丢 (441)
第二节　完善社会主义的探索不能停 (442)
第三节　共产党的队伍不能散 (442)
第四节　坚持中国特色社会主义道路不动摇 (443)

附录1　俄罗斯联邦共产党纲领 (444)
附录2　乌克兰共产党纲领 (458)
附录3　摩尔多瓦共和国共产党人党纲领 (479)
附录4　白俄罗斯共产党纲领 (498)
附录5　哈萨克斯坦共产主义人民党纲领 (509)
附录6　独联体国家共产党一览表 (518)

参考文献 (520)

后　记 (527)

导　　言

　　自1991年苏联共产党解散、苏联解体至今，时光已走过了23个年头。在这20多年里，原苏联的各加盟共和国纷纷独立，在国家制度、经济体制和政治体制等方面都发生了根本性的变化。那么，作为当年世界上最大的共产党——苏联共产党解散后，其在各加盟共和国的后继者命运如何？这就是本书要回答的问题。

　　1991年12月，苏联解体，原属于苏联的（波罗的海沿岸三国除外）11个加盟共和国组成"独立国家联合体"，简称"独联体"，两年后，格鲁吉亚也于1993年11月加入其中。独联体国家的原苏联共产党组织，在经历了短暂的遭禁、重建以后，大都争得合法地位，以在野党或参政党的身份，开始了重建社会主义事业的奋斗。而波罗的海沿岸三国的共产党，虽然也重建或改组，但因国内的反共、禁共的政治环境所迫，大都处于秘密的地下状态。因此，本书的研究对象是12个独联体国家的共产党，研究范围是这些共产党自苏联解体以来尤其是21世纪以来的理论与实践。

　　我国关于这一地区共产主义运动的研究，总体说来宏观描述的多，微观解剖的少；对这一地区的大党如俄罗斯联邦共产党关注的多，而对其他共产党关注的少。截至目前，我国乃至国外尚无一项专门反映独联体地区整个共产主义运动全貌的研究成果问世。而作为苏联共产党的后继者，独联体国家各共产党的演变和发展情况，直接反映了苏联解体后世界社会主义、共产主义运动发展的动向、特征和趋势，理当得到关注。这些国家的共产党对苏联历史经验教训的总结，对苏东剧变后国际力量格局变化对本国及世界发展影响的判断，都值得我们借鉴。为了对独联体国家的共产党进行全面、客观和深入细致的研究，以弥补国内外学术界在这一领域研究的不足，我们在国家社会科学基金的资助下，历时六年，在全面跟踪和认真研究的基础上，先后发表了50项阶段性成果，最终完成了国家社科基金项目"独联体国家共产党的理论与实践研究"计划，本书是这一项目的最终成果。

按照研究计划，本书以总—分—总的框架构成，共分六个部分。第一部分概述苏联解体后原苏联地区的共产党——共产党联盟—苏共，这是以重建苏联共产党、重建社会主义的联盟国家为主旨的地区协调组织；第二部分介绍俄罗斯联邦领土上的"一大众小"八个共产党，其中重点介绍俄罗斯联邦共产党；第三部分介绍乌克兰、白俄罗斯、摩尔多瓦三国的共产党；第四部分介绍亚美尼亚、格鲁吉亚、阿塞拜疆高加索三国的共产党；第五部分介绍哈萨克斯坦、吉尔吉斯斯坦、乌兹别克斯坦、土库曼斯坦、塔吉克斯坦中亚五国的共产党；第六部分为研究心得与启示，通过梳理独联体共产党20多年的理论与实践，得出几点思考和结论，阐述我们对这一地区共产主义运动发展的特点、存在的问题及前景的看法，探讨本项目研究对完善中国特色社会主义的启示。

独联体地区共产党组织众多，它们所处的社会经济条件不尽相同，文化历史背景各异，语言种类繁多，从何入手展开对这些组织的研究，这是项目组首先碰到的问题。毛泽东有一句名言："一切结论产生于调查情况的末尾，而不是在它的先头。"[①] 本项目的研究就是力图从实际出发，遵循实事求是的科学态度，从掌握第一手文献资料做起，以研究对象的社会变迁为背景，将史学和比较学研究方法相结合，既从纵向追踪这一地区共产主义运动中各流派的渊源和发展轨迹，又从横向比较各共产党之间在理论和实践上的异同，分析独联体共产主义力量在各自国家，乃至当今世界中的地位和作用，并力图以马克思主义的立场、观点为指导，作出符合实际的分析和结论。

全书以研究各共产党的理论和实践为主线，每一部分包括如下内容：发展历程，即各党的历史渊源与苏联解体以来的主要发展经历；组织状况，即党员人数、年龄结构、职业构成、社会基础、组织结构与组织原则等；纲领主张，即党的宗旨和性质，对马克思主义基本理论的态度，对当今时代社会主义与资本主义的看法，对苏联社会主义历史经验教训的总结，对本国现行制度和重返社会主义条件的评判等；实践活动，即采取的

[①] 《毛泽东选集》第1卷，人民出版社1991年版，第110页。

斗争策略，议会内外活动及社会影响力；国际联系，与国际、国内其他政党和社会组织的关系，包括对中国的态度等；面临的问题及发展前景；主要领导人的基本情况。

为了全面和深入地呈现20多年来独联体国家共产党的真实面貌，6年来，项目组成员按照分工始终追踪各党的纸质刊物、书籍和网络信息，还利用在研究对象国常驻、学术出访和来访的机会，直接与研究对象接触。我们先后拜访过共产党联盟—苏共、俄罗斯联邦共产党、乌克兰共产党、白俄罗斯共产党、吉尔吉斯斯坦共产党、哈萨克斯坦共产党等组织的主要领导人，并与来访的独联体国家共产党领导人、学者进行过面对面的交流。通过资料搜集和实地考察，我们掌握了大量一手资料，这为我们摸清这些党的家底，进而为"解剖麻雀"和"廓清整体"打下了基础。

首先，苏联解体后独联体地区到底有多少共产党？其组织规模有多大？通过梳理独联体地区各国共产党自苏联解体以来的队伍调整和组织演变，我们发现，苏联解体后，独联体国家共产党组织数量众多，但组织力量分散。苏联解体后不久，独立后的各加盟共和国共产党相继恢复重建。各共产党深知团结就是力量，早在1993年就组建了原苏联地区的共产党协调组织——共产党联盟—苏共。截至1995年7月，在原苏联地区已有26个共产党和组织在活动，其中的22个加入了共产党联盟—苏共，成员有130万人。[①] 这些数字表明，当时每个国家至少有两个共产党，党员总数不及十年前苏共1900万党员的十分之一。而此后的20年中，各共产党都程度不同地遭遇外部打压和内部分化、自然减员和经费匮乏等多重压力，虽然各党的阵地仍在，但整体而言，组织规模呈缩小态势。目前，在独联体地区，撇开一些分散的、不定型的小组织，至少有30多个以共产党命名或以建设社会主义制度、实现共产主义理想为目标的共产党。根据我们掌握的数据匡算，当前独联体地区的共产党人总数约有70多万人。共产党组织众多，这并不意味着共产党的兴旺，而反映了共产党队伍分散的事实。追根溯源，苏联晚期苏共内产生的众多思想流派直接导致苏联解体后这一地区共产主义运动内部的多党林立，力量分散。

从政治影响力来讲，在这30多个共产党中，有一多半即20个以上党

[①] Е. И. Копышев. Союз Коммунистических Партий – КПСС. История образования, основные вехи, деятельности. http://www.cprf.ru/spss.

为合法政党。在合法政党中，有的党曾重返政权、执政两届、至今在社会中较有影响力，如摩尔多瓦共和国共产党人党；有的始终占据议会第二大党地位，在国内具有相当的影响力，如俄罗斯联邦共产党；有的曾经是议会第一大党，但近年处境每况愈下，或被排除在议会之外，如吉尔吉斯斯坦共产党人党，或被当局禁止活动，如乌克兰共产党；有的党尽管议会席位不多，但其主张对国家政策有很大影响，如白俄罗斯共产党；还有一些党虽有合法政党身份，但在议会内势单力薄，有的党甚至还没有跨进议会的门槛，这些党在政治舞台难有作为，但得到某些社会阶层的支持，对某些社会组织有一定影响力。而另外的一少半共产党，或因政治原因和组织人数不足而未能注册为合法政党，或自身不认可现行制度而根本就不申请注册为合法政党，还有因遭受当局打压而被迫转入地下的，它们的声音很微弱，很难传达到社会大众之中。总之，独联体地区共产党仍是一支有政治影响力的力量，但与20世纪90年代相比，21世纪以来共产党的力量受到削弱。作为该地区最大的共产党——俄罗斯联邦共产党自2008年金融危机以来境况有所提振，但整体而言，这一地区的共产党在各国政治力量格局中仍处于弱势，难以与中、右力量相抗衡。

然而我们应该看到，苏联解体后独联体地区的共产党虽然在组织上遭受巨大打击，但各共产党始终没有放弃对社会主义和共产主义的信念。20年来，它们坚持以马克思主义为指导，反思苏联社会主义失败的教训，根据国际、国内形势的变化，制定新的理论和行动纲领，不断调整斗争策略，为使国家重新走上社会主义之路而不懈努力。它们在反对寡头官僚对国家财产的掠夺和政治压迫、争取劳动人民的政治权利和经济权益、抵制抹黑苏联历史的潮流和传播社会主义思想、提高雇佣劳动者的阶级意识等方面积极工作，对国家政治、经济、社会和文化建设提出替代性的方案，积极影响社会思潮"向左转"，为重建劳动人民的政权做思想准备和组织准备。在世界社会主义运动处于低潮的时期，正是这些共产党的坚持与斗争，这一地区的共产主义阵地才得以保存，成为世界社会主义运动的一支重要力量；正是这些共产党的理论探索和实践活动，人们才得以在资产阶级意识形态和价值观主导社会舆论的今天听到另一种声音，认识到社会主义的挫折是暂时的，资本主义解决不了人类面临的问题，社会主义对资本主义的替代是必然的。

那么，经历了苏联社会主义国家的颠覆，共产党从执政党沦为在野党这样的历史剧变，今天的独联体各共产党是如何看待当今的世界政治力量格局，如何看待马克思主义关于人类社会历史发展规律的判断？又是如何在此基础上确定自己的战略目标、任务和途径的呢？通过认真研读各党的纲领性文件，尤其是各党自2008年以来新修订的纲领和章程，同时参考各党代表大会文件、领导人讲话及各种相关报道，我们看到，这些共产党对社会主义必然代替资本主义的信念没有改变。在它们看来，苏联解体以来，资本主义体系借助新自由主义政策和经济全球化得以扩大到地球的大部分地区，重新成为世界的主宰。然而，资本主义并没有给人类带来福祉，反而使人类面临新的威胁——贫富差距扩大，生态环境恶化，自然资源面临枯竭，金融经济危机爆发，地区冲突、局部战乱频仍。透过这些现象，共产党人看到，科技进步和信息革命带来了生产力的大发展和生产社会化程度的提高，但在全球经济体制处于资本主义统治的情况下，从中受益的是占有绝大部分生产资料的所有者，进步的代价是雇佣劳动者大量失业和经济危机周期性发生。这是资本剥削剩余价值、追逐利润最大化的本性使然，是资本主义体制本身不可克服的缺陷。因此，共产党人坚持认为，生产社会化与生产资料私人占有这一资本主义制度的主要矛盾不消除，人类面临的种种危机就不可能根本解决；当今时代仍是从资本主义向社会主义过渡的时代，社会主义是资本主义的唯一替代；新的技术进步为全球社会主义的振兴奠定了物质基础，历史进程的本身将把世界革命重新推上日程；共产党人活动的意义就在于加快历史前进的脚步，最终建立一种所有人都能分享幸福的社会。

　　作为世界上第一个社会主义国家——苏联的建设者、见证人，独联体各国共产党坚持认为，十月革命是挽救俄国的历史选择，20世纪世界社会主义的实践在人类文明史上留下了不可磨灭的篇章，昭示了人类历史发展中不同于资本主义的新的文明道路。苏联社会主义制度解放了社会生产力，推动了各加盟共和国的经济、社会、科学和文化的飞速跃进。20世纪八九十年代苏东社会主义的挫败只是社会主义早期模式的失败，是社会主义发展进程中暂时的退却，并不意味着社会主义的"终结"；20世纪社会主义历史的正反面经验将成为21世纪社会主义重建的坐标，承继以往社会主义成就、符合时代要求、经过调整创新的"更新的、21世纪社会主义"必然产生。各共产党从不同角度分析了苏东社会主义失败的原因，其中包括：对社会主义的理论存在僵化教条的理解，不能及时根据生产力的发展需要调整生产关系、根据客观条件的变化改变发展模式，没有充分满足全体社会成员不断增长的物质需求和文化需求；民主发育不良，官僚主义严重，社会积极性受到压抑；共产党的思想和组织建设薄弱，缺乏干部更替和民主监督机制；党的上层蜕变，在内外压力之下，放弃共产党的执政地位，背离社会主义道路；西方对社会主义国家实施和平演变战略，等等。在总结苏东社会主义失败教训的基础上，各国共产党人重新认识社会主义制度的本质属性，根据本国的历史传统和民族特色，阐述对社会主义的本质及其特征的理解。各共产党的表述不同，但透过这些表述可以看到一些共同点：仍秉持科学社会主义的基本原理，如坚持"无产阶级政权"，"生产资料公有制"，"按劳分配"等基本要素，同时积极吸收人类文明的优秀成果，不回避民主、平等、自由、公正、人道主义等范畴，认为这些是社会主义的题中应有之义；强调在社会主义的初级阶段，允许多种经济成分并存，将计划与市场有机结合；"不照搬统一模式，走自己的路"，"向前——走向新的社会主义，而不是倒退——退回到原来的社会主义"，等等。

  各国共产党通过什么路径去完成自己新的使命？各国共产党为了实现建立新的社会主义制度的目标，规划了各自国家走向社会主义的战略步骤，基本上确定"三步走"，即先确立劳动人民的政权，然后确立社会主义政治经济制度，最后巩固社会主义并为向共产主义迈进创造条件。为此，各党确定了各阶段的目标和任务。它们依据阶级分析方法，客观分析本国政治制度的性质及阶级力量的对比，揭示政府推行的经济社会政策的实质，进而制定现阶段的行动纲领和工作重心。宣传社会主义，提高当代工人阶级的阶级自我意识，是各共产党当前面临的主要任务。关于实现社会主义的途径，大多数共产党主张采取和平方式，即通过议会选举争取执政机会，但并不排除在必要条件下采取暴力革命的手段；也有少数共产党仍坚持认为，实现社会主义只能首先通过革命手段夺取政权，因为即使通过议会选举也不能根本改变现有政权的性质，因此在现行制度下参加议会选举仅能作为动员群众、扩大影响的辅助斗争手段。目前各国共产党除了参加议会内的立法工作，还展开议会外的斗争。各共产党积极动员民众参加反剥削、反危机的抗议运动，抵制欧盟和北约的扩张行为，反对抹黑共产主义历史的反共逆流，声援世界各地的共产主义运动、工人运动及其他社会运动。在斗争实践中，共产党积极与社会各界进步力量合作，建立广泛的爱国联盟和劳动阶级阵线。

在国家经济结构、政治制度发生改变，进而社会阶级结构相应发生变化的背景下，共产党还要不要坚持无产阶级政党的性质？共产党的社会基础在哪里？党的自身建设如何加强？这都是各共产党在实践中不断探索的问题。总体而言，大多数共产党仍坚持其"工人阶级政党"的性质，甚至强调共产党是"无产阶级的先锋队"，是代表广大"雇佣劳动者"利益的党。但许多党对"当代工人阶级"的内涵作了新的阐释，意识到科技进步使城乡工人阶级发生了质变和结构性更新，因此，"当代工人阶级"不仅仅指传统意义上的产业工人、体力劳动者，还应包括工程技术人员、科学工作者、服务领域的劳动者等。这些党把党的社会基础扩大到一切从事体力和脑力劳动的受雇佣阶层。在党的建设方面，多数共产党仍坚持民主集中制原则，同时强调尊重党员的权利，加强党内民主决策和监督机制；主张实现党的现代化，改变传统工作方式，利用现代传媒手段建立组织结构和网络；积极吸收青年人入党，克服党的队伍的老龄化；多渠道筹集经费来源，以维持和改善生存条件。

应该看到，20多年来，这些共产党经历了身份的转换，从执政党变成在野党。他们在斗争实践中学会了做反对派，不仅利用法律武器争取合法身份，利用现存制度为自己扩大生存空间，而且利用议会内外的一切机会，宣传社会主义思想，为劳动人民争取政治权利和经济社会权益。它们在反对寡头官僚对国家财产的掠夺和政治压迫、抵制抹黑苏联历史的潮流、提高雇佣劳动者的阶级意识等方面积极工作。它们以广大公民所能接受的方式宣传自己的主张，提出改变国家现行方针、旨在将国家引上社会主义道路的替代方案。他们克服各种困难，改变传统工作方式，努力更新党的队伍，扩大党的社会基础，建立广泛的人民联合战线，为重建劳动人民的政权，使国家重新走上社会主义道路做思想准备和组织准备。

同时还必须看到，目前独联体国家共产党在各国政治舞台上仍处于弱势地位。整个地区的政治力量的天平仍偏向代表小资产阶级社会阶层利益的中间派和代表大资产阶级利益的中右势力，而不是偏向代表社会底层的左翼力量。在这些国家，官方宣称实行"非意识形态化"，实则奉行"非共产主义意识形态化"。尤其是亲西方的少数国家，法律规定严禁使用共产主义意识形态及其标识，对共产党人实施打压。不仅如此，西方在与俄罗斯进行地缘政治博弈的同时，还通过"颜色革命"等手段，假亲西方的极端民族主义势力之手，围剿共产主义力量。因此，对于这一地区的共产党人而言，国际国内的政治和舆论环境对其不利，他们面临着上层对共产主义力量的钳制和下层对重振社会主义的淡漠的困境。除了要应对来自外界的种种压力，各共产党自身还面临如何在理论上创新、工作方式上更新、加强内部团结等诸多问题的挑战。

整个研究显示，独联体共产党人对本国和世界社会主义历史与现实问题的思考和探索是积极的、多视角的，为解答资本主义如何过渡到社会主义这一历史性课题提供了许多有益的启示，对于推动世界社会主义运动的复兴具有重要的意义。他们对当今世界政治格局变化及发展趋势的分析，对苏联解体和国际共产主义运动遭受挫折的教训的总结，在现有条件下旨在实现社会主义的实践探索，都是当代国际共产主义运动发展的重要组成部分，也是我国执政的共产党需要了解、研究和借鉴的宝贵财富。

21世纪以来，独联体地区"颜色革命"不断，成为西方进行意识形态渗透和经济扩张的焦点地区。独联体国家的共产党面临阶级斗争和民族斗争的双重任务。它们不仅是社会中代表劳动人民利益、关心民族国家前途命运的一支重要政治力量，也是国际上主张地区稳定和世界和平，反对新自由主义和霸权主义的主要力量之一。它们的生存环境十分不利，但仍以各种方式反对资本对劳动的剥削，追求社会主义制度的重建。尽管它们的目标目前还未实现，实践中还面临许多困难，但这一过程本身已经构成当今世界社会主义运动的新篇章。21世纪的社会主义不会只有一种模式。"探索符合本国国情的社会主义道路"——已经成为独联体国家共产党的共识。因此，本书的价值在于，首先，基本搞清了苏联解体以来独联体地区共产党的组织规模及其在各自国家政治舞台上的地位，这对于评价当前世界社会主义运动的发展态势提供了客观依据；其次，系统地阐释了独联体地区共产党关于当代资本主义及时代特征的阐述、关于苏联社会主义的历史经验教训的总结、关于未来社会主义蓝图的勾画及走向社会主义路径的选择，这对于发展和完善中国特色社会主义理论体系，加强执政党的自身建设和执政能力建设具有借鉴意义；最后，我们分析了独联体共产党在20多年实践探索中取得的成就、面临的困境及其启示，具有理论价值和现实意义，丰富了我国学术界关于当代世界社会主义运动尤其是关于独联体地区共产党的研究。总之，本书全方位地展示了独联体地区共产党的全貌，既可以作为独联体国家共产党概况的查询手册，也可作为独联体国家共产党研究的奠基之作。

然而,囿于资料来源所限,本书对各共产党的介绍不尽平衡。例如,有的党尤其是地下党,出于自我保护,党的文献资料尤其是组织构成资料不公开,我们难以搞到翔实的资料和信息,只好暂时不作专门介绍。

2008年以来,独联体国家共产党大都修改了党的纲领和章程,这些纲领与20世纪90年代重建时的纲领有所不同,反映了各共产党在新的历史时期对社会主义和资本主义的看法。为了让广大研究者和感兴趣的读者了解这一地区共产党的主张,我们将有代表性的五个党——俄罗斯联邦共产党、乌克兰共产党、摩尔多瓦共和国共产党人党、白俄罗斯共产党和哈萨克斯坦共产主义人民党的纲领翻译出来,作为附录收入书中。此外,为了让读者一目了然地了解独联体国家共产党的概况,我们还将"独联体地区各共产党的基本情况一览表"附后,供大家查阅。

本项目的研究尚有许多疏忽和不足,敬请学界同仁和广大读者批评指正。

刘淑春
写于2014年7月
修改于2015年5月

第一部分

独联体地区共产党

苏联解体后，俄语中出现了一个新词汇："Постсоветское пространство"，译成中文就是"后苏联空间"。这实际上是指新独立的原苏联各加盟共和国的所在地域。众所周知，苏联共产党曾是领导苏维埃社会主义共和国联盟国家的执政党，在各加盟共和国都设有分支机构。那么苏联解体后，在后苏联空间还有没有一个类似苏共的地域性共产党呢？有。在介绍独联体各国共产党之前，有必要先谈谈独联体地区的，确切些说，后苏联空间的共产党。

20世纪80年代中期，苏联共产党曾是个大党。苏共在1986年2月召开二十七大时，拥有党员1900万人。然而，在戈尔巴乔夫实行"改革"的短短几年里，苏共即开始分崩离析。到了1990年，即苏共二十八大召开的前后，苏共内部在围绕苏联社会主义的"改革"展开的激烈争论中形成了"苏共纲领派"、"马克思主义纲领派"、"共产主义倡议运动派"和"民主纲领派"等多个派别。苏联解体前夕，在多党制的条件下，这些派别纷纷改组为政党和运动，为苏共的瓦解埋下伏笔。1991年"8·19"事件加速了苏共的垮台和苏联解体的进程。苏联解体后，原苏联各共和国的共产党均遭遇被禁止活动、经法庭斗争后重获合法活动的权利、重整旗鼓以适应国家新制度下的政治生存环境的阶段。在这社会历史性大变动的关口，各国共产党内的一些派别纷纷改旗易帜，以社会民主主义、自由主义、民族主义等政党和运动的面目出现，参与国家政权的角逐。而坚信社会主义、共产主义理想信念的共产党人则不改名易帜，以现政权的反对党的名义参加国家的政治活动。这些共产党对以戈尔巴乔夫为首的苏共领导层的叛党行为、对以叶利钦为代表的各国执政者的反共行为极为愤慨，誓言要重建苏共，重建联盟国家。于是，以恢复和重建苏联共产党为宗旨、在原苏联领土上组建的跨国共产党联合组织——"共产党联盟—苏共"（Союз коммунистических партий – КПСС，**简称** СКП – КПСС）于1993年3月成立，当时的领导人为奥列格·谢苗诺维奇·舍宁。这一组织继承了苏共的思想原则，指导和协调原苏联地区各国共产党的活动，对遇到困难的共产党给予道义上的支持，并组织原苏联地区共产党的统一行动。20多年来，共产党联盟—苏共经历了重建、分裂和二者并存的几个发展阶段。目前，由根·安·久加诺夫领导的联盟事实上承继了这一组织的主体结构，扮演着后苏联空间共产党的领导角色。

有必要说明，以尼娜·亚历山德罗夫娜·安德烈耶娃领导的"全联盟布尔什维克共产党"同样宣称具有原苏联地区性质的共产党。但事实上，这一组织只在俄罗斯、白俄罗斯和乌克兰的某些地区设有分支机构，称不上真正意义上的后苏联空间共产党。鉴于该党的总部设在圣彼得堡，我们将其放在俄罗斯共产党部分加以介绍。

第一章 重建与扩展

1991年"8·19"事件后,叶利钦颁布禁止苏共和俄共活动的指令。但这没有吓倒苏联共产党人。前苏联地区的苏共基层组织开始为争取恢复各加盟共和国的共产党和苏联共产党而斗争。

1992年6月13日,在以苏共中央委员К.А.尼古拉耶夫和А.А.普里加林为首的一些中央委员的倡议下,召开了苏共中央全会。全会决定将戈尔巴乔夫开除出党,暂停苏共中央委员会的活动,通过了关于召开苏共第二十次全国代表会议的决议。1992年10月10日,苏共第二十次全国代表会议在莫斯科召开,会议确认了中央委员会全会的决议,审议了苏联共产党的章程和纲领草案,通过了筹备召开苏共第二十九次代表大会的决议。

1993年3月26—27日,原苏联地区的部分共产党召开了苏联共产党第二十九次代表大会(此后历届代表大会按苏共代表大会次序排序),416名代表与会,他们来自苏共在阿塞拜疆、白俄罗斯、哈萨克斯坦、拉脱维亚、立陶宛、摩尔多瓦、俄罗斯、塔吉克斯坦、土库曼斯坦、乌兹别克斯坦、乌克兰、爱沙尼亚、德涅斯特和南奥塞梯的组织。[①]

这次代表大会决定将苏联共产党改组为共产党联盟—苏共。共产党联盟—苏共是在原苏联地区活动的共产党自愿加入的国际社会联合组织,由成员党而不是个人党员组成,其目的是恢复和巩固苏共在原苏联各加盟共和国的组织,并随着社会主义苏联的重建,恢复苏联共产党。

大会通过了联盟纲领和章程,选举了联盟最高机构——中央理事会和中央监察委员会。原苏共中央政治局委员、书记处书记奥列格·谢苗诺维

---

① Е. И. Копышев. Союз Коммунистических Партий – КПСС. История образования, основные вехи деятельности. http://www.cprf.ru/spss.

奇·舍宁任理事会主席,他因参与"8·19"事件被关押一年多后刚刚获释。

联盟章程规定了联盟的组织结构。联盟的最高机构是代表大会,由联盟理事会每三年举行一次。根据联盟理事会和监察委员会的倡议或者不少于1/3的联盟成员党的要求可举行非例行和非常代表大会。联盟代表大会选举产生联盟理事会,作为两次大会之间的最高领导、协调和执行机构。理事会选举产生理事会主席、副主席。理事会选举产生理事会执行委员会,其成员由理事会主席、副主席和作为联盟成员党的各加盟共和国共产党主要领导人构成。理事会主席、副主席组成理事会书记处,书记处是执委会的组成部分。联盟设监察委员会,负责监督成员党和组织的财务和经营活动。[①]

该联盟自认为是苏联共产党的法定继任者。然而,这一联盟一开始并未得到所有原苏共成员党的认可,俄罗斯最大的共产党——俄罗斯联邦共产党当时就没有参加苏联共产党第二十九次代表大会。大会前,即1993年3月20日的俄共中央执行委员会全会决定,赞成由奥列格·舍宁领导的组委会筹备的苏共第二十九次代表大会提前召开,但俄共作为一个整体不参加苏共二十九大,也不参加将要在二十九大组建的共产党联盟—苏共,而是将舍宁选进俄共中央执行委员会。显然,舍宁领导的组织从一开始就不符合俄共的意图,这也为后来的分分合合埋下伏笔。两个月后,即5月29日,俄共中央执行委员会全会决定向共产党联盟—苏共派观察员,以了解联盟工作的进展并表明自己的观点。全会认为俄共作为协会成员加入共产党联盟—苏共是可行的,并表述了加入的条件。9月18日,俄共中央全会批准В. И. 佐尔卡利采夫、伊万·梅利尼科夫和阿纳托利·卢基扬诺夫作为俄共的代表加入共产党联盟—苏共理事会。[②] 直到1995年俄共才正式加入该联盟。

从1993年3月到1995年6月,各共产党在除土库曼斯坦之外的原苏联各加盟共和国均得到重建。在一些加盟共和国(如俄罗斯、乌克兰、白

---

① Е. И. Копышев. Союз Коммунистических Партий – КПСС. История образования, основные вехи деятельности. http://www.cprf.ru/spss.

② КОММУНИСТИЧЕСКАЯ ПАРТИЯ РОССИЙСКОЙ ФЕДЕРАЦИИ (КПРФ). Публичная интернет – библиотека Владимира Прибыловского. http://www.anticompromat.org/kprf/spr_kprf.html.

俄罗斯、亚美尼亚、格鲁吉亚等），在苏共成员的基础上产生了几个共产党和运动。截至 1995 年 7 月，在原苏联领土上已经有 26 个共产党和组织在活动。其中的 22 个加入共产党联盟——苏共，拥有党员 130 万人。这些组织包括：俄罗斯联邦共产党、俄罗斯共产主义工人党、俄罗斯共产党人联盟、俄罗斯共产党人党、鞑靼斯坦共和国共产党、乌克兰共产党、乌克兰共产党人联盟、白俄罗斯争取民主、社会进步和公正运动、摩尔多瓦共和国共产党人党、德涅斯特沿岸劳动人民共产党、南奥塞梯共产党、格鲁吉亚统一共产党、阿布哈兹共产党、阿塞拜疆共产党、亚美尼亚工人联盟、哈萨克斯坦共产党、塔吉克斯坦共产党、乌兹别克斯坦共产党、吉尔吉斯斯坦共产党人党、爱沙尼亚共产党、拉脱维亚共产党人联盟、立陶宛共产党。①

该联盟先后在 1995 年 7 月和 1998 年 10—11 月召开了第三十次和第三十一次代表大会，修改了纲领和章程，舍宁一直任理事会主席，副主席有增补，第三十次代表大会选出的副主席有 А. М. 巴格姆斯基、Е. И. 科佩舍夫、Е. К. 利加乔夫、А. Г. 梅利尼科夫、К. А. 尼古拉耶夫、А. Г. 切霍耶夫；第三十一次代表大会又增加了 П. И. 格奥尔加泽、И. В. 洛帕京、А. А. 沙巴诺夫、Ш. Д. 沙布多洛夫。

联盟的主要目标是：重建人民政权；保护劳动者的社会权益和经济权益，维护社会公正；重返社会主义发展之路，基本生产资料归社会所有，实行真正的社会主义民主，通过一系列发展阶段向共产主义高级形式过渡；重建更新的苏联。联盟的主要任务是：协调联盟内各党的行动，加强各党之间的联系和互助，保护各党的利益；促进各加盟共和国内共产党人的统一；促进各共产党之间经验和信息的交流。联盟的口号是：劳动人民政权，社会主义，苏联。联盟的机关报为《公开性》。②

---

① Е. И. Копышев. Союз Коммунистических Партий – КПСС. История образования, основные вехи деятельности. http：//www.cprf.ru/spss.

② Там же.

第二章　分歧与分裂

　　共产党联盟—苏共各成员党之间虽然在争取重建苏联和苏联共产党这一总目标上是一致的，但在实现目标的途径和手段上存在重大分歧，这主要表现为以联盟理事会主席舍宁为代表的一派和以联盟中最大成员党——俄共领导人根纳季·安德烈耶维奇·久加诺夫为代表的另一派之间的争执。

　　舍宁认为，1990年俄罗斯联邦共产党的建立本身就是对苏共的一种分裂和瓦解。但俄共重建后，舍宁把俄共作为恢复苏共的基础，因此在组织上参加了俄共，并担任俄共中央委员。开始时，舍宁还是支持俄共中央的决定的，如号召联盟成员党支持久加诺夫及人民爱国联盟参加总统和国家杜马选举等。但自1996年起，尤其是久加诺夫在2000年总统大选中失利后，舍宁对俄共领导人逐渐采取批评的态度。舍宁指责久加诺夫等人放弃马克思列宁主义原则，热衷议会和总统选举，与资产阶级搞妥协，奉行欧洲社会民主党的纲领，阻挠共产党联盟—苏共重建联合的共产党组织的进程。在舍宁看来，俄共已处于最深刻的危机之中。要摆脱危机，唯一的出路就是要使其"成为重建的、统一的马克思主义政党的一部分"。他不顾久加诺夫的劝阻，声明退出俄共并于2000年7月15日成立了俄罗斯-白俄罗斯联盟共产党。

　　俄共鉴于舍宁未经俄共中央批准另立新党，于2000年9月将其开除出党。俄共认为，虽然共产党联盟—苏共此前作出过关于成立俄罗斯-白俄罗斯联盟共产党的决议，但那是指在俄罗斯共产党和白俄罗斯共产党基础上的联合，而舍宁组建的则是撇开两党、仅有少数人参加的党。他的行动导致了共产党联盟—苏共内部矛盾的激化和组织上的分裂。[①]

---

　　① 刘淑春：《从舍宁退出俄共，看俄罗斯共产主义运动的分化》，《国外理论动态》2000年第12期。

2001年1月20日，根据共产党联盟—苏共多数成员党（包括阿塞拜疆、亚美尼亚、格鲁吉亚、哈萨克斯坦、吉尔吉斯斯坦、摩尔多瓦、俄罗斯、乌克兰、南奥塞梯等9个合法共产党和4个地下共产党，据称这些党在其队伍中联合了共产党联盟—苏共90%的党员）的建议，召开了联盟理事会全会，讨论了联盟领导层的分裂问题。全会通过决议：鉴于舍宁和А. М. 巴格姆斯基、И. В. 洛帕京、К. А. 尼古拉耶夫进行了分裂共产主义运动的活动，解除舍宁理事会主席职务和巴格姆斯基、洛帕京、尼古拉耶夫三人的副主席职务；选举久加诺夫为理事会主席，并对副主席和书记处成员进行了调整。① 这实质上是联盟内部争夺领导权的一次"政变"。

舍宁不承认久加诺夫任主席的联盟，并于2001年7月21日在莫斯科召开了"共产党联盟—苏共"第三十二次代表大会。参加以舍宁为首的联盟代表大会的，主要来自原苏联境内的18个没有参加本国议会的共产党组织的代表，其中包括俄罗斯共产主义工人党、乌克兰共产党人联盟、白俄罗斯"争取联盟和联盟共产党"等。舍宁在报告中说明了共产党联盟—苏共发生分裂的经过。他说，两派的"主要分歧在于对待历史和斯大林的态度"，"我们的目的是推翻资本的政权，恢复苏联"，而另一派则"忙于玩议会游戏，与政权融为一体，脱离党员群众"。大会通过了一项政治声明，谴责"俄共及其他共产党推行的右倾机会主义妥协政策"，认为这是"企图把共产主义运动引上西方社会民主主义道路"，号召在原苏联领土上重建"统一的、团结一致的马克思列宁主义的共产党"。大会还根据理·科索拉波夫的报告通过决议，废除苏共二十大关于《个人崇拜及其后果》的决议和苏共二十二大关于《弗·伊·列宁墓》的决议，认为这些决议是错误的。大会选举舍宁为新一届"共产党联盟——苏共"理事会主席，巴格姆斯基、洛帕京、尼古拉耶夫、秋利金（俄罗斯共产主义工人党—俄罗斯共产党人党领导人）、沙布多洛夫为副主席。②

2001年10月27日，以久加诺夫为首的"共产党联盟—苏共"在莫斯科也举行第三十二次代表大会。来自原苏联地区的10个合法共产党组织和4个地下共产党组织（除前面提到的，还有白俄罗斯共产党）的代表参

---

① 刘淑春：《久加诺夫取代舍宁当选共产党联盟—苏共理事会主席》，《国外理论动态》2001年第3期。

② Коммунист. 2001. №5.

加了此次大会，据称，这些代表是由129万共产党员推选出来的。久加诺夫在报告中分析了全球化的挑战，认为全球化是"帝国主义的最高阶段"，意味着世界被重新瓜分和各种矛盾的加剧。他还介绍了俄罗斯当前的局势，认为俄罗斯现在正遭到全面的削弱和破坏，普京在继续叶利钦的政策。在此基础上，他提出，复兴联盟国家是共产党人的主要目标。作为实现这一目标的第一步，俄罗斯和白俄罗斯联盟已经成立，下一步是使乌克兰和摩尔多瓦加入该联盟，然后是高加索和中亚国家的加入。

大会对舍宁的联盟关于斯大林问题的决议作出了回应。久加诺夫在谈到格鲁吉亚、哈萨克斯坦、塔吉克斯坦共产党等提出重新审议并撤销苏共二十大关于《个人崇拜及其后果》的决议和1956年6月30日苏共中央《关于克服个人崇拜及其后果》的决定的提议时说："斯大林本人不需要平反。我提请大家注意，苏共中央的决定肯定了斯大林在建设和捍卫苏联的社会主义中的杰出作用，他在领导苏联时所犯的错误与他领导苏联时的杰出作用是不能相比的。代表大会决议和中央全会决定的实质在于谴责个人崇拜本身，而不在于它与什么人有关。"这样，大会没有作出关于斯大林的新的决定。久加诺夫认为，目前必须在思想、组织和政治活动中恢复斯大林的一切优良传统。代表大会选举久加诺夫为新一届理事会主席，Е. И. 科佩舍夫为理事会第一副主席、书记。①

至此，联盟分裂为两个部分。

---

① Информационное сообщение XXXII съезда СКП – КПСС. Правда. 30 – 31. 10. 2001；参见李兴耕《俄罗斯实施〈政党法〉后的政党格局新变化》，《国外理论动态》2002年第1期。

第三章 并存与演变

十余年来,两个并存于原苏联地区的共产党联盟各自开展活动,但每个联盟的发展之路不尽相同。

第一节 舍宁的联盟:联合之路历尽坎坷

2004年2月28—29日,舍宁的联盟召开了自己的第三十三次代表大会。大会通过决定,将党的名称"共产党联盟—苏共"改为"苏联共产党"(Коммунистическая Партия Советсткого Союза,简称 КПСС),以此表明自己是原苏共的真正继承者。该党虽然仍面向原苏联地区,但规定其成员"不得同时参加另一个政党",即已经不是原来意义上的联盟党,而是一个独立的党。俄罗斯共产主义工人党—俄罗斯共产党人党不同意联盟党作这样的改组,坚持做一个独立的党,最后只好被排除在外。大会通过了新的纲领和章程。党的机关报仍为《公开性》。舍宁当选为党的主席。

该党宣称是马克思列宁主义政党,布尔什维克共产党人的党。党的任务是成为工人阶级、劳动农民和人民知识分子的革命的、战斗的先锋队,为恢复作为体力和脑力劳动的无产阶级的专政的组织形式的苏维埃政权而斗争,为使社会重返通往共产主义的社会主义发展道路而斗争。该党认为,劳动、所有权和政权全部掌握在劳动者手里是未来社会主义社会的根本原则。党的活动的理论基础和思想基础是马克思主义哲学,马克思、恩格斯、列宁、斯大林学说的辩证唯物主义;对社会和政治生活现象采取阶级分析方法;忠于劳动者的利益;坚持苏联爱国主义和无产阶级的、社会主义的国际主义;认为每个人的自由发展是所有人发展的条件、社会公平的条件;主张重建苏联,向共产主义过渡,其间不可避免地要经历尖锐的阶级斗争。①

　　2006年5月，舍宁宣布参加2008年的俄罗斯联邦总统竞选。自此，苏共在接下来的一年半时间里全力为舍宁的总统竞选运动工作。其间，该党参与了由各种体制外反对派参与，以"另一个俄罗斯"为口号的俄罗斯联邦公民大会的组建，还参与由政治家尤里·伊格纳季耶维奇·穆欣领导的俄罗斯社会组织"人民意志大军"的活动，该组织呼吁通过立法确立总统和联邦会议对其行动负直接责任。然而，2007年12月，俄罗斯联邦中央选举委员会拒绝为舍宁签名者推举的候选人登记，舍宁的总统候选人资格未获通过，理由是舍宁以"争取联盟和联盟共产党"国际社会联合组织主席的名义填报的工作单位为"不合法"。②

　　竞选途径受阻后，舍宁开始寻求与其他共产党的联合，以扩大党的队伍。舍宁把目光放在了同样寻求扩大队伍的维克多·阿尔卡季耶维奇·秋利金领导的俄罗斯共产主义工人党—革命的共产党人党身上。2008年4月19—20日，俄罗斯共产主义工人党—革命的共产党人党的第六次代表大会通过了该党加入苏共的决议。2008年5月24日，舍宁领导的苏共中央全会作出决定，接纳秋利金领导的俄罗斯共产主义工人党—俄罗斯共产党人党加入苏共，增补秋利金为苏共中央委员和书记，组建苏共中央俄罗斯局，任命秋利金为俄罗斯局局长，负责协调俄罗斯境内各共产党组织的行动，同时责成苏共在俄罗斯地区的组织和俄罗斯共产主义工人党—俄罗斯共产党人党的组织在3—5个月内完成组织融合的工作。③

　　上述决定一经作出，就在苏共党内引起不同意见。俄罗斯境内的一些地区组织领导人担心秋利金不仅仅领导苏共在俄罗斯的组织，还可能控制整个独联体地区的苏共，进而将苏共吞并。因此，地区领导人并不热心支持这一联合决定，并以中央5月全会决定违反党章规定而缺乏合法性为由，建议召开党的代表会议广泛征求党内意见。这样，两党的联合进程被搁浅。

　　2009年4月，两党领导人舍宁和秋利金在莫斯科会见，就加快联合进程磋商。舍宁要求秋利金的党在本党的全会上研究更改党的名称问题，以

---

①　Устав и программа Коммунистической Партии Советского Союза. Москва. 2004 г.

②　Постановление XXXIV съезда КПСС от 20 марта 2010 года. http://skps-ussr.narod.ru/KPSS1.htm.

③　Материалы по объединению КПСС и РКРП-РПК. http://www.kprf.org/showthread.php?t=2572.

表明该党对"苏联共产党"的归属性质。但秋利金的党没有按照约定更改党的名称。直到 2010 年 3 月苏共三十四大召开时，两党组织上的统一仍未能实现，秋利金党的地区组织一个也没有加入苏共。

就在两党筹备合并的过程中，2009 年 5 月 28 日，71 岁的舍宁突然去世。舍宁去世后，苏共陷入群龙无首的状态。当年秋，该党中央书记处通过决定，为纪念舍宁，永久保留其苏联共产党荣誉主席的称号。2010 年 3 月 20 日，苏联共产党召开第三十四次代表大会，选举了新的中央领导机构和由 12 人组成的中央书记处，原苏共副主席、海军中将弗拉基米尔·费奥多罗维奇·别列津当选为中央第一书记。然而，4 个月后，2010 年 7 月 16 日，弗·费·别列津逝世，享年 70 岁。2010 年 7 月 21 日，苏共中央书记处责成 С. А. 亚历山德罗夫（又名 С. А. 莫兹戈沃伊）在中央全会召开前承担第一书记职务。2010 年 11 月 20 日，苏共中央召开全会，С. А. 亚历山德罗夫当选为苏共中央第一书记。

其实，三十四大前后，苏共内部矛盾已经加剧，呈现分裂端倪。以 А. Г. 福明将军和 Б. Ф. 叶列缅科为首的一些原苏共成员，他们没有参加苏共三十四大，对大会的结论和包括中央书记处在内的党的机构的工作提出批评，并倡议成立了组委会，准备召开自己的三十四大。福明谴责苏共在斯大林后时期的活动，准备重建一个名为"马克思列宁主义的革命党"，并出版《列宁道路》。福明等人的行为遭到党内多数人的反对。有人称这是被当局赎买的结果。另一派以最早与舍宁共事的原共产党联盟—苏共理事会副主席、现任苏共莫斯科市委第一书记的 К. А. 尼古拉耶夫为首，反对中央书记处关于与秋利金党合并的决定。在这一派看来，"又一轮以取消苏共为目的的行动开始了"。在三十四大一中全会上，尼古拉耶夫等中央委员以多数票否决了关于两党合并的建议。而以 С. А. 亚历山德罗夫书记为首的新的中央书记处则坚持合并路线。2011 年 6 月 16 日，苏共中央书记处作出《关于建立苏共的俄罗斯共和国组织》的决议，强调俄罗斯共产主义工人党—俄罗斯共产党人党是作为苏共的一个组成部分加入苏共的。2011 年 7 月 10 日，苏共中央全会批准了上述书记处的决议和关于苏共和俄罗斯共产主义工人党—俄罗斯共产党人党在俄罗斯的组织机构合并的说明草案。①

---

① Коммунистическая партия Советского Союза（2001）. http：// ru. wikipedia. org/.

随后，苏共中央书记处开始整顿莫斯科组织。2011年11月12日，苏共中央书记处在莫斯科召开了莫斯科市和莫斯科州党员大会，前来参会的有23人（据尼古拉耶夫说，该组织应该有100多名党员，因而参会人数不够法定多数；而中央书记处说，目前该组织实际党员人数只有30人）。会议通过了赞成中央7月全会的决定，宣布莫斯科市组织和莫斯科州组织合并，并选举了新的党委。会上宣布苏共和俄罗斯共产主义工人党—俄罗斯共产党人党的合并代表会议将于11月19日举行，会议选举了参加两党合并大会的代表。会上，将反对两党合并的苏共莫斯科市委第一书记К.А.尼古拉耶夫开除出党，理由是尼古拉耶夫不止一次粗暴地破坏党的纪律。①

被开除出苏共的尼古拉耶夫依据自己占据的舍宁网站（苏共网站），将苏共内部的分歧公之于众，并以苏共中央监察委员会的名义认定中央书记处的决议违反党的章程。尼古拉耶夫不承认新组建的莫斯科组织，于2011年11月18日召开了自己的莫斯科市委会议。会议作出决定，成立组委会，以筹备召开苏共非常代表大会。② 俄罗斯联邦其他一些地区的组织领导人，如加里宁格勒州委书记等也相继向中央领导人致信，认为苏共内部危机深重，中央书记处的行动是在把党引向毁灭，呼吁召开非常的第三十五次代表大会，以解决党内危机。

然而，苏共中央书记处对此不予理睬。2011年12月8日，苏共中央书记处和一些苏共的分支机构党组织第一书记通过俄罗斯共产主义工人党网站联名发表呼吁书，通告俄罗斯共产主义工人党—俄罗斯共产党人党并入苏共的俄罗斯组织的合并工作正在顺利进行，这是根据两党的大会和中央全会决议、在马克思列宁斯大林思想统一和行动统一的基础上的联合。呼吁书认为，反对联合的人鼓动提前召开苏共代表大会或代表会议，但当前没有任何理由举行非常代表大会，当务之急是坚决而迅速地完成两党的联合，以开辟其他党和组织统一的道路，真正谋求恢复俄罗斯的苏维埃政权、社会主义和重建苏联的统一。俄罗斯共产党人的统一进程将为实现这一目标树立一个榜样，推动苏共在其他共和国内的

---

① Осторожно, товарищи! Очередная провокация! http://s-kps.by/node/41111/18/2011.
② 2012年3月2日，该组委会发布公告，决定于2012年4月28日举行苏共非常的第三十五次代表大会。

所有共产党人的联合。①

2012年1月，苏共中央书记处发布公告，称苏共和俄罗斯共产主义工人党—俄罗斯共产党人党在俄罗斯的合并进展顺利，合并后的党暂定名为"俄罗斯共产主义工人党—苏联共产党（简称 РКРП - КПСС）"。党的正式名称将由拟于2012年举行的俄罗斯联合的共产党人代表大会最后确定。公告号召其他州也加快合并进程。②

2012年4月21—22日，俄罗斯共产主义工人党—俄罗斯共产党人党召开第八次代表大会，大会确认，"俄罗斯共产主义工人党—俄罗斯共产党人党的地区组织与苏联共产党的俄罗斯组织的联合进程顺利结束。鉴此，大会对党章作了必要修改。从现在起，我们党称为'苏联共产党内的俄罗斯共产主义工人党（简称 РКРП - КПСС）'"。③

至此，苏共俄罗斯部分的组织与秋利金党的合并进程暂告一段落。但这一进程的代价是苏共内部新的分裂。合并后的新党能否使日渐衰落的苏共重整旗鼓，还有待观察。

2012年4月28日，以苏共莫斯科市委第一书记 К. А. 尼古拉耶夫为首的一派举行苏共非常的第三十五次代表大会，并把自己的行为看作苏共在俄罗斯的基层组织对党的领导层"调包"的反击和从组织上捍卫自己的立场。大会选举尼古拉耶夫为中央第一书记，谢尔盖·马特维耶维奇·马尔琴科为中央监察委员会主席。

迄今，尼古拉耶夫领导的苏共仍利用舍宁联盟的网站（http://shenin-kpss.info）发布消息，继续出版苏共中央机关报《无产者》报。而以 С. А. 亚历山德罗夫为首的苏共中央自从2012年9月在"争取苏联和联盟共产党"的网站（http://www.skps-ussr.narod.ru/）发布消息后，没再更新党的信息。

---

① К коммунистам КПСС и РКРП - РПК России——Обращение секретарей ЦК КПСС и Первых секретарей республиканских организаций КПСС．http：//www.rkrp-rpk.ru/content/view/6370/1/08.12.2011 г.

② Информация．"РКРП - КПСС"．http：//www.skps-ussr.narod.ru/12/01/2012 г.

③ Состоялся очередной съезд РКРП - РПК．http：//www.rkrp-rpk.ru/.

第二节 久加诺夫的联盟:发展壮大成为主体

2005年4月16日,久加诺夫的联盟召开了第三十三次代表大会,来自16个组织的129名代表出席大会。久加诺夫作了工作报告,其中分析了国际尤其是原苏联地区的形势,谴责美国及其北约盟友对独联体国家内部事务的干涉,并提出共产党人面临的任务。他认为苏联的解体和原始资本主义的复辟,为帝国主义势力直接干预独联体国家的内部事务开了方便之门,而美国及其盟友在独联体国家策划"颜色革命",移植西方的制度和培植亲西方政权,最终的结果是这些国家的人民将面临遭受帝国主义奴役的威胁。他强调,在美国按照自己的方式向全世界强制推行新的世界秩序的背景下,各独立国家的劳动人民遭受的剥削日益加重,资产阶级执政当局试图彻底剥夺劳动人民在十月社会主义革命中争得的社会成果,并采取各种手段分化共产主义运动,迫害共产党人。在这种情况下,各国的共产党必须加强思想和组织上的团结,步调一致,积极行动起来,投入捍卫劳动人民的利益和争取国家独立和自由的斗争中去。[①]

这次代表大会是在卫国战争胜利60周年纪念前夕召开的,代表们谴责种种关于否定苏联战胜法西斯的说法,高度评价斯大林在领导苏联人民取得伟大卫国战争胜利中所作出的贡献。大会赞扬摩尔多瓦共产党执政以来取得的成绩并祝贺它赢得新的议会选举的胜利。大会对坚决抵制西方压力的白俄罗斯国家领导人及其人民表示声援。大会认为,在"颜色革命"期间,乌克兰等国共产党人应巧妙利用各寡头集团争权夺利的机会,发展壮大自己的力量,扩大自己对民众的影响。大会再次呼吁拉脱维亚、立陶宛、哈萨克斯坦、土库曼斯坦、俄联邦等国的政府释放被关押的共产党人。大会选举了65人组成的理事会和14人组成的监察委员会,久加诺夫再次当选为理事会主席,叶·伊·科佩舍夫当选为第一副主席;А. В. 斯维里德当选为监察委员会主席,Г. М. 别诺夫当选为副主席。[②]

[①] Политический отчет Совета СКП—КПСС XXXIII съезду. Доклад Г. А. Зюганова. http://kprf.ru/16.04.2005/.

[②] Е. И. Копышев Информационное сообщение о XXXIII съезде Союза коммунистических партий - КПСС. http://kprf.ru/19.04.2005/.

2009年10月24日,共产党联盟—苏共在莫斯科召开了第三十四次代表大会,来自原苏联各加盟共和国的17个共产党组织的142名代表出席大会,其中有进入俄罗斯、乌克兰、白俄罗斯、摩尔多瓦、吉尔吉斯斯坦、阿布哈兹、南奥塞梯等国议会的议员。从年龄构成来看,在142名代表中,50岁以下的中青年代表占45%,50—60岁的占35%,60岁以上的占30%。从性别比例来看,妇女代表占20%。①

大会听取了久加诺夫作的理事会工作报告和亚历山大·弗拉基米罗维奇·斯维里德作的监察委员会工作报告,以及科佩舍夫作的关于补充修改联盟纲领的报告。大会按照每个党三名理事会成员和一名监察委员会成员的比例选举了联盟领导机构。久加诺夫和叶·伊·科佩舍夫再次当选理事会主席和第一副主席,斯维里德当选为监察委员会主席。②

这次大会是在国际金融危机爆发的背景下召开的。久加诺夫在报告中首先从当前世界经济危机及世界经济发展趋势出发,反思苏联解体对原苏联地区造成的后果。久加诺夫谈到,在过去的这一时期,全球化的美国模式与人类进步发展的需求产生对抗性矛盾,导致最为尖锐的金融危机和经济危机在世界蔓延。原苏联地区在此次危机中未能幸免,波罗的海沿岸国家经济衰退最为严重。其实,经济危机在原苏联各加盟共和国已经不是新鲜事。自苏联被摧毁之日起,经济危机就成了原苏联各加盟共和国的家常便饭。在久加诺夫看来,苏联的解体并非客观规律使然。他说:"我们共产党人一直认为,在消灭苏联这件事上,主观因素起了主导作用。当时不存在导致统一的国家及其国民经济综合体崩溃的严重的客观基础。这些进程是敌视社会主义的势力活动的结果。我们看到,欧盟组织在日渐巩固,亚洲的和拉丁美洲的一体化进程不断发展。如今,即使在经济危机的条件下,这些趋势仍在加强。所有这一切都表明,把苏联毁掉,这是违背我们各族人民的利益和需求的。摧毁苏联和世界社会主义体系的崩溃引起了全球问题和矛盾的加剧,打破了世界政治力量

---

① Алексей Брагин: Съезд СКП - КПСС в Москве продемонстрировал единство коммунистов СССР в намерении возродить союзное государство. http://kprf.ru/2009-10-25. Пресс-служба ЦК КПРФ.

② Информационное сообщение о XXXIV съезде Союза коммунистических партий - КПСС. http://kprf.ru/2009-10-25. Пресс-служба СКП - КПСС.

的平衡，破坏了社会发展中的均衡。"①

久加诺夫在报告中分析了资本主义危机的根源在于资本主义矛盾本身，认为资本主义和危机是不可分割的。他根据近代资本主义几次危机的历史经验，总结出三种摆脱世界经济危机的脚本。一是确立独裁制度，残酷剥削劳动人民和镇压反对派。二是发动世界大战，旨在重新瓜分势力范围，掠夺领土和自然资源，奴役人民。三是进行社会主义革命，确立劳动人民政权，鼓舞人们展开真正公正和人道的社会的建设。久加诺夫认为，前两个脚本给人民带来无数的苦难和贫困。保存资本主义必然导致世界危机的周而复始，使文明面临覆灭的危险。在社会主义原则基础上改造社会生活是替代选择。科学技术革命开启了不靠侵略性战争和破坏性危机就能满足地球人各种需求的难得机会。社会主义是以科学的方法对待社会生活的，为了全人类的进步而利用和遵守社会发展的客观规律。今天，正是那些生产资料社会所有制仍占主导的国家最成功地解决了经济问题。例如，白俄罗斯保持1.5%的生产增长率，越南为5.6%，中国为7.2%。②

久加诺夫列举了危机在独联体和波罗的海沿岸国家造成的影响。他认为，危机的罪魁祸首是世界金融寡头及其在这些国家的帮凶和代理人。危机证明自由主义经济模式破产了，国家不能仅仅扮演私有制守护人的角色，而应当成为有智慧的和强有力的经济调节者，有义务管理社会部门。社会利益优先是共产党人一贯坚持的立场，捍卫社会利益，这是共产党人纲领主张的实质。走出危机的出路只能是走社会主义建设之路。久加诺夫介绍了俄共的反危机纲领，其主要主张是将自然资源及关键经济部门收归国有。

关于原苏联地区的形势，久加诺夫谈到，在波罗的海沿岸各国、乌克兰和格鲁吉亚的政权中，依附于世界最反动的阴谋集团的侵略性，民族资产阶级的制度巩固下来。这种势力在原苏联其他加盟共和国的影响也在加强。它们挥霍国家财富，将国际货币基金组织、世界贸易组织、北约、欧盟的枷锁套在本国人民的脖子上，挑拨族际之间的敌视和仇恨，寻找更有利的变卖本国主权和独立的方式。如今，苏联摧毁者的后继者们主要在做

---

① Политический отчет Совета Союза Коммунистических партий – КПСС XXXIV съезду Союза. Доклад Председателя Совета Г. А. Зюганова. http://kprf.ru/ 2009 – 10 – 24/ Пресс-служба ЦК КПРФ.

② Там же.

三件事：一是不允许以共产党人为首的左翼力量通过议会选举掌权；二是竭力阻止联盟国家的重建；三是借助谎言和神话"重装"苏联人的意识，让青年一代失去历史的记忆。近年在原苏联地区上演了一次次"颜色革命"，然而这不是真正的革命，而是不同资产阶级集团之间重新瓜分财产的手段。"真正的革命是改变政权的经济政治方针和诞生新的社会制度。"久加诺夫强调，当前各国资产阶级忙于将危机的后果转嫁于劳动人民。为此，各国共产党人要广泛开展反对剥削和压迫劳动人民的抗议运动，以争取改变社会经济方针。"我们的社会基础过去、现在和将来都是当代工人阶级、劳动农民、人民知识分子、一切雇佣劳动者。"同时，"我们支持中小企业主为生存与寡头资本进行斗争的行动"。重建苏联人民的联盟国家是共产党人的任务之一，但必须强调"人民政权，社会主义，联盟国家"三位一体任务的完整性，即争取更新的联盟的斗争必须与完成重建人民政权和重返社会主义道路的任务紧密联系在一起。因此，"还劳动人民以政权，还社会以社会主义，还各族人民以兄弟的苏联！这就是我们的战略任务"。①

大会通过了关于补充和修改联盟纲领的决议。其中包括斗争途径的表述，如："各党赞成向社会主义的和平过渡。但如果资产阶级政权制度继续奉行贫困和人口灭绝政策，压迫劳动者，那么劳动人民有充分的权利将其推翻。劳动者的这一权利在联合国通过的《人权公约》中得到确认。"②

久加诺夫领导的共产党联盟—苏共组织机制较为完善。在第三十四次代表大会前的新闻发布会上，理事会主席久加诺夫对媒体记者介绍说，联盟理事会每三个月定期举行一次会议，执委会每月举行一次会议，书记处每周开一次会。联盟理事会通常作出支持联盟内共产党参与本国议会和总统选举的决议，并在重大历史时刻与各共产党在原苏联地区同时举行大型活动。例如，2011年8月，在"8·19"事件20周年之际，联盟在乌克兰的顿涅茨克和俄罗斯的莫斯科分别举行了题为"重建苏联——挽救各兄弟民族之路！"和"我们将生活在苏联！"的系列活动，包括向列宁纪念碑献

---

① Политический отчет Совета Союза Коммунистических партий – КПСС ХХХⅣ съезду Союза. Доклад Председателя Совета Г. А. Зюганова. http://kprf.ru/ 2009 – 10 – 24. Пресс-служба ЦК КПРФ.

② Уточнения и дополнения к Программе Союза коммунистических партий принятые на ХХХIV съезде СКП – КПСС. www.kprf.ru /2009 – 10 – 26.

花、召开论坛、举行集会和音乐会等，加入联盟的来自原苏联地区的各共产党都派代表参加。联盟试图通过这些活动反思国家紧急状态委员会行动失败的原因与苏联解体的教训，痛斥戈尔巴乔夫、叶利钦等人对苏共和苏联的背叛，抨击在"没有苏联的20年"中导致社会退化的制度和政策，与此同时，号召人民重建社会主义的联盟国家。在2009—2014年的五年间，联盟举行了26次圆桌会议，就诸如"苏联的民族问题"、"没有斯大林的60年"、"布尔什维主义110年"、"佩列亚斯拉夫拉达360年"等一些重大历史问题和现实问题进行研讨。联盟主动与国际共产党人合作，参加世界共产党工人党国际会议，并组团访问外国共产党。联盟与中国共产党保持合作关系。联盟为仍处于地下状态或被监禁的原苏联地区共产党及领导人呼吁恢复自由。

2014年11月1日，共产党联盟—苏共在白俄罗斯首都明斯克举行了第三十五次代表大会。这次代表大会之所以选择在明斯克举行，是因为苏联共产党的前身——俄国社会民主工党的第一次代表大会于1898年3月1—3日就在这里举行，这是具有纪念意义的一次代表大会。会议在新落成的伟大卫国战争历史博物馆会议大厅举行，来自17个共产党的119名代表与会，白俄罗斯共和国总统卢卡申科向大会发来贺信。久加诺夫和亚·弗·斯维里德分别代表联盟中央理事会和中央监察委员会作了工作报告。

久加诺夫在报告中分析了世界经济形势。他强调指出，国际形势日趋复杂。人类的主要威胁不是电视上每日重复的恐怖主义或流行病，而是破产了的资本主义制度。正是这一制度不断地产生经济危机，导致贫困、流血的族际冲突。正是这一制度破坏大自然，摧残心灵，使人性堕落。近年来的世界局势很大程度上是由严峻的金融经济危机造成的。2008—2010年的经济衰退震荡了世界资本主义体系。全球主义者痛苦地寻找摆脱危机的出路，他们越来越依赖直接的侵略。今天，20世纪后半叶的新殖民主义的原则与把我们的世界带回到18—19世纪的侵略战争交织在一起。这一政策的主要对象就是富产石油的近东。美国为掌握对世界的全面控制，采用极其危险的政治手法，利用宗教激进主义搞乱这些国家，以实现自己的目的。共产党人在分析美国政府的政策时，应当记住列宁的表述：在国家垄断资本主义条件下，国家实质上成了管理垄断资产阶级事务的委员会。必须看到一个关键的趋势，这就是世界的主宰权被跨国公司、银行、投资和风险基金所攫取。它们动员起各民族国家的政府，迫使其干着违背绝大多数人利益的事情。世界寡头试图把自己的经济问题和社会问题转嫁给亚非拉各国人民,遭到各国人民的抵抗。于是西方为了给自己耗尽的经济体制寻找新的廉价能源而把目光转向原苏联地区,因为这里有丰富的资源和训练有素且廉价的劳动力。共产党人要携手对之实施反击,劳动人民的主要武器就是无产阶级的团结。报告高度评价原苏联地区的一体化进程,支持欧亚经济联盟的成立,认为只有推动这一地区的一体化,才能战胜美国和北约的压力,使这一地区的国家摆脱欧美国家原料附庸的地位,争取政治经济上的独立。①

久加诺夫还分析了原苏联地区的力量对比关系,认为各国形成了一个剥削者阶级,其中包括大资产阶级——寡头和中、小资产阶级,极少数人占有绝大部分财产,工人阶级人数下降,阶级意识淡薄。他指出,工人阶级的社会主义意识薄弱,共产党人负有责任,因为领导工人阶级参加无产者斗争的只能是共产党。他还分析了乌克兰危机的原因,认为寡头的统治、社会的不平等是危机发生的深刻根源和法西斯主义抬头的土壤,欧美利用民众的不满情绪加剧了局势的恶化。②

这次大会是在乌克兰危机的背景下举行的,与会代表表达了各党团结一致、支持乌克兰共产党、坚决反对乌克兰当局对东部地区的军事镇压的立场。乌克兰危机期间,当乌克兰共产党面临被起诉和禁止活动的时候,俄共领导人久加诺夫利用其在欧洲议会的影响向欧洲一些国家的领导人及左翼政党发出呼吁,希望他们阻止乌克兰当局无视宪法、破坏民主的行为。报告中,久加诺夫进一步就加强各党之间的互动提出如下建议。第一,要加强集体团结,把团结放在活动的首位,尤其是在共产党人遭受迫害的时候。应当建立专门机构,跟踪共产党遭到镇压的事实,制定集体反击这种罪行的措施,形成国际舆论压力,迫使镇压者放手。第二,加强兄弟党之间工作经验的交流。各党虽所处环境不同,但都有各自阶级斗争的经验,要取长补短。第三,建立经济关系。通常这个问题不被列入共产党人的优先考虑范围。但欧洲党的经验表明,善于从事经营活动有助于提高政治斗争的有效性。在共同项目的框架下寻找活动经费,这绝不是党的工

---

① Отчетный доклад Председателя Центрального Совета Союза Коммунистических партий – КПСС Г. А. Зюганова на 35 – м Съезде СКП – КПСС. http://kprf.ru/party – live/cknews/136093.html, 2014 – 11 – 01.

② Там же.

作的商业化，而是完成党的工作的重要条件。第四，共同开展理论工作。不能停留在伟大先辈——马克思、恩格斯、列宁和斯大林已取得的成就上。共产党人有责任研究周围世界的新情况，寻找世界发展进程中出现的新的经济形式并对其及时作出分析。①

大会通过了《我们将当之无愧地继续伟大十月的事业！（纪念十月社会主义革命100周年）》的决议和《我们相信乌克兰的未来！》、《苏联各民族的不朽功绩永世长存（纪念伟大胜利70周年）！》和《阻止法西斯主义的侵略！》等声明。②

联盟中央全会选举了新一届中央领导机构，久加诺夫继续当选联盟中央理事会主席，卡·库·塔伊萨耶夫（Тайсаев Казбек Куцукович）当选为第一副主席；彼·尼·西蒙年科（Симоненко Петр Николаевич）、伊·瓦·卡尔片科（Карпенко Игорь Васильевич）、德·格·诺维科夫（Новиков Дмитрий Георгиевич）、尤·尤·叶尔马拉维丘斯（Ермалавичюс Юозас Юозович）和伊·尼·马卡洛夫（Макаров Игорь Николаевич）当选为副主席。亚·弗·斯维里德（Свирид Александр Владимирович）当选为联盟监察委员会主席，根·马·别诺夫（Бенов Геннадий Матвеевич）当选为副主席。③

久加诺夫领导的共产党联盟—苏共建有自己的官方网站：http://skp-kpss.ru/。该网站与所有成员党的网站链接，及时反映各党的重要活动，并通过"视频桥梁"为成员党就彼此共同关心的问题进行视频对话。联盟还在俄共的《真理报》辟有《共产党联盟—苏共通讯》专栏，每月发布一次联盟的消息。

综上所述，可以看到，久加诺夫领导的共产党联盟—苏共如今成为原苏联地区的主要共产党的协调组织，而舍宁领导的联盟几经分裂影响力很小，只联合少数组织。鉴于目前两个联盟分歧严重，两个联盟在可见的未来很难实现统一。

---

① Отчетный доклад Председателя Центрального Совета Союза Коммунистических партий - КПСС Г. А. Зюганова на 35 - м Съезде СКП - КПСС. http://kprf.ru/party-live/cknews/136093.html, 2014 - 11 - 01.

② В Минске завершил работу XXXV Съезд СКП - КПСС. http://kprf.ru/kpss/136106.html 2014 - 11 - 01.

③ Там же.

第二部分

俄罗斯共产党

苏联解体以来，俄罗斯联邦境内的共产主义运动内部多党林立，不断分化组合。迄今，以共产党命名或坚持共产主义理想的政党和组织也有十来个。这些组织与苏联共产党有着共同的历史渊源。如前所述，20世纪80年代中后期，苏联共产党在戈尔巴乔夫实行的"改革"中出现分裂。在1990年苏共二十八大召开前后，苏共内部在围绕苏联社会主义的"改革"和共产党的建设等问题展开了激烈争论，形成了"苏共纲领派"、"马克思主义纲领派"、"共产主义倡议运动派"和"民主纲领派"等多个派别。苏联解体前后，在多党制的条件下，这些派别纷纷改组为如下政党和运动。

1. "共产主义倡议运动派"改组为"俄罗斯共产主义工人党"，该党后来又分裂出"劳动俄罗斯"运动。

2. "马克思主义纲领派"中成立了两个组织：一个是"共产党人联盟"，该联盟后来改组为"俄罗斯共产党—苏共"，另一个是"俄罗斯共产党人党"。

3. "布尔什维克纲领派"组成"全联盟布尔什维克共产党"，该党后来又分裂出另一个"全联盟共产党（布尔什维克）"。

4. "民主纲领派"演变成了俄罗斯共和党，不具备共产党的性质。

此外，俄罗斯苏维埃联邦社会主义共和国共产党作为苏共在俄罗斯联邦社会主义共和国的分支机构于1990年6—9月成立。该组织于1993年2月重建为俄罗斯联邦共产党。

1991年"8·19"事件后，这些共产党一度被禁止活动。后经过法庭斗争，于1992年年底1993年年初得以重建并继续开展活动。这时苏联已经解体，俄罗斯联邦已经独立。上述组织中除"全联盟布尔什维克共产党"及其分支仍保持原联盟的性质，其他党都属于俄罗斯联邦范围内的组织。

20世纪90年代，尽管俄罗斯共产主义运动内部存在分歧，但以俄共为主体的共产主义力量经历了从重建到兴盛的发展历程,就组织规模及其选民支持率而言,占据了俄罗斯 1/3 以上的政治空间,作为当局的反对派,发挥了举足轻重的作用。其中,俄共当时拥有 50 万党员,是俄罗斯第一大党和国家杜马第一大党团。

进入 21 世纪以来,俄罗斯共产主义运动遭遇了挫折,派别分歧加剧,组织规模锐减,整体力量衰弱。为了求生存、求发展,这些党不断分化组合,出现较为复杂的演变过程。

1. 以根·安·久加诺夫领导的俄罗斯联邦共产党作为俄罗斯最大的共产党,由于外部的打压和内部的分裂以及高龄党员的自然减员,党员人数锐减至现在的不足 16 万人。但俄共目前仍在国家杜马中占据第二大党团的位置,在俄罗斯政治舞台上以第一大反对派政党的角色发挥作用。

2. 维·阿·秋利金领导的"俄罗斯共产主义工人党"先后与阿·维·克留奇科夫领导的"俄罗斯共产党人党"、舍宁领导的"苏联共产党"俄罗斯部分合并,并与其他左翼组织联合成立了名为"俄罗斯联合劳动阵线"的组织,该阵线经 7 次申请终于在 2012 年 12 月 5 日获准注册成为合法政党。

3. 由安·亚·安德烈耶娃领导的跨地区(目前主要在俄罗斯、白俄罗斯、乌克兰设有分支机构)"全联盟布尔什维克共产党"迄今仍在活动,但该党一直不申请注册。而从该党中分裂出来的另一支队伍即由亚·亚·拉宾领导的"全联盟共产党(布尔什维克)"多次受到刑事起诉,在外部压力之下,于 2012 年 11 月出现分裂,拉宾等被开除出党。

4. 依托知识分子群体的"俄罗斯共产党—苏共",其领导人阿·阿·普里加林及其他骨干加入 2008 年 10 月 18 日成立的联合组织——"左翼阵线"并成为该组织的核心成员。"左翼阵线"是一个自称以"在俄罗斯建设社会主义"为目标的共产党、青年团及其他左翼组织的联合体,其主要成员来自俄罗斯共产党—苏共、俄罗斯共产主义工人党—革命的共产党人党、全联盟布尔什维克共产党以及红色青年先锋队等组织的一些成员。该组织在俄罗斯各地区建有分支机构。自 2012 年起,领导人谢尔盖·乌达尔措夫及其他积极分子因组织街头抗议而被监禁或软禁,活动受限。2014 年 3 月,"俄罗斯共产党—苏共"及"左翼阵线"作为发起者之一,成为新成立的"联合共产党"的成员。

5. 2004 年夏秋从俄共分裂出来的一部分党员组建了"全俄罗斯未来

共产党"，之后因其领导人的更替，该党事实上已不复存在，其成员已转到"公正俄罗斯党""俄罗斯共产党人党""俄罗斯共产主义工人党"或"左翼阵线"。

6."俄罗斯共产党人党"是 2009 年 5 月 23 日成立的共产党组织，该党由原"全俄罗斯未来共产党"的地区组织领导人康·阿·茹科夫领导，公开宣称反对久加诺夫领导的俄共。该党于 2012 年 6 月 7 日获准注册为合法政党。

7."社会公正共产党"于 2012 年 4 月 8 日成立，一个月后，即 2012 年 5 月 8 日获准注册为合法政党。该党实际上是由俄罗斯政治玩家安·波格丹诺夫"借壳"实现自己竞选目的的冒牌共产党。

8. 2014 年 3 月 15 日成立的"联合共产党"是目前最新的共产党，这是以被俄共开除或自愿离开俄共的原俄共成员为基础组建的。该组织正在为注册为政党创建条件。

综上所述，经过十几年的分化组合，截至 2014 年 4 月，俄罗斯实际存在 4 个正式注册的合法共产党，其他产生于苏共的老资格共产党虽然大都保留着组织名称，但大部分成员已经组合到新成立的党或正在联合的组织之中。从共产党员数量来说，俄罗斯联邦共产党是最大的共产党，有党员近 16 万人，在议会内位居第二；以俄罗斯共产主义工人党为核心组建的"俄罗斯联合劳动阵线党"在 2010 年拥有近 6 万名成员；"俄罗斯共产党人党"在 2009 年组建时至少有 5 万名党员，加上 2012 年放宽政党条件以后注册的党和其他未注册的党，估计目前俄罗斯约有共产党人 30 万名左右。这个规模与 20 世纪 90 年代中期相比，几乎削减了一半。

下面，我们将分别介绍俄罗斯的各共产党。

需要说明的是，作为俄罗斯最大的共产党——俄罗斯联邦共产党，我们将给予更多的笔墨；其他资历老一些的共产党也尽量详细介绍，因为它们的理论主张仍是其后继者的根基；而对那些成立不久，尚未形成独特理论的新党，则只能一笔带过。还有两个联合阵线，即"左翼阵线"和"俄罗斯联合劳动阵线"，虽然具有社会主义倾向并以共产党为核心，但其构成复杂，并非严格意义上的共产党，这里不再专门介绍。

第一章 俄罗斯联邦共产党

俄罗斯联邦共产党（Коммунистическая партия Российской Федерации，俄文缩写为 КПРФ，以下简称俄共）成立于苏联解体前夕的 1990 年 6 月 19 日。1991 年"8·19"事件后，俄共被禁止活动。经过一年多的法庭斗争，俄共于 1992 年 11 月底获得合法地位，并于 1993 年 2 月恢复重建。20 世纪 90 年代，俄共是俄罗斯乃至整个前苏东地区党员人数最多、组织体系最严密的共产党组织，在俄罗斯的政治舞台上发挥了举足轻重的作用。然而进入 21 世纪以来，俄共处境艰难，腹背受敌，尽管始终占据着俄罗斯最大的共产党、最大的反对派力量的地位，但组织规模锐减，影响力下降。但俄共并未消沉，为夺回丢失的阵地，进行了十余年的拼搏，终于赢得自身发展的转机。

第一节 发展历程

俄共自成立以来已走过 20 多个春秋，其道路艰难曲折，大致经历了如下几个阶段。

一 俄共的成立（1990 年 6—9 月）

俄罗斯联邦共产党的诞生是苏联解体、苏共垮台的产物。

1. 俄共成立的背景

众所周知，苏联共产党的前身是 1898 年 3 月成立的俄国社会民主工党。它经过 1917 年改称俄国社会民主工党（布尔什维克）、1918 年改称俄国共产党（布尔什维克），1925 年改称全联盟共产党（布尔什维克）后，自 1952 年开始称苏联共产党。1925 年前的俄共（布）是包括俄罗斯联邦、乌克兰、白俄罗斯、外高加索在内的沙皇俄国地域范围内的共产党组织。自 1925 年第十四次代表大会起，联共（布）在除俄罗斯联邦之外的各个加盟共和国设立了共和国一级的党组织，作为苏共的组成部分；而俄罗斯联邦的党组织直接隶属苏共中央，俄境内的共产党员则直接成为联共（布）的党员。这种组织结构表明，俄罗斯联邦虽然没有单独的共产党组织，但联共（布）是以俄罗斯联邦的共产党为基础和核心的，事实上，俄罗斯联邦的共产党员人数也占整个苏共党员人数的 60%。

20 世纪 80 年代末期，苏联的改革走入歧途。经济改革受政治改革的干扰难以推进。戈尔巴乔夫倡导的民主化、公开性，导致抹黑苏联历史的社会舆论肆意泛滥，共产党和社会主义制度的信誉受到损害，苏共党内和社会民众的思想混乱，尤其是将思想多元论、西方多党制引入政治体制后，共产党在国家政权中的领导地位受到挑战，民族分离主义情绪高涨，苏联大厦摇摇欲坠。

1990 年 2 月，苏共中央二月全会上，戈尔巴乔夫正式推行人道的、民主的社会主义，全会通过的《走向人道的民主的社会主义》行动纲领在 2 月 13 日《真理报》发表，引发全党、全社会公开争论。3 月，根据苏共中央全会的决定，苏联最高苏维埃通过了修改宪法第六条的决定，取消了苏共的法定领导地位，决定实行总统制，实现了戈尔巴乔夫以个人权力替代党对政权的领导。在讨论拟提交二十八大的苏共中央纲领的过程中，苏共内部派别林立，以戈尔巴乔夫为首的苏共纲领派、以叶利钦为首的民主纲领派、以伊戈尔·利加乔夫为代表的正统派、以阿列克谢·普里加林、亚历山大·布兹加林等为首的马克思主义纲领派、以尼娜·安德烈耶娃为首的布尔什维克纲领派、以维克多·秋利金为首的共产党人倡议运动派等展开激烈争论。在这些众多派别中，起主导作用的有四大派别：一是主张实行人道的、民主的社会主义的苏共纲领派，在当时可谓主流派，实则中间骑墙派；二是明确主张在所谓民主的基础上彻底改造苏共或另组新党的民主纲领派，在当时虽被称为左翼激进派，实则右翼激进派；三是主张与社会民主主义划清界限，指出激进民主派的行为具有分裂苏共的危害性，反对把党变成政治俱乐部的正统派，他们没有形成正式纲领，在当时被称为右翼保守派，实则左翼正统派；四是声称要恢复经典马克思主义的马克思主义纲领派，它既反对民主派的资产阶级自由主义倾向，又反对主流派的社会民主主义倾向，还反对保守的官僚主义，主张党和国家实行民主化，经济上实行混合所有制和劳动集体自治,当时被称为反对派,实则中左派。在党内派别争论日益激化的同时,社会上民族分离主义情绪也在加剧,波罗的海沿岸国家纷纷宣布独立,俄罗斯联邦的独立指日可待。正是在这种背景下,苏共内部自下而上出现了建立俄罗斯联邦共产党的呼声。

苏共中央领导人一开始不同意建立俄罗斯联邦共产党,试图通过建立类似的党组织机构来压下这一势头。1989年12月,苏共中央全会决定重建苏共中央俄罗斯局(该局在1956—1966年作为苏共中央负责俄罗斯联邦党务的机构而存在),戈尔巴乔夫任俄罗斯局主席,并在苏共中央机关设立几个专司俄罗斯党务的机构。但这些举措不能使反对派满意。来自下层要求建立俄罗斯联邦共产党的呼声与日俱增,尤其以列宁格勒为甚。1990年1月,在苏联劳动人民联合战线第二次代表大会的推动下,"共产党人倡议"运动在列宁格勒建立。该运动主张成立俄罗斯共产党以替代苏联共产党领导层。据时任苏联共产党社会科学院副院长伊万·安东诺维奇讲,"到1990年春季,俄罗斯65%以上的共产党员同意建立一个独立的俄罗斯共产党组织"。①

在要求建立俄罗斯联邦共产党的呼声背后,实际上隐藏着不同的意图。有人出于挽救苏共的考虑,认为以戈尔巴乔夫为首的苏共领导层的改革路线将把党引向毁灭,试图以建立俄共来保存苏共的核心部分,避免党走向改旗易帜直至垮台的命运;有人出于争夺中央权力的考虑,试图以另立新党来架空戈尔巴乔夫,摆脱苏共的束缚,进而主导俄罗斯的改革朝着有利于自己利益的方向发展;还有人受民族主义情绪影响,认为俄罗斯应该与其他共和国一样,有独立的共产党。不管出于什么考虑,成立俄共,对苏共来说,无疑都将是致命的。正因为如此,一开始,作为苏共中央总书记的戈尔巴乔夫及其周围人是反对建立俄共组织的。比如,时任莫斯科市委第一书记的尤·阿·普罗科菲耶夫就反对建立俄共,担心这会导致苏共的邦联制。②但随着民族分离主义潮流的发展,尤其是以叶利钦为首的

---

① 参见[美]小杰克·F. 马特洛克《苏联解体亲历记》,吴乃华等译,世界知识出版社1996年版,第439页。

② 6月18日莫斯科市委书记普罗科菲耶夫在记者招待会上说:半年前他反对成立俄共,直到现在都认为成立俄共会导致党的邦联制。但俄联邦多党制已出现,确立了经济主权的局势,需要成立俄共,以增加自己的影响力。见新华社莫斯科1990年6月18日报道,转引自谭索《戈尔巴乔夫的改革与苏联的毁灭》,社会科学文献出版社2006年版,第223页。

激进民主派公开挑战中央权威，俄罗斯联邦独立步伐加快，客观形势迫使俄罗斯境内的共产党人必须建有自己的中央，以便在独立后的俄联邦占有应有的地位。正是在这种情况下，戈尔巴乔夫最终很不情愿地同意建立俄罗斯联邦共产党。苏共中央三月全会决定，将在6月，即二十八大召开前举行全俄共产党代表会议，讨论成立俄共的问题，同时责成中央俄罗斯局着手筹备俄罗斯联邦共产党的成立大会，并组建了由89人（每个联邦主体一位代表）组成的筹备组。[1]

与此同时，来自下面的组建工作也在进行。1990年4月21日，倡议成立俄罗斯共产党的一些党组织成员在列宁格勒举行"倡议成立俄共代表大会"。其发起人是列宁格勒的一些国防企业的党委领导人，代表俄罗斯联邦的5个边疆区，37个州和7个自治共和国。大会决定在组织上组建俄罗斯共产党。大会起草了《俄共复兴纲领》、《俄罗斯的命运和俄共的任务》等文件。会议代表认为，建立俄罗斯共产党的战略意义在于，俄罗斯的共产党员在苏共占据多数，通过成立俄罗斯共产党这种方式，可以首先在俄罗斯竖起一道屏障，阻止党在思想上的蜕变，抵制戈尔巴乔夫的资本主义化的改良路线。[2]

5月16日，俄罗斯苏维埃联邦社会主义共和国第一次人民代表大会开幕。这次大会是俄罗斯联邦正式走向独立进而导致苏联解体的转折点。然而苏共并没有认真对待这次人代会代表的选举，民主纲领派则有备而来。25—29日，大会进入最高苏维埃主席的选举议程。在前两轮投票中，"民主俄罗斯"联盟代表叶利钦和"俄罗斯共产党人"议员团代表、克拉斯诺达尔边疆区委第一书记伊万·库兹米奇·波洛兹科夫进行了激烈的争夺，但双方得票均未过半数（531票）。接下来，共产党人临阵换将，波洛兹科夫自动退出，俄罗斯联邦部长会议主席亚历山大·弗拉索夫上场与叶利钦对阵。29日，在这决定国家命运的时刻，戈尔巴乔夫飞往华盛顿，而叶利钦经过第三轮投票最终以微弱多数（535票）当选为俄罗斯苏维埃联邦社会主义共和国最高苏维埃主席。戈尔巴乔夫在机舱吃午饭时得知这一结

---

[1] Иван Осадчий: Как рождалась Компартия РСФСР. Диалог. 2000. № 6.
[2] Разрыва не было - - Из истории образования партии. К X годовщине создания РКРП и РПК. http：//rkrp－rpk.ru/content/view/21/38/.

果，他对助手说："应该和他达成协议。"① 而对叶利钦而言，最高苏维埃主席的当选意味着他向苏共中央夺权迈出的第一步。叶利钦当选后即向媒体表示，俄罗斯将在各方面都独立，俄联邦的决定应当高于联盟的决定。②

6月12日，俄罗斯苏维埃联邦社会主义共和国第一次人民代表大会以压倒性多数票（907票赞成、13票反对和9票弃权）通过了《关于俄罗斯苏维埃联邦社会主义共和国国家主权宣言》。宣言规定，"俄罗斯苏维埃联邦社会主义共和国的宪法和法律在其全境内享有至高无上的地位，苏联与俄罗斯主权相矛盾的法律在俄罗斯领土上终止执行"。③ 对这样的明显与联盟中央争夺主权的条款，当时的俄罗斯人民代表包括共产党人都投了赞成票。由此可见，当时俄罗斯的独立情绪已经超越一切，这种情绪成了建立俄共的主要动因。对此，今天的共产党人追悔莫及。久加诺夫在"8·19"事件发生20周年时说："我当时就确信，而且二十年后的今天仍不怀疑：俄罗斯得到的主权成了一个撬棍，迟早会撬开苏联的整个内部边界。遗憾的是，许多俄罗斯共产党人犯了一个严重的错误，没有及时看清这样的决定预示着什么严重的后果。无疑，反俄情绪的猖獗、无数的怨恨和误解都对这一决定的通过产生了影响。然而不应忘记，大多数邻居当时处于与俄罗斯居民一样的贫困状态，应试图理解他们，忍受委屈。要知道，俄罗斯与其他的共和国对抗并不明智，特别是与乌克兰和白俄罗斯的对抗。哎！类似的论点当时几乎没人理睬，情绪化盖过了理智思维。连锁反应很快接踵而至，所谓的'主权阅兵'开始了。"④

随着俄罗斯联邦的独立，苏共党内各派的竞争愈加激烈，这迫使苏共加快建立俄共的步伐。1990年6月16日民主纲领派和马克思主义纲领派都举行了各自的第二次大会，民主纲领派甚至期盼苏共分裂并瓜分其财

---

① ［俄］亚·维·菲利波夫：《俄罗斯现代史（1945—2006）》，吴恩远等译，张树华、张达楠校，中国社会科学出版社2009年版，第258页。

② В. Прибыловский: ЕЛЬЦИН Борис Николаевич. http://www.anticompromat.org/eltsin/eltsinbio.html.

③ Декларация о государственном суверенитете Российской Советской Федеративной Социалистической Республики от 12 июня 1990 г. 见俄罗斯联邦宪法网站：http://constitution.garant.ru/act/base/10200087/.

④ Г. А. Зюганов: Над пропастью во лжи. 20 - летие антисоветского переворота в СССР. Горбачев дал согласие на введение ЧП, но сам объявлять о нем не желал. http://kprf.ru/rus_soc/95824.html/2011 - 08 - 18.

产。同一天，戈尔巴乔夫召集了俄罗斯各地区的党组织的代表开会。他建议将全俄代表会议改为俄共成立大会，大会分两个阶段，第一阶段会议成立俄共，选举党的中央委员会、第一书记和政治局，讨论苏共行动纲领和党章草案；第二阶段会议在二十八大以后举行，讨论通过俄共的纲领和章程。这次会议争吵激烈，但终于确定了会议议程。

2. 俄共成立的两次大会

1990年6月19日，全俄共产党代表会议在克里姆林宫大会堂开幕。参加会议的有2768位代表，他们同时是由俄罗斯联邦的各级党组织推选出来准备出席苏共二十八大的代表。会议议程主要为两项：关于当前形势和成立俄共问题；关于苏共纲领和党纲草案。戈尔巴乔夫作了题为《为俄罗斯和全国的命运负起责任》的报告。戈尔巴乔夫在报告中肯定成立俄共是适宜的、必要的，认为俄共应成为俄联邦新的政治机制中的有机部分。但他反对利用俄共的成立走向两个极端：一是使党成为无定型的俱乐部，从内部瓦解苏共；二是指望俄共反对改革。他强调俄共是苏共的组成部分。克拉斯诺达尔边疆区党组织代表伊万·奥萨齐代表会议筹备委员会、莫斯科航空学院副教授李森科代表民主纲领派作了报告，莫斯科大学经济系高级研究员科尔加诺夫代表马克思主义纲领派发言，列宁格勒某企业党委书记维克多·秋利金代表"倡议俄共成立大会"派作了副报告。与会者谴责戈尔巴乔夫在意识形态上瓦解了党。克拉斯诺达尔边疆区第一书记波洛兹科夫发言时指出：党内思想出现混乱与苏共领导有关。他们对攻击社会主义理论的言论听之任之，没有捍卫苏联人民历史上辉煌的篇章，在原则问题上让步。苏共中央政治局委员利加乔夫认为，"改革"面临的主要危险是"反社会主义势力正在为削弱共产党和社会主义共和国联盟并最终从内部摧毁党和联盟进行有计划的和越来越猖狂的活动"。发言者认为民主纲领派是"完全的异党"，划清界限是必要的。[①] 从这次会议主要发言者的态度可以看出，俄共成立之初的主导倾向是同民主派划清界限，同时也警告戈尔巴乔夫：党和国家面临被瓦解的威胁。

20日，代表会议以2316票赞成、171票反对的结果通过了《关于将俄罗斯党代表会议改为俄罗斯苏维埃联邦社会主义共和国共产党成立大

---

① 塔斯社莫斯科1990年6月20日电，转引自谭索《戈尔巴乔夫的改革与苏联的毁灭》，社会科学文献出版社2006年版，第225页。

会》的决议。21日，大会以2507票赞成和50票反对通过《关于组建俄罗斯苏维埃联邦社会主义共和国共产党》的决议以及《俄罗斯苏维埃联邦社会主义共和国共产党成立大会宣言》和大会《致联盟各共和国共产党》的呼吁书。22日，大会通过了《致俄罗斯苏维埃联邦社会主义共和国第一届人民代表大会》的呼吁书。23日，大会通过了一系列决议，包括：《关于苏共第二十八次代表大会纲领性声明和苏共章程草案》、《关于当前形势和俄罗斯苏维埃联邦社会主义共和国共产党的首要任务》、《关于俄罗斯苏维埃联邦社会主义共和国共产党成立大会与大众媒体的关系》和《告俄罗斯共产党员和各族人民书》。鉴于俄共是苏共的一部分，不是独立政党，大会没有通过关于俄共性质的章程和纲领等文件。这一天，大会选举了由153名成员组成的俄罗斯苏维埃联邦社会主义共和国共产党中央委员会。一些地区党组织（包括莫斯科的党组织）不同意成立俄共，因而没有推举出中央委员候选人。

在中央全会选举中央委员会第一书记时，出现了一些波折。苏共中央政治局原本提出两位人选：瓦连京·库普佐夫和奥列格·舍宁，但多数代表推举苏共克拉斯诺达尔边疆区第一书记伊万·库兹米奇·波洛兹科夫。经两轮投票，波洛兹科夫当选。

俄共成立不到一个月，1990年7月2—13日，苏联共产党第二十八次代表大会在莫斯科举行。大会通过了《走向人道的、民主的社会主义》的纲领性声明（苏共《行动纲领》）和新党章，改变了苏共的性质。大会以不记名投票的方式选举戈尔巴乔夫为苏共中央总书记，伊瓦什科为副总书记，普戈为中央监察委员会主席。这次大会上，各派斗争激烈，主要是所谓改革派与传统派之争，民主派并不占优势，决意与共产党分道扬镳。民主纲领派发起人、俄罗斯联邦最高苏维埃主席叶利钦，以及莫斯科市苏维埃主席波波夫和列宁格勒市苏维埃主席索布恰克等在会上宣布退出苏共。另一发起人绍斯塔科夫斯基及其他一些人宣布民主纲领派准备建立"独立的、民主的议会党"。

1990年9月4—6日，俄共成立大会第二阶段会议举行。大会补选了中央委员会，使中央委员增至272名，选举了中央监察委员会。大会在讨论筹委会拟定的《俄共行动纲领》草案时争论激烈。这个草案经俄共中央讨论后已刊登在1990年8月24日的《真理报》上。草案申明依据苏共二十八大的文件并在发展其思想的基础上形成。草案指出，俄罗斯共和国和全国一样正经历着行政官僚体制多年造成的严重的经济、政治和精神危机。革命性的社会变革碰到了前所未有的问题、矛盾和困难。这在很大程度上是改革过程中的失误和错误所致。改革的许多实践步骤是不连贯的,不遵循经过科学论证的纲领,不重视改革的社会主义本质和方向。改革成了反社会主义运动和反共产主义运动的保护伞。① 显然,俄罗斯共产党人的这些批评矛头指向的是戈尔巴乔夫。戈尔巴乔夫及其苏共中央政治局大多数人不同意这个草案,结果该草案未能提交大会表决。压力之下,作为一种妥协,第一书记波洛兹科夫建议大会通过如下决定:俄共成员在一切行动中坚持苏共二十八大文件精神,遵循苏共二十八大通过的章程和纲领性文件。然而,以筹委会成员伊万·奥萨齐为代表的一些人认为,这个决定是俄共领导人向民主派的让步。②

9月7日,俄共中央全会通过激烈争论选举了由18人组成的中央政治局。除了波洛兹科夫在成立大会第一阶段会议当选为第一书记外,苏共普斯科夫州委第一书记 А. Н. 伊里因当选为第二书记,其他主要书记分工如下：И. И. 安东诺维奇任社会组织书记, Г. А. 久加诺夫任意识形态工作书记, В. И. 卡申任社会经济政策书记,卡梅洛夫州委第一书记 А. Г. 梅利尼科夫任工人运动书记,苏联文化部副部长 Н. П. 希尔科娃任妇女事务书记, А. С. 索科洛夫任苏维埃工作书记。А. М. 布里亚奇欣和 В. Н. 叶妮娜等也当选为书记。③ 此时,俄共有党员1000万人。

这样,在俄罗斯联邦共和国,形成了两派对峙的政治构架:激进民主派的叶利钦把持苏维埃和政府,传统派的波洛兹科夫控制共产党。尽管此时共产党内部存在不同倾向的流派,如马克思主义纲领派、共产党人倡议运动派,但大都坚持改革的社会主义方向。

3. 遭禁和法庭斗争

俄共成立后,俄罗斯乃至苏联政治斗争激化,经济形势恶化,各加盟共和国纷纷独立。俄共内是革新社会主义还是根本改变社会主义制度的两条路线、两种改革方针的斗争愈加激烈。如果说俄共成立的很大动因是要摆脱苏共领导层,那么成立之后的俄共就面临着如何与叶利钦较量的问题

---

① Программа действий Компартии РСФСР. ПРОЕКТ. "ПРАВДА". 24 августа 1990 г. № 236（26319）.

② И. Осадчий: Как рождалась компартия РСФСР. Диалог. 2000. №6.

③ Там же.

了。以波洛兹科夫为代表的俄共中央政治局委员不断发文揭露以叶利钦为首的民主派背离马克思主义和社会主义原则的危险倾向，以叶利钦为代表的民主派将其视为反改革的阻力，必欲除之而后快。1991年7月2—3日，作为俄罗斯联邦副总统的鲁茨科伊宣布在苏共内成立俄罗斯共产党人民主党，并辞去俄共中央委员职务，目的是分化俄罗斯共产党。① 1991年7月20日，叶利钦签署了非党化指令，禁止政党在俄联邦政府机关、苏维埃机构及企业进行活动，并责令最高苏维埃作出关于法院、检察院、强力部门和军队也照此执行的决议。这实际上是宣布共产党丧失了国家的领导权、军权。

1991年8月6日，俄共举行了中央全会商讨对策。会上，各派观点争论激烈。第一书记波洛兹科夫在其报告中及其他委员在发言中都意识到苏联和苏共处于危急之中，对党和国家的前途表示担忧。鉴于俄总统非党化令，全会通过了关于党组织工作的迫切问题的决定。全会将利皮茨基、鲁茨科伊、普罗塔先科从俄共中央除名，鉴于利皮茨基、鲁茨科伊违反苏共章程和旨在分裂党，建议将其开除出苏共。波洛兹科夫受到来自"左"右两方面的夹攻，"保守派"批评他不能坚决捍卫社会主义原则，民主派攻击他思想保守，缺乏灵活性。在各种批评声中，尤其是为避免党走向分裂，波洛兹科夫辞去了政治局委员和第一书记的职务。8月8日，戈尔巴乔夫提名的瓦连京·库普佐夫当选为政治局委员并接替波洛兹科夫成为第一书记。库普佐夫自称"天生是一个中派分子"，既能与戈尔巴乔夫保持一致，也能与叶利钦打交道。全会以150票对35票选举他任第一书记，希望他能在多党制条件下保存党。库普佐夫当选后即试图谋求与叶利钦总统合作。

然而全会后没过几天，"8·19"事件爆发。限于篇幅，我们这里不对"8·19"事件本身作过多描述，简而言之，这是苏联党政军高级领导人为阻止联盟解体宣布实行国家紧急状态，但因意志软弱、组织不力而被叶利钦利用来打击苏共的一次失败行动。

"8·19"事件是加速苏共垮台、苏联解体的转折点。1991年8月23日，俄罗斯联邦总统叶利钦颁布《关于中止俄罗斯苏维埃联邦社会主义共

---

① 在1991年10月26—27日的俄罗斯共产党人民主党第一次代表大会上，该党更名为"自由俄罗斯"人民党，鲁茨科伊任主席。

和国共产党活动》的第 79 号指令；8 月 24 日，戈尔巴乔夫发表声明，宣布辞去苏共中央总书记职务，并建议苏共中央"自行解散"，"各共和国共产党和地方党组织的命运由它们自己决定"，这样，苏共就不宣而散了；8 月 25 日，叶利钦又颁布第 90 号总统令，宣布苏共和俄共的全部动产和不动产均归俄联邦国家所有；11 月 6 日，叶利钦总统又颁布了禁止共产党活动的第 169 号令；12 月 25 日，戈尔巴乔夫宣布辞去苏联总统职务，12 月 26 日，苏联最高苏维埃宣布苏联停止存在。至此，苏联解体。

然而，有着 74 年执政历史的共产党就这样悄然消失了吗？俄罗斯的共产党人不甘心！在戈尔巴乔夫总统辞职、苏联最高苏维埃通过决议宣布苏联停止存在的第二天，即 1991 年 12 月 27 日，37 名俄联邦人民代表向宪法法院提起申诉，要求审理叶利钦总统上述三个"禁共令"的合法性。这就是轰动一时的"苏共案"。据时任俄共中央第一书记的库普佐夫后来解释，俄罗斯共产党人通过法律程序上诉，不是为一时之需，而是要建立一个永久性的党。① 宪法法院的审理持续了一年之久，最终于 1992 年 11 月 30 日作出了妥协性的判决。法院判定总统令中关于中止苏共区委以上组织的活动符合宪法，但指令中关于解散（按地域原则建立的）基层组织的条款不符合宪法；② 承认苏共有权要求按法律程序返还其财产，但同时确认解散苏共的领导机构为合法，而且没有宣布任何组织为其合法继承人。结果，实际上否决了退还苏共财产的请求。这一裁决实际上是有利于叶利钦总统的，正如总统代理人之一米哈伊尔·费多托夫所称："审理中我们胜了 80%。"③ 根据这一判决，俄共基层组织可以活动，但上层组织必须根据俄联邦的法律重建。不管怎么说，俄共获得了重建的法律基础。这对于在剧变中遭受沉重打击的苏东地区各国共产党而言，具有通过法律程序重新获得生存机会的示范意义。

二 俄共的重建（1991—1994 年）

苏共解散、苏联解体前后，原苏共和俄共内的不同派别相继改组为不

---

① "Дело КПСС": между правом и политикой | (c) Артем Кречетников, Павел Аксенов, Би-би-си, Москва, Русская служба Би-би-си 06.07.2012.

② Постановление Конституционного суда Российской Федерации N 9–П от 30 ноября 1992 года.

③ "Дело КПСС": между правом и политикой | (c) Артем Кречетников, Павел Аксенов, Би-би-си, Москва, Русская служба Би-би-си 06.07.2012.

同名称的共产党和社会党。然而，把各党统一起来，重建苏共、俄共，仍是广大共产党员的共同心声。在共产党遭禁、"苏共案"审理的过程中，重建苏共和统一的俄罗斯共产党的工作已经悄悄地进行。重建苏共的进程与重建俄共的进程是同步进行的。俄罗斯虽有几个新成立的共产党，但遭禁的俄共是最大、最有影响力的党，广大共产党人把俄共看成重建统一的俄罗斯共产党乃至苏共的起点和希望，暂时搁置各自的分歧，有些人甚至离开自己的小组织，投奔俄共，这一切为俄共的重建奠定了组织基础。然而，以谁为中心重建苏共，这在当时是有分歧的。如前所述，最终以舍宁为首、旨在重建苏共的"共产党联盟—苏共"于1993年3月26—27日成立，已经重建的俄共当时没有加入其中，尽管后来加入进来，但意在联盟能以己为中心，这也就注定了这一联盟后来一分为二。

1992年8月8—9日，俄罗斯各共产党和工人党领导人举行了联席会议。会上成立了"俄罗斯共产党人政治协商协调理事会"（Политический консультативно-координационный совет коммунистов России，缩写为Роскомсовет），旨在重建统一的俄罗斯共产党。10月30日，理事会批准了《俄罗斯共产党人政治协商协调理事会条例》，并通过了尽快举行俄罗斯共产党人代表大会的决议。

11月14日，在理事会的倡议下，各共产党的领导人举行了会议。与会者除俄共领导人外，还有俄罗斯共产党人联盟的领导人阿列克谢·普里加林，俄罗斯劳动人民社会党①的领导人柳德米拉·巴尔塔扎洛娃和罗伊·梅德韦杰夫，俄罗斯共产党人党的领导人阿纳托利·克留奇科夫等。会上决定在理事会的基础上组建倡议组织委员会以筹备俄罗斯共产党人代表大会。会议推举瓦·库普佐夫任组委会主席，克留奇科夫、格纳季·斯克里亚尔（劳动人民社会党共同主席）、谢尔盖·彼得罗夫（加里宁共产党人联盟领导人）任副主席，成员有65人。组委会主席团由9人组成：瓦·库普佐夫、阿·克留奇科夫、格·斯克里亚尔、谢·彼得罗夫、伊·奥萨齐、维·佐尔卡利采夫、鲍·斯拉温、伊万·雷布金、维塔利·彼得罗夫。第十位是为俄罗斯共产主义工人党领导人维克多·秋利金预留的，但该党拒绝加入该组委会及以俄共为核心的党。

---

① 俄罗斯劳动人民社会党是1991年成立的合法政党，在"禁共"期间，许多俄共的组织在它的掩护下工作，因此该党成了共产党的"保护伞"和"暂时的政治避难所"。

11月30日，宪法法院撤销了对俄共的禁止令。这之后，民族拯救阵线共同主席根纳季·久加诺夫加入了组委会并成为领导人之一。①

组委会的筹建工作直接由俄共中央书记处领导，实际工作主要由苏共的莫斯科和列宁格勒党组织和劳动人民社会党的人承担，文件起草工作由奥萨齐等负责，在宪法法院工作的一些党员在法律上给予了大力支持。筹备工作几乎是在秘密状态下进行的。经费都是由党员捐助。当局千方百计地阻挠俄共的重建，俄共领导人受到恫吓，电话被监听。②

大会的筹备除了要防备来自外部的威胁，还遇到来自内部的困难。当时最大的困难是已经形成新党的各派在思想上很难达成一致。据库普佐夫讲，俄共与其他共产党在意识形态上的主要分歧在于，俄共宣布自己是苏共的思想上的后继者，而其他共产党不愿意背这个包袱。筹备期间的分歧争论一直延续到大会举行期间。为了将各派联合起来，组委会必须学会在保留分歧的情况下达成妥协方案。③

1993年2月13—14日，俄罗斯苏维埃联邦社会主义共和国共产党第二次非常（重建）代表大会在莫斯科郊外举行。大会决定将党更名为"俄罗斯联邦共产党"。由于各派观点难以达成一致，代表大会没有通过党的纲领，仅通过了一份纲领性声明，批准了党的章程及一系列决议。大会选举产生了新的领导机构——由148人组成的中央执行委员会，其中5个名额是留给其他共产党的。组委会原计划实行共同主席制，库普佐夫起主导作用。但阿利别尔特·米哈伊洛维奇·马卡绍夫将军谴责库普佐夫搞戈尔巴乔夫主义，要求直接由代表大会而不是中央全会选举久加诺夫作为党的唯一领导人，马卡绍夫还声称，如果库普佐夫不答应这一请求，他就不下主席台。结果，久加诺夫当选为俄共中央执行委员会主席。根据久加诺夫的提议，В. А. 库普佐夫、Ю. П. 别洛夫、С. П. 戈里亚切娃、М. И. 拉普申（农业联盟即后来的农业党领导人）、В. И. 佐尔卡利采夫、И. П. 雷布金（时任俄罗斯劳动人民社会党共同主席，后为农业党领导人，并成为第

---

① КОММУНИСТИЧЕСКАЯ ПАРТИЯ РОССИЙСКОЙ ФЕДЕРАЦИИ（КПРФ）Публичная интернет - библиотека Владимира Прибыловского . http：//www. anticompromat. org/kprf/spr_kprf. html.

② Виктор Трушков：Валентин Купцов вспоминает события, связанные с созывом II чрезвычайного съезда КПРФ. http：//kprf. ru/party_ live/54868. html.

③ Там же.

一届国家杜马主席）当选为副主席。①

值得一提的是，俄共重建时，俄罗斯新成立的其他共产党，如共产党人党、劳动人民社会党、共产党人联盟及共产主义工人党等，作为整体都没有加入俄共，仍独立存在，但这些党的一些成员被吸收进来。俄共重建大会当时决定，允许俄共党员保留其其他党的党员资格到1993年11月6日。② 最早主张建立俄罗斯共产党的"俄罗斯共产主义工人党"面对是否加入俄共的问题出现分歧。以秋利金为首的大部分人认为，重建的俄共其领导人都是原苏共上级任命官员，将受"机会主义"影响，不能与其为伍，决定继续在俄罗斯共产主义工人党的旗帜下工作，与马克思主义纲领派（改组为"俄罗斯共产党人党"）和"俄罗斯共产党人联盟"结盟。另一些人则认为，重建的俄共毕竟是一个大党，应该加入其中并引导其"向左转"，这些人中包括理查德·伊万诺维奇·科索拉波夫（原《真理报》主编）、泰穆拉兹·格奥尔吉耶维奇·阿瓦利阿尼、阿利别尔特·米哈伊洛维奇·马卡绍夫、И.布拉季谢夫等，他们选择离开俄罗斯共产主义工人党，加入了俄共并成为俄共中央委员和国家杜马代表。但后来，他们中有的人成为俄共内的"左翼反对派"（如科索拉波夫成立了"列宁纲领派"），被相继清洗出俄共中央和议会党团，最终与俄共分道扬镳。③

苏联解体后的一年多里，俄共党员人数减少了1/3，仅剩680万人，而且其中的一半在军队、国家安全部门、内务部工作，根据总统令，这些人不得参加政党，被剥夺了成为共产党员的权利。重建大会实际召回了不足1/10的党员，即60多万人。④

但这次代表大会具有里程碑的意义。它标志着由执政党转变为在野党的俄共谋求生存和斗争的艰苦历程的开始。大会为俄共恢复和建立各级党

---

① КОММУНИСТИЧЕСКАЯ ПАРТИЯ РОССИЙСКОЙ ФЕДЕРАЦИИ（КПРФ）Публичная интернет－библиотека Владимира Прибыловского．http：//www.anticompromat.org/kprf/spr_kprf.html；*Есть такая партия*．Советская Россия．16.02.1993．

② КОММУНИСТИЧЕСКАЯ ПАРТИЯ РОССИЙСКОЙ ФЕДЕРАЦИИ（КПРФ）Публичная интернет－библиотека Владимира Прибыловского．http：//www.anticompromat.org/kprf/spr_kprf.html．

③ Разрыва не было－Из истории образования партии．К X годовщине создания РКРП и РПК．http：//rkrp-rpk.ru/content/view/21/38/．

④ Виктор Трушков：Валентин Купцов вспоминает события，связанные с созывом Ⅱ чрезвычайного съезда КПРФ．http：//kprf.ru/party_live/54868.html．

组织、动员共产党人同现行制度作斗争指明了方向。俄共从此迈上了反对派政党的征程。

1993年3月23日俄共获准登记，成为合法政党。

三 俄共的兴盛（1995—1999年）

俄共在20世纪90年代经历了从重振到发展的历程。

1. 开展街头斗争，阻止国家全面"资本主义化"

90年代初，俄罗斯开始在政治、经济和社会制度等方面全面转轨。此时，俄共的斗争目标是阻止国家全面"资本主义化"。俄共主要以街头斗争的形式抗议政府推行的自由主义经济改革，捍卫人民代表大会及其常设机构最高苏维埃的最高立法权力并为争取共产党组织的合法地位和设法保存自身组织而斗争。共产党人通过法庭斗争最终赢得了自己的合法地位，并在同当局的斗争中重新组织起来。但在当时的客观历史条件下，人民群众的心理要求变革，主张建立西方式的民主制和自由市场经济的政治力量占上风，国家的政治、经济和舆论权力被"自由民主派"精英所把持。因此，已经失去权力及资源的共产党无力阻止国家全面"滑向资本主义"。最终，叶利钦总统在西方和国内自由派的支持下，实施了"休克疗法"的激进经济改革，炮轰了白宫，驱散了议会，通过了宪法，进而确立了自己的统治地位。俄共在这一过程中恢复和保存了下来。俄共不相信新的国家制度能够长久，决心通过和平手段重新夺回政权，进而改变国家的现行方针和制度。

2. 参加议会选举，以和平方式争取劳动人民的政治地位

1993年12月俄罗斯举行第一届国家杜马选举。为表示对叶利钦政权合法性的质疑，多数共产党采取抵制立场，不参加竞选，唯有俄共经过内部的激烈争论，决定参加议会选举，这表明俄共准备按照新的游戏规则参与政治竞争。俄共尽管准备仓促，但凭借雄厚的组织基础，还是取得了不错的成绩：获得12.4%的选票，在杜马中占42席，在8个议会党团中位列第三，排在自由民主党（22.92%）和民主选择（15.51%）之后。自此，俄共调整了斗争策略，从街头斗争转向议会斗争，利用议会讲坛与民主派和总统抗争，为共产党人和广大民众争取政治权利和经济权利。

到了90年代中期，"休克疗法"的改革造成了严重的经济衰退和社会动荡。国民生产总值减少近一半，人们生活水平急剧下降，社会出现两极分化，民族矛盾加剧，车臣战争爆发。人们发现，"改革"非但没有使俄

罗斯走上"人类文明的主干道",反而使其退回到"野蛮资本主义"时代。老百姓尝到了"改革"给他们带来的苦头,开始怀念苏联时期社会主义的优越性。民主派令民众失望,叶利钦威信下降,社会情绪向左倾斜,共产党又恢复了群众基础。此时,俄共把"进入政权,进而逐步实施社会主义纲领和恢复苏维埃式的人民政权"作为自己的战略目标。1995年12月,俄共站在广大劳动阶层的立场上,团结并依靠人民爱国力量,高举社会公正、国家主义、爱国主义旗帜,打着"俄罗斯、劳动、人民政权、社会主义"等口号,参加议会选举,赢得了第二届国家杜马选举的胜利,获得22.3%的选票,占据157个议席,成为杜马第一大党团。

在1999年的第三届国家杜马选举中,俄共得到24.29%的选票,虽然在杜马中得到的席位(103议席)与上届相比有所减少,但仍占据杜马第一大党团的位置。①

俄共主席久加诺夫先后以人民爱国力量联盟和俄罗斯人民爱国联盟的名义参加了1996年和2000年的总统竞选,虽然分别以40.3%和29.21%的得票率先后输给叶利钦(53.8%)和普京(52%),但也表现为唯一可与当选总统较量的竞争者。

3. 通过议会斗争,抵制叶利钦的执政方针

在国家杜马,俄共及其左翼党团利用其在议会的多数席位,多次否决政府提出的激进"改革"方案和总理人选,迫使当局在政治民主和涉及大多数人切身利益的一系列政策上让步。1994年2月23日,在俄共党团的推动下,国家杜马通过对国家紧急状态委员会成员和参与1993年"十月事件"人员实行特赦的法案。1995年6月和7月,俄共党团在国家杜马提议对切尔诺梅尔金政府投不信任票。与此同时,俄共党团搜集了150人签名,开始启动"弹劾总统"的程序。然而,7月12日,杜马在对成立专门委员会审理诉讼问题投票时,未能得到过半数(226票)的法定票数。1998年8月金融危机之后,共产党人尤·马斯柳科夫出任叶·普里马科夫政府的第一副总理,推动政府实行旨在加强国家宏观调控的摆脱危机纲领。1999年5月,即叶利钦解除普里马科夫总理职务以后,俄共党团在议

---

① В. И. Головлев, Т. И. Нефедова: Государственная дума второго созыва: роль и место в политическом переломе. Москва. 2000. стр. 26, 182; Доклад заместителя председателя ЦК КПРФ И. И. Мельникова на XV Пленуме ЦК КПРФ. hppt://www.cprf.ru/ 27.03.2004.

会中再次发起了"弹劾总统"的运动。尽管共产党的提案最终未能获得通过，但对叶利钦的执政地位构成极大的威胁。与此同时，俄共及其爱国联盟加强在地方立法机构和执行权力机构的渗透，俄共的候选人在布良斯克州、沃罗涅什州、图拉州、梁赞州、阿穆尔州、斯塔夫罗波尔斯克边疆区的州长选举中获胜，形成一个"红色地带"。

总之，90年代中后期，叶利钦总统及亲西方的自由派越来越失去人民的信任，俄共的主张，如强国思想、爱国主义、社会取向的市场经济等，逐渐得到越来越多的人的赞同，共产党在俄罗斯社会政治生活中起着举足轻重的作用，俄共的发展达到鼎盛时期。

但与此同时，俄共内部因不同思想倾向而导致的分歧开始显现。这些分歧以及新的客观情况的变化为俄共在普京执政时期的衰落埋下伏笔。

四 俄共的挫折（2000—2009年）

然而，自2000年普京执政以来，俄共开始走下坡路。普京上台后高举爱国主义旗帜，采取一系列措施加强对国家治理，顺应了民众思定的心愿。俄共一开始对新总统抱有幻想，以为他会改变叶利钦的执政方针。然而，普京站稳脚跟之后，开始亮出底牌。2001年3月22日，俄联邦政府提出《俄罗斯长期经济社会发展基本方针》，坚持叶利钦的改革目标，确立和完善以私有制为基础的自由市场经济体制。2001年4月3日，普京在国情咨文中宣称：俄罗斯当局的任务是使民主自由的原则不可逆转，经济方针不变。他特别强调，"我对90年代改革的目标和任务没有疑问"，"我反对重新分配财产"。[1] 普京的立场使俄共幻想破灭，开始对普京提出严厉批评，并在国家杜马阻止允许除耕地以外的土地自由买卖的《土地法》和对劳工不利的《劳动法典》的通过。普京公开奉劝俄共改行社会民主主义，迫其放弃反对派政党的立场，加入支持总统的政党行列。对此，俄共领导人不予接受，公开申明不做社会民主党，坚持其反对派的立场不变。于是，普京开始对俄共实施分化和打压政策。2001年4月，杜马中的"团结"、"祖国—全俄罗斯"、"俄罗斯地区"和"人民代表"4个中派党团及右翼力量联盟等两个右翼党团联合起来以重新分配席位为名，剥夺了俄

---

[1] 弗·普京：《向俄罗斯联邦议会提交的2001年国情咨文》，《普京文集——文章和讲话选集》，中国社会科学出版社2002年版，第271—293页。

共占据的杜马各重要委员会的主席职务。这次"杜马政变"致使俄共丧失了自1995年起一直在议会中占据的主导地位。在总统、议会和政府协调一致的新的国家权力格局下，俄共被边缘化，作为政府的反对派，可利用的政治空间极为有限。

在外部压力之下，俄共内部潜在的矛盾开始显现，争吵和分裂接踵而至。俄共领导人先后受到来自党内左翼和右翼的两面夹攻。先是党内以舍宁和科索拉波夫为代表的"列宁纲领派"谴责俄共领导人奉行议会主义，丧失了共产党的原则，最后于2000年7月与俄共分道扬镳。接着，俄共中央委员、国家杜马主席根纳季·谢列兹尼奥夫在"杜马政变"中以"国家利益高于党的利益"为由，拒不执行俄共中央全会决议，继续留任议长职位，公开申明支持普京总统，并于2002年9月7日组建"俄罗斯复兴党"，意在取代久加诺夫的人民爱国联盟。在2003年第四届国家杜马选举过程中，俄共遭遇"盟友叛离"、拉走选民的打击，加之领导人竞选策略失误，最终导致选举失败，由国家杜马第一大党退居第二位，议会席位减至52席。2004年3月总统选举时，笼罩在失败氛围中的俄共领导人久加诺夫未能出面，派出自己的盟友、农业党领导人尼·哈里托诺夫上阵厮杀，这是俄罗斯联邦建立以来历届总统选举中唯一的一次。接连的失败引发了俄共的内讧和分裂。2004年7月4日，俄共举行第十次代表大会的当天，以俄共中央书记处书记 C. A. 波塔波夫和中央主席团成员、莫斯科市委第一书记 A. A. 库瓦耶夫为首的党内反对派与久加诺夫的中央对抗，拉出自己的队伍在游船上另开大会，会后另立新党——全俄罗斯未来共产党。俄共几经分裂，元气大伤，组织规模锐减，党员人数从20世纪90年代中期的50多万人，减少到2006年的18万人。[1]

然而，俄共没有消沉。十大后，俄共经过一年多的思想、组织整顿，稳住了阵脚。在2007年的第五届杜马选举中，俄共保住了第二大党的地位，但其选民支持率（11.6%）和杜马席位没有明显突破（57席），在2008年的总统选举中，俄共候选人久加诺夫的得票率（17.80%）虽远超后两位候选人（弗·日里诺夫斯基9.41%、安·波格丹诺夫1.29%），但与当选总统的梅德韦杰夫的得票率（70.17%）相差悬殊。2008年11月底俄共召开十三大时，正值国际金融危机开始在全球蔓延，这一背景为俄

---

[1] 刘淑春等：《当代俄罗斯政党》，中央编译出版社2006年版，第177页。

共的重振提供了机会,十三大充满了憧憬未来和展示信心的高昂气氛,但从当时的实际力量对比来说,俄共尚未根本扭转普京执政以来的颓势。但这次大会的确是俄共发展的转折点。

五 俄共的转机（2009—2013年）

十三大后,俄共一方面紧紧抓住金融危机带来的发展机遇,抨击新自由主义对俄罗斯经济社会造成的危害,批评政府对危机反应迟钝、举措不利,并通过议会内外的各种途径,把俄共的反危机纲领（包括14项措施）传达到社会的各个角落。俄共关于实行自然资源和关键性经济部门国有化,加强对金融体系的监管,将国家外汇储备投资于本国经济,实行累进税,扶持农业和中小企业,振兴工业、国防、科技,发展住房、交通和基础设施建设,进而转变国家的能源依赖型经济结构,实现社会主义现代化等主张,以及反腐败、反对教育商业化和一整套旨在保护劳动者利益的社会政策主张,均得到广大民众的支持,也迫使执政者在政治（如选举制度）、经济和社会领域的政策有所调整。

与此同时,俄共加快了党的现代化建设。其措施包括:（1）在坚持党的思想传统的基础上,更新了党纲,把建设"更新的、21世纪社会主义"作为新的奋斗目标;（2）加速组织年轻化,吸收大批青年入党,推举年轻有为并有专业知识的党员骨干进入党的各级领导岗位和议会党团,进而使党的队伍更年轻、更专业、更有战斗力;（3）巩固了与社会组织的盟友关系,领导一个由30余个社会组织参与的抗议运动,配合俄共举行各种议会外的活动,加强了与工人运动的联系,举行两届全俄劳动集体代表大会,巩固了自己的青年团,成立了民兵组织,建立了旨在弘扬俄罗斯文明的"俄罗斯和睦"运动,进而巩固了党的选民基础,在地区选举中接连取得良好战绩,扩大了俄共在地方立法体系和执行权力体系的影响力和话语权;（4）建立了从中央到地方的垂直互联网体系,并积极利用广播、电视和网络视频等媒体进行宣传,勇敢地与政治对手展开电视辩论,进而打破官方的舆论封锁;（5）广泛联合国际上的共产党及左翼组织,旗帜鲜明地宣传社会主义,抵制反共主义,赢得国际左翼力量的尊重与支持。俄共正是通过其组织、信息、社会、议员和资金五大支撑体系的有效运作和全方位的努力,最终在2011年12月的第六届国家杜马选举中获得了选票倍增（19.2%）的成绩,其杜马席位相应增至92席（这一结果接近1999年的

103席）；在2012年3月的总统选举中，俄共候选人久加诺夫的最后得票率（17.18%）虽然与2008年持平，但缩小了与当选总统普京的得票率（63.60%）的差距，而且几乎是其他三个候选人得票率的总和（独立参选人普罗霍洛夫、自由民主党候选人日里诺夫斯基和公正俄罗斯党候选人米罗诺夫的得票率分别为7.98%、6.22%和3.85%），再次证明了久加诺夫在当代俄罗斯政坛上的重要地位。

至此，俄共经过十余年的顽强奋斗，基本夺回了丢失的阵地，再次确立了其在俄罗斯政治舞台上的重要地位。应当看到，俄共的这一成果是在普京领导的统一俄罗斯党牢牢掌握国家政治、经济及舆论主导权的背景下取得的，来之不易。因此，俄共重新被社会接纳的事实本身可以表明，俄共不仅没有在新的政治环境下被挤垮，而且已经迈向了新的起点，俄罗斯社会需要这样的"反对派"政党，其主要主张顺应了当今俄罗斯社会发展的需要。因此，2013年2月的俄共十五大是在充满自信、乐观向上的氛围下进行的，大会的隆重、开放和务实的程度前所未有。

第二节　组织状况

俄共自称是苏共的继承者。俄共纲领指出，党是"从俄国社会民主工党——俄国社会民主工党（布）——俄罗斯共产党（布）——苏联共产党（布）——苏联共产党——俄罗斯苏维埃联邦社会主义共和国共产党发展而来的"。"俄罗斯联邦共产党是根据俄罗斯苏维埃联邦社会主义共和国共产党和苏联共产党的党员和基层组织的倡议建立的，继续苏联共产党和俄罗斯苏维埃联邦社会主义共和国共产党的事业，是它们在俄罗斯联邦范围内的合法继承者。俄罗斯联邦共产党从俄罗斯、苏联和世界共产主义运动的以往经验中吸收了一切经过实践检验的成果，进而成为能对当代发展的最迫切问题作出回答的真正的劳动人民的党。"[①]

一　党的性质——劳动人民的党

俄共于1993年二大通过第一个章程。20年来，章程虽经几次代表大

[①] Новая редакция программы Коммунистической партии Российской Федерации. http://kprf.ru/2008 - 12 - 12.

会的修改和补充,但其中"捍卫工人阶级、农民、知识分子及一切劳动者的利益"这一关于党的性质的核心定义没有变,坚持认为俄共是"劳动人民的党"。

俄共在2013年十五大修改通过的章程中申明,在现行法律允许的条件下,"俄罗斯联邦共产党是俄联邦公民根据自愿原则在利益一致基础上联合起来以实现其纲领和章程目标而建立的政党"。俄共"以创造性地发展马克思列宁主义为基础,其主要目标是建成社会主义,即在集体主义、自由、平等原则上建立社会公正的社会,争取苏维埃型的真正的人民政权,巩固多民族的联邦国家"。俄共"是爱国主义者的党,国际主义者的党,各族人民友谊的党"。俄共"在坚持自己理想的同时,捍卫工人阶级、农民、知识分子及一切劳动者的利益"。① 2008年新版纲领规定,俄共"是国内唯一彻底捍卫雇佣劳动者权利和民族国家利益的政治组织,其战略目标是在俄罗斯建成更新的社会主义,即21世纪社会主义"。②

俄共关于党的性质的定义部分地沿袭了苏共以往的表述,同时也体现了俄共在现阶段面临的任务。

苏联共产党在其存在的近90年的历史中曾通过十四部党章。1934年十七大通过的党章首次表述了党的性质,规定全苏联共产党(布)"是苏联无产阶级的先进的有组织的部队,是它的阶级组织的最高形式"。这里强调的是党的阶级性和先进性,即是"无产阶级的……最高组织形式"。1952年十九大通过的党章对党的性质作了修改,规定:"苏联共产党是工人阶级、劳动农民和劳动知识分子中思想一致的共产主义者所组成的自愿的战斗联盟。"这一修改强调了党的人民性和共同理想,指明是"共产主义者"的"联盟",这与苏共对当时苏联国内的阶级状况的认识有直接关系。苏共当时认为,由于社会主义的胜利,剥削阶级已被消灭,苏维埃社会是由友好阶级组成的,苏联人民精神上政治上的一致已经巩固了。1961年苏共二十二大通过的党章恢复了十九大党章删去的"先锋队"一词,认为苏共是"根据自愿原则把苏联工人阶级、集体农庄农民和知识分子中先进的最有觉悟的部分联合起来的苏联人民战斗的久经考验的先锋队"。这

---

① Устав КПРФ. http://kprf.ru/party/charter.
② Новая редакция программы Коммунистической партии Российской Федерации. http://kprf.ru/2008 - 12 - 12.

一表述直到1986年苏共二十七大基本没有改动,它强调了党的人民性和先进性。① 1991年苏共二十八大通过的章程将党的性质作了重大改动,认为苏共"是根据自愿原则将苏联公民联合起来,实现以全人类价值和共产主义理想为基础的纲领性目标的政治组织"。② 这里,再次删除了"先锋队"一词,将"全人类价值"与"共产主义理想"相提并论,抹杀了党的阶级性。

相比而言,俄共关于党的性质的定义与苏共时期的定义有所不同,其表述有如下含义:(1)俄共没有明确宣称自己是无产阶级政党,而是通过"捍卫工人阶级、农民、知识分子及一切劳动者的利益"的表述,阐明自己是雇佣劳动者的党,不是全体"公民"的党,间接表明了党的阶级性质;(2)俄共仍以马克思列宁主义为思想基础,并主张对其发展和创新;(3)俄共的战略目标是建成社会主义社会;(4)俄共仍坚持国际主义,尤其是原苏联地区的族际主义;(5)俄共仍以共产主义为理想,尽管章程中没有明确说明"自己的理想"是什么,但声称自己是"世界共产主义运动的一部分",在纲领中坚持认为"人类历史的未来是共产主义"③。

二 组织结构——机构健全,年龄结构老化

在20世纪90年代,俄共是俄罗斯唯一真正的全国性政党,其纲领明确,机构健全,组织严密,成员众多且年轻。21世纪以来,俄共的组织构架没变,但组织规模受到削弱,党员平均年龄日趋老化。俄共近年采取一系列措施来实现党的队伍,尤其是领导层的年轻化,以保持党的战斗力。

1. 党员人数锐减,年龄结构老化

1990年9月初建时,俄共拥有在俄罗斯联邦共和国境内的苏共党员1000万人。苏联解体后俄共遭禁,到1992年年底宪法法院承认俄共基层组织合法性时,俄共仅剩党员680万人。1993年2月重建时,俄共召回党

---

① 参见牛安生《苏共党章述评》,《苏联东欧问题》1988年第2期。
② 参见谭索《戈尔巴乔夫的改革与苏联的毁灭》,社会科学文献出版社2006年版,第240页。
③ Новая редакция программы Коммунистической партии Российской Федерации. http://kprf.ru/2008 - 12 - 12.

员近60万人。①

20世纪90年代中后期，俄共党员退党现象增多。为此，俄共采取"1+1"的办法，即一个党员发展一个俄罗斯人，尤其是青年人入党，来保持党的队伍稳定。直到2000年，俄共仍是俄罗斯组织规模最大的政党，共有党员54.7万人。当时党员年龄结构还很年轻，40岁以上的党员仅占党员总数的12%，30岁以下的占到47%。②

随着时间的推移，尤其是2004年党的队伍的分裂，党员人数锐减，党员年龄结构老化的问题日渐突出。2004年，党员人数骤减至18万人，其中30岁以下的仅占党员总数的6.2%。③

为遏制组织萎缩和年龄结构老化的趋势，俄共从2000年七大举行之前提交大会讨论的《俄共当前任务》提纲草案中就提出，党组织必须保证以每年增加10%的比率发展新党员，尤其是发展青年人和适龄工作的人入党；保证各级党委成员中青年委员占20%，以保持党的活力。④ 尽管这项建议中的具体比例没有写入七大通过的决议，但在2002年八大、在2004年十大的中央报告中都一再强调这是党的队伍更新的硬指标，必须作为各级组织的首要任务来完成，争取在扩大队伍方面有所突破。

近十年来，俄共利用青年团等组织积极吸收青年和大学生入党，每年新增党员近万名，尤其是2008年金融危机以来的几年里，俄共新增党员逐年增多。据俄共在十五大前公布的组织发展信息显示，在2009—2012年，俄共共发展新党员61067名，其中2009年为13035名，2010年为15569名，2011年为17103名，2012年为15360名；2012年新增党员占比为9.8%，一半以上（47个）的地区党组织完成和接近完成了年均增长10%的既定目标。俄共在首都及大工业城市的组织基础相对雄厚，党员人数最多的地区有：莫斯科州——7519名，伏尔加格勒州——

---

① 《Правда》о юбилее партии: Валентин Купцов вспоминает события, связанные с созывом II чрезвычайного съезда КПРФ. http://kprf.ru/party_live/54868.html.

② 孙凌齐：《俄罗斯联邦共产党第七次代表大会纪实》，《国外理论动态》2001年第1期。

③ МЫ ВЫСТОЯЛИ. ВПЕРЕДИ ТРУДНЫЙ МАРШ! – Политический отчет ЦК КПРФ X съезду Коммунистической партии Российской Федерации. http://www.cprf.info/party/materials/plenum_x/24785.html 04.07.2004.

④ 《Очередные Задачи КПРФ – Тезисы для обсуждения в партийных оргазациях к VII съезду партии》，《Советская Россия》. 29 июня 2000г. № 73 [11968] стр. 3.

7250名，克拉斯诺亚尔斯克市——5946名，达吉斯坦共和国——5704名，莫斯科市——5655名，克拉斯诺达尔边疆区——5111名。经过几年的努力，俄共基本遏制了党员人数急剧下降的趋势，稍稍缓解了党员队伍老化的问题。截至2013年1月1日，俄共共有党员158900人，平均年龄56.4岁（2012年为57岁），30岁以下的党员有16761名，占党员总数的10.5%。①

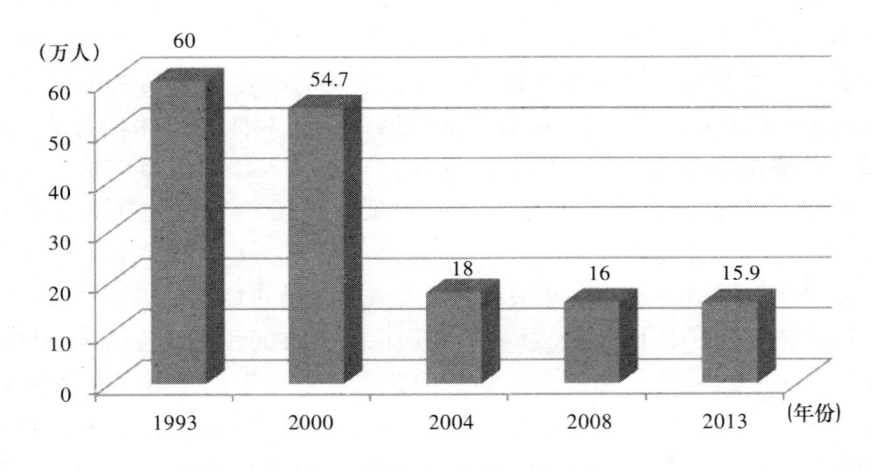

图1　俄共党员人数变化情况

2. 党员职业构成多元化

20年来，俄共的党员职业构成发生很大变化，前十年以工程技术人员和学生为主，后十年则以退休者居多。我们掌握的可比数据不多，但可从中看出上述变化。1997年，工程技术人员占58%，大学生占17%，农民占15%，工人占8%，其他占2%。2000年，工程技术人员23%，大学生占48%，农民占12%，工人占12%，其他占5%。② 2003年年初，即俄共重建十周年之际，俄共党员构成中，工人占11.4%，农民占11.3%，学生占4.2%，科学、文化和艺术界的代表占5.3%。③ 2013年1月1日，

---

① Облик партии перед XV съездом. http://gazeta-pravda.ru/content/view/13772/79.

② 孙凌齐:《俄罗斯联邦共产党第七次代表大会纪实》,《国外理论动态》2001年第1期。其中最后一个数据"其他占5%"是笔者根据总数计算而得，与孙文的2%略有出入。

③ Десятилетие создания КПРФ, http://www.cprf.ru/13.02.2003. 此数据没有其他行业人员占比，转引自刘淑春等:《当代俄罗斯政党》,中央编译出版社2006年版，第176页。

即俄共重建二十周年时，俄共党员成分较之以前更复杂，其构成中占据多数的是退休人员，占党员总数的 43.6%，职员占 14.1%，工人占 12.8%，农业人员占 8.1%，失业人员占 5.3%，工程技术人员占 4.5%，从事文学艺术创作的知识分子占 4.2%，学生占 3.4%，小企业主占 2.4%，大企业领导人占 0.8%。此外，女性党员占 34.4%；2/3 以上党员受过高等教育。[①]

从党员构成可以看出，俄共成员的职业构成呈多元化，各个行业的人都有，尽管不能确定"退休者"群体成员的职业属性，但相较于社会在职人员，他们可归属弱势群体。因此，俄共的确是"劳动人民的党"、"雇佣劳动者的党"。不过，随着时间的推移，近 44% 的退休者党员的自然减员势必削弱党的规模。因此，俄共在广大工人、农民及其他行业就业人员中扩大党的影响工作迫在眉睫，俄共队伍年轻化的任务十分艰巨。

3. 党的垂直体系健全，中央领导机构成员日趋年轻化

俄共建有自下而上的垂直体系，在居民点、市区和州或边疆区分别设有基层支部、地方党委和地区党委。俄共直到重建十周年时，在全国 89 个联邦主体中（除车臣外）设有 88 个地区党委；二十周年时，地区党委减少到 81 个。相应地，十年间，地方党委由 2362 个减少到 2278 个，基层组织由 17636 个减少到 13793 个。

俄共的最高领导机构是代表大会。俄共迄今已经举行十五次代表大会，包括例行和非例行代表大会。俄共例行代表大会一般每四年举行一次，其议程不仅涉及中央委员会关于四年工作总结和未来工作方针的报告，还要重新选举党的领导机构，修改党纲、党章等。俄共一大（1990）、三大（1995）、四大（1997）、七大（2000）、十大（2004）、十三大（2008）和十五大（2013）都是例行代表大会。两次例行大会期间可因特殊情况举行非例行（或非常）代表大会或代表会议，截至目前，俄共除二大（1993）因重建而选举中央领导机构外，其他非例行大会大都专为选举事项而举行（见表1）。

---

① Облик партии перед XV съездом,《Правда》№20（29938）22—25. февраля 2013 года. http://gazeta-pravda.ru/content/view/13772/79.

表1 **俄共历次代表大会和代表会议列表**①

时间	序号	大会性质	主要议程
1990年6月20—23日第一阶段 9月5—6日第二阶段	第一次	成立大会	宣布成立 选举领导机构
1993年2月13—14日	第二次	非例行（联合重建）代表大会	更改党名，通过党章，选举领导机构
1993年10月26日	第一次	全俄代表会议	推选第一届国家杜马代表
1994年4月23—24日	第二次	全俄代表会议	决定参加共产党联盟—苏共
1995年1月21—22日	第三次	例行代表大会	通过党纲，选举领导机构
1995年8月26日	第三次	全俄代表会议	推选第二届国家杜马代表
1996年2月15日	第四次	全俄代表会议	推选总统候选人（久加诺夫）
1997年4月19—20日	第四次	例行代表大会	修改党章，选举领导机构
1998年5月23日	第五次	非例行代表大会	修改党章
1999年9月4日第一阶段 9月21日第二阶段 2000年1月15日第三阶段	第六次	非例行代表大会	推选第三届国家杜马代表 推选总统候选人（久加诺夫）
2000年12月2—3日	第七次	例行代表大会	选举领导机构
2002年1月19日	第八次	非例行代表大会	根据《政党法》将社会联合组织更名为政党
2003年9月6日第一阶段 12月28日第二阶段	第九次	非例行代表大会	推选第四届国家杜马代表 推选总统候选人（哈里托诺夫）
2004年7月3日	第十次	例行代表大会	选举领导机构
2005年10月29日	第十一次	非例行代表大会	修改党章
2007年9月22日第一阶段 12月15日第二阶段	第十二次	非例行代表大会	推选第五届国家杜马代表 推选总统候选人（久加诺夫）
2008年11月29—30日	第十三次	例行代表大会	通过新版党纲，选举领导机构

① 资料来源：俄共历次代表大会文件；维基百科"俄罗斯联邦共产党"词条（Коммунистическая партия Российской Федерации）http://ru.wikipedia.org/wiki/.

续表

时间	序号	大会性质	主要议程
2011年9月24日第一阶段 12月17日第二阶段	第十四次	非例行代表大会	推选第六届国家杜马代表 推选总统候选人（久加诺夫）
2013年2月23—24日	第十五次	例行代表大会	修改党章，选举领导机构

俄共的常设领导机构是中央委员会、主席团和书记处。中央委员会根据党纲和代表大会决议决定党的方针政策，两次中央全会期间由中央主席团决定党的重大政治问题和组织问题，中央书记处及若干工作委员会主持日常工作。俄共设有中央监察委员会及其主席团。每届中央委员会成员都按一定比例更新，最新一届中央委员有较大幅度的增加。

表2　　　　俄共中央委员、候补中央委员和中央监察委员会
委员变动情况（单位：人）[1]

时间（年）	代表大会	中央委员	候补中央委员	中央监察委员	主席团
1990	一大	153			18
1993	二大	148			由7增至12
1995	三大	140	24	44	21
1997	四大	147	38	33	21
2000	七大	159	56		21
2004	十大	127	69	34	16
2008	十三大	143	105	37	16
2013	十五大	180	116	45	20

直到2000年，俄共领导机构人员相对年轻。当年，俄共地区领导人中60岁以上的仅占15%，40—60岁的占50%，40岁以下的占35%。[2] 此后，党的领导层日趋老化。八年后，即2008年12月十三大召开时，俄共中央委员平均年龄59岁。当时久加诺夫在大会报告中对党的领导层的老

---

[1]　根据俄共相关文件编制，未查到的数据暂空。二大情况参见 И. Осадчий：Как рождалась компартия РСФСР. Диалог. 2000. №6。

[2]　孙凌齐：《俄罗斯联邦共产党第七次代表大会纪实》，《国外理论动态》2001年第1期。

化问题表示了极大的焦虑,认为这"已严重地制约着党的活动能力"。久加诺夫坦言,以这样的年龄结构,即使国内形势发生突变,俄共也难以采取行动。他严厉批评了一些老同志恋栈、不为年轻人让位的现象。在此之前,即2007年举行第五届国家杜马选举时,为避免党内领导人争夺杜马席位,俄共中央明确规定地区组织的第一书记原则上不推举为候选人,或不列入候选人名单的前几名,以使他们专心从事地区党务工作,同时把那些具有专业实力和竞争力的代表尤其是新面孔推举为候选人,树立新的形象,以赢得更多的选民。结果在第五届(2008—2011年)俄共杜马党团57名议员中,新当选的议员占1/3,共19人,平均年龄47岁,有5名议员年龄在30岁以下。[1] 作为改善各级组织领导人老化问题的第一步,十三大首先在中央领导层进行了较大程度的更新,16名中央主席团成员中有7人、10名中央书记中有5人是新当选的;同时将候补中央委员增加了一倍,达到105人,其中75人为年轻人。这一举措使俄共中央的领导机构成员的平均年龄大大下降,也为四年后的中央领导机构的更新准备了后备军。[2]

2009年7月,俄共专门召开了主题为"当前条件下的干部工作问题"的中央全会。会议宗旨既是为国家发展建言献策,也是从战略角度考虑自身建设的问题。久加诺夫在全会的报告中指出,为使俄罗斯摆脱危机,建立有效的社会模式,必须打破现有的官员—寡头体系,建立人民信任的政府。他提出巩固干部链的三个环节:第一个环节是任用既具有苏联经验,又具有在现在条件下工作经验的管理者;第二个环节是提拔那些今天在生产、科研、教育领域脱颖而出、受过良好培训的人才;第三个环节是为明天培养人,完善国家教育体系,培养好下一代。为此,俄共提出,把党员的年轻化作为优先工作之一,把培养干部队伍工作提上日程。为了巩固党的队伍,久加诺夫要求每个有经验的地区党组织书记要培养一个未来可以领导一个区、市、州、共和国的党组织的年轻人。俄共的党校通过远程教

---

[1] 刘淑春:《经受大选考验的俄共——俄共大选结果解读》,《当代世界与社会主义》2008年第3期。

[2] 刘淑春:《为建设"21世纪社会主义"而斗争——俄共十三大述评》,《俄罗斯中亚东欧研究》2009年第4期。

育网络,加紧培养党务工作者。①

作为一个议会党,在议会中斗争的工具是依法建言献策,这需要专业知识,因此推举什么样的代表进入各级议会,直接关系到党在议会工作的成效。四年多来,久加诺夫顶着党内中央和地区元老级领导人抵触的压力,大力举荐和使用年轻人,推进地区和地方领导层的年轻化和俄共各级立法党团议员的专业化。最终,十五大选出的中央委员有180名,平均年龄为50岁,与四年多前相比年轻了近10岁;候补中央委员116人,平均年龄仅为39岁,其中最年轻的候补中央委员奥布霍夫斯基才19岁,②这意味着俄共的干部后备军都是年富力强的。一些新人首次进入中央主席团和书记处,40多岁的德米特里·诺维科夫当选为中央副主席。这些年轻人进入中央领导层增加了俄共的活力,有利于加强党在青年中的工作和利用现代媒体的能力,提高了俄共作为现代政党参与国内事务的竞争力和影响力。

与此同时,俄共也在推进地区和地方组织领导机构的年轻化。2012年,新当选的4139名地区党委委员中,30岁以下的333名,约占8%;1091名地区党委候补成员中,30岁以下的339名,约占30%。但目前地方和基层组织领导人仍年龄偏大,如新当选的地方(区、市)党委委员有43243名,地方党委第一书记平均年龄为56.2岁,基层支部书记平均年龄为55.6岁。此外,俄共地区领导机构新当选成员中工人占8.3%,女性占24.6%,分别比2008年增加了1.9%、2.7%。③比较而言,俄共中、下层领导人的年轻化程度远远赶不上中央上层的年轻化,这势必影响俄共基层组织的动员能力和工作效率。

三 社会基础——体力和脑力雇佣劳动者

俄共称自己是劳动人民的党。理论上,俄共一直把工人、农民和知识分子作为自己的社会基础。例如,2000年12月俄共七大通过的《俄共的

---

① Руслан Тхагушев: Г. А. Зюганов: На Пленуме мы предложили программу укрепления трех звеньев кадровой цепи, 2009 – 07 – 04. http: //kprf. ru/party_ live/68622. html. 2009年7月4日。

② Руслан Тхагушев. Михаил Сурков: Г. А. Зюганов: Главная особенность XV Съезда – это устремленность в будущее, Лидер КПРФ провел пресс – конференцию в ИА《Интерфакс》, 2013 – 02 – 26. http: //kprf. ru/party – live/cknews/115927. html. 2013年3月5日。

③ Облик партии перед X V съездом. http: //gazeta – pravda. ru/content/view/13772/79.

当前任务》决议指出:"俄共把工人阶级、劳动农民和人民知识分子、所有劳动者的联盟看成自己的社会基础。"①

21世纪以来,俄罗斯的社会阶级结构发生了新的变化。随着国家向后工业化、信息化社会的过渡,新技术的出现,劳动的性质也随之发生变化,这会给"工人阶级"、"劳动者"等概念打上新的烙印。对此,共产党人需要用马克思主义的观点对"工人阶级"、"劳动者"等概念涵盖的内容加以界定,更准确地揭示和表述当代工人阶级的属性。为此,俄共提出要更准确地界定党的社会基础,以明确党到底依靠谁的问题。2008年十三大召开前夕,党内就党的社会基础问题进行了激烈的争论。俄共领导人认为,俄共的社会基础要大大扩展,不仅要依靠体力劳动者阶层,还要依靠脑力劳动者阶层,要表达和捍卫所有受资本剥削的劳动者的利益。最后,俄共在其十三大通过的新版纲领中明确申明:"俄罗斯共产党人将自己的思想首先诉诸当代工人阶级,广而言之,诉诸俄罗斯各劳动阶级和阶层,即诉诸一切用自己的劳动创造物质和精神价值、为民众提供具有重要意义的服务的人。共产党人将这些人视为自己的主要社会基础。"② 俄共第一副主席伊·梅利尼科夫在大会上作关于新版纲领的报告时谈道,这意味着俄共要依靠所有体力和脑力雇佣劳动者,包括工程技术和科学工作人员、服务领域的劳动者等。与此同时,梅利尼科夫承认,分析党的社会基础的过程没有结束,俄共的社会基础还要继续扩大。③

关于雇佣劳动者的涵盖范围,久加诺夫在2007年俄共十二大报告中指出,"雇佣工作者指没有生产资料的体力和脑力无产阶级,即工人、农民、劳动知识分子、教师、医生、工程师、学者、创作工作者等"。④ 2013年十五大前夕,俄共中央主席团成员瓦·拉什金与《真理报》记者谈话中提到,俄罗斯现有7300万雇佣工人,其中有4000万人是工业、建筑、交

---

① Очередные задачи партии. Советская Россия. 07.12.2000.
② Новая редакция программы Коммунистической партии Российской Федерации. http://kprf.ru/2008 - 12 - 12.
③ Пресс - служба ЦК КПРФ: Наша Программа – удобный для восприятия, мощнейший по своему содержательному заряду, современный политический документ. Доклад И. И. Мельникова XIII Съезду о новой редакции Программы КПРФ. http://kprf.ru/2008 - 11 - 29.
④ Г. А. Зюганов: Побеждают коммунисты – побеждает народ! Доклад на XII (внеочередном) съезде КПРФ. http://kprf.ru/2007 - 09 - 24.

通和农业部门的工人，此外，就社会地位接近雇佣工人阶级的还有工程师、教师、医生、学者、文化工作者和服务行业的就业者。[1]

然而，在现实中，俄共主要的依靠力量大都是城市中的底层群众、退休者，在当代工人、农民和知识分子中的支持力量占比不大。这一点可以从俄共队伍的社会构成看出，上面提到的从21世纪初到目前俄共队伍中工人、农民和知识分子的比例总和仅占全体党员的1/3。从选民构成来看，以2000年的总统选举为例，俄共选民的80%来自城市，退休者占俄共选民的32.6%。[2] 然而普京执政后，城市劳动者的工资和退休人员的养老金普遍有所增加，这使得俄共的部分传统选民离开俄共而去投统一俄罗斯党的票。因此，俄共领导人总结竞选经验教训时承认，"党至今未能成为工人运动的主导力量"，在乡村的组织薄弱，缺乏在农村和农工综合体内的竞选计划，并一再强调，俄共要加强对工业企业、农村和新兴科技部门选民的影响，争取熟练工人、农民和科技知识分子的支持。[3] 近年来，俄共在青年学生和科技人员中扩大社会基础的工作初见成效，吸收了一些大学生入党，在大学生和科技人员中争取到新的选民，如俄共在莫斯科大学选区、新西伯利亚科学城等的支持率显著增加。

20多年来，随着俄罗斯社会阶层的分化，俄共的选民队伍和地域分布也发生了一些变化。俄共的选民是新近出现的下层民众，选民队伍的重心过去集中在远离中央的南部地区，现在则遍及全国各地。俄共第一副主席梅利尼科夫在总结2007年第五届国家杜马选举结果时分析到，俄共的支持率已经不与地区分布相联系，也不与俄共在政权机关的代表席位相联系，而是与俄罗斯普遍的社会分层和具有反对派情绪的社会群体的形成相联系。从地理分布来看，俄共支持率趋向均衡化，从前在南部的"红色地带"的优势已经不甚明显，而在欧洲部分的北部、乌拉尔和部分东部，即20世纪90年代俄共支持率最低的地方，增加了新的选民。近四年来，俄共在大城市（如莫斯科和圣彼得堡等省会城市）中的选民有增加趋势。过

---

[1] В. Ф. Рашкин в газете 《Правда》：《Сплочённость удесятеряет силы》，http://kprf.ru/party-live/cknews/114729.html.2013-01-25.

[2] 刘淑春等：《当代俄罗斯政党》，中央编译出版社2006年版，第177页。笔者尚未找到2000年以来俄共选民的社会构成信息。

[3] Трудный тарафон. О стратегии КПРФ в избирательных кампаниях 2002—2004гг. Доклад Г. Зюганова на пленуме ЦК КПРФ 22 июня 2004г. Советская Россия. 25.06.2002.

去这些城市被认为是"反共的堡垒",与俄共及其思想体系格格不入,现在这种说法已经成为历史。主要原因在于,城市中的社会分化日益加剧,激进的自由主义改革结果显现,人们被分为"胜利者"和"失败者",后者开始对现行政策不满,倾向反对派。此外,大城市选举监控相对严格,不容易作弊,俄共的选票也很难被人"偷走"。当然,这也与俄共在这些地区的努力分不开。① 到了 2011 年年底第六届国家杜马选举时,俄共领导人声称,俄共拥有 300 万有组织的拥护者,1200 万—1300 万稳定的选民,官方的选举结果虽然是 12%,但实际上"我们得到 25%—35% 的支持,当然还必须扩大自己的影响"。②

四 组织原则——民主集中制

俄共在现行法律规定的范围内确定党的活动方式,以民主集中制、思想统一和党内同志关系为基本组织原则,要求党员在共同的思想和道德、同志关系、平等和民主集中制基础上保证党的纪律,主张党内生活民主化,实行领导干部定期更换制,杜绝领袖至上现象,铲除利用在党内的地位达到利己目的、败坏党的声誉的政治腐败分子和投机钻营分子滋生的土壤。

20 年来,俄共正是依据民主集中制、思想统一等组织原则,保证党在艰难复杂的环境下不被打败,虽历经一次次外压内患而不散,始终作为一个组织严密、有政治影响力的政党而存在。同时应当看到,俄共在贯彻上述组织原则方面还存在一些问题。首先,由于党内从一开始就存在不同思想流派,党员,尤其是党的上层在党的性质、党与现政权的关系、党在现阶段斗争的目标与形式等重大问题上,思想认识远非一致,加之党内缺乏经常性的思想交锋和统一认识的机制,致使不同流派逐渐发展成为不同派别,有的最后与党分道扬镳。其次,党内生活缺乏民主氛围,有时中央用组织手段处理思想认识问题,致使党内矛盾加剧,党的团结和声誉受到损害。再次,俄共虽规定了领导层的更次机制,但领袖自重建以来始终未

---

① Мельников И. И.: Доклад Президиума ЦК КПРФ на XII Съезде КПРФ: "О предварительных итогах выборов в Государственную Думу Федерального Собрания Российской Федерации пятого созыва". http://kprf.ru/rus_ soc/53759. html 2007 - 12 - 15.

② Алексей Брагин. Пресс - служба ЦК КПРФ: Г. А. Зюганов: Мы показали свой характер и умение сражаться в сложных условиях! http://kprf.ru/party_ live/104536. html 2012 - 03 - 30.

换，这引起党内一些人的不满，几次大会都有人提出更换领导人而未果。俄共作出这样的选择，或许是出于保护党的利益、凝聚党的力量考虑，毕竟久加诺夫政治经验更加丰富。但这显然不利于更新党的形象和增强党的活力。久加诺夫已经 70 岁，党的副主席也 60 多岁，为了党的事业的延续，推举新的领导人的确迫在眉睫。**最后**，党内确实有人抵挡不住议会议员及议长职位的诱惑，把竞选运动当成争权夺利的工具，为了个人的升迁和保住权力而不惜抛弃党和民众的利益。

第三节 理论主张

纲领是判断一个政党性质的基本理论文献。每个政党的纲领是阐述其理论主张及战略性目标的宣言。俄共成立 20 多年来，其纲领上的变化从某种程度上体现了俄共理论上的变化。

俄共在 1990 年成立之初，作为苏共的组成部分，不允许提出独立的纲领，故没有通过任何表明党的性质的文件。在 1993 年 2 月召开的二大（重建大会）上，一方面因内部思想流派混杂，难以形成统一看法，另一方面当时对未来形势不甚明了，不便作出长远的战略性规划，因而俄共仅通过了一份纲领性声明。在 1994 年的全俄代表会议上，俄共通过了《从危机走向稳定发展、人民政权和社会主义》的纲领性提纲。以这些文件为基础，俄共最终在 1995 年 1 月召开三大时通过了党的纲领。这一纲领在 1997 年 4 月召开的四大和 2002 年 1 月召开的八大上作了稍许修改和补充，其中后一次修改主要是为了与俄联邦《政党法》的要求相适应。随着 21 世纪以来国内外形势的变化，俄共认为需要对十年前确定的纲领作相应调整。2004 年 1 月，俄共中央主席团正式提出要对纲领进行修改，并成立了由久加诺夫领导的 26 人纲领修改委员会。俄共中央在 2004 年 7 月的十大和 2005 年 10 月的十一大分别提出了纲领修改的范围和原则。经过充分酝酿和理论研讨，纲领修改委员会终于在 2008 年 4 月推出了新版纲领草案，并将这一草案发表在党报、党刊和网站上。经广泛征求党内外意见后，俄共纲领的新版本由 2008 年 11 月底举行的俄共十三大通过。下面我们根据俄共纲领、章程以及党的其他文件和领导人讲话，对俄共的主要理论主张作一介绍。

一　坚持以发展的马克思列宁主义为指导

俄共宣称是一个以马克思列宁主义为指导的政党。党章指出："俄罗斯联邦共产党建立在创造性地发展马克思列宁主义的基础之上";[①] 党纲规定，"党在确定自己的纲领目标和任务、战略和策略时，从分析社会政治实践出发，遵循马克思列宁主义学说并创造性地发展这一学说，依据本国和世界的科学和文化的经验和成就"。[②]

今天，马克思列宁主义对俄共而言仍是其理论基础和思想武器。在马克思、恩格斯和列宁诞辰纪念日，俄共都以举行集会、发表理论文章和召开研讨会等方式加以纪念，将其作为在人民中宣传马克思列宁主义的机会，并结合当今争取社会主义斗争的实践，阐述马克思列宁主义的当代价值和现实指导意义。

1. 马克思主义是共产主义思想体系的基石

在俄共看来，马克思主义是认识人类社会发展规律的科学理论和指南，是共产党人世界观的理论基石。

俄共在《纪念卡尔·马克思诞辰190周年》决议中称马克思是"人类历史上最伟大的思想家之一"，认为马克思和恩格斯创立了"成为劳动人民战斗旗帜的哲学学说"。马克思恩格斯创立的辩证唯物主义"把对整个周围世界，尤其是人类社会的认识提高到了一个新的水平"，其历史唯物主义"揭示了人类发展的推动力"。"借助于马克思恩格斯的著作，我们看到的历史是完整和有规律的进程。""马克思的经济学说揭示了资本主义剥削的机制。这一学说论证了资产阶级社会的瓦解和人类向社会主义过渡的必然性。它成了作为世界工人运动的理论和纲领的共产主义思想体系的基石。"决议提到，马克思虽然未能活到亲眼看到自己的学说取得最初胜利的时候，但他去世（1883年）后不到35年，世界上第一个工人和农民的国家就在俄国创立了。列宁正是运用关于劳动解放学说的辩证法精髓翻开这一学说发展史上新的一页。苏维埃政权证明社会主义是有生命力和前途的。苏联成立后，就经济增长速度而言，只用了15年的时间就登上了世

[①] 经俄共十五大修改的章程，Устав КПРФ. http：//kprf.ru/party/charter/

[②] Новая редакция программы Коммунистической партии Российской Федерации. http：//www.kprf.ru/ 2008 - 12 - 12.

界第一位。从 20 世纪中叶起，资本主义的西方已经与整个社会主义国家体系打交道了。20 世纪末，社会主义在苏联和东欧遭到了暂时的失败。但 21 世纪初，马克思主义仍在继续发展。作出社会主义选择的国家正满怀信心地面向未来。社会主义的价值观在拉丁美洲这样一个辽阔的大陆占据了上风。①

俄共强调，要继承马克思开创的社会主义事业，必须把马克思主义理论应用于今天的斗争实践，创造性地发展马克思主义。现实中，俄共在有些提法上的确有所调整，但总体而言不放弃马克思主义基本原则。如不再提无产阶级专政，而是坚持争取劳动人民的政权；主张以和平方式通过选举争取政权，但不放弃特殊条件下采取暴力革命的手段等。"现实生活要求对马克思主义理论加以具体化和补充。但共产主义运动的理论基石不能改变。这就是不仅对自然界，而且对社会的彻底的辩证唯物史观；揭示资本主义剥削实质的剩余价值理论；旨在确立阶级的政治权力的阶级斗争，而这个阶级首先，且比任何阶级对消灭私有制的无限统治都更加利益攸关。这就是俄共写入自己纲领中的马克思的原则。"②

2. 列宁是人类新型文明——社会主义的缔造者

今天，俄共更多遵循的是列宁的教导。在俄共看来，列宁是世界无产阶级的领袖和苏联社会主义国家的缔造者。俄共认为，"列宁是杰出的世界历史人物"。在 20 世纪，列宁对整个历史进程产生了巨大影响。"他是闻名于世的伟大哲学家和经济学家，是天才的政治家和创新实践家，是缜密的历史学家和成功的法学家，是笔锋犀利的著作家和天赋的演说家，是具有崇高精神和道德修养的人。"但在人类历史上，"他首先是世界无产阶级的领袖，在他的领导下，第一次社会主义革命胜利完成"。③ 列宁将作为伟大的无产阶级政治家、革命家永载俄国文明史和世界文明史。

对俄共而言，列宁的理论遗产是今天的行动指南。俄罗斯共产党人认为，列宁作为一位伟大的思想家和理论家，创立了关于作为工人阶级最高

---

① Постановление Президиума ЦК КПРФ《О 190 - летии со дня рождения Карла Маркса》. hppt: //www. kprf. ru/ 2008 - 04 - 14 /Пресс - служба ЦК КПРФ/.

② В. В. Трушков《Овладевая марксизмом человечестао становится на голову выше》.《Политическое просвещение》. 2008 г. №2. Стр. 85 - 96.

③ Постановление президиума ЦК КПРФ《О 140 - летии со дня рождения Владимира Ильича Ленина》, www. cprf. ru. 2009 - 11 - 05. Пресс - служба ЦК КПРФ.

组织形式的新型政党的学说,并在实践中领导布尔什维克这支无产阶级的先锋队,为使俄国广大劳动人民摆脱受奴役被剥削的地位,过上幸福美好的生活而奋斗;他提出了关于社会主义革命可以首先在一国取得胜利的学说,并根据这一理论取得了十月革命的胜利;他提出的国家与革命的学说,为建立新型的社会政治和经济体制奠定了理论基础;他关于工人阶级在争取民主和社会主义革命胜利的斗争中应广泛争取同盟军的观点,为布尔什维克制定正确的政策和策略,夺取和巩固十月革命的成果提供了理论依据;他关于帝国主义是资本主义的最新和最高阶段的理论,令人信服地说明了时代的性质和关于战争与和平的问题;他的关于社会主义国家与资本主义国家和平共处的观点,不仅对处于资本主义包围之中的新生的苏维埃政权的巩固,而且对日益强大的社会主义国家的发展,都具有十分重要的战略意义;他的社会主义建设理论,尤其是新经济政策思想,为经济落后的国家如何进行社会主义建设提供了理论指南。虽然列宁的这些学说中的某些观点迄今仍引起人们的争论,但总体而言,"列宁的理论遗产绝没有过时"。列宁的理论和思想犹如灯塔,指引着一切坚信社会主义和共产主义理想的人们前进。如果没有列宁,人类今天也许还不知社会主义究竟是什么模样。今天,对列宁最好的纪念是认真地研究、创造性地发展和积极地宣传列宁的遗产,并将之付诸实施。[1]

俄共今天在俄罗斯是维护列宁形象的代言人。在社会上泛起反共、反列宁潮流之时,俄共呼吁人民认识到,列宁是苏联乃至今天的俄罗斯国家的缔造者和卓越的领导人,诋毁列宁无异于诋毁祖国历史。针对社会上对列宁领导的十月革命的攻击,久加诺夫认为,列宁不是如某些人所说的"狂热的冒险主义者",仅凭着一股激情或野心去领导俄国革命,而是在马克思主义的科学理论指导下,根据当时俄国和世界主要国家的实际情况,在科学地、创造性地发展了马克思主义的基础上,去推动和领导俄国进行社会主义革命的。当时许多第二国际的"老革命家"或"马克思主义者"、俄国的普列汉诺夫,甚至一些布尔什维克党的领导人,都认为列宁是错误的。但列宁不仅在理论上驳倒了他们,用自己的雄辩学说征服了俄国的广大群众,而且在实践中证明了自己的理论的适用和可行。俄国的十

---

[1] В. В. Трушков 《Овладевая марксизмом человечестао становится на голову выше》. 《Политическое просвещение》. 2008г. №2. Стр. 85 – 96.

月社会主义革命以及十月革命后所建立起来的苏联是前无古人的伟大社会主义实践。列宁是"提出人类发展新道路的人之一。而且他不仅提出新道路,还依据三种思想——公正、劳动、人民政权——去实现这条道路"。[1] 列宁所创建的苏联是人类新文明的尝试,它与建立在私有制基础之上的西方文明截然不同。虽然这项伟大的尝试经历了无数的困难和挫折,但是它代表着一种独特的新质的社会发展方向。"它所取得的巨大成就是无法再现和不可超越的",其历史意义无法估量。

俄共认为,列宁不仅是苏维埃国家的缔造者,也是当今俄罗斯联邦之父,是俄罗斯历史上最强有力的国家领导人。俄共领导人久加诺夫谈到,列宁当年接手的是一个在世界大战中打了败仗、伤痕累累、奄奄一息的大国,而身后留下的则是处于高涨中的国家。1917 年苏维埃政权建立时,国家工业停滞,人民精疲力竭。列宁不得不从废墟中把国家重新收拾起来。他仅用了七年的时间就把一个四分五裂的俄国重新建立起来。在这七年里,列宁试验了四套国家政策方案:从战时共产主义、粮食征集制和粮食税,到新经济政策和俄罗斯国家电气化计划。在当时来讲,列宁的电气化计划"相当于今天的'星球大战'、互联网、微型技术……的气魄",这个计划"是 20 世纪最天才的发明,使国家得以在十年时间进行了国有化"。列宁的英明预见、战略眼光和灵活策略尤其表现在新经济政策的实施上。当年,在列宁作出新经济政策决定时,承受了巨大的压力,布尔什维克党内 1/5 的党员退党。然而,一年后,这些人看到了新经济政策所取得的成果,又回到了党内。这体现了这一决策的智慧和力量。[2]

俄共还认为,列宁的民族理论对解决当今俄罗斯的问题依然具有现实指导意义。苏维埃政权建立之初,列宁提出了三项建国方略:第一,国际主义原则,即全世界无产者联合起来,已经获得解放的国家应当支持被压迫民族争取民族解放的斗争;第二,坚持民族自决权,不能将强大和多数民族的意志和利益强加给弱小和少数民族;第三,实行苏维埃联邦制,从心理上和历史上把多民族的苏联各族人民联系为一个整体。苏维埃多民族国家后来的发展,证明列宁是正确的。苏联解体、分裂后的各加盟共和国

---

[1] В. Кожемякин, В. Оберемко:《Ленин: кем он был для России?》,《Аргументы и факты》, № 47. 11. 09. 2008.

[2] Там же.

之间因宗教、种族、领土及资源等问题发生的纠纷和战争，恰好从反面证明了列宁的民族政策的正确。

俄共旗帜鲜明地同虚无苏联历史、妖魔化列宁的现象进行针锋相对的斗争。俄共强调指出，诋毁列宁无异于否定祖国历史。而否定祖国历史，于法、于理难容。在法律上，作为一个国家，今天的俄罗斯联邦是列宁缔造的。理由在于，他签署了建立这个国家的法令，除此之外，现在的俄联邦国家没有其他任何合法性基础。1991年12月25日的法律只是将俄罗斯苏维埃联邦社会主义共和国更名为俄罗斯联邦，而不意味着重新建立一个国家，且该法律也是俄罗斯苏维埃联邦社会主义共和国最高苏维埃批准的。把苏联时代庸俗化和改写苏联历史、嘲弄对列宁的纪念及列宁签署通过的法律的任何企图，都是对俄罗斯联邦的完整性和权威的破坏。俄共坚决反对把列宁的遗体从红场迁出，认为列宁葬于红场的墓中是历史决定的，所有关于这个问题的议论都带有挑衅性质。在情理上，苏联时代是祖国历史不可分割的组成部分。这一时代创立了许多伟大壮举和英雄业绩。不能允许任何人把几代人的生活一笔勾销。直到如今，俄罗斯仍靠这些人创造的劳动果实生活。对历史的野蛮态度只能对青年一代的成长产生侵害性影响。①"爱国主义与反苏主义是不相容的"——这是俄共反复向社会和执政者说明的道理。俄共认为，苏联是俄罗斯历史的鼎盛时期，在今天倡导爱国主义的时候，是不能无视甚至否定苏联时期的历史功绩的。共产党人警告执政当局，放任反苏主义蔓延有损于国家利益。②

俄共认为，列宁主义仍是共产党人今天认识和改造社会的指导思想。在俄罗斯目前的条件下，共产党人要建设"更新的、21世纪的社会主义"，必须向列宁这位社会改革的战略家和革命行动的策略家请教，向列宁的理论和政治遗产请教，即回到列宁那里去。列宁是苏联社会主义国家这个新型政治体制的缔造者，他集理论家和组织者才能于一身，并具有自我牺牲精神。列宁极富远见卓识，能够预见未来，还能及时制定出解决眼

---

① Прекратить войну против своей истории! Открытое письмо Г. А. Зюганова Секретарю Общественной палаты России Е. П. Велехову. http：//www.cprf.ru. 05/21/2009；Руслан Тхагушев. Г. А. Зюганов:《Никакого надругательства над мемориалом героев советской эпохи на Красной площади мы не допустим!》http：//www.cprf.ru. 01/21/2009.

② Г. А. Зюганов:《Предлагаю всем нам жить в храме по имени Россия》. http：//www.cprf.ru. 11/21/2008.

前迫切问题的政策和策略。由于后来的苏共领导人"缺乏理论头脑",党内的理论权威也多是诠释领导人的讲话和思想,给他们的言行套上理论的外衣,致使理论在列宁和斯大林之后的苏联领导人那里变成了装饰物和奢侈品,从而导致苏联的解体,给苏联党和国家以及社会主义与国际共产主义运动造成沉重打击。苏联解体的教训告诉我们,先进的理论对于一个新的社会制度而言,既不是装饰物,也不是奢侈品,而是赖以存在的基础,是社会主义事业取得胜利的必要条件。

近些年来,俄共领导人引导党员以列宁的帝国主义学说为依据,分析当代资本主义的特征和危机的根源,坚持认为当今的时代仍是"从资本主义向社会主义过渡的时代",并根据列宁的思想设计未来社会主义。但俄共认为,回到列宁并不是回到偶像的、先知的列宁,而是回到作为学者、思想家和革命家的列宁。没有列宁,没有列宁主义,俄罗斯共产党人就没有未来,国家就不可能重新回到社会进步的道路上来。只有用列宁的理论和方法论武装起来,才能为俄罗斯再次走上社会主义道路找到机会。

3. 斯大林是苏联社会主义强国的建设者

俄共与俄罗斯某些共产党不同,在党的纲领中没有将斯大林理论与马克思列宁主义并列为指导思想。但俄共一直主张对斯大林的功过采取客观的评价态度,认为斯大林继承和发展了列宁的社会主义建设思想,斯大林的错误属于"拓荒者"的错误。

在2008年国际金融危机来临之际,俄罗斯各派就如何实现俄罗斯新的现代化引起争论。俄共认为,实现新的现代化,不能不借鉴斯大林领导苏联人民所进行的社会主义现代化的经验。在这一背景下,2009年3月,俄共中央主席团作出了《关于斯大林诞辰130周年》的决议,对斯大林一生的理论和实践作了较为全面的评价。决议认为,斯大林是著名的国务活动家和社会活动家,是世界上第一个工农国家的缔造者之一。斯大林作为一个革命家,早年就研读马克思、恩格斯的著作,是"一个博学的马克思主义者"。在十月革命和苏维埃政权初期,"斯大林坚决捍卫列宁的武装起义思想,将其作为推翻专制制度和确立人民政权的手段。他论证并创造性地发展了列宁关于无产阶级专政、对待农民的态度,在一国建成社会主义等思想。斯大林对布尔什维克的民族政策的形成和苏联的建立作出了相当大的贡献。国内战争年代是在列宁和斯大林的紧密配合下度过的,他们携手建设并巩固了红军"。在社会主义建设时期,"斯大林经济政策的基石是将国家从一个农业国变成工业发达的强国"。可是苏维埃国家没有外援，因此，"发展俄国的斯大林模式的主要特点是自力更生"。斯大林制定了苏联工业化原则，工业化的实现为社会主义国民经济体系打下了基础。历史证明斯大林快速工业化的方针是正确的，因为它建立在马克思主义对帝国主义矛盾的分析之上，这一矛盾导致了第二次世界大战。历史为苏联仅留十年备战时间，在斯大林的领导下，苏联人民才能够充分利用这一历史机遇。苏维埃政权社会经济政策的主要论点——单独在一个国家建成社会主义——变成了现实。从列宁新经济政策到《1936年斯大林宪法》一路走来，苏联人民为建立一个新型社会奠定了基础，这一社会形式在战争年代证明了自己优越于法西斯主义。卫国战争期间，苏联战斗与建设同步进行，结果，苏联不仅战胜德国军队，而且在生产的质量和规模上也强于后者。苏联是粉碎德国法西斯及其盟友的决定性力量。战争期间，"斯大林在领导前线的军事行动和后方的经济组织工作的同时，继续从事重要的理论活动。在他的讲话和指示中，不仅苏联军事科学，而且苏联社会主义国家及其职能和力量源泉的理论都得到进一步的发展"。"斯大林是总结苏联国家在战争条件下的实践经验并指出巩固国家的经济实力和军事实力的途径的首批人物之一。""斯大林在创建世界社会主义体系中的作用也是无可估量的。"决议特别提到，"斯大林留给我们的理论遗产直到今天也没有失去意义。斯大林的系列文章《论列宁主义原理》《苏联社会主义经济问题》《马克思主义和语言学问题》，都是收于政治思想库的宝藏。然而，对于马克思主义者来说，今天使用斯大林的著作绝不意味着逐字逐句地盲目照搬，必须理解和运用斯大林本人对待其前人经验的方法"。①

与此同时，俄共不否认斯大林领导苏联时期出现过错误和悲剧。关于苏联20世纪三四十年代的大清洗，俄共2008年版纲领用"破坏社会主义法制"这样的词汇来定义，并申明"党对此曾予以坚决的谴责"。上述俄共决议中还分析了斯大林错误的原因，认为"'拓荒者'不寻常的道路上总是伴随着一些错误和悲剧性的过失"，"这是与内外敌人进行残酷的、不可调和的斗争的条件决定的"。苏联面临着严酷的历史考验，"它只有一个解决办法：不是你死，就是我活。此外，还面临整个人类文明

---

① Постановление Президиума ЦК КПРФ《О 130 – летии со дня рождения И. В. Сталина》. http://www.cprf.ru/2009 – 03 – 26.

的命运问题"。①

21世纪以来，国家主义、爱国主义在俄罗斯得到官方的推崇，以增强民族自信心，恢复俄罗斯的大国地位。于是，斯大林作为俄罗斯历史上强有力的国家主义者、爱国主义者的形象也得到社会的认可。在2008年"俄罗斯"电视台组织的"俄罗斯名人"的大众评选中，斯大林位列第三。在这种背景下，是迎合社会潮流，将斯大林作为强国主义者、爱国主义者、民族领袖来评价，还是将斯大林作为马克思主义者、社会主义者、国际主义者来评价，这一问题在俄罗斯的共产党人中产生了不同看法。

从上述俄共中央关于斯大林的公开评价我们可以看到，俄共把斯大林主要作为苏联社会主义国家的领导者加以评价和肯定，进而强调苏联社会主义在俄罗斯历史上的作用，唤起民众重建社会主义。同时我们必须看到，近年来，俄共领导人久加诺夫在多种场合发表关于斯大林的看法，他在肯定斯大林作为革命者、社会主义者的同时，更多地强调斯大林作为强国主义者和爱国主义者的历史作用。2004年12月，在斯大林诞辰125周年之际，久加诺夫发表了题为《强国的建设者》的长篇文章加以纪念。文章认为，"斯大林首先是一位刚毅、坚决、果敢的政治家—国务活动家，是一个民族领袖，是一个庞大的和强大的强国的设计师和建设者"。作为强国的建设者，斯大林忠于革命和社会主义；把全部力量都彻底地贡献给苏维埃国家的建设事业；在世界舞台上坚定地捍卫民族的利益。②

在此文，久加诺夫归纳了斯大林时期在国家体制、地缘政治、经济制度、民族政策、宗教政策等方面值得继承的"遗产"。其中，在国家管理体制方面，久加诺夫认为，"斯大林的国家政治理念基石的两个基本原则是政治上的现实性和历史的继承性"。斯大林在国家体制建设方面能根据形势的变化而改变看法：在革命之初，斯大林主张实行严格的单一的国家管理体制，反对联邦制。但他后来从现实出发，认为联邦制是向未来的社会主义的一元集权制过渡的一种形式。今天，俄罗斯的执行权力完全凌驾于代表权力之上，这与俄国人民的集体主义的、共议性的、苏维埃的传统

---

① Постановление Президиума ЦК КПРФ《О 130 - летии со дня рождения И. В. Сталина》. http://www.cprf.ru 2009 - 3 - 26.

② Г. А. Зюганов: Строитель Державы. Правда, №140 (28754) 10 - 15 декабря 2004；柳达：《久加诺夫论斯大林的历史地位》，载《2005年：世界社会主义跟踪研究报告——且听低谷新潮声（之二）》，社会科学文献出版社2006年版，第78—83页。

和当今的国家需要水火不容。显然,俄国需要恢复代表权力的优先地位。因此,俄共提出了"修正"国家制度的替代纲领,其主要目的是在俄罗斯传统的基础上建立苏维埃型的议会制共和国,向真正意义上的人民政权迈进。

在捍卫俄罗斯民族传统和地缘政治利益方面,在久加诺夫看来,斯大林了解俄国的地缘政治地位,继承了俄罗斯许多世纪以来有效地应对经常性的外部威胁的传统,在解决苏联安全问题时,不得不巧妙地利用帝国主义之间的矛盾。斯大林针对各"民主"大国与希特勒和墨索里尼之间进行的慕尼黑勾结,不得不以签订苏德互不侵犯条约作为回敬,这使得国家的边界向西推进,推迟了希特勒的进犯,保护了居住在西乌克兰和西白俄罗斯领土上的斯拉夫兄弟。斯大林善于打破针对苏联的帝国主义大国的统一阵线,然后又争取到反法西斯联盟的建立。因此,今天继承斯大林的遗产,就要"把强国思想和斯拉夫思想有机地结合在一起。这种结合的前提是俄国要控制世界的欧亚心脏,保障整个斯拉夫—东正教文明在军事、政治和意识形态等方面得到必要的安全"。正是由于苏联在"解冻"和"停滞"时期错误地离开了斯大林的地缘政治模式,注定了"改革"时期的地缘政治灾难和今天被贬低了的俄国地位。"把争取真正的民主和人民政权的斗争与俄罗斯思想和人民传统,与民族解放斗争结合起来——这就是斯大林留给我们的任务。"[1]

2009年9月10日,久加诺夫在《真理报》发表题为《斯大林是革命家和爱国者》的文章,文中强调,"斯大林是一位伟大的革命家,因为他是一位伟大的爱国者,反过来说也一样"。斯大林的世界观信条是深刻的马克思主义的和爱国主义的,符合俄罗斯的命运和精神。在斯大林时期,集体利益、公共利益高于个人利益达到了极致。正是在这个时候,斯大林作出了只能称作革命的决定:放弃直接的世界革命的方针(这在共产国际和布尔什维克党内是一个公理),采取在单独一个国家——苏联——建成社会主义的方针。这不仅是革命性的决定,而且是爱国主义的决定,这决定了斯大林和党同托洛茨基和托洛茨基主义之间不可调和的斗争。现在,

---

[1] Г. А. Зюганов: Строитель Державы. Правда, №140 (28754) 10–15 декабря 2004;柳达:《久加诺夫论斯大林的历史地位》,载《2005年:世界社会主义跟踪研究报告——且听低谷新潮声(之二)》,社会科学文献出版社2006年版,第78—83页。

这一斗争已成为历史，假设托洛茨基及其不断革命的方针获胜，其后果只能是国家消失在法西斯主义的铁蹄之下，不会有1945年的胜利。① 久加诺夫的这番话，实际上认为斯大林在20世纪二三十年代放弃世界革命，坚持在一国建成社会主义的方针是正确的。

久加诺夫对斯大林作出上述评价，一方面是出于政治斗争的需要，在今天，共产党人要通过强国主义、爱国主义争取民众认同，通过肯定斯大林作为苏联国家领导人的历史功绩来使人民认同苏联社会主义在祖国历史上的作用；另一方面，是为自己一贯主张的俄罗斯社会主义、国家爱国主义、俄罗斯民族精神、地缘政治理念和与教会结盟等观点寻找理论支撑。因此，久加诺夫的评价既有与俄共官方观点一致的地方，也带有个人的偏好。

关于如何评价斯大林，久加诺夫强调应该用辩证的方法看待斯大林，从历史的时代特征中去寻找斯大林所犯错误的原因。他在其《强国的建设者》一文中谈道："我国历史最具悲剧性的篇章和最伟大的篇章都与斯大林联系在一起。在分析斯大林时代时，谁要是想寻找简单和直接的答案，他就只能以失败告终。在斯大林问题上，只有辩证的方法才是富有成效的。作为时代之子，斯大林身上具有这一时代的全部特征。永无止境地一往无前，但又背负着历史的包袱；建立了伟大功绩，而为了主要的事业却对人残酷无情；机智灵活而又知识渊博，但同时也在明显的情况下犯错误；真诚而无私，却迷恋权力，有时这种迷恋压倒了其他情感；在国家事务上深思熟虑，谨慎从事，但在给千百万人的命运造成打击的行动上却又是漫无节制，以致后来不得不对之进行长久的和痛苦的纠正。所有这一切就是斯大林。"久加诺夫认为，苏联作为一个世界超级大国、一个巨大的地缘政治同盟的领袖、全世界历史范围的一种文化和意识形态现象的形成，正是在斯大林执政时期完成的。而这一过程进展得的确很艰难、很残酷。如果我们不带偏见，就不能不承认，这种残酷性的原因不应到斯大林的个性、苏维埃政权或者"社会主义极权主义"中去寻找——无论如何，原因不仅仅在这里。这些原因首先应该到伟大变革的基本特征和世界的革命性变更时代的前所未有的复杂性中去寻找，到历史因素和个人主观因素

---

① Г. А. Зюганов:《Сталин – революционер и патриот》.《Правда》№ 98（29440）8 – 9 сентября 2009 года.

相结合而产生的那个时代的特征中去寻找。主要之点在于，从自己的经验中汲取必要的教训。① 五年之后，2009年10月31日，即梅德韦杰夫总统在为"政治镇压牺牲者纪念日"写的博客中声称反对为斯大林的大清洗进行辩护②的次日，久加诺夫通过答记者问的方式作了回应。久加诺夫强调，"不能将我国的生活归结为一两个悲剧性的年头，这样的时候在任何一个国家的历史上都会发生。在评价斯大林这个人物时，应该着眼于他30年间的活动"。接着，久加诺夫列举了列宁、斯大林在1917—1953年为国家所立下的功绩，然后谈道："至于说到大清洗，50年代党（苏共。——笔者注）已经宣布这是不能容忍的并保证任何时候这种情况都不会再发生。"久加诺夫还说："应以深深的敬意和尊重的态度对待历史，对那些遭受非法劫难的人表示尊重的同时，要学会不重蹈覆辙。人们今天以怀旧的情绪回忆苏联时代，那是因为每个人都想生活在一个广袤、强大和受人尊重的国度里。"我们应该接受历史的本来面目，只有这样，才有希望不重复历史的悲剧性和可怕的篇章。如果邓小平及其班子当时跟曾经迫害过他们的人算账，他们就会把中国毁了。可是他们没有这样做，结果把中国变成了全球的装配车间和领先的世界强国。"有人把斯大林的名字仅仅和大清洗联系在一起，而大多数人却把这一名字与完全另外的事情——胜利、核导弹盾牌的建立、在危急时刻斯大林的意志和谈判的智慧联系在一起。……我请你们相信，随着时间的推移，所有人都会承认，20世纪是列宁和斯大林的时代。"③

从久加诺夫的这些谈话可以看出，他认为苏共对斯大林的问题已经作了决定，今天应该尊重历史，吸取教训；斯大林为国家所做的一切功大于过，今天看斯大林应该着眼他的一生，而不是纠缠他一生中的几年；即使斯大林犯有错误，也有其客观历史原因，而不仅仅是个人性格品质所致。久加诺夫的这些观点证明他是一个成熟的政治家。

---

① Г. А. Зюганов: Строитель Державы. Правда, №140 (28754) 10–15 декабря 2004；柳达：《久加诺夫论斯大林的历史地位》，载《2005年：世界社会主义跟踪研究报告——且听低谷新潮声（之二）》，社会科学文献出版社2006年版，第78—83页。

② Д. Медведев: Память о национальных трагедиях так же священна, как память о победах. http: //blog. kremlin. ru/post/35/transcript/ 30 октября 2009.

③ Г. А. Зюганов: Нельзя, чтобы жизнь нашей страны сводилась к одному – двум трагическим годам, которые бывают в истории любого государства. http: //www. ivcprf. narod. ru/nov/nov_ cprf/nov_ cprf_ 091101_ /cprf_ 091101_ 03. htm.

二　坚信当今时代仍是从资本主义向社会主义过渡的时代

俄共依据马克思主义关于资本主义基本矛盾运动规律的原理分析苏东剧变以来的资本主义新变化及世界格局和时代特征，进而确信社会主义在21世纪仍有发展前途。

在2008年新版纲领中，俄共首先确认资本主义生产方式占据了世界主导地位这样一个事实，同时指出了资本主义制度的性质和对人类发展造成的后果。纲领认为，"今天，资本主义统治着地球上大部分地方，资本主义是这样的一种社会，其物质和精神生产服从于最大限度地攫取利润和积累资本的市场规律，一切都变成了商品，金钱成了人与人关系的主要尺度。资本主义生产方式意味着对人和自然资源的无节制的开发，不考虑对后代的生活及其生存环境的致命后果"。[①]

纲领特别强调，"列宁关于帝国主义是资本主义发展的最高和最后阶段的学说被证明是正确的"，并根据列宁的帝国主义学说，对20世纪以来资本主义发展的轨迹作出全面的回顾，尤其对20世纪后半叶资本主义剥削和扩张的新形式、新特点作出描述。纲领谈到，"资本集中的过程导致了20世纪初大垄断联盟的建立，出现了银行资本与工业资本的融合。重新瓜分市场的斗争日益加剧，引起了给人类带来巨大牺牲的两次世界大战和多起局部地区的武装冲突。在20世纪后半叶，拥有所谓'金十亿'居民的发达资本主义国家集团通过对地球资源的掠夺性开发、金融投机、战争和极其狡猾的新殖民主义方法而发财致富，进入了名为'消费社会'的阶段。在这一阶段，消费由人体的自然功能变成'神圣的目标'，个人的社会地位取决于对这一目标追逐的热衷程度。就其本质而言，这是一种通过纠缠不休的广告和其他心理施压方法进行的超级剥削和市场扩张。帝国主义利用最新技术对全球居民进行洗脑。它竭力用其信息网约束整个世界，在世界各地植入利己主义、暴力、精神虚无和世界主义"。[②]

纲领专门阐述了对苏联解体以来世界格局和资本主义新变化的看法，认为美国及西方大国通过推行全球化来重新瓜分世界，争夺自然资源，导

---

① Новая редакция программы Коммунистической партии Российской Федерации. http://www.kprf.ru/ 2008 – 12 – 12.

② Там же.

致人类陷入新的矛盾。苏联被摧毁和资本主义在后苏联地区及东欧复辟以后，美国及其亲密盟友推行帝国主义全球化政策。一种极其危险的局势正在形成。劳动和资本之间的国际性对立被强加上"文明之间的战争"的形式。新的瓜分世界正在进行。对经济、政治和军事的影响范围正在进行重新瓜分。争夺对地球自然资源控制的斗争在加剧。帝国主义集团为了实现自己的目的，积极利用军事政治同盟并诉诸公开的武装行动。

关于全球化问题，俄共领导人在2000年12月的七大报告中阐明了自己的看法。报告指出，俄共纲领中提到的全人类面临的问题，在资本主义框架下是不可能解决的。因此西方竭力保持现状，通过所谓的全球化来固守自己的统治。实际上，在全球化这个新的术语下掩盖的是旧的、公开的帝国主义政策。今天，只有在没有剥削、压迫、贫困、不公正的世界里，只有在不压制自由的世界里，也就是说，只有在真正的社会主义条件下，才能解决全球问题。社会主义作为一种国际主义学说，丝毫不拒绝世界一体化进程。但社会主义是对资本主义制度下畸形的世界一体化的现实替代。只有社会主义能创造可持续的、有生命力的社会，这个社会将在不挤压邻邦和后代机会的情况下，满足自己的需求。[①]

俄共在谈到全球经济的融合进程时通常用"一体化"（интеграция）来表述，不用"全球化"（Глобализация）一词，认为"全球化"概念掩盖了西方的扩展、剥削的本质。俄共用"全球主义"（глобализм）一词概括资本主义的新阶段。2004年7月，久加诺夫在俄共十大报告中对当今世界发展的新阶段定义为"全球主义阶段"，并分析了这一阶段的特征。他在报告中指出，帝国主义进入了一个新阶段——全球主义阶段。这一阶段具有以下特征：（1）生产资本、工业资本完全从属金融资本、投机资本，后者已成为自给自足的并具有了再生产能力的资本，超越了商品阶段；（2）市场关系已经变成人为的不等价交换机制，在市场关系的幌子下，掩盖的是对一系列国家和人民的非经济的强制和掠夺；（3）"国际分工"的新模式得到巩固，使国际层面的不公正、日益突出的社会不平等加倍恶化；（4）跨国公司和金融集团的影响急剧扩大，其目标是觊觎国际关系体系中不受限制的权威和权力主体地位；（5）民族国家失去对世界经济进程

[①] См. Г. А. Зюганов: Россия, труд, народовластие, социализм. Политический отчет Ценрального Комитета КПРФ Ⅶ Съезду и очередные задачи партии. Советская Россия 5. 12. 2000.

的控制，国际法的基本准则遭到篡改，旨在取消国家主权和建立全球政权结构——世界政府；（6）传媒文化扩张成为侵略和摧毁传统价值观的一种形式，精神被划一在极其低俗蒙昧的水平上；（7）寄生性，从使用高新技术和整合跨国公司资源而获得的好处仅仅为己服务，其余世界难以摆脱不可避免的贫困和衰落的命运；（8）腐朽并在质上阻碍技术进步。[①] 俄共迄今一直坚持上述关于全球主义特征的看法。

俄共新版纲领看到，一方面"业已形成的世界结构使主要资本主义国家得以保持相对的稳定，削弱工人及其他抗议运动，缓解个别国家的社会冲突"，但另一方面，"资本主义在保证了少数国家的高水平的消费的同时，把人类引上了新一轮的矛盾，大大加剧了所有全球性问题"。因此，纲领认为，"资本主义作为在全球占统治地位的制度继续存在下去，有带来灾难的威胁。甚至最狂热的资本主义的拥护者都承认，采用资本主义所固有的掠夺性方法发展生产将会快速消耗掉最重要的自然资源。世界经济危机正在深化。资本主义正以新的地区性战争和经常威胁将地区性战争转变为世界性战争、重划国家边界、技术成因造成的灾难、文化和精神衰落等破坏人类的生活。信息的自由交换也与现代市场不相容了"。[②]

俄共基于对资本主义新阶段所引起的矛盾的分析，得出这样的结论：20世纪资本主义和社会主义之间的原则性争论并没有结束。尽管革命运动暂时退却了，但当今时代仍是从资本主义向社会主义过渡的时代。

三 认为世界金融和经济危机是资本主义内在矛盾所致

2008年国际金融危机爆发。俄共及时向社会揭示这场危机的性质和根源。俄共认为，资本主义经济的虚拟资本与生产资本的背离是引发金融危机的直接原因。"全球化阶段的帝国主义的特点之一，是工业资本被金融资本、投机资本彻底征服。在当今世界经济的整个交易额中，金融资本占80%以上，而物质生产仅占20%。正是这一特征埋下了在全世界蔓延的金

[①] Г. А. Зюганов: Мы выстояли. Впереди трудный марш! Политический отчет ЦК КПРФ X съезду КПРФ. Материалы X съезда КПРФ. Москва. 2004. стр. 22.

[②] Новая редакция программы Коммунистической партии Российской Федерации, http://www.cprf.ru/2008-12-12.

融危机的祸根。"① 俄共十三大政治报告从资本主义发展的矛盾分析了危机的根源。报告认为，20世纪末，资本主义进入全球化加速发展的阶段。在这一阶段，世界经济的一体化和高技术应用的基本好处都被跨国公司攫取了。跨国公司使西方的精英发财致富，却使世界上其余的人陷入贫困和衰落。因此，世界经济联系扩大了，生产社会化程度更高了，但最终没有带来各国人民平等的一体化，而是使世界经济社会的矛盾更加尖锐化了，最终导致了"帝国主义世界的体系性危机"②。

在俄共看来，由美国一些金融集团引起的这场危机给整个世界的经济带来沉重的打击。经济危机势必激化社会矛盾。理由是，在危机面前，跨国公司的首领及其政治代言人匆忙聚集起来挽救资本主义。但他们把主要潜力都用在了对寡头利益的保护上，而千百万劳动人民却承受着危机的后果——被解雇或降低工资。无疑，虚拟经济金融泡沫的破灭，使世界不可避免地进入了不稳定时期。一方面，资本主义可能通过暴力和战争转嫁危机，20世纪世界资本主义体系的危机导致了法西斯主义和两次世界大战对人类的摧残，这一教训人类不应忘记；另一方面，各国人民要求建立一个新的、更公正的世界秩序的意愿更加坚定，要求摆脱谎言、肮脏交易和压迫的意愿日益增强，在人类的发展中，"向左转"这一趋势显而易见，左翼力量的威信、影响和团结在增强，因此，现实生活不可抗拒地要求向社会主义的社会制度和发展方式过渡。③

这场金融危机使俄罗斯经济遭受重创。俄罗斯是美国第八债权国。据《金融》杂志报道，截至2008年夏，俄罗斯的国家福利基金、储备基金和联邦黄金货币储备基金总额的49%投入美国的国家债券，也就是说，俄罗斯老百姓用来保护自己免遭各种动荡的资金的一半投到了美国。美国金融危机爆发后，俄罗斯外汇储备缩水1/3以上，从2008年8月的5981亿美元减少到2009年2月26日的3868亿美元。俄罗斯国内基金市值损失75%—80%。除此之外，俄罗斯寡头损失巨大，总额从3000亿美元缩减到700亿美元。危机造成外资抽逃，企业资金链断裂，2009年俄罗斯国内

---

① Постановление XIII Съезда КПРФ по Политическому отчету Центрального Комитета Съезду партии. http://www.kprf.ru/2008-12-01.

② Мы уверены в неизбежной победе дела, которому служим. Политический отчет Центрального Комитета КПРФ XIII Съезду партии. http://www.kprf.ru/2008-11-29.

③ Там же.

生产总值呈现负增长，即-7.9%，成为俄罗斯15年来最大跌幅；失业率增加，据俄罗斯联邦统计局的数据显示，2009年失业人口总数达到640万人，失业率达8.2%；① 卢布贬值，通货膨胀加剧，2009年3月通货膨胀率同比上升14%，在八国集团中位居第一。梅德韦杰夫总统在2009年9月10日发表的题为《俄罗斯，前进！》的文章中不得不承认，在这次危机中，俄罗斯经济的下滑幅度比世界其他经济体都大。②

然而，俄罗斯国家领导人一开始对俄罗斯受金融危机冲击的严重性估计不足，反应迟钝。普京执政以来俄罗斯经济持续增长。可是，发生在大洋彼岸的金融危机居然使俄罗斯经济遭受如此损失？俄罗斯经济为何如此不堪一击？又是谁使俄罗斯卷入金融危机的旋涡？这正是俄共在危机之初不断追问的话题。俄共把矛头直指执政当局，认为执政当局对俄罗斯卷入危机负有不可推卸的责任。在俄共看来，俄罗斯受美国金融危机冲击如此严重，这是执政当局奉行自由主义金融化政策、错过调整经济结构大好时机的结果。久加诺夫谈到，实际上，俄罗斯执政当局和美国一起吹这个金融泡沫。正是掌握国家财富的俄罗斯寡头机构和造成俄罗斯经济畸形缺陷的原料公司和银行使俄罗斯的工农业状况更糟，科技研发及其对生产的应用受到抑制，经济完全依靠原料出口，最终让世界性的经济震荡把俄罗斯卷进了旋涡。久加诺夫提到，无论在国内还是在国外，早就有专家谈论美国的金融金字塔，搭起这个金字塔的是错综复杂的互借债务，这些债务最终是得不到任何保障的，在危机形势下就变成了泡沫。应对这种危机也要复杂得多。如果国家领导人不是从寡头的利益，而是从人民的利益考虑，就不会把局势引向危机。如果近8年、哪怕近5年，流动资金不存入寡头及其仆从的境外账户，而是投入机器制造企业、军工联合体、造船业、航空工业、农业、科研和实验设计，那么任何危机现在都威胁不到俄罗斯。如果稳定基金不去服务美国的市场，而是服务国内生产，那么国内市场对金属的需求、对石油和石油产品的需求也会很高。在这些产品价格下跌的今天，俄罗斯也没有必要赔本地把这些财富运出国外，也不会造成俄罗斯

---

① 参见 Безработица в РФ за неделю увеличилась на 2，5 % - Минздравсоцразвития, http://rian.ru/economy/20100201/207166922.html；2010年1月28日新华网消息。

② Д. Медведев：Россия，вперёд！http：//news.kremlin.ru/transcripts/5413，10 сентября 2009 г.。

在药品、服装、粮食等领域都完全依赖进口。① 国家杜马工业委员会主席、俄共党团代表 Ю. Д. 马斯柳科夫在 2009 年 2 月 10 日谈到危机的原因时指出，俄罗斯当局不是发展基础工业部门，而是积极建立银行体系。他们打算以此融入世界金融市场。这种政策遇到的麻烦相对少，可迅速获利，也不需要专门的知识。但结果是明摆着的，这就是生产的削减、金融体系对外国贷款的依赖。他强调，近 20 年，在俄罗斯，无论工业还是农业，一个大型项目也没有建成，迄今，实行的仍是对苏联积累的民族财富坐吃山空的政策。② 随着当局救市计划的出台，俄共抨击这一计划以牺牲百姓的利益救银行家和寡头，充分暴露了当局的反人民性质。同时，针对政府的反危机措施，俄共提出了自己的反危机纲领，确信只有实行俄共的纲领，俄罗斯才能摆脱危机。

四 肯定苏联社会主义的成就，吸取苏共失败的教训

俄共作为苏联共产党和俄罗斯苏维埃联邦社会主义共和国共产党的事业的继承者，声称要"从俄罗斯、苏联和世界共产主义运动的以往经验中吸收一切经过实践检验的成果"，以"对当代发展的最迫切问题作出回答"。俄共重建后不得不首先清理苏共的历史包袱，回应社会上对苏共的责难。因此，俄共在其两个纲领中都专设章节总结了苏联时期社会主义的经验和教训，分析苏共对苏联解体所应承担的责任。综观俄共的两个纲领，俄共关于苏联历史的主要观点如下。

第一，肯定十月革命在俄国和人类历史中的进步作用，同时承认社会主义建设的开拓事业存在缺陷。俄共始终认为，俄罗斯的历史证明，革命是历史的火车头。没有革命志士的"不懈努力，农奴制就不会消失。没有革命力量的斗争，沙皇制度就不会垮台。没有列宁及其所领导的布尔什维克党的活动，人类就不会实现向另一种根本不同的社会制度的突破，由群众的历史性创造而诞生的新型政权——苏维埃共和国也不可能确立"。"在军事上、政治上和经济上破产，国家分崩离析，执政的资产阶级—地主联盟完全无能的情况下，伟大的十月社会主义革命对俄国来说是唯一现实的

---

① Г. А. Зюганов: Острый приступ капитализма. Программная статья лидера КПРФ в 《Правде》 и 《Советской России》. http://kprf.ru/party_live/61096.html. 2008-11-10.

② Руслан Тхагушев: Круглый стол фракции КПРФ в Госдуме: Экономический кризис - неизбежное порождение капитализма. 2009-02-10.

民族自我保护的机会。多民族苏联的建立是伟大的十月革命创造性的合乎规律的表现。"同时纲领也提道："我国是社会主义建设的开拓者。然而，'解决'在资本主义俄国已经累积的诸多问题的必要性和敌对的周围环境都给这一进程留下了深深的印记。"[1] 这实际上是承认，当时的主客观条件决定了苏联社会主义制度确立和建设过程中存在一些缺陷，有不完善的地方。

第二，肯定在单独一个国家建成社会主义的方针是正确的，同时承认存在破坏社会主义法制的现象。在俄共看来，苏联成立后，建立了劳动者多数的政权，完成了向公有制基础上的国民经济计划管理方式的过渡，在社会领域和文化领域取得了巨大成就。为了尽快缩小与主要资本主义国家在经济上的差距，苏联人民响应斯大林"关于必须在10年内走完主要资本主义国家用了不少于100年所走过的历史路程"的号召，在极短的时间内采用动员经济的方法实现了工业化，快速进行了农业集体化，消灭了大批文盲，实现了文化革命，取得了伟大卫国战争的胜利并顺利恢复了国民经济。苏联公民的劳动、休息、保健、老年物质保障、住房、教育、享用文化成果等社会权利都得到保障，居民福利不断增加，寿命不断延长。苏联在世界上首次实现了人类飞向太空，保证了和平利用核能，科学、文化蓬勃发展。苏联社会主义成了国际舞台上和平与稳定的最强大因素。这一切证明，"党在单独一个国家建成社会主义的方针是正确的"，"'俄罗斯奇迹'展示了社会主义制度的巨大潜力"[2]。纲领同时提到，在祖国历史上也存在一些矛盾现象，如"劳动人民群众性的创造热性与30年代和40年代破坏社会主义法制的现象并存，我们党曾坚决地谴责了后一种现象"[3]。值得注意的是，1995年纲领关于这一问题的表述是"群众性的创造性热情同30年代和40年代的镇压并存"[4]，显然，新纲领比原纲领更明确地指出了"镇压"中出现的问题的性质，并且阐明了俄共的谴责立场。

第三，确认苏联高度集中的管理模式导致政治经济诸多问题，而未及时改革引起人民的失望。俄共认为，苏联在特定条件下确立的动员型经济

---

[1] Новая редакция программы Коммунистической партии Российской Федерации. http://www.kprf.ru/ 2008 – 12 – 12.

[2] Там же.

[3] Там же.

[4] 刘淑春等：《当代俄罗斯政党》，中央编译出版社2006年版，附录。

要求对社会生活许多领域实行极端严格的国家化和集中化,加之官僚主义蔓延,导致人民的自治组织受到压制,劳动人民的社会积极性和首创精神下降。在经济方面,国家未能及时实施与生产力的要求相适应的经营机制,社会主义的"各尽所能,按劳分配"原则遭到严重背离。苏联未能从过去很多方面尚不完善的社会主义形式向较为成熟的形式过渡,以保证苏联的现实社会主义在其自身基础上得到发展。苏联人民意识到进行变革的必要性,但国家领导层却拖延作出决定,结果在社会中积累了一些困难、问题和不利的倾向。这一切妨碍了社会主义制度优越性的发挥,阻碍了社会主义的前进步伐,引起许多人的失望和不信任。

第四,确认苏联的解体主要是由苏共自身的危机引起的。俄共认为,苏共长期在理论上停滞不前。由于片面追求党员数量,缺乏领导干部更替和年轻化机制,致使苏共内政治上成熟的党员不能防止阶级敌对分子混入党内,无法对领导层的活动施加应有的影响。苏共对权力和意识形态的垄断以及一部分党的领导人的蜕化变质,使党变成了"骄傲自大的党"。党的领导人与千百万党员和劳动者之间的鸿沟越来越深。直到20世纪90年代初,苏共积累了许多问题。击溃苏联社会的危机,很大程度上是由党自身的危机引起的。[①]

第五,确认最终葬送苏联的是社会主义的叛徒。俄共认为,苏共内为争取列宁主义方针和真正的社会主义而进行的斗争从未停止过。80年代初,党内的列宁主义者共产党人要解决问题、克服社会中累积的负面倾向的愿望更坚定了。遗憾的是,这个愿望却被社会主义的叛徒以欺骗的手段利用了。从80年代下半叶起,这些人口头高喊:"多一些民主,多一些社会主义!"却在实际上展开了消灭社会主义的工事。社会主义制度的基础——公有制的作用遭到侵害。劳动集体和合作社的作用受到歪曲。"影子经济"肆无忌惮。国家作用的削弱和计划原则的放弃导致国民经济和消费市场的混乱。人为制造的商品"短缺"引发了居民的抗议。大众传媒工具被有意地转到持有资产阶级观点的代表手里。这些人实施心理战,向大众意识铺天盖地地灌输抹黑苏联和俄罗斯历史的信息,任凭反苏维埃政权和统一联盟国家的"影子资本"、民族主义者、反人民的力量随心所欲。政治上层急欲

---

① Новая редакция программы Коммунистической партии Российской Федерации. http://www.kprf.ru/ 2008 - 12 - 12.

利用其地位攫取全民财产。他们的行动遭到真正共产党员的反抗，于是这些蜕化变质分子就于 1991 年 8—12 月实行了反革命政变，禁止了共产党的活动。接着，掌权者们签订了《别洛韦日协定》，公然背叛祖国，粗暴地践踏人民保留苏联的意志。最后，这些人以炮轰苏维埃大楼，驱散人民代表大会的行为揭开了建立资产阶级国家和确立叛卖国家制度的序幕。

第六，确认西方在苏联解体过程中起了推动作用。俄共认为，美国及其盟友、西方的特务机关鼓励苏联国内的反苏势力。在它们的庇护下，国内建立了"第五纵队"。在"第五纵队"的领导参与下，反革命政变得以实施，强加给俄罗斯人民的资本主义得以巩固。[①] 久加诺夫在"8·19"事件20周年之际撰文认为，在1989年，跨地区议员团就承担起了"第五纵队"的角色，它不仅得到国内反革命，还得到境外反苏力量在思想上和物质上的支持。正是跨地区议员团为戈尔巴乔夫、雅科夫列夫和谢瓦尔德纳泽的背叛行为撑腰打气，正是这个议员团编造出诋毁苏维埃制度的极为肮脏荒谬的无稽之谈，也正是这个议员团展开了对俄罗斯杰出政治活动家列宁和斯大林的无耻诽谤运动。[②]

应当看到，俄共以历史唯物主义态度看待苏联历史，对社会主义革命和建设历史作用没有采取虚无主义，对苏联和苏共发展中存在的问题也没有回避和文过饰非。

五　以建设 21 世纪社会主义为战略目标

俄共以建设社会主义为目标。俄共坚持社会主义的理由，如前所述，基于对当代世界基本矛盾的认识。俄共认为，20 世纪末苏东社会主义的挫折并不能说明社会主义的终结，贯穿于整个 20 世纪的资本主义和社会主义之间的原则性争论并没有结束，社会主义作为一种学说、一种群众运动和一种社会制度仍有其存在的必然性和可能性。因此，俄共坚信社会主义必将取代资本主义，共产主义终将是人类历史的未来。党章申明：俄共的"主要目标是建立社会主义社会，即建立在集体主义、自由与平等的原则上的社会公正的

---

① Новая редакция программы Коммунистической партии Российской Федерации. http://www.kprf.ru/ 2008 - 12 - 12.

② Г. А. Зюганов: Над пропастью во лжи. 20 - летие антисоветского переворота в СССР. Горбачев дал согласие на введение ЧП, но сам объявлять о нем не желал. http://kprf.ru/rus_ soc/95824. html. 2011 - 08 - 18.

社会。党主张苏维埃型的真正人民政权,巩固联邦制的多民族国家"。① 新版纲领也指出,党的"战略目标是在俄罗斯建设更新的社会主义,即21世纪社会主义"。② 十五大进一步阐释了"21世纪社会主义的形象"。俄共这些写入党章和党纲的关于建设新的社会主义的表述,是经过党内20年来的不断思考和争论得来的,其理论探索经历了几个阶段,即"俄罗斯爱国主义"——"俄罗斯社会主义"——"21世纪社会主义"。

俄共重建之初,以为自己可以很快夺回政权,重返苏联社会主义。但随着俄罗斯新政权的巩固,这一希望破灭。俄共开始根据国情探讨重建社会主义之路。俄共很清楚,重建社会主义,这并不意味着回到从前的苏联社会主义,但也不应抛弃苏联社会主义制度的一切成果,而应该在吸收苏联社会主义成功经验的基础上建设新的社会主义。但"新的社会主义"是什么样的?党内一直在争论、探索,试图在理论上对未来社会主义的性质加以概括,进而指导党的实践。

自20世纪90年代叶利钦执政时起,俄罗斯当局以"非意识形态化"为名试图"去"社会主义意识形态,提出以"俄罗斯思想"统一民族精神。而"俄罗斯思想"内涵是什么?俄罗斯各派有各自的界定。俄共强调"俄罗斯的爱国主义",试图赋予这种爱国主义以社会主义内涵。然而,普京执政后,爱国主义旗帜被普京夺走,爱国主义作为国家主流思想即"俄罗斯思想"逐渐成为引领各种社会思潮的共同价值观。在这种背景下,俄共领导人久加诺夫开始明确强调"俄罗斯社会主义"。2000年12月,久加诺夫在俄共七大政治报告中强调,"社会主义是现代俄罗斯的爱国主义"③,以区别于笼统的、不讲社会主义的爱国主义。

在久加诺夫看来,"俄罗斯社会主义"的提出,是为了解决现实存在的"俄罗斯问题",因为苏联解体后"俄罗斯问题"凸显:俄罗斯族人被人为地割裂于独联体不同国家;俄罗斯族人口减少,面临种族灭绝的威胁;俄罗斯地缘政治地位受到削弱;俄罗斯文明日益衰落。因此,俄罗斯只有走社会主义道路,才能真正解决俄罗斯面临的问题。2004年7月,久加诺夫在俄共十大政治报告中正式提出"俄罗斯问题",大会通过了"关

---

① 经俄共十五大修改的章程,Устав КПРФ. http://kprf.ru/party/charter/。
② Новая редакция программы Коммунистической партии Российской Федерации. http://www.kprf.ru/ 2008 - 12 - 12。
③ 孙凌齐:《俄罗斯联邦共产党第七次代表大会纪实》,《国外理论动态》2001年第1期。

于俄罗斯问题"的决议，阐明俄罗斯共产党人关于解决俄罗斯问题的建议。2006 年 4 月 6 日，久加诺夫在俄共机关报《真理报》上发表了《俄罗斯社会主义——对俄罗斯问题的回答》一文，进一步从理论上对这一问题加以论述。时任俄共中央检察委员会主席的尼基京也发表文章支持久加诺夫的主张，俄共还为此专门召开了理论研讨会。

久加诺夫主张的"俄罗斯社会主义"，用他本人的表述，是"把俄罗斯的民族特性、我们许多世纪的历史经验与苏联社会主义制度的优秀成果和谐结合起来的道路"[①]。从久加诺夫的报告和文章可以看到，久加诺夫的"俄罗斯社会主义"包含两个基本要素：一是建立在俄罗斯民族的传统价值观即"俄罗斯思想"之上；二是坚持科学社会主义一般原理，吸收苏联社会主义的经验。关于第一点，久加诺夫认为，"俄罗斯思想"与社会主义思想有天然的相通性。久加诺夫在 20 世纪 90 年代发表的著作中反复强调这一观点，这一观点最后完整地体现在俄共 1995 年纲领中。纲领声称："只有在俄罗斯的创造性传统和历史传承性的牢固基础上，才能建设俄罗斯的未来。地缘政治、民族和经济状况的错综复杂使俄罗斯成为这样一种文化和精神传统的载体，它的基本价值是和衷共济，集体主义，爱国主义，个人、社会和国家紧密相连，对实现真理、善良和正义的最高理想的追求，所有公民不分民族、宗教和其他差异具有平等权利和平等价值，凝聚力、人民性和精神追求是群众接受社会主义思想的重要前提。"纲领强调："俄罗斯思想实质上就是深刻的社会主义思想。"[②] 久加诺夫在《俄罗斯社会主义——对俄罗斯问题的回答》一文中将"俄罗斯思想"的基本特征概括为："独特性、继承性、向往未来、精神追求、人民性。"[③] 关于第二点，2004 年 7 月，久加诺夫在俄共十大政治报告中指出，带有全世界、国际主义性质的科学社会主义与俄罗斯的爱国主义相结合——这是 21 世纪"俄罗斯思想"的基础。俄罗斯共产党人要尽快掌握新的民间的，暂时

[①] Г. А. Зюганов: Строитель Державы. Правда, №140 (28754) 10 - 15 декабря 2004；柳达：《久加诺夫论斯大林的历史地位》，载《2005 年：世界社会主义跟踪研究报告——且听低谷新潮声（之二）》，社会科学文献出版社 2006 年版，第 78—83 页。Строитель Державы. К 125 - летию содня рождения В. Сталина. http: //www.cprf.ru/08.12.2004.

[②] 《俄罗斯联邦共产党纲领》，刘淑春等：《当代俄罗斯政党》，中央编译出版社 2006 年版，附录。

[③] Геннадий Зюганов: Русский социализм — ответ на русский вопрос. " Правда " 06.04.2006.

还是自发的"俄罗斯社会主义"的思想空间。要领导这一运动,赋予它以科学的论证、政治目标、组织性、斗争精神和力量。①

应该说,久加诺夫所说的"俄罗斯社会主义"是把马克思主义普遍原理与本国实际相结合的一种探索。然而,久加诺夫关于这个问题的论证是基于俄罗斯地缘政治学,尤其是泛斯拉夫主义和欧亚主义,过于强调民族特性,混淆了社会主义与民族主义的界限。正因如此,"俄罗斯社会主义"的提法遭到俄罗斯其他共产党领导人的非议,在俄共党内也引起争论,尤其是十三大前党内讨论修改纲领问题时。直到2008年11月举行十三大时,一些代表在大会发言中仍认为这一提法不够严谨和科学,尤其是关于俄罗斯问题的论述有"大俄罗斯沙文主义"之嫌。例如,俄罗斯科学院院士、诺贝尔奖获得者、俄共杜马议员饶·伊·阿尔费洛夫认为,不存在"俄罗斯社会主义",就像在物理学中不存在俄罗斯物理学或美国物理学一样。社会主义在中国、俄国、古巴可以有各自的特色,但社会主义具有国际性,它指的是社会主义的、公正的社会制度。② 俄共杜马党团成员奥·斯莫林认为,中国共产党提出的"中国特色社会主义"比俄共的"俄罗斯社会主义"更准确。③ 由于党内意见不统一,"俄罗斯社会主义"这一提法没有写进十三大最后通过的新纲领,新纲领还将原纲领中"凝聚力、人民性和精神追求是群众接受社会主义思想的重要前提"改为"这些品质是群众接受解放思想和革命思想的重要前提",并删除了原纲领中"俄罗斯思想实质上就是深刻的社会主义思想"这句话,这些修改表明俄共接受了广大党员的意见,避免在纲领中混淆民族与阶级、俄罗斯思想与社会主义思想等概念。大会通过的新纲领不仅不使用"俄罗斯社会主义"的提法,而且将"为更新的、21世纪社会主义而斗争"作为党的战略目标明确提了出来。但当时的纲领和政治报告并没有对"21世纪社会主义"的内涵进行阐述,纲领仍沿用列宁关于"完全社会主义"的定义描述未来社会主义的基本特征。

经过四年的探索、思考,2013年2月举行的俄共十五大政治报告首次

---

① Г. А. Зюганов : МЫ ВЫСТОЯЛИ. ВПЕРЕДИ ТРУДНЫЙ МАРШ! Политический отчет ЦК КПРФ X съезду Коммунистической партии Российской Федерации. http://www.cprf.info/party/materials/plenum_ x/ 24785. html 04. 07. 2004.

② Коммунист. М. , 2009. №1, стр. 87. 转引自李兴耕《2007年以来俄共的党内斗争评析》,《当代世界与社会主义》2011年第4期。

③ 同上。

描述了"21世纪社会主义的形象"。这包括如下要素。

第一，生产资料公有制。报告指出，社会主义是以生产资料的社会所有制取代私有制为前提的。问题不在于是否实现国有制，马克思和列宁都没有将私人资本主义所有制转变为国家所有制作为共产主义运动的最终目标。在社会主义阶段，国家所有制应该转变成为真正的社会所有制，每个人应是社会财富的共有者。

第二，以共产主义为最终目标。报告指出，21世纪社会主义的形象就是具有共产主义前景的、发展中的社会主义。共产主义是得到科学论证的社会主义向前发展的合乎规律的结果。

第三，经济中实行科学预测与计划。报告指出，我们的社会主义形象与科学在社会生活中占有的优先地位有着不可分割的联系。没有国民经济的科学预测和计划，21世纪社会主义是不可思议的。

第四，社会公正。报告指出，我们的社会主义形象是社会公正的社会，劳动人民重新拥有并扩大自己的权利。而消除社会不平等的首要步骤是将大型资本主义的财产收归国有，尽管加强国有制的作用还不能带来社会主义，但向社会主义的过渡会由此变得更顺利。

第五，人民政权。报告指出，21世纪社会主义是实现真正人民政权的社会主义，俄共争取用苏维埃型民主替代西方资产阶级型议会民主。

第六，捍卫国家安全。报告指出，21世纪社会主义仍将继续在各国边界内发展，这就要求保障俄罗斯的安全。为此，国家需要强大的军工综合体和武装力量。

第七，文化高度发达。21世纪社会主义是具有高度发达文化的社会主义。所有社会成员都能平等地分享文化成果。俄共坚持为争取免费和有质量的教育，教育为所有人而斗争。社会主义重建公共教育体系。

报告认为，俄共在确定21世纪社会主义形象时，涵盖了马克思列宁主义学说早已阐明并得到现实社会主义经验证实的特征，并考虑到当代实践、科技进步水平和具体国家的民族特点。[①]

从上述可以看到，俄共关于21世纪社会主义的构想，体现了俄共把

---

① Пресс - служба ЦК КПРФ：О Политическом отчёте Центрального Комитета КПРФ XV съезду партии. Доклад Председателя ЦК КПРФ Г. А. на XV съезде КПРФ. http：//kprf. ru/party - live/cknews/115790. html. 2013 - 02 - 23.

科学社会主义的一般原理和俄罗斯的国情相结合的一贯主张,其中有些内容是对当下社会问题的解决之道,经过俄共20年来的坚持,正逐渐被社会大多数民众所接受。

俄共仍以实现共产主义为理想。直到2005年的十一大,党章申明"俄共坚持共产主义理想";十一大修改的党章将"共产主义"字样去掉,表述为"俄共坚持自己的理想"。2008年新版纲领没有对以往纲领中关于共产主义的表述作实质性更改,坚持认为:"随着社会主义的发展,人类历史的未来——共产主义确立的必要前提将不断形成和成熟。共产主义的特点是其公有化程度比社会主义条件下高得多,它是一个无阶级的联合体,在那里,每个人的自由发展是所有人自由发展的条件。"① 十五大俄共中央的报告进一步指出,"21世纪社会主义的形象就是发展中的、具有共产主义前景的社会主义。共产主义是得到科学论证的、社会主义向前运动的合乎规律的结果"。②

六 用阶级观点分析当前国家的社会结构

俄共重建已经20年。20年间,俄罗斯经历了深刻的制度更替和经济社会转型。如何认识今天俄罗斯的经济结构变化及由此而产生的社会阶级和政治制度的变化,这是共产党人确定其战略目标及其行动纲领的前提。20年以来,俄共依据阶级分析方法对苏联解体以来俄罗斯的社会制度、经济基础和社会结构等情况作了较为深入的分析和判断,从而确定了自己的斗争目标以及所要依靠和团结的对象。

俄共对苏联解体后的俄罗斯社会制度的评价经历了一个不断认识的过程。整个20世纪90年代,俄共在提到社会制度时的常用表述是:俄罗斯正在被资本主义化,寡头集团"试图复辟资本主义",现政权是"反人民的政权"。直到2000年12月的七大,即叶利钦时代结束,普京刚刚执政之时,俄共确认,俄罗斯国家正处在"犯罪的资本主义已经复辟、犯罪的黑社会的资产阶级已经形成"这样一个历史时期。"执政当局的方针具有

---

① Новая редакция программы Коммунистической партии Российской Федерации. http://www.kprf.ru/ 2008 – 12 – 12.

② Пресс - служба ЦК КПРФ : О Политическом отчёте Центрального Комитета КПРФ XV съезду партии. Доклад Председателя ЦК КПРФ Г. А. на XV съезде КПРФ. http://kprf.ru/party - live/cknews/115790. html. 2013 – 02 – 23.

破坏的性质,其实施的目的是与劳动人民的利益、俄罗斯的历史经验、俄国各族人民的传统相背离的。这一方针正在导致民族灾难。"①

普京上台后,俄共进一步确认俄罗斯社会制度的资本主义性质,并对政治体制表现出的新特征作出相应的描述。在普京执政的第二年,即在2002年1月的八大上,俄共认为一个"新的、与寡头勾结的官僚制度已经形成"。② 到了2004年,俄共领导人在九届十二中全会和十大的报告中开始用"官僚的资本主义""集权的资本主义""波拿巴主义制度"来界定普京的政治体制。久加诺夫在俄共十大报告中指出,俄国资本主义的特征在于,俄罗斯的资本主义完全是官僚一手制造的。官僚创造了资本主义,还想完全掌控资本主义。在俄罗斯,执政阶级的产生是腐败官僚、投机资本和有组织犯罪共生的结果。这种制度在历史上被称为波拿巴主义制度。历史上,波拿巴主义往往在社会的基本阶级力量薄弱的条件下产生。而在今天的俄罗斯,社会阶级处于重新改组的混乱时期,从前的社会主义社会的阶级结构已被摧毁,资本主义社会的阶级结构尚未形成。正是在这种情况下,当代俄国的波拿巴主义才得以确立。③

在2013年2月的俄共十五大上,久加诺夫在报告中再次重申了俄共关于俄罗斯现行制度和执政阶级的性质。报告认为,"现在俄罗斯执政的阶级产生于1991—1993年的反苏政变,它是由腐败官僚、投机资本和有组织犯罪融合而成。随着普京的上台,官僚上层征服了其他盟友并组成了拥有最大资本的单一寡头集团。官僚利用资产阶级社会主要阶级之间的相互削弱而取得特权。马克思主义称这种制度为波拿巴主义制度"。俄罗斯"国内推行的是反人民的、反社会主义的、破坏性的方针"。"俄罗斯资产阶级'民主制'陷入深刻危机,国家朝着严苛的个人权力体制演变。"④

---

① Очередные задачи партии. Советская Россия 7. 12. 2000.

② Г. А. Зюганов, КПРФ—партия широких трудовых масс, партия национальных интересов. Доклад на Ⅷ (внеочередном) съезде КПРФ. hppt：//www. cprf. ru /23. 01. 2002.

③ Доклад заместителя председателя ЦК КПРФ И. И. Мельникова на XV Пленуме ЦК КПРФ. hppt：//www. cprf. ru /27. 03. 2004. ; Г. А. Зюганов: Мы выстояли. Впереди трудный марш! Политический отчет ЦК КПРФ Х съезду Коммунистической партии Российской Федерации. hppt：//www. cprf. ru/ 04. 07. 2004.

④ Пресс - служба ЦК КПРФ : О Политическом отчёте Центрального Комитета КПРФ XV съезду партии. Доклад Председателя ЦК КПРФ Г. А. на XV съезде КПРФ. http：//kprf. ru/party - live/cknews/115790. html. 2013 - 02 - 23.

俄共认为，俄罗斯资本主义是人为造成的。随着社会制度的倒退，经济基础发生变化，社会阶级构成相应发生改变，出现了雇佣劳动者阶级与资本家阶级的对立。俄共2008年版纲领认为，资本主义复辟必不可免地带来了人剥削人的现象，导致了深刻的社会分裂。一极是所谓的"战略私有者"阶级。这一阶级的基础始终由银行投机资本和原料出口资本构成，经济上同西方紧密相连，带有明显的买办性质。属于这一阶级的还有民族资本，民族资本虽然以发展本国经济为主旨，但没有失去其阶级本性。另一极是大量陷入贫困的人，他们被失业的威胁和对未来的恐惧所压抑。据此，俄共纲领认为，"雇佣劳动与资本之间的对抗性矛盾回到了俄罗斯"，"国家机器完全代表大资产阶级及其以寡头为代表的上层的利益和意志"。[①]

俄罗斯近二十年的社会分化形成了新的社会阶级构成。这种新的社会阶级构成既不同于社会中等收入阶层占绝大多数的苏联社会，也不同于中间阶层占多数的西方发达国家的所谓"橄榄型"社会，而是少数人富有，多数人贫困的两极化社会。俄共十三大政治报告具体分析了国内目前的阶级构成。报告认为，俄罗斯的统治阶级掌握着国家的基本的生产资料和实权。从人数上说，富有和超富有的人占人口总数不到3%。但1991年以来迅速成长起一个官员—企业家阶层，客观上讲，这是执政集团的一部分。因此总体来说，统治阶级和为其服务的中等阶层一起，占人口的12%—15%。但统治阶级的上层也不是铁板一块。其中买办寡头部分与西方资本牢固地结为一体了，而"精英"中的官僚—强力部门的部分不被西方接受，因此这部分精英高唱爱国主义，竭力使自己及其资本摆脱西方更贪婪"伙伴"的威胁。近年一种变种的波拿巴主义在俄罗斯滋生并得以巩固，它试图在买办资本和基本大众之间搞平衡。其余大多数公民属于雇佣劳动者阶级和受压制的小业主。基于以上分析，报告认为，俄罗斯社会的主要矛盾是非法掠夺了主要社会财富的寡头资本与失去政治经济权力的劳动之间的矛盾。这一矛盾既在资本与劳动之间展开，也在亲西方的"精英"利益和国家民族利益之间展开。因此，俄共的任务是把社会阶级斗争与民族

---

① Новая редакция программы Коммунистической партии Российской Федерации. http://www.kprf.ru/ 2008 – 12 – 12.

解放斗争结合起来，为向社会主义过渡创造条件。①

关于俄罗斯社会的"雇佣劳动者阶级"和"小业主"，俄共领导人久加诺夫也作过数量上的分析。他在俄共十二大报告中谈到，俄罗斯如今有6000万雇佣劳动者，这指的是体力和脑力无产阶级，包括工人、农民、劳动知识分子、教师、医生、工程师、学者、创造工作者等；有500万个体业主；有3800万退休者。这1.03亿人是为俄罗斯创造了和正在创造着财富的人民中的大多数，但他们仅支配国民收入的1/3。这种极不公平的社会财富分配将把俄罗斯引入绝境。② 2013年十五大前夕，俄共中央主席团成员瓦·拉什金与《真理报》记者谈话中提到，俄罗斯现有7300万雇佣工人，其中有4000万人是工业、建筑、交通和农业部门的工人，此外，就社会地位接近雇佣工人阶级的还有工程师、教师、医生、学者、文化工作者和服务行业就业者。③ 久加诺夫在十五大报告中提到，据专家估计，俄罗斯人口中区区0.2%的富有者占据全国70%的财富；而"瑞士信贷"银行的分析家则认为，按照欧洲的标准，91%的俄罗斯人属于穷人。④

近年来，关于"如何认识当代无产阶级"的话题成了俄共的关注点。党报上相继发表文章，从理论和实践上探讨共产党所要依靠的社会基础。例如，2011年7月5日俄共网站刊登的题为《谁是当今俄罗斯的工人阶级?》的未署名文章就很有代表性。文章依据最新的俄联邦统计署关于《俄罗斯经济积极人口》统计资料，分析了俄罗斯目前的两大阶级构成并得出结论：今天，无产阶级仍占俄罗斯人口的大多数，其中，产业工人又占工人阶级的大多数。

文章首先对俄罗斯社会两大阶级构成给出数据论证。作者指出，俄罗斯官方统计数据显示，2010年，就业人口的84%在具有法人资格的企业和组织里工作。其中雇主占1.4%。这是大中资产阶级。645.6万雇佣劳动者为94.7万雇主打工。这是俄罗斯社会的第一个，也是最具本质特征的图景：65个无产者为一个主人工作。此外，俄罗斯还有4.1%的人在没

---

① Мы уверены в неизбежной победе дела, которому служим. Политический отчет Центрального Комитета КПРФ XIII Съезду партии. http://www.kprf.ru/ 2008 – 11 – 29.

② Г. А. Зюганов: Побеждают коммунисты – побеждает народ! Доклад на XII (внеочередном) съезде КПРФ. http://kprf.ru/2007 – 09 – 24.

③ В. Ф. Рашкин в газете 《Правда》: 《Сплочённость удесятеряет силы》, http://kprf.ru/party – live/cknews/114729.html. 2013 – 01 – 25.

④ Там же.

有法人资格的企业活动领域就业，有0.6%的人自主经营公司。这是小资产阶级的基础。在这些领域受雇用的人占就业人口的9.2%。最后，2.2%的劳动能力人口在私人家庭经济从事农、林业生产劳动或护林工作。总之，不管从哪个侧面走进当代俄罗斯社会，都会看到社会的基础是由企业主和雇佣劳动者构成。因此，作者认为，社会的主要矛盾仍是资本与雇佣劳动之间的对抗。

文章分析了当代无产阶级与历史上的无产阶级的异同。作者指出，传统上，工人阶级是大多数体力劳动者的总称。今天，工人阶级在社会生产体系中的地位没有变，仍是被剥削者。但传统和今天的工人阶级在某些特征上存在着差别。其一，当代工人阶级受教育程度更高。十月革命前，只有28%的人口能读会写，而今天，仅有4.3%的雇佣工人未接受完全的中等教育，即使在从事非熟练工作的870万工人中，也有700万人受过完全的中等教育。其二，当代工人阶级是俄罗斯社会人数最多的阶级。十月革命时，工人在人口中所占比重不足10%，而现在，工人阶级占人口的50%左右。其三，当代工人阶级的技能结构有质的不同。一个世纪前，大多数工业劳动者都没有什么像样的技能，而现在，在3510万工人中有近2400万人是在工业化（甚或在后工业化）的部门就业，这些人（包括工业、交通、通信和能源等领先行业的熟练工人、程序员、操作员、汽车和设备司机等）占俄罗斯工人阶级的2/3还强。熟练工人的高比重是他们加速社会成熟的客观前提。以往革命经验证明，能够最积极地捍卫无产阶级的阶级利益的正是高技能工人。

文章没有忽视失业群体。作者谈到，据官方统计，2010年俄罗斯失业人口有700万人，而专家估计在900万人—950万人。这个劳动后备军的3/4是工人，脑力劳动和办公室族的失业者占23%。在"肥硕的2000年代"，在失业者中占主导地位的是低技能或没有专长的工人，2007年这一比重达到46%，现在降到30%，但同时，熟练工人在危机中的失业率达到50%。不过，一旦资本主义经济衰退得以克服，失业结构的特点就会回到从前，因为雇用高技能工人和解雇低技能工人对资本家更有利。这就是劳动力市场的规律。对任何一个资本家来说，失业是维持最低工资水平的最可靠的条件。结论很简单：失业者是雇佣阶级的不可分割的组成部分。在21世纪初，尽管存在那么多的失业者，俄联邦的工人阶级人数仍是稳定的，有3500多万人。这是当代争取社会主义斗争的主要社会基础。①

21 世纪以来,"中产阶级"的概念在俄罗斯盛行,不仅社会学界普遍使用,执政精英也竭力推崇。但俄罗斯共产党人在分析社会结构变化时不用这一概念,认为这一概念不能揭示社会阶层变化的实质,所谓俄罗斯社会形成了"中产阶级"不过是个神话。

俄共的理论刊物《政治教育》2011 年第 3 期刊登了米·伊·特罗菲莫夫和维·瓦·特鲁什科夫的题为《"中产阶级":神话与现实》一文,对"中产阶级"这一概念的迷惑性进行了分析。文中指出,"中产阶级"的概念是 20 世纪后半叶伴随着消费社会理论的推行而在英美国家流行起来的,逐渐成为资产阶级意识形态不可分割的一部分。在西方,划分"中产阶级",是把这一阶层作为大众消费社会所有模式中的中心环节。而随着资本主义在俄罗斯的复辟,俄罗斯的社会经济结构发生了迅速的变化,这迫使俄罗斯的统治阶级也使用起"中产阶级"这一术语。原因在于,第一,俄罗斯客观上激化的劳资对立势必要求 1991—1993 年的胜利者寻找能够依靠的某些社会阶层。第二,需要从青年人的精神生活中将传统的、首先是苏联的价值观排挤出去,代之以消费主义。此外,还有一些不仅在俄罗斯而且在原苏东地区普遍存在的因素促使统治阶级不得不向社会灌输"中产阶级"观念。首先,新的资本主义生产方式的确立不是自然的过程,其社会基础是不稳固的。其次,苏联时期的"中间阶层"被摧毁,如今,大多数医生、中小学教师和文化、科学、高教工作者的工资的购买力远远低于苏联时期。最后,社会分化和财富分配出现两极化。总之,正是资本主义在俄罗斯复辟的这种特殊性引起执政当局热心构建"中产阶级"这一概念,以保障其统治长治久安。但实际上,学术界和执政当局偷换了概念,把一个社会群体当成"中产阶级",这个群体接受了大众消费社会的标准,具有某种获取财富的机会。从阶级分析的角度,这个群体从其社会成分、利益、意识形态及生活方式来看,应该划入小资产阶级行列。因此,所谓"中产阶级",只不过是一个虚拟的"神话",这主要是作为一种资产阶级的意识形态范式来使用的。②

---

① Кого считать пролетарием в современной России? http://kprf.ru/rus_soc/94541.html.

② М. И. Трофимов, В. В. Трушков:《Средний класс》: мифы и реальность. Политическое просвещение. № 3 (62) 2011. Стр. 42–53.

俄共把"当代无产阶级"即雇佣劳动者作为自己的社会基础。但俄共清楚地意识到,目前,"当代无产阶级"作为一个整体,其阶级意识十分淡薄。俄共中央十三大政治报告谈到,目前受压迫的社会阶层虽然不满现状,但在现有制度控制下,仍处于政治冷漠和畏惧状态。劳动者在很大程度上丧失了阶级意识。不同民族的劳动者之间还相互伤害。因此,能够把现在的执政集团从政权中赶走的社会力量暂时还处在形成之中。[1] 久加诺夫在俄共十五大报告中借用雨果的话,"人们缺乏的不是力量,而是意志"。这意味着增强广大劳动者的阶级意识仍是俄共的当务之急。

俄共的一些理论家深入分析了俄罗斯工人阶级阶级意识薄弱的经济原因和社会原因,认为与边缘化国家的去工业化进程有关,这与西方发达国家后工业化进程中劳动性质转变导致的工人阶级阶级意识的下降不完全一样。维·瓦·特鲁什科夫在《掌握马克思主义,人类就能更胜一筹》一文中谈到,即使把工人阶级仅仅限定在体力雇佣劳动者范围,工人阶级仍是今天俄罗斯社会中人数最多的一个社会群体,它在整个就业人口中占一半多的份额。根据俄罗斯国家统计局的数据,2006年,工人占整个俄罗斯企业登记在册劳动者人数的54.6%,而且这个数据仅仅是重工业部门的劳动者,还不包括农工综合体的员工和在小企业就业的人员。因此,特鲁什科夫认为,这一事实驳斥了那种认为俄罗斯不存在无产阶级的说法。但他指出,现在的问题在于,对重工业工人这个群体而言,一个明显的趋势是,非熟练工人的比重高于熟练工人。在1999—2006年,俄罗斯工人阶级结构中增长最快的是非熟练工人。这一怪现象自然源于资本主义的本性,资本主义的基本经济规律是追求利润。对资本家来说,非熟练工人成本低,不需要为专门的培训支付任何费用,为此,他们宁可雇用非熟练工人而不采用先进复杂的技术。因此,在俄罗斯已经转到资本主义经营轨道的主要经济行业,为非熟练工人创造了一定的优势。因此,无产阶级人数增加和阶级意识下降是当前俄罗斯的一个特点。[2] 谢尔盖·斯特洛耶夫在《马克思主义在今日——纪念卡尔·马克思诞辰190周年》的文章中也认为,俄罗斯的这一现象并非一国的孤立现象。在当今世界的边缘国家(苏联解体

---

[1] Мы уверены в неизбежной победе дела, которому служим. Политический отчет Центрального Комитета КПРФ XIII Съезду партии. http://www.kprf.ru/ 2008‒11‒29.

[2] В. В. Трушков:《Овладевая марксизмом, человечество становится на голову выше》.《Политическое просвещение》. 2008г. №2. стр. 92, 89.

后的俄罗斯也落入这些国家之列），其非工业化带有明显的倒退性质，导致广大人民群众丧失了原有的阶级地位。社会存在决定社会意识。在"改革"后的俄罗斯，倒退的、原料型的非工业化过程，也是广大劳动人民的阶级自我意识在客观上被摧毁的过程。① 在这种情况下，共产党人面临的首要任务和100年前一样，这就是要努力提高工人阶级的阶级意识，向千百万劳动大军提供捍卫自己利益的工具，向人民灌输社会主义思想。

国际金融危机以来，在西方国家不断爆发大规模的罢工运动，而在俄罗斯，很少听到关于罢工的消息。为什么？俄共网站文章分析道，俄罗斯工人很少罢工有如下原因：工人害怕失去工作岗位；对领导者言听计从的惯性；羡慕富人的心理；苏联时期形成的不敢与当局对立进而争取自己经济权利的观念。作者认为，工人只有在意识到自己有获胜的现实可能性时，他们的实力才会显示出来。但这种意识不是从天而降，而是靠工人阶级政党赋予它。无产阶级意识到同剥削者对抗的阶级胜利的可能性直接取决于群众对共产党的信任。当然这种信任不是来源于共产党员的崇高称号本身，而是来源于共产党在日常工作中不断地向工人队伍灌输阶级意识。②

总之，俄共认为，社会制度的改变，使俄罗斯国家笼罩在系统性的危机之中，这表现在：工农业生产总额急剧下降；科学、教育和文化衰落；尽管石油美元涌入，但迄今没有在任何一个经济部门有实质性的推进；人口减少；公民被排斥在参与社会事务的管理之外；贫富鸿沟加深；地区之间、城乡之间矛盾加剧；俄罗斯族人问题凸显；武装力量的战斗力下降；俄罗斯成了帝国主义国家的原料附庸，等等；因此，俄共坚信，只有重建苏维埃制度并沿着社会主义道路前进，才能挽救祖国，使俄罗斯摆脱资本主义危机。③ 而要重建社会主义制度，俄共要依靠当代工人阶级，当务之急是提高工人阶级的阶级意识。

七 吸收社会民主党的有益价值，但不作西欧式社会民主党

苏东解体后，东欧各国共产党普遍改旗易帜，社会民主党化了。俄罗

---

① Сергей А. Строев: Марксизм сегодня（к 190 - летию со дня рождения Карла Маркса）. http：//www.kprf.ru/2008 - 04 - 29.

② Точка зрения: Кого считать пролетарием в современной России? http：//kprf.ru/rus_soc/94541.html.

③ Мы уверены в неизбежной победе дела, которому служим. Политический отчет Центрального Комитета КПРФ XIII Съезду партии. http：//www.kprf.ru/2008 - 11 - 29.

斯社会包括俄共党内也出现一种要求俄共转变为社会民主党的呼声，甚至普京总统也建议俄共改名为"社会民主工党"。① 对此俄共领导人旗帜鲜明地表明态度：坚决不改名，不作"欧洲型的社会民主党"。

2003年8月，在纪念俄国社会民主工党二大一百周年之际，俄共领导人久加诺夫再次重申党的立场。他谈到，共产党和社会民主党本是同根同源，只是从20世纪20年代开始分道扬镳。两者之间有很多共同的价值观，其中最主要的是社会公正理想。但是两者对这一理想的理解有原则性的分歧。共产党把实现社会公正作为自己的目标，而社会民主党基本上是在雇主和雇佣工人之间起中介作用，帮助后者争取出卖劳动力的最有利条件。资本主义所固有的资本和劳动之间的矛盾，是现代社会民主党存在的必要条件，也可以说是它的生存环境。追求社会主义是共产党的目标，而对社会民主党而言，"运动就是一切，最终的目的是微不足道的"。80年来，西欧社会民主党渐渐偏离了最初的理想，一步步滑向自由主义。时至今日，西欧社会民主党失去了本质，正经历着身份认同危机，它们名左实右，其中一些政党右倾程度甚至超过右派。在这种情况下，俄共如果加入披着社会民主党的外衣，实际奉行自由主义的队伍中去，其结果只能与苏东共产党一样，落得个身败名裂的下场。②

在俄共领导人看来，俄共不作社会民主党，不仅仅是出于对党的纲领目标的忠诚，或如某些人所说，是"害怕失去正统共产党人的认同感"和"几百万退休者选民的传统支持"，而且是从俄罗斯的现实出发，认为社会民主主义的选择在俄罗斯没有出路。2003年2月，在俄共重建十周年之际，久加诺夫针对网民提出的"俄共为什么不改名为社会民主党"的问题作了解释。他谈道："社会民主党属于欧洲的文化，而欧洲的文化是建立在高水平的富足和深厚的民主传统之上的……俄罗斯是一个欧亚国家。我要从俄罗斯的现实出发——我国80%的公民在十年间失去了许多收入，只有20%的人富了。我国没有中产阶级（在苏联时期它曾是一个人数众多的阶级），我们现在的收入是最低限度的。因此，无论是在经济上，还是在政治上和民族文化上，在今天的俄罗斯都不存在发展社会民主党的基础。"他认为，谢列兹尼奥夫

---

① 见普京在2001年7月18日记者招待会上的谈话，《普京文集——文章和讲话选集》，中国社会科学出版社2002年版，第384页。

② См. Г. А. Зюганов: КПРФ ближе к истокам социал - демократии, чем многие из так именующих себя партий. http://www.cprf.ru/ 20.08.2003.

等人试图再建一个戈尔巴乔夫那样的党的想法,是愚蠢的和无法实现的,在俄国,这根本就是一条虚构的路。① 事实上,戈尔巴乔夫牵头组建的俄罗斯社会民主党一直没有形成气候。直到2006年,奉行社会民主主义的公正俄罗斯党在当局的支持下得以建立,该党于2012年被社会党国际接纳为正式成员。公正俄罗斯党领导人米罗诺夫曾向俄共伸出橄榄枝,希望两党合并,但俄共坚决不予理睬,而且时刻提防该党瓦解俄共的党员及选民队伍。

有一种看法认为,俄共的纲领实际上已经接近于西欧社会民主党的纲领,既然这样,何必还打着共产党的招牌呢?对此,俄共不否认在自己的最低纲领中吸取了社会民主党有价值的东西,甚至认为俄共比欧洲社会民主党更接近左翼运动最初的思想原则。比如,当今的俄罗斯,俄共维护劳动者权利,支持实行真正的社会政策,尤其维护占俄罗斯社会人口80%的最贫困民众的切身利益;要求将经济基础部门国有化,因为不做到这一点,任何再完美的计划和纲领都不能实现,如果预算基数很小,即使你分配得再合理,也不会取得什么成果;反对买卖森林和农业用地;提出免费医疗和教育;要求实行真正的八小时工作日及劳动者带薪休假。俄共认为,所有这些是传统社会民主党基本的、一贯的立场。可是在当今的俄罗斯,除了俄共,没有另外一支政治力量将这些原则作为一种价值体系来坚持,而这正是俄共21世纪的最低纲领。② 但俄共还有最高纲领,它的根本宗旨是重建社会主义制度。对待现行社会制度,俄共与西欧社会民主党的态度是不同的,这也决定了它们最终目标的不同。正如当时的俄共第一副主席库普佐夫所说,俄共与西欧社会民主党有本质的区别:俄共主张政权应归人民而不是归寡头所有,在西欧社会民主党人那里,政权实际上是由资本掌握,在今天的俄国,资本也渗入了国家权力机构。③

八 以完成民主革命任务为最低纲领

俄共始终以夺取政权,重建苏维埃制度并使国家走上社会主义道路为战略目标。俄共宣称,这并不是说要回到过去,而是要向前进,走向厘清

---

① 《俄共重建十年——久加诺夫与俄罗斯报刊网民的对话》,hppt://www.cprf.ru/14.02.2003。

② См. Г. А. Зюганов: КПРФ ближе к истокам социал-демократии, чем многие из так именующих себя партий. http://www.cprf.ru/ 20.08.2003.

③ 《瓦·库普佐夫答记者问》,Независимая газета. 24.07.2001。

了过去错误和谬论、完全符合今天现实的更新了的社会主义。在当前条件下，俄共认为自己的任务是把社会阶级运动和民族解放运动联合成为统一的人民阵线，赋予其目标明确的性质，即把捍卫俄罗斯的民族国家利益同争取社会主义的斗争和人民政权的苏维埃形式有机地融合在一起，党为争取祖国的统一、完整和独立，苏联各民族兄弟联盟的重建，公民的福祉和安全、精神和身体健康而奋斗。①

为实现重建社会主义的战略目标，俄共认为需经过三个阶段。第一阶段：确立以俄共为首的劳动人民的、广泛的人民爱国主义力量的民主政权。第二阶段：在实现政治和经济稳定之后，最大限度地保证劳动人民参与国家的管理。第三阶段：为彻底形成社会主义的社会关系，保证社会主义制度在自身基础上的稳固发展积极工作。

当前，为了实现第一阶段的目标，俄共提出要组织人民群众去争取其社会、经济和政治利益，积极地恢复和发展直接的人民政权——地方人民代表苏维埃，劳动集体委员会，自我管理、自我组织和自我保护委员会等，支持劳动者对执行权力机关和代表权力机关实施监督；把有关完全恢复国家政权的苏维埃制度问题交付全民公决。

为实现上述目标，俄共确定了党的最低纲领。20 年来，俄共根据国情变化不断提出具有民主主义性质的纲领主张，归纳起来包括如下几方面。

政治领域，主张选举透明，保障公民的人身、言论和信教的自由，保障反对派活动的自由；整顿国家管理体制，遏制腐败；扩大劳动集体和工会的权利，形成人民信任的政府。

经济领域，主张将国家的自然资源、具有战略意义的经济部门实行国有化，将这些部门的收入用于解决民生问题和国家基础设施建设；重审允许瓜分国家自然资源的法律，首先是住宅、土地、森林和水资源等法典；偿还内债优先于外债，补偿居民在"改革"年代被冲销的存款；发展实体经济，为中小企业的发展创造条件，积极发展科技含量高的产业；实行累进税，免除低收入公民的税负；保障国家的粮食安全和生态安全；将国家的金融储备从国外银行转回俄罗斯，用于经济和社会发展。

社会领域，主张国家对住宅和公共事业承担责任，扩大国家的住房建

---

① Новая редакция программы Коммунистической партии Российской Федерации, http://www.cprf.ru/ 2008 – 12 – 12.

设，住房和公共事业服务的支出不高于家庭收入的 10%；实行免费教育，恢复高标准的免费中等和高等教育；保障普遍享受得起的高质量保健和医疗；维护社会保障，不允许提高退休年龄；遏制腐败和犯罪。

人口政策领域，强调俄罗斯是当今世界上最大的被分裂民族，支持一切促进俄罗斯族团结统一的措施（如南奥塞梯的独立和克里米亚的回归），主张恢复对多子女家庭的优待，重建普遍上得起的幼儿园，保障年轻家庭的住房，遏制俄罗斯人口下降趋势。

科技文化领域，主张增加对科研的拨款，保障学者得到体面的工资和科研活动所必需的一切；保证文化财富可普遍分享，杜绝文化商业化，将俄罗斯文化作为多民族俄罗斯的精神统一的基础，保护国家所有民族的民族文化。

外交领域，主张巩固国家国防能力，保障俄罗斯领土完整，保护境外同胞；禁止利用武装力量反对人民，禁止建立保护资本的雇佣军；扩大军人和护法机关工作人员的社会保障；促进联盟国家的自愿恢复。

俄共认为，为实现这些纲领，以改变现行经济政策方针，俄共要与资本政权进行顽强的斗争，包括提出自己的替代方案。

九 主张通过和平道路过渡到社会主义，以灵活的策略与当局斗争

关于实现社会主义的途径，俄共主张"和平过渡到社会主义"，但不放弃在被迫情况下"对暴政和压迫进行反叛"的权利。俄共强调把议会内斗争与议会外斗争结合起来，并"把议会内的斗争看作阶级斗争"，提出"在斗争中不允许与当局反人民的方针进行妥协"，认为，只有不妥协，才能使群众性的抗议运动和议会内共产党人的活动产生效果。[①] 与此同时，俄共也根据斗争的需要采取灵活的策略，迫使执政当局接受俄共的主张。

为了团结和动员各界群众，俄共始终致力于建立人民爱国统一战线。俄共从重建之初就主张把社会主义的、中派主义的和彻底民主主义的政党及进步的爱国主义运动作为自己的同盟者，团结工人、农民、妇女、老战士、青年、企业家、教育工作者和创作工作者组织以及所有传统教派的宗教团体。俄共这样做的理由是，俄共争取社会主义的方针是与争取国家复

---

① Новая редакция программы Коммунистической партии Российской Федерации, http://www.cprf.ru/ 2008 – 12 – 12.

兴、解决一般民主主义的任务紧密相连的，作为现行制度的反对派，俄共与当局的斗争需要得到广泛的社会组织的支持。因此俄共要与一切珍视国家民族利益、具有爱国主义情感的人合作。与此同时，这些组织和人士是分散的，力量薄弱，他们也需要联合到俄共这个唯一的反对派的旗帜下，在这个统一阵营内争得自己的权力和利益。

在与同盟者合作方面，俄共的原则是，尊重同盟者的观点，不把自己的观点强加给他们。但是在与同盟者的对话和合作中，俄共不隐瞒自己的信念，即在现阶段，维护俄罗斯的民族国家利益同争取社会主义和苏维埃形式的人民政权是有机地结合在一起的。

20年来，俄共与同盟者的主要合作形式是组建以俄共为核心的"人民爱国主义力量联盟"。该联盟后来改组和更名为"俄罗斯人民爱国联盟"。俄共与同盟者的合作主要体现在议会内、外的共同行动中，尤其是总统和国家杜马竞选的关键时刻。但这种合作往往是有条件的，具有暂时性和不稳定性。在叶利钦执政时期，俄罗斯人民爱国联盟的确成了俄共与当局斗争和赢得议会选举胜利的依靠力量。但从21世纪开始，联盟内的离心倾向开始凸显，联盟本身甚至成了当局离间和分化俄共的工具。2003年议会选举中，俄共的同路人都想借助联盟为自己竞选助力，与俄共争夺联盟领导权和候选人名额，俄共为了竞选成功不得不作妥协，甚至将企业家列入竞选名单，结果损害了俄共的形象，失去一些选民的支持，造成选举失败。这一失败引起党内分裂，使俄共元气大伤，其发展进入艰难时期。2003年选举后，俄罗斯人民爱国联盟一分为二，俄共领导的一部分仍沿用联盟原来的名称，另一部分组成了以谢米金为首的"俄罗斯爱国者党"。之后，俄共的联盟不再活动。作为替代，从2005年起，俄共成立了全俄抗议行动司令部，将二十几个组织和运动联合起来举行议会外的活动。2009年，即金融危机爆发后，俄共再次呼吁建立广泛的"民族爱国主义阵线"，以挽救国家于危机。但这一阵线未能真正形成。2012年，俄共又组建了全俄创造性运动"俄罗斯和睦"，该运动以弘扬俄罗斯文明为主旨。

在处理与执政当局的关系方面，俄共采取灵活的斗争策略。俄共作为反对派党，对历任政府的新自由主义方针采取不妥协的立场，坚决予以抨击。但在某些问题上，如反腐败、反美、反北约等方面，俄共与执政当局采取互动立场，积极配合。俄共经常利用现行法律允许的权利对当局的方针政策采取抗议行动,但以保护自身的安全为前提,以不危害国家利益为底线。例如,在2011—2012年大选期间,俄共组织了大型抗议选举作弊的活动,但与那些有境外势力插手的激进组织保持距离。俄共内部时常有人批评党的领导人与执政者走得太近。对此,久加诺夫在党的十三大指出,俄共要从反对派的利益出发,利用执政集团的内部矛盾和外部压力,削弱买办结构的权势,瓦解执政精英队伍,迫使政府兑现"对社会的承诺",为广大劳动人民争取最大利益,最终通过更替政权把国家引出危机。俄共既不要对现政权抱任何幻想,也不能束手待毙。"为了改变现状,俄共只能采取积极的、多方面的和实用的政策,有时甚至需要作出妥协。"只有采取灵活的策略,才可能实现战略任务。只有把寡头制度动摇了,才可能为新的人民政权的到来做好准备。他认为俄共应该对"梅普组合"及执政集团的某些部分采取互动的态度。① 的确,俄共在梅德韦杰夫任总统期间,向梅德韦杰夫提出建设性意见多一些,对普京领导的政府政策则严厉批评;而在普京再任总统以后,俄共对普京的一些对外政策,尤其是在乌克兰危机期间的表现表示赞赏,而对梅德韦杰夫领导的政府提出批评,甚至提出让其辞职。

多年来,俄共针对国家面临的问题提出一系列建设性方案。金融危机以后,普京和梅德韦杰夫都开始重视俄共的建议,探索解决诸如改变能源依赖型经济发展模式、打击腐败等问题。俄共认为,"这说明我们是对的。现实迫使政权机关承认他们的方针是错误的和没有出路的"。"在俄共压力之下,当局开始动摇、让步。俄共要加大对政权的压力,迫使它对人民作出进一步的让步。"②

总之,在俄共领导人看来,在政权不能有效管理国家,少数人富有,大多数人生活恶化的背景下,群众性的社会抗议在逐渐成熟。尽管现在不能预测革命的爆发何时以何种方式出现,但执政集团行动的本身在客观上必然导致这一爆发。俄共要利用一切机会,包括议会内和议会外的斗争方法来削弱执政集团。久加诺夫满怀信心地说:我们将迎接挑战。我们坚定地相信自己的事业是正确的。相信我们的事业必胜。当然,通往胜利的路

---

① Мы уверены в неизбежной победе дела, которому служим. Политический отчет Централь - ного Комитета КПРФ XIII Съезду партии. http://www.kprf.ru 2008 - 11 - 29.

② Там же.

将不会是短暂的和容易的。①

第四节 斗争实践

如前所述，建设更新的、21世纪的社会主义是俄共的战略目标。在当前条件下，俄共主张把社会阶级运动和民族解放运动统一起来，建立广泛的人民阵线，赋予其明确的走向社会主义的目标，通过议会内和议会外的工作，实现其最低纲领，为最终建立人民政权，过渡到社会主义做准备。20年来，俄共积极开展了如下几方面的斗争。

一 积极参加各级权力机构的竞选，巩固党在国家政治生活中的地位，为确立人民政权积累经验和储备力量

1. 参加国家杜马的选举

俄共重建后即面临俄罗斯开始的宪法改革。1993年9月20日，叶利钦总统发布《关于在俄罗斯联邦分阶段进行宪法改革》的第1400号总统令，宣布解散最高苏维埃和人民代表大会，决定于当年12月举行议会的选举和新宪法的全民公决。根据议会选举规则，议会下院——国家杜马共有450名代表，其中225名在全联邦选区按照政党或竞选联盟比例代表制原则选举产生，另外225名在单名制选区（一个选区选一个代表）按照多数制原则直接选举产生。这一新的议会选举规定意味着，任何一个政党，只有参加议会选举，才能获得合法参政、议政的机会。面对新的局势，俄共经过内部的激烈争论和利弊权衡，最后决定参加议会选举，因为只有进入议会，才能利用议会讲坛，对国家政治生活和社会经济政策产生影响。

1993年12月，第一届国家杜马选举中有8个政党得票率超过5%而进入议会：俄罗斯自由民主党（22.92%）、"俄罗斯民主选择"联盟（15.51%）、俄罗斯联邦共产党（12.40%）、"俄罗斯妇女"运动（8.13%）、农业党（7.99%）、"亚博卢"（7.86%）、俄罗斯统一和谐党（6.73%）、俄罗斯民主党（5.52%）。② 加上单席位选区当选的代表，"俄

---

① Мы уверены в неизбежной победе дела, которому служим. Политический отчет Централь-ного Комитета КПРФ XIII Съезду партии. http://www.kprf.ru, 2008 - 11 - 29.

② http://www.cityline.ru/politika/fs/gd1rezv.html - - 1993.

罗斯民主选择"得 96 议席；自由民主党得 70 议席；俄共得 65 议席；农业党得 47 议席；"亚博卢"得 33 议席；统一和谐党得 27 议席；"俄罗斯妇女"运动得 25 个议席；民主党得 21 个议席。其他政党和组织的得票率都不足 5%，未能进入国家杜马，但它们有成员在"单席位"选区当选为议员，其中"公民联盟"18 席，"民主改革运动"8 席。这届国家杜马由于是中途建立的，因此任期为 2 年。① 此时正是俄罗斯政局混乱时期，政党林立，有 200 多个各种色彩的党。从选举结果可以看出，当时的俄罗斯政治力量格局是没有哪个党占有绝对优势，即使叶利钦支持的"俄罗斯民主选择"的得票率也远远低于预期。

俄共尽管准备仓促，但还是凭借强大的组织基础，取得了不菲的成绩：位列第三。正是这次选举给了俄共以信心。自此，俄共调整了斗争策略，从街头斗争转向议会斗争，决心利用议会讲坛与民主派和总统抗争，为共产党人和广大民众争取政治和经济权利。在第一届杜马中，俄共与主张相近的农业党结成同盟，形成议会中的第二大政治力量，为两年后的第二届选举打下了坚实的基础。

在 1995 年 12 月第二届国家杜马选举中，有 4 个政党和组织进入议会，其得票率为：俄共（22.3%），自由民主党（11.18%）；"我们的家园—俄罗斯"（10.13%）；"亚博卢"（6.89%）。加上"单席位"选区当选的议员，俄共得 157 个议席；"我们的家园—俄罗斯"得 55 个议席；自由民主党得 51 个议席；"亚博卢"得 45 个议席。农业党得票率不足 5%，但在单席位选区获得 20 个席位。② 在这一届议会中，左中右各有代表，左翼独领风骚。

在选举中，俄共团结并依靠人民爱国力量，高举社会公正、国家主义、爱国主义旗帜，打着"俄罗斯、劳动、人民政权、社会主义"等口号，赢得了选举的胜利，一跃成为议会第一大党。这样，俄共和盟友一起控制了议会 1/3 强的席位。俄共成员谢列兹尼奥夫当选杜马主席。实践表明，那些没有根基的党显然比不上有严密组织基础的俄共。这是俄共重建后最显赫的时期，凭借其议会多数党的优势与叶利钦总统和政府进行了各

---

① 丁黎：《颇有俄罗斯特色的国家杜马及其选举规则》，资料来源千龙网，转载自 2007 - 09 - 13，http：//news.163.com/07/0913/11/3O92QU2T0001121M.html.

② 同上。

种较量，迫使后者在社会经济政策方面作出一些让步，缓解了社会矛盾。

在 1999 年 12 月举行的第三届国家杜马选举中，有 6 个政党和组织进入国家杜马。其中：俄共得票 24.29%；"团结"联盟得票 23.32%；"祖国—全俄罗斯"联盟得票 13.33%；"右翼力量"联盟得票 8.52%；"日里诺夫斯基"联盟得票 5.98%；"亚博卢"集团得票 5.93%。加上"单席位"选区当选的议员，俄共得 110 个议席；"团结"得 74 个议席；"祖国—全俄罗斯"得 66 个议席；"右翼力量"得 29 个议席；"亚博卢"得 21 个议席；"日里诺夫斯基"得 17 个议席。此外还有 120 多个"独立"议员。[①] 这一届议会的格局是左中右各派力量势均力敌。

这次选举中，俄共在杜马中得到的席位与上届相比少了 40 多席位，但仍占据杜马第一大党团的位置。凭借这一地位，俄共党团和盟友农工议员团成员分担了杜马 28 个委员会中的 11 个委员会主席的职务。[②] 然而，2000 年普京上台后不久，为站稳脚跟和巩固政权，采取各种措施分化和削弱共产党左翼和自由主义右翼，为打造自己的政党联合和壮大中派力量。2001 年 4 月，在杜马"政变"中，俄共丢失了各委员会主席的职位，而几个中派和右翼党团联合起来，形成支持总统的议会多数。自此，俄共事实上开始失去对议会的控制，议会讲坛也不再是俄共与当局斗争的主战场。

2003 年 12 月第四届国家杜马选举正值普京执政的鼎盛时期，新的政权党——统一俄罗斯党已羽翼丰满。该党动用各种资源投入竞选，不仅要夺得议会第一大党的地位，而且要争到议会的法定多数——2/3 的席位。与此同时，由于普京上台后颁布了新的政党法，提高了获取合法身份的政党的门槛，整肃了政党繁多的状况，致使许多小党重新组合，向少数大党靠拢，最后参选政党的数量也大为减少。最后，只有四个政党在这次选举中胜出：统一俄罗斯党（得票率为 37.57%），俄共（得票率为 12.61%），俄罗斯自由民主党（得票率为 11.45%），"祖国"联盟（得票率为 9.02%）。加上"单席位"选区当选的议员，统一俄罗斯党获得 308 席，

---

① 丁黎：《颇有俄罗斯特色的国家杜马及其选举规则》，资料来源千龙网，转载自 2007-09-13，http://news.163.com/07/0913/11/3O92QU2T0001121M.html.

② В. И. Головлев，Т. И. Нефедова：Государственная дума второго созыва：роль и место в политическом переломе. Москва. 2000. стр. 26，182；Доклад заместителя председателя ЦК КПРФ И. И. Мельникова на XV Пленуме ЦК КПРФ. hppt://www.cprf.ru/ 27.03.2004.

俄罗斯联邦共产党获得 46 席，俄罗斯自由民主党获得 35 席，"祖国"联盟获得 29 席，人民党获得 17 席，其他议席被独立议员获得。① 这一届议会的格局是，持保守主义的中派独占鳌头，持西方自由主义的右翼被排挤出局，持共产主义的左翼和社会民主主义的中左翼空间狭小窘迫，持民族主义的右翼稳坐钓鱼台。

在此次选举中，支持总统普京的统一俄罗斯党如愿以偿，赢得杜马中 2/3 的席位，占据了绝对统治地位。俄共则因力量悬殊和策略失误而惨遭失败，丧失了议会第一大党的地位，屈居第二，且议会席位无法与第一大党统一俄罗斯党匹敌。俄共成员连续三届出任杜马主席的历史也随之结束。

2007 年 12 月第五届国家杜马的选举提高了议会准入门槛，即只有获得 7% 选票的政党才能进入议会，而且选举制度由混合制改为单一的政党名单比例代表制，即不再设单席位选区，全部国家杜马代表都由政党比例原则选举产生。这次进入议会的仍是四个政党：统一俄罗斯党获得 70% 的选票，得到 315 个席位即议会 2/3 以上的席位；俄共获得 12.7% 的选票，得到 57 个席位；自由民主党获得 8.9% 的选票，得到 40 个席位；公正俄罗斯党获得 8.4% 的选票，得到 38 个席位。② 与上届议会相比，这届议会的格局基本未变，只是原来的"祖国"联盟重组为公正俄罗斯党。

这次选举中，俄共保住了议会第二大党的地位，席位与上届相比略有回升，但仍与第一大党统一俄罗斯党相去甚远。不过，俄共选票的微弱增加是对俄共的极大鼓舞，因为这一成果得来不易，它是对俄共经过四年的努力，在顶住外部打压和克服内部分裂的困境下，全党上下团结奋斗的回报。这种微小的进步表明俄共是压不垮、打不散的坚强政党，宣示俄共不仅重整旗鼓守住了阵地，而且正从谷底坚韧地向上攀爬。

2011 年 12 月进行了第六届国家杜马选举，在七个参与竞选的政党中，四大政党再次进入议会："统一俄罗斯党"得票率为 48.5%，得到 238 席，保住了杜马第一大党的地位，但支持率下降了 20% 多；俄联邦共产党得票率为 19.8%，得到 92 席；公正俄罗斯党得票率为 12.8%，得 64 席；自由民主党得票率为 11.42%，得 56 席。其余三个政党——亚博卢党、俄罗斯

---

① http://ru.wikipedia.org/wiki/
② Там же.

爱国者党和"右翼事业党",均因得票率不足 7% 而落选。这一届议会再次显示俄罗斯政党体系的基本格局已经固化,四大政党连续三届瓜分议会席位,两个自由主义右翼党无论怎样造势都无法闯进议会的大门。不过,这一次,四党占据的席位发生了微妙变化,尤其是第一和第二大党的差距明显缩小,这不能不让统一俄罗斯党感到紧张。

俄共在这一届选举中几乎打了一个翻身仗,支持率接近 20%,议会席位由 57 个增加到 92 个,并在议会领导层的地位也相应提高,俄共第一副主席伊·伊·梅利尼科夫担任下院第一副主席职务,另有六位俄共议员任杜马委员会的主席。能取得这样的成果,有主客观两方面的原因。俄罗斯近年官僚腐败不断蔓延,受金融危机影响,俄罗斯经济社会发展受阻,民众对政府及其支柱党信心下挫,这些客观情况有利于俄共近年在国家治理上推出的建设性方案重新被社会认可。从主观来讲,俄共加强自身的现代化建设,社会形象不断改善,争取到一些青年人的支持,并注重选拔和培养新生力量,使其在各级地方选举中成为中坚力量,为全国的杜马的选举奠定了基础。这次选举使俄共备受鼓舞,表明俄共正迈上新的起点。

2. 参加总统选举

20 多年来,俄共候选人还参加了四年一届的总统选举,而且每一届都位居第二。事实证明,俄罗斯联邦共产党是俄国内不可替代的第一大反对派政党,其领导人久加诺夫是俄罗斯政坛上唯一可以与当权者较量的政治人物。

3. 参加地区和地方选举

俄共除了动员全党参加国家杜马和总统的选举,还要动员各级组织参加地区即州的立法会议和地方即市级立法会议的选举以及州长、市长等各级行政首脑的竞选。20 世纪 90 年代,俄共的议员和代表在地区和地方立法机构中占据半壁江山,并有许多共产党人担任州长,形成了一个"红色地带"。但进入 21 世纪,阵地逐渐丢失。经过近几年的努力,俄共开始收复失地,但在俄罗斯整个政党格局中,俄共在州级,尤其是在市级的立法机构中的势力相对较弱,占比远没有达到俄共在国家杜马中的席位比例(20% 以上)。2003—2013 年的十年间,俄共在州级立法会议中的代表席位从 310 席增加到 461 席。截至 2013 年 1 月 1 日,俄共在地区立法会议中拥有 59 个议会党团和 20 个议员团,在 3910 个席位中占有 461 个席位,占

表3　俄共在历届国家杜马选举中的得票率及杜马席位列表①

时间	得票率	议员数	席位比例	党团排名
第一届（1993年）	12.40%	42+23=65	9.33%	3
第二届（1995年）	22.30%	157	34.89%	1
第三届（1999年）	24.29%	103+7=110	22.89%	1
第四届（2003年）	12.61%	46+6=52	11.56%	2
第五届（2007年）	11.57%	57	12.67%	2
第六届（2011年）	19.20%	92	20.44%	2

表4　俄共候选人在历届总统选举中的得票一览表②

时间	候选人	得票率	排名
1996年	根·安·久加诺夫	40.31%	2
2000年	根·安·久加诺夫	29.24%	2
2004年	尼·米·哈里托诺夫	13.69%	2
2008年	根·安·久加诺夫	17.72%	2
2012年	根·安·久加诺夫	17.18%	2

11.8%；在市级地方行政机构的189316名代表中，来自俄共的有8249名，占4.4%。俄共有282名成员担任各级执行权力机关的领导职务。65

---

① 资料来源：丁黎：《颇有俄罗斯特色的国家杜马及其选举规则》，千龙网，转载自http：//news.163.com/07/0913/11/3O92QU2T0001121M.html.2007－09－13；http：//ru.wikipedia.org/wiki/.

② 资料来源：Выборы президента Российской Федерации. http：//ru.wikipedia.org/wiki；Харитонов, Николай Михайлович. http：//ru.wikipedia.org/wiki/.

位州委第一书记（约占80%）、863位市委第一书记（35%）、3386位基层支部书记（约25%）为立法机构成员。①

2014年3月克里木和塞瓦斯托波尔归并俄罗斯后，俄罗斯共有85个联邦主体，俄共在其中的81个地区立法机构中有自己的代表。俄共在塞瓦斯托波尔市代表苏维埃中的党团很有影响力，30%的选民在选举中投了共产党人的票。此外，在2014年4月俄罗斯第三大城市新西伯利亚市市长的选举中，俄共候选人阿·叶·洛克齐获胜当选。②

4. 参加竞选的意义

在今天的政治制度下，参加各种选举，对俄共而言是关乎其生存和发展的头等大事。因为进入议会，一方面，党能根据得票比例得到国家预算的活动资金，才有生存和发展的机会；另一方面，党能拥有参政议政的权利，才能扩大社会影响力。显然，参加竞选不是俄共存在的目的，而是实现其战略目标的手段。而要争得这一手段，对作为反对党的俄共而言，绝非易事。因此，俄共非常重视各种竞选，成立了中央竞选总部及各州的分部，党的第一副主席伊·伊·梅利尼科夫任党的竞选总部的统帅。每次竞选运动中，党的各级领导人都亲临第一线，直接与选民对话，把参选过程作为扩大党的社会影响力的机会。

每次竞选对俄共来说都是一场战斗。仅在2007—2008年国家杜马和总统的竞选中，俄共候选人在全国各地举行了上千场的见面会和演讲会，与城乡选民直接对话，阐释俄共的立场；派两三万名监票员到各投票点监票，以减少对俄共不利的作弊行为；发动和组织120多次以捍卫公民的政治和经济权利为主题的抗议行动；利用十月革命90周年和俄共重建15周年的机会，举行全国性的纪念活动，宣传社会主义思想，邀请世界上70多个国家的共产党和工人党来莫斯科参加纪念十月革命90周年的大型集会和游行，为俄共的竞选造声势。③

俄共在选举中除了利用纸质媒体和网络媒体进行竞选宣传，还突破电视封锁，争取到平等进入电视荧屏的权利，通过参加电视辩论把自己的主

---

① Облик партии перед XV съездом. http：//gazeta‑pravda.ru/content/view/13772/79.
② 《Вертикаль защиты народных интересов》. Интервью Г. А. Зюганова в газете 《Правда》. http：//kprf.ru/party‑live/cknews/129861.html2014‑03‑31.
③ 刘淑春：《经受大选考验的俄共——俄共大选结果解读》，《当代世界与社会主义》2008年第3期。

张传达到千家万户。在 2011—2012 年的国家杜马和总统的竞选中,俄共虽没有统一俄罗斯党那样雄厚的行政资源和资金资源,从党员人数来说,俄共仅有 15 万人,是四个议会党中规模最小的党(统一俄罗斯党有 200 万名党员,自由民主党有 20 万名党员,公正俄罗斯党有 40 万名党员),但俄共不仅重视传统的宣传动员工作,如将印有党的竞选纲领的上千万份传单送到每一个家庭,而且认真对待电视辩论这一新的竞选方式,专门成立了由 25 人组成的辩论团队,久加诺夫亲自挂帅。在辩论现场,久加诺夫善于在规定的时间内以事例和数字阐述自己的主张,而不是空喊口号。如在 2011 年 11 月 16 日关于"国内政策"主题的辩论中,久加诺夫在给定的一分钟内将俄共关于社会领域的七点主张一一列出:第一,将矿产资源收归国有,以使预算增加一倍;第二,实施累进税制,以使预算再增加 20 亿卢布;第三,对酒类产品实行国家专卖,以补充同样数额的预算;第四,规定公共事业费率和房租不超过家庭总收入的 10%;第五,保障每个青年人享受免费、且直到高等的教育;第六,保障所有人都能享受免费医疗服务;第七,保障助学金增加两倍,养老金增加一倍,预算内工资达到 3 万—4 万卢布。而统俄党辩手谢·涅韦罗夫在一分钟内传达给观众的主要有两点:国家应该履行自己的义务并让人民生活得更好,具体措施如何,观众不得而知。最后,俄共能取得高出上届杜马选票近一倍的成绩,而统一俄罗斯党则丢失 20% 的选票,这一得一失,在很大程度上可以说明,善于利用电视媒体对一个政党有多重要。

俄共主张"诚实选举",每次大选都派出成千上万名监察员到投票点监督,防止竞争对手做手脚,并多次利用掌握的证据向宪法法院起诉选举的作弊行为,控告阻止俄共候选人顺利参选行为[①]。当然,这些起诉每每都以失败告终。但俄共关于"诚实选举"的呼声,得到议会内外许多政党的支持,在 2011 年秋季地区选举中,议会内三个党联手反对统一俄罗斯党选举作弊,闹了一场"议会风波"。尤其是 2011—2012 年竞选期间,统一俄罗斯党因竞选作弊引发社会大规模的抗议运动,这对执政当局造成很大震动,迫使当局不得不考虑如何净化俄罗斯的竞选环境。

---

① 在 2014 年 3 月新西伯利亚市市长竞选中,俄共候选人阿纳托利·洛克齐的办公室遭遇枪击,其助手遭受毒打。《Вертикаль защиты народных интересов》. Интервью Г. А. Зюганова в газете 《Правда》 http://kprf.ru/party-live/cknews/129861.html 2014-03-31。

二　积极开展议会内的工作

俄共在议会内积极参与国家立法工作，代表弱势群体发声，捍卫劳动人民的利益，对国家的政治经济和社会方针发表自己的意见，阐述自己对国家发展的主张。

1. 从劳动者的立场出发提出法案

俄共参加议会的目的之一是要通过立法权实现自己的社会改造纲领。俄共的各级党团为捍卫劳动者的权益和国家利益，以俄共的国家发展基本纲要为依据，以满足选民的迫切要求为出发点，积极提出立法提案。例如，俄共党团提出的《提高最低工作标准》的法案在2008年6月获得通过，《同分离主义斗争》的法案于2013年12月20日获得国家杜马通过；滨海边疆区和克拉斯诺达尔边疆区的各级共产党人议员通过立法阻止了当地某些大型企业私有化的进程；圣彼得堡市和雅罗斯拉夫斯克州的立法机构在俄共议员的倡议下将公共事业费从家庭总收入的22%降到14%，接近俄共纲领提出的10%的指标；在达吉斯坦，根据俄共议员的倡议，最低生活标准得到提高；在诺夫哥罗德州，经共产党议员的努力，州立法会议批准设立该州"劳动老战士"称号，35000名老人获得此称号，并因此得到社会优惠待遇；有的州在共产党人议员的倡议下，通过了为收养孤儿提供资助的法律，等等。

然而，俄共通过立法影响社会的设想往往受到自身有限的立法权的制约。20世纪90年代，俄共凭借议会多数席位，通常可以抵制民主派的立法提案，在一定程度上阻止了新自由主义对社会经济领域的侵蚀，使苏联时期的某些社会保障制度得以延续。但21世纪以来，俄共作为议会中的少数党，在实行多数决策原则的议会立法中，俄共的很多立法提案遭到封杀。比如，在2004—2005年的一年中，俄共党团向国家杜马提交了39份新提案，并继续为前几届党团提交的181份提案呼吁，但仅有9份提案获得议会通过[1]；在2012—2013年，俄共党团提交了243项提案，其中只有133项进入大会审议程序，获得议会通过的仅有30项，大多数提案都被占

---

[1] Г. А. Зюганов: Народный подъем в России и задачи партии. Доклад ЦК КПРФ XI (внеочередному) съезду партии. http://www.cprf.ru /29.10.2005.

据议会多数席位的统一俄罗斯党否决。① 在被否决的提案中, 有在俄共看来对国家发展至关重要的《关于人民教育》的提案, 这个提案作为对政府提案的替代方案得到社会的广泛关注, 它主张教育领域原则上不能市场化、商业化。该提案被否决之后, 俄共并未罢休, 又在就"提高教育质量和现代教育标准"问题准备提案, 以实现俄共关于"教育为所有人"的主张。

面对国家杜马提案经常被否决的窘境, 俄共尝试采取迂回办法, 首先动用自己在州级和市级立法会议的党团议员在地方上争取获准实施, 然后推动联邦立法会议通过。例如, 2012年, 俄共党团向国家杜马提交了《关于战争儿童②》的法案。为了将这一提案变成联邦的法律, 俄共征集到200万份签名, 得到10个联邦主体的赞同。但统一俄罗斯党还是阻挠这个法案的通过, 俄共的议案甚至不能提交议会投票表决。于是, 俄共动员其议员积极争取在地方实施, 结果19个联邦主体批准了对这些人的优惠政策。③ 这使俄共更有理由继续推动这一议案能变成全联邦的法律, 使更多人受惠。

为了争取平等的政治权利, 俄共主张实现诚实和自由的选举, 杜绝选举中的作弊行为。为此, 俄共党团提出了修改选举制度的一整套措施, 包括19项法案, 其中旨在提高选举进程公开性的一系列措施得以实现。④

自2012年第六届国家杜马开始工作以来, 俄共还有118项法案等待审理。其中10项已经通过一读, 其中首要的是《关于全面批准联合国反腐败公约的第二十条》⑤的法案, 还有《关于儿童社会保障》法案;《关于工业政策》的法案 (主张优先发展高科技部门, 由国家扶持这些部门, 作为

---

① И. И. Мельникова: Доклад Президиума ЦК КПРФ IV (совместному) Пленуму ЦК и ЦКРК КПРФ:《О задачах по повышению эффективности работы депутатского корпуса КПРФ》Пресс-служба ЦК КПРФ http://kprf.ru/party-live/cknews/130223.html 12 апреля 2014 г.

② "战争儿童"是指生于1928年6月22日至1945年5月9日的后方劳动者, 目前俄罗斯这一年龄段的人有1400万人, 其中230万人基本没有任何优惠待遇。

③ И. И. Мельникова: Доклад Президиума ЦК КПРФ IV (совместному) Пленуму ЦК и ЦКРК КПРФ:《О задачах по повышению эффективности работы депутатского корпуса КПРФ》. Пресс-служба ЦК КПРФ. http://kprf.ru/party-live/cknews/130223.html 12 апреля 2014 г.

④ 《Вертикаль защиты народных интересов》. Интервью Г. А. Зюганова в газете 《Правда》http://kprf.ru/party-live/cknews/129861.html 2014-03-31.

⑤ 2003年10月31日第58届联合国大会通过的《联合国反腐败公约》第二十条规定, 公职人员的资产显著增加, 而本人无法以其合法收入作出合理解释的行为可以"资产非法增加"定罪为

经济增长的火车头,以带动整个经济);《关于国有化》的法案(主张自然资源和基础经济部门收归国有);等等。

2. 利用议会讲坛,抵制当局的新自由主义方针

作为反对派党,议会讲坛是俄共对当局政治、经济、社会、外交等各项方针提出批评和抵制的合法平台。俄共利用这个平台,曾启动对叶利钦总统的弹劾案,对切尔诺梅尔金政府的不信任案,对当前梅德韦杰夫政府的不信任案,等等,也对亲政府党团提出的"劳动法典"、"军队改革"、"反危机纲领"、"加入世界贸易组织"、"俄罗斯科学院改革"、"养老金改革"、"严惩抗议运动"等问题的提案投反对票,并表明自己的立场,提出替代方案。

俄共认为,叶利钦时期当局实行的政策导致国家濒于毁灭,普京执政后的十年,恰逢国际石油价格上涨,俄罗斯得到难得的好机遇,但政府除了卖资源,并没有采取积极政策调整和发展民族实体经济,是"失去的十年"。近年,俄罗斯政府推行的社会政策问题成堆,劳动者的社会保障不断遭到削减,教育、医疗、文化、体育都被商业化,自由主义货币政策仍起主导作用。俄共不仅要通过立法倡议改变现状,还要抵制一切不利于人民利益和国家长远发展的法案。在某些原则问题上,俄共为自己的议员划定了不可逾越的"死线",即必须采取统一行动投反对票。比如在讨论政府预算案时,俄共党团成员都必须投反对票,因为"政权党的预算案直接把置国家于死地的自由主义的金融、经济和社会政策固化下来",在俄共领导人看来,投不投反对票,"这是区别于我党与其他党的原则性问题",为了争取无条件改变现行经济社会方针,形成人民信任的政府,俄共不能允许拿原则做交易。①

3. 举办各种论坛,宣传自己的主张

俄共以议会党团的名义经常举办研讨会、论坛,为形成党团的建议、提案集思广益,同时也利用议会讲坛阐述党对一些重大问题的立场。例如,2009 年 2 月 10 日,俄共在国家杜马举行了题为"分析俄罗斯联邦的社会经济形势和完善旨在克服经济危机的立法"的圆桌会议,杜马代表、地区立法会议代表、企业家、学者、社会学家等各界人士共 500 多人与会,发言者从

---

① 《Вертикаль защиты народных интересов》. Интервью Г. А. Зюганова в газете《Правда》. http://kprf.ru/party-live/cknews/129861.html. 2014-03-31.

不同角度分析这次危机对俄罗斯造成的影响，会议最后形成了向总统、联邦委员会和政府提出的建议。俄共党团还举行了关于反法西斯战争、国家人才培养、俄罗斯和苏联文化、俄罗斯语言、民族解放运动等问题的圆桌会议。仅 2012—2013 年俄共就举行了 30 次圆桌会议，并通过会议决议、呼吁书、起诉书等形式向总统、总理、政府部门、宪法法院建言或起诉。

4. 完善议会工作的举措

迄今，俄共在议会斗争的道路上已经走过 20 个年头。20 年间，俄共在议会斗争中经过了三个阶段。第一阶段是 20 世纪 90 年代，俄共拥有议会的最大党团，能够阻止一系列"破坏性改革"；第二阶段是 21 世纪头 10 年，俄共的地位受到削弱，党团席位减少 2/3，政治影响力下降；2011 年开始第三阶段，俄共经过多年的辛勤努力，逐渐适应新的政党制度环境，将议会席位恢复到接近 1999 年的水平，使统一俄罗斯党失去了国家杜马中的法定多数席位，确立了俄共的主要替代党的地位。回顾二十年的议会工作，俄共领导人始终认为，当年决定"参加选举并在议会中斗争"的决策是正确的，这一决策是依据列宁的思想遗产作出的，使党得以保存、巩固和发展，并为夺取政权做准备。① 但俄共领导人清醒地意识到，俄共目前并未回到巅峰时刻，仍处在过渡阶段：一方面，党不能像 90 年代那样在议会内想抵制就抵制，因为党虽有个大的党团，但仍处于议会的少数地位；另一方面，俄共与过去 10 年不同，政治武库的装备更齐全，对政治体制有了更有分量的筹码和影响力。② 为此，俄共需要不断总结经验教训，完善议会工作机制，提高议会工作效率。

（1）进一步明确议会工作的地位和意义。

俄共认为，议会工作是阶级斗争的一部分，是现阶段党争取劳动人民利益的重要途径。党在议会中所做的一切努力，都是为了增强党的战略地位。"我们的理想和目标是打破资本主义的顽固堡垒，走上发展和进步道路，走上更新的社会主义之路。为此，我们从党的重建时刻起就开始努力。俄共杜马党团乃至俄共整个代表分支体系的工作都从属于这一目标，

---

① И. И. Мельникова : Доклад Президиума ЦК КПРФ Ⅳ（совместному）Пленуму ЦК и ЦКРК КПРФ：《О задачах по повышению эффективности работы депутатского корпуса КПРФ》Пресс－служба ЦК КПРФ. http：//kprf. ru/party－live/cknews/130223. html 12 апреля 2014 г.

② Там же.

为捍卫人民利益的事业脚踏实地地工作。"①

俄共认为，共产党积极的议会工作首先有益于国家和人民。俄共党团利用议会讲坛，在民众的支持下，可以对执政当局施加压力，促使其通过一些有益于社会的重要决定，为劳动人民争取利益，改善国内形势，引导社会向左转。久加诺夫谈到，如果没有俄共多年来在议会内的顽强斗争，俄罗斯早就落入乌克兰今天的灾难境地了。不坚决抵制俄罗斯的寡头，乌克兰的悲剧也会在俄罗斯上演。俄共不怕为国家承担责任，国家也需要勇敢的反对派。当国家的经济和政治体系崩溃时，只有真正的爱国者才能使国家免于全面混乱。今天我们能够引导国家在政治上直接向左转。现在已经不只是共产党人谈论建立中左政府即人民信任政府的必要性了。这对我们是一个机会，是向俄罗斯发展的新阶段迈出的最重要的一步。②

此外，开展议会工作也有助于扩大党的影响。俄共党团利用议会讲坛把自己的观点传达到媒体，并通过媒体传达到广大民众之中，这有助于党的纲领的宣传。如今，俄共凭借其占据的国家杜马第一副主席和六个议会委员会主席的职务，可以增强对立法程序的影响，增加宣传和反宣传的机会，与此同时，也有助于提高俄共党团管理国家能力，发挥智囊作用，进而为夺取和掌握政权奠定基础。

（2）加强对党员议员的领导、监督和培训，防止陷入议会主义。

俄共把很大精力放在议会工作上，会不会陷入"议会主义"陷阱？对此，俄共领导人是清醒的。久加诺夫在接受《真理报》记者采访时谈到，在资产阶级议会中工作这对共产党人不是件容易的事。风险和危险都存在。议会主义诱惑即议会病甚至毁掉了一些非常强大的议会党。出路何在？逃避议会吗？列宁当年就揭露了召回派的投降立场。关键是党应该尽量避免让议会和政权机构的党员代表腐化变质，尤其不能允许他们把个人及小集团的利益置于组织利益之上。为此，中央及各级党委要坚持领导议会党团，让每个俄共议员感觉到来自党的选举机构的关注、支持和监督。同时，不断完善党对议员队伍的领导、监督和管理机制，以确保党不变

---

① 《Вертикаль защиты народных интересов》. Интервью Г. А. Зюганова в газете《Правда》. http：//kprf.ru/party-live/cknews/129861.html. 2014-03-31.

② Там же.

质。① 为协调从中央到地方所有议会党团的工作，俄共中央成立了"议员军团、地区政策和地方自治工作部"，由中央主席团成员瓦连京·谢尔盖耶维奇·舒尔恰诺夫负责。

俄共把构建各级立法和行政权力机构内的共产党人代表体系作为党的政治支柱，希望通过这一体系增进党与选民的联系，扩大党的社会基础。为加强整个议员队伍的建设，提高党员议员的工作效率，俄共精心打造"代表军团"。

俄共从2004年7月召开的十大开始，提出把"重建机制，即恢复党的神经系统"作为党的要务，强调从支撑这一系统的五大垂直体系——社会、组织、信息、代表、经济——抓起，其中的"代表分支体系"（депутатская вертикаль）就是指自下而上地进入各级立法和权力机构的俄共议员垂直体系。但真正开始重视"代表分支体系"的工作是从2007年杜马选举开始。俄共吸取了以往的教训，针对有的党员进了议会或做了州长就疏远党组织，甚至不执行党的义务的问题，对党员议员加强管理和纪律约束，作出一些规定，如按一定比例上缴一部分收入作为党的活动经费；党组织有权召回自己推荐的代表；议员要执行对选民的承诺，为选民办实事，向组织汇报工作；等等。

为进一步加强党的"代表分支体系"，2013年2月俄共十五大提出建立"共产党人代表军团"的任务。当年6月8日，俄共举行了第一届全俄共产党人代表和俄共拥护者代表大会，来自82个联邦主体的1220名代表与会，其中有92名国家杜马俄共党团的代表，130名各州立法会议的代表和570名地方自治代议机构的代表。② 久加诺夫在大会上作题为"为了劳动人民的利益而斗争"的报告，他强调，俄共是劳动人民的党，党为争取劳动人民的权利和利益而斗争，这包括劳动、住房、教育、医疗、正常的工资和有保障的养老金，体面的津贴等权利。党一贯坚持国家要履行自己的社会责任。共产党人及其拥护者在立法机构和地方自治机构的工作就是进行这一斗争的主要工具。他说明了举行共产党以及拥护者代表大会的目的，就是要大家讨论和明确俄共代表军团的任务，进

---

① 《Вертикаль защиты народных интересов》. Интервью Г. А. Зюганова в газете《Правда》. http://kprf.ru/party-live/cknews/129861.html. 2014-03-31.

② Пресс-служба ЦК КПРФ: В Москве начал работу Всероссийский Съезд депутатов-коммунистов. http://kprf.ru/party-live/cknews/119394.html. 2013-06-08.

而巩固党在社会中的影响，加强党对公民立场的回应，动员公民坚决地捍卫自己的权利。[1] 会上，代表们交流了开展选民工作和立法机构活动的经验并通过一份名为《对我们代表军团的嘱托》的文件。大会前，2013年6—12月，俄共以俄共党团领导人久加诺夫的名义在全国各地搞了连续四天的选民接待活动，出动5000名议员，在500个接待站接待了28000名选民，听取了他们的心声。[2] 大会在汇总了选民需求和意见的基础上，通过了上述文件，这既是对选民的回应，也阐述了俄共议员实现选民意愿的具体措施。

2014年4月12日，俄共中央委员会和中央检察委员会召开联席全会，专门研究提高俄共议员工作效率的问题。会前久加诺夫在接受《真理报》采访时说，俄共提出了使国家摆脱危机的纲领，我们不仅要将这一纲领传达到每一个人，而且要争取通过修改某些现行法律加以实现纲领要点，这需要议员在议会做大量工作。同时，我们也要培养从事国家管理工作的人才，没有他们，谈"夺取政权"就是一句空话。[3] 俄共第一副主席梅利尼科夫代表俄共中央主席团作了"关于提高俄共代表军团工作效率的任务"的报告，其中提出五点改进工作的措施。

第一，提高干部工作的质量。强调建立缜密的候选人遴选程序，保障干部后备力量的储备；制定《俄共代表分支体系条例》，加强对党员议员的监督管理，包括候选人公开向选民和推举人承诺所要承担的义务，各级党团要向选民汇报工作，对议员日常的议会工作进行考评，议员在原则性问题上要服从党的要求统一行动，等等；提高具有专业知识的议员的比例，尤其是加强地方议会党团法律方面的专门人才，以提高立法效率。

第二，提高代表军团倡议和互动的水平。强调党的提案要得到所有党团、每个议员在联邦、各州及市区的呼应，加强党团之间纵向和横向的互动，并提高这种互动的质量和策划性；建立统一的信息空间和信息交流机

---

[1] Пресс‐служба ЦК КПРФ：В борьбе за интересы народа. Доклад Г. А. Зюганова на Всероссийском съезде депутатов‐коммунистов и сторонников партии. http：//kprf.ru/party‐live/cknews/119395.html. 2013‐06‐08.

[2] Пресс‐служба ЦК КПРФ：В Москве начал работу Всероссийский Съезд депутатов‐коммунистов. http：//kprf.ru/party‐live/cknews/119394.html. 2013‐06‐08.

[3] 《Вертикаль защиты народных интересов》. Интервью Г. А. Зюганова в газете《Правда》. http：//kprf.ru/party‐live/cknews/129861.html. 2014‐03‐31.

制，举行各种论坛和研讨会，利用互联网和电视录像等手段为党的议会工作营造舆论氛围；建立各级——地方、地区、联邦区和中央的议员协会，形成党的代表的"金字塔"。

第三，提高做选民工作、与公民和倡议小组交流的积极性。强调进一步提高选民接待站工作的质量，掌握回应选民的艺术；关注民众遇到的就业、入托、住房、集资被骗等切身利益问题，利用网络等工具营造舆论环境，逼迫官僚解决实际问题；除了与传统的妇女、工会组织保持合作关系，还要学会与新型的公民团体如环保主义者、建筑保护者，汽车爱好者等建立联系，以扩大党的社会基础，赢得更广泛阶层的支持。

第四，提高信息和报告工作的效率。强调进一步发挥党报、党刊和网络及网络电视频道等党的媒体在传达党的议会工作信息尤其是基层议员声音方面的作用，改变僵化老套的报道形式，要面向广大观众，以轻松活泼的方式表达深刻的内容；改变各级党团向选民报告工作的形式，不局限于将书面报告向上级呈递或发到网上，而要通过与选民面对面的交流、电视直播报告会现场等方式，使广大民众与俄共议员息息相关。

第五，提高对政治教育工作的重视。强调历史和文化是俄共各级议员开展有效活动的黏合剂，要继续利用各种纪念日如反法西斯战争胜利70周年、第一国际创立150周年以及俄罗斯语言节等加强对青年进行革命传统和爱国主义教育。[①]

三 开展各种形式的议会外工作

俄共认为，议会内的工作要有议会外的工作相配合，才能取得成效。俄共议会外工作的重点是组织群众，发动群众和教育群众，启发群众争取自己的权益，在大众意识中重塑社会主义信念。在议会外，俄共主要开展如下几方面工作。

1. 通过"人民公决"宣传俄共的国家发展方案

20年来，俄共始终通过把党的最低纲领变成群众易于理解的口号来宣

---

① И. И. Мельникова : Доклад Президиума ЦК КПРФ IV（совместному）Пленуму ЦК и ЦКРК КПРФ：《О задачах по повышению эффективности работы депутатского корпуса КПРФ》Пресс－служба ЦК КПРФ. http：//kprf. ru/party－live/cknews/130223. html. 12 апреля 2014 г.

传自己的主张，影响当局的政策。在俄共领导人看来，作为一个先锋队，共产党不仅要反映群众的现实要求，站在抗议运动的前列，还要看得更远，提出下一步的口号。当前，群众在社会公正方面的要求可归结为三个方面：富人要和穷人分享；当局要保护穷人不被富人剥削；当局要给穷人提供优惠。但这仅限于重新分配财富，无异于被掠夺者只要从掠夺者那里分一杯羹就行了，而不是改变占统治地位的所有制形式。共产党人的任务是，应当明确地向人们解释，俄共的斗争不是在不改变所有制关系和政治制度的情况下仅仅为人民讨要一点儿小恩小惠，而是要夺取政权和争取劳动人民的所有权！[①]

俄共根据政府不同时期的政治经济社会方针，提出自己的替代方案，并通过议会内外的活动加以宣传。例如，俄共在2003年3月6日召开的八届十一中全会上提出了使国家摆脱危机，从根本上扭转经济和社会形势的建议措施，其中心思想是加强国家宏观调控，促进工农业生产（包括中小企业）的发展，恢复各联邦主体的自主权，以苏维埃民主政治的宪法取代总统专制的宪法，并以此作为俄共参加2003年议会选举的竞选纲领的基础。

俄共在2004年10月23日召开的十届二中全会上针对普京的政治改革方案提出关于政治体制和国家体制建设11点主张。这些主张包括：（1）选举制度民主化，彻底阻隔金钱和行政杠杆对选举的染指，大力加强劳动集体的作用和社会舆论对选举运动各阶段的监督；（2）通过法律规定政权的选举机关有权独立审理和决定一切涉及联邦、联邦主体和市政机构的选举问题；（3）实行俄罗斯总统和副总统由有各地区代表参加的联邦大会选举的制度，总统和副总统向议会负责；（4）建立议会多数的政府，由议会批准政府首脑，政府每年向议会代表报告工作，议会有实际可能对政府或个别内阁成员表达不信任；（5）加强议会的主要功能——立法活动和对政府工作、对预算和法律执行情况的监督，还议会推动自己通过的法律的权利；（6）取消地方自治机构与国家政权分离的原则，建立统一的、自上而下相互作用的代议机构体系；（7）实行州长和地方自治首脑由居民组织的代表选举的制度，并恢复地区和地方执行

[①] Г. А. Зюганов: Народный подъем в России и задачи партии. Доклад ЦК КПРФ XI (внеочередному) съезду партии. http://www.cprf.ru /29.10.2005.

权力机构的两级从属制——既从属于上一级执行权力机构，又从属于同级代表权力机构；（8）对各级代表机构的代表实行无条件的委任制，监督代表对选民承诺和竞选纲领执行的情况，代表定期向选民汇报工作，选民有机会召回代表；（9）保护公民参与和管理国家与社会事务的权利，保障召开大会、集会、游行、全民公决、讨论法案的权利，明确审议公民提出的呼吁和建议的程序；（10）政党和社会联合组织参与国家职能的实施，坚决制止对反对派的迫害（因为没有反对派就不可能存在真正意义上的议会和公民社会），进入大众传媒的机会平等；（11）恢复审判员、陪审员和人民陪审员制度，保持统一的检察机关监督的体制，使之作为同腐败和犯罪作斗争的最重要手段。

在2005年政府出台福利货币化改革方案后，俄共进一步提出11项针对各部门发展的纲要，纲要涉及对科学、教育的扶持、对"休克疗法"改革初期被冲销的居民存款进行补偿、抢救农工综合体等等。2005年10月，久加诺夫在俄共十一大的报告中再次重申俄共最低纲领的主要内容，其中包括：实行工人监督；实施遗产和利润的累进税；严惩恐怖主义、强盗行为和贪污腐败；取消直选制，代之以集体推荐的劳动人民的代表制。2006年，俄共又提出住房等公共事业改革的建议。

2009年国际金融危机波及俄罗斯，俄共提出以下15项反危机措施：（1）将采掘工业和基础经济部门重归国家所有，把受危机严重影响的部门直接收归国家管理，建立中央集中的国民经济管理机构，以动员和有效地利用恢复国家所必需的资源；（2）国家外汇储备只用于对本国经济的投资，防止资本外流，建立国家对实体经济的投资体系，建立俄罗斯国家银行；（3）对金融领域实行严格监管；（4）发行为期10—15年的国家债券，以此动员方式为反危机项目提供资金；（5）对收入10万卢布以上者实行累进税，对工农业企业用于投资目的的贷款提供5%的优惠；（6）提高工资、退休金、奖学金和儿童补助金，以提高有支付能力的需求，规定基本商品的最高限价，房租和公共事业费用不得超过家庭月收入的10%；（7）增加对建设廉价住房和维修住宅公用事业体系的财政拨款；（8）把支持农业的财政拨款提高到预算支出的10%，建立农产品消费合作社；（9）整顿土地使用秩序，采取措施把撂荒地纳入耕作范围；（10）对中小企业实行免税期，免除农业企业的税负（除土地使用税和退休基金税外），禁止自然垄断提高费率，保持现有并创造新的就业岗位；（11）恢复受国家调控的、统一的能源体系；(12) 振兴机器制造业，首先是飞机和船舶制造业、仪器和机床制造业；(13) 大力发展交通运输基础设施，包括在西伯利亚和远东地区；(14) 大幅度提高对科学研究和实验开发的支出，吸引科研人员参与经济管理，增加教师工资，为学校提供现代化的教学基础；(15) 为儿童和青年学生提供社会保障。①

俄共的这些最低纲领和替代方案的要点，如久加诺夫在俄共十一大的报告中所强调的那样，体现在三个口号之中：在政治领域，消除作为阶级的官僚，实现政权民主化；在社会领域，恢复社会保障和保护公民的人身安全；在经济领域，对自然资源和具有战略意义的部门实行国有化。久加诺夫认为，这些口号是"和平的人民民主革命性质的口号"，"但这已经是社会主义的前阶"。②

为了宣传这些纲领，俄共开展了多次"人民公决"活动。本来，俄罗斯宪法规定了"全民公决"的权利，将"全民公决"和"自由选举"作为"人民权力的最直接体现"。③ 俄共从 2002 年起就提出申请，试图通过全民公决向社会申明自己的主张，赢得社会的支持，进而改变当局的政策。然而，国家杜马于 2002 年 9 月抢先通过了对现有《全民公决法》的《修正案》。《修正案》规定在议会和总统选举前的一年里禁止举行全民公决。俄共的这一行动被当局以立法手段阻止后，被迫通过自己的渠道搞"人民公决"，实际上就是以问卷形式搞民意调查。从 2002 年年中开始，俄共针对当局推行新一轮经济社会领域的改革，倡议就如下 4 个问题举行"人民公决"：(1) 土地、矿藏、森林、水及其他自然资源应属于全体俄罗斯人民所有；(2) 保障国家安全的燃料、能源、国防企业、铁路应归国家所有；(3) 工资和养老金不低于最低生活保障线；(4) 住房、电力及其他公用事业服务的费用不应高于家庭总收入的 10%。④

---

① Г. А. Зюганов: "О работе партии в условиях финансово‐экономического кризиса". Доклад на Пленуме ЦК КПРФ. http://www.kprf.ru/2009‐03‐28；参见李兴耕《俄罗斯各政党围绕俄政府应对金融危机措施的争论》，《国外理论动态》2009 年第 8 期。

② Г. А. Зюганов. Народный подъем в России и задачи партии. Доклад ЦК КПРФ XI (внеочередному) съезду партии. http://www.cprf.ru/ 29.10.2005.

③ Конституция Российской Федерации. . http://www.constitution.ru/10003000/10003000‐3.htm.

④ Доклад Г. А. Зюганова на Пленуме ЦК КПРФ. http://www.cprf.ru /10.03.2003.

2005年政府推出福利货币化改革和政治体制改革，针对这些改革，俄共提交人民公决的问题又增加了如下几条：（1）撤销关于取消优惠和其他社会保障的第122号联邦法律，公民应该有权在享受优惠或领取货币补偿之间自行选择；（2）法律应保障公民享有免费保健和免费教育的权利；（3）必须降低低收入者的所得税并增加超高收入者的所得税；（4）对被抵销的1992年1月1日前的公民存款加以补偿；（5）总统、政府、联邦主体首脑和各级议员应接受人民的监督，对人民负责，直至撤职，公民应该有实际可能召回上述被选举人。直到2006年3月底，俄共宣称有700多万人对上述问题做出回应，其中的96%的人赞成俄共提出的每一个问题。①

　　2007年，俄共联合左翼爱国主义组织在全国范围组织了涉及国家政治、经济和社会发展方针的17个问题的"人民公决"。据"新闻"网报道，750万人参加了"人民公决"的投票，其中90%的人支持俄共的立场。②

　　2011年2月1日，俄共中央主席团发表《从人民公决到人民政权！》的呼吁书，再次在全国启动"人民公决"，作为俄共参加2011—2012年议会和总统竞选运动的开端。这次公决涉及土地、自然资源和关键经济部门的国有化，以累进税替代统一税，降低住房和公共事业费率，不许提高退休年龄，取消导致教育、医疗和文化商业化的法律，国家管控商品价格，保障全民公决权利7个问题。经过近10个月俄共各级党组织的努力，截至2011年12月15日，有950万人参与投票，"投票结果证明，所有提交公民评判的问题都得到公民的赞成"。因此，俄共中央主席团确信，这一结果"清楚地说明一个事实，俄共的纲领反映了绝大多数公民的愿望"。③

　　俄共莫斯科市委关于在莫斯科市举行全民公决的申请经过两年半的法律程序，终于在2014年2月获得批准。于是，莫斯科的共产党人开始就

---

① Наказ народа – Программа действий КПРФ！http：//www.cprf.ru /29.03.2006.
② Наталья Костенко：о решении XIII Пленума ЦК КПРФ инициировать проведение всероссийского референдума. http：//www.vedomosti.ru/2008－03－24.
③ Постановление Президиума ЦК КПРФ《О ходе проведения Народного референдума》，http：//kprf.perm.ru/novosti/novosti－tsk－kprf/postanovlenie－prezidiuma－tsk－kprf－o－hode－provedeniya－narodnogo－referenduma/ 03 Февраль 2012.

12个问题举行莫斯科市的全民公决。① 这意味着俄共可以名正言顺地进行全民公决了，这也是俄共十多年来争取恢复全民公决权斗争的胜利。

2. 联合爱国主义组织开展抗议运动

发动民众举行集会、静坐、游行、示威和上诉等抗议活动是俄共各级组织的一种常态工作方式。尤其是从2003年议会选举受挫以后，俄共议会内的斗争成效甚微，便将斗争的重心转向议会外，"从社会防御转向社会进攻"。2005年，俄共中央组建了由中央副主席维·卡申领导的"抗议行动司令部"，当时吸引了26个政党和工会、青年团、妇女运动、老战士等组织参加。近十年来，这个队伍不断扩大，截至2014年，已有近40个组织参与俄共的抗议运动，俄共的地区分部也与近百个公民运动和倡议群体保持协作。

俄共组织的抗议活动基本上是配合议会内的斗争，大致围绕如下几个方面：争取政治和民主权利，抗议选举作弊，反对压制反对党，如"争取诚实和干净的选举"，"让人民说话！"等游行示威；反对当局的经济社会方针，维护公民的社会权利，如反对货币化改革，反对教育商业化，要求政府下台等；反对诋毁苏联历史及国家领导人，维护国际共产主义运动，如抗议毁坏列宁雕像，反对欧洲的反共主义和新法西斯主义等；反对欧美对后苏联空间的渗透，敦促俄联邦政府维护国家利益，如反对俄罗斯加入WTO，反对北约东扩（包括反对北约在列宁的故乡乌里扬诺夫斯克建立军事基地的企图）等。

俄共的抗议运动对政府的经济社会政策产生一定压力。例如，2004年，俄共为反对政府提出的《福利货币化法案》在议会内获得通过，与所有反对这一法案的左翼、中派甚至部分右翼一道举行抗议活动。2005年年初，抗议运动掀起高潮，第一季度有150万人上街抗议。俄共抗议运动司令部通过其地方组织、互联网在全国掀起反对福利货币化的抗议集会和游行，抗议运动不仅波及贫困落后的边远地区，也波及一些相对富裕的大城市。抗议运动对政府出台的社会领域改革方案产生了压力。政府被迫重新审议有关福利货币化的122号法律的预算，为此政府不得不拿出3500亿

---

① Мария Климанова: Столичные коммунисты инициировали проведение референдума в Москве. Они выносят на обсуждение москвичей 12 вопросов. http://kprf.ru/party-live/regnews/127980.html. 2014-02-06.

卢布堵该法律的漏洞，并实施旨在完善社会保障体系的"国家项目"。

2008 年金融危机爆发以来，俄共在全国举行了一系列游行示威活动，对现政府的政策表示抗议。据俄共信息分析和选举运动工作部统计，在 2008—2012 年，俄共组织的抗议活动每年都有近 200 万人参与（见表 5），每年的活动高潮在 5 月"胜利纪念日"前后和 11 月"十月革命节"前后，2011 年大选前的 12 月也因抗议杜马选举结果不实形成一个高潮（见图 2）。

表 5　　2008—2012 年俄共抗议活动参与人数和抗议活动类别[①]

抗议活动主题	参加人数				
	2008 年	2009 年	2010 年	2011 年	2012 年
全国性抗议活动	2343812	1523567	1241204	1419585	1028061
工作方面的要求	23894	72295	25199	15037	20072
社会方面的要求	26963	54004	33934	21626	31753
政治和公民要求	25623	31260	64236	23754	86826
抗议政府方针	24544	24724	66211	42039	317490
抗议政权和警察恣意妄为	3309	19553	43792	284855	153616
受骗房地产投资者、住房	13333	31994	59450	27696	50187
生态	6000	15411	51181	38462	57337
抗议选举结果造假				284855	321891
抗议行动参加者总数	2471343	2007194	1585279	1910592	2067233

---

① 资料来源：Отдел по информационно - аналитической работе и проведению выборных кампаний ЦК КПРФ：《Итоги 2012. Мониторинг протестной активности. Сравнение некоторых данных организаторов акций и МВД РФ》. http：//kprf. ru/actions/kprf/114345. html 2013 - 01 - 14；Сектор политического мониторинга Отдела по информационно - аналитической работе и проведению выборных кампаний ЦК КПРФ：Итоги 2010. Мониторинг протестной активности. http：//kprf. ru/rus_ soc/86541. html. 2011 - 01 - 11. 其中原文 2011 年的参加人数总数有误，这里给出的数字是根据单项数字加总得出的。

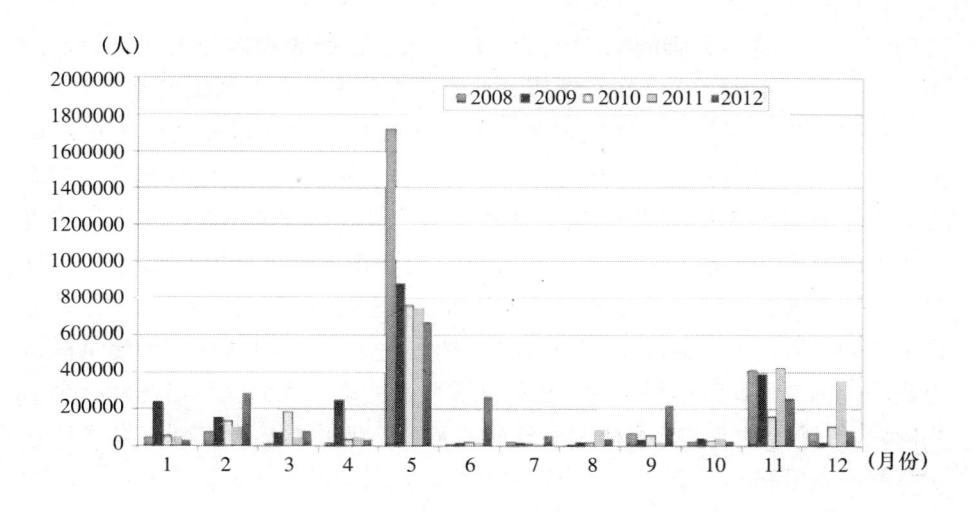

图 2　2008—2012 年俄共抗议活动年度动态图

说明：横轴显示月份，竖轴显示参加人数，不同颜色柱状代表不同年份。①

俄共通过这些抗议活动，一方面加强了党与工会组织、青年组织、妇女组织、老战士组织、爱国主义组织等社会联合组织的联系，另一方面也形成一定的社会舆论和压力，迫使当局在制定国家经济社会方针时不得不考虑普通劳动者的利益。

3. 反击历史虚无主义，捍卫苏联和苏共的历史功绩

抵制反共主义，制止抹黑俄罗斯和苏联历史，这是俄共斗争的一项重要任务。苏联解体以来，在俄罗斯，抹黑苏联历史，妖魔化列宁和斯大林，把苏联的一切问题归罪布尔什维克党和社会主义制度的现象始终存在。普京执政后，在俄罗斯倡导爱国主义，整肃教育等领域歪曲祖国历史的乱象，以重拾俄罗斯的民族自信心和大国尊严。然而，尊重俄罗斯历史必然无法割断苏联社会主义制度下的 70 年，强调爱国主义，也不能抹杀苏联时期党和国家领导人带领苏联人民对国家和历史所做的贡献，苏联时期所形成的爱国主义精神在今天不能没有传承。因此，俄共充分利用"爱国主义"题目，抓住各种机会向民众和执政者传达这样的观点："爱国主

---

① Отдел по информационно - аналитической работе и проведению выборных кампаний ЦК КПРФ：《 Итоги 2012. Мониторинг протестной активности. Сравнение некоторых данных организаторов акций и МВД РФ》. http：//kprf. ru/actions/kprf/114345. html. 2013 - 01 - 14.

义与反苏主义是不相容的","诋毁苏联国家的创始人和领导人,就是玷污祖国历史",而"纵容反苏、反共主义,势必危害俄罗斯的国家利益"。

在俄罗斯,一直有人试图把苏联时期的历史从整个俄罗斯的历史中抹掉。一个鲜明的例子就是,有人主张将列宁的遗体迁出红场的列宁墓,不能容忍苏联时期的名人墓碑竖立在克里姆林宫墙外。俄罗斯的共产党人始终旗帜鲜明地与这些人抗争。一次,在普京总统与俄罗斯各政党的领导人会见时,涅姆佐夫提出把红场挖掉,将所有埋在克里姆林宫墙下的人迁葬。久加诺夫当即予以反击,他说:"涅姆佐夫先生,整个克里姆林宫红场建筑群是得到联合国教科文组织保护的,如果您胆敢动一动,我们就诉诸国际社会解决问题。"每逢列宁、斯大林诞辰日和逝世日,俄共领导人都到红场瞻仰列宁墓并向克里姆林宫墙下苏共领导人的墓碑敬献花圈。在苏联党和国家的重大节日和纪念日,如俄国社会民主工党二大 100 周年、《真理报》创刊 100 周年、十月社会主义革命节、苏联宪法日等,俄共各级组织都举行大型纪念活动,举办展览会,回顾共产党和苏联的历史,宣传共产党人在国家历史中的功绩,号召青年人加入共产党,为民族的振兴而奋斗。2009 年 1 月,当圣彼得堡发生列宁雕像被炸事件后,久加诺夫发表声明谴责这是"亵渎圣地行为"。与此同时,俄罗斯联邦社会院的一些成员在一次圆桌会议上提议,将苏联时期命名的街道改名,拆掉苏联时期的历史纪念碑,其目的是抹去人们头脑中关于苏联历史的记忆。为此,俄共领导人久加诺夫向社会院负责人发出公开信予以谴责,认为这些人实际上是新一波炸毁列宁纪念碑事件的推波助澜者,要求他们"终止反对自己历史的战争"。在俄共看来,诋毁列宁无异于玷污祖国历史,而否定苏联历史,于法、于理都难容。把苏联时代庸俗化和改写苏联历史、嘲弄对列宁的纪念及其签署通过的法律的任何企图,都是对俄罗斯联邦的完整性和权威的破坏。在情理上,苏联时代是祖国历史不可分割的组成部分。这一时代充满许多伟大壮举和英雄业绩。不能允许任何人把几代人的生活一笔勾销。直到如今,俄罗斯仍靠这些人创造的劳动果实生活。对历史的野蛮态度只能对青年一代的成长产生侵害性影响。[①]

2008 年 5—12 月,"俄罗斯"电视频道会同俄罗斯科学院俄罗斯历史

---

① Прекратить войну против своей истории! Открытое письмо Г. А. Зюганова Секретарю Общественной палаты России Е. П. Велехову http://www.cprf.ru. 05/21/2009;Руслан Тхагушев. Г. А. Зюганов: Никакого надругательства над мемориалом героев советской эпохи на Красной площади мы не допустим! http://www.cprf.ru. 01/21/2009.

研究所和社会舆论基金会以"俄罗斯名人"为题搞了一次全民评选活动。主办方通过网络、电话及其他渠道邀请民众投票,经过一轮轮的淘汰,在12位候选人中最后选出一位具有俄罗斯标志性的历史名人。这实际是一次民意调查,全国有4500万人参与投票。7月份,计票结果显示,斯大林和列宁分别位于第一名和第三名。这一结果在社会上引起强烈反响,赞成者认为这反映了民意,反对者认为这是共产党人动员的结果。主办方对这一结果深感不安,担心放任自由投票会给现政权带来不良后果,认为,"布尔什维克领导人获胜将使俄罗斯处于被世界孤立的境地,新的'铁幕'会再次推出,也会给共产党人提供口实,使他们更响亮地宣称,国家总统和议会选举结果是假的"。[①] 于是主办方中途"调整"投票规则,经过一番"技术处理",结果在12月底揭晓的评选决赛中,莫斯科大公亚历山大·涅夫斯基最终获胜,彼得·斯托雷平和斯大林分别位列第二和第三,苏联国家的创始人列宁未能进入前三位。[②] 从这一耐人寻味的评选过程,我们可以揣摩出当今俄罗斯下层和上层的心理和政治偏好:在大多数普通民众的心里,对并不久远的苏联历史的记忆并未抹去,列宁和斯大林仍是值得尊重的伟人;而对于执政精英来说,列宁是革命的象征,从稳定社会、保持政权和现行国家制度的角度说,列宁离现实越远越好;为了激发民众的爱国主义热情和实现俄罗斯的强国梦想,宁可允许民众记住强国主义象征的斯大林,而不能让曾经改变俄罗斯和世界历史的列宁在人们的头脑中留下太多印象。然而在俄共看来,列宁对俄罗斯的功绩是不可磨灭的。在"俄罗斯名人"评选电视竞选辩论环节,俄共领导人久加诺夫作为列宁的代言人满怀激情地为其辩护,阐释列宁作为苏联和俄罗斯联邦的缔造者而为俄罗斯民族所做的历史贡献和对国家未来发展的意义。久加诺夫认为,列宁首先是人类新的发展道路的探索者。现在人们大谈人道主义,然而在世界历史上,无论过去还是现在,没有谁比列宁更人道地解决了包括劳动权、受教育权、正常医疗权在内的社会保障问题。苏维埃国家给每个青年人提供免费教育,而在今天的俄罗斯,十个孩子中有七个要为受教育缴费,而且没有任何就业希望。列宁还是俄罗斯历史上最强有力的国家领导

---

① 《Нельзя допустить победы Сталина или Ленина любой ценой》. http://www.nameofrussia.ru/doc.html？id=2182 23 июля 2008 г.

② 刘淑春:《诋毁列宁无异于玷污祖国历史——俄共主席久加诺夫谈当今的"列宁现象"》,《国外社会科学前沿》第13辑(2009),上海人民出版社2010年版,第51页。

人，他缔造了这个国家，重建了俄罗斯军队，培育了我们的文化，奠定了工业和文化基础，建立了强大的国家安全体系。所有这一切为战胜法西斯，把十月革命的红旗插到帝国大厦上打下了基础。这一点是任何人、任何时候都不能抹杀的。①

这些年，俄共及领导人久加诺夫通过发表决议和专著，阐述对斯大林的评价，肯定斯大林作为苏联国家领导人的贡献，尤其是在反法西斯战争中的功绩，同时也指出斯大林领导苏联时期犯过的错误，并分析其原因。每年的5月9日，在政府组织的阅兵式之后，俄共开始组织自己的纪念卫国战争胜利的大型集会、游行和音乐会。2009—2010年，俄共以各种方式举行了名为"列宁—斯大林—胜利"的政治活动，庆祝列宁诞辰140周年、斯大林诞辰130周年和苏联人民取得卫国战争胜利65周年。久加诺夫的《斯大林与当代》和《斯大林时代的数据与事实》等著作问世。俄共不忘那些为战胜法西斯、保家卫国而献出生命的300万共产党员，更不忘仍健在的第二次世界大战时期的老战士和"后方劳动者"，在斯大林诞辰130周年时向老战士授勋，为上千万名"后方劳动者"争取优惠待遇。

随着爱国主义教育的深入，民众对苏联历史的评价也越来越趋向全面和客观，20世纪90年代以来自由主义意识形态强加于社会的反共产主义神话不攻自破。这种社会思潮的变化令俄罗斯的资产阶级思想家坐卧不安，开始鼓噪"去斯大林化"。隶属俄罗斯联邦总统的"完善公民社会与人权委员会"充当了"去斯大林化"的急先锋。2010年秋，该委员会主席米哈伊尔·亚历山德罗维奇·费多托夫首次宣布了"去斯大林化"的必要性。2011年，该委员会抛出一整套所谓《关于制定〈有关永久保持对极权制度牺牲者的纪念及民族和解〉的全国性国家公益性计划的建议》的文件，提出以"我们的国家不是列宁、斯大林的国家"为"俄罗斯认同"的基础，甚至不允许"不否定或肯定极权制度罪行"的各级国家公务人员担任国家公职。俄共领导人久加诺夫针对此事向时任俄罗斯联邦总统梅德韦杰夫发出了公开的抗议信。在俄共看来，进行所谓的"去斯大林化"，势必会破坏国家主权和俄罗斯联邦的完整性。不要忘记，资本主义摆脱20世纪80年代末90年代初的危机，靠的不是自己的内部资源，而是靠摧毁

---

① Г. А. Зюганов:《Предлагаю всем нам жить в храме по имени Россия》. http://www.cprf.ru. 11/21/2008.

苏联，把苏联的各个加盟共和国的资源据为己有。如今，西方要克服目前的危机，还是不可能依靠自己的内部资源，只能还是依靠别国的资源，这一幕我们在利比亚已经看到了。俄罗斯仍是帝国主义者侵吞的一个重要对象。"去斯大林化"的鼓噪者的目的是为破坏俄罗斯的整个国家安全系统制造意识形态依据，这完全符合信奉全球主义的人的利益，符合那些制定当今帝国主义政策的人的利益，而违背俄罗斯劳动人民的社会阶级利益，也违背俄罗斯各族人民的民族利益。①

的确，俄罗斯国内的"去斯大林化"与国际的反共主义思潮是遥相呼应的。2008 年金融危机爆发后，欧洲各国罢工等社会运动兴起，社会矛盾加剧。与此同时，民族主义、极端主义、新法西斯主义势力重新抬头。统治者为了遏制反资本主义的左翼运动的复兴和社会主义力量乘时而起，打压共产主义势力，为新一轮反共主义浪潮推波助澜。2009 年 7 月 3 日，在立陶宛首都维尔纽斯举行的欧洲安全与合作组织议会通过了所谓《分裂的欧洲重新统一》的决议，该决议认为斯大林主义和纳粹主义对第二次世界大战的爆发负有同样的责任，否认苏联在战胜德国法西斯、解放欧洲中的功绩，决议还支持欧洲议会关于把 8 月 23 日（《苏德互不侵犯条约》签订日）命名为"斯大林主义与纳粹主义受害者纪念日"的决定。这一决议理所当然地遭到俄罗斯乃至全世界共产党人的抗议。7 月 19 日，俄联邦共产党和希腊共产党联合发表声明声讨这一决议，并征集到 77 个来自世界各地的共产党和工人党签署了这一声明。②

这一反共浪潮伴随着西方与俄罗斯的地缘政治角逐，自然关乎俄罗斯的国家利益。2009 年第二次世界大战爆发 70 周年前夕，东欧、波罗的海沿岸国家和乌克兰重提历史旧账，通过"卡廷森林案件"、"苏联侵占波罗的海沿岸国家"、"乌克兰大饥荒"等问题向俄罗斯发难。欧洲议会和欧安组织在欧洲右翼势力的策动下，也相继通过反苏、反共决议。对此，俄共议员在国家杜马会议上提请俄联邦政府作出回应，并向议会和国家领导人重申，否定斯大林和苏联，放任反苏、反共主义蔓延有损于国家利益。最终，为了维护俄罗斯的国家形象，捍卫俄罗斯在该地区的地缘政治空间，

---

① 参见［俄］德·格·诺维科夫《现阶段前苏联地区的共产主义运动》，陈爱茹编译，《当代世界与社会主义》2011 年第 4 期。

② Joint statement of 77 communist and workers' parties on the anticommunist resolution of OSCE. http：//inter. kke. gr/News/2009news/2009 - 07 - kke - cprf.

俄罗斯国家首脑不得不对上述诋毁苏联的情况作出了回应。2009年5月15日，梅德韦杰夫总统签署了"关于成立直属俄罗斯联邦总统的反企图篡改历史损害俄罗斯利益的委员会"的第549号总统令。随即，反篡改历史委员会成立。委员会的任务是搜集以贬低俄罗斯威信为目的的篡改历史的材料并加以甄别和驳斥。在9月1日第二次世界大战爆发70周年之际，梅德韦杰夫总统发表谈话，谴责欧安组织的决议，认为第二次世界大战的"历史被西方歪曲了"，决议中关于苏联和德国法西斯对第二次世界大战的爆发负有同样责任的说法，是"赤裸裸的谎言"。2012年1月9日，总统梅德韦杰夫签署了《关于在俄罗斯全境举办俄罗斯历史年》的总统令。随即，俄罗斯开始了一场"净化俄罗斯人民的历史记忆"的爱国主义运动，让历史成为建设新俄罗斯的精神资源。①

由此可见，俄共对苏联历史的捍卫不仅得到广大民众的支持，而且也赢得一部分社会精英、有识之士的赞同，对俄罗斯今天的内政外交都产生了很大影响。

4. 抵制西方文化渗透，弘扬俄罗斯和苏联文化

弘扬俄罗斯和苏联文化，保护社会免受大众传媒的低俗和犬儒主义宣传，也是俄共的一项社会动员工作。

2011年年初，俄共对俄罗斯教育和科学部预提交国家杜马审议的关于义务教育标准的法案提出质疑，因为该法案没有把教授俄语、文学和历史作为教育标准，甚至没有把数学、物理、化学和生物列为必修科目。俄共认为这是对俄罗斯民族语言、文化和历史的不尊重。在俄共看来，苏联解体后，俄语和俄罗斯人的命运一样，遭受人为的侵害，保护俄语的纯洁，发展俄语，是弘扬俄罗斯民族精神的基础。2月21日，俄共国家杜马党团举行圆桌会议，讨论设立俄罗斯语言节的立法提案问题。久加诺夫在会议上提到，俄罗斯族人是世界上最大的被分离和受屈辱的民族。今天仍有2500万俄罗斯族人被人为地划在国界之外。20年前地球上有3.5亿人讲俄语，15年后减少到2.7亿人，再过15年恐怕就剩1.5亿人了，这意味着我们将会倒退到120年前。因此，俄共党团倡议向国家杜马提交关于设立一个纪念日——俄罗斯语言节的法案，即为纪念伟大的俄罗斯诗人亚历

---

① 关健斌：《2012俄罗斯打响"争夺历史的战争"》，《中国青年报》2012年1月13日，转引自http://euroasia.cass.cn/news/450686.htm。

山大·谢尔盖耶维奇·普希金,将他的生日6月6日定为俄罗斯语言节。会议最后通过了发给政府和有关部门的决议。俄共杜马党团的这一提案最后得到议会和总统的批准,自2011年起,每年的6月6日成为俄罗斯语言节。

为了团结文化界人士,弘扬俄罗斯文明,俄共还组建了名为"俄罗斯和睦"的社会团体。经过两年的筹备,2012年12月9日即祖国英雄日,全俄创造性运动"俄罗斯和睦"成立大会在莫斯科隆重召开,来自47个联邦主体的350名代表出席大会,其中包括科学、文化、教育、工业、农业和军队等行业的代表及议会议员。久加诺夫致开幕词,大会听取了运动发起小组领导人弗拉基米尔·斯捷潘诺维奇·尼基京作的《关于运动的成立、行动纲领及任务》的主旨报告,全会通过了运动的纲领、章程及声明,选举了最高委员会和协调理事会执委会以及中央检察委员会。久加诺夫当选最高委员会主席,尼基京当选为协调理事会主席。[1] 久加诺夫宣称,"'俄罗斯和睦'将联合所有在精神、文化、传统和主要价值观上具有亲缘关系的人"。[2] 大会通过的题为《俄国需要俄罗斯和睦》的声明阐述了运动成立的目的:"将精神和世界观意义上的——无论来自哪一民族——的俄罗斯人联合起来,目的是挽救俄罗斯文明并在俄国建立公正和理智的社会,这一社会的意义和形象由如下概念来确定:和平,强国主义,人民政权,理智,劳动,富裕,公正。"声明指出,"20年来,在俄罗斯推行西方发展模式和金钱万能论并没有给我国人民来带来福祉和幸福。相反,俄罗斯失去和平生活和大国地位,人民被排除在政权之外,劳动者受屈辱,大多数家庭不富裕,国家法律失效,文化和教育变成了使人堕落和愚昧的机器。更有甚者,在这种条件下,作为国家主要构成民族的俄罗斯人民受到屈辱,俄罗斯的历史记忆和被普希金称为俄罗斯精神的东西正被根除。这种情况将导致国家毁灭和社会混乱。为此,我们将'创造'作为我们运动的使命。我们确信,在21世纪,俄罗斯世界及其主要核心——俄罗斯国家,需要自己独特的文明方案——'俄罗斯和睦',以团结起来并将其变

---

[1] Пресс‐служба ЦК КПРФ:В Москве завершился учредительный съезд движения《Русский Лад》,http://kprf.ru/rusk/113305.html. 2012‐12‐09.

[2] Пресс‐служба движения《Русский Лад》:Информационное сообщение об Учредительном Съезде《Всероссийского созидательного движения《Русский Лад》》. http://kprf.ru/rusk/113376.html. 2012‐12‐11.

成国际社会中有影响力的中心。这一方案首先要与俄罗斯历史形成的传统的集体主义类型的社会相吻合。俄罗斯和睦意味着一种俄罗斯秩序，它建立在俄罗斯文明主要优秀成果之上，建立在人、社会和自然在统一的宇宙中和谐发展的原则之上，建立在珍惜不同时期、代际之间以及俄罗斯、俄国和苏联等各个历史时期形成的优良传统之间的联系之上"。[①] 该运动成立以来经常开展一些文化活动和理论研讨。

在俄共的倡议下，俄罗斯社会主义倾向学者协会自1994年成立以来一直开展学术活动，这个学会将信仰马克思主义、社会主义的学者团结起来，结合国际局势和俄罗斯现状举行各种理论研讨会，出版系列丛书，作为俄共的思想库，为党的斗争实践提供理论支撑。

此外，俄共还组建各种群众性组织，配合党开展议会外的工作。例如，直接指导青年团、少先队组织的活动；在2011年大选期间，为了与普京领导的"俄罗斯人民阵线"相抗衡，建立了"民兵"组织；与俄罗斯军官协会、俄罗斯妇女运动保持紧密关系；与一些行业工会保持合作关系，召开两届全俄劳动集体代表大会；等等。但不容否认，俄共在工人和农民中的影响相对较弱，始终没有找到在这些人群中扩大影响的途径。为此，俄共准备在2014年10—11月举行专门的中央全会，研究加强工人运动的问题。

5. 打造现代传媒体系，加强宣传和反宣传攻势

俄共为了宣传自己的立场，揭露主流媒体对反对派的负面宣传，开展有效的思想斗争，不仅有自己的思想库，还有越来越齐备的工具库。近年，俄共在发挥原有党报（《Правда》和《Советская Россия》）、党刊（Политическое просвещение）和网络（http：//kprf.ru/）的同时，还开发了几个网络广播电视频道（《Рассвет－ТВ》，《КПРФ－ТВ》和《Красная линия》），实时播发俄共及社会的新闻；成立了俄共中央电视片工作室，围绕历史和现实题材，拍摄新闻电影纪录片，如为纪念苏联宇航员加加林飞入太空50周年，俄共推出了电影《梦想成真》；不断扩展互联

[①] России нужен Русский Лад! Заявление учредительного съезда Общероссийского общественного движения 《Всероссийское созидательное движение《Русский Лад》》. http：//kprf.perm.ru/novosti/novosti－tsk－kprf/rossii－nuzhen－russkiy－lad－zayavlenie－uchreditelnogo－sezda－obshherossiyskogo－obshhestvennogo－dvizheniya－vserossiyskoe－sozidatelnoe－dvizhenie－russkiy－lad/ 11 Декабрь 2012.

网网络，不仅使中央和地方的互联网形成垂直体系，而且在俄共现有的纸质媒体基础上开发新的网页，使各纸质媒体都能上网，如在隶属俄共中央的《政治教育》杂志名义下，就建立了两个彼此相连的网址 politpros. com 和 politpros. tv。

俄共现代传媒体系的建立，为提升党的宣传和反宣传能力，打破官方的舆论封锁起到很大作用。以俄共十五大为例。俄共提前将中央委员会的政治报告草案公之于官方网站和《真理报》、《苏维埃俄罗斯报》等党刊上，并印刷了 100 多万份纸质文件向社会分发，供全党乃至社会各界人士讨论，大会决议吸收了几百条反馈建议。俄共在大会前对其官方网站做了新的即第五次更新调整，开辟了视频节目，使其页面更吸引人，更易于网民了解俄共活动的细节。大会期间，俄共对各媒体记者不设任何障碍，允许其对所有大会代表进行自由采访，久加诺夫等俄共领导人不避讳回答记者提出的任何尖锐问题，与此同时，俄共网站也及时报道各媒体对大会的反应。会前、会中和会后，俄共都举行新闻发布会。俄共的这种开放姿态不仅展示了俄共作为现代政党的形象和自信，拉近了俄共与社会的距离，也体现了俄共善于利用现代传媒技术的公关能力。俄共两天的大会内容丰富多彩，整个进程展示了俄共开放性、现代化的一面，打破了 20 年间被俄媒体塑造的封闭、刻板的形象。用久加诺夫的话说，共产党人掌握了现代技术，才能充分地准备大会文件并通过技术手段将之呈现出来。[1]

第五节 国际联系

俄共宣称是"国际主义者"的党，主张发展与全世界共产主义政党、工人政党和反帝国主义运动的合作。俄共认为，俄罗斯共产党人的斗争需要国际左翼力量的支持和帮助，世界社会主义的复兴，需要国际共产党人及一切进步力量的共同争取。20 年来，俄共在不同层面与国际共产党人保持合作关系。

---

[1] Пресс - служба ЦК КПРФ：Состоялось первое заседание Секретариата ЦК КПРФ. Г. А. Зюганов：XV съезд разрушает формируемые буржуазными СМИ стереотипы об архаичности нашей партии，2013 年 2 月 27 日，http：//kprf. ru/party - live/cknews/115952. html，2013 年 2 月 28 日。

一 在原苏联地区的共产党联盟中发挥主导作用

如前所述,俄共主要通过"共产党联盟—苏共"保持与原苏联地区各共产党的联系和合作。在这个机构中,俄共事实上是领导者和组织者,其他16个兄弟党与俄共保持步调一致。这个机构定期举行代表大会,及时通报情况,并在重大活动中采取协调行动。在这个联盟中,所有成员的共同信念是恢复联盟国家。作为联盟的核心成员,俄共认为,巩固这一联盟是在自愿基础上重建联盟国家和统一的共产党的最重要的政治条件。2011年"8·19"事件20周年之际,"共产党联盟—苏共"在乌克兰的顿涅茨克举行了题为"重建联盟——拯救各兄弟民族之路"的系列活动,包括向列宁纪念碑献花、召开论坛、举行集会和音乐会等。这个活动结束后,来自原苏联地区的各国与会者又参加了8月18—26日俄共在俄罗斯各地举行的大规模的以怀念苏联为主题的系列活动,俄共打出的总口号是:"我们将生活在苏联!"并于20日中午在莫斯科普希金广场举行题为"没有苏联的20年"的大型集会和爱国主义歌曲演唱会。通过这些活动,共产党人反思国家紧急状态委员会行动失败的原因与苏联解体的教训,痛斥戈尔巴乔夫、叶利钦等对苏共和苏联的背叛,抨击在"没有苏联的20年"中导致社会退化的制度和政策,与此同时,号召人民重建社会主义的联盟国家。在南奥塞梯独立和克里米亚归并俄罗斯的过程中,联盟及当地的共产党都发挥了作用。此外,联盟内的各兄弟党遇到困难时,俄共能够调动所有成员党给予声援或提供实际帮助。例如,在2014年乌克兰危机之中,乌克兰共产党受到很大打击,党的总部遭反共势力的纵火焚烧,党的第一书记彼得·尼古拉耶维奇·西蒙年科在议会遭到围攻,乌共受到禁止活动的威胁。在这一过程之中,俄共不仅组织联盟成员发表声明谴责乌克兰临时政府对共产党人的迫害,还设法把遭受毒打的哈尔科夫市委书记抢救出来,安排治疗。

二 在世界共产党的国际联合中发挥骨干作用

俄共除了与同根同源的原苏联地区的共产党人合作,还积极发展与世界五大洲共产党人的友好关系,在国际共产主义运动舞台上的地位显著提升。俄共一直主张共产党人在国际舞台上要更紧密地合作,采取更一致的行动。2005—2006年,俄共带领欧洲各共产党和左翼力量,挫败了欧洲理事会代表大会欲通过谴责共产主义制度的决议的图谋。这是战后历史上欧洲共产党人的第一次联合行动。

俄共还是世界共产党、工人党国际会晤的核心组织者之一。2007 年 11 月，俄共与白俄罗斯共产党一起，筹办了第九届世界共产党和工人党国际会晤，邀请全球 80 多个国家的共产党和左翼的代表到明斯克、莫斯科隆重纪念十月革命 90 周年，这是苏东剧变后在原苏联土地上举行的第一次世界性共产党的聚会。

2008 年 11 月，俄共又借召开十三大的机会，邀请世界共产党和左翼政党聚会莫斯科，共商在全球金融危机条件下的协调行动。俄共在会后专门召开了各国共产党的情况交流会。会上，久加诺夫表示，俄共要实现自己的纲领目标，需要国外共产党人的支持。来自五大洲的代表在发言中交流了各自争取社会主义斗争的成就和经验，一致认为，国际左翼力量只有团结起来，协调行动，才能有效地抵御金融危机给广大劳动人民带来的危害，并抓住历史机遇，振兴世界社会主义。代表们提出，为了同世界帝国主义作斗争，共产党人应该建立新的国际协调机构，南斯拉夫新共产党领导人明确表示，"在建立这一机构的过程中，俄罗斯共产党应当起决定性的作用"。

2012 年 12 月 15—16 日，俄共主办了题为"共产主义运动：今天与明天"的国际论坛，邀请来自中国、越南、古巴、印度、巴西、希腊、葡萄牙、黎巴嫩、乌克兰和捷克的共产党代表，就国际共产主义运动面临的局势和所应采取的战略、策略交流看法，为即将举行的俄共十五大在理论上务虚。紧接着，2013 年 2 月，俄共又邀请来自 72 个国家 95 个共产党、工人党和国际组织的代表参加党的十五大，其中有 31 人是党的最高领导人，这是俄共历届全国代表大会邀请外国客人规格最高、人数最多的一次，使俄共十五大"具有世界规模"。为便于国际同行了解俄共，俄共提前两周将中央政治报告的英文版和西班牙文版在网上公布，因此外国客人在大会致辞时都在引用报告内容。会后久加诺夫主持召开了题为"我们为之奋斗的 21 世纪社会主义形象"的国际圆桌会议，共商共产党人和左翼如何应对资本主义危机的局势，推进世界社会主义的振兴和发展，共同探讨 21 世纪世界社会主义的前景。这些活动为提升俄共在国内外的影响力发挥了作用，国际共产党人的观点也为俄共把握国际共产主义运动的发展趋势提供了启示。

2014年3月14—15日，俄共在莫斯科举行了"议会中的共产党人和阶级斗争"国际圆桌会议，来自世界各地21个国家的共产党代表参加了会议，共同探讨共产党人议员如何通过议会舞台开展阶级斗争。会上，兄弟党的观点使俄共受到启发。这次会议为俄共在三个月后举行的关于加强共产党议员工作的中央全会提供了理论支持。

此外，俄共还积极发展与具有社会主义传统和倾向的国际民主妇女联合会、世界工会联合会等国际组织的关系，共同开展活动。

三 以当今世界社会主义的成就为动力

俄共十分关注中国、越南、白俄罗斯等国在社会经济方面取得的发展成就，关注拉丁美洲左翼力量的兴起。这些国家和地区成功的例子都成为俄共坚持社会主义信念的动力，成为俄共进行社会动员的样板。俄共与中国共产党保持友好关系。俄共领导人久加诺夫多次访问中国，会见中国共产党的领导人，考察过中国的许多地方。他对中国改革开放以来取得的成就和经验给予高度评价，并在国内媒体广为宣传。俄共还经常派代表团来中国进行交流，包括青年代表团。

总之，俄共目前是国际共产主义运动中较为活跃的一支力量。俄共在扩大与国际共产党人和左翼的合作方面所做的工作起到了三方面的作用。一是俄共倚重国际兄弟党的支持，有利于提高自己在国内的影响力，从当局那里争取更大的空间。俄共多次提醒国家执政者：在当今世界上，只有国际左翼力量能在关键时刻给予俄罗斯国家和人民以支持，西方自由主义流派靠不住。二是俄共向国际共产党人的理论与实践取经，有利于自身的战略和策略的制定。三是俄共与国际兄弟党的理论研讨和共同行动，展示国际共产党人反对国际资本主义的进攻、重振世界社会主义运动的信心，有助于促进各国共产党克服分歧，求同存异，协调行动，走向联合。

第六节 面临的挑战与前景

综上所述，经过20多年的拼搏，俄共向世人展示了它是压不倒、打不垮的坚强政党，是有目标、有组织、有稳定群众基础的政党。20年来，俄共的主张对国家政治进程的演变产生了积极的影响。俄共倡导的爱国主义精神，如今成为官方宣扬的"俄罗斯思想"的基础；俄共在反危机、反腐败、加强国家安全、解决民生等问题上的替代方案，也得到社会的更多共识，有些已变为国家政策。今天，俄共基本走出了10年前的低谷，但还未爬到20年前的顶峰。俄共要再次登顶，至少面临如下挑战。

挑战一：如何扩展政治空间。如前所述，在20世纪90年代，叶利钦政府推行的"休克疗法"改革造成国衰民怨，俄共高扬爱国主义旗帜赢得民众支持，在政治舞台上不说是处于鼎足之势，也是举足轻重。21世纪以来，普京执政后夺走了俄共的爱国主义旗帜，扶持中派保守主义力量，打压左右翼激进党派，铁腕治国，重振了民族士气。出于政治和意识形态原因，俄共不想或不能归依普京麾下，结果在近十年的时间里被孤立，被挤压得几乎无法施展拳脚，只能卧薪尝胆。金融危机以来，俄罗斯经济低迷，官僚腐败盛行，社会中下阶层上升的期盼落空，对执政者及政权党的信心下挫。俄共正是利用这一机会，通过宣传自己的反危机纲领，重新赢回一部分失地。但如今，俄共纲领主张再次被当局所用。作为新当选总统，普京再次执政后，在政治上承诺保证各党平等竞争，治理官员腐败，建立符合俄罗斯国情的民主制；在经济上提出调整经济结构，提高国家创新能力，摆脱原料依附地位，提高知识分子待遇和中等收入群体的工资；在社会问题上提出要弘扬俄罗斯的爱国主义和文化传统，采取措施遏制俄罗斯人口危机和道德滑坡；在外交上提出反对外部势力干涉内政，并在2014年公开与美国和北约叫板，利用乌克兰危机夺回克里米亚。应该说，所有这一切都与俄共的主张相近。与此同时，鉴于俄罗斯自2011—2012年大选期间社会抗议运动呈爆发之势，普京签署了《集会法》修正案，加大了对大型集会组织者和参与者的惩罚力度，这使反对派举行抗议行动增加了难度和风险。在普京这种胡萝卜加大棒的两手策略之下，俄共的政治空间何在？俄共将以什么理念和形象去争取民众？以何种手段去巩固和扩大自己的地盘？如果俄共仍旧持强硬的反对派立场，会不会再次遭遇被孤立和受打压的结局？如果俄共准备做一个建设性的反对派，那么在哪些领域扩展自己的政治和意识形态空间，既保持共产党的独立身份和政治立场，又能赢得民众的支持？这是当前俄共面临的最大挑战。从这个意义上说，俄共面临的对手与其说是执政者普京，不如说是自己。

挑战二：如何应对新的政治力量格局的变动。在今天的俄罗斯，政治力量格局正在发生微妙变化。统一俄罗斯党的主导地位虽不能撼动，但有所削弱。右翼自由派蛰伏多年开始抬头。普京为了增强政权党的竞争力，也是为了缓解社会矛盾，将街头抗议运动纳入可控渠道，自2012年再次就任总统后改革选举制度，允许体制外政党参与政治竞争，因而降低了政党准入门槛，原来有4万成员的组织才能申请注册为政党，现在降到500人即可，还简化了政党登记手续。结果，2012年前，俄罗斯共有8个政党；截至2014年4月，在司法部获准登记的就有77个党，还有60个组织等待注册为政党。① 这种新的政治生态环境势必加剧各政治力量之间的重组和竞争，首先对四大体制内政党形成了压力。于是，俄共不仅要面对以往三个老对手的竞争，还要防备以共产党命名的新党"拆台"，并要与右翼反对派党争夺选民，因为原来一些怀有反对派情绪的选民因没有其他选择而投了俄共的票，现在他们有了更多的选择。所以，俄共如何应对新的政治格局变动，站稳脚跟，巩固自己的阵地，这也是一大现实的挑战。

挑战三：如何处理党内矛盾。俄共队伍内部自成立时起始终存在矛盾，有的源于思想路线和行动策略上的分歧，有的源于利益之争，且二者经常交织在一起。2004年的内讧导致党一分为二，2008—2010年的分歧使圣彼得堡和莫斯科两个组织遭受重创，一些老党员伤心离去，并于2014年3月组成了"联合共产党"。内部矛盾往往给外部力量提供分化俄共的机会，造成俄共队伍的分裂，党的声誉受损，党员人数减少。迄今，俄共每次内部矛盾的解决都以一部分"分裂分子"被清除出党而告终。可见，俄共在党内生活中，还没有找到更恰当、更有效的途径来协商解决内部危机。如果仅仅用组织手段解决思想认识问题，这对俄共的形象和发展壮大非常不利。看来，建立健全党内生活机制，形成民主和谐的工作氛围，凝聚党的力量，这是俄共必须解决的一大难题。

挑战四：如何避免陷入议会陷阱。俄共把议会斗争作为一种手段，也清楚作为议会党存在风险。但在现实中，成为议会议员享有一定的优惠待遇和特权，这对某些投机钻营者具有很大诱惑力。每次竞选俄共内部都会出现争夺候选人资格的内斗。有的党员议员满足于议会内的舒适生活而不愿意做议会外的群众工作，还有党员议员在议会投票时不听从党的招呼，我行我素，有的党员议员甚至以国家利益高于党的利益为由，拒绝执行党的决议，放弃党的身份，站在当局一边。因此，俄共作为体制内政党，如

---

① Информация о российских политических партиях. http://www.izbiraem.ru/party.

何做到洁身自好，避免利益诱惑，不忘党的奋斗目标，真正代表劳动人民的利益，而不是成为特权官僚的一部分，这是一个严峻的、也是最大的挑战。

共产党通过什么道路夺取政权，在国际共产主义运动的历史上始终是个有争议的问题。马克思主义认为无产阶级政党只有通过暴力革命才能推翻资产阶级的统治，但也不否认在某些国家通过和平方式夺取政权的可能性，但马克思恩格斯告诫无产阶级在夺取政权的过程中始终要用革命的两手来对付反革命的两手。因此，每一个国家的无产阶级及其政党在革命过程中究竟采用哪一种方法，应根据各国不同的具体情况以及阶级力量的对比，由各国工人阶级及其政党自己来决定。列宁当年领导布尔什维克党是通过武装起义领导十月革命取得成功的。在今天世界处在资强社弱的政治力量格局之下，在国际共产主义运动尚未完全走出低谷的背景下，在俄罗斯已确立了资产阶级制度的国情下，俄共根据俄罗斯的政治力量对比，确定了进入政权的策略，即通过竞选进入立法和执行权力机构，进而逐渐改变国家的现行方针和制度，最后确立人民政权，过渡到社会主义。这条道路能否走得通？现在世界上鲜有成功的例子。有过少数党通过这种途径掌握政权的，如摩尔多瓦共产党人党、塞浦路斯劳动人民进步党、尼泊尔联合共产党等，但它们仅是作为资产阶级政治体制的一部分，轮流坐庄执政几年，并未真正建成社会主义制度。因此俄共选择的道路还属于一种探索。至于这条道路最终能否引导俄共走向成功，这只能由实践来检验，有待于历史来作出回答。

20 年来，俄共在自己选择的重建社会主义的道路上进行了艰难的探索，取得过辉煌，也经历了挫折。目前，俄共面临比以往更大的压力，这压力更多来自共产主义运动内部的批评和竞争。可以预见，俄共今后的路不会平坦。不过，有了 20 年的经验积累，相信俄共会战胜一切艰难险阻，走向自己的既定目标。

第七节　党的领导人

根纳季·安德烈耶维奇·久加诺夫（Геннадий Андреевич Зюганов）1944 年生于奥尔洛夫州的一个乡村教师家庭。中学毕业后教过书，当过兵。之后上了奥尔洛夫师范学院，就读于物理数学系。毕业之后留校做过一年教师。1980年毕业于苏共中央社会科学院，获副博士学位。1995年获得哲学博士学位。1966年加入苏共。1967—1974年先后担任区、市、州团委第一书记，1974—1983年任苏共奥尔洛夫州委第二书记、宣传鼓动部部长。1983年开始在苏共中央机关意识形态部工作，1989年升任该部副主任。

久加诺夫积极参与了俄罗斯苏维埃联邦社会主义共和国共产党的筹建，在1990年6月和9月俄联邦共产党成立大会上当选为中央书记、政治局委员。"8·19"事件后，参与建立反对派组织——"人民爱国主义力量"、"俄罗斯民族大会"和"救国阵线"等。1992年参加了俄罗斯人民代表——共产党人党议员团，参加了宪法法院审理苏共案的工作，之后参加了恢复俄联邦共产党的组委会。1993年2月，在俄联邦共产党的重建大会上当选为俄罗斯联邦共产党中央执行委员会主席。此后，连任党的主席至今。

1993年秋白宫流血事件中，久加诺夫支持最高苏维埃，但力主和平解决争端。暴力事件发生后，久加诺夫带领俄共成员撤出现场，自己也隐藏起来，结果俄共保全下来，没有被禁。从1993年带领俄共参加国家杜马选举起，当选为历届国家杜马代表，连任俄共杜马党团领导人。在1996年、2000年、2008年和2012年的总统选举中，作为俄共的候选人分别得到40.3%、29.2%、17.72%和17.18%的选票，输给叶利钦、普京、梅德韦杰夫和普京。

久加诺夫回避称自己是马克思主义者，但经常引用列宁的话，寻求建立一种独特的意识形态，并以这种意识形态主导俄共的理论与实践。久加诺夫意识形态包含如下成分。（1）**新社会主义观**。久加诺夫信奉社会主义理想，但主张与僵化的正统观念决裂。他认为，没有社会主义思想，不确立社会利益优先，无论在俄国，还是在整个世界，都找不到摆脱困难局面的出路。同时他强调，不能模仿苏联时期的社会主义模式，在俄国必须确立新的社会主义观，并以此对社会主义理论做出贡献，用口号表达就是："我们不是向社会主义倒退，而是向社会主义前进。"[①]（2）**俄罗斯是独特的文明**。在久加诺夫看来，俄罗斯是一种特殊的文明，它与西方文明没有任何共同之处，"从地缘政治角度说，俄罗斯是欧亚大陆板块的核心和支

---

① Советская Россия. 17.03.1994.

柱。从世界观—意识形态的角度说，俄罗斯是一种特殊的文化传统和道德传统的体现者。从民族的角度说，俄罗斯是一个以强大的斯拉夫民族为核心的民族复杂的共同体。从经济角度说，俄罗斯是不同于西方自由市场模式的自给自足的经济机制"。① 俄罗斯文明的基本价值观是和衷共济（集体主义），强国主义（国家的自给自足）和对实现善良和公正的最高理想的追求。（3）**国家爱国主义理念**。在久加诺夫看来，国家不能没有意识形态，而国家爱国主义就是今天俄罗斯的新的国家意识形态，其组成部分是吸收了苏联社会主义和当代现实生活中的积极成果的俄罗斯思想。不仅如此，久加诺夫还主张重新看待俄罗斯国家和俄罗斯帝国，强调"俄罗斯人民总是追求有一个强大的国家，本能地感到俄罗斯就应该是一个大国，即一个能挽救世界不滑到混乱和灾难边缘的国家"。② （4）**俄罗斯思想**。久加诺夫认为，俄罗斯人富于仁慈、同情心、耐心、坚强、勇敢、自我牺牲等精神，多少世纪以来一直追求神圣而纯洁的理想，追求普遍适用的道德准则。俄罗斯民族是一个具有民族政治和精神思想的共同体，以兄弟情谊、公正、人道主义、强国主义思想为目标。这些品质完全与社会主义思想相吻合。"俄罗斯思想"实质上就是深刻的社会主义思想。共产党人应该在民族传统价值观的基础上弘扬社会主义思想。（5）**地缘政治思想**。在久加诺夫看来，欧亚是世界的心脏，而俄罗斯是欧亚空间的主要部分。与欧亚文明对立的是以美国为首的大西洋文明，西方永远是俄罗斯的敌人。③

久加诺夫因上述主张而经常遭致激进的共产党人的谴责，称他的意识形态为"久加诺夫论调"，认为他放弃了马克思主义的基本原则，如阶级方法、无产阶级专政理论、无神论、国际主义，等等。但久加诺夫一般不争论，我行我素。

久加诺夫精力充沛，讲话具有鼓动性。他每年都到各地区考察党的基层组织工作，深入选民之中了解情况。2008年竞选总统期间，久加诺夫寻访了俄罗斯35个地区，举行了350场会见，每次演讲时会场都座无虚席。④

---

① Г. А. Зюганов：Россия и современный мир. Москва. 1996. стр. 20.
② Г. А. Зюганов：*Уроки жизни*. Москва. 1997. стр. 11.
③ См. Р. Медведев：Десять политиков новой России. Москва. 2003. стр. 212 – 260.
④ Руслан Тхагушев：Председатель ЦК КПРФ Г. А. Зюганов：《Мы серьёзно укрепили свои позиции》. http：//kprf. ru/ 2008 – 03 – 03.

久加诺夫著有《大国》《地缘政治基础》《全球化与人类命运》《斯大林与当代》《黎明前夕》等80多部著作。

伊万·伊万诺维奇·梅利尼科夫（Иван Иванович Мельников）1950年8月7日生于图拉州博戈罗季茨克市的一个邮政职员家庭。1967年就学于莫斯科大学力学数学系，1972年毕业后留校任教至今，先后获得数理学副博士、教育学博士学位和教授职称。作为教师，曾荣获"俄罗斯联邦高等学校杰出工作者"称号。

在大学期间即开始积极参加社会和政治活动。1986年成为莫大工会主席，1988年当选为莫大党委书记。在最困难的年代积极参与俄共的创立。自1995年起任俄共中央书记，自1997年起任俄共中央副主席，从2004年起任俄共中央第一副主席、俄共中央竞选总部领导人至今。在1995年、1999年、2003年、2007年和2011年当选俄联邦国家杜马代表，1996—2002年任国家杜马教育与科学委员会主席，主持制定并通过了一系列保护和支持教育和科学的法律，包括禁止教育机构私有化的法律，这一时期工作的结果是使免费教育、退休教师养老金、教育机构税收优惠等得以保存下来。2012年，向国家杜马提交了主持起草的俄共《关于俄联邦人民教育》的替代性法案，坚持反对教育体系商业化、国家统一考试、削减高校数量、关闭小规模农村学校等，为提高教育工作者的社会地位奔走呼号。

在2007—2011年任国家杜马副主席。从2011年至今任国家杜马第一副主席，负责与俄罗斯科学院、工农业问题委员会的协调，与俄白联盟议会的合作，与越南、中国、古巴、朝鲜、塞尔维亚等国立法机构的合作。

作为俄罗斯教师的唯一代表，连续三届（1997—1999年）当选欧洲委员会议会大会科技委员会主席，目前是俄联邦驻欧洲委员会议会大会代表团副团长。

作为数学教师和学者，梅利尼科夫是俄共领导层中朴实无华、精明能干的组织者和领导者。他在工会、党务、立法、国际事务等领域积累了丰富的经验，是一位既坚持原则又善于沟通的政治家。他的报告历来条理清晰，数据事例充实。他是俄共竞选工作的总司令，四年一次的大选和每年都有的地方选举，都由他运筹帷幄，可以说他是久加诺夫的得力助手。近十年来，由于他的号召力，他所在的莫斯科大学选区几乎是俄共在莫斯科的最大票箱，莫大大学生也是俄共组织补充新鲜血液的血站。2013年曾作为俄共的候选人参与莫斯科市长的竞选,尽管未能当选,但也赢得了有威望的政治家的声誉。

在繁重的国务、党务活动之余,他还组建了俄共微型足球俱乐部,率领这个小小的足球队在莫斯科赛中多次夺冠,在 2011 年的俄罗斯全国冠军赛中一举夺魁。

第二章 俄罗斯共产主义工人党

俄罗斯共产主义工人党（Российская коммунистическая рабочая партия，俄文缩写为 РКРП）始建于1991年苏联解体前夕。2001年10月27日，该党与"俄罗斯共产党人党"（Российской партии коммунистов，俄文缩写为 РПК）合并，称"俄罗斯共产主义工人党—革命的共产党人党"（Российской коммунистической рабочей партии и Революционной партии коммунистов，俄文缩写为 РКРП - РПК）。如前所述，2012年该党与"苏联共产党"的俄罗斯组织合并，改称为"苏共内的俄罗斯共产主义工人党"（Российская коммунистическая рабочая партия в КПСС，俄文缩写为 РКРП - КПСС）。该党是俄罗斯共产主义"众多小党"中的最大的共产党。尽管该党几次更名，但始终以俄罗斯共产主义工人党为核心，为方便读者，我们简称其为俄罗斯共产主义工人党。

第一节 发展历程

俄罗斯共产主义工人党于1991年11月23日在苏共"共产主义倡议"运动基础上建立，建立之初有2万—3万名党员、70个地区组织。党内分为莫斯科派和列宁格勒派，两派在理论观点和斗争策略问题上存在分歧。开始时以 В. И. 安皮洛夫为首的莫斯科派在党内占上风，后来安皮洛夫被开除，莫斯科派被解散（安皮洛夫后来另立"劳动俄罗斯"党），以维·阿·秋利金为首的列宁格勒派主导了党，秋利金任中央第一书记。该党的工作重心是工人运动。20世纪90年代，该党经常与思想倾向和基本立场十分接近的俄罗斯共产党人党合作。而俄罗斯共产党人党于1991年12月14日在苏共"马克思主义纲领派"的基础上建立，由阿·维·克留奇科夫任主席，成立之初有15000名党员。

在20世纪90年代，上述两党试图通过第二次社会主义革命夺回劳动人民的政权，有过共同合作的基础。两党开始时抵制国家杜马的选举，但随着国家政权形成机制的确立，虽然对通过议会斗争途径夺取政权不抱希望，但从第二届国家杜马选举开始还是决定参加竞选，以通过竞选宣传自己的主张。在1995年的议会选举中，两党以"共产党人—劳动俄罗斯—争取苏联！"联盟的名义参加竞选，得到4.53%的选票，排名第六，但因未能跨过5%的门槛而被排除在议会门外。在1999年的议会选举中，两党以"俄罗斯的共产党人、劳动人民——争取苏联"联盟成员的身份参加竞选，该联盟仍未能进入议会，但得票率在参选的议会外政党中占第一位。

进入21世纪，在新的政党体制下，两党为适应俄罗斯《政党法》的要求，实现了联合，目的是壮大队伍，成为合法政党。两党合并后，俄罗斯共产主义工人党领导人秋利金和俄罗斯共产党人党领导人克留奇科夫任党的共同主席。在2003年议会选举中，合并后的党作为俄共竞选联盟的成员参加议会选举，秋利金作为本党的唯一代表当选为杜马议员。但合并后的党的团结性很脆弱，两党在斗争策略和组织问题上的分歧时有发生。原共产党人党的部分左翼成员并不完全赞成参加议会竞选。2004年2月，合并后的党在第四次代表大会上对是否仍保持共同主席的设置产生分歧，以克留奇科夫为首的原俄罗斯共产党人党的一些代表主张保持现状，而秋利金等认为两党合并的过渡期已经完成，应当按照党的章程恢复党内生活的正常制度。最后，中央全会选举秋利金任党中央第一书记。对此，克留奇科夫等人不满意，大会后退出了该党。之后，克留奇科夫于2005年5月去世。党的名称虽然还叫"俄罗斯共产主义工人党—革命的共产党人党"，但实际上党的核心成员都是秋利金党的。秋利金一直没有放弃为党争取合法地位的斗争，为此，他不断寻求与其他党的合作。

2008年，舍宁给了秋利金一个机会。舍宁领导的"苏联共产党"自2008年以来一直谋求将俄罗斯联邦的分支机构交给秋利金来协调。但这个决定遭到俄罗斯分支机构一部分元老的反对，因而合并的进程拖延了四年之久。最后，2012年4月，秋利金的党与舍宁的党的俄罗斯部分终于合并，秋利金的党因而更名为"苏共内的俄罗斯共产主义工人党"。

或许因上述合并进程不顺利，秋利金同时也在与其他组织谋求联合。2010 年 2 月，秋利金的党与几个左翼组织联合成立了名为"俄罗斯联合劳动阵线"（Российский Объединенный Трудовой Фронт，缩写为"РОТ ФРОНТ"）的组织。该阵线成立之初有 58000 人，达到成为合法政党的人数（当时政党准入门槛是 5 万人）。该组织先后 6 次向俄联邦司法部申请注册，终因政治原因而被俄司法部以种种理由拒绝。最后拒绝的理由是该党的党徽——红色五角星背景中紧握的右拳——有"极端主义"之嫌。直到普京再次执政后，司法部放宽了政党登记条件，该阵线的第 7 次申请才在 2012 年 12 月 5 日得到批准，"俄罗斯联合劳动阵线"注册成为合法政党。至此，苏共内的俄罗斯共产主义工人党事实上已经有了"俄罗斯联合劳动阵线"合法政党的身份，因为该阵线的核心就是秋利金的党。

第二节　组织原则

一　党的性质——工人阶级的先锋队

该党宣称是"列宁型"的革命政党，"是工人阶级、因而是所有劳动人民的先锋队，是把科学共产主义与工人运动结合起来，与劳动人民争取消除一切社会不平等、争取社会中所有人的自由而全面的发展的斗争结合起来的党"。该党特别强调，"党的成员把社会发展的利益看成自己的利益，无私地为劳动者的解放事业贡献自己的力量，不享有任何特权，自愿把自己的收入限制在一个熟练工人的水平，将超出党的这一最高限额的一切收入奉献出来，用于全党的需求"，党的代表大会的多数代表是构成劳动者多数的工人和农民的代表。①

与俄共不同，该党没有把工人阶级作广义理解，因为在该党看来，"工人阶级——作为唯一能够领导建设没有剥削的社会的阶级——的历史使命从马克思和列宁的时代到当今时代仍未改变。工人阶级的先锋队是共产党。工人阶级的唯一盟友是农民、劳动知识分子和现在受剥削的员工。当然，在斗争的某些阶段，小资产阶级的企业家阶层和小业主以及公务

---

① Программа Российской коммунистической рабочей партии – Российской партии коммунистов, принята Объединительным съездом РКРП и РПК 28 октября 2001 г. http://www..rkrp-rpk.ru/.

员、学生、退休者等，可以成为同路人"①。

二 社会基础——所有劳动者

但该党与俄共一样，实际上把广大雇佣劳动者作为党的社会基础，该党提出，党"捍卫工人阶级、集体农庄庄员、劳动农民和知识分子的利益，捍卫所有依靠劳动收入、奖学金、养老金和补贴生活的人。我们正是把他们看作自己的社会基础"。② 在实践上，该党主要在工人运动中做工作。

三 组织工作——争取成为合法政党

俄罗斯共产主义工人党一直谋求与左翼力量联合，成为合法政党，以争得党在国家政治生活中的地位。2012年，该党与"苏联共产党"俄罗斯境内的组织合并，这包括苏共的莫斯科市、圣彼得堡市、莫斯科州、列宁格勒州、斯维尔德洛夫州、别尔哥罗德州、加里宁格勒州、特维尔州、奥姆斯克州和克拉斯诺亚尔边疆区的组织。2014年6月，该党又在克里木共和国建立了自己的分支机构组织。该党虽然组建了以党为核心的"俄罗斯联合劳动阵线"并使其成为合法政党，但党的领导人秋利金并未止步，仍在为将自己的党注册为独立的合法政党而努力。2013年6月13日，苏共内的俄罗斯共产主义工人党中央政治委员会会议作出决定，委托该党的莫斯科市委再次向司法部递交申请，要求成立组委会，以将俄罗斯共产主义工人党注册为合法政党，并要求各地区组织采取必要措施争取地区组织注册成功。为此，中央组织部要与"俄罗斯联合劳动阵线"协商干部的配备和职能的划分。③ 目前，该党一方面促进"俄罗斯联合劳动阵线"参加地区竞选，争取进入州级立法会议，另一方面为自己的党注册为合法政党而积极准备。

---

① Программа Российской коммунистической рабочей партии – Российской партии коммунистов, принята Объединительным съездом РКРП и РПК 28 октября 2001 г. http://www.rkrp–rpk.ru/.

② Там же.

③ Информационное сообщение. http://rkrp–rpk.ru/content/view/9494/45/19.06.2013 г.

第三节　理论主张

一　党的指导思想——革命的、正统的马克思列宁主义

该党将"革命的马克思列宁主义学说"作为党的指导思想，党的领导人宣称党坚持的是"正统的马克思主义"。党主张建设"科学共产主义"意义上的社会主义，完全按照马克思、恩格斯的设想描绘未来的社会主义。该党认为，社会主义是一个完整的体系，建立这一体系是一个长期的历史过程。而现在共产主义运动中的右倾机会主义把社会主义和共产主义割裂开来，设计一个建立在私有制、失业、政治和经济多元化基础之上的社会主义模式，这不是"科学共产主义的社会主义"。共产主义要经过一个从资本主义向共产主义的过渡时期和两个阶段。在过渡时期，要通过社会主义革命确立工人阶级及其盟友的政权（无产阶级专政），以取代现存的资产阶级政权。而在共产主义的第一阶段，即社会主义阶段，要具备这样一些前提：具有发达的生产力和生产关系，进而达到高于资本主义的社会生产效率和劳动生产率；实行生产资料公有制；实行按劳分配原则；彻底消除任何形式的剥削并加强劳动的创造性的和集体主义的原则；以社会主义民主制作为实现劳动人民政权的国家形式，同时发展劳动人民的自治，逐渐向国家消亡过渡；阶级与社会集团之间的相互关系不具有对抗性质；保障每个人享有有尊严的生活的条件，为个人提供创造性的自我实现、和谐发展的机会。该党特别强调，在建设社会主义的过程中，首先必须经过社会主义革命夺取政权，因为没有工人及其盟友的革命行动，就不可能将政权夺到劳动人民手中。为此，这就需要一个革命党。由此，该党把完成社会主义革命，重建苏维埃政权作为党的最近的战略目标。为达此目标，该党现在要宣传群众，做好进行革命的准备。该党坚信，21世纪的社会主义和共产主义必然成为在理智和人道的基础上，为了劳动者的利益而改造当代世界面貌的物质力量。[①]

同时，该党也认为需要吸收其他社会主义观点。该党主张："我们依

---

① Программа Российской коммунистической рабочей партии – Российской партии коммунистов. http://www.rkrp-rpk.ru/; Заявление объединительного съезда Российской коммунистической рабочей партии и Революционной партии коммунистов（РКРП – РПК）28 октября 2001 г. http://www.rkrp-rpk.ru/.

据革命的马克思列宁主义学说。马克思主义对于我们不是宗教，也不是教条，而是思想基础和创造性的方法，借助于这一学说，我们寻找对当代迫切性问题的答案。我们努力利用所有社会主义、民主主义和人道主义社会思想成果，从革命的马克思主义立场出发批判地审视这些思想。我们确信，放弃诸如无产阶级民主、社会公正、个人自由、社会自治和劳动人民的自我组织、劳动者的国际团结等价值观，就意味着离开马克思列宁主义理论和理想。"①

二 认为俄罗斯的资本主义是畸形的资本主义

该党认为当代资本主义的趋势是资本主义竭力扩张，其范围扩大至所谓的"全球化"，跨国公司和国际金融集团的利益越来越优先于传统的民族资产阶级国家的利益。② 资本主义的主要特征是生产资料为少数人占有，多数人沦为雇佣劳动者。技术进步导致劳动岗位减少，劳动对资本更加依赖，资本对劳动的剥削愈加严重。21世纪以来，资本主义体系抛弃了可持续发展这一曾经被资产阶级当作武器的理论，无视生态的极限，无视粮食和瘟疫的现实威胁，疯狂发展。这在客观上把人类放在了马克思、恩格斯于《共产党宣言》中所表述的两难选择：要么整个社会大厦受到革命改造，要么斗争的各阶级同归于尽。③

关于俄罗斯社会，该党认为，苏联解体后，俄国从经济、政治和道德等方面被抛回到了19世纪中叶的水平。现在俄国为欧洲提供原料，为其过剩的工业品提供市场。然而，输送到俄国的现成的，在西方土壤上发育成熟的20世纪的资本主义社会关系却在俄罗斯的土壤上迅速长成了一种畸形的、官僚—犯罪型的社会关系，这种关系中却没有欧洲国家所具有的"负担沉重的"公共利益和民主限制。当欧洲用铁与血艰难地克服民族界

---

① См. Программа Российской коммунистической рабочей партии – Российской партии коммунистов. http://www.rkrp-rpk.ru.

② Современные тенденции капитализма: экономический, социальный, политический аспекты на примере современной России. Борьба коммунистов. выступление Первого секретаря ЦК РКРП – РПК Виктора Тюлькина на совещании коммунистических и рабочих партий 18 – 20 ноября 2005 г. в Афинах. http://rkrp-rpk.ru/26 декабря 2005.

③ Резолюция VI Съезда Российской коммунистической рабочей партии – Революционной партии коммунистов 《О 160 – летии Манифеста Коммунистической партии》. http:// www.rkrp-rpk.ru/ 20 апреля 2008 г.

限，以同恐怖主义斗争为幌子在北约的牵制下建立"欧元区"、欧盟时，俄罗斯的资产阶级也效仿它保证了"卢布区"的完整性并调整好了主权民主的垂直体系——不受限制的金融寡头专政。①

三 认为斯大林是一个马克思主义者，其所犯的错误不是战略性的

该党章程没有把斯大林思想列为党的指导思想之一，党的纲领也没有直接评价斯大林的功过是非，但在党的相关决议和领导人讲话中明确肯定斯大林是马克思主义者，充分肯定斯大林的功绩，同时谨慎地指出斯大林领导苏联社会主义建设过程中所犯的错误，认为"斯大林不仅是一个共产党人，斯大林还是一个马克思主义者，他对待共产主义像对待科学一样，很好地掌握了辩证唯物主义方法，并且在解决不同具体历史条件下的问题时，善于抓住主要环节。也许，他是苏联国家领导人中的最后一个马克思主义者"。② 该党在其2009年12月的中央全会《关于斯大林诞辰130周年》的声明中指出，纪念斯大林的目的是要"利用马克思、恩格斯、列宁、斯大林的思想理论遗产"③。

党的领导人秋利金在2005年1月19日撰写了题为《保护斯大林不受"强国主义者"、"爱国主义者"、"真正的信徒"和其他非马克思主义分子的侵害》的文章，系统地阐述了自己对斯大林的看法，试图澄清俄罗斯共产主义运动内部关于斯大林的一些不当评价。这些看法矛头所指向的是俄共领导人久加诺夫等。

首先，在秋利金看来，斯大林是无产阶级政权的领导者，不是不讲阶级性的"国家主义者"。所谓斯大林在总体工作中脱离阶级的任务而优先注重巩固国家的说法是"国家主义者"强加于斯大林的。实际上，作为马克思主义者的斯大林，他同资产阶级的国家进行斗争，从事的是从根基上摧毁这个国家，然后打碎暴力的世界，并在此基础上建立起工人农民的国家。为了保存和巩固工农国家，斯大林像对待科学一样，从未沉湎于已取

---

① Резолюция VI Съезда Российской коммунистической рабочей партии – Революционной партии коммунистов《О 160 – летии Манифеста Коммунистической партии》. http://www.rkrp-rpk.ru/ 20 апреля 2008 г.

② В. Тюлькин: Защита И. В. Сталина от 《державников》, 《патриотов》, 《истинно верующих》 и прочих немарксистских элементов. http: //www.rkrp-rpk.ru 19/января 2005.

③ Заявление Пленума ЦК РКРП – РПК《О 130 – летии со дня рождения И. В. Сталина》. http: //www. rkrp – rpk. ru/index. php? action = official&func = one&id = 434.

得的成就带来的欣快，而是睁大双眼，以冷静的头脑分析可能的失败，首先是无产阶级的国家蜕变为资产阶级民主主义国家的可能性。久加诺夫把斯大林说成某种"强国主义者"，几乎就是"红色的君主"，天才的实用主义者，解决了诸如扩大和巩固国家，找到出海口，无原则地寻找盟友等地缘政治问题，而且还以斯大林下令拍摄《亚历山大·涅夫斯基》电影作为斯大林积极树立彼得大帝的形象的证据等说法，都是对斯大林的歪曲。斯大林生前对把他与沙皇，甚至杰出的强国者相比是极为反感的。秋利金引证斯大林于1931年12月13日在与德国作家埃米尔·路德维希的谈话，说明斯大林与彼得大帝的不同。斯大林说："彼得为了建立并巩固地主和商人的民族国家是做了很多事情的。同时也应该说，提高地主阶级、帮助新兴商人阶级和巩固这两个阶级的民族国家都是靠残酷地剥削农奴来进行的。——我毕生的任务就是要提高另一个阶级，即工人阶级。这个任务不是要巩固什么'民族'国家，而是要巩固社会主义国家，就是说，要巩固国际主义国家，并且这个国家在任何程度上的巩固都会有助于整个国际工人阶级的巩固。"[①]

其次，在秋利金看来，久加诺夫在苏联民族国家制度问题上把斯大林与列宁对立了起来。其实根本就不存在两种根本不同的联邦国家制度的模式、形式，只是在解决无产阶级专政的统一的多民族国家制度这一任务上存在两种趋势、两个方法。但这都同样是马克思主义的方法，共产党人都主张建立一个集中的大国，主张克服弱小民族联邦化的趋势，主张走向巩固和集中制。而民族自决权应该是用来帮助弱小民族克服不信任和在受到可能出现的排挤时的恐惧。列宁和斯大林所争论的是如何更有效地克服弱小民族联邦化的趋势，为的是在具体历史条件下建立一个统一的无产阶级国家。列宁和斯大林都把苏维埃政权理解为苏联民族国家领土制度的基础，也就是实现无产阶级政权的形式。而久加诺夫在解释俄共纲领时强调，这一纲领的主要目的是在俄罗斯传统的基础上建立苏维埃型的议会制共和国，向真正意义上的人民政权迈进。而议会制就其阶级性质而言是与苏维埃对立的，真正意义上理解的人民政权同样是阶级的概念：资产阶级有资产阶级的政权，无产阶级有无产阶级的政权。历史证明，只要政权是苏维埃的，党是共产主义的，任何内外敌人都不能摧毁苏联。历史还证

[①] 《斯大林选集》下卷，人民出版社1979年版，第298—299页。

明，党和国家失去自己的阶级性质以后，国家就迅速被摧毁。所以，我们要再次强调国家的阶级基础的重要性。

再次，秋利金认为，斯大林是国际主义者，而不是所谓的"俄罗斯的爱国主义"。某些人把斯大林描绘成从一个格鲁吉亚人的立场完全转到真正的俄罗斯人的立场，另一些人编造出一套证据，想证明斯大林放弃了国际主义立场，进而放弃了世界革命的前途，似乎斯大林坚持的是"苏联民族主义"立场。这两种说法都是对斯大林的公然诋毁。就前者而言，斯大林从自己政治生涯的一开始就批评民族主义，看到了这一现象背后的社会阶级性质，他提醒工人从经济上寻找民族主义、"爱国主义"、沙文主义的根源。"阶级利益"、"强国主义"、"祖国"——所有这些词汇都是用来欺骗工人的，目的是让工人不去解决自己的任务，而为了民族资产阶级争夺市场。斯大林，作为一个国际主义者，从未放弃世界革命、世界苏维埃共和国在全世界胜利的思想。他建设苏维埃国家的具体行动完全是有意识的努力，旨在可能的限度内为世界革命建立前哨。整个苏联历史，尽管有各种缺点，甚至出现衰落，但都是一个样板，苏联战前的几个五年计划的成就，战胜法西斯主义，建立社会主义阵营，社会主义建设中的成就及其对西方国家劳动人民取得社会成果的影响等，对世界革命运动和解放运动的发展都产生了进步的影响。斯大林的无产阶级国际主义从来没有受到来自帝国主义者队伍中最激烈的敌手（希特勒、丘吉尔、罗斯福）的怀疑。

最后，秋利金分析了宗教在当今俄罗斯被利用的事实，但他强调，斯大林任何时候都没有把团结民族的任务交给教会，是党、工农政权和共同的事业团结了人民。作为马克思主义者的斯大林，任何时候都没有放弃自己的唯物主义的、科学的信仰。

总之，在秋利金看来，现在各种人如此执着地把斯大林搬出来作盟友，把他从一个马克思主义者要么变成一个强国主义者，要么变成斯拉夫主义者，这使人想起苏联卡通片的一个情节：小猫意味深长地说："我们和老虎叔叔在一起，只是为了猎到大野兽。"①

该党承认斯大林犯有错误，但这是斗争中的错误，不是战略性错误。该党认为，对斯大林领导下的苏共历史时期既不要神化，也不要否认错

---

① В. Тюлькин: Защита И. В. Сталина от《державников》,《патриотов》,《истинно верующих》и прочих немарксистских элементов. http：//www.rkrp-rpk.ru/19 января 2005.

误，因为否认错误就是帮敌人的忙，敌人正是利用这一点。该党认为，斯大林的错误是存在的。但斯大林负责的是制定政治上的战略，在这方面，很难在斯大林身上找到错误。加速集体化没有错，当然在地方上犯有冒进和不公正的错误。20 世纪 30 年代清除党和国家中的内部敌人没有错，因为到 1941 年，人民是团结和统一的，但在清洗时的确伤害了无辜者。苏联直到最后时刻都没有向德国表露出自己对即将到来的战争的关切也没有错，因为斯大林没有忘记"一战"的历史，正是 1914 年 7 月俄国宣布全面动员使得德国政府宣布俄国是进犯者并引起沙文主义在德国的泛起；不仅如此，由于苏联在 1941 年成了进攻的受害者，美国、英国、法国这些苏联的敌人就不得不站在它的一边。斯大林是在没有现成方案的具体条件下作出这些战略决策的，总的方向是正确的，苏联的成就说明了这一点。因此，错误是存在的，但这是斗争中的错误。①

四 认为苏共垮台的主要原因是党的上层背离了社会主义原则

该党首先肯定十月革命的历史地位。纲领指出："十月革命开辟了社会主义革命的时代，工人农民代表苏维埃标志着无产阶级专政的确立。"20 世纪初世界经济政治客观形势的发展"使无产阶级的社会主义革命的时代变得不可避免和必要"。"在俄国的十月革命中，无产阶级专政得以实现，它在最贫困的农民或半无产阶级的支持下开始建立共产主义社会的基础。"

关于苏联解体的原因，首先该党认为这主要是苏共领导人从 20 世纪 50—60 年代开始放弃阶级斗争和无产阶级专政学说的结果。当时苏共领导人从鼓吹"全民国家"和"全民党"开始，解除了全党、工人阶级和劳动人民的思想武装，致使国家的经济建设逐渐偏离社会主义方向，经济被引上资本主义道路，国家靠为发达国家提供原料为生。党和国家领导人蜕化变质，变成脱离劳动人民的独立的社会阶层。到了 80 年代，党的战略完全被所谓的"改革"取代，而改革导向新的社会制度的转变，领导人也从修正主义蜕变为反共主义。1991 年"8·19"事件为资产阶级势力公开推行国家资本主义化的方针提供了机会。结果苏联解体，社会主义失败。

---

① Сталин и сталинизм——За что борется РКРП - РПК. http：//www.rkrp - rpk.ru/ index.php？action = faq.

1993年十月事件彻底清除了苏维埃政权的残余，资本主义制度得以确立。俄罗斯变成了以买办资产阶级占统治地位的半殖民地国家。

该党认为，在反思苏联社会主义建设的整个历史经验时，应当区分哪些是争取社会主义斗争中出现的错误，哪些是妥协主义和背叛行为。社会主义建设中存在错误，但真正导致苏共垮台和苏联解体的原因，是党和国家上层背离了社会主义原则。首先，背离了苏维埃政权产生的基本原则，逐渐导致国家政权性质的质变。该党纲领认为，早在20世纪30年代，在国际形势异常尖锐和战争威胁日益迫近的条件下，苏共即开始偏离通过劳动集体选举政权机关这一俄共（布）纲领原则。尽管苏维埃政权的许多特征仍然保存，如劳动集体推荐代表候选人、工农代表占很高比例、代表定期向选民报告工作等，但已经出现了议会制形成的前提条件，如允许代表，尤其是高级别的、按地域选举的代表与劳动集体没有直接关系，可以无视劳动人民的意愿，也不必冒被召回的风险；国家机关不受劳动集体监督，其相对的独立性降低了劳动者参与社会管理的作用，使整个国家政权体系官僚化。随着时间的推移，苏共上层逐渐蜕变，成了威权官僚体制的一部分，不再为劳动人民在经济和社会中的实际权力而斗争。尽管普通党员，甚至党外群众仍保持着对共产主义理想的信仰，但由于真正的民主机制和传统已丧失，下层不能影响党的上层，所以真正的共产党人经常变成与他们疏离的政治方针的人质。到了60—70年代，社会的政治组织继续在失去与劳动人民的广泛联系的情况下运行，机构臃肿、无效，特权和腐败蔓延，这些现象引起社会不满，动摇了社会对现存制度公正性的信任。到了80年代，苏共领导层发生了修正主义、反共主义的蜕变，在他们提出的政治多元化的口号鼓动下，产生了与苏联宪法相矛盾的议会制，这是实现资产阶级专政的预备形式。苏共二十八大后，执政集团继续执行反人民的方针，事实上抛弃了苏联宪法。国家危机日益深化，冲突事件接连发生。国家紧急状态委员会虽采取了行动，但这一行动是无力的、不坚决的，结果引发了反共的歇斯底里的迸发。"8·19"事件促使资产阶级势力公开地推行资本主义化的方针，克里姆林宫上的红旗变成了弗拉索夫的三色旗。1993年10月事件后，苏维埃作为劳动人民政权的象征不复存在。

其次，背离了马克思主义阶级斗争和无产阶级专政学说，为党和国家的蜕变在意识形态上提供了保护伞。该党认为，战后苏联成功地解决了社会主义发展中的一系列重大任务，包括消除了阶级对抗，这导致在党内和人民中出现一种幻想，以为今后再也不会出现矛盾了。苏共 1961 年二十二大通过的第三个纲领把这种幻想确定了下来。纲领错误地宣称放弃无产阶级专政，把富有深刻阶级性质的政党和国家宣布为全民党、全民国家。苏联官方宣称社会主义在苏联取得了彻底的胜利，这就解除了党、工人阶级和劳动人民的思想武装，为党和国家发生小资产阶级的蜕变提供了意识形态上的保护伞。50—60 年代，苏联除了存在政治危机和经济危机，还存在意识形态上的危机。党和国家领导人不是把社会科学作为对真理的探求，而是将其作为对其推行的路线进行辩护的工具。于是，任何对现存体制进行的马克思主义的批评都被等同于资产阶级或修正主义的宣传，而马克思列宁主义的某些与形成的秩序相矛盾的原理则被忽视，其借口是马克思主义创始人存在历史的局限性。实际上，党—国官僚中的相当一些人渐渐从官方的共产主义意识形态转向了各种资产阶级理念。在理论层面上提出"发达社会主义"的说法后，实际上就放弃了继续为社会主义建设的斗争。这种臆造的"发达社会主义"歪曲了列宁关于社会主义是共产主义的第一阶段即不完全阶段的学说，抹杀了社会主义的矛盾，抑制了社会主义创造的积极性。苏共二十七大后不久，在党内小资产阶级和资产阶级的代表人物的压力之下，党的领导层抛弃了共产主义战略，代之以"改革"的方针，并以争取"人道的、民主的社会主义"为掩护，实际上是向新的社会制度转变。因此，正是由于党和国家上层的背叛和变质，马克思列宁主义理论的这样一些基石才被抛弃：阶级斗争学说和无产阶级专政直到阶级完全消亡以前，在整个社会主义的建设和发展的历史阶段都是必要的学说。党放弃无产阶级专政，资本主义在苏联的复辟才成为可能。

再次，背离社会主义发展方向，导致苏联经济逐渐衰落并从根本上改变性质。该党认为，苏联经济曾在 30—50 年代经过难以想象的奋斗克服了与西方发达国家的差距，但在 60—70 年代，即在生产力发展的新阶段又再次落后于西方了。原因是苏联经济越来越重视数量指标而不重视科技革命对完善生产力的作用。不仅如此，私有制趋势的增强为 1965 年的经济改革打下了基础，而这次改革对国民经济具有破坏性质。因为企业以获取利润为指针，这刺激了集团私欲，什么有利生产什么，导致物资短缺和通货膨胀，加剧了城乡差距。在影子经济繁荣的条件下，党和国家领导层出现资产阶级蜕变和腐败。私有制趋势的泛滥降低了社会生产力发展水平。国家经济转上了建立资本市场和劳动力市场的道路，资本主义的本质结构形成了。国家越来越依靠向发达资本主义国家提供原料为生。20 世纪 80 年代,不受劳动群众监督的国家政权领导人提出向市场过渡,这进一步导致反人民的政策的出台,如抬高物价,实行私有化,鼓励地方和跨国资本,对外政策依附跨国资本。

最后,政治力量对比关系发生了不利于社会主义的变化。该党认为,90 年代初苏联出现的危急局势不是突然形成的。这首先是社会生活中的两种力量对比关系——建设性的、共产主义趋势与破坏性的、小资产阶级趋势——渐变的结果。苏联人民在卫国战争中遭受了巨大的人员和物质损失,战后国民经济恢复时期承受了巨大压力,为征服美国在核武器方面的垄断地位和实现军事战略平衡进行了艰苦的奋斗,这一切都大大削弱了国家的创造能力,反而促使反共趋势的代表人物活跃起来。共产党在反法西斯斗争中牺牲了三百多万名优秀战士,而混进共产党队伍的各种投机钻营分子却在官僚机构中站稳了脚跟。社会主义建设中出现的错误和偏差被主观地解释为由个人崇拜所致。复兴苏维埃政权实质的任务根本就没有提上日程。早在组织上被解散了的劳动人民,又在小资产阶级浪潮面前被解除了思想武装。但在 80 年代"改革"时期,党内和人民中的共产主义的即真正的爱国主义的力量不仅清楚"新的"经济和政治方针的要害,而且还挺身而出反对这一方针,他们把改革的"设计师"和各级变节者开除出党,组建劳动人民联合阵线、苏共马克思主义纲领和共产主义倡议运动等组织,以抵制日渐迫近的威胁。在苏共二十八大上,共产主义力量反对"改革派",在其"少数派的声明"中警告党和人民:强制用资本主义医治社会主义是违背客观进程的,其后果不是生产和生活水平的提高,而是不可避免的下降,将导致人民受苦受难。然而,"改革派"在机会主义者的支持下成了多数派。

总之,在该党看来,"放弃社会主义原则,导致了由国内的党、国家和管理的领导层构成的广泛阶层的变质,最终导致苏共和苏联的垮台。苏联 80 年代末 90 年代初的危机表现为劳动人民的利益与由内外势力强加的资产阶级复辟之间的尖锐冲突"。①

---

① Программа Российской коммунистической рабочей партии – Российской партии коммунистов. http://www.rkrp-rpk.ru/.

第四节　斗争实践

一　以实现社会主义革命为战略目标，以革命斗争为主要策略

该党提出了"革命斗争战略"，其目标是完成社会主义革命，恢复苏维埃政权，即确立工人阶级及其盟友的政权（无产阶级专政），以取代现存的资产阶级政权。现阶段作为现政权不妥协的反对派，党的任务是宣传群众和组织群众。[①]

党的斗争策略是以革命的斗争方法为主，但不放弃利用议会制。该党主张，革命性的转变意味着劳动人民真正夺取政权，镇压剥削者的抵抗，坚决粉碎资产阶级国家机器，建立新的无产阶级专政的社会主义国家，用苏维埃型的真正的无产阶级民主取代资产阶级形式上的民主。同时，该党申明不放弃参加选举和争取大多数选民支持的斗争，但认为把赌注压在通过议会途径走向社会主义和建立人民政权，那是幻想和自欺欺人，是理论上的迷失，最终会给整个无产阶级运动造成巨大的政治损失。该党领导人秋利金于2009年11月14—15日在圣彼得堡举行的纪念十月革命92周年的一次学术会议上说："伟大的十月社会主义革命证实了马克思列宁关于社会主义革命必然是社会主义取得胜利的唯一道路的理论。任何其他渐进的社会改良道路都终将导致资本主义的巩固、剥削形式的完善和社会意识的动摇。"[②]

该党尽管主张通过社会主义革命重夺政权，但在革命条件不具备的现实情况下，也直接或间接参与立法权力机构的竞选。20世纪90年代，该党曾与其他组织组成竞选联盟参加竞选，虽没有跨进议会门槛，但得票率在议会外政党中是最高的。2003年该党加入俄共竞选联盟参加议会选举，党的领导人秋利金因此而成为国家杜马议员。在2007年议会竞选时，该党申请注册政党遭拒，也不再与俄共合作。2011年议会竞选时，该党仍没有资格参与竞选，曾与俄共谈判，希望该党推荐的工会运动的领导人能列

[①] Программа Российской коммунистической рабочей партии – Российской партии коммунистов. http://www.rkrp-rpk.ru/.

[②] ВикторТюлькин: Видеть главное. Выступление на научно-практической конференции "Социалистический идеал и практика его реализации в СССР". http://tr.rkrp-rpk.ru/get.php?2968.

入俄共候选人名单,但俄共最终未将其列入名单,而列入候选人名单的 20 名工人代表也一个都未能当选。该党积极动员党员参加地方议会选举,截至 2012 年,全党有两名代表进入州级议会。该党正在为恢复党的合法地位而申请注册。

二 建立广泛的阶级斗争阵线

该党对现政权采取不妥协的立场,把党的工作重心更多地放在领导工人运动上,依托工人阶级,保持与工会的联系,通过罢工、街头抗议和提供法律咨询等形式支持工人运动。该党在 2004 年 2 月的四大强调要进一步完善对工人运动的组织工作,与其他左翼力量联合行动,共同反击当局通过社会领域的改革对劳动人民的掠夺。金融危机以来,该党提出要引导工人运动从经济斗争转入政治斗争,为此,该党采取了建立广泛的阶级力量联盟的策略,加强了与工会的联系,组建独立于官方工会的"阶级工会",并通过这些"阶级工会"指导工人运动。该党通过中央工人运动部在党的媒体上发表文章解答工人关心的问题,举办网络电视讲座,从理论上指导工人运动。该党还将工会和其他左翼组织联合起来,经过两年的协商筹备,终于在 2010 年 2 月成立了名为"俄罗斯联合劳动阵线"的组织,秋利金任阵线领导人。在这个阵线中,党是核心,几个工会组织是骨干成员。该党的某些领导人同时兼任这些工会组织的共同主席,直接参与领导工人运动。该党负责组织工作的中央书记 A. K. 切列帕诺夫说,近年俄罗斯劳动者举行的罢工等抗议事件增多,2011 年与前一年相比增加了 28%。在共产党的基层组织参与工人运动的地方,工人罢工等抗议斗争明显比其他地方活跃和有组织性,"阶级工会"也因此而发展壮大。[①]

该党不仅加强本国工会运动,还积极支持独联体国家的工会运动。2011 年,在哈萨克斯坦西部城市扎瑙津市发生在罢工中石油工人被枪杀事件时,该党声援罢工工人,反对哈萨克斯坦当局的镇压。

关于组建俄罗斯联合劳动阵线的意义,党的领导人秋利金在 2012 年 4 月举行的八大会议上强调,这不仅是为了联合和保障组织上的统一,而且

[①] А. К. Черепанова: Тактика и стратегия борьбы РКРП в условиях кризиса. Выступление на международном коммунистическом семинаре в Брюсселе. http: //rkrp – rpk. ru/content/view/ 7371/1/ 29. 05. 2012 г.

是要把党变得更强大，对国内的形势能产生独特的影响力。他坦承，"我们比任何人都清楚，无论在人数上，还是在党的结构上，或者在执行纪律和物质保障上，我们的组织都很薄弱"。他针对党内反对组建阵线，担心党会失去自己的身份的呼声，秋利金肯定党组建俄罗斯联合工人阵线的决策，认为这是实现了列宁的模式——以新型的紧密团结的党为核心的广泛的工人组织。关于党与阵线的关系，他强调，党只有一个，阵线是阶级力量联盟，更广泛的组织，党是它的核心。在当局分化政治力量的条件下，党要巩固和扩大阵线。① 这一阵线建立之后，党有了活力，不仅支持俄罗斯的工会组织，还与独联体国家的工会运动呼应，相互声援。经过两年的努力，俄罗斯联合劳动阵线发展为合法政党。截至 2013 年 10 月，该阵线已经在俄罗斯的 50 个地区建立了分部。

三 加强青年工作

该党与其他共产党一样，面临组织老化问题。在 2012 年 4 月八大会议上，秋利金向全党呼吁，必须大力吸收青年人入党，使党的队伍青年化，否则党的事业会后继无人。他当时一口气列举了 20 多位近两年逝世的老党员的名字，包括党的建党元老和党的机关刊物的主编。为了加强青年工作，该党建立了共产主义青年团。这个青年团在该党的指导下积极开展工作，如举办青年夏季学习班和夏令营，对青年党员、团员和积极分子进行党的知识的培训。青年团还加入了世界民主青年联盟，与捷克、乌克兰等国的青年联盟于 2012 年 2 月在基辅合办了国际青年组织的聚会，这是原苏东地区的革命青年组织的第一次聚会。

四 利用新媒体扩大舆论阵地

加强青年工作的结果，使党的宣传舆论工作更具现代化。党的网站办得更生动，更具特色，栏目的设置突出党与工人群众的密切关系。例如，该党网站的一个栏目叫《我们按照工人的方式解释》（Разъясняем по‐рабочему），党的领导人及理论工作者每月都在这个栏目里就国内外发生

---

① Отчётный доклад ЦК РКРП‐РПК о работе с 17.04.2010 г. по 20.04.2012 г. http://rkrp‐rpk.ru/index2.php?option=com_content&task=view&id=7222&pop=1&page=0&Itemid=2910.05.2012 г.

的事件发表一两篇文章,用工人能理解的话语解疑释惑。从该党的网站不仅可以得到党中央及地区组织的活动信息和思想评论,还能通过相应的专栏得到关于俄罗斯各地、独联体地区以及世界各地工人运动的情况报道及评论,这在俄罗斯其他共产党的网站是独一无二的。该党在网站开设的网络"红色党校"(КРАСНАЯ ШКОЛА)定期向网友宣讲苏共历史;红色网络视频(Красное ТВ)实时传达党的活动和声音。

党的机关刊物为《劳动俄罗斯报》、《思想报》和《苏联》杂志。党的官方网站为:http://rkrp-rpk.ru/。

第五节 国际联系

该党坚持自己思想和组织的独立性,声称愿意在坚持原则的基础上与俄罗斯和原苏联的其他真正的共产主义队伍联合,愿意在争取改善人民生活的斗争中就一切实践问题与其他政党和运动采取统一行动。该党强调,"作为一个列宁型的共产党,我们要掌握辩证法,发展和宣传无产阶级的马克思列宁主义意识形态,同资产阶级斗争,不容许队伍内部存在冒险主义者、无政府犯罪主义者、取消主义者、机会主义者和修正主义者(以全人类价值观的名义,保护掠夺人民的人的利益,而不是保护劳动者的利益)"。[①] 该党领导人秋利金认为,在目前反动势力进攻的时期,共产党人就要保持党的正统的即革命的性质。这才能保证同机会主义和修正主义进行不调和的斗争。[②] 而同党内外的机会主义和修正主义的斗争,是取得阶级斗争的胜利、形成工人的阶级意识、建立阶级工会和其他在革命条件下能发展为苏维埃的劳动人民的阶级组织的最主要的条件。

该党坚持无产阶级国际主义原则,抨击共产主义运动中的机会主义、民族主义和社会民主主义等倾向,与国际和国内共产主义运动中的正统派在思想上和行动上一致,如赞同希腊共产党的立场,而对俄共在思想上加以批判,在行动上又一定程度地与之合作。

[①] Программа Российской коммунистической рабочей партии – Российской партии коммунистов. http://www.rkrp-rpk.ru/.

[②] ВикторТюлькин: Видеть главное. Выступление на научно – практической конференции "Социалистический идеал и практика его реализации в СССР". http://tr.rkrp-rpk.ru/get.php?2968.

该党对中国共产党领导的中国特色社会主义建设取得的成就给予肯定。党的领导人秋利金在前述纪念十月革命92周年的学术会议的发言中提到：中国共产党人面临要保证占世界1/4的人口的就业和生活的重任，"应当对中国同志给予应有的评价，中国经济和劳动者的地位虽然还处于苏联前的水平，但在几十年的时间里，他们保持了持续的上升发展势头，甚至在危机年头都没有出现经济下降，国内生产总值增长率为7%"。① 但秋利金对中国的发展方向有所担忧。在他看来，苏联社会主义建设的经验，尤其是苏联暂时失败的教训证明，社会主义的经济基础、苏维埃政权的基础只能是生产资料社会所有制。有了这一所有制，才能组织对消费品的计划性社会生产，以满足劳动者的物质需求和精神需求，同时还能使社会所有成员实现充分富裕和自由而全面的发展。而在苏共二十八大上，采取妥协立场的多数党员赞成采取"市场方针"，这导致了社会主义在1991—1993年被反革命政变摧毁。中国的问题不在于允不允许社会主义经济中有私有经济成分存在，甚至不在于这种允许的范围有多大，而在于对前进方向的认识。"列宁和布尔什维克在论证新经济政策时清楚地指出，这是在无产阶级专政掌握制高点的情况下的某一阶段的退却。布尔什维克允许资本主义在农业、服务业、消费、原料部门存在，目的是巩固决定性领域的社会主义成分。而中国同志允许私营资本家进入自己经济的时候，不仅宣称他们要往前走，还修改了党章，称企业家为自己的社会基础。中国同志是否理解所推行的政策对社会主义所具有的危险性——这是问题的所在！""俄罗斯共产主义工人党及持正统马克思主义立场的许多值得尊敬的外国共产党得出的结论是：中共完全有可能重演苏共的悲剧。"②

第六节 面临的问题与前景

俄罗斯共产主义工人党是俄罗斯的一支阶级立场鲜明、直接面向工人群众的共产主义力量。该党对苏共瓦解、苏联解体的过程和原因的反思与俄共不尽相同，把苏共蜕变的时间追溯到更久远的20世纪60年代，认为

---

① ВикторТюлькин: Видеть главное. Выступление на научно－практической конференции "Социалистический идеал и практика его реализации в СССР". http://tr.rkrp-rpk.ru/get.php?2968.

② Там же.

党和国家上层对社会主义原则的背离是苏联社会主义失败的根本原因。20年来，该党以"正统的"、"革命的"工人阶级政党的身份出现，对现政权采取不调和的立场，甚至对体制内的共产党也持严厉的批评态度。为了自身的生存和发展壮大，在保持自身独立性的同时，努力谋求与其他共产党和左翼力量的联合，虽困难重重，历尽艰辛，但锲而不舍，终于建立一支可以依靠的工人阵线，为自己的发展开辟了空间。但必须看到，该党还面临着影响其发展的几个问题。

首先，如何正确认识坚持传统与发展创新的关系。该党以"正统"马克思主义的"革命"党自居，用自己理解的科学社会主义的一般原理看待历史与现实问题，对其他共产党根据变化了的时代特点和社会条件作出的理论主张和策略调整持严厉的批判态度，甚至冠以"机会主义"、"修正主义"标签，这很难让人信服。比如，该党坚持认为只有通过社会主义革命才能夺取政权，批判俄共奉行议会主义，但该党对当今条件下如何进行社会主义革命的问题并没有给出可行的答案，一次次谋求联合参选和争取注册为合法政党的事实本身说明该党并没有舍弃议会道路而另辟蹊径。马克思主义活的灵魂是具体问题具体分析，对马克思主义的忠诚应当表现在是否把马克思主义的普遍原理与本国实际相结合，是否根据变化了的形势创造性地发展马克思主义。因此，对该党来说，超越"正统"，发展能被广大工人阶级接受的新革命理论，是一大挑战。

其次，如何确立党的领导层的更替机制。该党领导层老化，缺乏年轻后备力量，呈现出"领袖型"政党的特征。该党的领导人秋利金是建党元老，集领导者和理论家于一身，党内无人能替代。这对党的长远发展来说是不利的，后继乏人，党的事业则难以为继。因此，确立党的领导层的更替机制，培养新人进入党的领导层，是该党面临的另一挑战，事关党的兴亡。

最后，如何突破主流工会的屏障。在不利的环境下坚持自己的工人党本色，保持与工人运动的联系，引导工会运动，这是该党赖以发展的基础。该党与"保护劳动"跨地区工会联合组织等关系密切，还建立了可以依托的"全俄联合劳动阵线"，努力发展"阶级工会"。但在目前，"阶级工会"的处境还很艰难，会员不多，经费不足，面临的巨大挑战来自官方工会。现在统领俄罗斯工会的全国性组织是俄罗斯独立工会联合会，该联合会成立于1990年，联合了全国性49个行业工会和79个地区性工会联盟，拥有 2500 万名会员，这几乎囊括了俄罗斯工会会员的 95%。该联合会是原全苏工会中央理事会的合法继承组织。它宣称独立于国家和任何政党及企业，但由于其历史身份和支持现政府的立场，被舆论视为俄罗斯的官方工会。该联合会与作为现政府反对派的共产党（无论是体制内还是体制外的共产党）的关系很紧张。共产党人不信任这个"官方"工会，指责它维护资产阶级国家和雇主的利益。而共产党为了扩大自己的影响，或者绕过俄罗斯独立工会联合会，与某些行业工会保持合作关系，如俄罗斯联邦共产党与飞行员工会、农民协会等保持良好关系；或者与"阶级工会"合作，如俄罗斯共产主义工人党与"保护劳动"跨地区工会联合组织关系密切。尽管近年来共产党支持的工会影响日渐扩大，但总体而言，这类工会目前在整个国家所有工会中所占的比重仍不大，因而共产党在整个工人运动中能够发挥作用的空间也很有限。

鉴于俄罗斯共产主义工人党具有强烈的反现行制度的意识形态色彩，因此该党申请注册为合法政党的道路不会是平坦的。而作为非法政党，在今天的政治生态环境下，生存是艰难的，通过议会外的街头斗争实现自己的目标，其困难可想而知。所幸，该党有了合法的全俄联合劳动阵线作为外围组织，可以依托这个组织争取工人权益，团结和壮大工人运动，提高工人的阶级意识，进而实现自己的目标。

第七节　党的领导人

维克多·阿尔卡季耶维奇·秋利金（Виктор Аркадьевич Тюлькин）1951 年生于符拉迪沃斯托克的海军军官家庭。1974 年毕业于列宁格勒军事技术学院。早年曾任"先锋队"科研生产联合体的党委书记。1990 年成为苏共列宁格勒州委成员。1989 年开始组建"共产主义倡议"运动，谋求建立俄罗斯共产党。1991 年 6 月俄罗斯苏维埃联邦社会主义共和国共产党成立后任中央委员。1991 年 11 月参与成立俄罗斯共产主义工人党并当选为领导人之一，后任党的第一书记至今。2003 年作为俄共竞选联盟的候选人当选为第四届国家杜马议员。在杜马中持严厉的抨击现政权的立场，曾两次被剥夺为期一个月的发言权。

阿纳托利·维克多洛维奇·克留奇科夫（Анатолий Викторович Крючков）1944 年生人。1974 年毕业于全联盟函授法律学院，1979 年毕业于苏联内务部学院的研究班,获得法律副博士学位。在苏联后期,是苏共内马克思主义纲领派的积极分子之一。1990年当选为俄罗斯苏维埃联邦社会主义共和国共产党中央委员,1991年开始组建俄罗斯共产党人党,并任党的领导人。2005年5月8日逝世。[1]

---

[1] В. А. Олещук, В. Б. Павленко: Политическая Россия: Партии, Блоки, Лидеры, 1997г. Москва. 1997. стр. 112, 116.

第三章 全联盟布尔什维克共产党

全联盟布尔什维克共产党（Всесоюзная Коммунистическая партия большевиков，俄文缩写为 ВКПБ）是一个原苏联地区的跨国组织，在原苏联各加盟共和国（主要是在俄罗斯、乌克兰和白俄罗斯）设有分支机构。

第一节 发展历程

全联盟布尔什维克共产党于 1991 年 11 月在"团结——为了列宁主义和共产主义理想"社会政治运动基础上成立，尼娜·亚历山德罗芙娜·安德烈耶娃任中央总书记。1993 年秋该党因为参加保卫白宫的战斗而遭禁。1994 年该党召开第二次（非常）代表大会，即重建大会，安德烈耶娃仍任中央总书记，亚历山大·亚历山德罗维奇·拉宾当选为中央第一书记。1996 年党内出现分裂，以拉宾为首的莫斯科派及其他一些地区组织的成员从原来的组织中分裂出去另组新党。[①] 之后，两个党各自行动。

该党至今一直沿用 2000 年 2 月党的第三次代表大会通过的章程和纲领。

第二节 组织情况

一 党的性质——工人阶级的先进队伍

该党宣称"是无产阶级的阶级组织的最高形式，是与农民和劳动知识分子结为联盟的工人阶级的先进队伍"。该党将工人阶级、农民和劳动知识分

[①] В. А. Олещук, В. Б. Павленко: Политическая Россия: Партии, Блоки, Лидеры. 1997 г., стр. 121 – 125; *Кратко о ВКП（б）*. http://bolshevick.narod.ru.

子作为自己的社会基础，主张将工人阶级、农民和劳动知识分子中认同无产阶级的阶级立场的优秀的、最有觉悟的骨干吸收到自己的队伍中来。①

二 党的战略目标是夺取政权

该党确定党的战略目标是夺取政权，推翻资产阶级专政并确立无产阶级专政，取消生产资料和工具的私有制，消除人剥削人，恢复社会主义社会，重建苏联，并在此基础上进一步巩固无产阶级专政，以取得社会主义的完全胜利和向共产主义过渡。作为现阶段的任务，揭露现行社会制度的资产阶级性质，加强对民众的社会主义意识的灌输。②

三 党的组织原则是民主集中制

该党自称在原苏联各加盟共和国设有70多个边疆区、州和市级的党委和几百个地方及区级党组织。③ 党的领导机构为中央委员会，日常工作由书记处主持。党内生活原则为民主集中制。

第三节 理论主张

一 十月革命开辟了新的时代

该党认为，十月革命的爆发是20世纪初俄国和世界历史发展的必然结果，布尔什维克党在革命中发挥了决定性作用。该党纲领指出，"伟大的十月社会主义革命的胜利开辟了用激进方式解决劳资对立，消除任何形式的人剥削人现象、社会不公正、各国人民之间的战争的时代。十月革命是人类社会整个先前历史合乎规律发展的结局，是俄国帝国主义发展的特殊性的结果"。④ 纲领提到，由于整个事件的进程，俄国无产阶级被推到了恢复和平的前沿阵地。它在世界革命进程中的先锋队角色的确立，不仅是由于俄国和世界的尖锐矛盾集中在了俄国，而且是由于俄国的工人运动与

---

① Программа Всесоюзной коммунистической партии большевиков (ВКПБ), Принята на Ⅲ съезде ВКПБ (26 – 27 февраля 2000 года). http://www.vkpb.ru/prog.shtml.

② Там же.

③ О партии. http://vkpb.ru/index.php/o-partii.

④ Программа Всесоюзной коммунистической партии большевиков (ВКПБ), Принята на Ⅲ съезде ВКПБ (26 – 27 февраля 2000 года). http://www.vkpb.ru/prog.shtml.

西欧国家的不同——布尔什维克的无产阶级革命性与孟什维克的社会民主主义的小资产阶级改良主义之间彻底划清了界限。①

二 斯大林是杰出的马克思列宁主义者

该党公开维护斯大林，认为，斯大林是"杰出的马克思列宁主义的理论家"，是"伟大列宁事业的学生和继承者"。② 该党纲领申明，党的"意识形态和理论基础是在当代条件下得到创造性运用和发展的马克思、恩格斯、列宁、斯大林的学说"。③ 该党在纪念斯大林诞辰130周年的声明——《斯大林——我们战斗的旗帜！》中认为，斯大林在自己的理论著作中坚持列宁主义，创造性地发展了马克思列宁主义理论，将其运用到苏联的社会主义建设之中。这对整个国际工人运动和共产主义运动具有重要意义。他的最后一部理论著作《苏联社会主义经济问题》，对制定社会主义政治经济学的马克思主义原理产生了很大的影响。④

三 党内修正主义导致苏联社会主义偏离航向

该党认为，斯大林逝世后，党内修正主义使苏联社会主义的发展偏离航向，并导致最终的失败。**首先，反斯大林运动是资本主义复辟的序曲**。该党纲领谈到，战后帝国主义的"冷战"政策迫使苏联把大量资源投入国防力量的巩固和对世界其他社会主义国家的国际援助上。在自身基础上完善和发展社会主义、通过解决矛盾和克服现实困难来摆脱从资本主义承袭过来的缺陷，这些问题已经提上日程，不解决这些问题，苏联就不可能越上新的文明——共产主义社会形态。这些问题成了1952年10月5—14日举行的苏共十九大讨论的对象，大会通过了关于修改党纲的决议。斯大林的《苏联社会主义经济问题》本应成为新纲领的基础。新纲领应该指明党

---

① Программа Всесоюзной коммунистической партии большевиков (ВКПБ), Принята на III съезде ВКПБ (26 - 27 февраля 2000 года). http://www.vkpb.ru/prog.shtml.

② Сталин - наше знамя боевое! Заявление Центрального Комитета Всесоюзной Коммунистической партии Большевиков в связи со 130 - й годовщиной со дня рождения И. В. Сталина. http://www.vkpb.ru/CK/st130a.htm.

③ Программа Всесоюзной Коммунистической партии Большевиков (ВКПБ), http://www.vkpb.ru/prog.shtml.

④ См. Устав и Программа Коммунистической Партии Советсткого Союза. Москва 2004 г. Стр. 2.

为加速解决经济、社会、政治和国际关系等领域存在的问题的主要方向。然而，斯大林逝世后，"在1934—1937年被粉碎的孟什维主义突然抬头，在赫鲁晓夫（1956年2月二十大上）批评所谓斯大林的个人崇拜中复活，唱响了资本主义复辟进程中的意识形态序曲"。"反斯大林运动破坏了社会主义的威信，给国际共产主义运动带来严重困难，导致苏共与中共的冲突和在东欧人民民主主义国家中社会主义敌人的进攻。""事实上，苏共二十大成了苏联内部反革命势力活跃的起点，而在戈尔巴乔夫时期，这个反革命得以实现。"①

其次，苏联社会主义在赫鲁晓夫时期已经开始受到攻击。该党认为，赫鲁晓夫时期社会主义受到来自意识形态、政治、经济三个方面的攻击。在意识形态上，修正主义分子开始抹杀马克思列宁主义基本原理，部分地为修正主义平反。在经济上，社会主义经济基础开始受到破坏，影子经济得到发展，腐败官僚与从事影子经济的人同流合污，不择手段攫取利润，国民经济发展速度逐渐下降。在政治上，工人阶级被排挤出国家决策层，致使国家政策失去社会基础；国家官僚机构不断膨胀，与斯大林时期相比扩大了两倍，而国家最高领导人的威信日益下降；党的上层脱离党员群众，提出所谓的"全面国家"、"全民党"，使列宁的无产阶级政党的学说受到损害，苏共威信扫地。

再次，勃列日涅夫继续背离布尔什维主义。在该党看来，如果1964年10月苏共中央全会在解除赫鲁晓夫的一切职务以后，能够重新审议苏共二十二大（1961年10月）通过的党纲，公开和坦率地告诉全党、工人阶级和所有劳动人民所犯的错误，那么社会和经济方面的负面进程是可以阻止的，赫鲁晓夫领导层所犯的严重错误是可以纠正的，国家的激进政治方针也是可以改变的。可是中央没有采取任何行动。勃列日涅夫领导层继续执行赫鲁晓夫的方针。1965年"柯西金的改革"加速了社会主义经济向资本主义的商品货币关系的转变。

尽管经济上出现严重的扭曲和政治上出现了赫鲁晓夫－勃列日涅夫的修正主义领导层对布尔什维主义的背离，但该党认为，斯大林时期奠定的社会主义基础过于强大，结果1985年与1940年相比苏联的国民收入还是

---

① Программа Всесоюзной коммунистической партии большевиков（ВКПБ），Принята на Ⅲ съезде ВКПБ（26 – 27 февраля 2000 года）．http：//www.vkpb.ru/prog.shtml.

提高了15.8倍，劳动生产率提高了11.6倍，人均实际收入提高了5.5倍。1988年苏联各主要工农业产值仍占世界和欧洲第一位。据西方专家估计，苏联尽管存在表现为生产停滞、科技进步和劳动者福利的增长停止等危机迹象，但80年代中期经济体系的稳固性仍可保持到世纪末。

最后，戈尔巴乔夫的"改革"导致社会主义制度的放弃。该党认为，80年代的苏联应该回到列宁斯大林的社会主义发展方针，尽快摆脱停滞进程。然而，这种必要性被1985年4月苏共中央全会上戈尔巴乔夫宣布的"改革"歪曲篡改了。这一"改革"不是遵循按劳分配原则，而是奉行改变所有制的方针。这就意味着全面放弃社会主义，复辟资本主义制度。该党认为，复辟不是历史预设的，也不是由于党和苏维埃最高领导层内没有出现社会主义变革的愿望和主导力量。而是没有出现一个能迎接时代挑战并能把握苏联社会主义强国航向的人物。尤其重要的是，苏共的党内官僚成了反革命的主要推动力。

总之，在该党看来，苏联社会经过赫鲁晓夫修正主义30年的侵蚀，到1985年时已经从心理上做好了接受"改革派"—"民主派"的反革命煽动。苏共这时已经通过自己的领导人变成了一个社会民主主义的、新孟什维主义的党，并把自己变成了一个观点各异、持有彼此排斥的意识形态纲领的大杂烩，从反共的"民主派"（民主纲领），到不同色彩的社会民主派、中派、马克思主义的反斯大林派（马克思主义纲领）和布尔什维克派（布尔什维克纲领）。1991年11月被禁止活动后，苏共及其各纲领派各奔东西，成了新建的众多政党的基础。①

第四节 实践活动

该党始终坚持对国家现行制度采取不妥协的立场，从不向当局申请注册，坚决抵制国家杜马选举和总统选举。该党对一些共产党组织为注册成为合法政党而频繁更名或重组的做法给予严厉批评，称它们就是为了参加竞选，是假共产党。该党坚称，只有通过社会主义革命，才能推翻资产阶级政权。

每逢列宁、斯大林诞辰日和苏联的重大节日，该党领导人都在网上发

---

① Программа Всесоюзной коммунистической партии большевиков（ВКПБ），Принята на III съезде ВКПБ（26 – 27 февраля 2000 года）. http：//www.vkpb.ru/prog.shtml.

表纪念文章或声明。

该党坚决反对美国、北约的帝国主义及以色列的犹太复国主义。支持朝鲜和古巴。在乌克兰危机中支持乌克兰东南部的独立，呼吁普京总统采取行动制止乌克兰当局屠杀人民。该党关注国内外的工人运动，通过网站及时报道各地罢工的消息，发布党的基层组织开展抗议运动和纪念活动的照片和报道。

该党领导人安德烈耶娃经常在党的官方网站上就国际、国内的重大事件发表看法，并积极参与世界共产党、工人党的国际活动。

党的机关刊物为《镰刀和锤子》杂志、《工人农民真理报》等。党的网址为：http：//vkpb.ru/。

第五节　国际联系

全联盟布尔什维克共产党是俄罗斯共产主义运动中"特立独行"的一支队伍，该党虽自称是国际共产主义和工人运动中不可分割的一部分，但很少与原苏联地区的其他共产党合作。该党主张从阶级分析角度看待在原苏联领土上建立的各共产党。在该党看来，苏联解体后在俄罗斯、白俄罗斯、波罗的海沿岸、中亚和高加索等地产生的一些共产党不仅反映了原执政的苏共的意识形态上的摇摆性，而且反映了后苏联资产阶级社会的社会结构的复杂化、不同社会阶层和集团利益的分散化。在这些党的纲领中，非马克思主义和反列宁主义的观点占据主导地位。在这些党的思想观念和纲领文件中充满机会主义、修正主义、妥协主义、小资产阶级革命性、无政府工团主义、冒险主义以及反斯大林主义。例如，允许多种经济成分并存，包括生产资料和土地的私有制，各种所有制形式的企业之间存在市场关系；将生产资料转移到劳动集体手中的无政府工团主义思想；害怕革命的斗争方式和沉湎于通过议会道路夺取政权的可能性；政治上的冒险主义和彻头彻尾的反斯大林主义；等等。该党坚决谴责国际共产主义运动中的丧失政治气节，矫揉造作和耍阴谋，无原则的夺权斗争和随波逐流等当代修正主义和机会主义所固有的顽疾。该党认为，当代修正主义和机会主义的典型特点是欺骗，使公众舆论搞不懂它们在后苏联和世界共产主义运动中的真实目的。为此，该党虽然申明支持一切反对派力量，但附加两个先决条件，即只有这些力量声明坚决转到社会主义选择一边并在自己的纲领中不提出与工人阶级利益相左的要求，才能予以支持。①

该党领导人曾出席在布鲁塞尔举行的国际共产党人研讨会，与希腊、比利时、德国、叙利亚、朝鲜、巴西、印度、荷兰、捷克和匈牙利等国的共产党有交往。

第六节　面临的问题与前景

全联盟布尔什维克共产党最大的问题是如何打破自我封闭的状态，走上政治斗争的前台，在新的社会环境下，以新的理念和形象吸引民众。该党多年不修改党纲，不能正常举行代表大会，仅以中央委员会的名义对一些国际国内的政治问题和社会问题发表一些声明。从该党网站公布的一些活动场面的照片来看，该党很少组织大型活动，每次活动人数不多，且年长者居多。由此不难看出，党的队伍老化，活动能力有限。该党如果一味地抱着"为我独革"的心态，不与他人合作，只在一个小圈子里自说自话，那么，党本身很难得到新生力量，也难有大的作为。

第七节　党的领导人

尼娜·亚历山德罗夫娜·安德烈耶娃（Нина Александровна Андреева），1938年生人，曾是苏联时期列宁格勒（现圣彼得堡）工学院化学系教师。1966年加入苏共。因1988年3月13日在《苏维埃俄罗斯报》上发表《我不能放弃原则》而闻名。她批评苏联"改革"以来社会出现的大肆否定斯大林和苏联历史的逆流，抨击反社会主义的势力借"改革"攻击列宁、马列主义和十月革命，假民主派正在对无产阶级专政发动进攻。她认为"改革"的主要问题是承不承认党和工人阶级的领导作用。1989年成为"为列宁主义和共产主义理想而斗争团结协会"主席。1991年领导苏共内"布尔什维克纲领"派。在1991年"8·19"事件中，尖锐地批评戈尔巴乔夫解散苏共中央和把苏共财产移交国家权力机关的做法。自1991年11月8日起，领导全联盟布尔什维克共产党至今。

---

① Программа Всесоюзной коммунистической партии большевиков（ВКПБ），Принята на III съезде ВКПБ（26 – 27 февраля 2000 года）. http：//www.vkpb.ru/prog.shtml.

第四章　全联盟共产党（布尔什维克）

全联盟共产党（布尔什维克）［Всесоюзной Коммунистической партии（большевиков），俄文缩写为 ВКП（б）］是由 20 世纪 90 年代中期从安德烈耶娃的全联盟布尔什维克党分裂出来的一部分成员组成，名义上是苏联地区的组织，但目前主要活动范围在俄罗斯和乌克兰。

第一节　发展历程

1996 年安德烈耶娃领导的全联盟布尔什维克党出现分裂，以亚·亚·拉宾为首的莫斯科派及其他一些地区组织的成员从原来的组织中分裂出来，于当年 4 月底另行召开了第三次代表大会，并宣布此次大会是斯大林时期苏共第十九次代表大会的延续，即全联盟共产党（布尔什维克）第二十次代表大会，以此否定赫鲁晓夫时期的"二十大"，仍沿用斯大林时期党的名称——全联盟共产党（布尔什维克），即联共（布），与安德烈耶娃党的名称的区别是简称中最后一个字母放在括号里并用小写。该党没有在俄司法部注册。

21 世纪以来，该党举行了四届代表大会。2003 年 3 月举行的二十二大通过《关于约·维·斯大林》的决议。2008 年 1 月底 2 月初举行的二十三大上修改了党的章程和纲领。2010 年 9 月举行的二十四大作出关于把党作为政治力量保存下来并将其变为群众性政党的决定。这次大会是非例行大会，党的领导人拉宾及中央书记、党中央社会联系中心主任，也是拉宾的妻子 З. П. 斯米尔诺娃因刑事案件被当局驱逐出境，大会提前召开是要讨论党的前途问题，拉宾和斯米尔诺娃因流亡厄瓜多尔未能到会，拉宾起草的报告是由他人代读的。这次大会后的中央全会讨论了党的组织问题，拉宾再次当选为中央第一书记,斯米尔诺娃仍任中央书记和党中央社会联系中心主任。① 2014 年 5 月 10—12 日举行了二十五大,再次修改了党的章程和纲领,确认之前即 2012 年年底中央全会作出的关于开除拉宾和斯尼尔诺娃出党的决定,改选了新一届中央领导机构,作出关于与苏联共产党结成政治联盟的决议。②

由于党的领导人持有鲜明的反现行制度的立场,其成员参加街头抗议活动,该党不断遭到当局的打压,党的中央机关报《布尔什维克真理报》曾被查封,被迫以《布尔什维克旗帜报》复刊,官方网站曾被关闭,一度借用党的彼得格勒地区组织网站发布消息。党的领导人几次被起诉,最后流亡国外。党的活动场所受到搜查,活动被取缔。党的领导人只能通过党的网站或"博客"对国内外的新情况作出反应,指导党组织的活动。

这种严酷的地下工作状态以及对党的政治和组织问题的意见分歧最终导致党内分裂。2012 年 10 月 28 日,该党莫斯科组织全体大会以"粗暴破坏党章规定"为由将拉宾及其妻子斯米尔诺娃开除出组织。接着,11 月 17 日,党的中央全会审理了莫斯科组织决定,认定其合法,并以 4 票赞成、2 票反对、1 票弃权的投票结果,将拉宾和斯米尔诺娃开除出党。全会认为拉宾和斯米尔诺娃此前将中央书记 В. А. 萨哈罗夫、中央委员 М. Д. 伊斯巴拉托夫开除出党,解散中央检察委员会的行为违反组织原则,宣布拉宾和斯米尔诺娃及其拥护者的所有活动不再与党有关,包括他们散发的声明、决定、呼吁书和名为"社会主义俄国"的出版物。此后,该党新的领导集体试图与安德烈耶娃的党联合,但遭到安德烈耶娃党的拒绝,最后与苏联共产党达成政治结盟和共同行动的协议。

第二节 组织原则

全联盟共产党(布尔什维克)声称是布尔什维克的联盟,代表无产阶级、各阶层的劳动者和所有被剥削人民的利益。该党组织规模不大,党员

---

① ИНФОРМАЦИОННОЕ СООБЩЕНИЕ. http://bolshevick - arhiv. narod. ru/BZ/gazeta _ BZ_ 004. htm.

② Краткие итоги XXV Съезда ВКП (6). http://bolshevick. org/kratkie - itogi - xxv - sezda - vkpb/#more - 581 16. 05. 2013.

人数不详。党的文件规定，党员要严格遵守列宁、斯大林的党内生活准则，保持党内同志关系，实行民主集中制和集体领导原则，主张既保证党的统一，又使每个组织及每个党员发挥主动精神。实现无产阶级的团结是党现阶段工作的主要任务。关于党与信众和教会的关系，该党申明，党在意识形态中坚持科学无神论的立场，但在政治中无神论不应成为与信众进行共同的政治工作的障碍。

第三节　理论主张

全联盟共产党（布尔什维克）宣称是坚持布尔什维主义立场的布尔什维克—共产党人的自愿政治联盟，而马克思主义—列宁主义—斯大林主义就是布尔什维主义。党的活动依据马克思、恩格斯、列宁、斯大林的理论与实践。党的战略目标是推翻资本主义并用社会主义取而代之。主张通过和平和非和平的手段完成社会主义革命，以实现党的目标。

该党主张发展马克思列宁主义、布尔什维主义，总结无产阶级和劳动人民革命的阶级斗争的经验，总结苏联社会主义建设的经验教训。关于苏联的历史，该党的看法与安德烈耶娃的党有所不同，更强调苏联解体有其客观原因，认为20世纪80年代初的危机现象与此前国家发展战略的失误有关，苏联没有把科技革命的成果应用到大规模的生产当中去，"改革"前苏联的社会结构已经发生了变化。

该党认为，未来的社会主义将建立在社会所有制基础之上，国民经济实行计划管理，国家通过无产阶级专政进行社会改造，重建社会生活的各个方面并使人与人之间的关系人道化。

该党认定俄国现行的社会经济制度是资本主义制度，普京执政时期仍是"反动时期"，因此反对与现存政治制度进行任何形式的合作，认为合作只能使资本主义更加巩固。

该党反对俄共领导人所谓"俄国革命的极限消失殆尽"的说法，认为社会中仍存在进行革命的客观条件，主张组建社会主义革命的政治军队，吸引青年学习军事知识，提出为社会转向革命做好物质技术、精神和政治上的一切准备，但在革命条件未成熟的时候，可以参加议会选举，以提高党在群众中的影响和威信。该党用列宁的理论分析21世纪的国际国内形势，认为当今帝国主义基本特征发生了新的变化，跨国资本通过美国确立了对全球的统治，而帝国主义的腐朽和寄生性将把人类引向历史的死胡同，今天的俄罗斯成了为跨国资本服务的"边缘国家"。为此，共产党人的任务是阻止这一进程。2008年金融危机爆发后，党的领导人认为1996年党得出的结论是正确的："俄罗斯是世界资本主义体系内的薄弱环节"，"是社会主义革命的备选国家"。社会主义革命在今天就是人类自我保存的出路。

第四节　实践活动

全联盟共产党（布尔什维克）主张把马克思主义与工人运动相结合。为此，中央提出，一方面在行动上加强党与工会、罢工委员会的联系，参加和组织劳动人民的抗议活动，为劳动人民提供法律咨询，通过党刊、广播、电视等媒体宣传党的主张，促使工人阶级转向布尔什维克的立场；另一方面，加强党的理论工作，通过建立各种理论小组、研讨班，出版理论杂志，来研究马克思主义，总结布尔什维克前辈们的经验和苏联时期的社会主义建设的经验，划清与资产阶级和修正主义意识形态的界限，研究当前社会各阶层、无产阶级不同队伍的形成特点和社会心理。①

该党曾参加一些选举活动。在1999年议会选举中，该党作为"斯大林同盟——争取苏联"的成员参选，该同盟得0.61%的选票，选举后即解散。在2003年议会选举中，该党没有参加任何竞选联盟，但中央号召党员积极参加选举，要求党员在单席位选区要么推举符合党的利益的候选人，要么投票"反对一切人"。

2008年金融危机爆发后，该党工作呈现积极态势，每周都单独或与其他组织联合举行社会活动。在2008年的二十三大上，参加大会的代表也相对多一些，来自俄罗斯和乌克兰的各地代表中，有一位是卫国战争期间入党的老党员，其余绝大多数是1990年后入党的，年龄最小的才21岁。2009年该党组建了莫斯科工人委员会。该委员会至今仍很活跃。党的拥护

---

① Отчетный доклад первого секретаря ЦК ВКП（большевиков）тов. Лапина А. А. XXII Съезду ВКП（б）. hppt∥bolshevick. narod. ru.

者还建立了名为"社会主义俄国"的互联网广播。① 2010—2012 年，党的活动受到打压，领导人被迫逃亡国外，整个组织遭受损失。

直到 2012 年年底，该党将原领导人拉宾开除出党，各项工作开始恢复，代表大会筹备工作启动。2013 年年初，党开启了新的官方网站。同年 5 月，党的第二十五次代表大会召开，确定了新的工作方针。新一届中央委员会选举了党的领导机构——中央书记处，中央全会一致决定不选举中央委员会第一书记，而只选举四名中央书记（具体名字没有公布）分别负责意识形态和宣传鼓动、工人和工会运动、青年工作和国际联系等方面的工作。②

党的机关报先后为《布尔什维克真理报》和《布尔什维克旗帜报》。

党的网址先后为：http：//bolshevick.narod.ru.；http：//bolshevick.org.。

第五节　国际联系

全联盟共产党（布尔什维克）认为自己是国际共产主义运动和工人运动不可分割的一部分，为了社会主义革命的利益可以与其他党展开任何形式的合作。但同时，该党坚决反对任何形式的修正主义和机会主义。

该党主张坚持无产阶级国际主义原则，承认各民族根据自己的意愿组织自己生活的权利，承认民族自决权，认为各民族只有在社会主义和共产主义社会才能获得自身发展的真正自由和空间，认为所有民族问题都应该从保持和发展社会主义和全民所有制的角度去看待。该党关注世界各地的工人运动，支持克里米亚回归俄罗斯，声援乌克兰东部反政府力量，支持新俄罗斯共和国的成立，对朝鲜的情况实时报道，对古巴近年引进市场因素的改革持批评态度。

---

① Отчётный доклад Первого Секретаря ЦК ВКП（б）тов. Лапина А. А. XXIV съезду Всесоюзной Коммунистической Партии（большевиков）. http：//bolshevick - arhiv. narod. ru/BZ/gazeta_ BZ_ 004. htm.

② Краткие итоги XXV Съезда ВКП（б）. http：//bolshevick.org/kratkie - itogi - xxv - sezda - vkpb/#more - 581 16. 05. 2013.

第六节　面临的问题和前景

全联盟共产党（布尔什维克）的问题是选择什么样的战略和行动策略。这些年来，该党以布尔什维克党的身份试图通过社会主义革命推翻现政权，发展之路曲曲折折，一次次招致当局的镇压，直至党的领导人被驱逐国外，使党处于群龙无首的境地。政策和策略是党的生命，政策和策略正确，能保证党兴旺发达；政策和策略错误，会党毁人亡。因此，如何学会在今天的法律框架内从事自己的事业，既要保护、保全自己，又能争取得到民众的支持，进而实现自己的目标，这是该党面临的最大挑战。目前该党尚未恢复元气，但已经开始总结教训。例如，新党章一方面强调加强党的集体领导，党的行动严格遵守党章党纲，以避免领导的个人不当行为给党的事业造成损失；另一方面划定了党与其他政党和运动合作的具体原则和底线，以保证党在扩大与进步力量建立联合阵线的同时，不被引入歧途。该党今后能否发展起来，很大程度上也取决于党能否确定符合今天现实的战略和策略。

第七节　党的领导人

亚历山大·亚历山德罗维奇·拉宾（Александр Александрович Лапин）1963年生于莫斯科。1986年毕业于莫斯科大学哲学系。曾任莫斯科仪表制造和信息技术国家科学院政治学、社会学和法学系主任，历史学副博士。1989年成为全联盟"团结——为了列宁主义和共产主义理想"协会成员，在该协会第三次代表会议上当选为政治执行委员会成员，是1991年7月在明斯克召开的全联盟苏共布尔什维克纲领代表会议的组织者之一。在1991年"8·19"事件时期成为苏共党员。在1991年11月全联盟布尔什维克共产党成立大会上当选为中央委员。1993年秋因参加白宫保卫苏维埃和宪法的斗争而被列入通缉名单。1994年拉宾坚决反对党失去其革命的本质以及党的领导层中的宗派主义和蜕变，组织成立了组委会，筹备召开党的非常代表大会。在第二次非常（重建）代表大会上拉宾当选为党中央第一书记。1996年在第三次亦即第二十一次代表大会恢复党的历史名称——全联盟共产党（布尔什维克），拉宾当选为中央第一书记，在二十一大、二十二大、二十三大和二十四大连任中央第一书记，2012年12月被中央全会开除出党。

第五章　俄罗斯共产党—苏共

俄罗斯共产党—苏共（Российская Коммунистическая Партия — КПСС，俄文缩写为 РКП—КПСС）本该是俄罗斯联邦各共产党的联盟组织，但由于各共产党之间，尤其是该党与其他共产党之间观点相左，致使它始终既无法在组织上联合其他共产党，也不能成为其他共产党思想上的核心，一直是一个独立的共产党，且几经分解，一些成员投奔其他党，本党名存实亡。

第一节　发展历程

俄罗斯共产党—苏共成立于1995年4月，其组织基础是以阿列克谢·阿列克谢耶维奇·普里加林领导的苏共"马克思主义纲领派"，后在20世纪90年代几经重组为俄罗斯共产党人联盟，成员以知识分子居多。普里加林组建该党的目的是联合俄罗斯联邦的所有共产党人和具有社会主义倾向的左翼力量，以重建和复兴俄罗斯共产主义运动。但该党在俄罗斯共产主义运动内部属于靠右的党，既得不到激进的斯大林派的全联盟布尔什维克共产党的支持，也得不到温和的爱国派的俄共的青睐，只能得到一些带有社会民主主义色彩的小组织的跟随。2004年6月6日，该党召开了第五次非常代表大会。大会对1995年成立时的纲领和章程作了修改和补充，选举了新的中央委员会和中央检察委员会。中央全会选举阿·普利加林为第一书记，А. 拉申和 В. 斯皮罗夫为中央书记，Н. 扎瓦利科为中央检察委员会主席，并成立了中央组织局。之后，该党致力左翼组织的联合，尤其是与青年组织的合作，终于促成联合组织——"左翼阵线"于2008年成立，该党实际上成为该联合组织的核心成员。之后，该党主要精力投入

"左翼阵线",很少单独活动。2012年以来,"左翼阵线"因其激进的抗议行动遭到当局镇压。于是,该党寻求新的合作伙伴。2014年3月,该党作为发起者之一,成为了新成立的"联合共产党"的成员。

第二节 组织原则

一 党的指导思想——马克思主义

该党宣称是"正统的"马克思主义派,"是创造性的马克思主义政党",认为"马克思和列宁创立的关于社会发展的辩证唯物主义理论不能归结为空想和教条。这是活的科学,随着周围世界的变化、新的事物和现象的积累和反思而不断发展"。该党主张从马克思所创立的辩证唯物主义立场出发分析社会的发展变化。[①]

二 党的社会基础——当代工人阶级

该党实际上主张代表当代工人阶级的先进分子——知识分子的利益,主张以当代无产阶级为社会基础。该党认为,共产主义运动的社会基础过去、现在和未来都是无产阶级——丧失了生产资料所有权的人的阶级,这是唯一能够消灭资产阶级制度的力量。但目前它仍是"自在"的阶级。共产党人的任务是向当代无产阶级队伍灌输社会主义意识。该党承认,当前俄罗斯各劳动群体虽然认同社会主义的许多价值观,但由于苏联时期存在的问题,加之现行舆论的宣传,使每个群体都程度不同地存在害怕回到从前社会主义的心理。这就要求共产党人对不同民众阶层区别对待,最大限度地考虑到他们的观点和利益。

在2004年五大所通过的纲领性声明对当今俄罗斯社会的阶级构成进行了详细的分析,而且分别确定了该党支持、依靠和团结的对象。该党**首先**分析了当代无产阶级的构成和诉求。声明指出,俄罗斯当代无产阶级是在资本主义复辟过程中重新产生的,它由两个基本部分构成。一部分是重工业工人,有1000万人,占俄罗斯有劳动能力人口[②]的12%左右。这些人

---

① Программа Российской Коммунистической партии - КПСС. http://rkp-kpss.boom.ru/.
② 俄罗斯2002年人口普查结果显示,俄罗斯达到具有劳动能力年龄的人口数量为8900万人,占人口总数的63.1%。——作者注

的主要利益诉求在于：真正参与企业的生产管理和社会问题的解决，有积极发挥作用的工会，稳定的生产，正常的工资。另一部分是广大的知识分子，有近 1400 万人，包括工程师、专门人才、科研人员、教师、医生及其他"脑力劳动无产阶级"。该党赞成知识分子的根本利益：人权、个性自由和政治自由，工资达到工业工人的水平。

其次是农业无产阶级和半无产阶级，这部分人有 700 万人。该党将促进合作化运动的复兴并促使国家为合作化运动提供帮助，还要向建立在土地全民所有制和生产工具劳动个体所有制基础之上的农业经济提供支持。

再次是人数众多的城市"半无产阶级"，他们占俄罗斯劳动能力人口的一半（4000 多万——作者注）。这主要由非生产部门的员工、贸易和服务业的多种从业人员、小职员、下层无产阶级、边缘阶层，包括非经济就业、无技能和失业人员构成。这部分人平均来说是受教育程度最低、技术水平最低、觉悟和组织性最差的人。这些人在社会和政治方面最消极，既可以成为反动的（民族主义和亲法西斯主义）势力的群众基础，也可以成为革命运动的群众基础。共产党人应当确保这一阶层社会诉求的实现：保障充分就业，工资不低于最低生活保障线，保护他们不受老板欺负，提供免费培训和提高技能的机会，使其重返自己的主业。

最后，有近 1000 万人是成分最为复杂的小资产阶级。这包括：末流中型企业主和所有小业主、农场主、工人贵族、中层经理，等等。这是最活跃，但也是最不稳定的社会部分。它每天甚至每小时都在变化，有时升到"上层"，进入大资产阶级，但更常见的是降到"下层"，进入无产阶级。这种两面的处境决定了这部分人不稳定的政治偏好，在"中左"和极右之间摇摆，它今天仍是资产阶级制度的社会和政治支柱。共产党人的任务在于，使小资产阶级中立，不让他们大规模地站到现行制度、极右势力和民族主义一边。为此党应坚决声明，夺取政权后将不没收小资产阶级私有财产，而是让社会（全民和合作）所有制在经济竞争中彰显其优越性。①

总之，该党主张，共产党人的战略任务是在斗争中联合各种劳动群体，特别是工人阶级和知识分子，克服它们之间的互不信任。该党相信，联合起来的、意识到他们是同一阶级的当代无产阶级将大大强于联合起来

---

① Программное Заявление РКП – КПСС. Принято V съездом РКП – КПСС 6 апреля 2004 года. http://rkp-kpss.boom.ru / 15.08.2004.

的资产阶级，当代无产阶级能够带领所有中间阶层并保障对社会进行政治和社会的重新改造。

第三节 纲领主张

一 主张客观评价十月革命和苏联历史

该党充分肯定十月革命对人类文明进步的意义。该党纲领指出："1917年的伟大的十月社会主义革命是俄国各族人民对人类进步作出的历史性贡献，它意味着对世界资本主义关系体系的时代性突破。历史上第一次消除了人剥削人，实现了劳动权、休息权、养老保障权。在极短的时期内，沙皇俄国，尤其是其民族边疆地区世世代代的落后得到克服，国家在文化、科学、工业领域跨入了先进行列。"[①]

该党对苏联社会主义制度的基本原则和取得的成就予以肯定，主张吸收苏联时代由先辈们创造的一切好的东西：如20年代工人农民直接参与管理的做法，党内民主的风气；30—50年代国家发展速度突飞猛进，有必胜的意志和严明的秩序，国家强大；60年代社会情绪积极向上，文化和艺术繁荣；70年代国内稳定，在战略平衡基础上使国际局势得到缓和；80年代言论、出版、集会和游行自由；等等。但同时认为苏联存在以下错误：官僚主义、口是心非和下级对上级的遵从；对社会和个人生活的所有方面实行控制，国家机关、强力部门、安全机构置于人民的监督之外。

二 认为苏联解体由多种客观因素决定

该党认为，苏联及东欧社会主义的失败，苏共领导人无疑负有不可推卸的重大责任，但还存在更深刻的根源。危机是在多种主客观因素相互作用的情况下发生的，尤其与作为过渡阶段的社会主义性质和经济落后的俄国国情有关。该党纲领分析道，**首先，危机是由社会主义社会的性质本身的矛盾引起的**。社会主义社会是资本主义与共产主义之间的过渡阶段，在"它的各方面，在经济、道德和精神方面都还带着它脱胎出来的那个旧社会的痕迹"。这些矛盾本身就包含了资本主义复辟的可能性，遗忘或低估这些矛盾都会造成复辟的直接危险。社会主义消除了资本主义最尖锐的矛

---

① Программа Российской Коммунистической партии – КПСС. http://rkp-kpss.boom.ru/.

盾，包括阶级之间的矛盾。按劳分配原则第一次使所有劳动者都关注社会财富的绝对增长。但这一原则没有消除社会集团、集体和个体工作者之间在确定各自的财富分配份额时的矛盾。在对劳动尺度和消费尺度缺乏来自"上层"和"下层"的监督或监督受到削弱的情况下，按劳分配原则就受到破坏。这在经济上导致对劳动成果的关注度下降，劳动道德衰退，最终导致经济增长率放缓，而在社会政治领域导致紧张关系的产生和加剧，人民失去对党和国家政权的信任。实际上，该党认为苏联没有解决好分配问题。

其次，危机与沙皇俄国多世纪以来的落后有关。这种落后给整个苏维埃政权的 70 多年打上了烙印。列宁的思想也得到证实，即在一个落后国家取得革命的胜利较为容易，但在这样的国家建设社会主义更加困难。**俄国的落后首先表现在经济方面**。由于生产力不发达（俄国 1913 年人均收入是美国的 10%），苏联无法在较短的历史时期内保证其经济超过更先进的资本主义国家。尽管苏联的发展速度相当快，并因此在一些主要指标上超过了大多数国家，但直到 1985 年，苏联也仅达到美国经济水平的 55% 多一点。不仅如此，资本主义世界的持续敌视迫使苏联在国防和保持军事平衡上消耗了相当大的经济潜力。结果，苏联人民与西方发达国家人民在生活水平上的差距太大，与他们在经济实力上的差距不相称。这一点被反共势力利用来怀疑和动摇社会主义社会。换言之，经济、生活水平没有搞上去，也是苏联衰败的一大原因。**俄国的落后还表现在社会政治领域**。小资产阶级自发势力占据了统治地位，它既对共产党也对国家本身产生腐蚀作用。最后，苏联和其他社会主义国家中的小资产阶级和资产阶级趋势不仅得到内部矛盾的助长，还得到周围资本主义世界的扶持。迫于现实的历史条件，社会主义建设的第一阶段的改造在客观上不可避免地要实行严格的集中管理体制。正是得益于这种体制，国家取得了工业化的成就，在伟大的卫国战争中取得胜利，在前所未有的短时间内恢复了国民经济。但与此同时，生产资料、社会和政治生活的全面国家化也带来了矛盾。国家政权的超集中化，即政权集中在少数"领袖"集团，尤其是一个人手中而不受党和人民的监督，不可避免地导致一些重大失误，助长教条主义、滥用职权和损害人的尊严甚至生命的罪行。

最后，社会主义改革进程的曲折与失败。严格的集中管理体制不能长久保持。社会主义不是一个僵化的、一成不变的结构。在社会主义的发展中不能不经历从低级到高级的一个个阶段。随着国民经济规模的增大、生产联系的复杂化、新技术的推广和科学水平的提高，实行更灵活的经济管理体制，扩大劳动集体和工作者的权利显得十分必要。不仅如此，随着劳动者文化水平和职业水平的提高，他们的政治自觉也要求扩大生产自治，扩大整个社会和政治生活的民主化。早在20世纪50—60年代苏共领导人采取的变革是必要的，但却是胆小的和不彻底的，尽管取得了成绩，但没有触及权力结构，各级党和国家领导人的绝大部分不愿意失去自己在社会中的特殊地位。僵化的生产关系、集权的政权开始阻碍生产力，对社会意识和道德产生腐蚀作用。国家机关的腐败发展起来，影子经济也壮大起来。在党的机关中不断滋生盲目执行决定、没有创造力反而得宠的风气。结果，机关中越来越被那些无所作为的人占满，为了自己的利益随时准备执行上边的任何指令。党的生活的精髓被阉割，越来越庸俗。结果苏共开始丧失威信。苏联内部矛盾日渐积累并不予解决，这不仅使经济发展的潜力得不到充分的发挥，而且使1936年宪法已宣布的人的自由、民主权利未能得到彻底的实现。从60年代后半期起，来自创造知识分子，后来是工程技术知识分子的不满情绪开始增长，因为他们的社会地位太低，他们的活动受到严格监管。同时，知识分子意识到自己是一个独立的社会力量，从70年代初起越来越明显地感觉得到，工人阶级的很大一部分也对苏共提出的任务和口号疏离。

  在社会关系中进行激进变革的必要性成熟了。转向社会主义新阶段的任务提了出来。这个新阶段应该与有效发挥作用的公有制、社会公平和政治民主结合起来。然而这一进程被打断了。由于戈尔巴乔夫集团的一系列行动在国内开始出现波及社会生活所有方面的危机。1989—1991年，人民生活急剧恶化。执行权力逐渐瘫痪。党的领导人打着"民族自觉"和"复兴民族特点"的幌子，终止了同民族主义表现的斗争。结果分离主义倾向壮大，苏联在国际舞台上的地位削弱。所有这一切动摇了人民中的相当大的一部分对社会主义社会制度和共产主义理想的信任。同时，国内产生了各种色彩的旨在复辟资本主义的政治运动。这些运动依靠外部势力和新生的资产阶级以及一部分党和国家机关，取得相当大的一部分社会的支持。已经被转到党和国家上层的社会主义敌人手里的大众传媒起了破坏性作用，它们展开了反共的运动。类似的进程在东欧社会主义国家也在进行。在苏联的爆发是1991年8月开始的。反革命政变导致反社会主义势力上台执政。

该党认为，80—90年代社会主义国家的普遍危机不是社会主义本质的危机，而仅是社会主义起始阶段的危机。苏联和东欧社会主义暂时失败的主要教训在于，对国家的管理，没有互动联系是不能长久的。政权与人民脱离、政权不受监督，必然导致腐朽，直至失败。①

三 肯定斯大林体制的历史必要性，但主张抛弃斯大林体制的负面特点

该党对斯大林的评价是一分为二，一方面认为斯大林是卓越的国务活动家、组织者和理论家，另一方面尖锐地批评斯大林犯了一系列重大错误，尤其认为30年代的大清洗给苏联造成极大的损失，斯大林对此应当负有责任，共产党人应抛弃斯大林体制的负面特色。2009年12月20日，该党领导人普里加林发表了题为《反对庸俗的斯大林主义》一文。文章谈到，在今天的俄罗斯，"对斯大林的热爱"席卷了共产主义运动，而且不仅如此，各种人——老战士、民族爱国主义者、反闪米特人、信教者、甚至自由主义者，都需要斯大林，只不过不同的人从不同的角度评价斯大林罢了。为什么会出现这种情况？首先是因为斯大林是在人类历史上留下痕迹的20世纪的世界领导人之一。其次是因为斯大林领导国家度过了那些伟大的、有高兴也有悲剧的岁月，一切伟大成就都与他的名字连在一起。然而最根本的原因是俄罗斯今天的现实情况：资产阶级反革命取得胜利，伟大的苏联被摧毁，这是苏联人民最大的悲剧性事件。随之而来的是人民财产被掠夺，社会不断分化，经济、科学、文化、保健、教育遭到破坏，出现人口灾难，国家丧失经济独立。于是，社会中出现一种渴望复仇、重振曾令人骄傲的被践踏的国家、恢复秩序的心理。正是这一切使千百万人不得不回忆斯大林及其时代。人民群众尤其是最弱势的阶层对斯大林时代的自发怀旧情绪与共运中作为一种思想流派的斯大林主义是有区别的。后者走向极端教条主义和中派主义，认为斯大林的一切理论与实践都没有缺陷，任何对斯大林的批评都是反共的，因而具有庸俗的性质。其实，从马克思主义立场对斯大林时代进行尖锐的批评，不仅对理解失败的根源极其必要，而且对制定眼前的和未来的战略和策略，提出能吸引民众的具有前

---

① Программа Российской Коммунистической партии – КПСС. http：//rkp – kpss. boom. ru/.

景的口号，都是极其必要的。

在普里加林看来，实际存在的斯大林主义是在极端条件下对国家的极端管理，换句话说，是在单独一个国家建设社会主义的理论与实践。斯大林的体制依靠社会主义制度所具有的优越性，得以动员全体人民的力量并把苏联引上了先进行列，战胜了法西斯主义，在罕见的短暂时期复兴了国家。历史上的真实情况就是如此，任何庸俗的反斯大林主义者都不能否定这一真实情况。

然而，斯大林体制本身也孕育着未来灾难的萌芽。极端条件下的极端管理必然意味着：社会甚至个人生活的一切方面都国家化，不仅对公民的行动，而且对言论都全面控制；政权超集中化，垂直权力体系严格按照等级制设立，每一级都拥有最大限度的权利和责任；从政治上（实际生活中和从肉体上）全面消除任何反对派，包括党内反对派；政权具有残酷镇压的性质，由此带来政权的稳定；对作为权力金字塔顶峰的领袖的崇拜；等等。现实中，这种体制的主要矛盾是政权本身不受下面的监督，脱离人民，经营管理体制没有根据变化了的情况及时调整，劳动集体和劳动者权利也没有得到及时的扩大，结果导致体制逐渐变成官僚体制。因此，斯大林的体制在20世纪30—40年代是唯一可能的体制，在50—60年代还是可容忍的体制，70年代就开始阻碍国家的发展了，而到了80年代，它就走向了自我毁灭。

普里加林认为，在不远的将来，新的社会主义变革的时期就会来临。显然，这种变革既不会模仿十月革命，也不会模仿十月革命后来的事件，但向社会主义过渡的一般规律仍然有效。今天，为了向社会主义过渡，无产阶级专政重新成为必要。无产阶级专政不仅意味着对敌人的镇压，而且首先对无产阶级本身实行最广泛的民主，给人民提供最大限度的——不仅是法律上的，而且是事实上的——政治权利。但如果说这一专政只有按照斯大林的方案才是可能的，那就意味着放弃列宁主义。这将是给劳动人民提供更多的政治权利和自由秩序的新的，即成为新的资产阶级的对立面的无产阶级的专政。它保证人民最大限度地知情；劳动人民及其社会组织有充分可能公开和自由地发表意见；每个人都有机会对集体、地区和社会生活产生影响。在经济上，为恢复经济必须利用动员型管理模式。而这意味着最大限度地将物质和金融资源集中到国家手里，吸引群众参加生产劳动，有计划地利用这些资源用于决定性的方向。这难免与斯大林体制相类似，也仅仅是类似。而"对公民的全面控制，对反对派的镇压，政权不受监督，对领袖的个人崇拜——所有构成斯大林管理体制的这一切'负面特色'任何时候都不要重复"，这是今天的共产党人应当抛弃的。

总之，在普里加林看来，在斯大林及其体制问题上，共产党人要从马克思主义立场出发，既要反对那种把斯大林仅仅看成恶人和罪人的"病态的反斯大林主义者"，更要反对粉饰斯大林一切错误的"庸俗的斯大林主义者"，因为后者对共产主义事业的危害性更大。[①]

四 坚信新的技术时代将为未来的社会主义奠定基础

该党纲领性声明揭示了 21 世纪资本主义全球统治的发展趋势，坚信世界革命将再次提上日程。该党认为，21 世纪初，由于生产力的革命性变革，人类进入了一个新的技术时代。共产党人要把向新的技术时代的过渡看成人类向未来的突破，向更高水平的文明的迈进。现代信息和通信系统的发展为把各民族经济连接为一个统一的经济体创造了物质基础。被称为"全球化"的这一自然历史进程在客观上带有进步的性质，因为它提高了劳动生产率，加快了生产力的发展。然而，全球经济体制处于资本主义的统治之下。因此，这一体制就其当代形式而言，虽然是资本主义经济的最高成就，但体制本身仍存在矛盾和缺陷。从科技革命中受益的是握有大部分国家财富的生产资料的所有者，进步的代价是大量失业和经济危机。全球统治阶级不可避免地趋向形成世界国家——全球强力机构，资本主义"中心"的客观经济利益要求世界其余国家在政治上依附它。这个"中心"通过政治压力和军事压力来补充其在经济上的强制。今天，资本主义的全球主义作为最大的帝国主义——超帝国主义的特征就是经济压力和军事压力相结合。然而，资本主义体制日益强化的统治必然引起反抗，促进世界无产阶级在反对资本主义性质的全球化斗争中的加强。新的技术时代将为全球社会主义经济体制的形成奠定基础，历史进程的本身将把世界革命重新推上日程。共产党人活动的意义就在于加快历史前进的脚步。共产党人的最终目的是建立一种所有人都能分享幸福的社会。[②]

[①] Алексей Пригарин: Против "вульгарного сталинизма". http://leftfront.ru/20.12.2009 г.
[②] Программное заявление РКП - КПСС——Принято V съездом РКП - КПСС, 6 апреля 2004 года. http://www.rkp-kpss.boom.ru.

五 战略目标——建设"新的、人民的社会主义"

俄罗斯共产党—苏共提出党的主要目标是消灭资产阶级制度，走上社会主义发展的新阶段，并为形成共产主义的社会关系创造经济、社会和道德条件。现阶段，作为反对党，该党主张同反人民的制度作斗争，对政权机关不断施加压力，阻止劳动人民生活的恶化和对劳动人民政治和社会权利的损害，重新夺取劳动人民的政权。[1]

该党主张建设不同于苏联社会主义的"新的、人民的社会主义"，认为这种社会主义是"真正的政治民主"和"最大限度发展生产民主和劳动集体自治"的社会。这个新阶段的社会主义的特质在于：社会（全民和集体）所有制与政治民主和生产民主相结合。该党认为，只有这样，才能保证经济、科学、文化和道德的迅速提高，保证向后工业生产和新的社会公正的过渡，才能保证社会主义在新阶段的成功和巩固。具体来说，该党认为，在俄罗斯，在过渡时期实行无产阶级专政，进入社会主义阶段后，实行人民民主制；经济上实行人民社会主义，关系国民经济命脉的部门归社会所有，其他部门归集体企业所有。换句话说，就是把苏联70多年社会主义建设的所有成就和价值观与新经济政策时期的那些未能充分展示出来的最重要的特征融为一体，建立在政治和经济上比苏联更民主的社会主义，即劳动人民自治的社会，社会所有制与政治民主兼而有之的社会，以保证生产力的发展和社会公正达到一个全新的水平。该党号召，"向前——走向现代社会主义，而不是向后——倒退到从前的社会主义"。[2]

该党还自称是"社会主义革命的党"，认为通过社会主义革命能够根本改变现存制度，进而用劳动人民的政权取代资产阶级的政权。但该党所说的"革命"是和平性质的，包括在普选基础上的革命，但同时认为，利用革命暴力以回答当局的强制行动是必要的。[3]

---

[1] Программа Российской Коммунистической партии – КПСС. http：//rkp – kpss. boom. ru/.

[2] Программное заявление РКП – КПСС——Принято V съездом РКП – КПСС, 6 апреля 2004 года. http：//www. rkp – kpss. boom. ru; А. Пригарин：Социализм：спор о прошлом и будущем. hppt：//www. leviy. ru /30. 04. 2003.

[3] Программное заявление РКП – КПСС——Принято V съездом РКП – КПСС, 6 апреля 2004 года. http：//www. rkp – kpss. boom. ru.

第四节　实践活动

　　进入 21 世纪以来，该党作为一个规模很小的共产党，除参加一些街头抗议活动，为工人集体提供一些法律咨询等帮助外，其工作的重心是吸引共产党人和左翼人士就一些重大理论问题展开讨论，力图"赋予共产主义运动以马克思列宁主义性质"。该党以党的决议或党的领导人专论的形式就苏联解体和苏共垮台的原因和教训、当代俄罗斯共产主义运动面临的危机和振兴的出路、21 世纪的社会主义以及全球化等问题发表看法。该党利用党报《共产党人之声》和互联网网站宣传自己的主张。

　　该党对通过议会道路改变国家的现行制度不抱希望，但对俄共等共产党组织参加议会竞选并不袖手旁观。在 2003 年国家杜马选举中，该党号召自己的党员投共产党人候选人的票，包括支持政党名单中的俄共联盟和单席位选区中的俄罗斯共产主义工人党——共产党人党、劳动党的候选人及其他左翼的代表。俄共在这次议会选举中遭到惨败，该党领导人普里加林对此深感失望，认为俄共竞选失败的主要原因在于俄共在思想、战略和策略上犯了错误，俄共的失败是所有俄罗斯共产党人的失败，是多年来俄罗斯共产主义运动危机的结果，因为正是这一危机使人民群众离开了共产党人。为此，该党在 2003 年 12 月 21 日召开的中央全会指出，"无论共产主义运动，还是整个左翼反对派，都没有做好准备推举能与现任总统对决的候选人"，因此，全会号召所有共产党人和非党人士不参加总统竞选。[1]

　　在该党看来，是到了该说俄罗斯的共产主义运动不复存在的时候了。俄罗斯的共产主义运动必须更新，而更新的前提是重新按照思想倾向在运动内各流派之间划清界限。该党批评俄共奉行"反动的社会主义"，同时也对舍宁等"保守的斯大林派"严加批判。2004 年年初，该党联合以 А. Ю. 勃列日涅夫为首的新共产党、以 В. В. 布尔久戈夫为首的左翼俄罗斯共产党、以 В. М. 索洛韦伊奇克为首的地区共产党人党成立了"马克思主义组织协会"，意在重建共产主义运动。该协会于 2004 年 3 月 14 日发表呼吁书，倡议一切坚持科学共产主义的共产党人加入该协会，以"争取

---

[1] Информационное сообщение（Пленум ЦК РКП – КПСС. http：//rkpkpss. narod. ru/ Dyekabrqskixy2003goda Plyenum. html.

马克思主义的复兴"。①

2005 年春，随着俄罗斯各地抗议运动高潮的兴起，该党动员全党积极行动起来，支持各地自发的以争取公民权利为目标的新型苏维埃，促使这些自下而上产生的组织走上争取社会主义之路。与此同时，该党推动召开了左翼力量代表会议，会议倡议成立"社会主义阵线"。随着俄共自 2004 年分裂后日益向左倾斜，该党也逐渐缓和与俄共的关系，并愿意借助俄共这个相对大的党的力量，扩大俄罗斯共产主义运动的声势。2005 年 6 月 19 日，该党中央全会再次号召共产党人在保持对马克思列宁主义的信仰并反对任何对马克思列宁主义原则的倒退的基础上，在同资产阶级制度进行斗争过程中最大限度地进行合作和统一行动。全会决定：（1）继续与俄共合作，积极参加俄共组织的活动，尤其是支持俄共搞的全民公决及其在联邦和地区设立的抗议行动司令部的工作。（2）支持俄罗斯共产主义工人党—革命的共产党人党，为它申请注册为合法政党征集签名。（3）积极参加作为左翼力量的自由联合组织的"社会主义阵线"成立大会的筹备工作，促进它的形成和发展。不断加强与青年共产党组织的合作。（4）赞成建立"马克思主义组织协会"的莫斯科分会和列宁格勒分会。广泛利用该协会的潜力从马克思主义立场出发分析当代现实问题。倡议建立"马克思主义研究中心"，吸引青年学者和专家参加中心的工作。（5）加速准备党在危机形势下的行动方案。（6）党的莫斯科市委继续进行"莫斯科咨询委员会"的工作，促进各党在组织上和意识形态上的立场的接近。② 总之，该党一方面在意识形态上试图与共产主义运动中的"左"的和右的思潮划清界限，另一方面在组织上希望俄罗斯各共产党组织在争取劳动者权利、反对现行制度的斗争中合作。

经过几年的努力，该党于 2008 年 10 月 18 日组建了以"在俄罗斯建设社会主义"为目标的共产党、青年团及其他左翼组织的联合体——"左翼阵线"。该阵线宣称其最近的任务是"将一切赞成社会主义、民主和国际主义的人的行动统一起来"。当然，该党领导人普里加林年事已高，没有担任阵线的头面人物，将年青的谢尔盖·乌尔达措夫推荐为领导人。

---

① За возрождение марксизма ——Обращение Ассоциации марксистских организаций к коммунистам всех компартий. http：//rkpkpss. narod. ru/ZaVozrojdyeniyeMarksizma. html。

② http：//www. rkp‑kpss. boom. ru。

2012年以来,"左翼阵线"领导人谢尔盖·乌尔达措夫及组织成员因参加反政府的抗议行动遭到当局的打压,甚至一些人被判刑关进监狱。于是,普里加林开始寻求新的合作伙伴。2014年3月,该党作为新成立的"联合共产党"的发起者之一,参加了联合共产党,普里加林当选为联合共产党中央委员会主席团成员,从联合共产党的纲领可以看出,许多内容出自普里加林党的纲领。至于该党是自行解散而整体加入联合共产党,还是个别成员所为,目前不得而知。该党的网站自2012年起不再更新页面。

党的机关报是《共产党人之声》,党的网站:http://rkp-kpss.boom.ru/。

第五节　国际联系

该党宣称是"社会主义国际主义的党",坚持全世界,首先是俄罗斯的各族人民无论其民族归属如何,都能相互帮助和团结,认为国际主义是重建苏联的主要前提。该党称,作为俄罗斯、苏联乃至全世界共产主义运动的组成部分,党致力于俄罗斯所有共产党人在列宁主义原则基础上的统一,在反对共产主义运动中的任何左倾工团主义的同时,首先反对由戈尔巴乔夫的后继者的机会主义的妥协主义倾向。该党在2004年五大通过的纲领性声明中宣称,重建俄罗斯共产主义运动的时刻到了。在该党看来,当今的俄罗斯共产主义运动陷入了系统性的危机——组织上的、意识形态上的和政治上的危机,实际上已经不复存在,需要从政治上和组织上进行重组。而重组的前提是必须在思想上划清界限。该党认为,俄罗斯共产主义运动中既存在教条主义,也存在各种"反动的社会主义"。该党抨击俄共,认为俄共的主张表现为东正教的、民族主义的社会主义,实际上是马克思和恩格斯在《共产党宣言》中批判过的"反动的社会主义",因而提出要与之划清界限。同时,该党也批评安德烈耶娃的"全联盟布尔什维克共产党"和舍宁的"苏联共产党",认为它们是保守主义的斯大林派,不能认真厘清苏共的错误,主张共产党人必须克服宣传鼓动中的教条主义,克服解释历史和构想未来时的教条主义。然而,声明声称,从思想上抵制共产主义运动中的各种非马克思主义思潮,并不意味着党要放弃自己的战略方针——在争取劳动人民的事业的斗争中把所有共产党和其他具有社会主义倾向的左翼组织的力量最大限度地聚集在一起,"俄罗斯共产党—苏共愿竭尽全力联合所有坚持科学共产主义立场、赞成社会主义、民主、国际主义和无神论的人"。①

该党坚信，共产主义的复兴从历史上说是不可避免的。这一复兴需要以新型共产主义运动的建立，以斗争口号和实践的更新为基础。

第六节 面临的问题与前景

俄罗斯共产党—苏共是俄罗斯共产主义运动中注重理论研究、试图面向知识分子群体的一支队伍，一直致力将俄罗斯的共产主义力量联合起来。然而，该党始终没有找到可实现自己意图的主体，到头来，党名存实亡。这是该党领导人需要认真反思的最大问题。随着党的领导人普里加林转到"联合共产党"，该党的思想理论遗产和组织力量估计也将由他党继承，俄罗斯共产党—苏共本身或许将成为历史。

第七节 党的领导人

阿列克谢·阿列克谢耶维奇·普里加林（Алексей Алексеевич Пригарин）生于1930年。1953年毕业于莫斯科国立经济学院，获经济学副博士学位。1956年成为苏共党员。苏联时期曾任苏联劳动和社会问题国家委员会所属的全苏劳动组织和生产管理科研中心主任。1990年年底成为苏共马克思主义纲领派的创始人之一。1990年夏在苏共二十八大上当选为中央委员。1991年秋创建"共产党人联盟"党，该联盟当时有1万人。1992年起参与舍宁领导的以重建苏共为宗旨的原苏联各加盟共和国的"共产党联盟—苏共"的组建，并相继当选为共产党联盟—苏共理事会成员、副主席。1993年秋他创建的"共产党人联盟"党发生分裂，他领导其中的一翼于1994年春倡议重建苏共，为此他被开除出共产党联盟—苏共，并被解除其理事会副主席职务。1994年7月他和秋利金、克留奇科夫一起召开了"全俄共产党人跨党代表会议"，成立了俄罗斯共产党联盟，联盟的主要成员为俄罗斯共产主义运动中不参加议会的、对当局的方针采取最

---

① Программное Заявление РКП – КПСС. Принято V съездом РКП – КПСС 6 апреля 2004 года. http：//rkp – kpss. boom. ru / 15. 08. 2004.

不妥协态度的那部分共产党人。1995年4月召开"全俄共产党人联合和恢复代表会议",会上成立了"俄罗斯共产党—苏共",该党试图以党的集体成员名义加入共产党联盟—苏共,但遭拒绝。① 此后,普里加林主要领导俄罗斯共产党—苏共,以俄罗斯共产主义运动中的"正统派"为依托,一方面从思想理论上抨击以俄共为代表的"民族派"和以舍宁为代表的"斯大林派",另一方面作种种努力,试图将俄罗斯的共产主义运动经过重新整合振兴起来。2008年组建社会主义倾向的"左翼阵线"。2014年成为"联合共产党"的发起人之一,同年3月当选为"联合共产党"中央委员会主席团成员,任理论工作委员会主席。

---

① В. А. Олещук, В. Б. Павленко: *Политическая Россия: Партии , Блоки, Лидеры*, 1997 г. Москва. 1997. стр. 118 – 119.

第六章　俄罗斯共产党人党

俄罗斯共产党人党（Коммунисты России，俄文缩写为 КР）是俄罗斯近年出现的合法共产党，公开反对俄共，发展势头很猛。

第一节　发展历程

"俄罗斯共产党人"党作为全俄社会组织于 2009 年 5 月 23 日在莫斯科举行的第一次代表大会上宣布成立。该党由原"全俄罗斯未来共产党"的地区组织领导人、俄罗斯联邦共产主义青年联盟领导人康斯坦丁·阿尔卡季耶维奇·茹科夫领导，参与该党创立的还有俄罗斯联邦共产主义青年联盟（СКМРФ）、彼得堡和列宁格勒州共产党人（Коммунисты Петербурга и Ленинградской области）和远东共产党人（Коммунисты дальнего Востока）等。

两年后，即 2011 年 5 月 22 日，该党在莫斯科举行了第二次代表大会，通过了党章和纲领性声明，党的领导人作了调整，马克西姆·亚历山德罗维奇·苏拉伊金当选为中央第一书记，茹科夫任中央执行书记。大会决定开始为组建政党做准备。俄罗斯共产主义工人党—革命的共产党人党的代表应邀列席了这次大会。

2012 年 4 月 22 日，党的第三次代表大会举行，苏拉伊金当选为党的中央主席，鲁斯兰·罗曼诺维奇·胡加耶夫任中央副主席，茹科夫继续任中央执行书记。大会通过决议，正式将组织改组为政党。2012 年 7 月 2 日，该党正式注册为"俄罗斯共产党人"政党。截至 2015 年 5 月，该党宣称已经在 70 个地区建立分部，其中 69 个分部的注册申请得到司法部的批准。

该党是为取代俄共而建立的，党的领导人公开反对久加诺夫及其领导的俄共，认为久加诺夫的党不可能夺回政权。茹科夫本人倾向"公正俄罗斯"党，因此他组建该党时，媒体称这个党是受"公正俄罗斯"党指使、旨在瓦解俄共的组织。该党的部分政治局成员就是原俄共的人，因与俄共领导人发生矛盾而离开俄共。现任党的主席苏拉伊金于18岁参加俄共，参与重建俄罗斯共青团并曾担任俄罗斯联邦共产主义青年联盟中央第一书记，也曾是俄共的后备力量，曾任中央候补委员。由于该党与执政当局有说不清的关系，因此，无论俄共还是其他共产党都对这个新成立的党抱有戒备态度。只有秋利金的党后来与之接近。该党领导人年轻有为，都是共青团中央领导人出身，曾是俄共培养的接班人，现在拉出队伍与俄共领导人对抗，对俄共无疑是极大的损害。迄今，该党仍公开声讨俄共，2014年5月25日，该党举行题为"当代共产主义运动中的俄共"的科学实践大会，声称要在"从思想和政治上粉碎机会主义"。

第二节　组织原则

一　党的性质——劳动人民的先进组织

该党在其纲领性声明中称，党是劳动人民、当代体力和脑力劳动无产者的先进政治联合组织，这是马克思主义者、列宁主义者在思想道德上的志同道合者。自己行动的意义是使工人阶级、农民、劳动知识分子形成阶级意识，组织劳动群众争取自己的权利，消灭人剥削人的制度。

党的社会基础是产业工人、农业经济员工、科技工作者、教育工作者、文化工作者和服务业工作者等，青年学生、军人、学者及不接受资本主义的职员都是一个战壕的战友。

该党自称是国际主义者，反对一切形式的民族压迫，反对沙文主义、排外主义和大国主义，遵循各族人民平等原则。

该党自称是爱国主义者，追求俄罗斯重返伟大的世界强国的地位。[①]

二　战略目标——重走社会主义之路

党的战略目标是通过三个阶段把俄罗斯重新引上社会主义发展道路，

[①] ПРОГРАММНОЕ ЗАЯВЛЕНИЕ ПАРТИИ КОММУНИСТЫ РОССИИ. http://www.komros.info/about/programma/.

重建没有人剥削人的制度、实行"各尽所能、按劳分配"原则的社会,最终建成共产主义。

党在现阶段的目标是使国家解除跨国资本政权及其仆从——寡头资产阶级和腐败官僚。当前的任务是联合共产主义和左翼力量,与反寡头的力量互动,形成党的职业工作者的核心。为此,党要综合利用各种方法和手段,以提高广大劳动人民的阶级意识,确立劳动人民的政权,实现对社会、经济、政治和精神领域的改造,造福绝大多数人民,首先是遭受剥削的雇佣劳动者。

第三节 理论主张

一 党的指导思想——马克思、恩格斯、列宁、斯大林思想

该党章程宣称党"以马克思、恩格斯、列宁、斯大林的著作为主要思想和理论基础,宣传和继续发展他们的理论遗产是自己的一项主要任务"。①纲领进一步指出,党开展自己的活动,要牢牢依靠科学共产主义、辩证唯物主义和历史唯物主义、马克思列宁主义政治经济学,依靠得到批判地反思的苏联和其他国家社会主义建设的经验,依靠当代科学成果。党成立的目的是用现代马克思主义理论武装无产阶级。②

二 苏共领导人放弃共产主义思想,亲手组织了资产阶级政变

该党认为,1917年的十月社会主义革命首次在世界实现了人民政权。苏联作为一个新型国家展示了巨大的创造力。在肯定苏联直到第二次世界大战后的成绩之后,指出,意识形态错误,国家领导人的唯意志论,破坏党的生活准则,这一切导致经济领域的扭曲,尤其是在60年代。这表现在战后经济增长速度下降,发展出现负面趋势,首先是经济短缺,经营成本高和科技进步成果脱离经济实践。苏共多次试图纠正社会生活中的缺陷,但始终无果而终。最后,苏共领导人事实上放弃了共产主义思想,所

---

① УСТАВ ПОЛИТИЧЕСКОЙ ПАРТИИ 《КОММУНИСТЫ РОССИИ》. http://www.komros.info/about/ustav/.

② ПРОГРАММНОЕ ЗАЯВЛЕНИЕ ПАРТИИ КОММУНИСТЫ РОССИИ. http://www.komros.info/about/programma/.

实施的政策的目的不是发展人和社会,而是追求利润。由于把马克思主义变成教条,党的领导求助于社会科学不是为了探求真理,而是为了给自己推行的路线和经济决策套上科学的外衣。国家领导人管理不了经济,便得出社会主义思想走入死胡同的结论,并打着更新社会主义和向市场调节方法过渡的旗号,事实上亲手组织了国内的资产阶级政变。①

三 跨国资本主义引发新的矛盾

该党认为,20世纪末,随着科技革命,资本主义生产方式开始发生结构性变化。帝国主义从国家垄断阶段转到跨国资本主义阶段。而跨国资本主义没有消除资本主义生产方式的任何矛盾,反而增加了新矛盾。

今天的俄罗斯是已经成型了的资产阶级国家,经济上带有典型的殖民地类型,寡头买办资产阶级占统治地位。新生私有者阶层的典型特征是犯罪性质。"市场改革"导致社会财富迅速而过度地分化,财富和收入的大部分集中在1%的人手里,85%的居民其生活水平比改革前大大下降。患病率和死亡率急剧上升。犯罪率飙升。所有制的再分配是产生这一切的基本动因。

基于以上分析,该党认为,试图在资本主义原则上建立有效的经济和独立的俄罗斯,这在理论上是站不住脚的,也是必然失败的。不进行激进的社会政治体系的变革,就不能保障社会进步和改善绝大多数劳动人民的状况。这只有在新的社会制度条件下才能实现,而且首先要以消除寄生性的生产资料私有者阶级为前提。

第四节 实践活动

俄罗斯共产党人党成立后即参加了2012年10月14日的20个地区的选举,得到3%的选票。② 党的领导人还申请参加莫斯科市市长的竞选,但未能进入最后的角逐。该党争取现阶段形成由"两党"即共产党和社民党控制的议会。在2013年秋季选举中,该党候选人第一次进入州级议

---

① ПРОГРАММНОЕ ЗАЯВЛЕНИЕ ПАРТИИ КОММУНИСТЫ РОССИИ. http://www.komros.info/about/programma/.

② ПРЕДСЕДАТЕЛЬ ЦК ПАРТИИ КОММУНИСТЫ РОССИИ ОФИЦИАЛЬНО ВСТУПИЛ В БОРЬБУ ЗА ПОСТ МЭРА МОСКВЫ. http://www.komros.info/News/News_ 1596. html 20. 06. 2013.

会——哈卡斯共和国最高苏维埃。在 2014 年 9 月 14 日地区选举中，该党参加了 16 个州的选举，得票率仍为 2%—3%，党的 29 个候选人分别在 10 个州当选为市议员。截至 2015 年 5 月，该党共有 50 名州级以下议会议员，其中两名是州级议员。①

该党定期组织理论研讨会。自 2014 年乌克兰危机以来，该党积极支持克里米亚回归俄罗斯，并支持乌克兰东部顿涅斯克、哈尔科夫和卢甘斯克等州的独立。

该党与中国共产党，与越南、古巴、委内瑞拉和尼泊尔等共产党建立了正式关系。

党的官方网站为：http：//www.komros.info/。

第五节 面临的问题与前景

俄罗斯共产党人党是俄共分裂的产物，主要领导人大都是俄共培养的青年后备干部。该党尽管成立时间不长，但借助原来在俄共形成的组织和人力资源迅速发展壮大，而且整个队伍年青、有活力。如果这支队伍能超越俄共，在更广泛的社会阶层，尤其是在年轻人中争取到新的支持者，这将有利于自身乃至整个俄罗斯共产主义运动的发展。如果相反，该党仅是从俄共队伍中夺走一些党员和选民，最后的结果只能是亲者痛仇者快，进一步加剧俄罗斯共产主义运动的分散，成了政治对手分化共产党队伍的工具。从目前来看，该党与俄共的主要分歧并非是纲领目标上的，甚至不是策略主张上的，更多的是人事安排、利益上的。该党最大的挑战是能否明智地分清敌友，为共产党人争取社会主义的事业做加法，而不是做减法，尤其不能成为被政治对手利用的工具。

第六节 党的领导人

马克西姆·亚历山德罗维奇·苏拉伊金（Сурайкин Максим Александрович），1970 年 1 月 1 日生于莫斯科。曾任俄联邦共产主义青年联盟第一书记，全俄列宁共产主义青年联盟共同主席，全联盟布尔什维克

---

① http：//komros.info/about/spravka/。

共产党中央委员,社会主义倾向学者协会莫斯科青年分会领导人。[①] 2011 年 5 月,在俄罗斯共产党人党第二次代表大会上当选为中央第一书记。

康斯坦丁·阿尔卡季耶维奇·茹科夫（Жуков Константин Аркадьевич）,1961 年 7 月 6 日生于莫斯科。1983 年毕业于莫斯科铁路交通工程学院,留校任教至今。1990 年入党,1992 年起积极参加了俄共的重建,1994 年当选为俄共莫斯科基洛夫区委第一书记。1996 年成为俄共莫斯科市青年组织主席,俄共中央候补委员、俄共莫斯科市委成员。1998 年参与组织了俄共青年组织,1998 年 5 月起成为协调理事会主席。1999 年 12 月 20 日在俄联邦共产主义青年联盟成立大会上当选为联盟中央委员会第一书记。[②] 2004 年因支持俄共党内的吉洪诺夫-波塔波夫集团被撤销其俄共中央委员职务,后追随吉洪诺夫成立"全俄罗斯未来共产党",并担任该党地区组织的领导人。2009 年 5 月创立俄罗斯共产党人全俄社会组织。2011 年 5 月,在俄罗斯共产党人党第二次代表大会上当选为中央委员会执行书记。

[①] http://depdela.ru/surajkin-maksim-aleksandrovic.
[②] http://www.skmrf.ru/old/organy/gukow.htm.

第七章　社会公正共产党

社会公正共产党（Коммунистическая партия социальной справедливости，俄文缩写为"КПСС"）成立于2012年，是俄罗斯政党准入条件放宽后的产物。该党以党名的俄文缩写——"КПСС"与当年苏联共产党的缩写相同而令人瞩目。

第一节　成立的背景及目的

社会公正共产党于2012年4月8日举行成立大会。成立大会通过了党的章程和纲领。该党纲领与俄罗斯其他所有共产党冗长的纲领迥然不同，可谓短小精悍，只有一页半篇幅。党的常设领导机构是理事会，弗拉基米尔·瓦西里耶夫·阿尔乔姆任理事会主席，尤里·亚历山德罗维奇·莫洛佐夫任中央总书记。该党成立一个月后，即2012年5月8日获准登记，成为合法政党。

该党的纲领和章程没有明确阐述党的指导思想。有评论指出，2012年俄罗斯实行新的政党法修正案后，政党登记手续简化了，准入门槛降低了（党员人数从5万降至500），结果使"社会公正共产党"这样的一些党放开了手脚。它们只是为了选举，根本就没有意识形态。该评论还提到，2012年7月18日该党正式声明，安德烈·弗拉基米罗维奇·波格丹诺夫直接参与了党的筹建工作。而波格丹诺夫是俄罗斯民主党领导人，也是政治技巧中心主任。这个中心筹建的党在政治圈中被称为"生意人的党"，党的实质是推举商人参加竞选。[①]

---

① Информация о российских политических партиях. http://www.izbiraem.ru/party.

第二节　理论主张

社会公正共产党纲领声称，党的目标是将俄罗斯联邦变成名副其实的没有压迫者与被压迫者的社会主义国家。党要将俄罗斯变成对社会负责、关心自己人民的国家。党要建设一个没有贫穷与富有、劳动得到应有的回报、每个人有发展的机会并对未来充满信心的社会。该党认为，蔑视人民的利益、政权疏离人民、腐败、官僚机构膨胀——这是国家制度的典型缺陷。党要积极改变国家政策以利于人民，形成人民的国家。该党主张社会公正；实行免费医疗、教育和住房；严惩腐败分子，没收其财产；各民族和睦相处。在该党看来，俄罗斯已被敌人包围。只有建立世界社会主义国家的联合体并过渡到共产主义社会，才能将俄罗斯从资本主义侵略者的奴役下解救出来。①

第三节　实践活动

该党成立后积极动员党员参加地区选举。尽管成立不久，但该党在2012年10月14日的地区选举中取得不错的成绩：在克拉斯诺达尔边疆区得到26500张选票，在萨拉托夫州得6000多张，在萨哈林得3200张，北奥塞梯得2000张。② 在2014年9月的秋季地区选举活动中，该党将前苏联领导人列昂尼德·伊里奇·勃列日涅夫的孙子安德烈·勃列日涅夫拉来助阵。该党在2014年6月初宣布，安德烈·勃列日涅夫将率领该党在包括克里木和塞瓦斯托波尔在内的八个地区参加2014年9月14日的地区立法会议的选举，并声称该党能在这些地区从俄共手中抢走3%—4%的选票。安德烈·勃列日涅夫自2005年起一直生活在克里米亚，但仍保留俄罗斯国籍，为了与社会公正共产党合作，离开了俄共。③ 2014年6月15日，即苏联前领导人尤里·弗拉基米罗维奇·安德罗波夫诞辰100周年这一天，该党举行了竞选动员大会，大会推举出拟参加俄罗斯14个联邦主

---

① Программа КПСС. http://k-p-s-s.ru/index.php/joomlaorg/75-programma-kpss.
② Информация о российских политических партиях. http://www.izbiraem.ru/party.
③ Внук Брежнева возглавил КПСС. http://k-p-s-s.ru/index.php/213-vnuk-brezhneva-vozgavil-kpss.

体竞选的单席位选区候选人名单。① 在2012—2014年的地区选举中，该党在16个州参加了竞选，平均得票率为3.86%。②

该党主张与中国发展经贸关系。在乌克兰危机中，支持乌克兰东南部人民，批评普京对乌克兰人民采取两面手法，呼吁俄罗斯政府采取有效的手段，制止乌克兰当局对平民的镇压。

该党于2014年2月开办网站，网址为：http://k-p-s-s.ru/。

第四节 面临的问题与前景

社会公正共产党是公开与俄共叫板的另一支以共产党冠名的组织，尽管其理论基础并不深厚，党的主体和社会基础也尚不清楚，但该党参加竞选、拉走俄共选民的意图很明确。鉴于该党领导人是"政治玩家""建党高手"，不难理解该党为什么能在短短两年时间，取得不小的选举战绩。然而，对整个俄罗斯共产主义运动而言，这支队伍是福是祸，不言自明。

第五节 党的领导人

尤里·亚历山德罗维奇·莫洛佐夫（Юрий Александрович Морозов），1967年生于萨拉托夫州的一个工人家庭，毕业于当地技工学院，在萨拉托夫州曾从商、从政，2011年起在莫斯科的商务机构工作。③ 2012年4月成为社会公正共产党的总书记。

安德烈·弗拉基米罗维奇·波格丹诺夫（Андрей Владимирович Богданов），1970年生于莫斯科州一个俄罗斯—鞑靼混血家庭，俄罗斯政治家、政治玩家（политтехнолог）。1990年开始从政，曾参与组建左、中、右不同的政党。2005—2014年任俄罗斯民主党领导人；2008年作为候选人曾参加俄罗斯联邦总统的选举，得票率为1.3%；2008—2012年是

---

① Предвыборный съезд Коммунистической партии социальной справедливости. http://k-p-s-s.ru/index.php/214-predvybornyj-s-ezd-kommunisticheskoj-partii-sotsialnoj-spravedlivosti.

② Выборы（статистика）. http://k-p-s-s.ru/index.php/vybory-statistika/.

③ http://k-p-s-s.ru/index.php/joomlaorg/72-rukovodstvo-partii.

右翼事业党的创始人和领导者之一；2014年起任社会公正共产党领导人。波格丹诺夫是共济会成员，自2007年6月起，一直担任共济会俄罗斯分会会长，2015年3月28日再次当选，任期将至2020年。

第八章 联合共产党

联合共产党（Объединённая коммунистическая партия，俄文缩写为"ОКП"）成立于2014年3月15日，是目前俄罗斯历史最短的共产党。该党以原俄共成员为主体，是一些分散的、一直处于非法地位的共产主义小组织谋求联合的结果。这些组织走到一起的主要动因是摆脱俄共在俄罗斯共产主义运动中的主导地位，欲借助2012年以来俄罗斯政党注册规定放宽的时机，联合起来组成新的、可替代俄共的共产党。

第一节 成立的背景及目的

21世纪以来，俄罗斯政治力量格局不断形成中间派占绝对主导地位，左翼和右翼受到排挤的局面。在外部压力之下，俄共内部原有的不同思想流派之间的矛盾凸显，党内斗争不断，以久加诺夫为首的主流派为维护中央权威，先后清除一些不同意见者。例如，2004年清除了另立中央的"吉洪诺夫—波塔波夫集团"；2007年打击了"抵制中央决定、利用党的网络攻击党的领导人"的少数"新托洛茨基主义"分子；2008年和2010年分别改组了违背中央指示的俄共圣彼得堡市委和莫斯科市委的领导机构，撤换了原市委主要负责人。被俄共清除出俄共或因与俄共领导人意见相左而自动离开俄共的一些党员或转入公正俄罗斯党，或建立了各自以共产党命名的组织，如"共产党人联盟"、"跨地区共产党人联合组织"等。联合共产党就是在"跨地区共产党人联合组织"、"阿芙洛尔共产党人联盟"、"首都共产党人"、"共产主义青年联盟"等组织基础之上组建的，同时吸收了一直主张俄罗斯共产主义运动联合的"俄罗斯共产党—苏共"及其外围组织"左翼阵线"以及其他来自自由工会、左翼组织的成员和非党人士。

联合共产党成立大会于 2014 年 3 月 15 日在莫斯科举行。来自俄联邦 46 个地区的 91 名代表出席大会,据称,代表的平均年龄为 40 岁,其中年龄最小的是 1996 年出生的。200 位来宾列席大会。① 大会批准了党的章程、纲领及党徽,选举了中央领导机构——中央委员会和中央检察委员会。原俄共莫斯科市委书记弗拉基米尔·伊里奇·拉基耶夫当选为联合共产党中央委员会第一书记,原俄共莫斯科市南区第一书记阿纳托利·伊万诺维奇·波罗季科夫当选为中央委员会第二书记,原俄共圣彼得堡市委书记弗拉基米尔·伊戈列维奇·费奥多罗夫当选为中央检察委员会主席。在 2014 年 9 月 27 日举行的党的第二次中央全会上,原俄共网站主编阿纳托利·尤里耶维奇·巴拉诺夫当选为主管信息工作的中央书记。

关于建党的目的,该党纲领称,该党承认共产主义运动的每一支队伍拥有独立立场的权利。但当前条件下,采取步骤从组织上将一切马克思列宁主义者,将一切坚持科学共产主义立场、赞成社会主义、民主、国际主义和无神论的人联合起来组成一个共产党的必要性已经成熟,这个党不与其他工人政党对立,不把任何无产阶级运动驱赶到其他宗派主义原则之下,党的目标是在劳动群众中发展阶级意识并组织他们为夺取政权而斗争。②

拉基耶夫在成立大会的讲话中说:"俄共已经丧失了共产党的特征,变成一个没有争论、不许任何同志式批评的组织。""我们建立的新的共产党,之所以成为联合的,就是为了从组织上将俄罗斯的共产党人统一起来进行不懈的斗争。""我们相信,只有统一的共产党,才能表现出自己是劳动人民的政治先锋队,才能夺取政权。"③

苏共内的俄罗斯共产主义工人党领导人秋利金列席了会议。他在致辞中祝贺联合共产党的成立,认为"这是与俄共领导人的机会主义路线在组织上决裂的艰难决定",希望这个决定能在纲领和意识形态层面上得到确

---

① 15 марта 2014 года в Москве состоялся Учредительный съезд Объединенной Коммунистической партии. http://com-stol.ru/? p=13664.

② ПРОГРАММА Объединенной Коммунистической партии (ОКП). http://com-stol.ru.3s3s.org/? p=13854.

③ Еще одна партия или путь к единству? Объединённая компартия, первые шаги. http://hantegir.livejournal.com/291721.html.

认。他表示愿与联合共产党实行紧密而全面的合作,以取得共同事业的胜利。①

第二节 理论主张

该党纲领申明,党的指导思想是马克思列宁主义,党是"创造性的马克思主义的党",认为马克思和列宁创立的辩证唯物主义社会发展理论不是空想和教条,而是活的科学,随着周围世界的变化而不断发展。党在列宁主义原则基础上统一俄罗斯的所有共产党人,既反对左倾宗派主义,也反对机会主义的妥协主义倾向。

党目前的目标是引导俄罗斯走上社会主义发展道路,确立劳动人民政权。党下一步的目标是建成社会主义——在集体主义、自由、平等原则上的社会公正的社会,争取苏维埃型真正的人民政权,巩固联邦制的多民族国家,为最后形成共产主义社会关系而创造经济、政治、社会和文化条件。党的最终目标是促进和确立共产主义社会。

党在当前的任务是扩大和发展劳动人民即工人阶级及其盟友的斗争,争取自己的经济权利和政治权利。

党将支持共产主义运动和进步的反资产阶级运动,推动国际左翼力量的合作。

党将在民主集中制原则基础上组织自己的活动。依据马克思、列宁的纲领在俄联邦整个领土上行动。党致力联合俄罗斯的共产党人和原苏联的共产党人。党将提高基层组织和普通党员的作用,赋予党员推荐党的领导机构候选人的权利。党章规定,党员担任党的领导职务不超过两届,进入选举机构的党员代表不得超过三届。

第三节 实践活动

联合共产党尚处在初建阶段,主要着手两项工作,而且二者是相辅相成:一项工作是组建党的下层组织,另一项工作是扩大党的社会基础。

---

① Объединенная коммунистическая партия, Поздравления. http://com-stol.ru/?p=13688.

在 2014 年 3 月 25 日举行的党的中央主席团会议决定，党要注册为合法政党。目前，该党正在组建各地区分部，为党申请注册做准备。

2015 年 1 月 24 日，联合共产党第三次中央全会作出《当前形势和党在 2015 年任务》的决议，决议强调目前工作的重点是组建党的分支机构，扩大党与社会各阶层，尤其是与工人的联系。同日，中央委员会的社会问题、劳动集体和工会工作委员会作出关于加强党在劳动集体和工会中的工作的决议。决议指出，随着经济危机的加深，工人运动今天面临的问题是如何保持工作岗位不减少，工资水平不下降。党内有来自各工会的人士，但党没有很好地发挥这些人士的作用。为此，该委员会决定做好如下工作：第一，确立在企业和工会中的联系，激活已有工会的工作，通过政治手段帮助劳动人民，避免劳动收入水平下降；第二，在企业中组建党小组及外围工会组织，加强党的影响；第三，根据具体情况，以党的名义或工人委员会的名义举办工会培训班，就劳动权利方面的问题对工人积极分子进行帮助和培训，举办工会工作经验交流会；第四，委派党的宣传员和组织者到劳动冲突尖锐的地区建立联系，以便建立党在那里的分支机构，帮助组织工人的斗争；第五，广泛开展声援工会、劳动集体和工人积极分子的实际活动，不仅提供具体帮助，而且要指导斗争的方向，动员和组织工人。①

党的机关刊物为《工人民主报》，党的官方网站为：http：//ucp. su/。

第四节　面临的问题与前景

从联合共产党的构成来看，该党成分复杂，虽然以原俄共系统的中高级干部为核心，但并非来自同一思想流派。目前大家在争取成为合法政党的目标下暂时走到一起，一旦成为合法政党，将来会不会重蹈俄共的覆辙，因思想分歧和利益之争而分手，这都难以逆料。此外，在整个共产党的阵营里，撇开俄共不说，该党还面临近年新组建的"俄罗斯共产党人"党和"社会公正共产党"的竞争。因此联合共产党要想替代俄共，成为俄罗斯共产主义运动的旗手，看来也不是一件容易的事。

---

① Резолюция комиссии от 24. 01. 2015 года. http：//ucp. su/category/materialy – sezdov/107 – v – komissii – ck – okp – po – socialnym – voprosam – rabote – v – t/.

第五节　党的领导人

弗拉基米尔·伊万诺维奇·拉基耶夫（Владимир Иванович Лакеев）1949年8月13日生于莫斯科。1978年就学于莫斯科大学哲学系。1979年加入苏共。70—80年代从事农业建设项目的测绘工作。1984年起专门从事党的工作，曾在苏共莫斯科基洛夫区委意识形态部门工作。1991年成为俄罗斯共产主义工人党的莫斯科市委的领导人之一，"劳动俄罗斯"运动政治委员会成员。俄共重建后，加入俄共，自1994—2010年先后任俄共的莫斯科市委书记、第二书记等职务。1995年12月当选为莫斯科市杜马议员。2010年在"莫斯科事件"中被开除出俄共。2010—2014年领导"替代的俄共莫斯科市委"，2011年4月17日在这个替代的俄共莫斯科市委组织工作的全会上，当选为替代的俄共莫斯科市委第一书记。在2014年3月15日联合共产党中央全会上当选为党中央第一书记。同时担任跨地区共产党人联合组织中央执行委员会主席。

阿纳托利·伊万诺维奇·波罗季科夫（Поротиков Анатолий Иванович）1953年生人。律师。20世纪70—90年代在内务部机关工作，中校军衔。1994—2010年任俄共莫斯科市区委第一书记，2013年前作为俄共中央委员，从事工人和抗议运动工作。莫斯科工人委员会副主席。在2014年3月15日举行的联合共产党第一次中央全会上当选为党中央第二书记。同时担任跨地区共产党人联合组织中央执行委员会主席。

阿纳托利·尤里耶维奇·巴拉诺夫（Баранов Анатолий Юрьевич），1959年生人，记者、政论家。苏联时期在《莫斯科共青团报》工作。20世纪90年代先后在莫斯科苏维埃新闻部任主任、在《真理报》任评论员、在《真理报—5》任副总编辑。2003—2007年担任俄共官方网站主编，后因"新托洛茨基主义"事件退出俄共，先后建立了俄共非官方网站（http://www.kprf.info.ru/）和莫斯科电子论坛报（http://forum-msk.org/），任主编。在2014年9月27日举行的联合共产党第二次中央全会上当选为中央书记，主要负责党的信息政策工作。同时担任跨地区共产党人联合组织中央执行委员会主席。

小 结

上面我们介绍了苏联解体以来俄罗斯存在的八个共产党，其实，还有几个更小的共产党组织这里没有提到。同在一个国度，同为一个目标，却能并存如此之多的组织，这在国际共产主义运动史上实属罕见。有人将之作为一个例证，说明当今时代国际共产主义运动具有多样性。但笔者认为，这正是苏联解体后国际共产主义运动处于思想迷茫、组织分裂的普遍危机现象在俄罗斯的反映。

20多年来，俄罗斯的共产党共同经历了劫后余生、逆境中奋斗的荣辱兴衰。他们在抵制资本主义重回俄罗斯的同时，也在反思苏联社会主义的历史教训，思考如何重建共产党，追寻社会主义的真谛，探索重回社会主义道路的途径和方法。在这一过程中，有共识，也有差异。

各共产党的共同点是**战略目标一致**。各党都提出要改变国家现行制度，重建社会主义制度。为此，各党把引导俄罗斯走上社会主义发展道路，确立劳动人民政权作为近期目标；把俄罗斯建成社会公正、人民真正当家作主的社会主义社会作为长远战略目标；把创造经济、政治、社会和文化条件，促进和确立共产主义社会作为最终目标。

但各党在指导思想、党的性质及社会基础、苏联历史评价、未来社会主义构想、走向社会主义的途径与策略等问题上存在不同程度的差异。

一　关于党的指导思想

各党都坚信马克思列宁主义，将马克思列宁主义学说作为党的指导思想和理论基础，并主张根据当代现实条件创造性地发展这一学说。但俄罗斯共产主义工人党更强调坚持马克思列宁主义的"革命性"，坚持"科学共产主义"，认为这才是"正统的马克思主义"；全联盟布尔什维克共产党、全联盟共产党（布尔什维克）和俄罗斯共产党人党则明确地将"斯大林学说"也列入党的指导思想，而其他党虽也肯定斯大林的理论贡献，但没有将之与马克思、恩格斯、列宁的学说并列。此外，各党还认同在确定自己的纲领目标和任务、战略和策略时，要依据本国和世界的科学和文化的经验和成就，借鉴人类的文明成果。

二 关于党的性质

各党都申明是工人阶级的先锋队，但俄共把工人阶级作广义的理解，强调当代工人阶级包括一切体力和脑力雇佣劳动者，因而俄共代表工人阶级、农民、知识分子及一切劳动者的利益；而俄罗斯共产主义工人党则把工人阶级作狭义理解，认为从马克思和列宁的时代到当今时代，工人阶级一直是唯一能够领导建设没有剥削的社会的阶级，农民、劳动知识分子和受剥削者只是工人阶级的盟友，工人阶级的先锋队是共产党，在实践中，该党也是把工人运动作为自己的工作重心；俄罗斯共产党—苏共特别申明代表"当代工人阶级的先进分子——知识分子的利益"；俄罗斯共产党人党则与俄共相似，申明党是"劳动人民、当代体力和脑力劳动无产者"的先进政治组织。与此同时，各党都主张将党的社会基础扩大至一切雇佣劳动者阶层。

三 关于苏联历史和苏联解体原因

各党都高度赞扬十月社会主义革命在俄国和人类历史上的划时代意义，肯定苏联社会主义建设所取得的成就，同时也承认苏联社会主义建设过程中存在诸多问题。但各党对苏联社会主义失败原因的看法不尽相同。俄罗斯联邦共产党认为，苏联在特定条件下确立的高度集中的管理体制未能随着形势的变化而改变，导致经营机制与生产力发展的要求不相适应，人民的自治组织受到压制，劳动人民的社会积极性和首创精神下降。国家领导层未能及时带领苏联人民进行变革，结果积累了许多问题和不利的倾向，妨碍了社会主义制度优越性的发挥，引起民众的不信任。苏共在理论上长期停滞不前，对权力和意识形态实行垄断，一部分领导人蜕化变质，脱离群众。因此，苏联社会的危机很大程度上是由党自身的危机引起的。但最终葬送苏联的是戈尔巴乔夫、叶利钦等社会主义的叛徒，是他们利用人民期盼改革的愿望，实施了摧毁社会主义的工事。而在俄罗斯共产主义工人党、全联盟布尔什维克共产党和俄罗斯共产党人党看来，苏联解体的主要原因是苏共上层自20世纪60年代开始背离了社会主义原则，这包括背离了苏维埃政权产生的基本原则，逐渐导致国家政权性质的质变；背离了马克思主义阶级斗争和无产阶级专政学说，为党和国家的蜕变在意识形态上提供了保护伞；背离社会主义发展方向，导致苏联经济逐渐衰落并从根本上改变性质；等等。俄罗斯共产党—苏共认为，苏联社会主义的失败，苏共领导人无疑负有不可推卸的重大责任，但还存在更深刻的根源。在该党看来，危机与作为过渡阶段的社会主义性质和经济落后的俄国国情有很大关系。首先，社会主义社会是资本主义与共产主义之间的过渡阶段，在它的各方面还带着它脱胎出来的那个旧社会的痕迹。社会主义社会的过渡性本身就蕴含着资本主义复辟的可能性。苏联社会主义阶段即使消除了阶级之间的矛盾，还存在对按劳分配原则的扭曲，这导致经济增长率放缓和社会政治领域紧张关系的加剧。其次，沙皇俄国多世纪以来的落后给整个苏维埃政权的70多年打上了烙印。俄国落后的经济基础，使苏联无法在较短的历史时期内保证其经济超过先进的资本主义国家。结果，苏联人民与西方发达国家人民在生活水平上的差距太大，这成了反共势力动摇苏联人民的社会主义信念的理由。换言之，经济、生活水平没有搞上去，是苏联衰败的一大原因。俄国落后的社会政治基础是小资产阶级自发势力，它在国内矛盾助长和外部势力的扶持下，逐渐占据了统治地位，对共产党和国家本身产生腐蚀作用。此外，苏维埃政权没有推行生产自治、实现政治体制民主化和提高人民的福利待遇，加之社会主义改革进程的曲折，最终导致社会主义的失败。

四 关于未来社会主义的构想

各党对未来社会主义本质特征的阐释大同小异，只是在某些要素上各有各的侧重。俄共提出建设"革新的，21世纪的社会主义"，根据马克思列宁主义学说和现实社会主义的经验，并考虑到当代实践、科技进步水平和具体的民族特点，描绘了21世纪社会主义的基本特征：社会主义是摆脱了人剥削人的自由社会，它建立在公有制基础之上，按照劳动的数量、质量和成果分配生活财富。这是在科学计划和管理，采用知识密集型和资源节约型工艺基础上实现高度劳动生产率和高度生产效率的社会。这是用苏维埃型民主替代西方资产阶级型议会民主，实行真正的人民政权和发达的精神文化、激励个人的创造积极性和劳动者自治的社会。人将成为社会发展的主要目的和因素。在俄共看来，在达到上述社会主义之前的"过渡阶段"，首先通过"诚实选举"建立"以俄共为主的民主政权"，而不是通过"社会主义革命"建立"无产阶级专政"；经济制度上以公有制为主导，但允许多种所有制成分并存。俄罗斯共产主义工人党主张建设"科学共产主义"意义上的社会主义，完全按照马克思、恩格斯的设想描绘未来的社会主义。该党认为，共产主义要经过一个从资本主义向共产主义的过渡时期和两个阶段。在过渡时期，要通过社会主义革命确立工人阶级及其盟友的政权（无产阶级专政）。在社会主义阶段要具备发达的生产力和生产关系，进而达到高于资本主义的社会生产效率和劳动生产率；实行生产资料公有制；国民经济实行计划管理；实行按劳分配原则；彻底消除任何形式的剥削并加强劳动的创造性和集体主义的原则；以社会主义民主制作为实现劳动人民政权的国家形式，同时发展劳动人民的自治，逐渐向国家消亡过渡；阶级与社会集团之间的相互关系不具有对抗性质；保障每个人享有有尊严的生活条件，为个人提供创造性的自我实现、和谐发展的机会。两个布尔什维克共产党与俄罗斯共产主义工人党的观点相近，主张未来的社会主义将建立在社会所有制基础之上，国家通过无产阶级专政进行社会改造，重建社会生活的各个方面并使人与人之间的关系人道化。而俄罗斯共产党—苏共与前两种观点又略有不同，主张建设不同于苏联社会主义的"新的、人民的社会主义"，强调未来的社会主义应该把现实社会主义建设的所有成就和价值观与十月革命后新经济政策时期的那些未能充分展示出来的最重要的特征融为一体，它将是劳动人民自治的社会，社会（国有和集体）所有制与政治民主兼而有之的社会，以保证生产力的发展和社会公正达到一个全新的水平。在过渡时期实行无产阶级专政，进入社会主义阶段后，实行人民民主制，经济上实行人民社会主义，关系国民经济命脉的部门归社会所有，其他部门归集体企业所有。

五 关于实现目标的途径和策略

这个问题是体制内的俄共与体制外的其他共产党分歧的焦点之一，俄共主张通过和平方式过渡到社会主义，而其他共产党更多地主张以革命的方式走向社会主义。俄共主张通过议会选举进入政权机构，通过议会内外的斗争改变现行方针，进而建立以俄共为核心的民主政权和人民信任的政府，在此基础上为过渡到社会主义进行社会改造。为此，俄共与社会各界人士建立广泛的人民爱国主义统一战线，根据斗争的需要采取灵活的策略，针对国家面临的问题提出建设性方案，迫使执政当局接受俄共的主张。与此同时，俄共表示不放弃在被迫的情况下"对暴政和压迫进行反抗"的权利。俄罗斯共产党—苏共自称是"社会主义革命的党"，认为通过社会主义革命能够从根本上改变现存制度，进而用劳动人民的政权取代资产阶级的政权。但该党所说的"革命"是和平性质的，包括在普选基础上的革命，因此本质上该党在策略上与俄共没有区别，而且该党也认为在某种情况下利用革命暴力回答当局的强制行动是必要的。现阶段，作为反对党，该党主张同反人民的制度作斗争，对政权机关不断施加压力，争取劳动人民的政治、经济和社会权利。俄罗斯共产主义工人党的斗争策略是以革命斗争方法为主，但不放弃利用议会制。然而该党没有明确说明革命斗争的具体内涵，仅提出革命性的转变意味着劳动人民真正夺取政权，镇压剥削者的抵抗，坚决粉碎资产阶级国家机器，建立新的无产阶级专政的社会主义国家，用苏维埃型的真正的无产阶级民主取代资产阶级形式上的民主。而且该党申明在革命条件不具备的现实情况下，不放弃参加选举和争取大多数选民的斗争，只是认为把赌注压在通过议会途径走向社会主义和建立人民政权，那是幻想和自欺欺人，是理论上的迷失，最终会给整个无产阶级运动造成巨大的政治损失。在现阶段的实践中，该党对现政权采取不妥协的立场，把宣传群众和组织群众，尤其是加强对工会运动的领导作为主要任务，致力于建立无产阶级的阶级联盟。全联盟共产党（布尔什维克）则认为俄罗斯社会中仍存在进行革命的客观条件，尤其是 2008 年金融危机时期，该党领导人更加确信"俄罗斯是世界资本主义体系内的薄弱环节"，"是社会主义革命的备选国家"，声称要组建社会主义革命的政治军队，为社会转向革命做好物质技术、精神和政治上的一切准备。但该党也认为在革命条件未成熟的时候可以参加议会选举，以提高党在群众中的影响和威信。在与现政权的关系方面，该党反对与现存政治制度进行任何形式的合作，认为合作只能使资本主义更加巩固。

六 关于对待民族和宗教的立场

各党理论上都声称坚持无产阶级国际主义和各民族平等，但在实践上对国际主义与民族主义却有不同的理解。俄共认为苏联解体后，俄罗斯民族成为当今世界上被肢解的最大民族,受到种族灭绝的威胁,因而强调保护俄罗斯族作为俄罗斯国家主体民族的地位及其精神文化,提出把解决俄罗斯的问题与争取社会主义的斗争结合起来。而俄罗斯共产党—苏共等其他共产党则抨击俄共,认为俄共的主张表现为大俄罗斯民族主义的社会主义,是"反动的社会主义",提出要与之划清界限。然而,当普京政府将克里米亚收回俄罗斯,乌克兰东部成立"新俄罗斯共和国"时,各党都一致赞成,无论是体制内党,还是体制外党。在对待宗教的问题上,各党都申明坚持科学无神论,但俄共领导人以东正教在俄罗斯道德形成中发挥重要作用为由,公开主张国家应与东正教结盟,甚至允许信教者入党,这种立场遭到其他党的批评。

七 关于党内生活准则

各党都声称遵循列宁的建党思想,坚持民主集中制、志同道合和同志情谊的基本原则,实现党内民主化。但各党,尤其是几个老资格的党都程度不同地存在党内民主欠缺的问题,如党内缺乏不同观点交流的平台,过度使用组织手段处理党内矛盾、领导层更替机制不健全等。这些问题往往影响党内团结,造成组织分裂。正因为如此,新成立的党作出明确规定,以防因党内生活不健全影响党的发展。如联合共产党规定,提高基层组织和普通党员的作用,赋予党员推荐党的领导机构候选人的权利;党员担任党的领导职务不得超过两届,进入选举机构的党员议员不得超过三届。全联盟共产党(布尔什维克)在摆脱原党的领导人之后规定,实行民主集中制和集体领导原则,既保证党的统一,又使每个组织及每个党员发挥主动精神。

从以上比较分析中我们可以看出,俄罗斯的共产党在基本理论和原则、斗争目标和近期任务等方面并非存在大的差异。截至目前,俄罗斯共产主义运动内部的主要分歧更多体现在现阶段的斗争策略上,由此出现了两大阵营:主张走议会道路的体制内共产党和主张实行社会主义革命的体制外共产党,具体表现为俄共与其他所有共产党的冲突。20多年来,共产党队伍内部的这种不和造成共产主义运动内部的多党林立,相互掣肘。如果说,20世纪90年代中后期各共产党还能在决定共产党命运的关键时刻暂时搁置分歧,携手共同对敌(如1995年俄罗斯各共产党共同支持久加诺夫与叶利钦对决),那么现在,议会外新老各党与议会内党的关系剑拔弩张，前者公开向后者叫板，欲取而代之。问题在于，体制外的党，不仅各自为战，而且无论新老，都形不成规模，无法替代或超越体制内的党。显而易见，这样僵持下去，议会内的俄共将会腹背受敌，困难重重，甚至在下一届国家杜马的选举遭受失败；而议会外的各党则难以形成气候，有的党还可能被人利用，这一切都会使共产党重返政权的前景变得更加渺茫。因此，俄罗斯各共产党面临的最大挑战是如何克服内部纷争，求同存异，形成合力，携手扩大阵营，争取更多社会阶层的支持，为重塑民众的社会主义信念做实实在在的工作，这是俄罗斯重新走上社会主义道路的前提。

第三部分

乌克兰、白俄罗斯、摩尔多瓦三国共产党

乌克兰、白俄罗斯和摩尔多瓦三国都位于欧洲东部，但是三国共产党在各自国家的境遇和地位迥异。白俄罗斯是目前独联体地区保留苏联传统最多的一个国家，白俄罗斯共产党积极参加国家政治生活，是白俄罗斯重要的参政党之一，党的领导同时也担任国家行政机关的职务。在苏联解体后的乌克兰，乌克兰共产党作为乌克兰最高拉达中的参政党，利用政治对手之间的矛盾增强自己在政治舞台的影响力，常常在关键时刻起到"四两拨千斤"的作用。但是，伴随着乌克兰危机的爆发，右翼民族主义力量上台执政，乌克兰共产党的活动受到限制，处境岌岌可危。2015年4月9日，乌克兰最高拉达通过了禁止宣传和使用共产主义意识形态及其标识的法案，这更加剧了乌克兰共产党的生存危机。摩尔多瓦共和国共产党人党曾连续执政八年，它是苏东剧变后，该地区唯一一个通过议会选举上台执政的共产党，"红色摩尔多瓦"曾引起举世关注。然而，在资本主义多党制的框架下，由于国内外多种因素的作用，摩尔多瓦共和国共产党人党的执政地位得而复失。摩共下台后，右翼势力在摩尔多瓦掌权并对共产党人形成打压、遏制态势，摩共陷入新的不利政治局面。在压力面前，党内的意志薄弱者、看风使舵者接连地弃党、离党，致使摩尔多瓦共和国共产党人党的议会议席不断减少，在议会的120个议席中，由下台之初的60个席位（第一大党团）下跌为21个席位。从当前独联体地区的地缘政治局势来看，三国共产党面临着复杂严峻的局面，尤其是乌克兰和摩尔多瓦的共产党，正处在危机之中，其理论和实践势必要作相应的调整。

第一章　乌克兰共产党

在当今乌克兰，同时存在几个共产主义政党，这包括占主导地位的乌克兰共产党（Коммунистическая партия Украины，以下简称乌共）以及陆续从乌共中分裂出来的工人和农民共产党（Коммунистической Партии Рабочих и Селян），共产主义马克思列宁主义党（Коммунистическая марксистско－ленинская партия），乌克兰工人党（马克思列宁主义）［Рабочая партия Украины（марксистско－ленинская）］和乌克兰共产党（革新的）［Коммунистическая партия Украины（обновленная）］。这些共产主义政党是苏联解体之后，在乌克兰改行多党制的背景下组建的，而且除乌共外，其他几个党或者是由与乌共存在意见分歧的共产党人组建，或者是由在党内斗争中失利退出乌共的共产党人组建。

乌克兰独立以来出现的这些共产主义政党，与苏联时期的共产党相比，处境迥异。它们已经失去苏联时期共产党的执政党地位，只能是多党制下的参政党，或者是作为众多的在野党中的一个政党，在当今乌克兰的政党谱系中，右翼势力强大，左翼力量薄弱，共产党失去了在政治舞台中的优势地位。因此，乌克兰独立后，共产党人生存和活动的环境变得十分艰难。但是，依然可以看到，坚定的共产党人仍执着地坚守着对社会主义、共产主义的理想和信念。它们追求公平、正义，探索重回社会主义道路的信念没有改变。

通过对乌克兰几个共产党进行考察和分析，我们发现，唯有乌克兰共产党，其国内支持率、国际政治舞台上的影响力、成员人数、组织机构的完整性、参政议政的能力等方面都是乌克兰所有共产主义政党中的"翘楚"。因此，本章着重介绍乌克兰共产党。

第一节　发展历程

乌克兰共产党自称是苏联时期乌克兰共产党的继承党。追根溯源，乌共是当今乌克兰建党时间最长的政党。1918 年 4 月 18 日，在塔甘罗格举行的乌克兰布尔什维克组织代表会议上，乌克兰共产党（布尔什维克）的名称正式启用。1918 年 7 月，乌共（布）在莫斯科召开第一次代表大会，会上乌共（布）做出决定——加入俄共（布）。1922 年，乌共成了苏联共产党的组成部分之一。苏联时期，乌共一直是乌克兰苏维埃社会主义共和国的执政党。乌共的党员人数，在其发展的最高峰时期，曾多达 300 余万人。

一　从遭禁到重建

乌克兰独立后，社会主义制度被颠覆，乌共几乎遭遇灭顶之灾。1991 年 8 月 30 日，乌克兰最高拉达（Верховная Рада）宣布禁止乌共活动。表面上看，这是禁止乌克兰共产党作为一个政党的活动，而其实质是开始了对社会主义、共产主义意识形态的打压和遏制。这也是原苏联地区转轨之后，各个新独立的国家一致采用的一种政策。乌共的活动遭到禁止，一部分共产党人被迫转入地下活动。乌共在苏联时期积累的党的财产和资金、办公和活动场地被剥夺。这种状况持续了近两年。

然而，乌克兰的转轨并不成功，不仅仅是民主政治制度和市场经济制度没有构建起来，而且原来苏联时期的很多国民积累伴随着私有化过程流失，乌克兰经济陷入困境，民众所期盼的如欧美般的富裕生活、民主和自由没有如约而至，反而导致大多数民众的生活陷入困境。在这样一种背景下，乌克兰出现了怀旧思潮，民众开始怀念苏联，怀念苏联时期稳定的生活，怀念斯大林时期强大的国力和国际影响力。这时，右翼政府也再无力压制共产党人，共产党获得了在乌克兰重生的机遇。

1993 年 6 月 19 日，一部分共产党员在乌克兰东部城市顿涅茨克举行了乌共的重建代表大会，宣布成立新的乌克兰共产党，并通过了党章。彼得·尼古拉耶维奇·西蒙年科（Петр Николаевич Симоненко）在这次会议上当选为乌克兰共产党中央委员会第一书记。尽管乌共已经重建并开始重新公开活动，但是，乌克兰最高拉达禁止乌共活动的法令并没有撤销。乌共为自身的生存权利持续不断地进行斗争，直到 2001 年 12 月，乌克兰宪法法院不得不通过决议取消禁共令。乌克兰宪法法院之所以取消禁止乌共活动的法令，这一方面是乌共在重建后坚持不懈地进行维护自身生存权斗争的结果；另一方面，也是乌克兰仿效西方多党制的必然选择，在西欧的现代政党政治制度中，左翼一直是多党制政治中的一个不可或缺的角色，乌克兰执政当局不能无视具有稳定的社会基础的左翼政党的存在。

重建之后的乌共，已经不再是苏联时期的执政党，它立刻根据乌克兰的现实国情调整了自身战略、战术以及进行争取社会主义斗争的方式、方法。乌共首先表明自身的立场：它宣布自己是乌克兰现当局的反对派力量、是为工人阶级和广大劳动人民代言的、强硬的反寡头政治力量。在实践中，乌共也从自身的立场出发，积极采取各种方式、方法进行斗争。比如，在 2000—2001 年，乌共在"没有库奇马的乌克兰"的主题下，积极组织抗议右翼和寡头政府的活动。在这次活动中，乌共与党内的右翼反对派、社会民主党分道扬镳。此后，乌克兰共产党人开始独自进行"左翼力量抗议活动"，在其随后发表的一系列声明中，乌共指出，这是清算公开的"民族法西斯主义"，由于乌克兰的极右翼和极端激进的民族力量给乌克兰人民带来的只有饥饿和贫穷，因此乌共要与其划清界限。一直以来，乌克兰政府都把加入北约设定为其追求目标，对此，乌共明确表示，乌共反对乌克兰加入北约，理由是对乌克兰人民而言，加入北约，意味着这是一场灾难。在乌克兰选择向西加入北约，还是向东，与俄罗斯结盟的问题上，乌共更倾向乌克兰与俄罗斯组建统一的经济区。乌克兰在历史、文化、社会、民族、语言、宗教等诸多方面都与俄罗斯具有同宗同源的关系，尤其是苏联时期的历史经历，导致了原苏联地区的很多共产党都带有明显的亲俄罗斯立场，乌共亦不例外。这也是乌共获得占乌克兰人口 22%的俄罗斯族支持的主要原因之一。[①] 在斗争实践中，乌共采取了较为灵活的策略，它认可议会斗争道路，主张和平地向社会主义过渡。因此，只要条件允许，乌共都积极参加政府和议会的选举、立法等各项活动，以便争取到更多的选民支持，扩大乌共的声音。但与此同时，乌共深知不能陷入议会斗争道路的怪圈，明确指出在开展议会内斗争的同时，也要积极开展

[①] 孙凌齐：《乌克兰共产党的重建与主张》，《当代世界社会主义问题》2008 年第 3 期。

议会外斗争，要根据具体形势的变化，调整自己的定位，随时改变斗争的方式，或者多种斗争方法并用，如果形势需要，乌共也不排除使用暴力手段进行社会主义革命。

二 20世纪90年代的复兴之路

20世纪90年代，是乌共重建以来的"黄金时期"，在乌克兰的政坛上，乌共起着举足轻重的作用。自1993年乌克兰共产党重建起，乌共积极地参加了历次乌克兰最高拉达（议会）的选举。在1994年乌克兰最高拉达的选举中，乌共获得了338个议席中的90个议席，一举成为乌克兰最高拉达中的第一大党团。在1998年的乌克兰最高拉达选举中，乌共再一次表现出众，选票率高达24.65%，超过排名第二、三、四位政党得票数的总和，赢得了338个议席中的124个议席，继续保持了乌克兰最高拉达中第一大党团的地位。

乌共不仅积极地参加最高拉达的选举，其领导人也积极地参加乌克兰的历次总统选举。在1999年的乌克兰总统选举中，乌共第一书记西蒙年科作为乌克兰总统候选人，在第一轮投票中支持率高达37.8%，仅以微弱的劣势排在乌克兰前任总统库奇马之后，在第二轮角逐中，西蒙年科败给了库奇马。

乌共之所以在1994年和1998年的议会选举中获胜，有主客观两方面的原因。一方面，苏联解体以来，乌克兰向右转的战略遭遇了危机，当时政府的改革举措不力，致使乌克兰经济和社会发展陷入困境，绝大多数乌克兰居民的生活水平急剧下降。根据统计数据，仅在1993年一年的时间里，日用品价格增长了101.6倍。在1991—1995年，年通货膨胀率在200%以上：1991年为390%；1992年为2100%；1993年为10256%；1994年为501%；1995年为281.7%。由于无法遏止的恶性通货膨胀，导致乌克兰在极短的时间里，就发生了史无前例的贫富两极分化：大多数民众的赤贫化和极少数人的暴富。根据乌克兰国家统计委员会的官方数据，在1990—1999年的经济危机期间，实际工资缩减到原来的35%，实际退休金缩减到原来的33%。[①] 这直接导致民众所期盼的经济发展、生活富裕、

---

① Сравнительная политика: под редакцией В. Бакирова и Н. Сазонова, Харьков. 2006, ст 452 – 453.

政治稳定、自由、民主权利获得拓展的期望完全落空。一部分人开始对执政的右翼当局失望，导致乌克兰出现了怀念苏联、重新评价苏联历史的思潮，开始怀念苏联时期有保障的生活、稳定的政治环境以及国家所享有的国际威望和国际地位。选民的怀旧情绪，使乌克兰的所有左翼政党在最高拉达选举中都获得了相对较高的得票率，乌共无疑是这一波怀旧思潮中最大的赢家。另一方面，重建后的乌共继承了原来苏联共产党所具有的很多优良传统，比如，立场鲜明，组织结构完整，基层党的组织机构完善，注重理论联系实际，能够密切联系群众，等等。为了在最高拉达的选举中获得较高的支持率，乌共深入基层，在乌克兰的各个地区都积极地向群众宣传党的政治观点和理论主张，指出当今乌克兰存在的问题，并提出乌共的解决方案。正是基于以上这些因素，在1993—1999年这一时间段，全世界社会主义运动深陷低谷之际，乌共在乌克兰国内政治中却表现不俗，乌克兰出现了共产党复兴迹象。

三　21世纪以来的衰落

随着时间的推移，历史的车轮缓缓地驶入了21世纪。进入21世纪以来，乌共在乌克兰政治生活中的影响力走入了缓慢衰落的轨道。这首先表现在乌共在最高拉达选举中的得票率开始呈现逐届下降的趋势。2002年，在乌克兰最高拉达的选举中，乌共获得了19.98%的选票，失去了乌克兰最高拉达第一大党的地位，降为第三位。2004年，西方发达国家鼎力支持、乌克兰右翼力量主导的乌克兰"橙色革命"爆发之后，乌克兰出现了"向西转"的趋势，借助"橙色革命"上台的尤先科政府亲西方、疏远俄罗斯，在这样的大背景下，乌共的政治影响力更是每况愈下。2006年，在乌克兰最高拉达选举中，乌共的得票率锐减到3.66%，成为该届议会人数最少的党团，仅分得21个议席。支持率持续走低、选民不断丧失的现实使乌共领导层意识到党的发展遇到瓶颈。通过反思，乌共决定加大在民众中的宣传力度，以扩大选民基础。在2007年乌克兰最高拉达提前选举前夕，乌共有针对性地做了很多工作：他们深入选民中间积极地进行宣传，争取更多的选民支持；发放大量传单宣传党的理论思想和主张，以增强民众对党的了解和认识；积极吸收新生的、年轻的力量加入党组织，改变其老年人的党的形象，增强党的生机和活力。结果，在这次选举中，乌共获得5.39%的选票，选民人数比

2006年多328000人,[①] 在议会450个议席中夺得27个议席[②]。不过应该看到,乌共的得票率虽然与2006年的选举结果相比有一定程度的提高,但仍无法与20世纪90年代中后期的高得票率相比。

那么,为什么在乌克兰民众生活越来越艰难,左翼政党的社会基础本该变得更加宽泛,支持率本该更高的情况下,乌克兰共产党的得票率却不断地走低呢?在我们看来,这一奇怪的现象可以从主客观两个方面找原因。

从客观上看,资本主义大众传媒的强势宣传使乌共的生存环境日益恶化。正如乌共分析中指出的那样,1991年新资产阶级、寡头和腐败的国家官僚在乌克兰夺取政权之后,利用大众传媒强大的宣传优势,向乌克兰社会灌输一种神话,即自由主义改革和私有化对人民有利并且不可避免要发生,每一个人都是财富的占有者。资产阶级寡头政权利用大众传媒向民众灌输"所有人平等的可能性"、"私有制最有效率"、"个人的选择自由"等观念,用以偷换马克思在《资本论》中所揭示的劳动与资本间存在利益冲突的真理。乌克兰新政权利用大众传媒,竭力在人们的意识中,尤其是在年轻人的意识中,有目的地"培育"反共产主义思想和意识,灌输社会主义的失败是历史必然的谎言。自乌克兰独立以来,乌克兰当局竭力地给大众意识灌输看风使舵的观念。他们用资产阶级的利己主义、功利主义、个人主义思想取代社会主义的社会公正、人民团结和国家对公民负责的思想,迫使大家接受简单的、粗俗的思想,培植私有制、市侩作风、市场社会能够让每个人拥有无限的可能这样的幻觉。向人们灌输,人们应该指望的只有自己的能力,竞争是不可避免的,应该相信能够轻松、快速地致富,富人有善心会行善,等等。同时,宣称只有继续自由主义的改革、实现全面私有化并不断地缩减国家的社会责任,才是"唯一正确的"方针。为实现这样的目标,大资本所提出的政治方案,目的就在于摧毁左翼政党的社会基础,并封闭左翼政党的社会倡议。民族—寡头政党为一己之私,

---

[①] 参见2007年10月13日乌共中央委员会全会乌共中央委员会第二书记 И. В. 阿列克谢耶夫的报告《2007年选举活动总结及当前党组织的任务》,《乌克兰共产党人》(乌克兰语)2008年第1期。

[②] 乌克兰地区党获得175个议席、尤利娅—季莫申科联盟获得156个议席、我们的乌克兰—人民自卫获得72个议席、利特温联盟:人民党和乌克兰劳动党获得20个议席。资料来源于乌克兰最高拉达官方网站,http://gska2.rada.gov.ua/pls/site/p_fractions。

小心翼翼地将自己的掠夺性本性掩盖在"平民政党的思想"之下,有目的地研究选民,让选民变为其手中可以操控的玩偶。与此同时,乌克兰亲西方政权的反苏反共宣传,也对乌克兰民众在意识形态和发展道路的选择上产生影响。这些就是自"橙色革命"以来,乌克兰左翼政党深陷危机的客观原因之一。

从主观上看,乌共自身也存在一定的问题。乌共的基层党组织在居民中的小资产阶级阶层中所进行的工作力度不够。社会调查问卷清晰地展示了这种状况,51%的公民回答没有明确的政治立场。在有明确政治立场的公民中,32%的公民表示对左派——共产党、社会主义政党、社会民主主义政党有好感,中间派和右派的支持者占18.5%。由于党组织工作力度不够,没有把游离政治之外、对政治冷漠的选民争取过来,这也是乌共得票率低的原因之一。

此外,乌共自身的诸多原因也埋下了乌共逐渐走向衰落的隐患。从思想理论视角来看,乌共重建多年,在理论上没有什么新的建树,缺少新的对广大民众富有吸引力的纲领性方针,在基本理论问题上,并未超越苏联时期的基本框架,理论创新乏力,不能与时俱进。从党的实践来看,重建以来,乌共除参加最高拉达选举、总统选举以及地方各级人民代表的选举外,就是组织民众在一些重大的历史纪念日进行一些街头抗议活动,从形式到内容都鲜有新意,乌共的宣传不到位。不仅如此,党的领导和党的积极分子欠缺鲜明的个人魅力,党内生活的消极方面显现等情况,也是导致乌共威望下降和选民丧失的一些重要影响因素。[1]

乌共清楚地认识到了自己面临的一系列发展瓶颈,意识到不破解发展障碍,就不能提高选民的支持率,也很难影响国家政治生活和国家未来发展的走向。乌共所拥有的10万多名党员中,大多数是年龄偏大的老党员,年轻党员所占的比例非常小,乌共中央委员会也注意到了乌共存在的组织人员老化的问题,采取措施努力克服。在2007年举行的最高拉达的提前选举中,乌共已经开始致力改变自己推荐的候选人的总体社会形象。在这次选举活动中,乌共所推荐的候选人的年龄限定在30—55岁,而且要具有高等教育学历。这一举措在一定程度上改变了乌共的形象,对吸引选民

---

[1] Сравнительная политика: под редакцией В. Бакирова и Н. Сазонова, Харьков. 2006, ст 465.

起到了非常积极的作用。①

经过几年的努力，乌共收获了果实，在 2012 年举行的乌克兰最高拉达选举中，乌共总计获得了 13.18% 的选票，得到最高拉达 450 个议席中的 32 个议席，相比前两次的最高拉达选举，得票率明显提升。实践证明，乌共是有潜力的政党，经过努力，有能力扩大自己的社会基础和选民基础。

四 "新"颜色革命的爆发及乌共再次遭禁的厄运

2013 年年底 2014 年年初，乌克兰发生举世震惊的政治动荡。最初，乌克兰因暂缓签署与欧盟的联系国协定而引发广场抗议浪潮。伴随着事态的发展，在总统亚努科维奇让步，外界预测乌克兰即将实现和解的情况下，乌克兰局势突变，总统亚努科维奇遭罢黜并被迫流亡俄罗斯，反对派夺取了政权。通过观察和分析乌克兰政治动荡的整个进程，可以发现，乌克兰新一轮政治动荡符合此前颜色革命的诸多特征，由此可以判断，乌克兰爆发了新一轮的颜色革命。乌克兰"新"颜色革命对乌克兰政局产生了深远的影响，政党中受影响最深的当属乌共。

1. 乌克兰政治局势变动符合颜色革命特征

断定乌克兰爆发了"新"颜色革命，是根据自 2013 年年底出现的乌克兰政治动荡的基本特点得出的。此轮乌克兰发生的政治动荡，与 2003 年在格鲁吉亚爆发的"玫瑰革命"、2004 年在乌克兰爆发的"橙色革命"和 2005 年吉尔吉斯斯坦爆发的"郁金香革命"，具有很多相似之处。

（1）为什么颜色革命在乌克兰再次上演？

2004 年乌克兰已经爆发过"橙色革命"，为什么还会再出现新一轮的颜色革命呢？这要根据乌克兰政局的演变进行分析。2004 年"橙色革命"后，尤先科和季莫申科等亲西方派被推上了乌克兰的政治舞台，但是，2010 年 2 月，亲俄罗斯的亚努科维奇在乌克兰总统大选中胜选，担任乌克兰总统，尤先科下台。亚努科维奇上台不久，其实施的一系列打压亲西方右翼势力的举措，让乌克兰"橙色革命"的战果付诸东流，"橙色革命"

---

① 参见 2007 年 10 月 13 日乌共中央委员会全会乌共中央委员会第二书记 И. В. 阿列克谢耶夫的报告《2007 年选举活动总结及当前党组织的任务》，《乌克兰共产党人》（乌克兰语）2008 年第 1 期。

的干将季莫申科被投入监狱。独立后的乌克兰一直在西方和俄罗斯之间左摇右摆，以求双边渔利，但是，在重大的经济和战略利益上，亲西方势力执政和亲俄罗斯势力执政，采取的措施会完全不同。亚努科维奇执政时期，他的亲俄罗斯立场导致他在签署与欧盟的联系国协定时，止步不前。这成了此轮"新"颜色革命的导火索。

（2）美欧是乌克兰"新"颜色革命的推手。

美欧策划了乌克兰"新"颜色革命，其目的就是希望在乌克兰扶植一个新的亲西方政权。美欧是乌克兰"新"颜色革命的推手，有据可断：首先，美国国务院助理国务卿纽兰与美国驻乌克兰大使就乌克兰当前危机的谈话录音在互联网上遭曝光，证明乌克兰新一轮颜色革命中的反对派是美国手中的"提线木偶"；其次，格鲁吉亚前总统、曾借"玫瑰革命"上台并成功镇压了格鲁吉亚亲俄派别的萨卡什维利现身乌克兰独立广场，对乌克兰反对派耳提面命，进行指导；最后，在反对派夺取政权后，季莫申科立马获释、美国和欧盟第一时间承认乌克兰新政府合法，并表示愿意与其合作。所有这些信息都表明，乌克兰此轮局势动荡是美欧在乌克兰策划的新一轮颜色革命。反对派的目标就是夺取政权，组建新的亲西方政府。

2. "新"颜色革命给乌克兰的发展带来的影响

乌克兰爆发新一轮的颜色革命，对乌克兰的发展产生深远的影响，主要表现在如下几个方面。

（1）国家分裂，内战打响。

乌克兰国家内部原本因地理位置、历史、民族、语言、宗教、经济等诸多原因，东部和西部一直都存在裂痕：东部、南部地区亲俄罗斯，西部、中北部地区亲西方；东部、南部地区俄罗斯族所占比重也更大，多数民众讲俄语；西部、中北部地区乌克兰族所占比重更大，更愿意讲乌克兰语；东部、南部经济相对发达，是乌克兰比较富裕的地区，也是乌克兰重要的经济、文化和工业基地，西部、中北部主要以农业为主，相对贫穷落后。尽管存在着裂痕，但是，独立以来的20多年，乌克兰作为一个完整的独立国家走到了今天。然而，当前的乌克兰"新"颜色革命加深了乌克兰原本就存在的这些裂痕，让乌克兰走到了分裂的边缘。

对当前的乌克兰政局变动，乌克兰社会各界表现出泾渭分明的两种立场。反对派的大本营是西部和中北部乌克兰，这些地区的民众认可反对派所指责的"亚努科维奇腐败、专政、独裁"，认可反对派组建新的亲西方政权；而东部和南部的民众不承认当前的新政权，体现在克里米亚半岛则更加极端，克里米亚半岛组建了新的权力机构，武装力量也开始自卫，并且很快举行全民公决，脱乌入俄，加入了俄罗斯联邦。与此同时，顿涅茨克和卢甘斯克拒不承认乌克兰新政权，纷纷成立顿涅茨克共和国和卢甘斯克人民共和国，乌克兰内战硝烟弥漫。可见，新一轮颜色革命完全撕裂了乌克兰。

（2）摧毁了民众对民主和自由的信仰。

乌克兰独立以来，国家改行总统、政府和最高拉达三权分立的政治制度。从苏联时期中央高度集权的一党制，到三权分立政治制度的设立，在某种程度上可以说是乌克兰民众的选择。但是，在这种制度的转轨中，民主和自由的理念往往被凸显，而民众对富裕、文明、公平和正义的追求往往被掩盖了。与其说乌克兰民众选择的是资本主义制度中的民主和自由，毋宁说乌克兰民众选择的是一种希望，即希望像西方发达国家一样过上富裕、文明、享有高福利、体面的生活。

然而，自乌克兰改行三权分立的政治制度以来，乌克兰并未像民众所期待的那样，变成一个类似西欧或者北欧那样的富裕、民主的发达国家。恰恰相反，乌克兰经济一直不十分景气，20多年也未能恢复到其苏联时期的荣光；在乌克兰政治秀场上，政客们你方唱罢我登场，但无论哪个派别执政，都不肯致力于国家良性发展的整体规划，而是代表不同的寡头集团为少数人牟利。在"新"颜色革命中，反对派未遵守民主政治的游戏规则，以广场运动相要挟，摆出了不得权力誓不罢休的姿态。这必然导致民主制下通过对话解决问题的路径受阻，让国家发展充满不确定性，让民众承担更多的动荡风险。

（3）国家的未来发展充满了不确定性。

乌克兰领土面积排欧洲第二位，原本在欧洲就是一个重要的国家，更因其被夹在俄罗斯和欧盟之间，而成为一个具有重要地缘战略意义的国家。其地缘政治优势决定了它必然要成为俄罗斯和美国、欧盟争夺的对象。这也是自乌克兰独立以来，在所谓的政治精英不能为国家探寻到良性发展路径的情况下，执政者不断地利用本国的地缘政治优势，在俄罗斯和西方之间左摇右摆，双边渔利的一个重要原因。也正因此，乌克兰民众的思想意识发生了分裂：一些民众主张亲近俄罗斯，他们认为，俄罗斯与乌克兰在历史上同宗同源，同属于斯拉夫语系，而且很多乌克兰人和俄罗斯人都有姻亲关系,俄罗斯才是乌克兰的真正朋友,才会真心帮助乌克兰,比如,在当今的乌克兰政治动荡的背景下,克里米亚有为数不少的民众都表示愿意加入俄罗斯联邦;另一些民众主张亲近美国和欧盟,他们的真实愿望,还是希望乌克兰能够借助与美国和欧盟的亲近,走上强国富民的国家发展道路,进入西方的强国俱乐部,向西方人那样生活。

现实往往不尽如人意,无论是俄罗斯,还是美国和欧盟,其策略的选择都是自身的国家利益至上。所以,乌克兰所面对的是,如何构建起自己的、符合本国特色的国家发展道路。依靠别人的施舍,永远都是乞丐。当前的乌克兰政治危机把乌克兰推向了内战,这充分表明,乌克兰独立20余年来,乌克兰民众选举出来的历届乌克兰执政当局,都没能成功地推出一个凝聚乌克兰人心、获得乌克兰民众认可的国家发展战略,反倒让乌克兰的未来发展充满了不确定性。

3. 乌克兰"新"颜色革命使乌共遭受沉重打击

"新"颜色革命导致亲西方右翼势力在乌克兰重新掌权。右翼自上台伊始,就开始积极地执行亲西方,与俄罗斯剥离的政策。其重要的行为表现之一就是清算共产党和共产主义意识形态。所以,乌克兰"新"颜色革命使乌克兰共产党遭遇了突如其来的厄运。2014年5月6日,最高拉达以支持分离主义为由,在闭门会议上直接通过了清除共产党议会党团议员的决议,而这些议员是由300万名乌克兰公民投票选举出来的。在这种情况下,乌共中央第一书记西蒙年科于5月16日晚宣布,乌共中央主席团决定乌共总统候选人西蒙年科退出将于5月25日举行的总统选举。西蒙年科指出,"乌克兰当局对乌共及其支持者发动了宣传战,在中央和地方媒体上对乌共进行严格的新闻检查。由于护法系统瘫痪,'右区'等极端势力猖獗,他不仅无法在乌克兰西部地区,而且也无法在乌共支持者聚集区开展竞选活动。乌共是在上述种种情况下决定退选的"。[①] 在共产党人遭到乌克兰新政权起诉、追捕的背景下,乌共在2014年10月的议会选举中得票率不足5%,致使乌克兰共产党乃至其他左翼力量自乌克兰独立以来第一次未能进入议会。

乌共的厄运并未到此结束。2015年4月9日,乌克兰最高拉达通过了

---

① 张志强:《乌克兰共产党领导人西蒙年科退出总统选举》,转引自2014年5月17日中国网:http://www.china.com.cn/news/world/2014-05/17/content_32412667.htm。

"关于在乌克兰禁止共产党和纳粹主义"的法令，禁止共产党、共产主义意识形态的标志——锤子和镰刀。乌克兰当局之所以如此敌视共产党，与乌克兰"新"颜色革命中出现的一个关键人物具有重大关联。他就是2004—2013年担任格鲁吉亚总统的萨卡什维利。萨卡什维利担任格鲁吉亚总统期间，成功地将格鲁吉亚统一共产党由一个拥有82000名成员的大党打压成一个成员仅剩3000人的共产党组织。在2012年举行的格鲁吉亚议会选举中，萨卡什维利领导的"统一民族运动"输掉了选举，成为反对党。亿万富翁比济纳·伊万尼什维利组建的政党赢得了那次选举。随后，伊万尼什维利指控萨卡什维利滥用职权，萨卡什维利出逃到乌克兰，在乌克兰"新"颜色革命中，成为乌克兰右翼势力的主要智囊，目前被乌克兰总统彼得罗·波罗申科任命为一个协商委员会的负责人。针对格鲁吉亚政府要求将萨卡什维利引渡回国的申请，乌克兰官方明确地予以拒绝。

通过以上因素分析，可以发现，在乌克兰当前的政治背景下，乌克兰共产党的活动空间和活动范围会被不断挤压，乌克兰国内的反共声浪也会日益高涨，乌克兰共产党面临严重的生存危机。如果乌克兰当前的政治局势不发生重大变动，不排除乌克兰共产党将遭遇与格鲁吉亚统一共产党相雷同的厄运，由一个颇有影响的、较大的政党，被打压成为一个少数信仰坚定的共产党人组成的秘密的、地下活动的组织。

第二节　组织状况

在乌克兰"新"颜色革命爆发前夕，乌共有党员11.4万人，是独联体地区的第二大共产党。乌共的中央领导机构有代表大会、全乌克兰党代表会议、中央委员会、中央委员会主席团、书记处、中央监察委员会。乌共的领导人包括党中央委员会第一书记、党中央委员会第二书记、党中央委员会全体书记。拥有基层党组织9960个。[1] 乌共的领导人一直是乌共重建以来党中央委员会第一书记彼得·尼古拉耶维奇·西蒙年科。[2] 鉴于乌克兰当前深陷内战，乌克兰共产党组织因受当权者打压，各级党组织无法正常开展工作，党的领导人面临遭受政治迫害的风险，这势必影响到乌克

---

[1] http://kua.net.ua/wp-content/uploads/2010/06/doklad_12_06_2010.
[2] М. М. Рябець 等主编：《乌克兰政党》，基辅中央选举委员会2001年版，第49—50页。

兰共产党的组织状况。由于在乌克兰风云突变的局势下，无法准确了解和把握乌克兰共产党当前的组织状况，所以本章主要介绍苏联解体之后到"新"颜色革命之前这一时间段乌克兰共产党组织的状况。

一 组织规模遍及全乌克兰，地区分布有强有弱

1991年苏联解体后，乌克兰独立，改施资本主义制度，乌共被非法禁止，党的大多数机构都受到了严酷的镇压，一度被迫停止活动。但乌共很快得以重建。重建后，乌共积极地恢复了所有州、市、地区的党委和基层组织。基层党组织达9960个。诚然，这与苏联时期无法相比，在苏联解体前夕的20世纪90年代初期，乌共基础党组织曾达到7万个。乌克兰独立以后，给乌共带来最大打击的是宪法禁止在国有企业、教学机构建立党组织，而在私有企业，企业主不允许共产党进行活动。2011年年初，按照生产基地原则建立的基层党组织总共只有313个，占基层党组织总数的3.1%，它们联合了3879名党员，占全体党员——11.4万人的3.4%。[1] 这极大地限制了党对劳动集体、学校施加影响的可能，大多数劳动集体和学校中一个共产党员都没有。很多居民点也没有基层党组织。

与此同时，在乌克兰的1344个城市和城镇有3090个基层党组织在工作，它们联合了50289名党员，而在28471个农村居民点的6443个基层党组织联合了58370名党员。基层党组织在11054个乡村中的6278个乡村开展工作。党的影响未覆盖的城市人口不到1%，但是，党的影响未覆盖的农村人口占77%。在乌克兰的4778个（43%）农村人口生活的人民代表会议中没有基层党组织。党组织在各州的村级代议机构的覆盖率各不相同。比如，在赫尔松州，乌共的组织在所有的村人民代表会议中都在活动；在基洛夫格勒州，乌共的组织在96%的人民代表会议中活动；在尼古拉耶夫州和第涅伯罗彼得罗夫斯克州，乌共在91%的人民代表会议中活动，在扎巴罗热州和克里米亚自治共和国，乌共在85%的人民代表会议中活动。同时，在基辅州，乌共的影响只覆盖了农村人民代表会议的33%，在西部地区更是低到17%。[2] 基层党组织的地区分布情况，反映了社会主义和共产主义思想在民众中的偏好程度，乌克兰东部民众，比较亲俄，更

---

[1] http://kua.net.ua/wp-content/uploads/2010/06/doklad_12_06_2010.

[2] 同上。

支持社会主义思想，而西部民众，因与欧洲毗邻，更倾向接受欧洲的资本主义制度，比较排斥社会主义思想，中部介于二者之间，这从乌共基层党组织在人民代表会议中的活动覆盖率可见一斑。2008 年 6 月乌共四十二大曾经通过决议，要在各个州人民代表会议中加强建立乌共的基层组织，初步规划在 1250 个左右。① 因诸多因素，乌共新建的基层组织为 874 个，没有完成规划的指标。由此可见，拓展乌共党组织的网络，向乌共队伍补充年轻的新生力量是当时乌共的最重要任务。乌共中央委员会会议指出，党的各级委员会都应该关注该问题。

2008 年乌共四十二大之后，乌共新建立了 874 个基层组织。克里米亚共和国、沃伦州、日托米尔州、外喀尔巴阡州、伊万诺—福兰科夫斯克州、卢甘斯克州、尼古拉耶夫州、苏梅州、伊尔·赫梅利尼茨基州、切尔尼戈夫州、塞瓦斯托波尔市的党组织都积极开展相关工作。与此同时，利沃夫州、捷尔诺波尔州和切尔诺维策州和基辅市基层党组织的数量没有增加。

在 2006 年 10 月召开的乌共中央十月全会上，乌共中央对全党提出了一个任务——保障每年增长的党员人数不少于 10% 。2011 年乌共党员队伍增长了 12.3% 。低于 10% 的地方党组织分别是第涅伯彼得罗夫斯克州，增长了 9.6% ，基洛夫格勒州，增长了 8.2% ，还有基辅市，增长了 7.2% 。2011 年乌共总共接收了 13312 名新党员，其中有 19.3% 即 2559 人是退休人员。基辅市的新入党的退休人员比例更是高达 28% 。这一结果同时加剧了乌共党员队伍的老化，在大多数大城市、州首府有一半以上的党员都是退休人员。乌共党员发展的这种状况显然制约了乌共的年轻化设想。青年代表了未来，如果不能动员更多的青年人加入乌共，则乌共未来的发展状况势必令人忧虑。青年人入党少，占入党人数的比率低，表明乌共的各个党委和基层组织在大学生方面的工作上十分薄弱。

由于宪法禁止乌共在工人群体中开展工作，致使受当局利用的工会组织如全乌克兰工人联盟有了可乘之机，它们分裂乌共、消解乌共的政治影响力。就实质而言，全乌克兰工人联盟并不是代表劳动人民利益的无产阶级的先锋队组织，而仅仅是炫耀革命的语句，目的是分裂乌共的党组织，抵制乌共，甚至宣称计划组建新的"革命共产主义"政党。此前，在当局

---

① http://kua.net.ua/wp-content/uploads/2010/06/doklad_12_06_2010.

插手下成立的乌克兰共产党（更新）[КПУ（обновленная）]、乌克兰工人和农民共产党（Компартия рабочих и селян）等政党也被当局利用来瓦解乌共。乌共认为，对于乌共所面临的这方面的风险，乌共中央委员会犯有估计不足的错误，应该承担责任。比如，在基辅，因第一书记西津科（Сизенко Ю. П.）的短视，市委书记布特克留克（Бутколюк）和达尔尼茨基区区委第一书记兼基辅共青团市委主管宣传的书记戈雷什金（Голышкин Е.）搞分裂活动，而这两个人都是在乌共党校学习过的年轻党员。鉴于这样的经验教训，乌共新党章规定，加入乌共必须要有一个预备期，强调在发展党员的时候，要在实践中考验被接受者的思想、政治和道德品质。实践经验证明，党组织在发展党员时遵循党章规定的入党预备期原则后，基本上消除了入党后党员宣布退党的情形。

二 加强党的基层组织建设的举措

自 2010 年开始，乌共经过对党自身状况和所面临局势的剖析，认识到基层党组织可以发挥更大的作用，开始重视在争取社会主义的斗争中提高基层党组织的作用。① 乌共领导层指出，基层党组织在引导和提升劳动人民参与争取实现乌克兰共产党的纲领目标，参与争取实现社会主义的斗争中具有重要的意义。从列宁时代起，扎根"基层"，也就是在人民大众中积极开展活动，一直都是共产党的根本。因为基层的工作紧密地与劳动人民联系在一起，对共产党的成功和失败具有决定性的影响。党的队伍的思想和组织的统一是党组织具有较高战斗力并在群众中享有威望和影响的先决条件。

1. 加强基层党组织的意义

对于乌共而言，基层党组织积极的、战斗性的、进攻性的立场十分重要。乌共认为，在苏联解体后的乌克兰，共产党人的组织比其政治敌人要逊色得多。提高基层党组织的工作效率就要求基层党组织在地方自治机构的选举和乌克兰最高拉达人民代表的选举中都发挥重要作用。乌共认为，很多事件表明，乌克兰的寡头给地区党和所谓的"反对派"都定下了基调，要把地方选举变成一次演习，目的是把共产主义的拥护者从议会，乃

---

① О повышение роли первичных партийных организаций в борьбе партии за социализм, http: //do. gendocs. ru/docs/index - 149292. html.

至完全从大政治中踢出局。选举对共产党而言是一场十分严峻的考验。历次选举活动显示，乌共一直处在一个"风险区域"，即无法超过被设定的选举"门槛"，尤其是在这个"门槛"抬高的情况下。在执政的大资产阶级政党中，始终有某种力量尝试着做成这件事情。比如，有人提议要按照少数服从多数的选举机制来选举各个农村委员会的代表，然后推广到市、地区和全国最高拉达。如果这样做，比较容易出现贿买和造假，而真正代表人民意志的代表会被排挤出去。对于这类不合理的构想，乌共表示要坚决地进行抵制。在任何制度下，来自底层的、直接和选民打交道的具体工作都具有决定性的意义。基层党组织就站在最前线。他们要善于寻找与人们打交道的方式方法，能够选出最有威望的同志、最有能力的组织者参加村里的、市里的领导、人民代表的选举。乌共在这方面的工作有欠缺，这是不容置疑的。大多数基层党组织的干部资源不能符合时代的要求。乌共党员超过50%都是1993年后入党，他们缺乏工作经验，由此必然会出现"基层"工作的失误。乌共基层党组织在群众中的工作水平低，很多经过实践检验的宣传方式，比如"挨家挨户"的工作原则，成了乌共政治对手手中的武器，而乌共自己反倒忘记使用了。因此，乌共只有从基层党组织，从最底层的一环加强工作，提高工作能力，才能从根本上改变形势。乌共中央认为，从根本上改善党的基层组织的工作是实现乌共现代化的决定性环节，是提高乌共各个环节的战斗力、提高其社会影响力的决定性环节。列宁政党的力量就在于能够保持与时俱进。它能够比对手更好地评价时局的特点，更准确地确定主要打击的位置和方向，更快地整合队伍去解决所面临的问题。

2. 利用积累的经验增强基层党组织的斗争能力，拓展乌共阵营

对于如何汲取基层党组织的经验，乌共中央指出，在复杂的环境中，挖掘党组织积累的值得肯定的经验极其重要。比如，在乌共准备召开2010年十月全会的过程中，乌共中央委员会的全体成员研究了提高赫尔松州、基洛夫格勒州、尼古拉耶夫州和基辅市基层党组织战斗力的实际情况。实践表明，根据党章按期召开党员会议的基层党组织，其工作都作出了成绩。但是每个月都召开党员会议的基层党组织，其工作更有效率。因为，党员会议可以促进党员之间的紧密联系并加强党员之间的相互理解。党员会议的有效性直接依赖选举日程和精心准备的选举决议——每一个党员根据议题制定的具体的行动纲领。定期召开党员会议的这种方法不仅可以监

督基层党组织按照党章规定定期组织党员开会，而且可以及时地提供实际的援助，让基层党组织的工作更加系统化。斯维特兰娜·安德烈耶夫娜·伊瓦先科（Иващенко Светлана Андреевна）领导的戈罗普里斯坦斯基区"新兹古里耶夫斯基"基层党组织会议的召开实践值得关注。该党组织组建于 1995 年，登记有 22 名党员。这个基层党组织每月都有一天固定用来召开会议，而且在每次会议上定下下一次的议程。共产党员要准备在即将召开的会议上发言并表述自己对这个问题的看法。这样的会议通常都是全体党员出席，而且积极性很高。卡霍夫卡市委和下谢罗格茨斯基区党委［第一书记分别是莫夫昌（Мовчан А. Ю.）同志和沃罗尼措夫（Воронцов П. Г.）同志］的工作实践值得关注。这些基层党组织每个月都由基层党组织的书记在基层党委的名义下召开通告会，汇报上一个时期党组织的工作，召开党员会议的情况并研究下个月的工作计划。在 2009 年，卡霍夫卡市和下谢罗格茨斯基区党组织的党员数量分别增长了 18% 和 11%，大多数申请入党的人都有一个考验期。在最近两年，这两个党支部没有一个党员被开除出党，也没有一个党员申请退党。结果也显而易见，在 2010 年的总统选举活动中，下谢罗格茨斯基区支持乌共候选人的票数增加了 134 票。再比如，塞瓦斯托波尔市委的经验，他们把党员会议当作教育党员的一种形式，集体讨论党组织生活的重要问题的一种形式，加强党的纪律的一种形式，提升了党员会议的作用。伊万诺—福兰科斯克州和尼古拉耶夫州党组织的计划都应该给予肯定性评价。将自身的工作提前规划，在拟定的规划中反映每一个党的机构的活动，考虑到具体的条件和所积累的经验，设置具体的日期，确定相应的、严格的执行问询，基层党组织都积极活动，乌共中央提出的任务的完成率得到了提高。在筹备乌共 2010 年十月中央全会期间，克里米亚自治共和国党委、基辅市委和塞瓦斯托波尔市委举行了"圆桌会议"，谈论在原来没有基层党组织的地区建立基层党组织的工作形势，强调如何才能更有效，大体"流程"如下："把党的出版物的订阅者——变成党的出版物的传播者——变成党的拥护者——变成党的组织者——变成党的'基层组织'的书记（创建者）"；"把选民——变成地方议会人民代表的助手——变成党的拥护者——变成党的组织者——变成党的'基层组织'的书记（创建者）"；"把老战士——变成反法西斯行动的拥护者——变成党的拥护者——变成党的'基层组织'的书记（创建者）"；"把居民——变成参与者、积极分子、抗议活动的倡议者之一——变成党的拥护者——变成党的组织者——变成党的'基层组织'的书记（创建者）"；"把共产党员的亲属（熟人）——变成党的拥护者——变成非党积极分子的组织者——变成党的组织者——变成建立'基层党组织'的组织者——变成'基层党组织'的书记"。目标明确地向这个方向努力工作就可以找到并培养出有才能的组织者，扩大乌共拥护者的阵营，靠在具体的事业中经受住检验的年轻积极分子的力量充实乌共的队伍。乌共2010年十月中央全会指出，其面临的主要组织任务就是在劳动集体建立党组织，在所有农村建立覆盖整个国家的"基层党组织"网络，靠精选党员来保障提高党组织成员的质量。

地方上的基层党组织发展和建设问题表明，影响基层党组织网络扩大的最重要因素就是党的组织工作者要明确在党还没有形成影响力的居民点做工作。在依靠年轻的、有活力的共产党员充实了党的队伍，具有足够数量成员的党组织里，这种工作方式特别有效。在一些党组织，建立了党的拥护者制度，组织这些拥护者学习，想要建立新的基层党支部就更成功，在这些地方，党的拥护者可以采取各种措施，作为宣传员参加选举活动，在选举活动中散发报纸和传单，或者是担任选举委员会的成员。有的地方，乌共的拥护者首先就是乌共出版物的订购人，有的地方请拥护者参加党的会议，有的地方授权拥护者监督党的决议的执行情况，也就是跟他们建立直接联系和反馈性联系。

3. 积极发动基层党组织领导人的作用

乌共中央指出，乌共基层党组织的战斗力，其成功完成党提出的任务的能力，都取决于上级党委将他们的工作引向何方。乌共在筹备2010年十月全会的过程中开了学术会议"基层党委——基层党组织工作的组织者"，各州委书记和负责党的组织工作的部长、区委书记、市委书记、党校学员都参加了这个学术会议。会议收到了200多份与该主题相关的报告，其中最好的11份在会议上进行了讨论。乌共中央委员会成员都收到了会议材料。这帮助启动了"党员积极分子图书馆"小册子系列图书的出版，它们将成为乌共党员干部实际工作中的好帮手。

乌共讨论了如何从党的基层组织挑选并培养党的积极分子，形成党的领导机构成员的问题。乌共认为，基层党组织的书记是"基层"工作组织中的关键人物。在乌共四十二大以后，乌共的基层党组织向党的领导岗位推荐了不少年轻有为、有发展前途的共产党员，基层党组织在提高他们的职业素养和政治教育方面的工作也日臻完善。当然也还存在问题，比如党组织的书记人员的遴选和与他们相关的工作都要求进一步完善。在乌共的9960位基层党支部书记中仅有11.3%的年龄未超过40周岁，接受过高等教育的比例为48.2%，接受过中等教育的比例为51%。其中有不少人并不善于组织有意义的、符合当代水平的基层党支部工作。让乌共领导层感到不安的不是基层党支部书记们的年龄，他们中有不少人精力充沛，就像比实际年龄年轻20岁，但是，缺少接班人。在很多"基层党支部"都存在一个"规则"，党员们选出的书记不是因为他具备领导品质，而是因为他还能活动，对一些事件还可以及时地作出反应，这样的"基层党支部"大约占10%。由此可见，基层组织的书记人才储备工作应该排在乌共党委整个干部工作的首位。2010年乌共的各个州委、市委举办了基层党支部书记研讨会，主题是"关于活跃基层党组织的活动和提高基层党组织战斗力的措施"。书记们指出，在工作中，如下情况对他们的工作提供了很好的帮助。

出版近期的日志，日志中记载有条理的、有启发意义的资料。

每年举办几次乌共中央委员会书记参加的研讨会，这有助于促进中央委员会和基层党组织之间的联系，在不断变化的社会局势中更好地了解党的政策。

乌共报纸《共产党人》发表的有关与中央全会的主题相关的有实质内容的材料。

每月举办基层党组织书记们的研讨会应该成为区委和市委的惯例，在研讨会上书记们可以学习如何提高基层知识分子的专业技能和政治觉悟。必须要争取在所有的区委和市委都有和基层书记沟通的类似机制。

在日常活动中，尤其是选前活动中，乌共提议党委会要及时地分析每一个"基层"书记的活动，检验党的基层组织的构成情况，在党的会议上为选举推荐候选人。与此同时，乌共指出，还需要用方法论武装"基层"书记，在选举结束后，在各个地区组织新当选的同志进行学习。乌共认为，其现在所处的反动时代不仅隔离了劳动人民和共产党先锋队，导致先锋队失去了群众的支持，而且普遍性地降低了共产党人的思想水平。

4. 加强党员的思想政治教育，调动并发挥基层党组织的战斗力

乌共有党员十余万人，它依赖覆盖所有区域的广泛的基层党组织网络。绝大多数党员都坚信其为之奋斗事业的正确性。可反对资产阶级政权

的斗争还没有取得成功。不仅如此，在斗争中，乌共遭受了一次又一次的失败。共产党人不断地后退，留下劳动人民忍受那些不受惩罚、恣意妄为的寡头氏族的盘剥。乌克兰的局势向这个方向发展，原因就在于同剥削者进行殊死战斗的乌共还没有成为一个真正的有战斗力的队伍，而每一个乌共党员还没有成为一个清楚地了解自己行为动机的钢铁般的、受过训练的战士。在这样的情况下，它无法战胜有组织的、残酷无情的、拥有无限财富的和可以用最新技术给人们洗脑的阶级敌人。只有当乌共的"基层"——基层单位、党的兵营准备同资产阶级进行战斗的时候，乌共才能有战斗力。

首先，这就要求大大加强乌共所有党员的思想理论修养。每一个共产党员都必须坚信共产主义事业是正确的事业，而且它必将取得胜利；不断地学习马克思列宁主义并不断地完善自己的知识，并应用它来分析现实；理解并不断地揭露资产阶级国家剥削、独裁的本质及其与社会主义国家的根本区别；仔细研究世界和乌克兰政治力量的格局；坚持积极的、有原则的政治立场；善于令人信服地、清楚地与民众对话；了解自己的敌人，在任何情况下都能对其思想进行反击；不屈服各种教条主义和修正主义。乌共指出，在广义的学习上，对干部的宣传、学习、培训、信息等党内制度方面，要确保各项措施的落实。一旦这个过程中断，就意味着党走向了死亡，哪怕它的队伍在不断地扩大。现在，通常是一些不懂理论、不知道历史、不了解纲领性目标的年轻人加入乌共队伍。生活、学校和电视将他们与异化思想牢牢地捆绑在了一起。他们的共产主义信念不会自动地长出来。如果党不教会他们，他们就会失去共产主义信念。思想成熟、思想统一——是组织统一的基础，是反对狭隘主义的良药。

其次，应该在每一个基层党组织展开定期的、并非形式化的学习制度。乌共指出，乌共的中央委员会、州委员会、市委员会、区委员会和"基层党组织"的任务就在于：帮助党员从总体上掌握马克思列宁主义知识，因为没有确定共产党战略和战术的最基本的理论基础，而要求共产党人"取得党的纲领性目标的胜利"是不现实、不合逻辑的；建立年轻党员的培训制度。在乌克兰的城市和规模大的居住地建立统一的年轻共产党人学校。在乌克兰农村地区，组织这样的学习情况会比较复杂；让老党员帮助年轻的党员学习马克思列宁主义理论。

最后，要切实改善党的信息宣传传播状况。乌共在宣传上有一些经验，在地方电视台拥有一定的时间段。组织出版过一些报纸，其订数在110万—140万份。在2010年又新增发了一份周报《乌克兰时代》（Время. UA）。根据乌共中央委员会的规划，乌共出版了"公共图书馆丛书"（Общественная библиотека），"争取社会主义知识分子"组织（Интеллигенция за социализм）和反法西斯委员会的书籍、小册子、宣传材料。但是，在这方面，乌共也面临着紧迫的问题。因为，乌克兰的中央信息渠道表明，亲当局的大众传媒正致力将乌共置于孤立的地位，情况极其复杂。最近十年来一直支持乌共的选民被亲当局的大众传媒包围。换句话说，他们得到的都是经过处理的信息，大众传媒提供的有关共产党的信息充满谎言。而乌共的支持者对这类信息也不可能永远有高免疫力。当局努力把信息垄断权力控制在其手中。乌共只有发展自己的信息网络才能扭转劣势。乌共基层党组织需要进行特别的监控，以便保证乌共的出版物送到读者手中。乌共的网络宣传渠道也要进一步完善。根据统计，乌克兰的所有地区、俄罗斯的50多个城市都在登录乌共的网站。世界上有40个国家，其中包括美国、加拿大、英国、中国、以色列、委内瑞拉、澳大利亚、阿拉伯联合酋长国都有乌共的读者。通过网站可以凝聚力量。从2010年4月开始，在乌共网站上开始播放乌共中央主席团成员、乌克兰共产党人人民代表在乌克兰最高拉达发言的视频。为进一步改善网络信息宣传，乌共在2010年4月通过了《乌克兰共产党网络资源的状况及其进一步发展的规划》。在乌共看来，利用网络资源将经过检验的信息从乌共中央委员会—州委—市委—区委再到规模较大的"基层"传播，这可以加强党的高层机关和"基层"的互动联系。为了对抗当局强大的视频宣传机器，乌共要求各州党组织建立宣传队，尤其是在没有基层党组织覆盖的地区。截至2010年，乌共在9个州——顿涅茨克、利沃夫、尼古拉耶夫、敖德萨、波尔塔瓦、苏梅、哈尔科夫、赫梅利尼茨基和切尔卡瑟完成了宣传队的建设工作，其他州党委尚未完成组建任务。

三 以基层党组织为依托，加强党的现代化建设

党的现代化建设也是乌共极其关注的问题。通过党的现代化建设可以不断地更新并完善党，否则就谈不上与资本主义制度进行有效的斗争。政党的现代化建设不是一蹴而就的，需要一个长效机制。乌共坦率地承认，党的现代化建设已经晚了整整15年。因此，必须加快进行党的现代化建

设的步伐。

在实现党的现代化的建设中,乌共认为首要问题是解决党的年轻化问题。解决党的年轻化问题的着眼点应该放在基层,基层工作人员直接与人们打交道。此外,党的现代化还应该创造性地使用革命的马克思主义理论分析当代乌克兰社会进程,要在列宁的民主集中制的基础上,从组织上巩固党的机构,要持之以恒地从政治上和心理上培养每一个共产党员,让其随时准备为争取社会主义而斗争。要普遍地运用最新的技术。基层党组织要全面地考虑其活动地区的社会、民族、语言和宗教特点。要在各个地区建立广泛的乌共拥护者网络。要目标明确地探索同人们打交道的新工作方法。尤其是通过党与社会之间进行的经常性对话,广泛地使用对话民主机制,通过大众传媒和大众行动对当局施加压力。

同资本主义进行斗争的党的现代化工作,就犹如参加战斗的军队进行武器更新一样重要,舍此就不能取得对阶级敌人斗争的胜利。党的现代化工作的主要要素在于党员队伍的年轻化和影响民众的大众传媒的手段的更新与最新技术的应用——而这些问题中的每一个问题的解决,都需要依赖基层党组织。

第三节 纲领主张

乌克兰共产党第四十四次代表大会于 2011 年 6 月 18—19 日召开。这次会议的重要议题之一是审议并通过新版党纲。此前,乌共使用的党纲是 1995 年 3 月在乌共重建后召开的第二次代表大会上通过的。截至 2011 年,旧版党纲已经使用近 16 年,其内容明显落后于变化了的时代。鉴于国际、国内形势不断地变化,在 2008 年 6 月召开的乌共四十二大上,乌共就将修改党纲的任务提上了日程,经过 3 年多的研讨,于 2011 年 3 月 28 日公布了新党纲草案,经过公开争论,在乌共第四十四次代表大会上通过了新版党纲。新党纲为乌共指明了奋斗目标和前进道路,为乌共制定路线、方针和政策提供了理论依据。[①]

[①] Новая редакция программы Коммунистической партии Украины. http://www.kpu.net.ua.2011-06-20. 本章所有关于新纲领的直接引文和间接引文均译自此文件。

一　对当今时代和资本主义的认识

在对时代特征的总结上，乌共新纲领指出，当今的时代依然处在从资本主义向社会主义过渡的大时代。"在国际舞台上，阶级斗争日益严酷，资本主义与社会主义之间的历史角逐仍在继续。"同时，乌共在新纲领中清醒地指出，资本主义生产关系在当今世界占强势地位。一方面，由于苏联解体导致后苏联地区和中东欧等国家的资本主义实现了复辟，这导致资本主义世界阵营得以扩大；另一方面，帝国主义利用最新的工程、技术和信息领域的成就，通过大众传媒进行宣传，对民众施加心理压力，使得资本主义的影响得以扩大。现今，资本主义表现出更明显的帝国主义特征。国际社会的一体化进程成为帝国主义推行全球化政策、确立美国霸主地位的工具，这对国际和平和安全构成了新的威胁，提出了新的挑战（恐怖主义、大规模杀伤性武器的扩散、海盗、毒品生意、网络犯罪、贩卖人口等等），人类面临着文明的冲突和自我毁灭的危险。资本集中和输出的规模和速度与以往截然不同，"银行资本和生产资本以前所未有的规模融合，形成强大的、跨国金融工业公司和集团，它们就像一个笼罩着整个地球的巨大的吸血鬼，是进行超级剥削的工具"。但是，资本主义的固有矛盾并未消除，它无法终止周期性的经济危机、失业、少数富国和绝大多数穷国间差距的灾难性扩大，无法摆脱战争，无法制止有可能造成生态灾难、给人类的后代带来毁灭性后果的对人和自然资源的肆意掠夺。由于帝国主义者的过错，世界曾经不止一次处在大规模冲突的边缘，在当前局势下，大规模冲突完全有可能演变成全球核灾难。只有社会主义取得胜利，才能够让人类克服资本主义世界所固有的矛盾。

乌共指出，社会主义国家的存在，以及其在社会经济和精神发展中所取得的成就对资本主义世界的国家、对人民争取自身解放的斗争产生了绝对性影响。苏联的榜样作用促成了社会主义革命在亚欧大陆和美洲大陆上的一系列国家中取得的胜利，并最终形成了世界社会主义体系。帝国主义殖民体系在民族解放运动的打击之下，迅速地土崩瓦解。社会主义国家在建设中所取得的无可辩驳的成就、世界工人运动带来的压力迫使主要资本主义国家的资产阶级不得不对劳动人民作出实质性让步。特别需要指出的是，为了自己的阶级利益，资产阶级在计划经济学、国家管理与监督、组织国民教育、保健和社会保障等领域模仿并使用社会主义国家的经验。现在，世界资本主义经济和金融危机的爆发表明，资本主义体制带有历史局限性，显而易见，它毫无前途。各个帝国主义强国的利己主义政策衍生出从未有过的全球性问题——生态、人口、民族等诸多问题，这些问题威胁着人类的生存。苏联和世界社会主义体系的瓦解致使国家之间的关系更加紧张，世界变得更加不稳定，出现了民族间的冲突和各种其他类型的冲突。资产阶级统治集团在谋求世界主导地位的同时，从来没有停止弱化社会主义、破坏社会主义、消灭社会主义的努力。在欧亚大陆上，一系列国家社会主义的暂时失败并不意味着社会主义的崩溃。社会主义和资本主义两种体制在历史上的角逐远未结束，它只是从质上过渡到了一个新阶段。乌共坚信，社会主义制度必胜，因为只有社会主义才能够、才会把人类文明的所有成果用于为劳动人民造福，用于真正的社会进步和人类进步，并保证社会发挥其最佳职能。

二 对乌克兰社会及各阶级阶层的分析

乌共在新纲领中指出，"资本主义已经在乌克兰扎根"[①]。资本主义在乌克兰实现了全面复辟，这导致乌克兰陷入困境。"乌克兰的发展倒退了几十年，经济失去了独立，现在已经沦为资本主义世界的原料供应国、西方技术残渣和西方产品的倾销市场。"生产资料的私有化再次重现，人对人的剥削得到了恢复。今天的乌克兰与20世纪初期俄罗斯面临的状况极为相像。"乌克兰社会遭受到全面的制度性危机、权力机关总体性贿买的困扰，正经历严重的衰退。"乌克兰人民所享受的教育、卫生和社会保障待遇大幅下滑，社会开始按照财富的多寡分层，数百万人被抛到了生存线之下。实现了商业化的文化企业运作的目标不再为民众服务，而是通过所谓的"大众文化"向社会灌输个人主义，让社会崇尚放纵、暴力和恣意妄为，让民众崇拜无信仰、淫荡和看风使舵。原本应该弘扬的诚信、良心、尊严等价值观念丧失了其自身的内涵。人与人之间缺乏基本的信任，拜金主义盛行，奸诈和背信弃义的行为得到了美化。历史虚无主义大行其道，民众的集体主义心理、人道主义道德观、国际主义信仰、对历史的记忆、

[①] КПУ на 44 съезде партии приняла новую редакцию программы партии и обновленный устав. http://www.rbc.ua/rus/newsline/show/kpu-na-44-sezde-partii-prinyala-novuyu-redaktsiyu-programmy-2011-6-20.

对苏联人民在伟大的卫国战争中取得伟大胜利的记忆正在被从人民的意识中抹掉。反共、反苏、仇俄、排外的乌克兰资产阶级民族主义思想被作为"国家理念"、思想核心强加给整个乌克兰社会。因此，拯救乌克兰人民，使其免于遭受肉体灭绝、使其避免思想和道德的堕落，成了当前乌共面临的迫切任务。

当前乌克兰存在哪些阶级？各个阶级的状况如何？乌共认为，这是当今乌共必须掌握并需要进行深入分析的重大问题。在新纲领中，乌共对乌克兰社会各阶级状况进行了分析。

乌共认为，在当今乌克兰，资产阶级主导着乌克兰的政治、经济、文化和社会生活。这个阶级"贪得无厌，极端自私，依靠损害国家和民族利益的犯罪手段致富，对外国资本和西方生活方式卑躬屈膝"。用马克思的话说，当代乌克兰国家同任何一个资产阶级国家一样，是一个管理整个资产阶级共同事务的委员会。现有国家政权的整个制度和全部分支都为剥削者的利益服务。

而乌克兰的工人阶级，其人数随着工业的衰退而显著减少，且丧失了本阶级的阶级属性。资产阶级及其政权贿买工人阶级，通过职业屏障将工人阶级相互隔绝。然而，尽管工人阶级力量受到削弱，但工人阶级依然是潜在的受剥削群众的主导性力量，工人阶级能够掀起反对压迫制度的斗争。乌克兰工人阶级的根本利益在于：消除资本的政权，让国家重返社会主义的发展道路。党的最重要任务是提高工人阶级的觉悟，让工人阶级重新成为革命的阶级。

乌克兰农民的命运在1991年苏联解体后是悲剧性的。农民因土地私有化失去了土地，集体农庄和国营农场制度遭到破坏，集体农庄和国营农场的工人变成了雇农或者失业者，其直接后果是农业规模减少，农产品产量缩减，粮食供给依赖进口，这导致乌克兰粮食安全受到威胁。乌共认为，农民的利益要进行保护，这可以挽救乌克兰的农村，当前最重要、最紧迫的任务就在于停止对耕地的掠夺性收购。

乌克兰的知识分子在苏联解体后对自由主义和社会主义的认识发生了很大的变化。在戈尔巴乔夫"改革"时期，曾有一部分知识分子替自由主义"喧嚣鼓噪"，积极参与摧毁国家的社会主义基础。当资本主义制度真正在乌克兰复辟之后，知识分子自身也开始遭受严酷剥削，他们重新认识到了资本主义的丑恶性，但他们对此的表现迥异：大多数乌克兰知识分子开始远离社会政治活动,缄默起来;很多学者、拥有高等专业技能的专家、艺术活动家移民国外,因为无法在乌克兰施展自己的知识、才能和天赋。乌共认为,当务之急是要帮助知识分子"从自由主义的幻想中解脱出来",要帮助知识分子意识到"知识分子只有同工人阶级和劳动农民在一起进行剥夺资产阶级的权力、争取社会主义的斗争中,知识分子的才能和切身利益才能够得到实现"。

关于乌克兰的小资产阶级,乌共认为,苏联解体后,个体企业获得了发展,这导致小资产阶级群体在乌克兰社会的产生,中小型企业主是小资产阶级群体的主体。这些小资产阶级兼有劳动者和占有者的双重身份。他们被夹在大资产阶级和无产阶级之间,他们客观上是为保留并不断地再生产资本主义的生产关系的基础提供服务。乌共认为有义务向他们讲清楚,他们之中的绝大多数都是没有前途的,大资本和竞争者会挤垮他们,他们将跌入无产阶级的队伍。同时,乌共在新纲领中也肯定了中小型企业对当代乌克兰社会发展的贡献,指出中小型企业"保障了上百万人的就业",乌共表示,支持那些没有剥削雇佣劳动的小型企业的活动。

关于青年,尤其是大学生,乌共认为,由于其世界观的形成期正好是反共产主义思想扩张的时期,因此,帮助他们摆脱对共产主义的成见,具有重要的意义。

关于老战士,乌共认为,他们是"创造、建立并捍卫了国家,把国家推向进步巅峰的一代人",资本主义的复辟将老战士变成为社会上的弱势群体,因此,乌共要特别关注他们。

乌共在新纲领中指出,当今乌克兰的劳资矛盾、一无所有的民众与少数剥削者之间的矛盾日益尖锐化,这在客观上导致乌克兰的革命形势已经成熟。但是,作为革命主观因素的无产阶级群众的意识,无产阶级群众进行反对资产阶级的有组织的斗争,尚未成熟。在这种形势下,乌共"有义务帮助民众认识到资产阶级及其政府轮流执政政治所具有的反人民的本质,并帮助民众认识到被剥削大众分散的、政治上没有进行有效组织的抵制资本占主导地位的尝试徒劳无益"。把围绕在工人阶级及其先锋队——马克思列宁主义政党周围的所有被剥削者联合起来,投身到无产阶级自觉地、有组织地反对资产阶级的斗争中去,这是乌共最重要的任务和使命。

三 关于苏联解体教训的反思

在新纲领中，对于伟大的十月社会主义革命，乌共认为，它是20世纪的一个具有划时代意义的重要历史事件，它开启了一个全新的纪元，两种社会制度——资本主义和社会主义之间的历史竞赛由此展开。正是十月革命为乌克兰人民开启了当家作主、摆脱帝国主义剥削和奴役的道路。

对于苏联解体的原因，乌共认为，在社会主义发展的关键时期，在需要通过改革和创新解决社会矛盾、缩小与发达国家民众的生活水平差距的时候，却被反社会主义力量利用，反社会主义力量打着"改革"和"完善社会主义"的旗号，其实质是将党和国家引向了一条导致资本主义复辟的灭亡之路。乌共认为，苏联解体是那些占据了党和国家机关领导职位的"胆小鬼"和共产主义"叛徒"发起的一场反革命政变。政变的结果是反人民的力量开始掌权，政变为资本主义在乌克兰的复辟、破坏乌克兰社会生活各个领域的社会主义基础、取缔乌克兰的苏维埃民主政治模式、灌输资产阶级、民族沙文主义思想开辟了道路。同时，乌共认为，苏联的解体原本是可以避免的，苏联当时遇到的问题完全能够在社会主义体制的框架内成功解决，乌共坚信，社会主义在苏联的失败是暂时的，人类社会发展的未来是社会主义。

同时，乌共也总结了苏联共产党亡党的主要原因：一是苏共粗暴地破坏了列宁的党建原则；二是苏共没有保证党员队伍的纯洁；三是党内生活的民主集中制原则未得到贯彻；四是脱离群众，形成了党内权贵阶层，让一些不坚持原则的人攫取了党的最高领导权；等等。

四 关于党的性质和社会基础

在乌共新纲领中，关于党的阶级立场问题，乌共宣布"工人阶级是其主要社会基础"，要"吸收工人阶级的先进代表加入乌共的队伍"。在倚重工人阶级的同时，乌共也面向其他社会阶级，要将"赞同社会主义的农民、知识分子和其他雇佣劳动人口的积极代表"吸收入党。

新纲领指出，乌共的当前任务——"建立劳动人民政权，重新构建以共产主义为基础的社会生活"，让工人阶级认清自己的根本利益是乌共当前要进行的重要工作。乌共致力领导工人阶级消除代表资本利益的政权，让国家重返社会主义发展道路，结束人剥削人、贫穷和目无法纪的现象，使新建立的社会主义制度与所有劳动人民的利益保持一致，并有利于整个社会的发展。在当代乌克兰，用什么样的方法把工人阶级重新变成强大的革命力量，用什么样的方法使工人阶级重新成为革命的阶级，是乌共面临的最为重要的任务，乌共在新纲领中指出，要完成自身所面临的这项任务，需要乌共帮助工人阶级提高阶级觉悟，并组织乌克兰无产阶级为争取建立社会主义社会而进行奋斗。

五 关于党的指导思想、奋斗目标、组织原则、斗争策略问题

关于党的指导思想。乌共在新纲领中明确指出，马克思列宁主义学说是乌共的指导思想。共产党和工人党的建设和革命实践、马克思主义学者的理论著作充实了马克思列宁主义学说的三大组成部分——唯物主义哲学、政治经济学和科学社会主义。乌共认为，每一个共产党员，首先是党的领导干部，都应该通晓布尔什维主义的理论和实践，这是创造性地发展马克思列宁主义，提高乌共在群众中的影响，有效地抵制反动力量的进攻，有效地抵制反共产主义的宣传及其对人民心理和精神造成的有害影响，并组织他们进行争取社会主义斗争的最重要条件。

关于乌共的组织原则问题。乌共在新纲领中明确表示，党始终要遵守列宁的党内生活的准则——民主集中制和集体领导原则。只有坚持民主集中制和集体领导的原则，才能防止"缺乏思想的野心家、资本主义思想和道德的拥护者充斥党的队伍"，才能够防止"党的一部分领导干部的蜕化变质和脱离劳动人民"，才能够最终防止社会主义原则被歪曲。

对于乌共党内的组织原则问题，乌共在新纲领中强调指出，党要善于开展批评与自我批评。开展批评与自我批评是"同破坏党的健康的肌体的缺点和病态现象进行斗争的有力武器"，善于开展批评与自我批评，这能够"证明了党的严肃性和党有责任感，是培养教育一个阶级的表率，更是培养和教育全体民众的表率"。历史经验表明，党的生命力，在很大程度上取决于它及时发现错误并改正错误的能力。

关于乌共的斗争策略，乌共新纲领指出，共产党在组织社会进行革命变革斗争时所依据的出发点是依靠人民的策略。正如马克思和恩格斯所强调的，革命不能靠党来实现，革命要靠人民来实现。对于如何实现依靠人民的策略，乌共在纲领中指出，一是要加强共产党在工人阶级、农民、知识分子、青年和老战士群体中的影响；二是要在反对资本主义剥削和资产

阶级制度、阶级统治和阶级压迫的斗争中，团结一切可以团结的阶级和各种社会运动；三是要实现所有进步力量的统一行动。

六 关于实现社会主义的最高纲领和最低纲领

在新纲领中，乌共根据时代特征提出了党实现社会主义的三个阶段，并确定了每个阶段的任务。这些任务体现了党的最低纲领和最高纲领。乌共根据对当今世界和当代乌克兰的分析，认识到，资本主义在乌克兰复辟后所形成的社会经济条件，决定了乌克兰向社会主义的过渡不可能一蹴而就，而是需要克服巨大的困难，分成几个阶段才能实现乌共的最高纲领。

乌共所面临的第一个阶段是："为乌克兰社会向社会主义发展的质的、革命性的跳跃铲平道路，让国家政权回到劳动人民的手中。"乌共该阶段的任务"不可避免地具有泛民主主义的性质"。在这个阶段，乌共首先要做的就是引领国家，摆脱深刻的经济危机，解决尖锐的社会经济等问题。而实现的途径，只能是通过组织劳动人民进行有组织的反抗，切实改善劳动人民的处境，并争取建立劳动人民的政权。在新纲领中，对于实现社会主义改造的具体途径和方式，乌共明确表示，希望通过"和平的途径"，即"对资产阶级政权施加政治压力和道德压力"、通过"人民民主意愿的表达"来实现。同时，乌共也提出了"革命力量应该为历史事件的发展准备另外的方案"，即使用暴力手段，"用暴力行动反抗反人民的力量"也被乌共列为其实现社会主义改造的具体途径和方式之一。两手准备，两手都要硬，这是乌共新纲领对实现该阶段任务给出的具体途径。

劳动人民掌握政权后，乌共领导的乌克兰劳动人民争取社会主义的斗争第二个阶段的任务是克服资本主义复辟的后果，重新建立并巩固社会主义社会的基础。在该阶段，要恢复主要生产资料的社会所有制和计划经济体制，同时，恢复社会主义的"各尽所能、按劳分配"原则。乌共新纲领特别提到要借鉴列宁新经济政策的历史经验，以便在社会生活的组织机制和组织方式中，能够更全面地贯彻社会主义的人道主义，并为防止社会主义发生畸变提供可靠保障。在新纲领中，乌共提到，恢复苏联制度是一种空想，这也不符合当今的时代特征，因为各种主客观条件、生产分配的组织原则、社会阶级结构和社会意识水平都发生了巨大的变化。乌共所要建设的社会主义是一种"新型社会主义"，"新型社会主义"的基本特征与原来的社会主义的基本特征相比较，会有一些变化，同时会变得更加明确，但就社会主义的本质而言，"新型社会主义"的社会主义性质没有发生变化，即新社会的目标是为每个人创造平等的社会机会，全面协调每个人个性的发展，以生产资料的社会所有制和劳动人民政权为基础的一种社会制度。

以上所述的两个阶段的任务是乌共要逐步达到的目标。在这两个阶段的任务完成之后，接下来乌共要做的就是在社会主义的基础上，全面进行社会主义改造，以便在"各尽所能、按需分配"的原则上建立共产主义的生产关系和精神价值观。通过这样一步步地发展，社会主义社会就会逐渐地发展成为共产主义社会，最终就能够实现人类的"大同社会"。

共产党的最高纲领就是实现共产主义，解放全人类。未来的共产主义社会，指的是在生产资料公有制的条件下，以高度发达的社会生产力为基础，按照各尽所能、按需分配的原则分配社会劳动产品的劳动者自由联合的社会形态。这也正是乌共奋斗的最终目标。

但是，想要实现最高纲领，必需要以实现最低纲领作为前提，只有制定出切实可行的、现实的奋斗目标，把最高纲领蕴含在最低纲领之中，共产主义社会的理想和追求方能落在实处。乌共根据乌克兰的现实国情，研究并制定了彻底改革整个乌克兰社会关系体系的最低纲领。

从政治层面来看，乌共坚决反对乌克兰统治制度滑向独裁主义，坚决反对罪恶的寡头集团和外国金融资本集团操纵国家政策。在这方面，乌共提出的具体斗争目标是：废除总统制并确立国家与社会生活的民主原则；监督选举法的贯彻，以确保工人、农民、知识分子、妇女、青年在乌克兰地方自治机构、乌克兰最高拉达中的比例与人口结构中的比例相符；召回那些不能博得劳动人民信任的各级人民代表和法官；主张在相应地区由公民直选基层法官；区域和地方自治要有切合实际的内容和相应的财政保障；采用人民监督制度；建立享有全权监督企业经营活动的劳动集体委员会；权力高层做表率，抑制腐败和有组织犯罪；取消官僚特权。乌共表示，乌克兰应该在坚决反对任何分裂主义现象的同时，高度重视各个地区因历史背景、民族构成、传统和其他诸多情况而形成的各自特色，应该在稳固的宪法保证国家统一的情况下，不排除乌克兰可以向联邦制过渡的可能性。乌共将"全部政权归劳动人民代表苏维埃"作为自己斗争的最重要目标，同时，明确表示希望与其他社会进步力量进行开诚布公的合作。

从经济层面来看，致力全面恢复十分重要的国家职能——计划、管理、协调和监督、依靠内部投资实现国民经济现代化、技术创新；建成一个强大的、在世界市场上具有竞争力的经济部门，首先，要用最短的时间，把具有战略意义的基础工业部门的企业重新变为全民所有：主要包括能源、冶金、机械制造、军工生产等高利润企业，以及运输、通信和基础设施建设；建立社会对经济实施监督的制度，以便使各个部门摆脱影子经济，预防投机倒把、垄断经营现象，抑制通货膨胀、价格和税率的自发上涨；制订国民经济各部门现代化的具体方案并积极地进行实施，让国民经济的各个部门变成现代化的技术基地，逐步地改变产业结构，提高生产效率；切实扩大国家在科学、教育、文化和卫生保健发展方面的投入；依靠扩大自有能源的开采，其中包括煤炭的开采和加工，实现乌克兰的能源独立，这些对乌克兰都具有特殊的社会意义；积极利用可再生能源（风能、太阳能、潮汐），积极利用蓄能技术；国家垄断对酒精饮品和烟草制品的生产和销售；禁止买卖农业用地，所有人都要无条件地遵守乌克兰宪法中关于土地是国家的重要资源、归乌克兰人民所有，并受国家保护的条款。禁止土地、水、森林、矿藏和其他自然资源的私有化；制订并实施一项全面的、期限为10—15年的农工综合体发展计划，在自愿合作的基础上，重建大型的、高度发达的农业，支持国有农业企业；恢复人类传统的居住环境并加强保护；积极地克服住房公共事业遭到破坏的后果；全力建立现代的交通基础设施；停止带有歧视性的、以限制乌克兰主权为条件获取国际金融组织和跨国银行组织贷款的反国家行为；收回存在外国银行的资本，禁止资本非法外流；建立有效的国有银行和投资部门，以确保国家货币的汇率稳定。

从社会层面来看，共产党正在进行抗议斗争，其目标是消除贫困、实现劳动权和有尊严地生活的权利、实现社会的公平正义。乌共极其重视就业问题：乌共主张在确保经济活跃人口全面就业的前提下，为其提供安全的生产条件和相应的工资收入；为贫困人口制定切合实际的最低生活保障，确保退休人员的退休金和按小时支付的最低劳动工资都不低于这个水平；运用累进税率制度和国家调控价格机制，采取一系列举措以期进行更加公平的收入再分配，目标就是消灭贫穷和反常的财产不平等，追究投机倒把行为的刑事责任；保障所有人都可以平等地获得免费的医疗服务以及中、高等教育；国家投资为生活上缺乏保障的公民和年轻家庭建设社会住房；保障科学家有相应的收入和开展科研活动必需的一切必要条件；建立人们可以信赖的社会保险制度,为母亲、儿童和体力上受到限制的人提供社会保护;制订并实施旨在提高人口出生率、巩固居民身心健康的国家计划;恢复国家承担儿童的休养、康复和创造性发展的制度,国家为孤儿、伤残儿童和拥有多个孩子的家庭、贫困的家庭提供援助和保护;保障公民享有根据工龄计算的合理的退休金,在派发养老金时,禁止搞平均主义,也不允许破坏公平;设立生态安全标准并严格遵守,加强国家对遭受到切尔诺贝利核电站事故后果伤害的人群、贫困地区居民的保障;由国家出资应对人为灾害和自然灾害的后果;从根本上改变国家对社会领域发展的态度,尤其是农村地区,一定要保留现有的国有和公共事业部门的卫生和教育机构;根据1992年1月1日的实际价值,在各储蓄网点对居民的存款进行全额补偿;对于任何企图通过改变现行法律恶化乌克兰劳动人民处境的行为——延迟退休年龄、增加工作时间长度、强制搬迁、包括不按时为住房的公共服务支付费用——共产党人都要坚决表示反对。

  从精神层面来看,乌共支持拟订并执行有利于青年人实现自我的青年政策,保障乌克兰的所有青年人享有平等的接受教育的权利、选择专业、安置就业、参与国家与社会管理的权利;建立有效的国家培养和教育儿童和青年的制度;在历史和文化纪念碑方面,要实行有效的国家手段进行保留和保护,制止并严厉谴责对纪念碑的野蛮破坏,为列宁和其他著名社会活动家、为我国人民生活中的历史性事件而设立的纪念碑具有历史意义,不应该亵渎;严厉地惩罚贩毒、贩卖人口、组织卖淫和宣传色情、暴力等行为;乌共反对青年的精神和道德堕落,乌共反对文化的商品化,乌共反对灌输不讲道德、低级趣味、厚颜无耻、民族沙文主义和其他排外思想,乌共反对篡改历史、藐视乌克兰的人民英雄事迹和劳动功绩、复辟并宣传法西斯和新纳粹主义思想的企图,其中也包括在科研机构、普通和高等教育机构里;乌共反对将变节者英雄化,反对反共产主义和反苏维埃主义的嚣张气焰;乌共要求严厉禁止在乌克兰出现的新纳粹组织,认为,任何一种法西斯主义的表现都应该纳入刑事处罚的范畴。

  乌共在实践活动中注重理论宣传工作,积极地在社会舆论界和理论界发声,宣传马克思主义、社会主义和共产主义思想。乌共拥有自己的党报——《共产党人》和自己的理论期刊——《乌克兰共产党人》。定期发表理论文章和政论文章,用马克思主义的立场观点,帮助共产党人在思想上拨乱反正,帮助民众增加对社会主义和共产主义思想的了解,与错误的、敌对的思想和声音进行斗争，与左翼学者进行交流和合作，并为其提供理论研讨的平台。

第四节　实践活动

自乌共1993年恢复合法活动时起到2013年，乌共已经走过了20年的历程。乌共的这20年可以用"为争取苏维埃政权、争取社会主义、争取各兄弟民族的联盟而进行奋斗的20年"[1]来表述。20年来，乌共一直围绕着这三项目标开展自己的各项活动。

在苏联解体之时，共产党的活动遭到禁止，但是共产党人并没有停止，而是继续坚持进行活动，不过是由合法、公开的状态转为半地下、秘密的状态。毋庸置疑，每一个乌克兰共产党人都感受到了巨大的压力。有人因为害怕和恐惧、为了自己的私利而选择背叛苏联，投奔到民族激进主义者的阵营中去。1993年6月19日，乌克兰共产党的代表大会在顿涅茨克召开。从这时起，乌克兰共产党事实上恢复了合法活动，尽管当时官方的禁共令尚未取消。2001年，宪法法庭终于裁决，乌克兰最高苏维埃主席团关于禁止共产党活动的决议不合法。乌共得到这一判决之后，在2002年5月举行了被禁止的共产党和1993年开始活动的共产党合并的联合代表大会。从这个时刻开始，乌共正式成为俄国社会民主工党（РСДРП）第一次代表大会时宣告成立的乌克兰共产党的思想传统的继承者。

乌共认为，在20年的实践活动中，乌共一直捍卫乌克兰共产主义运动，没有让"第五纵队"践踏乌克兰的共产主义运动。

在20年的实践活动中，乌共一直捍卫乌克兰共产党人的形象，不容别人羞辱苏联时期的共产党人，这些共产党人曾经忠诚地为党、为祖国、为人民服务。苏联早期的共产党人在由14个国家的武装干涉而引发的内战中保卫了国家，他们实现了国家的工业化，为农业部门的发展奠定了工业基础，在伟大的卫国战争中保卫了国家。他们战胜了法西斯，把欧洲国家从法西斯主义的魔掌之下解放了出来。

---

[1]　参见乌克兰共产党网站：乌克兰共产党恢复合法活动20周年庆祝大会。http：//www.kpu.ua/torzhestvennoe - sobranie - posvyashhennoe - 20 - letiyu - vosstanovleniya - legalnoj - deyatelnosti - kompartii - ukrainy - 20 - let - borby - za - sovetskuyu - vlast - socializm - soyuz - bratskix - narodov/。

乌共20年的实践活动就是对当代共产党人活动的最重要的思想支持和心理支持。

在20年的实践活动中，乌共一直都在为争取实现社会公正和人民政权的原则而斗争。在乌克兰，一直都存在着这样的企图，试图让乌克兰地方的自治代表机构的所有权限都集中到行政机关手中（这在库奇马时期十分突出）。此外，乌克兰一直都存在分割最高拉达权力的企图。在资本主义议会制度存在各种弊端的情况下，当前乌克兰最高拉达是乌克兰唯一的一个人们可以说出自己的政治立场、观点并提出紧迫问题的解决办法的地方。

在20年的实践活动中，乌克兰共产党人一直致力于不割裂与俄罗斯、白俄罗斯和原苏联其他国家的精神和思想联系。

在20年的实践活动中，乌共一直是捍卫东斯拉夫文明的前沿阵地，一直捍卫国家避免陷入纳粹法西斯的狂热之中。

在20年的实践活动中，乌共一直支持涉及国计民生的基本经济建设。乌共在最高拉达中支持那些已经完全不运行的基础工业部门。首先是采矿工业、冶金工业、燃料和能源工业。正是乌共极力主张在乌克兰最高拉达通过了一系列的法律，让上述部门获得了喘息的机会。在全面危机——世界危机、欧洲危机、乌克兰危机的情况下，乌共是唯一的一个提出了反危机纲领的政党，该纲领迄今仍在被现政府使用。因此，如果说当局取得了什么成就，那也是根据乌共的规划。

乌共是务实的。乌共认为，应该清醒地认识到哪些国家才是在任何情况下都可以进行战略合作的伙伴，包括在危机时期。乌共建议在2013年就乌克兰加入俄罗斯、白俄罗斯和哈萨克斯坦已经加入的关税同盟（Таможенный союз）举行全民公决。被经济危机扼杀的欧洲和美国是因为废除工业化而走向临界状态的，这些国家应该认真研究自己的失误，而不是盯着其他国家。乌共认为，从美国开始的世界危机应该引起乌克兰的关注，并据此决定乌克兰的发展方向。①

通过20年的实践，乌共根据乌克兰的国情确定了党在现阶段实践中要完成的任务。

---

① Беседовал Василий Муравицкий, 20 лет борьбы. http: //www.kpu.ua/20 - let - borby/, 25 июня 2013 г.

乌共认为，乌克兰现在的情况是：国家已经完全实现了资本主义复辟；劳动人民失去了最低生活基础和社会保障；资本主义化导致社会分层、分化。在这样一种背景下，乌克兰共产党人的首要任务是必须要帮助乌克兰人民认清最简单的真理：一是寡头政权维护并将永远维护的不是国家和人民的利益，而是其私人资本的利益、利润的利益；二是现行的资产阶级制度不想，也不能实现符合劳动人民利益的民主变革；三是执政的买办——垄断资本利益的体现者违背人民的意愿，强迫乌克兰加入北约，直接威胁到乌克兰的民族利益，其中包括丧失国家主权，让乌克兰执行由美国和北大西洋同盟操纵的内政和外交政策。取消这样的政权，确立真正的人民政权——这是乌克兰走出深刻危机的唯一出路。为此，乌共的任务是带领并组织广大群众进行抵制资本主义化的斗争，将乌克兰引向社会主义发展方向。

在政治领域，争取改革和完善国家管理机构，取消总统制和州长制，构建议会制政体，强化地方代表大会的作用是当务之急。总统制和州长制是所有这些执政高层发生争夺权力的残酷斗争的根源，诱发了持续不断的冲突，导致国家局势不稳定，加深了社会分化。今天，这些进程已经达到了临界线。

在经济领域，力争由最高拉达制订到2015年或2020年的中期发展规划，以解决目前面临的最尖锐的经济、社会和民族问题。乌共政治报告指出，通过总结中国共产党、越南共产党和古巴共产党的经验，考虑到劳动人民的利益，乌共提出了能够战胜体制性危机的新经济纲领。主要举措为：把重要的具有战略意义的部门和企业国有化，抑制通货膨胀，消除失业，支付合理的工资、退休金和养老金，为第一部类商品和服务设定人人享受得起的价格和税率，恢复高水平的免费教育，保障高质量的卫生服务和文化财富的大众性。实际上，乌共的新经济政策的实际执行可以保障国家的人民主权，经济、食品、能源和生态的安全，在宪法层面上巩固它的中立和不结盟状态，在国家和人民相互尊重的基础上实施独立自主的外交政策。乌共新经济纲领的具体构思如下：实施具体的民族经济纲领以解决最主要的国民经济问题；停止具有战略意义的项目的私有化，把有重要国民经济意义的战略性项目的所有权归还国家；不许出卖具有农业用途的土地，全力支持恢复农工生产的集体化形式，使用国家对其发展的激励性杠杆。在世界粮食危机尖锐化的条件下，乌克兰应该利用自身农业的优势，扩大粮食资源的生产及其在世界市场上的获利贸易；启用先进的纳税制度，对收入高者征收高税率；在现有的歧视性，确切地说，也就是奴役性条件下，实施保护国有商品生产的措施，而寡头当局就是要在歧视性政策的基础上，把乌克兰拖进世界贸易组织；恢复和巩固祖国科学的地位，树立科研工作者、教师、医生的劳动威望。

在社会领域，要尽量消除贫富两极分化、保障充分就业、实施免费的教育和医疗等。

在对外关系层面，主张恢复同原苏联各个加盟共和国的兄弟关系，反对加入军事政治集团和权利不平等的经济联盟，主张中立，等等。

在思想层面，反对纳粹主义和奴役民族思想的"民主化"，反对个人主义、消费至上、财富第一及仇视其他民族，反对西方价值观念，反对贬低劳动人民，反对历史虚无主义。

乌克兰独立以来，乌共根据国内特定的政治形势，在某一时期采取了一些与其他资产阶级政党结盟的政策。在乌共看来，乌克兰共产党人与某些政党的暂时结盟不是为了帮助寡头剥削劳动人民，而是为了阻止寡头剥削劳动人民。因此，乌共通过积极参与国家政治生活，通过广场抗议，通过各种宣传资料，揭露寡头政府的欺骗性，在20多年的实践活动中，始终坚持为乌克兰社会主义社会的建立而奋斗。

尽管乌共具有改变乌克兰政治制度、经济状况和民众生活状况的良好愿望，但是在当今的乌克兰社会，要实现这些愿望任重而道远。2013年冬天以来，乌克兰在西方压力之下，试图加快融入欧盟的脚步，这引起社会动荡和分裂，亲西方势力取代亲俄的亚努科维奇总统临时上台执政。乌共批评当局无视乌克兰东部人民的诉求，不能掌控局势，给俄罗斯提供可乘之机，丢失克里米亚。乌共领导人多次在最高拉达呼吁，鉴于国内的紧张局势，修改宪法，允许各地区享有就本地区事务举行全民公决的权利，可以考虑实行联邦制以保持国家的统一。但乌克兰当局及其主流党派认为乌共是站在俄罗斯的立场说话，是乌克兰东部分离主义的幕后策划者，欲将之置于死地而后快。从2014年2月起，乌共中央办公处所先是被查封，后被放火焚烧；乌共领导人西蒙年科在最高拉达大会发言时，被关闭麦克风，推搡出会场；西蒙年科在辩论会上发言后，受到蒙面人的围追堵截；乌共各级领导人和积极分子不断遭到追捕、暗杀、监禁和起诉；乌政府责成有关部门起诉乌共，欲禁止乌共活动。最后，2015年4月9日，乌克兰最高拉达通过关于禁止宣传和使用共产主义标识的法案，规定违反者将被处以5—10年有期徒刑。这一法案实际上为禁止共产党的活动提供了法律基础。

4月10日，乌克兰共产党中央委员会主席团发表声明回应此事。乌共声明全文如下：

> 2015年4月9日，乌克兰最高拉达以254票通过了第2558号法案，即"关于谴责共产主义和纳粹主义等集权主义影响和清除其标志的法案"。与此同时最高拉达认可了包括ОУН－УПА（以乌克兰民族主义者斯捷潘·班杰拉为首的法西斯伪军）在内的"民族主义者在争取乌克兰独立当中的功绩"，将他们抬上神坛，而拒不承认他们与苏联人民（其中包括在伟大卫国战争中抗击德国法西斯侵略的乌克兰劳动人民）为敌的事实。这实际上是为禁止乌共创造了法律上的依据。
>
> 这是这个通过2014年二月政变上台的政权在通过司法手段"刻不容缓"取缔共产党的策略失败后的又一伎俩。法院至今还没有认定关于共产党的任何指控，而基于以前的法律规定没有任何禁止共产党的理由。
>
> 为了使该法案能够付诸实施，最高拉达截至目前已经修改了15项法律，这其中包括未按乌克兰宪法有关规定被随意修改的《乌克兰政党法》，该法的第37条扩大了禁止成立的政党的范围。这公然违反了乌克兰宪法的有关规定，特别是如下规定：乌克兰是民主、法制国家（宪法第一条）；乌克兰的社会生活奉行政治、经济、意识形态多元化的原则，国家保障自由的政治活动不受宪法和法律禁止（宪法第十五条）；宪法规定的权利和自由得到保障，不能通过制定新法律和修改现有法律来取消，（新法律和修改后的法律）不得减少现有权利和自由的内容和范围（宪法第二十二条）；人人享有言论和价值观的自由（宪法第三十五条）；乌克兰公民有组织政党和结社自由（宪法第三十六条）。
>
> 像耶稣会修士那样阴险的是（乌克兰人将背后耍阴谋的行为称为耶稣修士一般的行为），最高拉达将共产主义和纳粹相提并论，共产主义意识形态——是追求社会公正和人民当家作主的意识形态，而纳粹的法西斯意识形态——追求的是种族仇视和恐怖。此举是为了掩盖他们（乌克兰民族主义者）勾结德国法西斯分子在卫国战争期间和战后初期对本国和反法西斯盟国人民犯下的罪行，就如同他们的精神后裔——包括执政联盟当中的某些人，自称新纳粹一样。

最高拉达禁止共产主义宣传和符号的行径——首当其冲的是红旗，长在这面旗帜之下的苏联人民建设了一个所向披靡的强大国家，正因如此，乌克兰在获得国家地位时是这个大陆（欧洲大陆）十名以内的发达国家，而它本身也是这个联盟（苏联）的创始者之一。在这面神圣的旗帜之下，我们的人民处于世界领先的地位，这其中就有共产党人，他们是打败法西斯禽兽，使欧洲和世界人民免于纳粹涂炭的主力。

而锤子和镰刀，是社会权力属于劳动人民这一深层含义的化身。

而这些纪念性建筑展示的是我们人民的伟大，纪念的对象有伟大卫国战争的胜利者和苏联时期的名人，而这项法案无疑是新纳粹政权的领军人物纵容现代的野蛮人去摧毁我们的历史。

与此同时，纳粹卐字旗和其他法西斯标志的使用者，以及无数的新纳粹组织却在大行其道，他们都是这个反人民政权的支持者。

值得注意的是，在乌克兰刑法中关于视"公然否定法西斯主义对人类的危害并为其在二战中的罪行辩护"，"加入武装党卫队及其他镇压反希特勒者的组织以及同占领者合作"为犯罪行为的条款被删除。

这些扭曲历史真相，妄图篡改卫国战争结果的行径，对于从侵略者手中解放自己祖国的胜利者来说，是不可饶恕的羞辱。而对于建立了这一历史殊勋的光荣的老兵们来说，更是不能容忍的羞辱。且不说这些行径难以自圆其说，当你知道为屠戮我500万同胞的法西斯翻案的行径是在伟大卫国战争胜利70周年前夕完成的时候，你就会更加感受到这种行为的无耻。

可以明确的一点是，一股前所未有的反共高潮正在到来，首先，新政府面对人民对其一手造成的波及社会方方面面的灾难性后果——特别是在乌克兰东部发生的手足相残的内战——的不满，需要转移民众的注意力。其次，政府需要通过该项法案恐吓人民，阻止反对政府的抗议活动。此外，像行尸走肉般的去反共，这是并不团结的执政联盟为了维系他们的结拜之交所能达成的唯一共识。

乌共非常理解形势的严峻和悲惨程度。

与此同时，乌共将在乌克兰宪法的框架下采取一切可能的法律手段，废除违宪的法律，恢复劳动人民的坚决捍卫者——共产党的光荣称号，确保在符合宪法和法律的框架下活动。

乌共希望劳动者们——工人、农民、教育、科技工作者、医疗保健从业者、退休人员，以及诚实的商人和一切民主力量，能够顶住极权统治者的威胁，同共产党合作。

乌共呼吁自己的同志们——值此困难之际，党员应具备探索的勇气，团结的精神以及智慧和耐心，不屈服于迫害，加强同劳动人民的联系，包括那些目标和目的与乌共不谋而合的群众组织的联系。

这已经不是乌共第一次遭遇生死考验。在法西斯占领期间，共产党被禁止，但共产党员是杀不完的。1991年8月，在叛徒和走狗的出卖下，乌克兰共产党被禁止活动。但是党最终幸存下来并恢复了力量，而被宪法法院认可的共产党被取缔是非法的，违宪的。

一万年太久，只争朝夕。

我们的事业是正义的，正义的事业是一定会取得胜利的！

乌克兰共产党中央委员会主席团
2015年4月10日①

截至2015年5月，乌共虽然尚未被正式禁止活动，但事实上其活动已处处受到限制。

第五节 国际联系

乌共奉行国际主义原则，积极参与国际共产党和工人党及左翼政党的各项活动，包括参加世界共产党和工人党国际会议。在原苏联地区，乌共一直是共产党联盟—苏共的重要成员党之一，在该联盟中发挥骨干作用。乌共还积极地与欧洲议会中的共产党交往，在乌克兰危机中，乌共领导人到德国、捷克、比利时等多个欧洲国家会见共产党和左翼人士，介绍乌克兰的局势，谋求欧洲共产党人和左翼力量从欧盟层面给予乌共以道义上和法律上的支持，对乌克兰当局形成国际舆论压力，阻止其对乌共的禁止和对乌克兰东部人民的镇压。在国际交往中，乌共突出强调发展与俄罗斯的关系和与当今世界上影响最大的社会主义国家中国的关系。

---

① 引自观察者网，译者原泉，http://www.szhgh.com/Article/news/world/2015-04-11/81022.html。

一 乌克兰共产党对俄罗斯的态度与立场

在国际关系中，乌共积极地发挥自身的影响和作用。乌克兰的地理位置处在欧洲和俄罗斯之间，因此乌克兰成为欧盟和俄罗斯争夺的对象。选择欧盟还是俄罗斯，成为乌克兰各个政党必须要做出的决定，乌共一直力主选择俄罗斯。即使在当今乌克兰当局已经签署了乌克兰与欧盟的关系国协议，并且执行打压共产党和共产主义意识形态的政策的政治背景下，乌共仍不改初衷，坚持认为乌克兰应该与俄罗斯保持密切的联系，加入关税同盟（Таможенный Союз）和欧亚经济共同体（Евразийское экономическое сообщество）。乌共认为，加入关税同盟和欧亚经济共同体能给乌克兰带来"毫无争议的优势"。乌共指出，根据乌克兰和俄罗斯经济学家和学者的预测和统计，乌克兰加入关税同盟和欧亚经济共同体可以给乌克兰带来总价值约 60 亿—100 亿美元的经济效益；乌克兰对俄罗斯联邦的出口将增长 46 亿—88 亿美元；这一增长是生产高附加值产品的机械制造业和其他领域产品出口的增长；在欧亚经济共同体的框架下，就可以消除碳氢化合物高达 30 亿美元的出口关税，使乌克兰实现贸易顺差；根据燃气供应协议，热力公司（ТТС）所需的运载量将获得保证并可以获得稳定的运输收益；在消除国际贸易的保护和技术壁垒的情况下，乌克兰将获得约 1500 亿美元的附加值；这可以无条件地允许乌克兰保持贸易的平衡并保障宏观经济的稳定。正式参加欧亚大陆的一体化进程可以保障乌克兰能够为自己的生产者提供供求市场，提供扩大生产规模的可能性，从根本上扩大出口结构。结果可以让乌克兰的大多数企业获得稳定的订单，让乌克兰工人获得稳定的工作和收入。正是基于这样的认识，乌共认为乌克兰和俄罗斯的关系应该是乌克兰外交政策的重中之重。而对于截至 2013 年乌克兰和俄罗斯的关系，乌共深表失望，认为当前的俄乌关系处于"外交昏迷"期[①]。乌共认为其基本原因就在于俄罗斯和乌克兰的关系模式没有完全明确下来。现在，俄罗斯是新的一体化联合的中心，并从这个立场来确立自己的外交方针，而西方是把乌克兰作为边缘经济体纳入国际关系体系

---

① Петр Симоненко： Украинко - российские отношения находятся в 《стратегическом ступопе》． http：//ura - inform. com/ru/politics/2013/06/25/petr - simonenko - ukraino - rossijskie - otnoshenija - nakhodjatsja - v - strategicheskom，25 июня 2013．

的。长期以来，乌克兰都在试图平衡华盛顿、布鲁塞尔和莫斯科之间的利益。这种战术甚至有个专门的名称——多维性。乌克兰的生意人正是利用这个战术攫取利润并获取个人利益。在这种情况下，基辅官方既不想失掉俄罗斯，也不想失掉欧盟。当今争取供需市场和能源的斗争日益激烈，世界危机不断激化，同时，全球经济的碎片化过程加剧，新的地区和跨地区劳动分工体系正在形成。在这种情况下，搞外交政策的"多维性"，即同时参加几个劳动分工体系，从客观上看，是不可能的。乌克兰面对着极其尖锐的选择问题。乌共认为，正是这样的选择将迫使乌克兰最终确立新型的和俄罗斯的外交关系。而"新"颜色革命强加给乌克兰的选择是西方，乌克兰右翼力量的选择给乌克兰带来巨大的损失，一是乌克兰失去了一块占据重要地缘政治地位的领土克里米亚；二是乌克兰深陷内战，民不聊生，手足相残；三是乌克兰经济陷入危机，国家濒临破产。因此，从乌克兰现实来观察，乌共选择俄罗斯是考虑了历史、民族、政治、经济、文化、地理位置等多个方面的综合因素，对乌克兰国家和民族发展更有利、更合理。

二 乌克兰共产党与中国的关系

乌共一直与中国共产党保持良好关系，经常联系和交往。乌共领袖彼得·西蒙年科认为，乌克兰应以中国为榜样。2013年4月17日，乌共中央第一书记西蒙年科与中国驻乌克兰大使张喜云会面。在会谈中，西蒙年科指出，中国改革开放30多年来，中国共产党领导中国人民在国家建设的伟大事业中取得了举世瞩目的成就，中国共产党坚持从本国国情出发，走中国特色社会主义道路。中国的发展道路和成功经验值得世界各国学习借鉴。乌共愿进一步密切同中国共产党的良好关系，在理论研究、治国理政、干部培训等领域加强合作，推动两党和两国关系健康发展。

乌共高度评价中国的发展成就及其对世界社会主义的意义。乌共高层领导人亚历山大·戈卢布（Александр Голуб）指出，中国已经成为抵御西方银行家引发的世界危机的榜样和经济发展的引擎。[1] 在世界经济危

---

[1] Александр Голуб: Китай стал локомотивом экономического роста и образцом борьбы с мировым кризисом, который спровоцировали западные банкиры. http://www.kpu.ua/aleksandr-golub-kitaj-stal-lokomotivom-ekonomicheskogo-rosta-i-obrazcom-borby-s-mirovym-krizisom-kotoryj-sprovocirovali-zapadnye-bankiry/, 8 ноября, 2012.

机中，中国经济的稳定增长证明了社会主义计划体制的优越性。可以对比的是，资本主义深陷危机，并且资本主义经济危机在不断深化。根据欧洲各国不断发出的恐慌性新闻可以发现，这些国家濒临破产边缘。而中国，自2007年以来，经济增长了1.5倍。亚历山大·戈卢布认为，社会主义中国不仅仅是整个世界的榜样，更是乌克兰的榜样。当前，乌克兰的经济遭到了金融危机和寡头的围攻，他们的贪婪是乌克兰现有经济现象的表现形式。而他们却想把不良后果转嫁给劳动人民。乌克兰劳动人民正在认识到这一点。乌共在选举中感受人民支持的时候，越来越倾向必须进行激进的制度变革——从资本主义向社会主义转变。"中国是社会主义模式有效的、活生生的一个例子，向社会主义过渡不仅是必要的，而且是可能的。西方的状况和乌克兰的现实表明，资本的毫无理性的贪婪对国家有百害而无一利。中国的发展表明，如果国家监控经济发展过程，经济将会增长，国家将会繁荣。"[1] 乌共认为危机可以检验任何一种制度的牢固性，展示出其长处和弱点。中国在萧条年间经济稳定增长，而世界经济几近折载，这说明我们正生活在资本主义终结的时代，而只有争取社会主义才有未来。

第六节　面临的问题与发展前景

　　乌共四十二大政治报告指出了其面临的现实困境，并提出了相应的解决方法：一是针对党发生分裂的危险，加强党的思想建设和组织建设；二是顺应时代的潮流，跟上时代的步伐，实现党员队伍的现代化；三是联合社会上的所有健康力量，组建乌克兰左翼阵线联盟，扩大选民基础，以便更有效地同乌克兰的资本主义制度进行斗争。

一　加强党的思想建设和组织建设，防止党发生分裂

　　早在苏联解体之初，乌克兰的共产党人队伍就已经发生过分裂，两个乌克兰共产党并存了9年。直到2002年5月两个乌克兰共产党才召开

---

[1] Александр Голуб: Китай стал локомотивом экономического роста и образцом борьбы с мировым кризисом, который спровоцировали западные банкиры．http://www.kpu.ua/aleksandr－golub－kitaj－stal－lokomotivom－ekonomicheskogo－rosta－i－obrazcom－borby－s－mirovym－krizisom－kotoryj－sprovocirovali－zapadnye－bankiry/，8 ноября，2012.

了联合代表大会,在会上通过决议,确定两个乌克兰共产党联合起来,组成乌克兰境内唯一的、真正的共产党人党——乌克兰共产党。[①] 至此,同时并存的两个乌克兰共产党完成了从组织到成员的统一。但是,乌克兰共产党统一之后,乌克兰共产主义运动队伍的分裂问题并没有得到有效的遏制。今日乌克兰,出现了五个共产党并存的局面:乌克兰共产党、乌克兰工人党(马克思列宁主义)、乌克兰工人和农民共产党、乌克兰共产党(革新)和乌克兰共产主义马克思列宁主义党。在这些共产党中,最有影响力的依然还是乌共。有一点需要特别指出,就是这些与乌共并存的党,大多是由从乌共分裂出去的原乌共党员组建。时至今日,如何凝聚力量,保持党的统一,防止党发生分裂,依然是乌共目前面临的紧要任务。

由于乌克兰所发生的强制资本主义化,导致乌克兰居民出现了政治、经济、文化和社会等多个方面的分化。买办资产阶级和资产阶级的犯罪率居高不下;工人阶级、农民和知识分子也是不断分化并且日益失掉了其自身的阶级属性;资产阶级的生活方式和发财思想大行其道,一部分共产党员生活腐化堕落;资产阶级民主力量的反社会主义活动和对共产党人的造谣中伤活动规模浩大,社会价值体系和道德信仰发生剧变;对背叛、变节等行为和脚踏两只船的行为大加赞扬;乌克兰政治局势的复杂性也导致一些党员信仰出现动摇;由于欠缺对具体情况的认识、理论素养差,以及缺乏政治锻炼,一部分党员无法认清新的斗争条件,不能及时理解和正确评价斗争的新阶段;一部分党员纪律涣散、带有悲观情绪和冒险报复情绪,对社会主义和国际共产主义运动当前所经历的危机和低潮状态持一种情绪化的反应;党内有机会主义分子在积极地开展活动,包括完成一些政治力量及一些政治组织的指令;"自由化"的资产阶级的自由主义思想和社会民主主义思想在党内有很深的影响,敌对势力企图通过在党内培植"民族—共产主义"的方式,从内部分解党,他们鼓励党内的右倾机会主义和左倾情绪,挑唆党内领导实施冒险行为和分裂活动。在库奇马执政期间,乌共领导曾提出过弹劾总统的提案,同时,通过了修改宪法以便限制国家最高首脑权力的提案。但是,正是最高拉达中的共产党员议员,因为罢免

[①] 孙凌齐:《乌克兰共产党的重建与主张》,《当代世界社会主义问题》2008年第3期。

在"录音带丑闻"[1]中捍卫总统利益的总检察长米哈伊尔·波捷别尼科，而中断了对宪法修正案的表决。稍晚，前总检察长又被安置在议会的共产党团中。乌共党内所发生的所有这一切，都威胁到党的统一，使党面临着巨大的分裂危险。

乌克兰的局势对乌共的党组织提出了要求，要善于根据具体情况看清并正确评价所产生矛盾的性质，要能够识别出，哪些是志同道合者暂时性的不同意见，哪些是钻入党内的资产阶级和机会主义的观点和情绪，对于一个生机勃勃的党而言，在对待具体问题的时候，有不同的观点和态度是正常的，要区别对待不同的矛盾。如果对待前一种分歧，要靠生活本身、靠争论的方式、通过解释和说服的方法，那么，在对待后一种矛盾，就要求果断地揭露异己观点，并将分裂分子开除出党。

二 顺应时代潮流，紧跟时代步伐，实现党员队伍的现代化

乌共认为，鉴于当今世界是一个纷繁复杂、不断变化、新需求层出不穷的世界，因而，在理论宣传、组织和政治工作中，乌共都要不断地适应当今世界现代化的要求和需要，理解并掌握现代的政治斗争方法，以及党建的方法和艺术，将乌共变成一支现代的、有影响的政治力量，竭尽全力避免被全球资本主义制度排挤到政治边缘。

在实现乌共队伍现代化的过程中，乌共要面对的任务就是：首先，乌共应该拓展作为其世界观和价值观的载体，除了代表并捍卫赤贫的劳动阶级、雇佣工人的利益，还要成为乌克兰社会主义发展前景的载体；其次，乌共应该力争成为人民中间、各级议会制权力机构中——从镇人民代表大会到区人民代表大会，再到乌克兰最高拉达中最具有影响力的政党，乌共

---

[1] 乌克兰原总统安全局少校尼古拉·梅利尼琴科出逃到美国后，宣称，他曾将一个数字式录音机偷偷放在库奇马总统密室的沙发下面，记录了1998—2000年库奇马总统与其他人的秘密会谈。该录音带被美国方面证实，内容真实，尽管这段录音内容只是总共1000小时录音带的1/10，但就是这部录音所爆出的猛料就足以"惊世骇俗"了。根据该录音记录，库奇马至少参与了以下活动：在基辅残忍地暗杀以揭露政府人员腐败丑闻著称的乌克兰大牌记者贡加泽；违反联合国制裁禁令，秘密向伊拉克出售价值达1亿美元的高科技产品——反隐形飞机雷达；违反联合国制裁禁令，通过一名英国中间商秘密向南斯拉夫出售数千吨的导弹、攻击型步枪、手榴弹以及其他军火。通过海峡群岛将在美国境内取得的"黑钱"秘密运往国外，进行"洗钱"活动；多次秘密袭击自己在乌政府内的政敌。不过库奇马本人对以上指责均予以否认，并认为这是反对派企图让他交权而策划的政治阴谋。

要以一个真正的"群众"党的面貌出现在民众中;最后,乌共应该在一致的行动中,坚持思想的统一和组织上的团结。这也是乌共针对自身党建存在的问题而提出的整改口号。乌共希望能够通过对自身问题的查找,通过不断地加强队伍的建设,把党建设成为一个思想进步、组织团结、战斗能力强、有能力在争取乌克兰社会主义发展方向的过程中,真正承担起无产阶级先锋队的责任,成为引领工人阶级的先锋队。

在乌克兰当代的政治现实环境下,乌共各级党组织出现过因为组织性、纪律性弱而导致乌共提出的决议无法通过或者成员不断流失等状况。就在乌共四十二大召开前不久,乌共内部甚至出现分裂和冲突,造成这种状况的原因,从乌共自身的角度进行分析,主要是在挑选和培养党的积极分子的工作中,没有严格遵守要求;一部分党组织的书记关心自己虚荣心的满足超过了关心党的事业,用行政管理、专横管理方法取代集体领导原则,在挑选党委会成员的时候,不是根据党性、思想性和对党的事业的忠诚,而是依据个人喜好;党的这一代人在入党前后缺乏有效的马克思列宁主义的学习和培训,党性薄弱;对所通过的决议的执行情况、党所委托办理事务的完成情况,各级党委和党的监督机构遵守党章的情况缺少有效的、系统性的监督;党的各种代表会议作用软弱;不能按照原则对个别党的领导和普通党员的过错进行批评,而是相互包庇,诸如此类的现象给党的事业和党的形象带来了极大的危害。因此,乌共面临加强党组织的各项工作的任务。乌共需要坚持加强对全体党员的政治学习和思想培训,提高党员思想觉悟,以保证党员能够在关键时刻做出正确的政治选择。乌共要巩固党的思想基础和组织基础,加强党员队伍的团结,努力克服党组织内部的分裂。乌共要始终不断地为党补充新生力量,增强党的战斗力。乌共要结合国际形势的变化和乌克兰本国的实际,更新党的理论和队伍,实现党的现代化。

三 联合社会上的所有健康力量,共同组建乌克兰左翼阵线联盟,借此扩大选民基础,以便同现有政治制度进行更加有效的斗争

"橙色革命"以来,乌共的选民不断流失,乌共采取措施积极应对,提出要组建"乌克兰左翼阵线联盟",希望借此来扩大乌共的选民基础,增强乌克兰左翼的影响力。拟组建"乌克兰左翼阵线联盟"的想法和倡议,对乌共而言,由来已久。由于乌克兰多党议会制度的建立,各种类型的政党林立，很多政党由于得票率不能超过 3% 的门槛，而不能进入乌克兰最高拉达。在这样的情况下，很多乌克兰左翼政党的纲领主张与乌共类似或者趋同，导致乌共在选举中，要面对其他左翼政党的竞争，乌共因此会丧失 100 多万张选民的选票。在乌克兰 2007 年的大选之后，乌共针对其他左翼政党将选民分散的情况，提出组建一个代表劳动人民利益的"乌克兰左翼阵线联盟"。乌共在分析那些投票支持其他左翼政党的选民情况时指出，就实质而言，他们是在给"橙色派"投票，等于是在"支持要让乌克兰加入北约、取消俄语的地位并出卖乌克兰土地的民族主义独裁者尤先科"。① 在乌共四十二大上，乌共延续此前的规划，再次重申要组建"乌克兰左翼阵线联盟"，以避免社会主义拥护者队伍的四分五裂。

　　乌共认为，当代乌克兰的民族主义力量，从本质上讲是法西斯主义力量占主导地位。在发生危机的条件下，资产阶级在反对共产党人和左翼力量的斗争中，总是依靠法西斯主义。而法西斯主义的思想基础是民族主义。要战胜法西斯主义的威胁，只有依靠所有左翼力量的联合、大规模的群众性左翼运动才可以实现。因此，应该加快发展以社会主义为取向的社会和政治组织合作的基本形式的左翼阵线方面的工作。历史上有很多这样的例子，联合起来的左派运动取得了巨大的政治成功和社会成功。在 20 世纪 30 年代中期，法国的共产党、社会主义政党和社会民主主义党共同组建了人民阵线。当时，联合起来的法国左翼力量联盟成功地阻止了法兰西共和国变成法西斯国家。政府也可以依靠人民阵线的支持，实现从根本上改善劳动人民生活的愿望。比如，在拉丁美洲——玻利维亚、厄瓜多尔、委内瑞拉、墨西哥——在 20 世纪五六十年代也曾积极实行左翼力量的联合。这些国家的人民阵线曾展开过积极的争取改变社会，实现政治生活民主化的斗争。乌共指出，对于这些历史经验，今天要积极地借鉴和使用。依据就在于，伴随着人们生活条件的不断恶化，左翼运动的社会基础将会持续不断地扩大，首先依赖的是社会底层群体人数的不断扩大，它们遭受到失业、赤贫、高物价、高税率、通货膨胀和金融欺诈的威胁。乌共当前的一个重要任务，就是不断扩大同底层社会组织、同所有受剥削的社会团体的接触。并不断扩大同各种组织进行的合作：

---

　　① 《论乌克兰左翼力量——乌克兰共产党中央委员会呼吁》，《乌克兰共产党人》（乌克兰语）2008 年第 1 期。

要加强同生态组织的合作——主要体现在保护良好的自然环境、保证生活标准、加强生产中的劳动保护和人的健康等问题上；

要加强同消费者保护组织的合作——主要是保护那些不得不消费不合格产品的低收入人群；

要加强同所有社会组织的合作——支持他们反对垄断，捍卫小资产阶级、无产阶级和小业主的经济权利，支持他们捍卫社会正义；

要加强同青年组织的合作——为人人可以获得接受教育的权力进行斗争，为人人可以获得有保障的工作岗位进行斗争，捍卫在生产领域从事工作的年轻专家的利益，帮助他们解决生活中的各种问题。

乌共认为，要根据社会需求的情况和特点，尽最大努力拓展以党为基础的同各种社会政治组织的活动，始终牢记要遵照列宁同志的遗嘱：到劳动人民中去、同各个阶层的人打交道、在反对资本主义的斗争中"尽最大的力量来获得大量的同盟者，尽管这些同盟者是有条件的、靠不住的、不稳定的、动摇的、暂时的"。[1]

四 对乌共的发展前景的预测和分析

苏联解体之后，乌共经历了被禁止活动、秘密活动、重新合法化的发展历程。20世纪90年代中期，乌共曾经有过一个阶段的复兴。但是自2000年开始，亲西方的自由主义势力不断上升，乌共的社会影响力开始下滑，乌共在议会的席位明显下降。[2] 在这种情况下，2010年议会选举后，为了保证党在议会中的影响力，遏制亲西方的自由派，乌共与地区党等资产阶级政党因相同的亲俄罗斯立场组成政党联盟，形成了议会多数派力量。由此，党内出现了重大的分歧。乌共在四十四大前后召开的几次中央全会上，不止一次地讨论是否留在议会多数派中的问题。在乌共第四十四次代表大会上，中央第一书记西蒙年科提到，是否继续留在议会多数派的问题应交集体讨论。对于这个问题，乌共中央委员会通过了决议，认为，只要乌共还有能力捍卫劳动人民利益，就暂时留在多数派中。因为留下可

---

[1] 参见乌共党纲。

[2] Виктор Костенко: КПУ: проблемы, возможности, перспективы. http://odnarodyna.com.ua/content/kpu-problemy-vozmozhnosti-perspektivy. 27 июня 2011.

以让共产党人捍卫自己的原则性立场。① 实际上，在党组织和非党群众中围绕该问题的分歧很大，争论也很激烈。为避免党内因此出现分裂，给对手造成可乘之机，2011年乌共中央六月全会提出禁止在非党的传播媒介上批评党的活动。这遭到了党内反对派的质疑，也导致党的分裂。克里米亚自治共和国原党委领导人格拉奇（Л. Грач）因为在该问题上与乌共中央发生冲突被开除出党。随后，格拉奇组建了乌克兰工人和农民共产党（КПРС）。格拉奇要求乌共中央领导人使党当前的利益和目标服从党的原则性、纲领性文献和价值观。在格拉奇看来，乌共与自己的意识形态敌人——大资本的政党结盟，首先是在季莫申科担任总理的时候，与季莫申科联盟结盟（БЮТ）。现在又与地区党结盟。为此付出的代价是失去拥护者的信任并将导致一些潜在的（摇摆的）选民离开。

的确，"在联盟的框架下，乌共还没有耗尽其潜能"的说辞难以让人信服。现实地看，地区党实际上并不需要乌共提供什么服务，地区党需要的仅是利用乌共的品牌缓冲其近些年执行的反社会政策导致的紧张社会情绪。而对乌共而言，离开议会中的多数派联盟将面临"无处可去"的问题。离开议会中的多数派联盟，乌共实际面临两种选择：加入反对派阵营或者变成一个有影响力的核心。第一条道路是不可能的——现有的乌克兰反对派都在竞相争取乌克兰族人，一个比一个更不喜欢莫斯科。第二条道路也不现实——如今的乌共依然没有成为有影响力的中心的潜力，既没有能力，也没有愿望，更欠缺实现这种境况的热情。在选举前匆忙结盟就是一定要进入议会，保住自身议会党的地位，以防止党发生重大分裂。但是，一旦进入议会多数派联盟，党就难免受别人左右，丧失了自身的独立性和优势。在经过两年的结盟之后，乌共中央经过慎重考虑，于2012年最终还是退出了议会的多数派联盟。毕竟，代表大资本利益的地区党在议会多数党联盟中起主导作用，长期下去，乌共的价值观和理想追求就会被消解，而退出议会多数派可摆脱大资本的"绑架"，站在劳动人民的立场上争取社会主义的发展前景。

乌共参与2010—2012年的议会多数派联盟给乌共自身带来了重大的负面影响，导致乌共内部再次遭受了一场分裂。

---

① Коммунисты готовы поднимать людей. http：//glavred. info/archive/2011/06/19/134229 – 1. html.

纵观苏联解体以来乌共 20 余年的发展历程，可以发现，乌共在 20 世纪 90 年代中后期有过辉煌时期，而进入 21 世纪以来，其发展态势日渐衰退。这与乌克兰在整个世界政治力量博弈中的地位及执政当局的政治趋向有关，也与乌共自身的策略有关。乌共采取在议会中与资产阶级结盟的策略，自然有谋求生存和扩大影响的无奈，但这势必导致一些党员对乌共中央所追求的共产党理想和信念提出质疑，在乌克兰共产主义运动中造成思想混乱，直至引起分歧、分裂。乌克兰先后从乌共中分出 4 个共产党，乌共的策略问题不能不是一个重要原因。乌共与亲俄罗斯的地区党走得太近，从某种程度上为亲西方的民族主义者提供了把柄，一旦上台便对共产党下狠手。乌共最近的遭遇说明，原苏联地区国家的民族矛盾和阶级矛盾交织在一起，共产党要审时度势，审慎地处理好这些矛盾，采取恰当的策略，策略不当，稍有不慎，就会使党遭受灭顶之灾。

目前乌共正处于严重的生死考验之中。相信乌共能痛定思痛，整合力量，战胜困难，继续担当起乌克兰社会代表劳动人民利益的政党的历史使命。

第七节　党的领导人

彼得·尼古拉耶维奇·西蒙年科（Петро Миколайович Симоненко），1952 年 8 月 1 日生于顿涅茨克，现任乌克兰共产党中央委员会第一书记，是乌共在最高拉达党团的领导人。他在 1969—1974 年，曾在顿涅茨克政治技术学院电气工程师专业学习。毕业后曾在顿涅茨克煤矿机械学院任设计师。1975—1988 年在共青团工作，从市团委的一名办事员升迁为乌克兰列宁共产主义青年团中央委员会的书记。后来开始从事党的工作：任马里乌波尔市委实习秘书，秘书，乌共顿涅茨克州委第三书记的第二助手。1991 年毕业于基辅政治学和社会管理学院，成为一名政治学家。共产党被禁止活动后，从 1991 年 12 月到 1993 年 12 月曾任一家公司的副总经理。

1993 年 6 月，西蒙年科在乌共重建代表大会上当选为乌共中央委员会第一书记。1994 年 3 月，当选为乌克兰人民代表，领导乌克兰最高拉达中的共产党党团。他于 1999 年、2004 年和 2010 年参加了乌克兰总统选举。在 1999 年第一轮总统选举中获得了 22.24% 的选票，排在获得了 36.49% 的选票的前任总统列昂尼德·达尼洛维奇·库奇马（Кучма Леонид

Данилович）之后。两人进行了第二轮选举。在第二轮选举中获得37.80%的选票，库奇马获得了56.25%的选票，败给库奇马。在2004年总统选举中获得了4.97%的选票，排在第四名，前三名分别是维克多·尤先科（Виктор Ющенко）、维克多·亚努科维奇（Виктор Янукович）和亚历山大·莫罗兹（Александр Мороз）。从2009年开始，西蒙年科开始提议组建乌克兰"左翼和中左力量联盟"（Блок Левых и Левоцентристских Сил）。参加该联盟的有乌共、"左翼力量联盟"党（партия Союз левых Сил）、正义党（партия Справедливость）、乌克兰社会民主党联合派（Социал－демократическая партия Украины объединенная－СДПУ(о)），并一致选举西蒙年科担任该联盟领导人。2010年在乌克兰总统选举中，"左翼和中左力量联盟"统一推举西蒙年科为总统候选人，西蒙年科获得了3.53%的选票，排在第6位，前五位分别是维克多·亚努科维奇、尤利娅·季莫申科（Юлия Тимошенко）、谢尔盖·吉吉普科（Сергей Тигипко）、阿尔谢宁·亚采纽克（Арсений Яценюка）、维克多·尤先科。

西蒙年科领导乌共20多年来，一方面，与俄罗斯联邦共产党保持着密切的联系和合作，积极参加共产党联盟—苏共的各项工作。另一方面，在本国的政治生活中，领导乌共积极参与从最高拉达到各级地方人民代表会议的选举，代表乌共和左翼参加总统竞选，为乌共谋求更高的支持率和更大的政治活动空间，建立广泛的左翼统一战线，并随时根据形势的需要，在不同阶段与不同政治立场的政党和社会组织结盟。

正是因为西蒙年科在乌克兰共产党重建以来的独特地位和作用，2014年通过"新"颜色革命上台的乌克兰右翼势力把他视为"眼中钉""肉中刺"，对其进行侮辱、诽谤、恐吓和政治打压。西蒙年科在今日乌克兰承受着巨大的压力，其人身安全也受到一定程度的威胁。尽管处境艰难，但是，他依然积极领导乌共抗争，为乌共争取生存空间，鼓励乌共党员在逆境中坚持理想和信念不动摇。

亚历山大·弗拉基米洛维奇·戈卢布（Голуб，Александр Владимирович），1967年7月19日生于乌克兰利沃夫市，1993年毕业于基辅舍甫琴科国立大学新闻系，之后在亚拉斯拉夫·穆德雷伊国家法律科学院接受法学教育。现在是乌克兰政治活动家，从1993年开始担任乌共中央委员会主席团成员，曾任乌共利沃夫州委第一书记。四次当选为乌克兰人民代表（1998 年、2002 年、2006 年、2007 年），在第五届最高拉达中任信息和言论自由问题委员会副主任。从 2002 年十月开始担任乌克兰共产党机关报《共产党人》（Коммунист）的主编。亚历山大·戈卢布是乌共第一书记彼得·西蒙年科的拥护者。在 2006 年 11 月，他是唯一的一个反对尤先科提出的将 1932—1933 年的大饥荒界定成对乌克兰人民的种族灭绝法律草案的人。

亚当·伊万诺维奇·马尔丁纽克（Мартынюк，Адам Иванович），1950 年 8 月 16 日生于苏联沃伦州。乌克兰政治家，历史学副博士。从 1988 年开始任乌克兰共产党利沃夫州委书记，与此同时，从 1989 年开始任乌克兰共产党中央委员会意识形态部的教导员。1990 年 11 月—1991 年 9 月任乌克兰共产党利沃夫州委第一书记。然后有 3 年时间在基辅的一家农业公司"乌克兰"担任保安工作。1991—1993 年曾是乌克兰社会党（СПУ）党员，在 1992—1993 年任党报《同志报》（Товарищ）的主编。从 1993 年乌共恢复活动以后开始任乌共报纸《共产党人》（Коммунист）的主编（一直到 1997 年 10 月）。从 1995 年开始任乌共中央主席团成员和乌共中央第二书记。1997—1998 年任乌共中央选举司令部指挥官。2006 年乌共领导机构重组，他开始成为党的领袖的第一副手。

马尔丁纽克先后当选为乌克兰第三、四、五、六、七届最高拉达的人民代表，并曾两次任乌克兰最高达拉第一副议长。

第二章　白俄罗斯共产党

第一节　白俄罗斯独立后政治经济发展概况

1991年白俄罗斯获得独立地位后，开始了国家独立和主权自主的进程。对于刚刚独立的白俄罗斯而言，不仅要在政治上重建政治体系，经济上克服由于苏联解体、统一经济空间瓦解而引发的危机，当务之急是要选择一条适合白俄罗斯的国家政治与经济发展道路。

白俄罗斯独立后，由苏维埃社会主义共和国改为议会制共和国，最高苏维埃既是国家最高权力机关，也是最高立法机关，政府对议会负责。总统虽然是国家元首，形式上拥有很大权力，但本身没有独立的行动权力，最高苏维埃实际上在国家政治生活中独揽大权。1994年白俄罗斯颁布了宪法，白俄罗斯共和国宣布成为法治国家，国家开始实行总统制，代表机构和立法机构是议会——白俄罗斯国民议会，执行权力机构是政府——白俄罗斯部长会议，司法权力属于各级法院。但议会和总统亚历山大·卢卡申科之间的权力斗争并没有就此停止，白俄罗斯分别于1996年4月和11月进行了全民公决，通过了1994年修订版宪法，总统权力大大增强。在后来的几次总统选举中，卢卡申科均以高票连任。

经济上，90年代初白俄罗斯国民经济从过去的行政命令体制向市场经济体制过渡，开始实行经济私有化。市场关系的主要表现是绝大多数商品价格由市场决定，允许租赁和个人劳动行为，允许建立企业、银行和商业组织。然而白俄罗斯国民经济在这一时期的改革却进行缓慢，前后不连贯，缺乏深思熟虑且效率低下。1991—1994年工业品的生产下降超过30%，主要经济指标恶化，通货膨胀加剧，人民收入锐减。1994年超过60%的居民生活水平低于最低生活标准。为应对危机，白俄罗斯于90年代中期制定了国家经济摆脱危机的纲要，纲要规定不仅要改变生产下滑，还要保证生产实现增长。1996 年 10 月第一届全白俄罗斯国民议会批准了《1996 年至 2000 年白俄罗斯共和国社会经济发展主要目标》，把白俄罗斯商品出口、住宅建设和食品保障方面的增长作为主要任务。在确定社会经济发展道路的过程中，白俄罗斯在总统卢卡申科的主导下，实行了具有社会倾向的市场经济模式。这种模式考虑了商品货币市场关系和为保护人民利益而保留的国家调控的必要性，还考虑到白俄罗斯在苏联时期形成的社会经济特点和地缘政治特点。基于正确的经济发展战略，到 2000 年，白俄罗斯成为独联体和波罗的海三国中唯一一个工业产值超过 1991 年的国家。从 1996 年至 2004 年，白俄罗斯的国内生产总值平均年增长率为 6.6%，2005 年则升为增长 11%。这一增长率，在独联体国家中名列前茅。2005 年白俄罗斯的工业总产量是 1995 年的 2.5 倍，农业总产量是 1995 年的 1.2 倍。人均肉、奶和土豆产量在 2005 年均居独联体之首。农工综合体发展的有效政策使农业经济得到积极回报。与 1995 年相比，2005 年工资增长了 2.5 倍，2005 年现实经济领域平均工资水平达到 250 美元，预算为 225 美元，在农工综合体中为 135 美元。[①]

白俄罗斯良好的经济运行与其他原苏联加盟共和国的经济深陷衰退泥淖形成鲜明对比。白俄罗斯国内普遍认为，白俄罗斯成功恢复经济并继续向前发展的最重要的原因就是选择了正确的国家发展模式。1997 年白俄罗斯政府通过的行动纲要中指出："白俄罗斯确定社会取向的市场经济为自己的国家发展模式，这种模式能把市场竞争优先、有效的社会保障体系、市场自治思想和国家管理结合起来。"这种模式兼顾商品货币市场关系和为保护人民利益保留国家调控的必要性，还考虑了白俄罗斯在苏联时期形成的社会经济特点和地缘政治特点，以及其他国家经济转型的经验。白俄罗斯学者认为，白俄罗斯经济发展模式的特点是强有力的国家政权的存在，这种政权能促进经济发展，保障社会公平和社会秩序。社会取向的市场经济作为白俄罗斯发展模式具有自己的特点，其中包括：国家经济成分与私人经济成分并存；把私有化作为寻找能提供员工社会保障的致力长期发展的企业的手段；提高国内商品的竞争力；保障国家经济安全；提高人民物质福利；发展与独联体国家和俄罗斯的经济联系。

---

① Фомин В. М. *История Беларуси 1945 – 2005.* Минск, 2006 г., С. 143 – 146.

但是，2008年爆发的世界金融危机在相当程度上抑制了白俄罗斯社会发展规划目标的完成。白俄罗斯以出口为导向的小型开放经济体易受世界经济形势波动的影响，对由欧洲市场和俄罗斯市场需求急剧缩减而引起的外部打击反应异常痛苦。2011年5月24日，白俄罗斯政府宣布白俄卢布兑美元汇率由3155:1下降至4930:1。货币的突然贬值在民众中引发恐慌，人们纷纷涌入商店抢购商品，挤入银行等机构抢兑，这给白俄罗斯经济造成了严重打击。白俄罗斯政府为了缓解危机，一方面继续保持社会领域的改革，随着通货膨胀的加剧稳步提高退休金；另一方面实施了规模不小的私有化政策，被迫卖掉国有资产中比较重要的关系国家经济安全的部分，例如白俄罗斯天然气运输公司、白俄罗斯钢铁厂和明斯克汽车厂等。但是白俄罗斯并没有实行大规模私有化，在2011年年底局势转稳且筹措资金的任务基本完成后，放慢了私有化的脚步。

白俄罗斯共产主义组织就是在这样的政治重建与稳定，经济恢复、增长及遭遇危机的过程中展开了组织重建与政治活动。

第二节　白俄罗斯共产主义组织的分化与组合

自苏联解体以来，白俄罗斯存在两个共产党组织——白俄罗斯共产党（Коммунистическая партия Беларуси，俄文缩写为КПБ，以下简称"白共"）和白俄罗斯共产党人党（Партия коммунистов Белорусская）。1991年12月，即在白俄罗斯最高苏维埃颁布"禁共令"后不久，一部分共产党人重新聚集起来，在明斯克召开的代表大会上正式成立了"白俄罗斯共产党人党"并通过了章程和纲领性宣言，维克多·奇金任中央第一书记。该党多次争取恢复原共产党的合法地位，最终使第12届最高苏维埃在1993年2月14日取消了暂停白俄罗斯共产党活动的决定。1993年4月25日，白俄罗斯共产党举行第三十二次（非常）代表大会，肯定了白俄罗斯共产党人党的成绩，并决定以白俄罗斯共产党加入白俄罗斯共产党人党的方式将两党合并，称为"白俄罗斯共产党人党"，谢尔盖·卡利亚金当选为党中央第一书记。但是，1996年，白俄罗斯共产党人党及其支持者占优势的议会与总统亚历山大·卢卡申科在权力分配问题上产生分歧，最终导致共产党队伍重新分裂。支持总统的一部分党员在奇金和E. E. 索科洛夫的领导下于1996年11月再次组建"白俄罗斯共产党"，而另一部分反对总统的党员则继续保留"白俄罗斯共产党人党"的名称。从此，在白俄罗斯政治舞台上出现了两个共产党组织并存的局面。

为了统一白俄罗斯共产主义力量，结束分裂局面，共产党联盟—苏共的领导人实施了一系列恢复白俄境内共产党的统一的措施。2006年7月15日，在白俄罗斯首都明斯克举行了白俄罗斯共产党和白俄罗斯共产党人党的统一大会。白俄罗斯共产党在坚决拥护总统卢卡申科内外政策的奇金和塔季扬娜·戈卢别娃等人的领导下，发出了以白俄罗斯共产党为基础的联合倡议，建议吸收白俄罗斯共产党人党的成员加入自己的基层组织。然而，白俄罗斯共产党人党的领导人全力阻止了统一大会的召开，并以开除出白俄罗斯共产党人党来威胁与白共重新联合的成员。这一举动进一步导致了白俄罗斯共产党人党的分裂，扩大了党内的分歧，导致许多成员退党，甚至一些基层组织整个转入白共。至此，两个共产党重新联合的努力失败，白俄罗斯共产主义运动的分裂局面未能改变。

2009年10月25日白俄罗斯共产党人党经多次召开会议研讨，将党的名称改为"白俄罗斯左翼联盟党—公正世界"（Беларуская партия левых Справедливый мир），简称"公正世界党"。公正世界党仍以在白俄罗斯发展社会主义作为自己的目标。

第三节　组织状况与组织建设

一　白俄罗斯共产党的组织现状与组织建设

目前，白俄罗斯共产党是白俄罗斯国内的主要政党之一。白俄罗斯共产党现任中央第一书记为伊戈尔·卡尔片科[①]，拥有党员6000多名，在白俄罗斯所有六个州和首都明斯克拥有400多个基层组织[②]，在2012年9月举行的第五届国民会议代表院的选举中白共得到6个议席，在地方各级苏维埃有320名代表。

---

①　2012年10月20日，明斯克市执行委员会副主席伊戈尔·卡尔片科在白俄罗斯共产党中央全会上当选为白俄罗斯共产党中央委员会第一书记。

②　90 - летний юбилей образования БССР и КПБ - историческая ретроспектива. Роль и место Коммунистической партии Беларуси в современных общественно - политических процессах. Тезисы доклада Первого секретаря ЦК КПБ Т. Г. Голубевой на IX Съезде Коммунистической партии Беларуси, Мы и время - Коммунист Белоруссии. 10 Января 2009 г..

在马克思列宁主义基础上重建的白俄罗斯共产党是苏共成员白俄罗斯共产党组织上的继承者。白俄罗斯共产党以马列主义理论和实践为基础开展自己的活动,保留并发展党在社会主义建设年代所积累的经验。白共认为自己行动的主要动机是为白俄罗斯人民和祖国服务。对党员而言,人民政权、社会正义与社会公平这样的价值观不仅是通往社会主义道路上的主要目标,也是党的基本原则。[①]

白俄罗斯共产党是独立的政治组织,承认所有其他共产主义政党的独立性。白俄罗斯共产党与其他共产主义政党的关系建立在阶级利益相同、政治和社会目标一致的基础上,建立在同志关系、互助和集体主义精神的基础上。白共支持国际共产主义运动和工人运动在由共产党人历经几个世纪所创造的道德理想和政治基础上的统一。白俄罗斯共产党是共产党联盟—苏共的正式成员,认为这一联盟的加强是苏维埃国家联盟在自愿的基础上重建并在此之上组建统一共产主义政党的最重要的政治条件。[②]

在组织建设方面,白俄罗斯共产党根据新的时代特征和社会政治局势的变迁,作出以下调整。

1. 承认多党制的现实,强调更新组织工作方式

白共认为,国家正处于新的结构中,与党同时存在的还有其他14个政党、2000多个社会团体,数十个宗教组织和工会,这就意味着,在与群众的日常工作中,必须考虑到多党制的现实条件,找到党在群众中工作的现代方法和形式,以符合政治和社会经济状况的现实。目前党处于这样一种时代,社会进程在本质上是动态的,人们的生活变化不断,伴随着新的社会组织的出现,例如私人企业家、办公室和IT无产阶级、无任何知识的人等,人们的社会意识也会发生变动。与十月革命时期相比,当代资本主义也改变了嘴脸,毫无疑问,这要求在实践中发展和运用马列主义的时候要采取创造性的方法。这意味着,在当代的政治斗争中,可以提出的政治口号比较少。因此,党必须把理论、意识形态、信息宣传和组织工作推

---

① Программа коммунистической партии Беларуси [Принята X (XLII) съездом КПБ 17 декабря 2011 г.]. Коммунист Беларуси Мы и время. № 5 (789) от 4.02.2012 г..

② Там же.

上新的水平。[1]

2. 白共认为在党内关系方面亟待解决的任务有：

——从思想和组织上巩固党，首先是党的基础——基层党组织；

——保证党的队伍在思想上的统一，根据白共党章，遵守民主集中制原则；

——更新党的领导成员并使其不断年轻化，广泛吸收青年和妇女的积极代表加入党的队伍；

——党内生活民主化，消除官僚主义化和领袖至上现象，对所有选举机关和领导干部进行系统性更新；

——在与公开和隐蔽的社会主义反对者的斗争中，白共反对不能容许的宽容、过分妥协和合作等种种表现，对违反白共章程和纲领的人不能不切实际地实行通行的党纪；

——对党员进行系统的政治教育，在白俄罗斯社会推行先进的社会主义思想，科学理解白俄罗斯形势与世界形势，发展基础科学和应用科学。[2]

3. 加强党的思想理论建设和意识形态工作

白共认为，最近几年，党的思想理论工作是富有成效的，其中最重要的成果就是2011年在第十次白共代表大会上通过了新的党纲。但是，白共认为有必要继续认真研究大量的理论和实践问题。在2013年5月召开的白共中央全会上讨论了在当前形势下完善党的思想理论工作的迫切问题。白共认为，世界经济下滑和资本主义总的制度危机是不可克服的，帝国主义必然灭亡，但是帝国主义对苏联历史的抹黑和歪曲毫无疑问地影响到了白俄罗斯社会对共产主义意识形态的态度。今天在白俄罗斯社会可以看到小资产阶级的马克思主义方案，即所谓的文明的马克思主义，没有列宁、不谈斯大林、迎合资产阶级民主的马克思主义。另外，又可以看到从白共队伍中分离出去的挑拨者，他们宣称自己是富有激情的革命者，是为了共产主义思想的纯洁性而奋斗的战士。基于上述判断，白共中央委员会

---

[1] 90 - летний юбилей образования БССР и КПБ - историческая ретроспектива. Роль и место Коммунистической партии Беларуси в современных общественно - политических процессах. Тезисы доклада Первого секретаря ЦК КПБ Т. Г. Голубевой на IX Съезде Коммунистической партии Беларуси, Мы и время - Коммунист Белоруссии. 10 Января 2009 г. .

[2] Программа коммунистической партии Беларуси［Принята X（XLII）съездом КПБ 17 декабря 2011 г.］. Коммунист Беларуси Мы и время. № 5（789）от 4. 02. 2012 г. .

在党的思想理论建设方面作出了几个重大的决议。首先,在党的思想建设和宣传内容方面,强调要广泛利用对资本主义制度性缺陷的批判,揭露自由主义、民族主义和其他破坏性势力破坏白俄罗斯社会安定的企图。此外,还应把党员、具有社会主义倾向的学者、人文教师和经济学家的一切科学研究成果都在理论建设实践中加以引用。其次,在思想理论工作的形式上,除了继续保证严格的政治学习制度和党员干部培训制度之外,强调与白俄罗斯社会主义倾向学者的组织"知识"协会、国际共运和工人运动的代表密切合作,定期举行"21世纪社会主义问题研讨会",对包括马列主义学说的当代发展、白俄罗斯社会政治和经济发展状况与前景,苏维埃文明的成就,世界资本主义制度和社会主义国家的发展趋势等一系列问题进行广泛讨论,并在此基础上制定出白共的经济纲领、出版一系列历史书籍与读物等。白共还强调,无论是党员干部的思想培训还是研讨会的开展,其重要的方法论和原则是要用马列主义、辩证唯物主义、历史唯物主义和阶级分析方法来对各种社会问题进行研究与分析。[1]

4. 强调积极利用现代媒体技术

白共目前虽然有自己的网站,但是信息更新较为缓慢,内容较为单一,大多数基层党组织没有自己的网站,整个党内缺乏掌握相应知识的人才。白共认为,必须在党的工作中引进新的信息技术,年轻的共产党员应该在此方面担当重任,负起建设白共多语言网站的责任。同时,应加强党报《我们与时代——白俄罗斯共产党人》纸质版和网络版的的建设。

二 公正世界党的组织状况与组织建设

与白共不同,公正世界党的前身白俄罗斯共产党人党的规模与20世纪90年代初相比已大为缩减,党员只有1500人[2],甚至一度面临着组织被取缔的危险。2007年8月2日,白俄罗斯最高法院宣布,根据白俄罗斯现行政党活动法规,在未来六个月暂停白俄罗斯共产党人党的活动。2008年1月4日,白俄罗斯司法部向最高法院递交了关于取缔白俄罗斯共产党

---

[1] Постановление Ⅶ (майского 2013 года) Пленума Центрального Комитета КПБ《Об актуальных вопросах совершенствования идейно - теоретической работы партии в современных условиях》, Мы и время - Коммунист Белоруссии. 7 Июни 2013 г.

[2] В Минске прошел Воссоединительный съезд белорусских компартий. www.cprf.ru, 17 Января 2006 г..

人党的诉讼，其理由是白俄罗斯共产党人党自 2007 年 8 月 2 日起进行了被法律禁止的活动，例如征集签名、签署关于参加议会选举的政治竞选协议、领导人进行国际出访等。① 白俄罗斯共产党人党在 2008 年的白俄罗斯议会选举中没有获得任何席位。

面临严峻的局势，该党急于寻求解决之道，更改党的名称就是其希望摆脱党的生存危机的表现。更名问题源于该党格罗德诺州委书记保罗·斯坦涅夫斯基刊登于《同志报》上的一篇文章，他认为"共产主义、共产党人、共产主义的——这些概念自从《别洛韦日条约》签订时刻起，就广受贬责，备受社会辱骂。反共主义伴随着几代人的成长，我们党被视为实行大规模镇压、消灭教堂、迫害知识分子的组织的余孽。这使得共产党人党不具备对青年人以及更年长一些人的吸引力。虽然对'共产主义'这样的理解并不公平，但这客观地存在于社会意识中。"由于党更改名称的关键在于去掉"共产主义"一词，这在党内引起了很大的争议。支持者认为，"党现在的名称与党的目标不符合"。如白俄罗斯共产党人党新闻书记谢尔盖·沃兹尼亚克认为，那些反对改名的党员只是因为情绪所致才坚持保留原名，但是他们没有回答白俄罗斯共产党人在不改变名称的情况下能不能继续发展的问题，能否吸引新人入党。他说："党并没有提出建设共产主义社会这一任务，因为这一问题在今天不现实。我们的最低纲领是建设民主共和国，并在此基础上向社会主义过渡。有关共产主义的任务，我们只有在未来才能涉及。而党的名称应该与其纲领目标相符。"② 卡利亚金也明确表示，如果把"共产主义"一词从名称中去掉，可以扩大党的拥护者范围，不会吓跑年轻人，增强左翼力量在社会中的影响③。在党内，坚定的传统派与革新派展开了激烈的争论，包括卡利亚金在内的革新派占据上风。2009 年 10 月 25 日举行的白俄罗斯共产党人党第十四次（非常）代表大会的第二阶段会议上，党的名称改为"白俄罗斯左翼联盟党—公正世界"。

---

① Минюст подал в Верховный суд иск о ликвидации ПКБ. www.newsland.ru, 04 Января 2008 г..
② http：//naviny.by/rubrics/politic/2006/08/18/ic_ articles_ 112_ 147659/.
③ Олег Мытик, Осенью ПКБ окончательно определится со своим новым названием, www.date.by, 23 Мая 2009 г..

第四节 指导思想与理论主张

一 指导思想

在指导思想上，两党都宣称坚持马克思列宁主义。在确定纲领目标、战略和斗争策略时，白共以发展的马克思列宁主义学说和唯物辩证法为指导，以白俄罗斯和世界的科学成就与经验为支柱。[1] 公正世界党在纲领中称，在分析社会发展趋势时，党从阶级立场出发看待社会生活现象，运用科学共产主义奠基人马克思、恩格斯、列宁制定和发展的辩证唯物主义认识论。[2]

二 主要目标

两党虽然都以实现社会主义为目标，但侧重点各有不同。白共的主要目标有如下几方面。

1. 人民政权

体现经各级人民代表苏维埃和其他人民自治形式联合起来的大多数劳动者的宪法权利；

2. 社会公正

包括在生产资料关系上人人平等，保障人们的劳动权利及根据劳动结果获得相应报酬的权利，免费的素质教育和专业医疗救助的普及，舒适的住房、休闲及社会保障体系；

3. 社会平等

作为自由的必要条件，建立在消除人对人的剥削、各种社会不公平现象和寄生关系的基础上，建立在所有人平等地实现自我发展以及平等地参与社会事务、组织、企业和机关的管理基础上；

4. 社会主义

社会主义应符合当代生产力发展水平并能解决社会所面临的问题，居

---

[1] Программа коммунистической партии Беларуси（Принята X (XLII) съездом КПБ 17 декабря 2011 г.）. Коммунист Беларуси Мы и время. № 5（789）от 4.02.2012 г..

[2] 《白俄罗斯两个共产党纲领（下）》，孙凌齐译，《国外理论动态》2009年第2期。

民在这一条件下拥有较高的生活水平，具有其个性发展的必要条件。①

而公正世界党的主要目标除了人民政权、社会公正、平等、团结和自由之外，强调民主制是社会主义社会同等重要的组成部分。②

三 白俄罗斯实现社会主义的道路

1. 对现政权的态度

两党分别作为白俄罗斯当局的支持者与反对派，对白俄罗斯现政权的态度截然不同。

白共在国家和社会中的地位非常独特，它既不是执政党，也不是反对党。白共第一书记卡尔片科认为，白共这种独一无二的地位与1959—1963年的古巴人民社会党和现在的委内瑞拉共产党情况类似。尽管白共不是执政党，但是却不能拒绝执政党的思维逻辑，在分析具体的社会现象与事件时，不仅要驳斥反对党的错误观点，还要与一切可能的建设性力量进行合作与妥协。③

白共支持以卢卡申科总统为首的当局的内外政策，认为"白俄罗斯当前形成的发展模式，在保持白俄罗斯苏维埃联邦社会主义共和国曾赖以存在的社会道德价值体系下，可以使国家建设的发展方向有利于白俄罗斯人民，可以使白俄罗斯在考虑到民族利益的同时积极参与世界经济关系的一体化过程"。白共认为，目前在白俄罗斯，自然资源、土地、重要战略工业和农业企业仍保留国家所有制，这可以让国家的政治领导层在一个稳定的社会政治和经济条件下开展有利于白俄罗斯人民的国家建设。

白俄罗斯共产党虽然全面认同并支持现政权引领下国家所实行的发展模式和各项方针政策，但是并不认为白俄罗斯正在建设社会主义国家，因为在宪法中和白俄罗斯总统的公开讲话中都没有这样的说法。白共第一书记卡尔片科认为，白俄罗斯今天走的是一条非常接近社会主义的道路。这首先表现在与后苏联空间的其他国家相比，白俄罗斯并没有发生资本主义复辟，拒绝了大规模的私有化，自然资源、土地、重要战略工业和农业企

---

① Программа коммунистической партии Беларуси（Принята X（XLII）съездом КПБ 17 декабря 2011 г.）. Коммунист Беларуси Мы и время. № 5（789）от 4. 02. 2012 г..

② 《白俄罗斯两个共产党纲领（下）》，孙凌齐译，《国外理论动态》2009年第2期。

③ Интервью первого секретаря ЦК КПБ в газете "Правда"，http：//www. comparty. by/news/intervyu‐pervogo‐sekretarya‐ck‐kpb‐v‐gazete‐pravda/

业仍保留国家所有制。白俄罗斯的土地不允许买卖。土地可以为私人所有，但是包括别墅、住所和宅旁园地的面积均不能超过 100 平方米。这部分私人土地只可以长期出租，同样不可以用来买卖。农业方面，白俄罗斯不仅以集体农庄或国有农村企业的形式保存着大规模的农业经济生产，而且还对其进行积极的现代化的改造。白俄罗斯也存在私人农场，但是其土地也是归集体农庄所有，农场主只有土地的使用权，就这点来说白俄罗斯更接近于社会主义。

其次，白俄罗斯在很大程度上对国家经济进行干预调节，例如，白俄罗斯对包括国有企业在内的公司企业产生的附加值进行调节分配，并把这些钱用于包括儿童医疗保健、居民健康疗养等在内的各种社会项目，白俄罗斯几乎每个企业都有自己的疗养院、疗养所和健身基地。①

与白共党不同，公正世界党认为，苏联解体后，白俄罗斯在国内建立了资产阶级的权威主义官僚政治体制，这个体制依靠胡作非为的执行权力机构，脱离了人民的监督，也不受宪法和法律的约束。它们建立的经营管理体制只为一部分民族资产阶级服务，主要财政资源和财产都由高层官僚和地区官僚不受监督地加以支配。②

2. 白俄罗斯实现社会主义的道路

由于对白俄罗斯现政权的不同评价，两党在白俄罗斯如何实现社会主义的问题上分歧明显。白共认为，历史进程的实现形式各异，白共支持一切符合劳动人民利益的形式。在实现社会主义的社会变革的同时，白共支持在法律范围内利用各种形式的有效途径和方法实现上述目标，反对破坏国内和平的社会暴力、资产阶级和小资产阶级极端主义。③此外，自白共第十次代表大会以来，在党内开始广泛讨论白俄罗斯国家发展方向与实现社会主义目标之间的关系问题和在当前条件下建设社会主义的方法与阶段问题。白共认为，复兴社会主义，不应该创造什么未经实践检验的经济理论或社会理论，历史已经给出了独一无二的答案，那就是苏维埃文明。而白俄罗斯存在建设社会主义的起点，即以社会为取向的国家发展模式。因此，白共与其他国家的共产主义政党所面临的环境、任务和工作方法不完

---

① Белорусский вектор, *Мы и время - Коммунист Белоруссии*, № 1 (941) от 02.01.2015.
② 《白俄罗斯两个共产党纲领（下）》，孙凌齐译，《国外理论动态》2009 年第 2 期。
③ Программа коммунистической партии Беларуси (Принята X (XLII) съездом КПБ 17 декабря 2011 г.). Коммунист Беларуси Мы и время. № 5 (789) от 4.02.2012 г..

全相同。其他国家共产党所要实现的许多目标在白俄罗斯已经成为了生活的准则。白共应该在此基础上丰富自己所提出的社会公平、人民政权和社会主义等目标的内容。①

公正世界党则认为，为使白俄罗斯回到社会主义发展道路上，在进行社会主义改造之前，必须从根本上改革现存政治体制，而政治改革的首要任务应该是解决一般民主主义任务，包括保证宪法和法律至高无上的地位、实现自由和公正的选举、加强人民对政权的监督权、恢复议会制、加强司法独立性、实现人民对国有媒体的监督权和人民公开获得与传播信息的权利。在解决一般民主主义任务之后，白俄罗斯共产党人党将为夺取政权，使白俄罗斯回到社会主义建设道路而斗争。②

在如何对白俄罗斯进行社会主义改造的问题上，两党并无原则性分歧，但在一些具体策略方面的观点有所不同。

在经济上，两党都考虑到多种所有制并存的现实，强调国家要对经济关系进行强有力的调控，保证经济安全，并在具有重要战略意义的领域恢复公有制。由于2011年白俄罗斯爆发了严重的货币危机，白俄政府决定实施一系列国有资产的私有化方案。白共党内在这一问题上发生了激烈的争论。不少党员认为，作为共产党员怎么能允许国家财产被卖掉？白共总书记卡尔片科在接受俄罗斯《真理报》采访时也表示，白共有关私有化这一问题的立场，在党纲中明确无疑，白共认为白俄罗斯在任何条件下都不能成为寡头为所欲为之地，总统卢卡申科也同意白共这一立场。另外卡尔片科又认为，根据马列主义方法论，要具体问题具体分析。例如，如果白俄罗斯拒绝将白俄罗斯天然气运输公司卖给俄罗斯，那么俄罗斯建设的北溪天然气管道就会越过白俄罗斯直接向西欧输送天然气。而卖掉该公司在白俄罗斯境内的天然气管道能够继续运作，而这意味着白俄罗斯可以得到过境收入。③

卡尔片科认为，关键问题在于如何理解生产资料的公有制。国家所有

---

① Постановление Ⅶ（майского 2013 года）Пленума Центрального Комитета КПБ 《Об актуальных вопросах совершенствования идейно－теоретической работы партии в современных условиях》，Мы и время－Коммунист Белоруссии. 7 Июни 2013 г..

② 《白俄罗斯两个共产党纲领（下）》，孙凌齐译，《国外理论动态》2009年第2期。

③ Интервью первого секретаря ЦК КПБ в газете "Правда"，http：//www.comparty.by/news/intervyu－pervogo－sekretarya－ck－kpb－v－gazete－pravda.

制形式并不等同于公有制，确定一个国家的生产资料的所有制形式是否为公有制应该看其生产发展的目的。今天，想要描述究竟什么样的生产资料的公有制符合马列学说是很复杂的，而这是一个非常重要的理论问题。卡尔片科认为，公有制形式表现在对企业附加值的再分配上。国有企业和私有企业共同创造了这一价值，但是不仅仅是生产资料，雇佣劳动、新技术的应用、利润和折旧费等共同创造了附加值。如果附加值的再分配是以社会支付和津贴的形式发给工人，那么这是公有制分配的一种方案。如果再分配局限于某些所有者内，并且用来购买国外的游艇或者不动产，那么这就是另外一种社会再分配。当劳动者不只是作为生产资料的，而且还是劳动产品的集体所有者，公有制的性质才可以确定，这就是所谓的劳动再分配原则。需要加强劳动集体、企业行政部门和所有者之间的集体谈判的作用，通过集体谈判实现集体参与管理企业和附加值再分配的权利。①

在政治方面，两党虽然都主张建立人民政权，但侧重点各有不同。白共更强调从意识形态上反对资本主义复辟和资本主义政党，称要"禁止国家资本主义化和资产阶级进入国家政权，向大众阐释社会主义发展道路的优势和复辟资本主义制度路线的反历史性和致命性"。②公正世界党从民主制度建设的角度出发，认为要"推行宪法改革，在立法、执法和司法机构相互制约和有效作用的情况下，保证实现苏维埃形式的真正的人民政权"。③

在社会政策方面，两党都强调要保留苏联时期的社会保障体系，继续实行强有力的社会保障政策。在外交领域，两党并无分歧，都主张要实现国家独立和完整，加强国家的国防建设，在一定的条件下继续与俄罗斯的一体化进程，并在自愿的基础上分阶段重建苏维埃人民联盟。

四 对苏联解体主要原因的认识

两党在苏联解体、苏共垮台的主要原因问题上观点并不相同。白共强调国家领导人的错误和少数投机分子的混入对社会主义事业造成了严重危

---

① Сергей Падалки, Особый путь белорусской компартии, Коммунист Беларуси Мы и время. No 44 (932) от 01.10.2014 г..

② Программа коммунистической партии Беларуси (Принята X (XLII) съездом КПБ 17 декабря 2011 г.). Коммунист Беларуси Мы и время. No 5 (789) от 4.02.2012 г..

③ 《白俄罗斯两个共产党纲领（下）》，孙凌齐译，《国外理论动态》2009年第2期。

害，而"公正世界"党则认为，主要原因是苏共没有解决好包括劳动者与所有制关系、苏维埃的权力行使、特权阶层及理论僵化等问题，苏共逐渐丧失了人民政治先锋队的性质，失去了人民的拥护。

白共在对苏联历史和社会主义建设成就给予高度评价的同时，认为苏联解体的主要原因可以归结为苏共和苏联国家领导层中混入了伪改革者、蜕化变质分子和投降主义分子。在"完善社会主义"和"新思维"的民主口号掩盖下，"改革"政策的思想家们瓦解了苏联的经济基础和政治体制，首当其冲的是其核心——共产党。关于"完善"社会主义、使其"民主化"和"人道主义化"等的可能性的讨论，都存在复辟资本主义的潜在目标。大众传媒和其他意识形态机构有意识地被转移到资产阶级和民族主义意识形态代言人手中。他们反复强调"还原历史真相"的必要性，掀起了一股强大的抹黑苏联历史的逆流，加紧向大众意识灌输自由主义意识形态，宣传自由市场关系和资产阶级生活方式。党和国家高层中背叛了社会主义理想的"民主派"的活动合乎逻辑地导致了1991年8—12月的反革命国家政变的进程，不仅消灭了共产党，也消灭了统一的苏维埃国家。①

公正世界党认为，苏共垮台的主要原因是"没有在建立起来的社会主义模式框架内解决好大多数劳动者同所有制和权力的异化问题以及经常用对苏共领导人往往是错误的观点进行辩护取代对理论和实践问题的科学研究"。"在所有制问题上，伟大的十月社会主义革命提出并得到人民支持的'工厂归工人，土地归农民'的口号，实际上变成了生产资料极端国有化。在这种情况下，劳动人民事实上成为雇佣工作者，而不是生产资料和自己劳动成果的主人。'全部政权归苏维埃！'这个革命口号所体现的思想——把全部国家政权交给劳动人民选举出来的代表——也没有真正实现。在政治体制问题上，国家政权的关键部门集中在共产党少数高层领导人的手里。由于在国内粗暴地取消了政治监督，在各级苏维埃代表选举中实行无差额选举，结果导致政权官僚主义化，降低了政权的效率。由于党的理论保障工作水平不高，对自身能力的估计过高，结果通过了一些不现实的政治决定，动摇了苏联人民对实现预定目标可能性的信念。苏联共产党逐渐丧失了劳动人民政治先锋队的作用，在很多情况下变成了某些人实现生活

---

① Программа коммунистической партии Беларуси（Принята X（XLII）съездом КПБ 17 декабря 2011 г.）. Коммунист Беларуси Мы и время. № 5（789）от 4.02.2012 г..

目标的工具。这就使大量为了捞取个人的私利,而不是为了思想信念的人混入党内。这导致党的队伍中不仅有毫无用处的人,还有不怀好意的人,结果这在很大程度上损害了党的威信和影响。"①

五 对当代资本主义和社会主义的认识

在对当代社会主义和资本主义的认识上,两党并无原则性分歧。

白共认为,经过20世纪一百年,作为20世纪标志的资本主义与社会主义之间的原则性争论并未结束。今天,在地球大部分地区占据统治地位的资本主义没有改变自己的本质,在这一社会发展结构中,人类物质生产与精神发展服从利益追逐与贪婪的法则。这决定了资本主义的特性,即把生产视为尽一切可能攫取最大利润,通过全面剥削人民和国家、掠夺自然资源和物质资源、忽视社会代价和对后代与生态环境造成的灾难性后果来进行资本积累。在20世纪,全球化是人类发展的主导方向。工业资本和金融资本的集中导致跨国公司和跨国银行的出现,加深了经济全球化和政治全球化的进程。控制着全球绝大多数物质资源的世界寡头决定着资本主义国家的政策,任何一个国家概莫能外。在金融资本的影响下,对投机利润的追求降低了工业资本增长的机会,导致全球危机爆发、剥削形式日趋严酷和失业飙升。跨国资本控制世界的欲望使人类文明的成就不能造福地球上的大多数国家和人民,留给他们的角色只是廉价的物质资源与智力资源的提供者。世界寡头还控制着政治进程,这为当代资本主义营造一个稳定的假象,瓦解和击退工人运动,孤立先进队伍于人民大众之外,缓和个别国家的社会矛盾,使其转变为国际冲突提供了机会。

白共认为,资产阶级关于当代资本主义是人道的、"文明的",无阶级的,并为人们建立起高生活水平的宣传是无依据的。经济危机不仅没有成为历史,反而更为经常性地爆发。当代资本主义在本质上使生态、人口和民族问题更为尖锐,扩大了"金十亿"与其余人类在生活水平上的差距。资产阶级对工人阶级和一切劳动者的剥削并没有消除,而是更为强化,劳资矛盾越来越公开。跨国公司对全球进行操纵和垄断统治遭遇中小企业和某些知识分子的顽强抵抗。国家在对劳动者为保护自己的权利而进行的斗争进行打压时,日益演变为大资本利益的保护人。最近

---

① 《白俄罗斯两个共产党纲领(下)》,孙凌齐译,《国外理论动态》2009年第2期。

几年，不仅已有矛盾尖锐化，而且由帝国主义全球化所引起的矛盾越来越清晰地显现出来，主要表现在以下几方面。

（1）劳资矛盾；

（2）帝国主义集团之间的矛盾；

（3）不同跨国企业之间、跨国银行之间及它们为争夺对全球的统治而结成的联盟之间的矛盾；

（4）富国与穷国之间的矛盾，南北矛盾，以及由此导致的全球范围的对抗性矛盾；

（5）资本主义国家的不同民族与种族集团为独立生存而产生的矛盾；

（6）当地居民与外来移民为新生存地和工作岗位而产生的矛盾。

资本主义的社会组织方式已濒临自身极限可能。资本家公开大肆利用科技进步来制造用于消灭生命和毁灭人类的武器。美国和北约操纵世界的现实威胁已出现。在国际社会发展中，资本主义的生产和消费模式是一条绝路，正在以新的地区战争和世界战争、重划国家边界、技术成因灾难、文化衰落和精神堕落来毁灭人类的生活，世界金融—经济危机就是上述现象的证明。[①] 此外，白共认为，今天资本主义已经陷入制度性危机，这首先是指决定了资本主义经济与政治，以及其社会关系、文化和生活方式的自由主义意识形态和价值观的全面危机。[②]

基于对资本主义的上述评判，白共认为，必须选择一条能稳步增长全球所有人福利的创新之路，这将是在对生产力、生产方式与消费方式进行根本性变革和对科技进步方向进行人道主义调整的基础上强制保护全球生态平衡的条件下进行的。当今时代，帝国主义之间无法调解的矛盾要求民族爱国主义者和有社会主义倾向的社会阶层和阶级联合到反对帝国主义全球化的斗争中。白俄罗斯共产党坚信，对我们国家而言，**社会主义发展道路**是最合理和最符合劳动人民利益的选择。共产党人正在促使人民意识到自己的利益并在国家范围和国际范围内努力实现自己的利益。不仅白俄罗斯，而且整个人类文明的命运都掌握在这一先锋力量的手中。白俄罗斯共

---

① Программа коммунистической партии Беларуси（Принята X（XLII）съездом КПБ 17 декабря 2011 г.）．Коммунист Беларуси Мы и время．№ 5（789）от 4.02.2012 г.．

② В. С. Леоненко Об актуальных вопросах совершенствования идейно－теоретической работы партии в современных условиях．Доклад секретаря ЦК КПБ по идеологической работе Валентины Степановны Леоненко，Коммунист Беларуси Мы и время．31 Мая 2013г.．

产党把全面支持和积极坚持世界的社会主义发展道路作为自己的任务。基于此，白俄罗斯共产党为实现一个社会公正和政治平等的世界而制定了自己的斗争战略。①

第五节　活动方式

作为在白俄罗斯代表院拥有 6 个议席的白俄罗斯共产党，在活动方式上更强调利用和平手段和现有的国家代议机构实现自己的主张。为提高自己对社会进程的政治影响，白共认为有必要：

——保证白共在所有对白俄罗斯人民极其重要的社会政治活动与组织中的代表权；

——参加竞选并增加在各级立法和代议机构、地方自治机构以及执行权力机关活动中的代表；

——利用各种形式协调代议机关中的党团活动，最大限度地利用其影响力来保护劳动人民的利益；

——揭露资产阶级政党与运动的反人民本质，揭露作为主要思想对手的资产阶级意识形态和民族主义意识形态的反人民本质；

——在劳动集体、工会和工人、农民与爱国主义的运动中，在创作组织、妇女组织、青年组织、老战士组织、生态团体、慈善组织以及其他社会团体中改善党的工作方式；

——与工会组织在经济和政治领域进行互动，提高劳动人民争取自己的权利与合法利益的战斗力；

——采取政治行动支持劳动集体、雇佣工人和失业人员的正当要求；

——维护白俄罗斯公民的权利与人的自由，保护海外同胞的权利与尊严；

——科学保护祖国历史与文化，道义上支持公民、爱国者和国际主义者的荣誉。②

白共认为，在国际上应巩固白共的威信，但这对于只有 6000 名党员

---

① Программа коммунистической партии Беларуси（Принята X（XLII）съездом КПБ 17 декабря 2011 г.）. Коммунист Беларуси Мы и время. № 5（789）от 4. 02. 2012 г..

② Там же.

的白共来说是复杂的事情，因为党在国际与国内上威信的提升，取决于党员数量、组织的牢固性和战斗力以及影响广大人民阶层的能力。为此 2009 年 6 月 1 日，白共新成立了白共中央国际部。白共认为，在国际上应加强与其他国家共产主义和工人政党的联系，共同研究新的选举技术、政治和宣传工作的形式和方法，在党的刊物与网站上广泛利用国际共产主义和工人政党运动的信息资料；加强与其他左翼政党、社会团体的联系。

而作为当局打压的反对派，公正世界党认为，为了实现既定目标应利用宪法手段和政治斗争形式，包括积极参加选举，在白俄罗斯居民中广泛宣传社会主义和民主主义价值，举行集会、游行、罢工和静坐示威活动等，力争掌握国家政权。

第六节　面临的问题与发展前景

由于白俄罗斯两个共产主义政党的观点、策略和现状存在较大差异，决定了两个共产党组织面临的问题和发展前景也各不相同。

白俄罗斯共产党显然在 21 世纪的社会主义运动中处于一种非常独特的状态。一方面，白俄罗斯共产党是苏共成员白俄罗斯共产党组织上的继承者，以马列主义理论和实践为基础开展自己的活动；另一方面，白俄罗斯共产党支持不以任何党派为依托的白俄罗斯现任总统卢卡申科的各项内外方针政策。一方面，白俄罗斯共产党不仅在白俄罗斯国民议会中拥有自己的代表，而且在白俄罗斯各级立法机关和权力执行机关中都有自己的代表；另一方面，白俄罗斯共产党又不具有执政党地位，而且在任何一个权力机关中都不占主导地位。一方面，白俄罗斯共产党有多种机会在有关社会政治和经济发展的关键问题上表达自己的观点，影响决策的制定；另一方面，由于不具有执政党地位，白俄罗斯共产党没有权力和机会在国家层面上实现自己的纲领。白俄罗斯共产党的这种双重政治地位在后苏联空间，甚至是整个世界的社会主义运动的发展进程中都显示出自己的独特性，这与白俄罗斯共产党对白俄罗斯业已形成的国家发展模式的认同紧密相关。

白俄罗斯共产党公开宣称支持总统卢卡申科，在历次的总统选举中，都与左翼爱国力量结成联盟对抗反对派，支持卢卡申科。2015 年白俄罗斯即将迎来新一届的总统选举，白俄罗斯共产党认为卢卡申科政府推出的白俄罗斯社会经济五年发展计划与白俄罗斯共产党的目标和精神非常接近，有意放弃推出自己党派的总统候选人，并积极会晤愿意继续维持白俄罗斯当前政治政策和经济政策的政治力量，以期结成联盟支持卢卡申科的总统竞选。同时白俄罗斯总统卢卡申科也在多个场合表示支持白俄罗斯共产党的主张和活动。白俄罗斯共产党与当局良好的互动关系一方面有利于党能够在一个较为稳定和有利的环境中开展活动；另一方面，在内外政策上完全支持不依托任何政党的总统，党的纲领主张的共产主义性质有被淡化的危险。

对公正世界党来说，作为现行体制的反对派，在近年的选举活动中都与极右翼反对派政党和亲西方势力靠近。白俄罗斯共产党认为公正世界党在依靠西方为其提供的资金来完成西方国家的意志。公正世界党受到当局打压，组织规模不断萎缩，目前只在明斯克有自己的党委，在政治舞台上能发挥的作用有限。党的困境也使一些党员对共产主义信念产生怀疑和动摇，更改党的名称就是这种情绪的一种反映。这一切都使该党处于一种变动的不稳定状态中。

从总体上看，白俄罗斯共产主义运动的分裂局面削弱了共产主义的总体力量。由上所述可以看出，白俄罗斯共产主义力量已经从最初的组织分裂演变为在理论上的分歧。两党相互指责与批评并不利于共产主义总体力量的增强。白共批评"公正世界党"与右翼势力"民主力量同盟"及其他民族主义势力串通一气，并指责在其党内一直有人要对共产主义思想进行审判，推翻列宁纪念碑，与共产主义理想相去甚远[1]。白共认为白俄罗斯共产党人党改变党的名称在本质上是在另一种意识形态基础上建立党的所有政治活动，这不只是改变名称，而是向社会民主主义过渡，并在思想上加以认同。而"公正世界"党则指责白共是拥护资产阶级政权和资本主义道路的党，在白俄罗斯广泛的政治、经济和社会问题上始终是自己的战略对手。

此外，白俄罗斯业已形成的强总统、弱议会的政治体制，限制了政党在政治体制中的整体作用。1996 年修宪后，白俄罗斯的议会成为国民会议，由共和国院和代表院上下两院组成。国民议会的所有议员均不代表党派，选举也不按照党派进行，而按选区原则分配名额。在 2012 年 9 月举

---

[1] Политический 《Квартет》？, Мы и время - Коммунист Белоруссии, 7 Февраля 2009 г..

行的第五届国民会议选举中，除了白共有 6 名党员进入代表院外，白俄罗斯农业党和劳动与公正党也各有 1—2 名党员被选入。由此可见，包括白共在内的政党在白俄罗斯现行的议会体制中很难发挥重大作用。

第七节 党的领导人

伊戈尔·瓦西里耶维奇·卡尔片科（Игорь Васильевич Карпенко）男，1964 年 4 月出生于苏联克麦罗沃州的新库兹涅茨克。毕业于明斯克高尔基国立师范学院，获历史、社会学、英语教师文凭。职业生涯始于中学少先队辅导员。曾在苏联军队服役。曾任白俄罗斯国立师范大学共青团书记、教育工作主管和副校长。2004—2012 年为白俄罗斯共和国国民会议议员。现任明斯克市执委会副主席。2012 年 10 月 20 日，卡尔片科在白俄罗斯共产党举行的中央全会上当选为白俄罗斯共产党中央委员会第一书记。

曾获"1941—1945 伟大的卫国战争胜利 60 周年"纪念奖章，白俄罗斯共和国教育与科学部荣誉奖状，"白俄罗斯共和国教育优秀者"徽章，白俄罗斯共和国教育部荣誉奖章，白俄罗斯共和国青年事务国家委员会荣誉奖状，明斯克市委荣誉奖状，白俄罗斯共和国文化部荣誉奖状，白俄罗斯共和国国民会议荣誉奖状。

第三章　摩尔多瓦共和国共产党人党

摩尔多瓦是欧洲的一个小国，面积是33843.5平方公里，其国土面积仅占欧洲总面积的0.3%，与乌克兰和罗马尼亚毗邻，全国人口约为432万人。苏联解体之后，独立的欧洲小国摩尔多瓦曾经是唯一的一个开创了共产党通过议会斗争道路夺取政权，登上执政舞台的国家。摩共因此受到全世界的关注。摩尔多瓦共和国共产党人党（Partidul Comuniştilor din Republica Moldova，以下简称"摩共"）也因此而成为原苏联地区最有影响力的共产党之一。

第一节　发展历程

苏联解体之后，在原苏联地区新独立的各个国家都出现了政权集体"向右转"的状况。各国掌权的右翼势力由于担心共产党再次执政，都大力打压共产主义意识形态，禁止共产党开展活动。在摩尔多瓦，也经历过同样的情形。因此，摩共的重建过程颇为曲折和艰辛。1992年秋季，处于地下状态的一些志同道合的摩尔多瓦共产党人开始筹备重建共产党。1993年10月22日，摩共成立大会召开，共有179名代表出席，自此，摩共开始了半地下状态的活动。自摩共成立起至今，弗拉基米尔·尼古拉·沃罗宁（Vladimir Nicolae Voronin）一直领导着摩共。20世纪90年代中期，原苏联地区所有国家的新右翼政府在国家转轨战略上的失误，使国家经济陷入危机。摩尔多瓦也不例外。当时，在整个原苏联地区都出现了重评历史、怀念社会主义的思潮。在这个大背景下，1994年4月，摩尔多瓦议会通过决议，取消了对共产主义意识形态和共产党的禁令，摩共由此获得了合法身份，作为原摩尔多瓦共产党的继承者，开始公开活动。1994年12

月，摩共召开了公开活动以来的第一次党代表大会，并在会上通过了党纲。

摩共在取得合法化身份之后，开始积极参与摩尔多瓦国家的政治生活。从1995年开始，摩共开始参加地方选举活动。在1996年，摩共中央第一书记弗拉基米尔·沃罗宁参加了摩尔多瓦总统大选，获得了10.23%的选票，排名第三。1998年，摩共首次参加摩尔多瓦议会选举，并获得了总共101个议席中的40个议席。在1999年，摩共通过积极参与选举，已经在地方政权机构中拥有2000多个席位。该阶段，摩共建议修改国家宪法，在摩尔多瓦宪法改革中做出了决定性的贡献。2000年7月，议会通过了宪法修正案，使摩尔多瓦由原来的半议会制共和国改为议会制共和国，将总统的产生方式由全民普选改为议会投票选举，总统在国家事务中的权力被削弱。在2001年的议会选举中，摩共一举夺魁，获得了50.07%的选票，在议会的101个议席中占有71个议席，得到有效的多数票，这给摩共提供了充分的组建政府的条件。在随后的2001年4月4日举行的总统选举中，摩共第一书记弗拉基米尔·沃罗宁当选为摩尔多瓦共和国总统。摩尔多瓦一举成为前苏联东欧地区共产党通过自由选举而重新全面掌权的第一个国家。① 这极大地鼓舞了原苏联地区共产党人的士气，有评论指出："摩尔多瓦共产党人证明，共产党不仅能够坚持多年的斗争，而且必胜。"②在2005年3月6日举行的摩尔多瓦议会选举中，摩共获得45.98%选票，竞得56个议席，尽管依然是议会第一大党，但是，仅仅依靠摩共所拥有的议席数，不足以推选弗拉基米尔·沃罗宁担任总统。但是，沃罗宁以其第一届总统执政年间的业绩赢得了广泛的支持，在2005年4月4日举行的总统选举中，有高达75名议员推荐沃罗宁任总统，沃罗宁成功蝉联摩尔多瓦共和国总统。投票给沃罗宁的除了摩共的议员之外，还有基督教民主人民党（Христианско‐демократическая народная партия）、摩尔多瓦民主党（демократическая партия Молдовы）和社会自由党（Социал‐либеральная партия）的议员。摩共第一书记沃罗宁赢得第二届任期的总

---

① 参见李京洲《世界，摩尔多瓦，社会主义——摩共中央第一书记·沃罗宁在摩共四大上的报告》，《国外理论动态》2001年第7期；李亚洲：《苏联解体后的摩尔多瓦共产党》，《国外理论动态》2005年第8期。

② Игорь Макаров: Партия коммунистов республики Молдавия: Уроки побед и поражений, см. http://kprf.ru/international/107680.html, 26 июня 2012 г..

统大选，表明共产党人的第一个执政期的政策和社会发展成就获得了国内各界绝大多数人的认可。

2008 年全球金融危机和经济危机爆发，摩尔多瓦共和国的经济也受到了金融危机和经济危机的影响，作为执政党的摩共因此受到牵连，手中的政权得而复失，再次沦为摩尔多瓦的反对派。摩共受挫，这表现在世界金融危机和经济危机爆发以后的首次议会选举。2009 年 4 月 5 日，摩尔多瓦共和国举行例行议会选举。在此轮议会选举中，摩共赢得了议会 101 个议席中的 60 个议席，但由于进入议会的 3 个反对党联合抵制总统选举，摩共的总统候选人未能获得法定的 61 票支持，两轮选举均告"流产"。结果新议会根据宪法规定遭解散，摩尔多瓦共和国举行议会提前大选。在提前选举的关键时刻，摩共内部发生分裂，前议长马里安·卢普领导的摩共右翼离党加入摩尔多瓦民主党，变身成民主党的左翼。2009 年 7 月 29 日，提前大选结果公布，摩共赢得 101 个议席中的 48 个议席，因马里安·卢普出走而发生的党内分裂，令摩共痛失 12 个议席，4 个宣称要"融入欧盟"的反对党——摩尔多瓦自由党、摩尔多瓦自由民主党、摩尔多瓦民主党和"我们的摩尔多瓦"联盟组成的联盟赢得 53 个议席，获得了组建政府的权力。总统沃罗宁鉴于宪法规定的两届 8 年任期已满，根据摩共作出的决议，于 9 月 2 日辞去了总统一职，转到议会担任共产党人党议员团的主席。这时，新总统尚未选出，摩尔多瓦的主导权事实上已转入新一届议会的议长米哈伊·金普（Михай Гимпу）手中。2009 年 8 月 28 日，在摩共缺席的情况下，摩尔多瓦共和国议会举行首次会议，依靠反对派的 53 票选出议长米哈伊·金普（Михай Гимпу）。米哈伊·金普是自由党领导人，根据摩尔多瓦的宪法规定，议会 52 个议席赞同就可以选出议长。尽管摩共表示反对，但摩尔多瓦宪法法院在 2009 年 9 月 8 日以 3 票对 3 票裁定议会决议合法有效。此后，围绕摩尔多瓦共和国总统的选举，议会内的两派迟迟不能达成共识。这导致摩尔多瓦共和国政治舞台上上演了持续 900 余天、在世界选举史上实属罕见的"总统之争"。① 一直到 2012 年 3 月 16 日，摩尔多瓦共和国议会才得以再次举行总统选举。三个政党的执政联盟联合推举的总统候选人、无党派人士尼古拉·蒂莫夫蒂在反对党摩共缺席抵制的情况下，

---

① 樊乐：《摩尔多瓦共产党人党第二总统任期执政概况和选情分析》，《当代世界》2008 年第 9 期。

获得议会101个议席中的62个议席,当选为摩尔多瓦共和国第四届总统。

摩共败选跟沃罗宁总统任期已满有相当大的关系。由于沃罗宁担任摩尔多瓦总统的任期已满,不能再次参加总统选举,因此,摩共推出新人参选。但是,摩共推荐的新人首先未能获得全党的支持,这成为摩共分裂的导火索,直接导致了摩共的裂变以及随后摩共在议会选举中的失利,让摩共失去了执政地位。此外,摩共执掌政权的第二个任期末,恰逢国际金融危机和经济危机爆发。伴随着2008年国际金融危机和经济危机的不断发酵,摩尔多瓦共和国的经济发展受到影响,这直接影响了民众对摩共第二届政府的信任。

这里有必要分析一下摩尔多瓦的经济状况。摩尔多瓦是一个以农业为主的国家,"欧盟的农业政策和现存市场的现实,使得原苏联地区成为摩尔多瓦农业出口的唯一市场"。这就导致摩尔多瓦共和国的经济过度依赖俄罗斯和其他独联体国家。同时,能源方面,摩尔多瓦也依赖俄罗斯和其他独联体国家。但是,由于摩尔多瓦地处欧洲和独联体之间,欧洲一体化也对其构成了重要影响。摩尔多瓦积极参与欧洲睦邻政策和伙伴关系与合作协定体系。摩尔多瓦自1998年起参与了欧洲睦邻政策和伙伴关系与合作协定,政府和反对党都支持欧洲一体化。"由于欧盟在财政和组织方面的丰富资源,这种合作在许多问题上都卓有成效。"[①] 2003年,摩尔多瓦被欧盟列入候选成员国名单,2004年摩与欧盟签署合作协议附加议定书,2005年又制订了"摩尔多瓦—欧盟共同行动计划"。根据该计划,2006年欧盟决定给予摩尔多瓦进口商品特惠国待遇。根据该特惠国待遇规定,自2006年1月起欧盟给予自摩尔多瓦进口的7200种商品(约占欧盟11000个进口商品种类的70%)免除进口关税的不对等贸易优惠待遇。2007年或稍后,欧盟还将考虑扩大自摩尔多瓦进口商品优惠范畴,给予摩尔多瓦个别贸易优惠待遇,将摩出口到欧盟享受进口减免关税的商品自7200个增加至9000个以上,约占欧盟进口商品的97%。"如该项优惠得以实施,将会为外国投资者更顺利地进入欧盟市场创造有利条件。"[②] 正在摩尔多瓦经济发展的大好前景展现之际,主要资本主义国家爆发了周期性的经济危

---

① [俄] 亚历山大·利布曼:《欧洲一体化和后苏联一体化在东欧地区的相互作用》,《俄罗斯研究》2008年第1期。

② 高潮:《摩尔多瓦:国际援助带来投资商机》,《中国对外贸易》2008年第2期。

机。拟实施的各项经济计划均受阻，这直接影响了摩尔多瓦的经济发展。在这种大背景下，摩共也大受牵连，丧失了其继续执政的机会，变成为摩尔多瓦政治舞台上的反对派。

伴随着摩尔多瓦共和国共产党人党的下台，右翼势力执政的摩尔多瓦持续向右转，共产党和共产主义意识形态不断遭受打压，在这样的背景下，2014年举行的摩尔多瓦议会选举，摩尔多瓦共和国共产党人党的议员席位再度下滑至20个议席，仅获得了17.48%的支持率。右翼势力仅仅用2—3年的时间，就让摩尔多瓦共产党人的支持率从50%上下剧降至不足18%，可见，在原苏东地区，共产党的生存和发展与国内外的政治气候和经济发展具有很大的关系。

第二节 组织状况

摩尔多瓦共和国共产党人党是作为苏联解体前夕的摩尔多瓦共产党的继承党重新建立起来的。由于摩共大体上是沿袭了苏联共产党的组织方式和方法，使该党的组织结构相对比较完整、健全。不仅如此，摩共在汲取了苏联共产党亡党教训的基础上，围绕党的组织建设进行了一些调整，使党具有强有力的组织基础，能够在苏联解体之后，抓住时机，成功完成华丽的转身，成为原苏联地区第一个再次上台执政的共产党。即便摩共成了摩尔多瓦执政当局的反对派，其组织优势依然十分明显，在多党制政治格局下，摩共在摩尔多瓦民众中同样具有很强的影响力。

摩共的基本组织状况主要是通过其党章反映出来的。摩共现行党章是在1993年10月22日摩尔多瓦共和国共产党人党的成立大会上通过的，2004年12月11日经摩尔多瓦共和国共产党人党第五次代表大会修订。[①]

一 摩共所遵循的组织原则

摩尔多瓦共和国共产党人党信仰共产主义，是一个将共产主义作为党的指导思想的政党。摩共章程指出"从人类发展的历史前景出发，摩共拥护社会发展的社会主义方向，认同人文、民主和集体主义原则，主张法律至上和人民政权，保障各民族公民享有平等权利"。

---

① 参见刘洪才主编《当代世界共产党党章党纲选编》，当代世界出版社2009年版。

摩共宣称自己是摩尔达维亚共产党权利、思想和传统的继承者。同时，摩共也指出"摩共在制定政策和进行实践活动时遵循马列主义学说，并注重通过现代科学成就和世界共产主义和工人运动经验对其进行发展和丰富"。

摩共指明，党的活动和党内关系的前提是：承认党内群众的决定性作用，保障他们在党组织中享有充分的权利，坚持民主集中制。党的民主集中制的基本原则是：党的各级领导机关自下而上的选举制度和定期轮换制度；党的机关及其领导人向所在党组织和上级机关负责并定期报告工作；集体讨论并且做出决定，严格遵守党的纪律，少数服从多数，个人有义务完成党的决定和委托；党的下级机关必须坚决执行上级机关的决定；党员的主动性与责任性相结合，组织性与自觉纪律性相结合；党的各级组织及其领导机关在工作中坚持公开原则。

有关全党或全国性的重大战略、策略问题，只有党的代表大会或者党中央有权作出决定，各地方的党组织可以向中央提出建议，但不得擅自作出决定。

通过遵循一定的原则，来保证党的队伍的团结和活力：自愿入党，认真完成党的委托，统一思想，在党的纪律面前人人平等；所有党员的权利和义务一律平等；党组织在党章框架内独立自主地解决所有党内问题；保证党组织有机会参与制订并实施党的政策；保证党内生活的广泛民主，为自由发表意见、开展建设性批评以及讨论创造条件，赋予少数派在党的文件里表达、载入自己意见的权利，直至做出决定。

违反党纲、党章要求的各级党组织，由中央委员会决定其重新登记或解散。党组织解散后，如果党员没有按照中央委员会确定的期限进行重新登记，则被视为自行脱党。在选举代表会议代表和代表大会代表的同时，可以向党的上级机关推荐候选人，最终决定权归代表会议和代表大会所有。选举出来的党的机关可以成立自己的工作机构并确定其成员构成。《劳动法》对党的机关的工作人员同样有效。

党可以依照现行法律组建必要的大众媒体。中央全会有权任命和解除大众媒体领导人的职务。

为了协调权力代表机关中党员的工作，党员在这些机关任职期间，可以成立党员小组、党团，他们的工作向推荐他们的党组织负责。

对于党的市、区和基层组织的机关成员，在其任期未满之前，可以提前召开代表会议或者全体会议进行全部更换和重选；根据辞职声明；根据相关党组织中不少于一半党员的要求；根据中央委员会的决定。在特殊情况下，可以对中央委员会、中央监察委员会、党的各级市委、区委及其监察委员会进行人员增补。由该机关出席会议的党员按照简单多数原则做出决定。参加权力代表机关选举的党员，如果位列政党名单之外或者未获得单席位选区党机关的推荐，不能享有党的支持。党的基层组织书记、党的各级机关领导、代表会议和代表大会的代表经公开投票或者不记名投票选举产生。由会议、代表会议和代表大会决定表决的方式。党员退出中央委员会或者其他经选举产生的党的机关，应当按照简单多数原则由出席中央委员会相应全会或者其他机关会议的党员决定。按照摩共政党名单选入权力机关的党员（顾问、市长、议会代表），或者在这些机关以及执行机构担任领导职务的党员，如果拒不完成党的决定、执行党的政策，应当追究其党内责任，直至开除党籍。党可以在保护雇佣劳动者的社会权益方面同工会开展合作。党支持共产主义青年组织的发展，将其视为自身队伍的后备力量，同社会主义性质的妇女组织开展合作。

摩共与所有坚持社会公正、人民政权的社会力量进行合作，在需要时与它们建立政治联盟。摩共主张，按照新的原则组建独联体国家人民的友好联盟，加强与其他国家共产党、工人党的国际主义团结。摩共在参加制定国家政策、组建权力和自治机关时通过法律确定的形式贯彻自己的政治路线，并使其获得广泛的代表性和政治领导作用。为了完成自己的纲领目标和任务，摩共可以根据规定的程序创建大众媒体，出版、散发社会政治书籍以及其他宣传材料，组织联欢会、纪念会、展览会、讲座及其他社会政治活动，倡议组建社会团体、妇女和青年组织。

摩共拥有党旗、党歌和党徽，它们均由代表大会批准。党旗和党徽须经国家登记。摩共中央机关所在地为基希讷乌市。摩共具有自己的青年组织——摩尔多瓦共青团。1995 年 3 月，摩共加入共产党联盟—苏联共产党。

二 摩共党员的基本状况

党员的状况涉及党员的权利和义务、党员的人数和结构等问题。

摩共党章规定："年满 18 岁的摩尔多瓦共和国公民，承认党的纲领和章程，愿意参加党的一个基层组织的工作、执行党的决议并定期缴纳党费的，可以申请加入摩共。"同时，摩共提出要求，"摩共党员不得加入其他政党"。摩共党员享有下列权利：建议并自由讨论党的政策；参加制定并通过决议；选举或被选举进入党的机关；获得党组织的支持；获得党组织的活动、领导机关和执行机关以及领导人的信息，向党的任何机关提出问题、声明和建议，并要求给予实质性回答；参加党的机关的工作，讨论该机关的建议、活动以及行为问题；有依据地对任何一个党的机关或者任何一名共产党员提出批评；倡议从党的领导机关中召回那些不称职的党员；自由退党。摩共的党员资格不限制党员的公民权利，党员有信仰自由的权利，有参加社会组织活动的权利，但该活动不得违反现行法律和摩共的纲领目标。摩共党员必须履行下列义务：诚实、讲原则、信仰坚定；研究马列主义学说、党纲和党的其他文件，并在实际工作中创造性地加以运用；在居民和社会组织中积极宣传并且始终不渝地坚持共产主义思想和党的政策，实现纲领目标，通过各种方式进一步巩固党在社会中的地位和威信，在严格遵守摩尔多瓦共和国宪法和法律的同时，组织劳动者保护他们的利益；在国家权力和公开自治机关的选举中，帮助摩共候选人获得成功，为他们在民众中进行宣传；严格遵守党的纪律，自愿完成党的决议和委托，进一步巩固党的思想和组织的统一，坚决反对任何形式的机会主义、宗派主义和小集团活动，打击两面派和阴谋诡计；进行登记并在党的一个组织中积极工作，吸收新党员入党；定期缴纳党费，从物质上支持党。

  发展党员要根据入党人的申请，必须有两名党龄不少于两年的党员的书面推荐。发展党员的决定由基层组织最终通过。如果居住地没有党的组织，发展党员的决定由上级组织做出。关于吸收加入摩共的决定由出席会议的党员或者上级组织的成员按简单多数原则做出。基层组织作出的吸收退出其他政党的人士加入摩共的决定，必须获得相应区委或者市委的批准，并由中央作出通告。向区委或者市委批准加入摩共的人士授予中央统一规定的党证。

  基层党组织或者党的上级组织，可以向未完成党的决议和行动、违反党纲、党章的党员宣布如下党内处分：批评、警告、严重警告、开除出党。如果参加会议的党员中有一半以上支持，那么关于开除出党的决定有效。被开除出党的人或者受到党纪处分的人有权在两个月之内向党的上级组织提出申诉，该申诉应在1个月之内被审议。

  如果党员在没有正当理由的情况下超过3个月不缴纳党费，基层党组织应对此展开审查。一经查明，党员与党失去了组织关系，该党员将被开除出党。党员资格可以由基层党组织根据党员退出摩共的个人申请而终止。被开除出党的人或者自愿退党的人可以在3年之后根据普遍原则重新入党。

根据摩尔多瓦共和国的法律，不允许在国家机关工作的人员加入政治组织，因此允许终止经选举或任命进入国家权力机关的党员的资格。关于终止中央委员和中央监察委员会委员的党员资格的决定由中央委员会做出，在其他情况下，该决定由相应的市委或区委做出。但不剥夺他们以物质方式支持党的权利。在终止上述党员资格时，保留党龄。

苏联解体以来，摩共历经重建、上台执政、下台成为反对派的发展历程，逐渐地变成了一个有较大政治影响力的政党，至今已经发展成为全国党员人数最多、规模最大、组织结构最严谨的政党，现有党员3万余人。在摩尔多瓦这样一个小国里，摩共是一支十分有影响力的政治力量。大多数加入摩共的成员都是为了忠贞的社会主义、共产主义信仰，为了共同的共产主义事业而加入摩共的。[①] 但是，在摩共执政时期，也有一些人加入摩共多是出于政治升迁和改变自己的社会地位、物质条件等考虑。因此，在摩共丧失执政地位之后，甚至出现了一波又一波的高层退党浪潮，这从摩共在议会中议员数量的锐减中都可见一斑。但是，摩共丧失政权之后出现的退党现象，对摩共而言，也应该辩证地看，正是因为摩共政治身份的变化，让真正的共产党人坚守其一贯坚持的理想和信念，而投机分子会自动离开，这对于摩尔多瓦的共产主义运动而言，应该说是让党的成分变得更纯洁，更有战斗力，立场更鲜明。摩共下台之后，政治实践方面出现的指导方针的转化充分体现了这一点。

三 摩共的组织建设和基层组织的状况

党按照地区原则组建。党的基层组织按照党员居住地成立，并且组成市、区一级的党组织。在农村公社的政府所在地成立一个基层党组织，在公社其他乡村设立党的分支组织，它们拥有基层组织吸收党员入党的权

[①] Ю. Г. Коргунюк，Е. Ю. Мелешкина，*организационное устройство 《единой россии》 и партии коммунистов республики молдава：взгляд изнутри*，http：//www.politex.info/content/view/666/30/，2013年4月19日。

利。根据党员提议，经相应党的委员会批准，可以根据利益和问题的需要成立并且启动党组织书记委员会、老党员委员会以及其他党员团体。党的组织和思想的一致性是党成功的坚定基石。党员在代表机关任职期间，除共产党员议员团以及共产党员顾问团之外，不得成立拥有内部纪律和结构的党团。

基层组织是摩共党的基础。摩共党章规定，党的基层组织的党员人数不得少于3人。基层组织由上级党的机关批准成立。党的基层组织的最高权力机构是党员大会，党员大会在必要时召开，但每季度至少召开一次。如果该组织有超过一半的党员参加党员大会，则这次大会合法有效。如果参加大会的党员中有一半以上支持决定，则该决定被视为通过。为管理日常工作，选出下列职务，任期1年：党组织书记、副书记和司库，党委会的成员必须在15人以上，党委会在必要时召开，但每月至少召开一次。党委会的工作归党组织书记领导。党的基层组织根据需要可以设立党的地方分支组织和党的地方小组。党的基层组织可以独立选择工作的方式和方法，可以独立使用由它支配的党费。党的基层组织的决定，如果不与党纲、党章相矛盾，上级机关不得将其撤销，关于人事决定除外。党的基层组织的职权是：参与制定和实施党的决定，宣传党的思想，做好群众的政治工作，用一切合法手段捍卫社会公正、公民的权利和自由，组织劳动者按照符合宪法的方式为恢复自己的权力而斗争，协助党的上级机关开展工作；注重提高党员的思想素质和政治修养，开展批评与自我批评，加强党员的组织性、纪律性；吸收新的成员入党，维护党员的尊严和合法利益；听取党员，特别是党的领导机关中的党员关于履行党章要求、完成党的委托和决议的报告；在地方自治机关选举中，就形成党的名单提交提案；向党的上级机关汇报工作；选举党的市、区代表会议代表；收缴党费，并按照规定程序向相应党的市委或区委汇报情况。

四　摩共的地方组织状况

党的市、区组织的最高权力机构是党员大会，或者是代表会议，代表会议由党的市、区委员会召集，每两年举行一次。中央委员会认为有必要，或者有不少于一半的该组织在册党员提出要求，根据委员会的决定，代表会议可以提前举行。市、区代表会议的选举名额，由相应的委员会决定。党的市、区组织的党员大会（代表会议）听取同级委员会以及监察委员会的报告，讨论社会经济形势、政治问题以及党内问题，选举同级党的委员会，选举同级党的监察委员会，选举党的全国代表会议代表和代表大会代表。在特殊情况下，基于中央委员会的决定，党的委员会全体会议可以根据基层党组织的建议选举党的全国代表会议代表和提前召开的代表大会代表。如果有超过一半的在册党员或者有超过一半的当选代表参加党的市、区组织的党员大会（代表会议），则这次大会（会议）合法有效。如果参加党员大会或者参加代表会议的党员中有一半以上支持该决定，则该决定被视为通过。党员大会和代表会议闭会期间，党的市、区组织的工作由党的委员会领导，委员会在必要时召开，但每3个月至少召开一次。

除了中央委员会和代表大会职权范围内的问题之外，党的市、区委员会可以就所有社会经济问题、政治问题和党内问题独立作出决定；党的市、区委员会调节党的基层组织，协调并且指导它们的工作，同它们一道组织落实党的政策和决定；委员会通过自己在地方自治机关的代表，就市、区社会经济的发展及其居民的社会保障问题提交具体的提案；从基层组织的角度对党员进行个人审查，授予党证，确定自己的预算；发行机关刊物；为中央委员会、中央监察委员会和中央各下属委员会挑选及召回委员提供建议；在参考党的基层组织的意见基础上，筹建干部后备力量，为地方自治机关的选举和任命推荐候选人；协调摩共党团在地方自治机关委员会中的活动；定期向中央委员会报告工作，并且按照规定的方式汇报党费情况。

如果有超过一半的市、区委员会委员参加了委员会会议，则这次会议合法有效。由参加会议的委员会委员按照简单多数原则作出决定。市、区委员会委员有权参加同级监察委员会的会议。

在党的市、区委员会会议闭会期间，党的市、区组织的工作由同级委员会的常务委员会领导。党的市、区委员会全体组织会议选举常务委员会。

党的市、区委员会，选举第一书记、书记，他们同时也由常务委员会委员选举产生。

党的市、区委员会的常务委员会，规划和执行同级党组织的日常工作，召集全体会议，对党的基层组织的工作、党员登记情况及党费收缴情况实行监督，采取切实的组织措施加强党的纪律、提高党组织完成委员会和中央委员会的决定时的战斗性，就委员会的干部问题向中央委员会提交提案。

常务委员会会议在必要时召开，但每个月至少召开一次。如果有超过一半的常务委员会委员参加会议，则这次会议合法有效。由参加会议的常务委员会委员按照简单多数的原则作出决定。

党的市、区组织的监察委员会选举主席、副主席，检查党的预算的执行情况，特别是党费的收缴和使用情况，检查党的公文处理情况。党的市、区组织的监察委员会在同级党员大会和中央监察委员会的双重领导下进行工作，它根据检查结果向同级党的常务委员会或者中央监察委员会提交提案。

监察委员会委员有权参加同级党的委员会会议，监察委员会主席有权参加同级党的常务委员会会议，并且有发言权。

如果有超过一半的监察委员会委员参加了委员会会议，则这次会议合法有效。由参加会议的监察委员会委员按照简单多数的原则作出决定。

五　摩共的中央组织状况

党的最高权力机关是代表大会，代表大会每4年至少召开一次。代表大会召开的日期和日程应在大会召开3个月之前予以公布。与会代表名额由党的中央委员会确定。如果有超过一半的当选代表参加党员大会，则这次大会合法有效。如果参加大会的代表中有一半以上支持决定，则该决定被视为通过。根据党的中央委员会的倡议或不少于半数市委、区委的要求，召开非例行代表大会。根据组织委员会倡议召开的非例行代表大会，自征得召开大会所需要的支持票数后，两个月之内召开。

党的代表大会的职权是：通过党纲、党章，对其进行修改；听取中央委员会、中央监察委员会的报告；确定党开展活动的战略、战术；对创立党的出版机关做出决定；选举党的主席；选举中央委员会、中央监察委员会；对推举本党候选人参加摩尔多瓦总统选举作出决定；对涉及党内生活的其他问题进行研究、作出决定。

代表大会闭会期间，必要时可召开党的代表会议。代表会议有权听取中央委员会、中央监察委员会的报告，更换1/3的上述委员会组成人员，制定并修改党章。如果有超过一半的当选代表参加代表会议，则这次会议合法有效。由参加代表会议的代表按照简单多数原则作出决定。

党主席由全国代表大会选举产生，任期4年，对代表大会负责。在组织贯彻代表大会决议及党章规定方面党主席负责协调中央委员会和中央委员会政治执委会的工作，党主席为中央委员会及中央委员会政治执委会成员，并主持上述机关的会议。党主席在同执行机关、司法机关及外国兄弟党的交往中代表党。

在代表大会闭会期间，党的活动由中央委员会领导。党的中央委员会在必要时召开会议，但每4个月至少召开一次。如果有超过一半的中央委员会委员出席中央委员会会议，则这次会议合法有效。如果在参加会议的中央委员会委员中有一半以上支持决定，则该决定被视为通过。

由中央委员会召集召开代表大会和代表会议，组织贯彻决议，作为对上述决议的发展，中央委员会对完善党的政治组织工作的方式方法、加强党的统一、关注国家社会经济发展和社会保障实施动态等问题进行讨论，与各级党委共同推举议员候选人，协调选举机关中共产党议员团的活动，选举政治执委会、执行书记及中央书记，设立、废除中央、市委、区委出版机构，任命、解除党的出版机关领导人职务，确定党的机关工作人员的数量及职能，制定党证及其他党内文件的样本，作为党的法人批准预算。中央委员会委员应在居住地所属的基层党组织进行登记。中央委员会委员在征得中央同意后，方可对政府及其他权力机关领导职务的任命提出建议。中央委员会委员有权出席中央监察委员会会议。

政治执委会、执行书记和中央书记由中央委员中选举产生，对党的当前工作进行组织和领导，执行书记和中央书记同时为政治执委会成员。政治执委会在必要时召开会议，但每月不少于一次。如果有超过一半的政治执委会委员出席执委会会议，则这次会议合法有效。如果在参加会议的政治执委会委员中有一半以上支持决定，则该决定被视为通过。政治执委会组织开展党的当前工作，召集并筹备中央全会，监督代表大会和中央决议的执行情况，就意识形态和党的组织工作听取党委和基层党组织的报告；同党组织保持密切联系，选拔、分配并解除党的机关编制内的工作人员，制定党的预算并监督执行。在特殊情况下，中央政治执委会可以对个别属于中央委员会权限范围内的问题做出决定，并随后征得中央委员会例行全会的批准。为完成章程任务，政治执委会可创建具有法人资格的企业和经济核算组织并指导它们的活动。政治执委会在同其他政党、社会运动及外国政党的交往中代表摩共，以党的名义处理财产、财务问题。

中央执行书记主持中央政治执委会、中央书记、中央机关工作人员的日常工作，督促党委组织实施代表大会和中央委员会的决议以及党的主席的指示。在党的主席不在时，中央执行书记主持中央委员会全体会议和中央政治执委会会议。其他中央书记和政治执委会成员的职能由政治执委会确定。

党中央下属的党的委员会由中央委员会选举产生。该委员会对中央委员会负责，其开展自身活动旨在巩固和加强党在组织和意识形态方面的统一，提升党组织的战斗力。该委员会检查党员和党组织遵守党纲和党章要求、开除党员的依据、审议党员的控告、申诉及建议、激发党员职责意识、将严重违反摩共党纲、党章的党员开除出党等情况。根据检查结果及对党员诉求和建议的审议结果，党的委员会通过政治执委会向中央委员会作系统汇报并提出必要建议，以此加强党在组织和意识形态方面的统一。

党的委员会在必要时召开委员会会议，但每4个月不得少于一次。如果有超过一半的党的委员会委员出席会议，则这次会议合法有效。如果在参加会议的党的委员会委员中有一半以上支持决定，则该决定被视为通过。党的委员会会议记录由所有与会的委员会成员签名。党的委员会委员有权出席中央全体会议并发言。党的委员会根据摩共党纲和党章规定、中央委员会代表大会和代表会议的决议开展活动。

中央监察委员会由党的代表大会选举产生。其活动旨在强化财政纪律、合理使用党的预算、为生产事务及经济的运作引入规范机制。中央监察委员会对生产事务及经济的运作、党费缴纳是否按时、如实及是否按照指定用途使用情况进行检查，对党营企业、经济核算组织的财务及经营状况进行监察，对监察委员会、市委及区委的工作进行业务指导和协调。中央监察委员会根据检查结果向中央政治执委会或中央委员会提出建议。中央监察委员会选举产生该委员会主席及若干副主席。中央监察委员会在必要时召开会议，但每4个月不得少于一次。如果有超过一半的中央监察委员会委员出席会议，则这次会议合法有效。由参加会议的中央监察委员会委员按照简单多数的原则作出决定。中央监察委员会成员有权出席中央全体会议，监察委员会主席有权在政治执委会发言。中央监察委员会、各级党委监察委员会根据摩共党章及中央委员会批准的条例规定开展自身工作。

六 摩共的经费与财产来源等状况

党的经费来源包括党费、自然人和法人的自愿捐助、经营大众媒体及经济核算企业、出售社会政治书籍、其他宣传材料及徽标、举办巡演、展览、讲座及其他活动所获得的收益、其他摩尔多瓦共和国法律所允许的收入。党员的党费标准为月工资或收入、退休金、助学金的 0.5%—2%，党费需按月缴纳。基层党组织可以对个别党员的党费标准进行微调。党的预算以基层、市、区的党组织预算为基础制定。楼房、住房基金、设备、出版社、印刷厂、交通工具及用于完成章程任务所需的其他财产均可列入摩共的财产。党的财产系全党共有。党员不得私分党产，特别是在党停止活动的情况下，党产只能移交给继承者或用于正当目的。摩共终止活动须遵照现行法律的规定，根据摩尔多瓦共和国宪法法院判决，由党的代表大会做出决定。

第三节 纲领主张

摩共在2008年3月举行的第六次代表大会上通过了新的纲领。从新纲领的文本来看，摩共与独联体其他共产党不同，力图在肯定马克思主义具有现实指导意义的前提下，对科学社会主义某些原理作新的诠释；在肯定苏联时期社会文化建设成绩的同时，对苏联的政治体制、官僚阶层持批判态度，而对欧洲共产主义和欧洲社会民主主义大加赞赏，并明确申明自己是欧洲左翼政党。摩共的这种立场，从某种程度上说，是其谋求理论创新的一种尝试，同时也应看到，这或许是摩共为了顺应摩尔多瓦"回归欧洲"这一社会民意作出的姿态，因为这一纲领文本是摩共在争取赢得第三次大选，进而继续执政的前夕通过的。

一 对马克思主义的基本认识

摩共认为，当今时代是为摩共的政治实践提供了新前景，为摩共发展的理论提供了全新视野的一个最重要的时刻，是一个对全世界社会和政治进程的发展进行现代评价的最重要的时刻。因此，摩共试图结合本国独立以来的现实，把马克思主义理论与本国实际相结合，对马克思主义进行了本土化的诠释。在摩共看来，马克思主义是马克思、恩格斯、列宁、布哈林和葛兰西等理论家不断发展并创造的一整套可以与各国现实相结合、鲜活的建设社会主义社会的理论体系,强调对待马克思主义和社会主义必须具有创造性。

1. 马克思主义依然具有强大的现实生命力

摩共指出,过去马克思主义曾被片面化、简单化、教条化地运用,这导致了对马克思主义和马克思主义基本理论的误读。在左翼正统派那里,马克思主义被"阉割为一些极简单的口号及失去实践意义的理论表述"。在右翼教条主义者那里,主要是对左翼正统派的这些口号和公式进行抨击,然而,右翼教条主义者们没有发现,"这些口号和表述使用的概念和范畴,不仅仅最先出现在马克思、恩格斯、列宁、布哈林、葛兰西的理论著作中,并正是在那里得到了论证,而且现在仍是经济学家、社会学家、政治学家的有效分析工具。只要回顾一下像周期性经济危机现象、社会的阶级结构和阶级矛盾、资本和社会自由的种类、意识形态现象、政治极权主义和官僚社会主义现象就足够了。这些概念和范畴,早就已经远远不是只有马克思主义者、共产党人和社会民主党人在使用,也并不是只有他们,在自己对过去、现在和未来的分析中,遵循对历史和世界的唯物主义理解"。由此可以得出结论,马克思主义正成为在当代世界得到普遍应用的一门科学。

2. 对当代无产阶级的内涵重新界定,认为"新社会阶级"——知识无产阶级才是社会变革的火车头

摩共认为,"在正在取代工业社会的信息社会、高科技社会,知识根本改变了自身的本质和作用"。知识本身正变成主要生产力,这意味着要批判性地重评作为全球社会主义转变的主要的,甚至是唯一的动力的工业无产阶级的历史作用的论断。拥有知识的"全新的社会阶级——独特的知识无产阶级普遍地走上政治前台",引起了社会普遍的关注,他们演变成为新时代的主体阶级。摩共认为,这个现代社会阶级正在越来越坚定地成为新社会重要变化的载体,有着毋庸置疑的历史前景。或许,正是他们,才是追求社会主义的主体。在先进国家可以发现,"作为过去历史时期的资本主义的典型特点的财产上的阶级对抗关系,已发生根本性变化,这已十分明显且毫无争议"。"更多地以罕见的科学知识、技能、技术形式表现出来的财产,开始具有日益增强的与人不可分割的特点。社会结构越来越复杂。除了把剥削变为更加巧妙、经常是更加隐秘形式的劳资之间仍旧存

在的全球性矛盾外，知识和权力之间的矛盾明显地在尖锐化。"使用马克思的术语来说，就是"知识变成了社会活动的中心要素"。"劳动密集型的公式化的活动正被排挤到社会生产进步的边缘。在任何经济领域、在任何重要的社会活动领域——从农业到高科技领域——都有对能够做出富有创见性的决议、具有多种技能、受过高等教育的另类劳动力的大量需求。"在这种条件下，全新的社会阶级"也像当时的工业工人阶级一样，这个现代社会阶级正在越来越坚定地成为新社会重要变化的载体，有着毋庸置疑的历史前景。这个成百上千万大军的代表人物——就在我们身边。这是发现自己领域的各种新知识的学者；力求按新的方式，对某个进程进行管理的经理人；在自己的生产领域，紧跟进步步伐的工人和工程师；在自己的土地上，采用农作物新品种或新技术的农民；掌握新知识并把它们传授给学生的教师；使用先进保健方法的医生等"。换言之，"所有这些人，都以这样或那样的方式，积极参与社会进步，他们的最终目标就是建立并完善现代价值观。这是可以在经济、科技和人文领域建立新的社会关系的人，可以自我组织起来、能够实现并捍卫自己权利的人"。"这个全新的社会范畴的动机，与其说是追求发财的目标和物质需求，不如说是以追求自我实现为宗旨。它的主要生产工具——智力——与拥有者不可分割。其生产的产品——商品和服务——可以在市场上销售，同时，也始终不断地重复再生产。根据这些可以判断，这个新阶级在'全面消费'时代创造的实际上已经不是价值，而是价值观，当代市场制度暂时只是下意识地没有落后于这种难以置信，但远非市场的状况。"正是"知识无产阶级"大军，客观上显示了对现代国家最积极的追求。正是它，对建设并巩固这样的国家表现出极大的兴致，因为，这样的国家必须负担某类社会开销，而且它首先应发挥对人不断加大社会投资的作用，即对教育、科学、卫生保健的投资。越来越清楚，没有这种极为重要的职能，社会就不能进行自身的再生产和相应的价值观水准的再生产。正是这个新阶级，对能够保障对全球化发展的目标本身进行有效的社会监督的民主制度的发展的水平和质量提出了最高的要求。在后工业国家中，这个新阶级实际上是各种积极变化的火车头，这个火车头是因越来越不具有从事独立的专业政治斗争能力的农业工人和产业工人的严重社会蜕化而出现的。在第二、第三世界国家，它既同国家官僚对立，又同靠自然地租或者非国有的财产过寄生生活的寡头集团对立。这个社会阶级，一方面，它使自下而上的整个垂直的社会关系具有完整性；另一方面，它通过自身的社会、政治和人道诉求的客观共性，把世界和文明结合在一起。

3. 对所有制问题提出全新的认识

摩共认为，以往人们对所有制问题的认识过于片面。"过去的整整一百五十年，所有制问题及相应的私有制与压迫和剥削存在着不可避免的联系的问题，或相反，公有制与摆脱剥削存在不可避免的联系问题，是各种社会争论和政治争论的基本核心。今天有各种理由认定，以这种形式提出这个问题正失去意义。"

摩共通过回顾历史，指出，马克思对私有制局限性的分析被历史证明是正确的，但全面的国家所有制也不能解决一切问题，而把国家财产私有化不仅没有带来效率，还导致了资本主义复辟。"早在19世纪，客观深刻的马克思主义的分析就已经揭示了私有制的这些历史局限。这些历史局限，无论是自由主义理论家还是历史本身都不能完全推翻。同时，我们也坚信，全面的国家所有制不仅无法消除社会矛盾，恰恰相反，还会引发新的社会矛盾。而且，对国有资源的垄断式的政治处理，在实践中必然产生相应的国家官僚统治阶级和新的压迫形式。在实践中，我们坚信，把国家财产分割成私人财产后，不能'获取'更高的效益，只是在后苏联地区复辟了最恐怖的资本主义模式。""可以断言，在一定意义上讲，所有制问题发生了明显的贬值。"[①]

摩共既不否定国有制，也不完全否定私有制，它对私有制和市场经济的积极作用，给予了肯定的评价，并提出了如何才能对之进行有效的利用。不是经济的无前景损害了国家所有制的声誉，因为有很多的例证，正是国家资本集中用于战略发展方面出现了突破和现代化。不是私有制的剥削性损害了这一基本关系要素的声誉，因为，在当今世界，有不少例证，在私有制合理地起作用的情况下，社会得到了不少于社会主义国家的社会公正。如果社会以民主的方式确定并监督其主要目标：有效性、公共福利、选举自由，则市场经济是一种不断进步的有效模式。结论非常清楚：重要的与其说是所有制的具体形式，不如说是管理、分配和控制财产的那些人的主要社会动机。一切都取决于社会公认的发展目标是什么样的，如何进行国民收入的最终再分配，全社会对权力的监督机制是什么样的。因

[①] 摩共纲领原文参见摩共网站：http://www.alegeri.md/ru/.

此，所有制问题，如今从占有问题变成了对发展动机的管理问题，从监督企业家活动的来源问题变成了监督其结果的全民机制问题。正是出于这一原因，对我们当代共产党人而言，现在，不是在生产资料的重新分配政策上推行公有化，而是在争取对社会财富进行投资的过程中，努力地为个人的发展创造平等的条件，达到对权力的社会监督和切合实际的社会公正。根据摩共的看法，只有这样的社会，符合对社会主义是人类发展合理的、有前景阶段的当代理解。今天，当代政治和政治家的责任，就在于往这个方向一次接一次地推进。这已经不是"通往地狱的路上布满的美好幻景"，这是唯一可能的发展原则，是为阻止人类文明自身的毁灭做出的选择。对这个全球性挑战做出应有的回应——这不仅仅是当代共产党人的职责，这也是摩尔多瓦共产党人党的历史使命。

二 对时代问题的认识

对于当今的时代，摩共认为，当前的时代是一个与以往任何时代都完全不同的全新时代，表现出了一些新时代所独有的特征。21世纪"是一个与以往的时代不同的新时代、是对未来进行全新思考的一个开端"。

1. 当前时代是崇尚人道主义理想与价值的新时代

人道主义理想与价值是摩共世界观的基础。摩共表示，要响应当前新时代的召唤，顺应新时代的发展趋势——在当前的新时代里，没有自由的社会公正、没有平等的民主是不可思议的。"没有最为广泛的公民自由、没有开放性和竞争，那么社会和文化需求的进一步实现，就会变得更加不可思议并无法实现。"

2. 当前的时代依然是从资本主义向社会主义过渡的大时代

摩共指出，"工业无产阶级不仅正在产生，而且在矢志不渝地为自己的权利而斗争，但有时变成新的、更积极的社会范畴。传统的社会矛盾明显地从发达国家向过渡型经济的国家和第三世界国家转移，导致了一系列本质上全新的矛盾和冲突。私有制的本性在一些国家转变成了经济和科技进步的强大动力，而在另一些国家，则恰恰相反，带有反常的特征"。这要求对很多老问题作出全新的回答。

摩共认为，中国共产党成功地领导着占世界1/5人口的国家取得了巨大的社会主义建设成就，因此，不能说共产主义已经失败。摩共坚信共产主义理想，认为"资本主义并非摩尔多瓦国家发展的道路"。摩共指出，摩尔多瓦共产党人的历史使命就在于：“向世人证明，共产主义理想和运动，具有极其美好的历史前景。”

3. 当今时代是一个全球化的时代，两极分化格局成为新时代的典型特征

从原则上讲，对人类来说，20世纪末21世纪初"是全新的经济和社会发展的全球化趋势最终确立的时段"。摩共指出：技术和信息革命的序列链条造就出了两极化的全球文明。该文明的一极，是高流动性、技术和通信达到空前水平、金融和投资快速流动、社会结构和价值观迅速变化的世界。最富有的后工业国家是这个世界的核心，它们为当今的各种变化定调。……生活在第二世界和第三世界贫穷国家中的人类的大多数处在另一极上。对这些国家而言，有代表性的是，对后工业发展的价值观胆怯地认可（常常是"强制"及逆向的）及完全不接受这条道路。不接受，更多地表现为追求自我封闭、推行畸形的资本主义模式，而资本主义则是要无情地掠夺自然资源和社会资源，推行各种臆想出来的过去或未来壮丽图景的主张。社会政治发展的这些"截然不同的情况"，在实践中，没有表现出任何相互迎合的一致行动。后工业国家的金融经济和政治精英，或是倾心在第二、第三世界国家放肆地扩张自己的制度，而且扩张既没有考虑到这些国家的心理，也没有考虑到这些国家的文化特点；或是实际上避开人类大多数感到烦恼的各种问题。先进国家的这类行为和立场，被第二、第三世界的一系列国家的反人民的制度巧妙地用来达到自己的政治目的：他们轻易地就把自己国家不断增强的不满，从自然而然的社会反抗轨道，转入对西方的"文明报复"以及通过这种"复仇"证明建立独裁的政治体制的正确性的轨道。全世界的金融经济精英的利益具有明显的共性——回避长期的社会发展任务，造成互不信任的局面，区分民族和文明，使它们在争取虚假价值观的斗争中发生冲突。

摩共指出，正是在全球化世界的这种矛盾中，对人类而言，社会主义理想才变得更加具有现实意义。"这一危险的、有可能引发灾难的、当今世界发展的两面性，开始在应有的精神责任和政治责任层面上，被越来越认真地意识到了。世界对其实现能够及时防止现存的发展各极之间鸿沟的加深，制止与日俱增的各种不同文明之间的'冷战'和全球生态灾难的思想，越来越能理解了。世界在探寻这样的人道主义理想：即能够把先进国家的努力和落后世界各国人民的努力联合成统一的解救能量，联合成统

一的、超民族的、非宗教的文明进一步发展的战略"。正是在这样的条件下，共产党人的基本目标——信守社会解放的目标、批判地科学分析和国际主义，始终都具有现实意义。只有在这些目标的坚实基础上，才能构建起对全球化前景的新观点，建立相应的协同政治行动机制。

三 对社会主义建设问题的认识

摩共认为，"作为对剥削和压迫世界的另一种选择的社会主义的早期实践模式的出现，以及对这些模式的批判，都是19—20世纪全球社会实践和全球理论研究的标志性现象"。

1. 继承马克思列宁主义的思想遗产

摩共在新纲领中明确表示，要继承马克思列宁主义的思想传统。摩共党章也指出"摩共在制定政策和进行实践活动时遵循马列主义学说，并注重通过现代科学成就和世界共产主义和工人运动经验对其进行发展和丰富"。摩共强调，继承列宁、布哈林的思想，其最深刻的含义就在于，继承他们用的"新经济政策"建设社会主义的思想，即在从资本主义社会向社会主义社会过渡的过程中，采取渐进的、利用资本主义的方式，而不是急于求成。

2. 从正反两个方面分析了苏联社会主义建设的经验和教训

摩共认为不能片面地阐释我们的历史。苏联历史同人类的任何一段历史一样，是矛盾的。

摩共新纲领对苏联20世纪30年代的政治制度进行了严厉的批判。认为当时"精神上的专制和暴力……获得胜利"，以"捍卫政权的名义，共产党人在原来剥削制度的废墟上，建立起以官僚化的官职等级名录为代表的新的统治阶级的金字塔"。"在停滞时代，以口是心非的官职等级名录为代表的新统治阶级，是怎样厚颜无耻地压制平等思想，将自己置于平等原则之外，却为贝阿干线工程的建设者、集体农庄庄员、矿工、工程师，总之，是所有劳动者保留了这些原则。""在80年代，兄弟友谊如何被那些在自己的民族领地上发家致富，并想要主权的在册干部的奔走呼号所破坏，昨天还诚挚地信奉国际主义思想的人，全都卷入了令人痛苦的民族之间的混战"。现在，"正是这个权力和镇压金字塔最令人讨厌的部分，在后苏联地区占主导地位，他们不断地对财产进行再分配，培植排外性、民族偏执性，挥舞着同共产主义和共产党人斗争的大旗"。在苏联解体时，正是国家官僚们充分地利用了这种情况。作为最有组织的、团结一致的帮派组织，它厚颜无耻，在没有任何理论和观点的条件下，就能够把自己的历史性纲领变成现实——使自己的特权地位合法化，保证自己的积极分子拥有国有财产。就本质来讲，这是真正的政变，既没有带来经济上的突破，也没有带来民主制的转折，而是相反，它牢牢地巩固了最没有原则、行动迅捷的行政命令体制的代表们的政权——但已是在正在形成的可控民主的框架下，在重新分配私有财产、崩溃的经济破产及普遍贫困的情况下。正是他们，过时体制的典型代表，又成了行政命令式的社会主义所特有的、最不好的东西（而它原本与社会主义没有这种关系）的完美体现者。正是他们过去是、现在是、将来还会是摩共的政治论敌，摩共将要同他们进行顽强的斗争。

摩共在指出苏联社会主义应该汲取的教训的同时，对苏联社会主义建设的成就也给予了积极的肯定。摩共认为，苏联时期共产主义实践的成果也显示了其中所包括的对反动力量进行的强有力的抵抗，因为反动力量一次又一次地企图熄灭革命斗争孕育出的社会创造火山，竭力要阻止受到公正和团结价值观鼓舞的几代人的勇敢行进。在20世纪欧洲历史最紧要的关头，当时欧洲大多数民主国家都向法西斯低头了，正是苏联和欧洲的共产主义者，不顾斯大林的专政暴行，为挽救人类，使其避免褐色瘟疫，做出了决定性的贡献，为胜利做出了无数的牺牲，这绝不是偶然的。

在指出苏联时代的全部文明成就的同时，重要的是要记住，史无前例的科学发现、伟大的文化作品，不是党阀和惩罚机构从人们身上挤压出来的；那些长期作为苏联类型的社会主义再生产和竞争力的强有力手段的经济、社会和人文革新的宏伟建筑，也不是他们设计出来的。这些巨大变革的性质和规模、制度根基本身首先是来自追求自由和进步的社会上最积极的那一部分人的世界观的高涨和宗教的热情。

摩共在充分肯定了苏联时期的经济、社会、文化等方面取得的成就和伟大苏联人民的英勇创造精神之后，指出苏联解体是可以避免发生的发展危机。苏联所经历的发展危机，"这不只是社会主义自身的危机——这是某种类型的工业社会的危机。这种工业社会不同于西方发展模式，它的发展和现代化是以追赶的速度跃进式地进行的，跨越了客观的发展阶段。对社会财富、教育、文化、科学进行巨额投资，最终导致苏联产生了积极的社会阶层。这个阶层既不满当局低水平的管理，也不满对政治生活的调节以及与外界隔绝。这就是危机，在这一危机中，在苏联社会内部客观形成的——个人自由与创作自由、多元论、私人生活的自主性、民族文化的认同、信息权等价值观——与建立的社会经济、政治和意识形态体制相矛盾。局势因显而易见的情况而复杂化，主要是处于体制性的意识形态和经济危机条件下的社会，要求把民主化与增加社会成果、扩大文明市场和增进团结的目标有机地结合在一起，但没有能及时防止意外事故发生的、这样的一种发展方案。这是可以克服的发展的危机，但却没有克服，结果以垮台告终"。

3. 认为民主与自由是社会主义的本质内涵

摩共指出，自由和民主是社会主义的本质内涵，苏联社会主义建设之所以失败，是民主的缺失，缺少对人民的信任。"我们不能不承认，共产主义实践的主要问题不是平等、公正的人道主义思想，不是所推行的社会政策，而是民主的实际缺失、对人通过决议并公开对决议负责的能力的信任的缺失。"摩共认为，压在后苏联国家头上的无尽苦难，也不是多党制、受法律保障的选举自由的结果，而是权贵寡头占统治地位的体制，这一体制对公民不能给予可靠的社会发展保障，却打着公民自由的幌子。摩共第一书记沃罗宁在摩共四大政治报告中明确谈道："一个现代化的政党，如果想要在社会上起主导作用，不能靠它说得如何，甚至也不能靠把所说的漂亮话写入宪法，而只能靠为人民办实事、谋利益。对我们而言，人权、言论和宗教信仰、多元化以及所有民主的其他基本原则，都是不可改变的。"摩共致力建设多层次的民主。摩共认为，摩尔多瓦的政治实践有力地证明了，只有发达的、多角度的社会对政权的监督，才能够保证全民族利益的实现和所选择的政治方针的不可逆转性。

关于如何借鉴欧洲的经验建立适合本国国情的民主体制，摩共认为，当今欧洲的民主制是世界上发展最为迅速的政治原则和政治制度体系，其基础是欧洲左翼政党的大量成就。正因为如此，对摩尔多瓦共产党人而言，欧洲一体化和发达的、多层面的民主制度的形成——与其说是加入欧盟的问题，不如说是国内的政治选择问题、彻底的法制现代化问题、保证不受压迫和专制统治的、社会的建设问题。但是，在摩尔多瓦构建多层次的民主的任务，要比上述问题更为广泛。考虑到摩尔多瓦的特点，这些任务自然还要附加上必须构建以发达的语言和民族文化的多样性为基础的、和谐的多民族社会。只有摩尔多瓦人民进一步团结起来，深化双语制和民族间的包容，才可以使摩尔多瓦不仅保留自己独一无二的认同感，而且能够成为独特的民族关系、语言和文化模式。

在民主制度的建设和发展中，摩共要使社会的创造精神，争取政治、社会和文化自由的斗争实践在社会上具有坚实的基础。摩共认为，"只有发达的公民社会，只有公民社会的主动精神，只有公民社会的广泛自治和免疫性，才能成为摩尔多瓦共和国不可逆转的民主发展的要素。摩共的使命就是建立广泛发展公民责任感的激励制度，建立形成现代公民国家的制度"。①

四 对党建问题的认识

摩共第一书记沃罗宁强调，摩共是一个以全新的概念和全新的原则为基础建立起来的政党。它不是一个走极端的政党，而是根据民主原则，从人民的需要和利益出发，是一个支持改革，支持多种所有制形式的政党。社会、民族和政治多样性的社会将保障个人有选择的自由及自我实现的条件。摩共不仅为捍卫穷人的利益而斗争——摩共还要同贫穷进行斗争。摩共不反对财富——摩共所争取的是，财富是清白收入的结果，而不是掠夺、贪污及对人力资源和自然资源的无情使用的结果。②

摩共在新党纲中明确指出，摩共是一个"代表全社会长远利益的政党"，要建设一个具有包容性的、个体能够充分实现自我的现代社会。当代共产党人首先应该清楚地意识到，自己是一种解放运动和人道主义运动，旨在进行不可调和的反对剥削和压迫的斗争，旨在彻底根除贫困和无权地位，旨在坚决确立民主和社会公正原则。

摩共主张，当代共产党人应该以自己的思想价值为目标，以对世界的唯物主义的认识的辩证方式大胆地探寻对过去、现在和未来的解释，继承和发展马克思列宁主义的思想传统。共产党人应该在国际共同努力推进全人类进步的背景下审视自己的行为。

---

① 摩共纲领原文参见摩共网站：http://www.alegeri.md/ru/.
② 参见李京洲《世界，摩尔多瓦，社会主义——摩共中央第一书记沃罗宁在摩共四大上的报告》，《国外理论动态》2001 年第 7 期。

摩共认为，社会公正和民主是政治纲领中的最重要的价值理念。因为当代人所追求的是生活在一个富足、公正和自由的社会里。共产党人的遗产、政治责任、新的人道主义世界观要求摩共在争取这样社会的斗争中，做出自己应有的贡献。

摩共对欧洲的社会主义历史传统给予了充分的肯定，认为"摩共是欧洲的左翼政党"。摩共不赞同后苏联地区的一些信奉孤立主义、强国主义、民族主义和分离主义思想的左翼运动的理论和实践，认为这是在国内民主程度最低的国家寡头资本主义形式的复辟面前的退却。从摩共的视角看，欧盟各国、西欧和中欧社会主义思想发展富有成效。欧洲不仅是社会主义传统的摇篮，还保持着社会主义传统与现代的民主和自由价值观之间的根本联系。摩共的使命就在于积极地发掘欧洲共产主义与社会主义所有的思想遗产及政治经验，以便成为与反动的民族主义势力和独裁主义势力具有竞争力的政党。党要将争取社会主义的斗争同争取国家体制和有效的民主制度的斗争紧密结合在一起，始终致力于真正人民政权的确立和国家的统一。摩共力争成为一个欧洲现代化的政党，从2007年起获得欧洲左翼联合党的平等会员资格。如今，摩尔多瓦共和国共产党人党正在变成一个新型的政党，它力争在新的历史条件下继续为人道主义理想、为树立人的尊严、为社会主义而斗争。[①]

第四节 实践活动

自摩尔多瓦独立后，国家处于四分五裂状态，政局不稳，非共产主义势力虽然嚣张，但极其羸弱；右翼虽取得了国家政权，但在国家建设领域没有取得什么明显的成效，社会经济生活面临严重的困难。在这样的政治环境下，20世纪90年代，作为反对派的摩共声望日高，在2001年赢得了议会大选，并在随后的总统选举中，以议会多数议席的优势，成功推选党的领导人沃罗宁担任摩尔多瓦共和国总统。

成为执政党之后，摩共首先将恢复国家经济和改善人民生活作为党的首要任务。在执政的第一任期，摩共取得了良好的业绩：国内生产总值年均增长率都在6%以上，新增工作岗位10万个，职工平均月工资增加1

[①] 摩共纲领原文参见摩共网站：http://www.alegeri.md/ru/。

倍，建立了一个较完善的社会保障体系，在科技、教育和文化事业方面的预算投入增加了 1.5 倍，并补偿了 20 世纪 90 年代初私有化时居民的储蓄贬值损失部分。摩共积极地缓和与在野党的矛盾，营造了较为宽松的政治环境，同时严厉打击社会上的黑恶势力和团伙犯罪，维护社会安定，深得民心。① 在执政第二任期，摩尔多瓦经济遭遇通货膨胀攀升、农业因旱灾而减产、外贸逆差加大、经济增长速度放缓等困难，但摩共仍设法使居民收入增加幅度高于物价上升幅度，保持社会稳定。② 总之，摩共取得了自摩尔多瓦独立以来任何一届政府都未能取得的巨大成就。

不仅如此，摩共上台伊始就提出了建设新型现代化政党的目标，更加重视自身的建设。据统计，2001 年 1 月至 2004 年 10 月，摩共新增党员 1.1 万人，翻了一番。党的队伍年轻化成就显著，在新增党员中，2400 人年龄在 30—40 岁，3000 多人年龄在 50 岁以下，1/3 以上受过高等教育。摩共在发展队伍的同时，注重严肃党的纪律，将入党动机不纯或存在其他问题的党员及时清除出党，以加强党的队伍的纯洁性和战斗力。③

2009 年，受多重因素影响，摩共下台变成反对派政党。随后，摩共立刻推出了一项新的社会运动——"摩尔多瓦规划"（Молдавский проект）。在"摩尔多瓦规划"的主导思想引领下，摩共提出了"四十个城市"（Сорок городов）、"公民大会"（Гражданский конгресс）和"社会齐步走"（Социальные марши）运动，而"社会齐步走"运动更被称为新的群众和平反抗运动战略。

关于"摩尔多瓦规划"。2010 年 3 月 28 日，"摩尔多瓦规划"第一次论坛召开。参加论坛的有共产党员积极分子、共青团员、共产党议员、公民社会的代表、民族文化组织的代表和很多大众传媒的代表、专家和政治家。"摩尔多瓦规划"奠基于同公民社会进行紧密的合作，并确立一种新型政治斗争的立场。论坛旨在开启大型基础性建设，将整个社会、政治、科技和文化精英、社会组织、企业界、普通公民团结在摩共周围，以便齐

---

① 李亚洲：《苏联解体后的摩尔多瓦共产党》，http：//www.zdyj.sdu.edu.cn/article.php?id=294。

② 樊乐：《摩尔多瓦共产党人党第二届总统任期执政概括和选情分析》，http：//www.doc88.com/p-65423565568.html。

③ 李亚洲：《苏联解体后的摩尔多瓦共产党》，http：//www.zdyj.sdu.edu.cn/article.php?id=294。

心协力为摩尔多瓦建设更美好的未来。论坛对媒体开放。论坛上，沃罗宁致开幕词，他讲道："如果我们真的认为自己是代表全社会先进利益的政党，我们就要倾听这个社会。倾听、听从、理解这个社会，然后再得出结论。"① 沃罗宁指出，摩共不是为了反对谁而进行结盟。真正的政治斗争是围绕着国家规划的斗争，是围绕着积极建议进行的竞争，而不是恶语相加。在论坛上，摩共推出的"摩尔多瓦规划"的一个鲜明主题是"我们生活在同一个国家，我们需要的是和平和建设，而不是对立和分裂"。

在"摩尔多瓦规划"的框架下，摩共的专家和代表纷纷提出了具体的举措。伊戈里·多顿（Игорь Додон）提出了"经济现代化和工业政策"，尤里·蒙强（Юрий Мунтян）提出了"各个地区的发展——'四十个城市'计划"，约恩·切班（Ион Чебан）提出了"革命和变革"，格里戈里·彼得连科（Григорий Петренко）的"对内政策的新观点"，瓦西里·绍沃（Василий Шова）的"重新一体化与安全"，瓦列里·季奥祖（Валерий Диозу）的"信息社会"，康司坦丁·斯塔雷什（Константин Старыш）的"信息政策中的新样式"，马克·特卡丘科（Марк Ткачук）的"社会支持，'社会齐步走'"，米哈伊·巴尔布拉特（Михай Барбулат）的"遗产和文化现代化"。② 在论坛上，沃罗宁指出："除了我们自己，我们一无所有。兄弟情谊和民族和睦——是我们的未来战略。'摩尔多瓦规划'让我们每一个激动不已。我们准备好了，要实施它。最主要的是我们今天要做成什么，就在今天，一刻也不延迟，——我们要联合成一个完整的整体，要感受到自己是一个完整的整体。我们准备创造，实现最瑰丽的梦想，实现最大胆的战略。没有时间犹豫和倒退。时不我待。"③

马克·特卡丘科在"社会支持，'社会齐步走'的主题下"，提出了"摩尔多瓦规划"是一个联合的价值观，需要广泛的、积极的、独立自主的底层的支持，没有这样的支持，关于现代的、欧洲的、社会的摩尔多瓦

---

① "Если мы считаем себя партией, выражающей интересы всего общества, то мы должны слушать общество. Слушать, понимать и делать выводы." Газета Коммунист 2 апреля 2010. http: //comunist. md/old/index. php? idPaper = 142&class = Articles&action = getDetail&id = 3804.

② Людмила Борисова: Мы все живем в одной стране, нам нужны мир и созидание, а не вражда и раскол. Газета Коммунист 2 апреля 2010. http: //comunist. md/old/index. php? idPaper = 142&class = Articles&action = getDetail&id = 3804.

③ Там же.

的幻想，都会成为僵局，或者是各种学术争论中的摆设。摩尔多瓦左翼政治家拥有强大的支持。实际上，大多数人都支持左翼政治家。但是，这样的支持，应该超越狭隘的党派边界。它应该采取一个全国性的各种各样的组织——政治组织、非政府组织、权利保护组织——的网络的形式。"社会齐步走"就是要建立这样的一个网络，它是联合社会的一个平台，这个平台将大多数左派和中左派积极分子、青年学生、各种非政府组织联合起来。"社会齐步走"——就是向所有准备参与"摩尔多瓦规划"的人伸出的手。这是摩共对那些想要看见，或者希望看见我们变成令人沮丧的复仇主义者的人们给出的回答。我们正在用新的方式推动我们之前一直坚持的思想。从今天开始，"社会齐步走"开始行动了，每一天——都是我们共同的一天——我们要共同发展。

康司坦丁·斯塔雷什在其"信息政策中的新样式"中，提出了摩尔多瓦是一个以新闻业社会交往为主要形式的国家。因此，摩尔多瓦公民通常是无意识的，要通过带有质疑、鄙视、不信任和敌对的材料才能彼此看到。谁都没有想到，每个公民都应该为这种现象负责。斗争成了唯一的生活方式。很多人都期待和平，但是每个人却都考虑得不多。如果是这样，就意味着，我们愿意继续进行着永不停歇的战争，并最终导致社会分裂。我们与这些障碍一起成长，有时候我们不理解，我们为了什么，站在哪一边战斗。因此我们需要交流。为此需要有一个公共的场所。在这里大家关注的是摩尔多瓦的独立、未来、专业性和责任。

伊戈里·多顿在"经济现代化和工业政策"中提出，摩共提出的新社会倡议，符合民众的期待。公民社会正等待着摩共发起的对话，我们没有掌权并不意味着我们不知道国内正发生什么事情。相反，我们更加看清楚，需要做什么。如果摩共没能同政府机构进行对话，那它一定能够同公民社会和其他政党开展对话。

瓦西里·绍沃在"重新一体化与安全"中指出，摩尔多瓦作为一个分裂的国家已经近20年了。为解决摩尔多瓦人民的伤痛曾进行了很多努力。所有的摩尔多瓦的人都应该抛弃成见，联合起来，在历史机遇面前，将摩尔多瓦建设成为一个完整的、统一的国家。

格里戈里·彼得连科在"对内政策的新观点"中指出，摩尔多瓦到底与谁在一起？在国际关系中，摩尔多瓦应该平衡与东方和西方的关系，作为全世界各个国家开放和全面合作的伙伴，这才是未来的摩尔多瓦规划的一个组成部分，等等。

　　就"摩尔多瓦规划"的具体内容而言，该规划立足摩尔多瓦现状，对于解决摩尔多瓦政治、经济、文化和社会中面临的诸多问题，具有重大的现实意义。但是，"摩尔多瓦规划"一经提出，就受到反对派的诘问，反对派纷纷质疑，摩共在执政时为什么不实施"摩尔多瓦规划"？反对派讥讽摩共"摩尔多瓦规划"提出的目标和任务"具有紧迫的现实性和崇高的使命性"[1]。反对派认为，摩共期望通过实施摩尔多瓦规划，能够确保摩共如执政时期一样保持其广泛的民众支持。他们指责摩共及其支持者，为什么在执政八年的时间里，都没有提出建设公民社会的构想？[2] 对于质疑，摩共议员蒙强指出，摩尔多瓦规划所涉及的内容，实际上在2009年4月5日摩共提出的提前大选纲领"建设欧洲的摩尔多瓦"中已经囊括。原本定于2009年6月进行详细论证后实施，后因国家发生政治危机而搁置。"我们已经失去了两年时间，我们现在是以反对派的身份重提'摩尔多瓦规划'。这是已经影响到了整个摩尔多瓦经济的政治危机的代价。"[3]

　　摩共在提出"摩尔多瓦规划"的背景下，号召摩尔多瓦社会在进行独立民主发展、社会公平公正和民族和谐的基础上团结起来。摩共指出，在摩尔多瓦现有的条件下，摩尔多瓦需要的是向人力资本、区域发展和基础设施建设投资型的现代化。只有这样的建设路径，能够保障摩尔多瓦的民主，其对新质量生活的追求，达到欧洲的自由和欧洲的标准。

　　在现有条件下，摩共认为自己的目标是同公民社会进行直接的、公开的、不间断的对话，以便建立一个称之为"摩尔多瓦规划"的公众认可的、积极的、系统的、长期的行动纲领。"摩尔多瓦规划"应该是摩尔多瓦现代化过程中承载最多样性的社会倡议的工具，在讨论和执行具体的措施时，就像是政党和公民之间的一个开放的论坛。这样，摩共就有责任成为与摩尔多瓦社会团结在一起的一支政治力量，在摩尔多瓦社会的监督下，依靠摩尔多瓦社会的倡议，社会将看到的不仅仅是政治斗争的思路，

---

　　[1] Владислав Пилипенко,《Молдавский проект》ПКРМ：модернизация или мистификация？http：//ava. md/034 - kommentarii/03835 - moldavskii - proekt - pkrm - modernizaciya - ili - mistifikaciya. html.

　　[2] Там же.

　　[3] Юрий Мутян：ПКРМ намерена начать реализацию ″Молдавского проекта″ сразу после досрочных выборов. http：//www. qwas. ru/moldova/pcrm/PKRM - namerena - nachat - realizaciju - Moldavskogo - proekta - srazu - posle - dosrochnyh - vyborov/.

还有国家进行深刻的社会经济和文化变革的思路。在这条发展道路上，摩共与所有的左翼政党和中左政党、左翼和中左取向的政客和团体进行开诚布公的对话，对他们而言，争取社会公正的价值观与争取民主、人权和法治的斗争是不能分开的。摩共坚信，在现有条件下，没有社会的广泛支持，没有新的、党外机构提供的社会支持，新的社会、政治、经济和文化倡议将得不到发展。正是在这样一个关键节点上，可以发现建立一个广泛的非政府组织网络的构想，也就是"社会齐步走"运动。在新情况下，只有这样的基层组织能够成为进攻性的、非党派的社会平台，团结、动员并整合所有的左翼和中左选民。这种网络的形成，不仅会提高社会对各种反民主的和专制行为的免疫力，而且会成为社会监督任何一个被选举出来的政权的长期有效的工具。摩共认为，与最广泛的公民社会的代表结成伙伴关系，应该举行定期的、共同组织的公开论坛，每个月不少于两次。"摩尔多瓦规划"是一个长期的倡议，这是一条道路，它应该引领以建设性、公开性和社会责任为基础的新型思想和新型社会发展建议的斗争，向发展摩尔多瓦民主的方向推进。这是一条复杂的道路，这是一条不平坦的道路，但是，只有这样的方法，能够让摩共不仅仅以自身的名义，还可以代表所有致力建设现代化的、欧洲的、公正的、统一的摩尔多瓦的人。①

"摩尔多瓦规划"是原本执政的政党——摩共在选举中失败下台，成为当局的反对派政党之后，在谋求社会支持的过程中，推出的一项社会运动举措。就实质性内容而言，"摩尔多瓦规划"对民众极其具有吸引力，可以最大限度地吸引普通民众；就社会实践性而言，"摩尔多瓦规划"可以吸引左翼政党和中左翼政党、社会组织和政治家结成联盟，推进摩尔多瓦社会主义运动；就其阐释的任务和目标而言，"摩尔多瓦规划"构建公民社会、统一国家的构想如果得以实现，是摩尔多瓦人民之幸。"摩尔多瓦规划"是转轨国家在政党政治运行中，在野的反对派政党谋求社会团结和共识的创新性尝试。

但是，摩尔多瓦共和国共产党人党从2010—2015年，历时5年的"摩尔多瓦规划"并未取得明显的成效，在摩尔多瓦右翼势力崛起的背景下，摩共不断地陷入分裂危机之中，党的社会支持率不断下滑，在国家议

---

① ПКРМ предлагает мир и объединение усилий во имя страны. http：//comunist. md/old/index. php？ idPaper = 142&class = Articles&action = getDetail&id = 3793.

会中的席位不断流失。

第五节　国际联系

摩共在上台执政之前，搞好同俄罗斯的关系，一直是其政策的主要方面。但摩共上台执政后，在对外关系方面进行了重大调整。摩共原本是亲俄的，后在摩共智囊特卡丘克的敦促下，沃罗宁为摩尔多瓦提出了"欧洲一体化"的倡议，特卡丘克为此被摩共党内的对手批评为是一个西方主义者。俄罗斯与摩尔多瓦都曾是苏联的加盟共和国，除了这一历史渊源，两国在文化、社会、民族等各个方面都有着千丝万缕的联系。摩尔多瓦90%的天然气都依靠俄罗斯提供，而俄罗斯是摩尔多瓦葡萄酒的主要消费国之一。在摩尔多瓦向西转的过程中，两国通过政治施压、停止提供天然气、禁止进口葡萄酒等举动互相制裁，导致两国关系不断恶化。但执政的摩共，似乎心意已决，一门心思向西看，西方也不停地对摩尔多瓦挥动橄榄枝。这种情况一直延续到摩共败选。

摩共丧失执政党地位，成为摩尔多瓦当局的反对派之后，在对待俄罗斯和西欧的关系方面发生了重大的改变。摩共自下台以后，现实的西方利益集团立刻改变了此前对其的态度，巨大的落差，让摩共感到难以接受。所以下台不久，摩共就又开始亲近俄罗斯。在这样的背景下，摩共也开始摒弃其执政时期提出的"欧洲一体化"倡议，而开始执行更亲近俄罗斯的政策。现正积极号召摩尔多瓦加入俄罗斯、白俄罗斯、哈萨克斯坦三国已经构建的统一经济空间。可以用上台"向西"，下台"向东"这样的词汇来表述摩共执政前后对外政策的转变。

摩共一直与中国保持着良好的关系，对中国改革开放道路持肯定和赞扬的态度，认为："中国共产党人选择了正确的道路。"[1] 摩共从政治、经济、历史、文化和社会等多个视角高度评价中国共产党和中国特色社会主义制度。

从政治视角来看，摩共对中国共产党和中共十八大持肯定态度。摩共总书记沃罗宁在2012年11月7日向中共十八大致的贺词中指出："对整

---

[1] Инна Шупак *Китай продолжает идти по пути социализма с китайской спецификой*. http://comunist.md/? p=8700，2012年11月29日。

个国际左翼运动而言，中国共产党是新世纪，在国际金融危机的背景下能够取得社会主义建设成就的榜样，是建设强大的现代化国家的榜样，是建设能够有效应对新多极世界条件下各种复杂挑战的世界强国的榜样。"① 2012 年 11 月 16 日，沃罗宁在祝贺习近平当选中国共产党中央委员会总书记的贺词中提道："我坚信世界最大的共产党所走的伟大道路将会让进步和公正思想在中国和整个世界获得最终的胜利。"② 摩尔多瓦共产党人党的杂志《共产党人》发文评价中共十八大，标题为"中国继续行走在中国特色社会主义道路上"。文章指出，会议的主要文献是中国共产党的中期行动纲领和宣言。③ 通过中共十八大报告可以得出"中国继续行走在中国特色社会主义道路上"的基本结论。

摩共赞扬中国共产党在党建方面取得的成就。他们对中国共产党的发展历史进行追溯，提请人们牢记，中国共产党于 1921 年成立时仅有党员 50 名；1949 年掌权时党员发展到 448 万名；时至今日，党员高达 8200 万名，基层党组织达 400 多万个。此外，共青团有 5000 万名团员。④ 从这些数据可以看到，中国共产党在党建方面取得了巨大成就。

从经济视角来看，摩共肯定中共十八大提出的 2020 年实现小康社会的发展目标。他们指出："中国共产党还有一个重要的目标，即与 2010 年相比，在 2020 年实现国民生产总值和城市、农村人口收入达到中等收入水平。根据中国共产党的认识，中国正进入全面建设中等富裕社会的关键阶段。"⑤ 对此表示怀疑的人应该回忆一下历史：1981 年中国提出了"分三步走"的战略，第一步是到 1990 年，实现国民生产总值翻一番，第二步是到 2000 年，实现国民生产总值再翻一番。第三步是用 20—50 年的时间实现国民生产总值翻两番。现在再看看数据，在 80 年代，人均国民生

---

① Председатель ПКРМ Владимир Воронин направил приветствие делегатам XVIII - го Съезда Коммунистической партии Китая. http：//www. pcrm. md/main/index. php？ action = news&id = 7878，2012 年 11 月 7 日。

② Владимир Воронин поздравил Си Цзиньпина с избранием его Генеральным секретарем ЦК Коммунистической Партии Китая. http：//www. pcrm. md/main/index. php？ action = news&id = 7922，2012 年 11 月 16 日。

③ Инна Шупак Китай продолжает идти по пути социализма с китайской спецификой. http：//comunist. md/？ p = 8700，2012 年 11 月 29 日。

④ Там же.

⑤ Там же.

产总值是250美元，90年代是500美元，2000年是1000美元。根据该战略目标，2050年人均国民生产总值应该达到4000美元。但是在2010年，中国人均国民生产总值就达到了4300美元，比计划提前了40年。还有一个中国成功地实现社会主义现代化的例子——贫困水平逐年下降。自20世纪80年代以来，中国超过2.58亿人摆脱了贫困（按照中国标准）。到2010年中国贫困人口已经缩减为0.2亿人。在这种情况下，保障贫困人口温饱的问题实际上已经不存在了。①

摩共充分肯定过去五年中国在国际金融危机背景下取得的发展成就。他们指出，在这五年中，中国成功地经受住了世界金融危机的考验，继续稳步发展。在高层干预、调控国民经济的条件下，国家成功地阻止了"经济过热"，按计划将经济发展的速度从年增长率9%—10%降低到7.5%。这种情况表明，中国实践的"科学发展观"证明了自己是对的，而且它是中国推出政策的方法论基础。中国正在继续成功地建设社会主义，很多发展中国家都在认真地研究中国社会主义建设经验。②

摩共认为中共十八大报告提出的发展目标对中国社会具有重要的动员意义。他们指出，中国的领导人更倾向在现有的国家发展模式框架下解决过去积累的各种社会经济问题，力争不让其失衡和扭曲。中国没有因全球化的压力而采取孤立主义。

从历史和文化视角看，伊娜·舒巴克在《中国继续行走在中国特色社会主义道路上》一文中进行了进一步的解析。她指出，在20世纪70年代末期倡导现代化的中国第二代领导人明白，要完成党所提出的任务需要知识干部和专业干部。中国共产党人对待国家现代化问题的态度，尤其是在对待干部教育问题上的态度转变带来了这样一个结果，即1977年中国有27.3万人进入大学，占报考高等院校人数的4.8%，过了30年，2007年，录取的大学生数量达到了570万人，占报考高等院校人数的56%。

摩共肯定改革开放道路是正确的社会主义发展道路。他们指出："这是开放的道路；这是实现现代化的道路；这是创新的道路；这是社会向人

---

① 参见 Victor Nee and Sonja Opper：Capitalism from Below：Markets and Institutionnal Change in China，Harvard University Press，2012。该书认为，自20世纪80年代以来超过6.3亿的中国人摆脱了贫困，即让中国贫困人口比例从80%下降到不足10%，这是历史上规模最大的脱贫实践。

② Всеволов Овчинников：*Путь Китая – эволюция*. Коммунист Белоруссии：мы и Время. Номер 48（832）. 2012年11月30日。

力资本投资的道路；这是追求社会公正的道路；这是和平发展的道路；这是与外部合作伙伴在平等、宽容、互信、合作精神指导下交往的道路；这是民主的道路；这是守法的道路；这是建设中国特色社会主义道路；这是镰刀和斧头指引的道路。"①

从社会视角来看，摩共充分肯定中共十八大提出的以改善人民生活水平为目标的加强社会建设任务，认可这是社会稳定与和谐的重要保障，这必将给世界带来巨大的改变和影响。

摩共在肯定中国发展道路的同时，也指出了中国面临的挑战。弗谢沃洛夫·奥夫奇尼科夫（Всеволов Овчинников）认为："中国社会的变化和经济危机让中国领导人面对新的挑战。"② 2008年之后，中国的出口开始急剧地缩减。出口占中国国内生产总值的约40%。但是，欧美民众购买力的降低缩减了对中国商品的需求。外贸失衡会导致通货膨胀、社会固定资产投资降低。中国还面临人口老龄化、社会分化加剧等问题，这些都会导致社会心理氛围发生改变。③

第六节 面临的问题及发展前景

一 摩共政权得而复失的主客观原因

考察摩尔多瓦政治变动的经过，可以发现，摩共失利有以下主客观两方面的原因。

1. 西方支持的"颜色革命"作用

摩共下台在很大程度上是受欧美支持的摩尔多瓦"颜色革命"和世界金融、经济危机的影响。

在摩尔多瓦2009年4月5日的议会选举和7月29日的提前议会选举前后，摩尔多瓦悄然上演了一场"颜色革命"。此轮摩尔多瓦发生的政治动荡，与2003年在格鲁吉亚爆发的"玫瑰革命"、2004年在乌克兰爆发的"橙色革命"和2005年在吉尔吉斯斯坦爆发的"郁金香革命"，具有很

---

① Инна Шупак *Китай продолжает идти по пути социализма с китайской спецификой*. http://comunist.md/?p=8700，2012年11月29日。
② Всеволов Овчинников：*Путь Китая – эволюция*. Коммунист Белорусси：мы и Время. Номер 48（832）. 2012年11月30日。
③ Там же.

多相似之处。

  首先，反对派政党能够获胜，与西方为他们提供的强有力的金融和政治支持密不可分。西方的支持主要表现在通过外交活动对摩尔多瓦领导人施压，向摩尔多瓦居民展示在民主化、未来的欧洲一体化和摩尔多瓦经济稳定中，"欧盟和美国将提供成效显著的政治和金融支持"。正是在这样的背景下，2009 年 7 月 12 日，摩尔多瓦议会违反了禁止在选前 6 个月更改选举法的法令，将政党进入议会的"门槛"从 6% 降低到 5%，还将选举的门槛从最低 50% 的选民支持率降到了 1/3 的选民支持率。摩共的议员楚尔坎（В. Цуркан）指出，摩尔多瓦修改法律是在欧洲理事会的代表们的建议下进行的，欧洲理事会的代表们认为："某些维护民主和政治稳定的情况可以凌驾于法律之上。"对摩尔多瓦领导人构成政治压力的首先就是一系列西方国家的领袖和欧洲机构的领导人都宣布"必须确保摩尔多瓦的再次议会选举是自由和民主的"。6 月 25 日，在时任总统沃罗宁与美国驻摩尔多瓦大使的乔德里（А. Чодри）会面中，乔德里提出了摩尔多瓦必须保证"自由、正确的选举活动以及新闻自由"。7 月 20 日，监测选举国际特派团访问摩尔多瓦之后，欧安组织的观察员叶夫季米乌（П. Ефтимиу）要求摩尔多瓦必须承担起实现自由选举的国际义务。7 月 24 日，波兰外交部长西科尔斯基（Р. Сикорский）在对摩尔多瓦进行正式访问期间，也提出了类似的目标。在基希讷乌大学会谈期间，波兰外交部部长说："如果摩尔多瓦的选举公正、透明，作为交换，华沙将在摩尔多瓦—欧盟合作协定的谈判中支持新政府"。可见，议会选举的议题一直都处在欧洲各机构的关注之中。7 月 27 日，欧安组织会谈组的团长叶夫季米乌在同沃罗宁总统就选举问题会晤时，对"摩尔多瓦议会选举活动中行政资源的使用"表示担忧。7 月 27—30 日，由欧洲理事会议会大会的 300 名国际观察员组成的代表团队前往摩尔多瓦观察提前议会大选，其中包括欧安组织议会大会、欧洲议会和欧安组织民主制度和人权局的代表。西方在摩尔多瓦的外交活动并没有因选举的结束而减弱。投票结束以后，波兰外交部部长西科尔斯基提出了期望，希望进入议会的力量选出一个"有希望的、能够自给自足的、亲欧洲的"政府。与此同时，在波兰访问的捷克外长科戈乌特（Я. Когоут）表示支持西科尔斯基的立场。欧盟外交和安全事务高级代表、欧盟理事会总秘书长索拉纳（Х. Солана）祝贺反对派选举获胜，号召摩尔多瓦的各个政治力量一起将国家引出危机并宣布欧盟准备在摩尔多瓦战胜十分严重的政治问题和经济问题时给予必要的帮助。欧安组织的领导宣布支持摩尔多瓦的民主改革和选举程序的进一步完善。

西方国家在运用政治机制对摩尔多瓦政治局势施加影响的同时，还积极利用经济援助为自己谋利益。2009年5月，摩尔多瓦参加了欧盟的"东方伙伴"项目，该项目的目标是"最大限度地提升政治参与的水平、广泛的欧盟经济一体化、加强能源安全并增加财政援助"。在摩尔多瓦领导人与美国大使乔德里会面时，双方达成协议，将在2009年9月份协商关于从2010年起为摩尔多瓦专门启动美国的"响应千年号召"计划，计划向摩尔多瓦提供几个亿美元的贷款用于基础设施的建设。

其次，反对派使用的是"颜色革命"通用的街头抗议和反共产主义宣传手段诋毁摩共等方法。正是在西方的大力支持下，反对派得以发动街头抗议活动，甚至一度发生政治骚乱；西方的支持也让反对派有条件进行高水平的选前宣传活动：获胜政党的主要选前政治口号是"国家的欧洲化和摆脱共产主义制度的压榨"。在2009年7月29日的提前议会选举活动中，反对派的一个关键的筹码就是向人民许诺："通过未来的欧洲一体化将国家带出当前的政治和经济僵局"，让摩尔多瓦"最终摆脱共产主义制度和沃罗宁的独裁"。自由民主党人的领袖菲拉特（В. Филат）甚至认为"正是因为共产党人执政，当代摩尔多瓦社会才分裂为不同的民族和不同的政治派别，这种情况要求摩尔多瓦社会整合并惩处那些分裂人民的人"。7月27日，反对派的几个政党的领导向选民发出呼吁："在过去和未来，在贫穷和富裕，在专制和自由之间选举吧！这是对摩尔多瓦社会的'政治成熟度'进行的一场测试"。反对派还呼吁："一起战胜欧洲仅存的极权共产主义制度的专政，回归文明欧洲的大家庭。"同时，在选前宣传活动中，反对派政党特别广泛地使用了地方大众传媒和互联网。最大的反共活动是在选前一周开始明朗化的。在媒体发布的材料中，他们针对时任总统沃罗宁进行攻击和诽谤，说他是"摩共的不称职的领袖，在摩尔多瓦社会制造民族仇恨，在整个国际社会的耻笑中用反人民的制度改变国家，并且不惜代价要留在'第三任期'"。这在经历了政治危机和经济危机的摩尔多瓦居民中获得了一些共鸣。摩尔多瓦议会反共产主义的多数联盟就是在这样的背景下形成的。

再次，所有的反对派政党表现出不同寻常的团结，在选举前夕口号一致、目标相同、行动统一。一批反对派政党目的明确地退出了提前选举，目的是保证其他党可以获得必要的5%的最低选票界限。7月13—16日，先后宣布退出选举的有"欧洲行动"运动和民族自由党，他们宣称自己这样做是为了避免选票分散，他们号召自己的支持者把票投给各个反对派政党。8月9日，反对派政党正式宣布在议会组建"争取欧洲一体化"执政联盟。执政联盟领导人宣布，摩尔多瓦的对外关系将遵循以下的三个原则："欧洲一体化；恢复与罗马尼亚和乌克兰的睦邻友好关系；恢复与俄罗斯联邦的战略伙伴关系。"

最后，反对派之所以能够在议会大选中获得胜利，与其在选民中进行有组织的、有针对性的助选活动也有很大的关系。

2. 摩共对外政策和民族政策的失误

2007年由美国次债危机引发的国际金融危机和经济危机，摩尔多瓦也未能置身经济危机之外，而摩尔多瓦经济危机的爆发，给当时正在执政的摩共带来了深刻的困扰。到摩尔多瓦2009年选举的时候，金融、经济危机经过两年的发酵，已经触及绝大多数的西方发达国家，摩尔多瓦所获得的国际投资锐减，经济不断下滑，势必让执政的摩共在社会支持率上受到很大的影响，这让摩共陷入非常被动的境地。为摆脱摩尔多瓦的经济困境和政治困境，获得经济支持和政治支持，并提升摩共的威望和影响，时任总统沃罗宁频频向世界大国首脑求援。2009年6月底，时任总统沃罗宁先后与俄罗斯和美国领导人见面。沃罗宁在6月22日访问俄罗斯期间，同俄罗斯领导达成了贷款5亿美元的协议。6月25日，沃罗宁又与美国大使乔德里会面，在会面之后接受美国之音采访时，沃罗宁说："美国是摩尔多瓦真正的朋友，美国伙伴对摩尔多瓦提供的经济支持至关重要。"沃罗宁忽东忽西，确实给反对派留下了把柄，这在摩尔多瓦社会被解读为与俄罗斯和美国进行"政治调情"，甚至党内也出现了批评的声音。在上面提到的会谈前后，摩尔多瓦领导人不止一次地谈及美国和俄罗斯与2009年4月议会选举时制造骚乱的组织有牵连。前议长马里安·卢普（М. Лупу）就在摩共的社会声誉下降之际退党，随后于6月19日当选民主党主席。用卢普的话说，他退出摩共的主要动机是"不想参与共产党的肮脏游戏"。实事求是地讲，摩共选前的活动存在着很大的问题，给人以慌不择路之感，其特点是给出了很多许诺，并急剧地改变了摆脱危机的方向——执政党交替地宣布通过解决德涅斯特河左岸问题的计划，宣布摩尔多瓦快速实现欧洲一体化方案，禁止在国内扩大罗马尼亚的影响，制止土耳其在加告兹的影响，等等。在这种情况下，反对派不停地指责摩共"煽动内战，分裂摩尔多瓦社会并导致摩尔多瓦的安全出现让人愤怒的不确定性"。甚至政治家们也严厉地批评时任总统沃罗宁在确立对外关系中的战略伙伴关系时思路极其混乱。

二 摩共当前面临的内外压力

在今后的政治生活中，摩共必然要面临来自外部和内部的双重压力。从外部来讲，右翼执政联盟的打压，党的活动将更多地受到限制。2012 年 7 月 12 日，摩尔多瓦议会通过了一项法律草案，禁止使用共产主义标识。稍后，议长米哈伊·金普（Михай Гимпу）带羞辱性地建议摩共将"镰刀和锤子"换成"盘子和餐刀"。① 这表明摩尔多瓦议会对共产主义制度在进行正式的谴责。禁止使用标识的法律草案在议会投票过程中，投赞同票的是执政联盟的 53 名议员和独立议员米哈伊·戈佳（Михай Годя），投反对票的是摩共的代表、社会党的代表和不久前退出摩共的瓦季姆·米申（Вадим Мишин）领导的，同样是现当局反对派的党团代表。禁止使用共产主义标识的法律草案是由执政联盟之一的摩尔多瓦自由党提出的，它是根据 2010 年成立的"极权共产主义制度"研究工作委员会的研究结果拟定的。在摩尔多瓦自由党提交的文件中，"谴责极权共产主义制度在摩尔多瓦苏维埃社会主义共和国实施的反人类的犯罪，谴责那些参与实施了共产主义制度犯罪的所有人的行为"。法律草案规定禁止在摩尔多瓦使用共产主义标识用于政治目的，禁止"宣传极权主义意识形态"。显然，这一法案是摩尔多瓦执政联盟针对摩共实施的针对性极强、目标和目的极其明确的打压手段，势必会对摩共自身及其社会支持率造成较大的影响。摩尔多瓦右翼执政联盟打压共产主义意识形态，显然是担忧摩共东山再起，所用的手段是力图消解摩共的社会影响力，铲除摩共合法存在的基础。不过，在具有共产主义传统的摩尔多瓦和当前多元化的政治背景下，右翼执政联盟的行为可能更易导致摩尔多瓦民众的反感，甚至可能会起反作用，与其反共、抑共、压共的初衷背道而驰。

摩共面临的内部压力就是下台后引发的党内分裂浪潮。摩共选举失利

---

① Парламент Молдавии запретил коммунистическую символику. http://kino.zakon.kz/4502113 – parliament – moldavii – zapretil.html 13 июля 2012.

下台后，党内一次次分裂，导致摩共在高层政治舞台上的影响力不断下降。先是 2009 年 7 月，在选战的关键时刻，前议长马里安·卢普领导的摩共右翼退党，接着是 2009 年 12 月 5 日，共产党议员弗拉基米尔·楚尔坎（Владимир Цуркан）、维克多·斯捷潘纽克（Виктор Степанюк）、柳德米拉·别利琴科娃（Людмила Бельченкова）和瓦列京·古兹纳克（Валентин Гузнак）宣布退出议会中的摩共党团。他们宣称，他们之所以走到这一步，是因为他们不同意 2009 年 12 月 7 日摩共抵制总统选举的决议。稍后，摩共议员弗拉基米尔·楚尔坎、维克多·斯捷潘纽克、柳德米拉·别利琴科娃和瓦列京·古兹纳克加入了"统一的摩尔多瓦"党。在 2010 年 11 月 28 日举行的提前议会选举中，摩共获得 39.34% 的选票，获得 42 个议席。2011 年 11 月 4 日，摩共议员伊戈尔·多顿（Игорь Додон）、季娜依达·格列恰纳雅（Зинаида Гречаная）和韦罗尼卡·阿布拉姆丘克（Вероника Абрамчук）退出议会中的共产党人党团并退党。2012 年 6 月 7 日，摩共议员瓦季姆·米申、奥列格·巴边科（Олег Бабенко）和塔吉雅娜·博特纳柳克（Татьяна Ботнарюк）退出了共产党人党团。2012 年 9 月 28 日，摩共议员约恩·切班（Ион Чебан）宣布退党并加入社会党。2012 年 12 月 12 日，摩共议员谢尔盖·瑟尔布（Сергей Сырбу）脱离了摩尔多瓦议会的共产党人党团。摩共议员不断地退出摩尔多瓦议会的共产党人党团，一方面是由于摩共不再是执政党，其可以支配的政治资源和享有的政治影响受限，必然导致一些投机者背叛和背离；另一方面，摩尔多瓦右翼执政联盟的打压和拉拢，也必然让意志不坚定者、信仰动摇者背叛和背离。对于摩共而言，这是外部因素造成的自然的"清党"，让摩共变得更纯洁。但是，其对摩共也构成了深刻的负面影响，摩共议员不断退党，导致摩共议员席位不断流失，使摩共在摩尔多瓦政治舞台上的博弈筹码不断减少，让摩共对执政联盟的步步紧逼所进行的反击十分无力，也让摩共丧失了短期内重新上台执政的可能性。

三　摩共未来重返政权的潜力、障碍和挑战

2009 年 4 月 5 日，在摩尔多瓦共和国举行的议会选举，与选举前的民意测验结果几乎没有什么差异，摩共以近半数选票成功地赢得大选。然而，随后，由于外部势力插手、国内反对党质疑选举结果，致使摩尔多瓦共和国出现了反对派组织的抗议行为，并演变成了大规模的骚乱，甚至一

度占领总统府和议会大厦,并悬挂罗马尼亚国旗。这致使摩尔多瓦举行提前议会选举,提前选举使摩共以 1 票之差,丧失了推选总统的机会,并从执政舞台上跌下,成为摩尔多瓦的政治反对派。摩尔多瓦也因此进入了一个长时段的政治危机期。直到 2012 年 3 月 16 日,摩尔多瓦议会举行总统选举,执政联盟联合推选的总统候选人、无党派人士尼古拉·蒂莫夫蒂当选为摩尔多瓦第四届总统。尽管摩尔多瓦选举出了新总统,但是这位新总统并未得到反对派——摩共的认可。而此前,因摩共对总统选举的抵制,在摩尔多瓦政治舞台上,竟然出现近 3 年选不出总统的"奇景",① 足见摩共在摩尔多瓦政治舞台上和普通民众中的影响力。但是,尽管摩共还有实力,也具有相当的影响力,摩共已经不再是执政党,而是反对派,已经成为事实。摩共将会有怎样的未来呢?

1. 摩共保持影响力的潜力

摩尔多瓦共和国共产党人党作为当今摩尔多瓦政治舞台上的反对派,依然是一支具有举足轻重影响力的政治力量。有几个要素可以保证其具有政治复活的机会。

第一,摩共拥有强大的、先进的共产主义、社会主义思想资源。摩共始终坚持要在摩尔多瓦建设社会主义国家。尽管,摩共的此类主张在诸如摩尔多瓦民主党(ДПМ)和摩尔多瓦社会民主党(СДПМ)等其他政党的纲领性文件中也可以见到。可是,在当今摩尔多瓦,除了共产党人党,其他政党都是被生意人〔弗拉特·普拉霍特纽克(Влад Плахотнюк)、维克多·舍林(Виктор Шелин)〕私有化了,很多人都清楚,这些政党都是按照企业主的生意规划发展的,企业主向这些政党投资的目的,是让这些政党给自身带来相应的收益。如果相信这些由生意人控制着的政党,能够为其主子之外的其他利益而进行斗争,纯属无稽之谈。社会民主党之流的那些经过人工修饰的"细节"和有关国家政策方面的错综复杂,清楚表明了这些党不适合"政治浪漫主义者"。这些党的规则与摩共截然不同,它们需要的完全是另外的"生意人政客"。由此可见,摩尔多瓦人民会自己分辨出,谁能够真正代表摩尔多瓦社会上大多数人的利益,而不是代表少数有钱人的利益。这也是摩共在民众中一直持有稳定支持率的一个重要因素。

---

① 邬珂兰:《新总统诞生后的摩尔多瓦政治面相》,《当代世界》2012 年第 4 期。

第二，摩共在摩尔多瓦社会拥有的支持率比较稳定。在摩尔多瓦，有一些居民组织、政党组织更加倾向左的意识形态。摩共领袖作为总统的支持率是17%，位居第二，仅次于支持率为19%的摩尔多瓦总理菲拉特（В. Филата）。摩共是国家强力政权拥护者的政党。无论它遭到了怎样的批评，无论批评它的目的是什么，它都依然坚持保卫并加强摩尔多瓦国家组织的立场。一个强大的国家，不仅能让自己的国家国强民富，其国际影响力和竞争力也会随其国力的增强而提升，因此，对于任何国家的国民而言，能有一个政党把建设强大国家作为自己的发展和执政的主要目标之一，势必会得到大多数民众的支持。

第三，摩共有一支职业化的领导团队，领导团队信仰坚定、富有政治斗争经验。摩共有包括瑟尔布（С. Сырбу）、伊万诺娃（В. Иванова）、多米尼季（О. Доменти）在内的非投机型的职业团队，他们有职业素养，有竞争潜力。

第四，摩共积累了丰富的政治经验，既执过政，又当过反对派。摩共党的组织系统完善、健全且富有战斗力。

第五，摩共主张加入关税一体化，而这一主张有社会支持基础。一旦独联体地区情况发生有利于一体化的变化，摩共就有翻盘的机会。

第六，摩尔多瓦现在的社会背景对摩共十分有利。因为执政的"争取欧洲一体化"政党联盟并没有为国家带来真正的改革和积极的改变，相反，摩尔多瓦物价上涨，而国家承担的社会责任却不断地减少。

由此可见，摩尔多瓦反对派政党——摩共，即便在发生分裂的情况下，也完全有可能获得超过60%的选票。根据民调显示，摩尔多瓦有同样多比例的人不满意国家当前的状况。[①]

摩共有稳定的选民支持，其选民支持率维持在40%左右。以上因素可以保证摩共的社会影响力和政治影响力。

2. 制约摩共发展的障碍

摩尔多瓦共和国共产党人党的未来也具有一定程度的不确定性。摩共的得票率呈逐年下降的趋势，在2005年为46%，2007年为34%，2009年

[①] Виталий Андриевский: Может ли ПКРМ выиграть выбрах? http://www.gzt.md/article/%D0%BE%D0%B1%D1%89%D0%B5%D1%81%D1%82%D0%B2%D0%BE/5045/.

4月为48%，2009年7月为44%，2010年11月为39%，2011年为37%，[①] 2014年为17.48%。政治活动家退党比例高，除了前面提到的人士，在2009—2011年，摩共失去了大约100个市长职位，摩共的核心骨干队伍损失严重，恢复重建非一日之功。摩共掌控的媒体也被执政联盟消灭，NIT电视频道被封，摩尔多瓦主权报（Moldova Suverană）破产，一些大众传媒，如《共青团真理报》（Комсомольская правда）、《论据与事实》（Аргументы и факты）都开始远离摩共。很多生意人，诸如普列什卡、楚尔坎、米申、巴边科；赞助商，如普拉霍特纽克、平切夫斯基、绍尔等退党，导致党的资金链断裂。摩共的党产也被冻结：2009—2010年，国有企业纷纷将账户从摩尔多瓦的银行（Fincombanc）转到维多利亚银行（Victoria Banc）和BEM银行。与摩共共同持有的股份，也都被其隐藏在背后的实际操纵者夺走了。按照摩尔多瓦政治分析家齐尔佳·波格丹（Богдан Цырдя）的分析，"摩共未来一定会被吞并、击溃，直至被消灭"。[②] 不仅如此，摩共目前缺乏外部支持，莫斯科表现出来的是克制，乌克兰的危机对摩共更加不利。

3. 摩共面临的挑战

综上所述，摩共未来的发展面临很大挑战。

首先，如何遏制党内不断分裂的浪潮。摩共必须采取措施整顿队伍，凝聚力量，阻止领导团队发生大的变动和党员的流失，否则用不了两三年，党不可避免地会走向衰退。主要原因在于：其一，部分共产党员和积极分子会士气低落，会因失望而不再参与党的事务；其二，一些不坚定的党员，尤其是在地方，会被"幕后人"收买，转而加入其他党；其三，可能再出现一个左翼政党，果真如此，它可能会抢走摩共的很大一部分选民。

其次，如何在新的环境下使民众相信共产党。摩共执政期间得到千百万人的赞同，但这并不意味着所有人都赞同共产主义思想。这一点可能是摩共领导和理论家不想或没有考虑到的危险。与其说摩尔多瓦人赞同共产主义思想，不如说他们是支持以摩共为首的政治力量，这样的政治力量在

---

① Богдан Цырдя: 《В будущем ПКРМ будет поглощена, раздавлена, уничтожена. По меньшей мере, такая попытка будет предпринята》. http://totul.md/ru/newsitem/262644.html.

② Там же.

他们眼中是强大国家的捍卫者和保卫者。不管摩共愿不愿意，共产主义建设中发生的一些历史失误，给摩共带来的负面影响，都算在它身上，过去年间发生的不愉快事件的阴影，都还留在摩尔多瓦人民的记忆中，现在正被人为地通过目的明确的反共产主义宣传复活这些记忆，仅靠"社会齐步走"之类的运动也不能抹去这些记忆。举一个例子来说，摩尔多瓦的门户网站（ava.md）曾经进行过一次调查问卷，在问卷中试图搞清楚一个问题，为什么在地方选举中，基什讷乌人公然支持不好的管理者——自由主义者多林·基尔托阿凯（Дорин Киртоакэ）？调查问卷结果显示，根据基什讷乌市民的观点，共产党人党的候选人伊戈尔·多顿在很多项指标都占优势，但是，由于他的身份背景是共产党，很多人就不投他的票，尽管这些人都知道，作为市长，多顿将比基尔托阿凯强 100 倍。可见，用什么方式使民众真正相信社会主义制度和共产主义前景，对摩共来说是个艰巨的任务。

最后，如何应对摩尔多瓦走向欧洲带来的考验。众所周知，摩尔多瓦宣布要走向欧洲。现政权采取欧洲一体化方针，力主摩尔多瓦加入欧盟。欧洲化进程对很多摩尔多瓦人而言已成为一种有意识的选择。在这样一种背景下，不能不考虑到，很多欧洲人对从"冷战"时期留下来的"共产主义"一词异常敏感，对他们而言，"共产主义"一词只与负面信息联系在一起。这对摩尔多瓦公民的政治选择会造成影响，宁愿选择西方喜欢的摩尔多瓦民主党或者摩尔多瓦自由民主党，而不选择欧洲不愿打交道的共产党。对于左翼青年和左翼知识分子来说，"共产党人党"的名称也是一种畏惧，他们准备支持左翼政党，但是有一个条件，就是党的名称里不能有"共产主义"一词。这些情况都对摩共构成不利条件，既保持摩共的身份特征，又能顺应社会潮流，争取到社会多数人的支持，并非易事。

4. 重新走上革命道路的可能性

有观察家指出，摩尔多瓦共和国共产党人党有可能重新走上革命道路。俄罗斯政论家、左翼思想家和出版人鲍里斯·卡加尔利茨基（Борис Кагарлицкий）于 2013 年 3 月中旬，前往摩尔多瓦基什讷乌，考察了摩尔多瓦的反抗活动。他谈到了摩尔多瓦社会反抗活动的原因。在他看来，摩共执政期间，摩共体现为一个中左型的资产阶级民主政党，其政治和经济思想也十分有效。但是，自从自由主义者接掌政权以来，其右倾激进主义政策在方方面面都逊色于摩共掌权期间，现在摩尔多瓦腐败盛行，官僚主义增长，国家债务增多，农村的学校和医院被取消。摩尔多瓦民不聊生，而作为反对派的摩共，现在也乐于领导摩尔多瓦人民走向革命的道路。①至于，摩共是否真的会重新使用革命的手段夺取政权，在我们看来，这则取决于多重因素，比如，党内高层对革命夺取政权道路的态度，领导人对国内政治形势的判断，国内政治力量对比及国际大环境，等等。目前来看，这种可能性很小。

第七节　党的领导人

弗拉基米尔·尼古拉耶维奇·沃罗宁（Vladimir Nicolae Voronin），自摩共重建以来，一直是摩共的领导人。1941 年 5 月 25 日出生在摩尔多瓦杜博萨雷区的一个农民家庭。政治家和国务活动家。

1971—1981 年，任杜博萨雷区劳动人民代表苏维埃执行委员会主席和温格内市劳动人民代表苏维埃执行委员会主席。1983 年，他从苏共中央社会科学院毕业后，开始在摩尔多瓦共产党中央组织部任副部长，1985 年，任摩尔多瓦苏维埃社会主义共和国部长会议主席。1985—1989 年，任宾杰尔斯克市党委第一书记。1989—1990 年，任摩尔多瓦苏维埃社会主义共和国内务部部长。1991 年，毕业于苏联内务部科学院。1993 年，当选为摩尔多瓦共产党人党组织委员会联合主席。1994 年，当选为摩共第一书记。1996 年，作为总统候选人参加摩尔多瓦总统大选。从 1998 年 3 月开始，任第十四届摩尔多瓦共和国议会共产党人党团主席。2001 年 2 月，当选为第十五届摩尔多瓦共和国议会议员。2001 年 4 月 4 日，被选为摩尔多瓦国家总统。2005 年 4 月 5 日，沃罗宁成功竞选连任，开始了其第二届总统任期。2009 年 9 月 2 日，因两届任期已满，辞去总统一职，担任议会共产党人党团主席。目前，沃罗宁是摩尔多瓦政治舞台上最大的反对派政党——摩尔多瓦共产党人党的总书记。沃罗宁在重建摩尔多瓦共产党人党和执掌政权的过程中，表现出了卓越的领导才能和非凡的共产党人勇气。迄今，在摩共党内，沃罗宁依然声望很高，其地位无人能替代。

尤里·维克多罗维奇·蒙强（Юрий Викторович Мунтян），摩共中央

---

① Борис Кагарлицкий: ПКМР радует революционной перспективой . http://grenada.md/post/kagarlitskiy_ revoliutsionnaya_ perspektiva_ moldavan#.

委员会执行书记，议会议员。1972年5月13日生于摩尔多瓦克里乌良市。1989—1994年，在摩尔多瓦国立大学法律系经济关系与国家法专业学习。1997—2001年，在摩尔多瓦经济科学院金融系的银行与金融交易专业学习。2009年4月30日，被任命担任摩尔多瓦经济部副部长。在2009年7月29日和2010年11月28日的提前议会选举中，通过摩共当选为摩尔多瓦议会议员。2010年起，任摩共中央执行书记。2012年2月3日，沃罗宁宣布，在党代会上将推选蒙强出任摩共总书记的候选人。①

玛丽娅·波斯托伊科（Постойко Мария），自2001年开始，任摩共中央委员会委员，自2010年3月开始，担任摩共中央委员会执行委员会委员。波斯托伊科1950年4月4日生人。律师职业，早年从事法律和仲裁工作。从1997年开始，在摩尔多瓦共和国的经济法庭任法官。自1998年开始，在历届议会选举中当选为摩尔多瓦议会议员（共产党人党议员团）。2005—2009年，任摩尔多瓦议会副议长。从2011年开始任摩尔多瓦议会常务局成员，摩尔多瓦共产党人党党团主席。在2006—2009年，任欧洲议会（ПАСЕ）副议长。

---

① Воронин：Предложу кандидатуру Юрия Мунтяна на пост председателя ПКРМ. http：//ru. publika. md/link_ 413551. html，2012тшфт 3 февраля 2012г.

小　　结

　　乌克兰共产党、白俄罗斯共产党和摩尔多瓦共和国共产党人党在苏联解体后的发展历程与现状既有着共性，又表现出各自鲜明的特点。

　　共产党在这三个国家都是重要的政治力量。摩尔多瓦共和国共产党人党是后苏联地区唯一通过议会斗争上台执政的共产党；乌克兰共产党曾是乌克兰最高拉达的第一大党；白俄罗斯共产党虽然不是执政党，但是是白俄罗斯人民议会中拥有议员数量最多的党，对白俄罗斯内外政策的制定有着重要的影响力。

　　在组织状况方面，乌克兰共产党和白俄罗斯共产党面临的主要问题是党员队伍的扩大和党员构成的年轻化；而摩尔多瓦共和国共产党人党面临的主要问题是党的分裂和由此导致党员的退党问题。在组织原则上，三国共产党都坚持民主集中制和集体领导制，摩共强调要承认党内群众的决定性作用。

　　在指导思想方面，三国共产党都信奉马列主义，并认为马克思主义在当今时代依然有着强大的生命力和影响力，是他们制定纲领主张和进行实践活动的指导思想，但是摩共全面否定斯大林思想。与其他两国共产党相比，摩共对马克思主义的一些基本原理的认识有很大不同。例如，在阶级问题上强调知识无产阶级的火车头作用，而其他两国共产党仍把工人阶级和雇佣劳动阶级作为自己的阶级基础。在所有制问题上，摩共对马克思主义的所有制问题提出了全新的认识，不赞成全面的国家所有制，更加强调有效利用私有制和市场的积极作用，而乌共和白共始终坚持生产资料公有制和重要部门的国有化，禁止对具有重要战略意义的资源实行私有化。

　　三国共产党都承认苏联曾取得了伟大的成就，但摩共否定斯大林和斯大林时期所建立的制度，反对一党专政。乌共和白共认为苏联解体的主要原因是反社会主义者和叛徒实行的反革命政变。摩共则认为苏联解体主要是因为没有克服发展过程中的危机以及没有处理好内部各种矛盾。乌共认为恢复苏联制度是一种空想；而白共认为，复兴社会主义，不应该创造什么未经实践检验的经济理论或社会理论，历史已经给出了独一无二的答案，那就是苏维埃文明。

三国共产党都认为当代资本主义遭遇制度性危机，并竭力把国内各种危机和矛盾向第三世界人民转嫁。三国共产党都坚信从资本主义向社会主义过渡的趋势不会改变，社会主义最终会取得胜利。对于社会主义本质的理解，三国共产党的侧重点不相同。乌共和白共认为社会主义的特征应包括平等、公正、社会所有制和人民政权；而摩共则强调自由和民主是社会主义的本质内涵，并且充分肯定欧洲社会主义的历史传统。

由于三国共产党所处的国情不同、党的境况不同，对于本国实现社会主义的道路的认识必然不同，这也体现了世界范围内社会主义道路的多样化特征。乌共认为乌克兰已经完全实现资本主义复辟，当权者是垄断资本利益的体现者，作为反对派，乌共要想实现自己的政治、经济、社会和对外关系等领域所制定的目标，一方面要依靠"和平的途径"，即议会道路和广场抗议；另一方面也不能放弃通过暴力革命手段来实现社会主义改造。白共因为对白俄罗斯当局政策的高度认同，支持在各种法律范围内的方法和途径来实现社会主义变革，反对社会暴力。摩共既执政过，又当过反对派，通过议会道路执掌政权令摩共充分肯定多党制下的自由选举。在执政期间，摩共有机会在各个领域推行自己的主张，取得了摩尔多瓦独立以来任何一届政府都未取得的巨大成就。选举失利成为反对派后，摩共主要通过"摩尔多瓦规划"和"社会齐步走"运动来进行的新的群众和平反抗运动，积极寻求社会广泛支持，发展出在野共产主义政党全新的活动方式。

时至今日，三国共产党的境况和遭遇不尽相同。乌克兰共产党和摩尔多瓦共和国共产党人党遭受了较为严重的危机。乌共被当局禁止活动；摩共痛失执政地位，至今被党的内部分裂所困扰；白俄罗斯共产党状况较为稳定，拥护当局的政策并通过各种途径阐述并实现自己的主张，能在一个较为有利的条件下稳定发展。本国政局的稳定程度、经济发展状况和所处国际环境成为这种差异的重要原因。乌克兰和摩尔多瓦在苏联解体后实施了较大规模的私有化，经济大幅下滑，这也可以解释乌共和摩共在 20 世纪 90 年代和 21 世纪初得到本国民众较大支持，分别成为议会第一大党和执政党的原因。而白俄罗斯独立后经济只经历了短暂的下滑，并没有实施大规模的私有化，制定并实施适合本国国情的社会取向的国家发展模式，经济发展状况稳定良好，因此白共支持当局，成为当局的建设性支持力量。进入 21 世纪以来，西方在后苏联地区频频发动颜色革命，并且有针对性地进行反共宣传，乌共和摩共所遭受的危机在很大程度上是由于本国没有抵挡住西方颜色革命的风暴所致。而白俄罗斯由于强有力的总统制及卢卡申科总统居高不下的支持率，有效抵御了西方的革命输出，因此白共能够最大程度地免受西方反共宣传的侵扰，并稳定发展。

第四部分

高加索三国共产党

格鲁吉亚、亚美尼亚、阿塞拜疆在苏联时期都属于外高加索地区的社会主义加盟共和国，在苏联解体之际纷纷独立。迄今，这些国家已独立20多年。那么，在这20多年里，高加索三国的共产党处于一种什么境况？它们在国内、国际政治生活中有怎样的影响？未来的发展前景如何？本章拟对此进行简要的介绍和分析。

第一章　格鲁吉亚统一共产党

格鲁吉亚统一共产党（Единая Коммунистическая Партия Грузии）宣称是格鲁吉亚苏维埃社会主义共和国的格鲁吉亚共产党的继承党，以重建社会主义国家为宗旨。苏联解体之后，格鲁吉亚统一共产党长期受到当局的打压和迫害，一直处于半地下状态，党的工作面临很大的困难。格鲁吉亚统一共产党是共产党联盟—苏共（СКП - КПСС）的成员。格鲁吉亚统一共产党是当局不可调和的反对派。

第一节　发展历程

1994年9月，格鲁吉亚统一共产党在非常代表大会上重新组建。当时，共产党人联盟（Союз коммунистов）、"斯大林"协会（общество Сталин）和劳动者党（Партия трудящихся）都加入了格鲁吉亚统一共产党。1994年11月10日，格鲁吉亚统一共产党在格鲁吉亚司法部登记注册。潘捷列伊蒙·伊万诺维奇·格奥尔加泽（Пантелеймон Иванович Георгадзе）自党重新组建到2009年3月去世（83岁高龄的老布尔什维克），一直担任中央委员会第一书记。

1995年，以格鲁吉亚统一共产党时任领袖潘·格奥尔加泽、原格鲁吉亚副总理阿·马尔吉阿尼（Автандил Маргиани）、原议长瓦·戈古阿泽（Вахтанг Гогуадзе）、阿布哈兹难民激进部分的领导人鲍·卡库巴瓦（Борис Какубава）、记者瓦·克瓦拉茨赫利亚（Валерий Кварацхелия）为首的一批人，发起了人民爱国主义运动（Народно - патриотическое движение）。人民爱国主义运动支持与俄罗斯和其他独联体国家的一体化，运动要求给伊·格奥尔加泽（Игорь Георгадзе）在社会上进行平反。

2000 年 12 月底，格鲁吉亚统一共产党在哥里市召开了代表大会，这次代表大会提出终止正在原苏联各个加盟共和国执政的"反动的制度"，复兴苏联。

2001 年 2 月 27 日，格鲁吉亚时任司法部长米哈伊尔·萨卡什维利（Михаил Саакашвили）声称要禁止格鲁吉亚统一共产党的活动，理由是"其破坏宪法，号召推翻合法政权"。但是，格鲁吉亚国家议会没有支持通过相应的法案。2004 年萨卡什维利当选总统上台执政以后，其政府执行对共产党人的恐怖政策，很多共产党人被捕入狱，格鲁吉亚统一共产党的活动被迫转入地下。格鲁吉亚统一共产党一直批判萨卡什维利领导的格鲁吉亚当局的政策。比如，2008 年 8 月 11 日，格鲁吉亚统一共产党中央委员会发表声明，认为格鲁吉亚领导人在南奥塞梯（Южная Осетия）战争期间的政策是种族灭绝政策。在会上特别谈道："格鲁吉亚的现任总统、议会和政府要为兄弟之间的自相残杀和南奥塞梯和格鲁吉亚死去的居民负全部责任。萨卡什维利政权的鲁莽和冒险主义是没有界限的，毫无疑问，总统和他的团队是罪犯。"[1] 在萨卡什维利对共产党人的高压统治期间，格鲁吉亚统一共产党一直没有停止斗争。每逢苏联时期的重大节日或者是著名领导人——斯大林的诞辰纪念日，格鲁吉亚统一共产党都会组织党员走上街头，举行抗议活动。

在 2012 年 10 月 1 日举行的格鲁吉亚选举中，萨卡什维利政权下台，"格鲁吉亚梦想"执政联盟（коалиция Грузинская мечта）上台。在这种情况下，格鲁吉亚统一共产党才开始逐渐走出了被迫害、被打压的阴霾，开始公开进行各种政治活动。2012 年 12 月 18 日格鲁吉亚统一共产党在格鲁吉亚的库塔伊西召开了党的第十三次代表大会。200 多名代表和嘉宾讨论了格鲁吉亚当前的社会政治形势。在这次代表大会上，根据格鲁吉亚司法部对政党注册的要求，代表们修改了党的章程，并提出为党申请注册为合法政党而做准备。但是，在格鲁吉亚，共产党人开展活动的形势依然十分严峻，时至今日，共产主义标志和苏维埃意识形态仍然被禁止。

---

[1] 《Правда》，№ 86，14 августа 2008 года.

第二节　组织状况

格鲁吉亚统一共产党在2000年拥有党员82000人。在萨卡什维利执政的八年间，格鲁吉亚统一共产党组织遭受到了严重的破坏，截至2013年，其党员人数锐减至3000人左右。党的很多资产，包括很多间办公处所被无故没收。当前，格鲁吉亚统一共产党正在为夺回党中央的办公室同当局进行斗争，尽管成功的概率很小。格鲁吉亚统一共产党现在面临采取新的斗争战术，重新聚集队伍，恢复组织活动的阶段。

第三节　纲领主张

格鲁吉亚统一共产党的指导思想是马克思列宁主义。

格鲁吉亚统一共产党作为格鲁吉亚国内的反对派，主张在格鲁吉亚恢复格鲁吉亚社会主义共和国，支持原苏联各个加盟共和国之间的一体化。为此，格鲁吉亚统一共产党加入了共产党联盟—苏共。[1]

格鲁吉亚统一共产党对格鲁吉亚现政权及其所推行的制度持批判和否定的态度。格鲁吉亚统一共产党中央主管政治的书记 Т. И. 皮皮阿（Т. И. Пипиа）在2012年9月撰文批评格鲁吉亚当局。他认为，格鲁吉亚是新自由主义专政的"绿洲"。[2] Т. И. 皮皮阿谈到，当前的全球资本主义危机，在当今格鲁吉亚有直接的反映。全球资本主义经济危机的主要矛盾在格鲁吉亚社会的某些层面都有其具体的、直接的后果。美国执政集团一直把格鲁吉亚作为一个可以给原苏联地区国家进行示范的"民主化"试验的样板，期望格鲁吉亚成为引领原苏联地区各个国家前进的"民主的灯塔"。所谓的"新自由主义"改革，在格鲁吉亚是带着特殊的侵略性实现的，现在是该对其进行总结的时候了。

在 Т. И. 皮皮阿看来，社会和经济生活的所有领域都实现了全面私有化。所有工厂都掌控在私人手里。所有的能源系统、水电站，几乎所有的

---

[1] Газета《Правда Москвы》. Грузинские коммунисты вырабатывают новую тактику борьбы. http：//kprf.ru/international/ussr/116622.html. 20 марта 2013 г.

[2] Т. И. Пипиа："Маяк демократии" погас. Грузия вновь на перекрестке дорог. http：//kprf-kchr.ru/?q=node/2865.

城市服务，其中包括电力、水、燃气供应系统都被私有化了。自然资源、林业、出海口岸都被强占。全面私有化的过程，意味着资本集中到了执政氏族的几个主要人物手中。所有的进出口全都被垄断。利用垄断权确定进口商品的价格进行捞钱的同时，使整个国内工业和农业领域生产完全被消灭了。当然，这一切都完全符合国际货币基金组织的要求。

  T. И. 皮皮阿认为，极少数人闪电般的、神话一样的致富，伴随着的是绝大多数人生活水平的急剧下降。新自由主义者彻底摧毁了劳动人民的所有社会保障。只有在私人机构中，靠支付大把的金钱，才能获得高质量的教育服务和医疗服务。《劳动法》是世界上（对雇佣工人）最有歧视性的一部法律。银行不再向生产领域投资。银行实际上在从事高利贷，它们变成了扼杀"小生意"的强有力的杠杆。被支付了高薪的警察和军队全力捍卫已经形成的秩序。同时，有别于前苏联地区的其他国家，在格鲁吉亚的基层，贿赂行为全部被消灭，在落实文件时的官僚主义壁垒全部被清除。这是资本主义复辟后被说成全民取得的成就的一面，实际上，这是根据买办资本的利益构建起的秩序。买办资本需要在不损害执政精英根本利益的情况下，缓和社会紧张情绪。一句话，格鲁吉亚创建了具有自己特点的"经典的"新自由主义的资本主义的范例。很多俄罗斯的自由民主党人常常赞扬"格鲁吉亚改革"，这绝不是偶然的。其他后苏联国家的当权者们深入地研究格鲁吉亚"成功"的经验，一次又一次地派高级别的政府代表团来到这个新自由主义占主导地位的高加索国家。

  可是，这个标榜为"民主灯塔"的国家的"民主"到底体现在哪里呢？在社会矛盾不断增长的背景下，警察的权力以前所未有的程度扩张。在监狱里，任何一个让当局感到不舒服的反对者，都可能因为一些莫名其妙的疾病死亡。甚至一直维护格鲁吉亚当局的欧洲议会都指出了格鲁吉亚制度体系中存在的这种不道德状况，呼吁尽快改变现状。在新自由主义独裁统治时期，仅 2003 年格鲁吉亚监禁的人数就从 6000 人增长到了 25000 人，也就是增长了 3 倍！在今天的格鲁吉亚，没有人能感受到安全。号称"统一民族运动"（Единое Национальное Движение）的一个政党在管理国家。这个政党控制着社会生活的各个领域。在当今格鲁吉亚的国家意识形态中，充斥着反共产主义、反苏维埃主义、反俄思想。法西斯主义所具有的全部特点都开始在格鲁吉亚呈现。新自由主义制度开始逐渐地吞噬自己。经济和社会的全面私有化政策与带有缺陷的对外政策相结合，将导致国家经济的全面崩溃。格鲁吉亚失去传统的商品销售市场——俄罗斯市场之后,生产领域发生了全面的退化。很多人依靠出国打工谋求生存。比如,2010年,来自俄罗斯的汇款仅占到其他国家向格鲁吉亚汇款总数的4%。今天,格鲁吉亚是世界上少有的几个劳动人口在国外就业的数量高于国内就业的数量的国家之一(国外就业的人口数比国内就业的人口数最少也要高30%)。失业率高达67%(而官方的统计却是15%)。[①]

  萨卡什维利下台后,格鲁吉亚政治上开始"向左转"。甚至右派的资产阶级政党都开始公开谈论"向左转"的必要性。推翻丧失理智的新自由主义,从本质上讲,对在国家中占主导地位的利益集团也十分必要。执政精英阶层内部发生了分裂。格鲁吉亚现在已经形成了强大的资产阶级反对派,准备弱化"野蛮资本主义",执行较为温和的对外政策。这些反对派明白,在对内、对外政策方面不进行深刻的变革,就不能克服日益深化的停滞。此外,考虑到苏联解体之后格鲁吉亚立国的特殊条件,继续执行以前的政策将招致灾难。所谓特殊条件,指的是民族间的冲突和内乱,人民因为民族间的冲突和内乱而经历了痛苦和磨难,导演们把"大政治"抛给人民,于是,"民主的灯塔"——美国化了的格鲁吉亚诞生了。

  格鲁吉亚统一共产党列举了一些数据和事实,用来说明格鲁吉亚近十年来推行新自由主义政策所带来的后果。2012年格鲁吉亚的外债为105亿美元,2012年计划财政收入为52亿美元。最近几年,格鲁吉亚一直是外贸逆差。国家服务业统计数据显示,国家服务业收入为310亿美元,占国内总产值的26%。根据官方的统计,2012年的最低生活水平为:有劳动能力的男性——90美元,四口之家——165美元。最低退休金——50美元。同时,格鲁吉亚有826800名退休人员。每一个退休者对应的劳动力系数是0.75,而最优系数是3。名义上的平均工资是426美元(妇女是260美元)。这是国际劳工组织根据格鲁吉亚59个地区(从72个地区中选出)的平均工资水平,为格鲁吉亚确定的工资水平。然而,格鲁吉亚最多也仅有33%—35%的经济活跃人口能得到这个水平的工资。在整个经济活跃人口(包括移民)中,就业的比例只有22.5%。此外,还有因生产领域和职业的不同而形成的工资的巨大差距。比如,医生的平均工资是200

---

  ① Т. И. Пипиа:"Маяк демократии"погас. Грузия вновь на перекрестке дорог. http：//kprf – kehr. ru/? q = node/2865.

美元，而教师的平均工资是 170 美元。根据格鲁吉亚统计部门明显低估了的数据，格鲁吉亚有 9.2% 的人生活在贫困线以下。尽管有政府的官方社会救助机构，登记的贫困人口依然有 1623233 人（514102 个家庭）。这几乎是格鲁吉亚现有居民的一半。约 100 万格鲁吉亚人作为移民生活在国外（根据官方的统计数据占全国人口的 22%）。如果拿移民和总人口的实际人数比较，则比例应该是 33%，70% 的外迁人口目的是找工作。85% 的移民人口年龄在 20—50 岁，该年龄段的人口占全国总人口数量的 40%。[1]

  格鲁吉亚年均每人医疗卫生的花销是 35 美元。与格鲁吉亚并列的是也门、多哥、厄立特里亚，它们分别占 170 多个国家中的第 149—152 位。格鲁吉亚的出生率占世界上 196 个国家中的第 164 位。根据"联合国开发计划署"的报告，2011—2015 年，格鲁吉亚的人口将每年平均递减 0.7%，同期，作为邻国的亚美尼亚（Армения），人口增长速度将保持在每年 0.3%，而阿塞拜疆为 1.1%。按照国际标准，如果一个国家 65 岁以上的人口超过 7%，则该国可以被认定为一个"老龄化的国家"。格鲁吉亚 65 岁以上的人口已经达到了 14.4%。婴儿的死亡率很高，每 1000 个新生儿中有 25 个死亡（在发达国家，这个指标通常不会超过 3—4 个）。世界卫生组织注意到格鲁吉亚的自杀率很高。在格鲁吉亚的"幸福指数"几乎为零。也就是说，大多数人都感到自己不幸福。这也没有什么让人奇怪的，因为每 10 万人里就有 539 个人被监禁。可以作个比较：在"文明"国家里，这个数字是每 10 万人监禁 70—80 人。按照人均监禁人数的数量计算，格鲁吉亚在世界 216 个国家中居第 4 位。[2]

  格鲁吉亚统一共产党从后苏联空间的地缘政治特点和格鲁吉亚在其中所处的地位，分析了格鲁吉亚的走势及党的任务。整个高加索地区，各种复杂的矛盾交织在一起。格鲁吉亚是复杂的区域关系链条上不可分割的、有机的组成环节。高加索，首先是格鲁吉亚，因其地理位置是俄罗斯和西方地缘政治冲突的主要竞技场。苏联解体前后，即 20 世纪 90 年代初期这里发生了流血性事件，之后十年左右的时间，奥塞梯人和格鲁吉亚人在极

---

[1] Т. И. Пипиа："Маяк демократии" погас. Грузия вновь на перекрестке дорог. http：//kprf – kchr.ru/？q = node/2865.

[2] Там же.

其短暂的时间里就建立起来了共同合作的和平生活。但是，这个喘息的时间不长。2008年8月在南奥塞梯爆发了军事冲突。格鲁吉亚统一共产党认为，在这次冲突中，格鲁吉亚领导层的一个主要动机是要掩盖军事部门发生的惊人腐败，因为从北约获得的数十亿美元的军事援助被窃取一空。冲突中，格鲁吉亚所扮演的侵略者的角色，无论如何都不符合格鲁吉亚人民的利益。2008年8月冲突以来该地区的军事政治局势相对稳定，但是伊朗、叙利亚问题重新又将局势复杂化。随着叙利亚和伊朗局势的尖锐化，这种对抗对俄罗斯变得特别重要。失去了在南高加索的影响，也可能在北高加索引起严重的问题，这将又一次让俄罗斯国家的完整性陷入危险的境地，如同在"险恶"的20世纪90年代那样。一旦伊朗和叙利亚政府下台、亚美尼亚无望保证自己的军事政治利益，俄罗斯将会完全失去高加索。在阿塞拜疆和亚美尼亚冲突升级的情况下，俄罗斯只有通过格鲁吉亚的领土才能给予支持。而格鲁吉亚当局对这个问题的立场，将取决俄罗斯对于格鲁吉亚内部与领土完整相关的问题的态度。当前，扎瓦海吉亚（Джавахетия，格鲁吉亚南部地区）的局势正在复杂化，那里的主要居民是亚美尼亚族。反亚美尼亚的民族主义和分离主义和反格鲁吉亚的民族主义和分离主义正在抬头，势不两立。但是，在俄罗斯正式注册的扎瓦克赫组织（организация"Джавакх"）公开主张将扎瓦海吉亚从格鲁吉亚分离出去。俄罗斯在南奥塞梯（Южная Осетия）和阿布哈兹（Абзазия）拥有军事基地，这让俄罗斯领导可以暂时地"喘口气"。但随着伊朗、叙利亚问题的凸显，将俄罗斯在高加索地区影响的问题尖锐化了。伊朗事件的进一步发展，直接决定了叙利亚能否摆脱危机。现在，能观察到的是阿塞拜疆和亚美尼亚之间矛盾的出人预料的、十分奇怪的短期爆发。根据俄罗斯和亚美尼亚签署的协议，两国是军事政治战略伙伴关系。阿塞拜疆和亚美尼亚再起冲突，这就迫使俄罗斯要"建立"一个贯穿格鲁吉亚领土直达亚美尼亚的走廊，自然，这就成了俄罗斯和格鲁吉亚关系再度恶化的原因。但是，如果在2012年10月1日的选举中一个新的负责任的力量登上格鲁吉亚政治舞台，能够让俄罗斯领导人与其进行建设性的对话，那么，这个问题是完全可以通过法律和和谈的途径得到解决的。因此，在格鲁吉亚，就像在整个高加索一样，局势极其紧张，在任何时候都可能重新导致一场巨大的悲剧。因此，高加索地区各个国家的所有进步政治力量的任务，是深入地、具体地分析所发生的过程并详细研究相应的总体规划，以便应对北约的新行动。只有在后苏联地区实现全面的一体化，才是在高加索应对美国的危险侵略政策的选择。在一体化的框架下，可以解决很多累积下来的国家间和民族间的矛盾。在原苏联地区建立统一的经济区已经具有了一定的框架。俄罗斯应该进一步发展一体化进程，并在任何情况下，都不能"迷恋"采掘业大公司的利益，应在平等基础上，进一步促进国家间关系。不过，格鲁吉亚共产党人清醒地认识到，俄罗斯的寡头资本政权不会起到有效的联合作用。它本身就是高加索地区出现以上矛盾的根源之一。为了维持自身的影响力，俄罗斯当局越来越多地煽动南高加索各国的争吵，也就是说，它非常满意地玩着美国强迫它玩的游戏。但是，这样的行为只会产生相反的效果，它只能带来短期的虚幻性"效果"。①

格鲁吉亚共产党人认为，在格鲁吉亚左翼的、反帝国主义力量明显很弱的情况下，促使温和政治家上台，并同时批判其资产阶级的妥协性是格鲁吉亚左派的现实任务。对内扭转有害的新自由主义政策，对外避免与俄罗斯公开为敌，对格鲁吉亚和整个高加索，都十分必要。只有这样，格鲁吉亚才能在尊重和考虑到邻国利益的基础上，起到维护地区稳定的作用，熄灭各个民族间燃起的冲突的火花。

第四节　实践活动

格鲁吉亚统一共产党关心国家发展命运，对于国家发生的各种变化，乃至后苏联地区发生的各种变化，都积极地参与并表达自己的看法和意见。

一　积极参加各级立法机构的竞选

格鲁吉亚统一共产党积极适应苏联解体后国家向多党制、议会民主政体的转变，曾参加过多次议会选举活动。1995年11月5日，在格鲁吉亚议会选举中，格鲁吉亚统一共产党获得了4.49%的选票，没能进入议会。在当年进行的总统选举中，潘·伊·格奥尔加泽作为"格鲁吉亚统一共产党和社会民主党人"选举同盟推荐的候选人获得了0.52%的选票。

---

① Т. И. Пипиа：" Маяк демократии" погас. Грузия вновь на перекрестке дорог. http：//kprf – kchr. ru/? q = node/2865.

在 1996 年 9 月 22 日，阿扎尔地方最高议院选举中，格鲁吉亚统一共产党阿扎尔共和国组织获得了 5.14% 的选票，得到两个席位。

在 1999 年 10 月 31 日和 1999 年 11 月 14 日的议会选举中，"格鲁吉亚统一共产党和人民联盟"组成的选举同盟获得了 1.35% 的选票，未能进入议会。①

进入 2000 年以来，格鲁吉亚统一共产党受到萨卡什维利领导的格鲁吉亚当局的破坏和镇压。直到 2013 年以来，萨卡什维利势力失势，许多共产党党员才得以从监狱中释放出来。

2013 年 10 月，71 岁的格鲁吉亚统一共产党领袖努格扎尔·沙尔沃维奇·阿瓦利阿尼作为 54 名参加格鲁吉亚总统选举的候选人之一，参加了格鲁吉亚举行的总统候选人筛选活动。他在接受电视台采访时谈到，如果自己当选，他要振兴经济和集体农庄。② 在他看来，20 多年了，格鲁吉亚领导人都没能够确定地缘政治空间，这会让"国家迷失方向并毁掉国家"。依照他的观点："格鲁吉亚当局没有以科学为基础的地缘政治概念。掌握权力的领导们可能以为，格鲁吉亚不是在南高加索，不是与伟大的俄罗斯为邻，而是其他一个与法国和比利时相邻的地方。这也解释了，为什么格鲁吉亚当局毫无理性地痴爱北约。但是，这是一种地缘政治上的无知——'冷战'针对的那些邻国，排第一位的就是俄罗斯。"③

二 主张正确对待苏联历史人物，倡议重建斯大林纪念碑

2013 年 7 月 4 日，格鲁吉亚统一共产党在哥里市举行了集会，要求在劳动人民的伟大领袖斯大林的故乡的中央广场，重建斯大林的纪念碑。格鲁吉亚各个城市和地区的代表都支持了这一行动。参与集会组织的还有一些哥里市的知名人士参加的重建斯大林纪念碑倡议委员会以及一些社会组织的代表，比如"新左翼—格鲁吉亚人民爱国联盟"、格鲁吉亚和平委员会、叶戈罗夫和卡达利亚协会。在集会上，所有发言人都一致指出，应该心平气和地对待大多数格鲁吉亚居民提出的这个问题：重建斯大林纪念碑，作为公正、民族间友谊、格鲁吉亚和俄罗斯之间的友谊、和平和稳定

---

① Деловой мир. 3 октября. 1996. г.
② http：//russian. eurasianet. org/node/60349，1 октября，2013г.
③ Руслан Хабеевич Зарабуя：Грузия на пороге перемен? http：//materik. ru/rubric/detail. php? ID = 17050 22 октября. 2013г.

的象征。根据哥里市区电视台的问卷调查，80%的哥里市人和哥里区的居民都支持这个想法。如果在全格鲁吉亚进行类似的调查，估计也是这样的结果。重建斯大林纪念碑倡议委员会的领导人是著名的、受人尊敬的格鲁吉亚名人——瓦列里·苏希什维利（Валерий Сухишвили）教授，格鲁吉亚国立大学校长。重建斯大林纪念碑倡议委员会的共同主席有格鲁吉亚统一共产党中央委员会第一书记努格扎尔·沙尔沃维奇·阿瓦利阿尼，格鲁吉亚统一共产党哥里市委领导阿列克·卢尔斯马纳什维利（Алеко Лурсманашвили），哥里"斯大林"组织主席阿尔奇尔·吉尔克韦利什维利（Арчил Джирквелишвили）和格鲁吉亚统一共产党中央委员会政治书记铁木尔·皮皮亚（Темур Пипия）。记者和社会活动家、一直捍卫格鲁吉亚和俄罗斯的友谊，为争取恢复格鲁吉亚和俄罗斯的紧密联系而进行不妥协斗争的瓦列里·科瓦拉茨霍利亚（Валерий Кварацхелия）指出，在格鲁吉亚恢复斯大林的纪念碑，对格鲁吉亚、对年轻一代具有无以言表的道德意义。除以上参加者外，还有很多人发表言论对该事件表示关注：有格鲁吉亚统一共产党在多个城市的代表，比如铁木尔·萨姆尼泽（Темур Самнидзе）、瑞乌利·西克马史维利（Жиули Сикмашвили）、古拉姆·卡巴纳泽（Гурам Капанадзе）、卢拜尼·钦恰拉泽（Рубэн Чинчаладзе）、苏列尼·马尔基罗夏（Сурен Мартиросян），此外，还有"新左翼—格鲁吉亚人民爱国联盟"的古利科·尼扎拉泽（Гулико Ниджарадзе）。① 集会的参加者和格鲁吉亚各个地区和城市的代表，就以上诉求向哥里市政府递交了书面申请。活动参加者积极寻求国际社会进步力量的支持，尤其是原苏联各个加盟共和国的社会进步力量的支持，希望他们给恢复斯大林纪念碑组委会写信表明立场。②

三 主张保护科学文化传统，对俄罗斯科学院的改革提出忠告

2013年6月10日，格鲁吉亚统一共产党积极参与了在第比利斯进行的各个左翼进步组织就俄罗斯联邦拟取消俄罗斯科学院进行的"告俄罗斯社会"行动。他们指出，在得知俄罗斯联邦政府将对俄罗斯科学院进行改

---

① http://red-sovet.su/post/7417/the-rally-in-the-town-of-gori-restore-the-monument-to-stalin.

② Там же.

革的消息后，十分痛心。问题在于，俄罗斯联邦政府将对俄罗斯科学院进行的改革的实质，与格鲁吉亚前政府推行的对格鲁吉亚科学院所进行的改革如出一辙。看看在格鲁吉亚的科学院改革中发生了什么吧：在萨卡什维利政权上台以前，格鲁吉亚的科学还保持着从苏联时期继承来的很高的水平。还是在苏联时期，在格鲁吉亚就形成了心理学、物理学、生理学和经济思想等非常有影响力的学派。在20世纪90年代，格鲁吉亚有约80个科研院所，在这些科研院所中，工作着近43000名科研人员。到2005年的时候，也就是"玫瑰色"革命后执政的政权上台2年后，亦即开始推行科学院的改革仅几个月的时间，科学院工作人员的数量就锐减到4000人，也就是大约是原来的1/10！

这种所谓的"改革"结果是，从格鲁吉亚科学院系统迁出了近70个科研院所。这些科研院所开始划归教育部管理，随后，把这些科研院所划归给了各个大学。结果是科学院事实上已经被取消。

"改革"的主要目的，就是要消灭国家的科研潜力并霸占科学院的财产。所有了解苏联科学制度的人，都可以想象得出这次犯罪行为的罪恶程度。对于这一点来讲，只要了解3个被取消的众所周知的科研院所就足够了：以乌兹纳泽命名的心理学研究所，以萨夫列·采列捷利命名的哲学研究所，以尼克·克茨霍韦利命名的植物学研究所。这三个研究所的财富是无法估量的，远远超过了一个小国的界限，消灭这三个研究所，是对整个科学的犯罪！实践证明，格鲁吉亚科学院其管理方式是成功的、有效的、现代化的。而改革以后，什么都不存在了，科学院也不再是科学的中心。

因此，格鲁吉亚统一共产党呼吁俄罗斯社会，抵制这种类似在格鲁吉亚所发生的犯罪行为，捍卫俄罗斯科学院这个罕见的民族财富。保留俄罗斯科学院并不仅仅是为了俄罗斯，而是为了整个世界。①

第五节 国际联系

在国际联系中，格鲁吉亚统一共产党积极地支持世界各地的工人阶级进行反对资本家剥削和压迫的斗争，对一些国家发生的工人阶级和劳动人民受压迫的事件，进行声援。比如，2011年12月19日，格鲁吉亚统一共

---

① http：//skpkpss.ru/novosti－ekpg－soxranite－velikuyu－vashu－akademiyu/.

产党中央委员会在第比利斯发表声明，格鲁吉亚共产党人对在哈萨克斯坦扎瑙津市（Жанаозен）发生的无情枪杀罢工的石油工人的事件感到愤怒。声明认为，哈萨克斯坦当局不满足工人最基本的合法性要求，却用燃烧弹杀死了上百名工人。不仅如此，哈萨克斯坦当局竟然在这样的背景下庆祝哈萨克斯坦获得所谓的"自由"20周年，而这是"虚构的"自由，实际上是没有自由，这是工人受资本奴役的20年。枪杀石油工人这一悲剧性事件，其影响范围已经远远地超过了一个国家的范围。在苏维埃国家瓦解的废墟上建立起来的、可以出卖灵魂的资产阶级政权，公开地以这样一种下流的方式，亵渎有70多年历史的强大的劳动人民的国家政权的传统和记忆，这还是第一次。枪杀和平请愿的工人，这种行为暴露了在原来的社会主义国家基础上建立起来的这一制度的真实嘴脸。格鲁吉亚共产党人坚信，这一事件将成为整个后苏联地区的劳动人民认识到在争取恢复进步和社会主义斗争的道路上自己所肩负的任务的一个重要转折时刻。声明最后向牺牲的石油工人表示哀悼，希望扎瑙津市的石油工人和哈萨克斯坦的所有劳动人民都能够团结起来。①

格鲁吉亚统一共产党加入了共产党联盟—苏共。在共产党联盟—苏共第三十四次代表大会上，来自格鲁吉亚统一共产党的努格扎尔·沙尔沃维奇·阿瓦利阿尼、T.皮皮阿（T. Пипиа）和T.萨姆尼泽（T. Самнидзе）被选入共产党联盟—苏共理事会，A.阿拉尼亚（A. Алания）被选入了共产党联盟—苏共的监察委员会（KPK）。②

格鲁吉亚统一共产党在格鲁吉亚与俄罗斯的关系方面立场明确。格鲁吉亚统一共产党一直支持与俄罗斯保持睦邻友好关系，主张恢复与俄罗斯的友谊。2012年12月15日，在库塔伊西市举行的格鲁吉亚统一共产党第八（三十五）次全国代表大会上，格鲁吉亚统一共产党呼吁"立刻改变格鲁吉亚参加北约的计划，为恢复与俄罗斯联邦的睦邻友好关系创造现实的基础"。③

---

① http：//www.krasnoetv.ru/node/12704.
② http：//stepservers.ru/servers/.
③ Восстановление дружбы с Россией – самый необходимый шаг для решения проблем современной Грузии! В Кутаиси прошел Съезд Единой компартии Грузии. http：//kprf.ru/kpss/113564.html. 17 декабря 2012г.

第六节　面临的问题与发展前景

自苏联解体以来,格鲁吉亚国内确立了资本主义制度,执政集团奉行亲西方、反共反俄的立场。现政权的内外环境使格鲁吉亚统一共产党的活动受到很大限制。尤其是萨卡什维利执政期间,自由主义大行其道,社会主义制度、共产主义思想被妖魔化,格鲁吉亚统一共产党受到当局的残酷打压,党的组织和政治基础都遭到了严重的破坏,党员人数急剧缩减,党的影响力急剧下降,党更是深陷生存危机。自2012年10月格鲁吉亚举行新一轮大选,格鲁吉亚新领导上台之后,一大批格鲁吉亚统一共产党成员才从狱中释放,格鲁吉亚统一共产党也获得进行公开、合法行动的较为宽松的政治环境。但是,由于此前格鲁吉亚统一共产党所遭受的磨难,党想全面恢复其组织力量和政治影响,还有很长的路要走。

首先,格鲁吉亚统一共产党需要重整旗鼓,组建队伍,恢复党的合法身份。如前所述,在2000年之前,格鲁吉亚统一共产党曾拥有80000名成员,但经过当局近10年的镇压,目前仅余3000名党员。党员人数之少,难以承担领导和动员群众的重任,更难以进入政治舞台,对国家的政治事务发生影响力。扩充队伍是当务之急。目前,格鲁吉亚统一共产党正在争取注册为合法政党。鉴于格鲁吉亚国家仍视共产主义标识和意识形态为违法,因此,格鲁吉亚统一共产党活动公开化的目标不会太顺利,党吸收新党员、扩充队伍的任务将很艰巨。

其次,格鲁吉亚统一共产党需要联合左翼力量,站到政治斗争的前台。格鲁吉亚统一共产党自重建之日起就积极地参与格鲁吉亚的议会和总统竞选活动,在格鲁吉亚政治舞台上具有一定的影响力。尽管在萨卡什维利政权的打压下,党的力量受到削弱,党的工作转入地下,但党仍具有政治斗争的潜力。2012年国家政治环境稍有松动,格鲁吉亚统一共产党的领导人就决定重返政坛。格鲁吉亚统一共产党中央委员会第一书记努格扎尔·沙尔沃维奇·阿瓦利阿尼参加了2013年的总统大选,尽管未能当选,但这是格鲁吉亚统一共产党的一种姿态,表明历经近10年的打压之后,格鲁吉亚统一共产党终于又走上政治舞台。格鲁吉亚统一共产党希望借助竞选,向社会发出声音,吸引一切坚信社会主义的人站到自己的旗帜下,为重建社会主义抗争。在现今的条件下,格鲁吉亚统一共产党积极参加竞选活动无疑是提升党的影响力，扩大党的社会基础的一种途径。只是，仅靠自己为数很少的党员还很难在选举中赢得足够数量选民的支持，只有借助其他爱国主义力量、左翼力量，党的竞选活动才能取得成效。因此建立广泛的左翼联合阵线，是格鲁吉亚统一共产党跨上政治舞台的必要路径。

最后，树立党的新领导人的威望，凝聚党的力量。在严酷的政治迫害的环境下，格鲁吉亚统一共产党近年接连失去两名经验丰富的领导人——潘捷列伊蒙·伊万诺维奇·格奥尔加泽和努格扎尔·沙尔沃维奇·阿瓦利阿尼，这对于格鲁吉亚统一共产党的事业是一巨大损失，对于2014年6月走马上任的格鲁吉亚统一共产党新的领导人铁木尔·约瑟夫维奇·皮皮亚来说，无疑是一个严峻的考验。皮皮亚临危受命，要担负起重建党组织、重振党的事业的重担，这需要皮皮亚的智慧和勇气，也需要全党的支持与维护。

总之，格鲁吉亚统一共产党历经磨难，目前正处于恢复阶段。该党的发展前景既取决于格鲁吉亚乃至整个高加索和独联体地区的局势发展变化，也取决于格鲁吉亚统一共产党自身的恢复能力。

第七节　党的领导人

铁木尔·约瑟夫维奇·皮皮亚（Темур Иосифович Пипия），现任格鲁吉亚统一共产党中央委员会主席。1969年5月14日生人。1988—1989年在苏联军队服兵役。1991年毕业于第比利斯国立大学工程经济系。1993年研究生毕业于古古什维利经济学院政治经济学专业。1992年加入格鲁吉亚社会主义劳动人民党，该党很快更名为格鲁吉亚统一共产党。积极参加了格鲁吉亚共产主义运动的复兴，曾担任党的区组织领导和格鲁吉亚青年共产党人组织的领导。自2005年开始担任格鲁吉亚共产党中央国际联络事务的书记。他是2008年8月格鲁吉亚统一共产党中央委员会宣言的作者，该宣言激烈地抨击萨卡什维利在南奥塞梯的法西斯主义行径。他主张在苏联领土的基础上恢复统一的政治和经济空间，积极拥护恢复格鲁吉亚和俄罗斯联邦之间的友好关系。在2014年6月被选为格鲁吉亚统一共产党中央委员会主席。

潘捷列伊蒙·伊万诺维奇·格奥尔加泽（Пантелеймон Иванович Георгадзе），1925年8月17日生人，是格鲁吉亚的政治活动家，自格鲁吉亚统一共产党重建以来，一直任格鲁吉亚统一共产党中央委员会第一书记，直到 2009 年 3 月逝世。

格奥尔加泽曾在格鲁吉亚的工业技术学校采矿系学习。1948 年毕业于阿拉木图边防技术学校，1956 年毕业于苏联安全和内务军事科学院，1973 年毕业于以苏联元帅伏罗希洛夫命名的苏联武装部队总参谋部军事科学院。曾任共产党联盟——苏共的副主席，格鲁吉亚人民爱国联盟的共同副主席。格奥尔加泽和他领导的党始终对格鲁吉亚现当局和萨卡什维利总统持严厉的批判态度。2006 年，在全国进行的搜查和逮捕行动中，格奥尔加泽的儿子伊戈尔·格奥尔加泽（Игорь Георгадзе）及亲属和几十名拥护者遭到逮捕和搜查，潘·伊·格奥尔加泽的家也被搜查。① 用潘·伊·格奥尔加泽的话说，共产党人遭到了来自当局的清洗。②

努格扎尔·沙尔沃维奇·阿瓦利阿尼（Авалиани Нугзар Шалвович），1942 年生人，2014 年 3 月 8 日逝世。曾是一名建筑工程师，并在建筑技术学院授课。早年领导基层共青团组织，任过高等技术中学的党委副书记，后任库塔伊西市的一个区委书记，茨哈尔图博市和特吉布力市市委书记，格鲁吉亚共产党中央委员会委员。在苏联共产党内部，始终坚持保卫苏维埃政权，反对党内民族主义流派。2009 年 4 月 25 日当选为格鲁吉亚统一共产党中央委员会第一书记，接替去世的潘·伊·格奥尔加泽。③ 努格扎尔·阿瓦利阿尼和潘·伊·格奥尔加泽从 20 世纪 90 年代初期开始就一起以格鲁吉亚统一共产党领导人的身份参加原苏联地区共产主义运动的复兴工作，努格扎尔·阿瓦利阿尼是共产党联盟——苏共理事会成员。他在普通党员中享有很高的威信，精力充沛、充满活力、坚持原则，具有丰富的经济、政党工作经验和在当代条件下进行政治斗争工作的经验。

---

① http：//echo. msk. ru/news/331977. html В Тбилиси сегодня с самого раннего утра были усилены милицейские посты // Эхо Москвы, 6 сентября 2006.

② Лидер единой Коммунистической партии Грузии Пантелеймон Георгадзе попросил помощи у президента непризнанной Южной Осетии Эдуарда Кокойты // memo. ru, 8 августа 2007.

③ http：//www. qwas. ru/russia/kprf/Plenum – Centralnogo – Komiteta – Edinoi – Kommunisticheskoi – partii – Gruzii/.

第二章 亚美尼亚共产党

在亚美尼亚，现在有三个共产党在开展活动，它们分别是亚美尼亚共产党（Коммунистическая партия Аремнии）、亚美尼亚进步联合共产党（Прогрессивная объединенная коммунистическая партия Армении）和自称为当局的"建设性反对派"[①] 的亚美尼亚联合共产党（Объединенная коммунистическая партия Армении）。在亚美尼亚的三个共产党中，亚美尼亚进步联合共产党和亚美尼亚联合共产党相对弱小，影响较大的是亚美尼亚共产党。因此，本章主要介绍亚美尼亚共产党。

第一节 发展历程

亚美尼亚共产党（Коммунистическая партия Армении）自称是1920年建立的亚美尼亚苏维埃社会主义共和国共产党的继承党。1991年9月，在亚美尼亚苏维埃社会主义共和国共产党的代表大会上，该党宣布自行解散。亚美尼亚民主党（Демократическая партия Армении）以该党为基础建立。同年，亚美尼亚共产党埃里温市委第一书记谢尔盖·巴达良（Сергей Бадалян）倡议重建亚美尼亚共产党。亚美尼亚共产党重建之后，谢尔盖·巴达良担任党的领导人。1999年巴达良意外逝世，鲁边·格里戈里耶维奇·托夫马相（Рубен Григориевич Товмасян）接任亚美尼亚共产党第一书记职务。2001年，尤里·马努基扬（Юрий Манукян）退出亚美尼亚共产党，2002年与格兰特·沃斯卡尼扬（Грант Восканян）一起创建

[①] См. http://forum.17marta.ru/index.php/topic,2603.0.html?PHPSESSID=p76jhvtkv53qchm0k7ought5r4.

了亚美尼亚重建共产党（Обновленная коммунистическая партия），2003年7月7日改建为亚美尼亚联合共产党。2013年11月1日，鲁边·格里戈里耶维奇·托夫马相宣布退休。2013年11月23日亚美尼亚共产党中央委员会全体会议接受了鲁·格·托夫马相的退休申请，并选举第二书记塔恰特·萨尔基相（Тачат Саркисян）为党的新领导人。在这次中央全会上进行的选举中，选举塔恰特·萨尔基相任党的第一书记的决议有47人投赞同票，8人投反对票，1人弃权。

亚美尼亚共产党自重建开始就积极参加亚美尼亚的议会——国民议会（Национальное собрание）的选举，在1995—1999年的亚美尼亚第一届国民议会选举中获得190席中的6个席位；在1999—2003年的第二届国民议会选举中获得131席中的9个席位。在2003年和2007年的第三届和第四届国民议会上，亚美尼亚共产党因没有获得超过5%的进入国民议会的选票门槛，所以没能进入国民议会。2012年的第五届国民议会选举中，亚美尼亚共产党同亚美尼亚进步联合共产党联合参选，但未能进入国民议会。① 亚美尼亚进步联合共产党也一直呼吁要与亚美尼亚共产党联合起来，但目前来看，除了联合参加选举或者在街头抗议活动中有一些联合活动外，未见有其他实质性联合举措。

亚美尼亚共产党的中央机关出版物为《亚美尼亚共产党人》（"Айастани комунист"）等。

第二节 组织状况

亚美尼亚共产党的基层组织是党的组织基础。根据亚美尼亚共和国的行政地理划分，党在市级和州级设立分支机构。代表大会是党的最高机构，在代表大会休会期间，承担最高机构职能的是中央委员会和政治局。

亚美尼亚共产党在2010年11月召开党的第三十八次代表大会之际，计有党员2万名。② 根据2012年4月的统计资料，亚美尼亚共产党总计有

---

① Компартия Армении примет участие в предстоящих парламентских выборах. http：//kprf. ru/international/103882. html. 10 марта 2012 г.

② Коммунисты Армении провели свой XXXVIII съезд. http：//www. kpu. ua/kommunisti - armenii - proveli - svoj - xxxviii - sezd/，30 ноября，2010 г.

18000 名党员。① 从 1999 年开始，鲁边·格里戈里耶维奇·托夫马相一直担任党的第一书记。2013 年 11 月 23 日，亚美尼亚共产党中央委员会召开了全体会议，接受了鲁边·格里戈里耶维奇·托夫马相的退休申请，并选举第二书记塔恰特·萨尔基相为党的新领导人。

第三节　纲领主张

亚美尼亚共产党纲领申明，亚美尼亚共产党是社会主义思想的载体。②

亚美尼亚共产党主张重建社会主义的苏维埃的亚美尼亚。通过宪法法律途径和斗争的方式，捍卫劳动人民的利益，建立劳动人民的政权，恢复社会的社会主义制度，建立以公有制为主体的多种所有制形式，是亚美尼亚共产党的纲领性目标。

亚美尼亚共产党高度肯定苏联社会主义制度给亚美尼亚带来的发展和进步。亚美尼亚共产党认为，苏维埃体制和社会主义给公民带来了免费的教育，国家提供的医疗服务，人人可以享用的与第一部类生活必需品的价格相适应的工资和退休金待遇。在苏联时期，亚美尼亚共和国居民可以得到一切福利。连当时苏联的对手都常说："要想看到奇迹，您就参观苏维埃亚美尼亚吧。"在苏维埃政权成立后的很短的时间里，亚美尼亚完成了扫盲任务，在苏联最困难的时期——1943 年，亚美尼亚建成了科学院，在 13 个国立大学里，免费培养了 6 万名大学生。每天装卸的国民经济物资高达 4000 个火车皮。亚美尼亚共和国的人口数，在苏维埃政权存在的 70 年间，从 75 万人增长到 300 多万人。在亚美尼亚共产党看来，"20 世纪 80 年代末期，全苏联此起彼伏的人民反抗和罢工成为苏联解体的原因，共产党失去了权力，其中包括亚美尼亚"。③

在回顾苏联时期亚美尼亚的发展的同时，亚美尼亚共产党又将当代亚美尼亚与苏联历史进行了对比。指出，目前各个领域、各个方向都发生了退化。在出生率降低的背景下，还出现了大规模的移民现象。今天的亚美

---

① Коммунистическая партия Армении. http://www.kavkaz-uzel.ru/articles/205150/.

② Коммунистическая партия Армении. http://www.kavkaz-uzel.ru/articles/205150/#note_link. 1.25 апреля 2013г.

③ Коммунистическая партия Армении. http://www.kavkaz-uzel.ru/articles/205150/. 25 апреля 2012 г.

尼亚居民已经未必能达到300万人了。人们因为不公正，已经丧失了对未来的信心。有天赋的亚美尼亚姑娘和小伙子，因为无力支付高额学费而不能接受高等教育。退休人员、其他社会上无保障的阶层、工人阶级都无法享受到医疗服务，亚美尼亚的平均工资，甚至都不够支付食品和公共服务。亚美尼亚的贫困人口数量已经超过了130万人。

在国际上，反对对亚美尼亚人的种族灭绝、发展国外亚美尼亚的各个移民聚居地的精神文化联系，保持移民聚居地的民族属性，这些都列入亚美尼亚共产党的现阶段的任务范围。

亚美尼亚共产党认为，亚美尼亚人民应该索回20世纪70年代属于亚美尼亚人民的一切。亚美尼亚共产党号召大家一起从现有的"嗜血制度"下挽救国家和人民。

亚美尼亚共产党认为，必须审查现行宪法；必须将矿藏、燃料、酒类和粮食生产等战略部门国有化，这可以消除失业并结束人员外流；禁止买卖土地，从法律上确认土地归全体人民所有；实行免费提供住宅、免费教育和免费医疗。

亚美尼亚共产党坚信，各兄弟国家的联盟，一定会重新建立起来。

第四节 实践活动

亚美尼亚共产党在政治舞台上，持积极参与的态度。在1995年7月5日举行的亚美尼亚共和国第一届国民议会[①]选举中，亚美尼亚共产党获得15%的选票（6个席位）。

在1999年5月30日举行的亚美尼亚共和国第二届国民议会[②]选举中，亚美尼亚共产党获得12.09%的选票（9个议席）。

亚美尼亚共产党没有参加2008年2月19日举行的总统大选，主要原因是选举押金从原来的500万亚美尼亚货币提高到800万亚美尼亚货币（约合2.6万美元），而该党无力支付这笔资金。同时，亚共中央政治局决

---

① 亚美尼亚共和国第一届国民议会共有190个席位，其中150个席位按照政党比例代表制选举产生，40个席位按单席位选区制选举产生。选举法规定5%的得票率为进入议会的"门槛"。——作者注

② 《国民议会选举法》修改之后，共设131个议席，其中75个议席按照单席位选区制选举，56个议席按照政党比例代表制选举产生。——作者注

定,不支持任何一位候选人,主要原因是选举舞弊。

但是,从亚美尼亚共产党的社会、政治实践活动观察,在当今亚美尼亚,共产主义、社会主义意识形态受到压抑,亚美尼亚共产党想要在国民会议选举中有不俗表现,还是很艰难的一件事。

2013年11月7日,亚美尼亚共产党领导人庆祝了十月革命96周年。亚美尼亚共产党中央主管青年政策的书记叶尔贾尼克·卡扎良(Ерджаник Казарян)指出,1917年离我们越久远,其世界历史意义就愈加彰显。"只有伟大的十月革命为劳动人民开启了建立权力平等世界的道路,权力平等的人们希望依靠进化发展的道路生活、工作并发展前进。"[1]

亚美尼亚共产党认为,只有团结在共产党周围,才能找到正确的出路,帮助国家摆脱全面的危机,沿着共产党指出的正确道路,国家才能从一开始就获得独立。

第五节 国际联系

亚美尼亚共产党作为国际共产主义运动和左翼社会主义运动中的一员,与俄罗斯共产党、乌克兰共产党、白俄罗斯共产党、格鲁吉亚共产党、中国共产党等多个国家的共产党保持着紧密的联系。亚美尼亚共产党促进黎巴嫩、叙利亚、塞浦路斯、法国、阿根廷的亚美尼亚移民群体中的共产主义组织积极地开展活动。

亚美尼亚共产党认为,加强与俄罗斯的睦邻友好关系、经济关系和军事政治关系,创建与俄罗斯和独联体国家的新联盟,并保留新联盟成员的国际法主体地位是国家安全的有效保障。在与俄罗斯关系的问题上,亚美尼亚共产党中央第一书记托夫马相指出,"亚美尼亚永远也不应该失去与俄罗斯、与俄罗斯文化以及俄语环境的联系"。

亚美尼亚共产党认为,必须在法律上承认纳戈尔诺—卡拉巴赫共和国(Нагорно‐Карабахская Республика),努力确保它作为一个独立的国家加入新的联盟,并确保它具有国际法主体的地位。

亚美尼亚共产党呼吁在欧亚经济共同体的框架内,为争取后苏联地区

---

[1] Коммунисты Армении отметили годовщину Великого Октября. http://news.am/rus/news/179650.html#. 7 ноября 2013г.

的一体化而奋斗。

亚美尼亚共产党认为，共产党人应该对西方进行的"惨无人道的侵略利比亚"的行为从政治上进行抨击。

第六节　面临的问题与发展前景

亚美尼亚现有人口 300 多万人，政党居然有 60 多个。在当今亚美尼亚多党制的政治环境中，亚美尼亚共产党组织弱小，近十年来，被排除在议会之外。亚美尼亚共产党要在国家政治生活中发挥作用，面临一些亟待解决的难题。

一是整合共产主义力量。亚美尼亚共产主义运动目前处于分散状态，至少有三个共产党并存。一个国家的社会主义、共产主义力量四分五裂，工人阶级先锋队对社会主义基本理论问题尚且不能达成共识，又如何引导广大民众认可社会主义理想和共产主义信念呢？因此，整合本国的所有共产主义运动力量，化解不断出现的派别斗争，是亚美尼亚共产党面临的紧迫任务。而形成理论共识，是凝聚共产主义力量的前提。

二是缓解党员队伍的老龄化，实现党的工作的现代化。亚美尼亚自苏联解体以来经济状况不好，大量青年人在国内找不到工作，便出国谋生。共产党在这种特殊环境下工作的困难程度可想而知。目前亚美尼亚共产党缺乏青年骨干、资金和技术能力，宣传能力差，利用新媒体的能力很弱。因此，如何扩大党的社会基础，寻找新的党的工作增长点，尤其是加强青年人的教育工作，以及如何增强党的财力，更新工作方式，利用现代信息技术手段做好党的宣传舆论工作，这些都是亚美尼亚共产党要解决的实际问题。

三是突破政治封锁，提升参政能力。苏联解体之后，亚美尼亚改行多党制议会政体，亚美尼亚共产党作为亚美尼亚众多政党之一，积极参加议会和总统选举，尽管曾两次进入议会，但因为席位少，难以左右政局。在亚美尼亚，代表大资本家、大地主利益的右翼当权者设置种种障碍，将代表劳动人民的左翼政党排挤在国家的权力之外，为参加总统选举设置高额押金，就是一例。在这种情况下，亚美尼亚共产党如何依靠广泛的社会阶层，提出国家政治和社会改革的替代性建设方案，冲破现有政治体制的限制，争取参政议政机会，是一个挑战。

鉴于目前的困难,可以预见,亚美尼亚共产党在短期内难以在亚美尼亚大有作为。

第七节　党的领导人

鲁边·格里戈里耶维奇·托夫马相（Рубен Григориевич Товмасян），1937年生于埃里温的一个工人家庭。鲁边·托夫马相中学毕业后,在一个鞋厂当工人,后任代理车间主任和车间主任等职务。后在莫斯科技术学院接受教育,随后就读于埃里温国民经济学院,获得经济师专业职称。1974—1977年,先后任外高加索铁路局埃里温铁路中心党委书记、亚美尼亚共产党奥尔忠尼启则区委第二书记、亚美尼亚中央委员会机关埃里温地区工作负责人、埃里温沙乌绵区委第一书记等职。1988年,根据中央政治局的决定,投身到斯皮塔克震后的恢复工作。1989年,被任命为远程设备和控制局局长,不止一次参加了亚美尼亚和阿塞拜疆之间的谈判。1991—1993年,领导亚美尼亚共和国部长会议的交通和通信部。1993—2000年,赋闲在家。在2000年10月1日的亚美尼亚共产党中央委员会全会上,当选为亚美尼亚共产党中央委员会书记,从2003年开始,担任亚美尼亚共产党中央委员会第一书记。共产党联盟—苏共理事会成员。

塔恰特·萨尔基相（Тачат Саркисян），曾任亚美尼亚共产党中央委员会第二书记,2013年11月1日,因亚美尼亚共产党中央委员会第一书记鲁边·托夫马相辞职,开始代理亚美尼亚共产党中央委员会第一书记职务,2013年11月23日在亚美尼亚共产党中央全会上当选为亚美尼亚共产党中央委员会第一书记。

第三章　阿塞拜疆共产党

当前，阿塞拜疆实际上有三个共产党在开展活动：劳夫·库尔班诺夫领导的阿塞拜疆共产党，尼亚齐·拉特扎波夫领导的阿塞拜疆"新生代"共产党和阿列斯克尔·哈利洛夫领导的阿塞拜疆共产党与捷利曼·努鲁拉耶夫领导的阿塞拜疆共产党（马克思列宁主义派）联合之后产生的阿塞拜疆共产党联盟。本章重点介绍劳夫·库尔班诺夫担任党中央书记的阿塞拜疆共产党。

第一节　发展历程

在介绍苏联解体之后阿塞拜疆共产党的发展历程之前，首先需要交代一下阿塞拜疆共产主义运动内部的演变。

苏联解体之后，阿塞拜疆共产主义运动不断分化组合，沿着两大支流演变，各党之间的关系错综复杂。

在20世纪90年代初期，阿塞拜疆苏维埃社会主义共和国共产党的中层工作人员在阿塞拜疆建立了多个以共产党命名的政党。1993年年底，拉米兹·艾哈迈多夫（Рамиз Ахмедов）创建了阿塞拜疆共产党（Коммунистическая партия Азербайджана），该党在阿塞拜疆司法部注册为合法政党，并参加了共产党联盟—苏共。1995年阿塞拜疆共产党经过长期的党内斗争之后发生了分裂，分裂后两个党都称为阿塞拜疆共产党：一个由拉米兹·艾哈迈多夫领导，另一个由甘贾恰伊党组织的领导人菲鲁丁·哈桑诺夫（Фирудин Гасанов）领导。2002年菲鲁丁·哈桑诺夫领导的阿塞拜疆共产党又分裂为一些小的派别。2007年9月22日拉米兹·艾哈迈多夫在阿塞拜疆共产党的中央全会上意外死亡，其领导的阿塞拜疆共产党又分裂为两个部分。其作为合法政党的主体部分由鲁斯塔姆·沙赫苏瓦罗夫（Рустам Шахсуваров）领导，另一部分由原国家议会议员、拉米兹·艾哈迈多夫的第一副手劳夫·库尔班诺夫（Рауф Курбанов）领导。

此外，1993年年底，萨亚特·萨雅托夫（Саяд Саядов）组建了阿塞拜疆统一共产党（Коммунистическая единая партия Азербайджана）。从组建之初，阿塞拜疆统一共产党就公开与拉米兹·艾哈迈多夫领导的阿塞拜疆共产党为敌。后来，阿塞拜疆统一共产党也分裂为两个名称相同的政党。巴库市委的领导人穆萨·图卡诺夫（Муса Туканов）领导着第二个阿塞拜疆统一共产党。2000年，阿塞拜疆统一共产党分裂后，捷利曼·努鲁拉耶夫创建了阿塞拜疆共产党（马克思列宁主义派）［Коммунистическая партия Азербайджана（марксистско-ленинская）］。

2008年1月，鲁斯塔姆·沙赫苏瓦罗夫领导的阿塞拜疆共产党发生党内斗争，阿列斯克尔·哈利洛夫取得了胜利，鲁斯塔姆·沙赫苏瓦罗夫领导的一派退出了该党，并组建了阿塞拜疆社会主义党，即阿塞拜疆进步社会主义党（Прогрессивно-социалистическая партия）。2011年2月11日，阿列斯克尔·哈利洛夫领导的阿塞拜疆共产党宣布要与捷利曼·努鲁拉耶夫（Тельман Нуруллаев）领导的阿塞拜疆共产党（马克思列宁主义派）联合。2011年10月，这两个共产党联合成一个新党，该党称为阿塞拜疆共产党联盟（Союз КомПартий Азербайджана，СКПА），其指导思想是马克思列宁主义和辩证唯物主义。①

在阿塞拜疆，还有尼亚齐·拉特扎波夫领导的阿塞拜疆"新生代"共产党。在阿列斯克尔·哈利洛夫领导的阿塞拜疆共产党宣布要与捷利曼·努鲁拉耶夫领导的阿塞拜疆共产党（马克思列宁主义派）联合之后，阿塞拜疆实际上只剩下了三个共产党：劳夫·库尔班诺夫领导的阿塞拜疆共产党，尼亚齐·拉特扎波夫领导的阿塞拜疆"新生代"共产党和阿列斯克尔·哈利洛夫领导的阿塞拜疆共产党与捷利曼·努鲁拉耶夫（Тельман Нуруллаев）领导的阿塞拜疆共产党（马克思列宁主义派）联合之后产生的阿塞拜疆共产党联盟。

现在，回过头来介绍阿塞拜疆共产党。1993年11月，原苏共内的阿

---

① Милитант: Две Коммунистической партий Азербайджана объединяются, 15 апреля 2013 г.

塞拜疆共和国共产党的一些共产党人召开了非常重建代表大会。代表大会恢复了阿塞拜疆共产党中央委员会的组织机构，并选举了拉米兹·阿哈迈多夫为党的书记。经过几个月的准备，阿塞拜疆共产党于1994年3月2日正式通过了国家的官方注册，开始合法活动。这之后，阿塞拜疆共产党开始恢复自己的各个区和市里的党组织，共产党获得了重生。阿塞拜疆共产党作为阿塞拜疆苏维埃社会主义共和国共产党的思想继承人，重新回到阿塞拜疆的政治舞台，开始在阿塞拜疆的社会政治领域积极地开展活动。但是，阿塞拜疆共产党重获新生是付出代价的。苏联时期依靠党费多年积累的资金和不动产，没有转给重建的阿塞拜疆共产党。阿塞拜疆司法部是在迫使阿塞拜疆共产党同意放弃所有原本属于它的财产的前提下，才给予阿塞拜疆共产党注册的。当时，除了与这个不公正、不合法、让人痛苦的际遇妥协，共产党人别无选择。1994年12月，阿塞拜疆共产党成为在莫斯科建立的共产党联盟—苏共的成员。

阿塞拜疆共产党成立之后，积极参加议会内外的工作。但如上所述，20年来，阿塞拜疆共产主义队伍内部不断发生的冲突，这使共产党不能形成合力，在很大程度上制约了共产党的活动能力，在阿塞拜疆政治舞台上不能发挥重要作用。在阿塞拜疆政治舞台上，承担着反对派职能的，主要是人数众多的民主党和自由党。1998年参加阿塞拜疆总统选举的只有菲鲁丁·哈桑诺夫领导的阿塞拜疆共产党，其他的共产党，或者没有参加竞选，或者不能收集到足够的支持候选人的签名。

第二节　组织状况

阿塞拜疆共产党作为阿塞拜疆苏维埃社会主义加盟共和国共产党的继承党，保留了苏联共产党的组织结构。

拉米兹·艾哈迈多夫任党的书记期间，阿塞拜疆共产党在阿塞拜疆的41个地区都有区级党组织存在。2007年9月10日，拉米兹·艾哈迈多夫逝世后，阿塞拜疆共产党的两个副书记鲁斯塔姆·沙赫苏瓦罗夫和劳夫·库尔班诺夫因政见分歧，将党分裂为两个阵营。2007年10月14日，鲁斯塔姆·沙赫苏瓦罗夫的志同道合者将其选为阿塞拜疆共产党的书记，得到如下5个地区——雅萨马里斯克区、纳里马罗夫斯克区、喀拉达格斯克区、纳西明斯克区和萨巴伊里斯克区党组织的支持。但是，劳夫·库尔班诺夫的拥护者并不赞同这样的决议。他们于 2007 年 12 月 23 日在巴库召开了第三十七（四）次非常代表大会，选举劳夫·库尔班诺夫担任党的新书记。参加代表大会的有来自阿塞拜疆 36 个地区党组织的代表 298 人。劳夫·库尔班诺夫在代表大会上作了政治报告，大会补充并修改了阿塞拜疆共产党的党纲和党章。在代表大会上选举了 77 名中央委员，21 名中央主席团成员，11 名中央监察委员会成员。参会人员指责党的前副书记鲁斯塔姆·沙赫苏瓦罗夫、赛义达古·穆拉多夫（Сеидагу Мурадов）、拉瓦伊亚达·贾巴罗夫（Равайята Джаббаров）、阿列斯克尔·哈利洛夫和米尔纳季姆·贾帕罗夫（Мирназим Джафаров）在党内搞派别，违反了党章。鉴于以上原因，上述人员被开除出阿塞拜疆共产党。在这次非常代表大会上，久里尼斯·马赫西姆（Гюльнис Махим）当选为党的第一副书记，费科列特·拉什多夫（Фикрет Рашидов）当选为党的副书记。俄罗斯联邦共产党中央委员、共产党联盟—苏联共产党的委员会第一副主席叶夫根尼·科佩舍夫等俄罗斯共产党人应邀出席了此次代表大会。①

阿塞拜疆共产党的党员人数不详。但据该党领导人介绍，2008 年金融危机以来，阿塞拜疆出现了令人欣慰的情况，阿塞拜疆的青年人开始积极地对待共产党和马克思主义理论及共产主义思想。他们在研究马克思主义经典作家的遗产的时候，开始理解共产党并支持共产党的倡议。在最近几年，共产主义运动的参加者的一大半都由青年人组成。

第三节　纲领主张

一　对苏联历史的评价

阿塞拜疆共产党对苏联的解体感到惋惜。阿塞拜疆共产党指出，20 多年前，背叛者践踏国际法准则，毫无理由地将苏联这个强大的国家毁灭。曾将 15 个主权国家联合起来的大国的消失，执政党活动的停止和共产党的遭禁，使各个联盟国家在政治领域和经济领域都产生了严重的问题。以戈尔巴乔夫为首的党的精英的背叛，让普通党员感到震惊，他们变成了没有指挥官的士兵。在莫斯科发生的这些事件，助长了各个加盟共和国的分

---

① 参见 http：//az - kp. com/o - partii/。

离主义和民族主义，党的工作人员无法在地方行使他们的权力。各共和国的共产党停止活动后，在复杂的形势下，党内必然出现分裂。①

苏联解体后，不仅人数众多的共产党人队伍，而且全苏联人民都经受了严峻的考验。长期生活和工作在苏维埃政权下的人民，曾在伟大的卫国战争中战胜了法西斯主义，而在苏联共产党失败后却分裂了。甚至在一些共和国，没有合适土壤的地方敌对势力都得到了加强，并酿成局部的战争。这迫使大量的人民外逃或者迁徙。苏联时期各个共和国原有的疆界遭到了破坏。同期，共产党人试图恢复自己作为反对派的活动也遭到阻挠。各个共和国都密切关注着莫斯科对苏联共产党采取的违法决定的最后命运。终于，当禁止苏联共产党活动的指令一被取消，原苏联地区的各个国家的共产主义运动也随即复兴。尽管，阿塞拜疆共产党并未遭到禁止，但是党的分裂也在共产党员中引起了混乱。这导致阿塞拜疆共产主义运动出现分裂的局面。②

二　对国家现行制度的分析

阿塞拜疆共产党对阿塞拜疆复辟的资本主义制度和资本主义政府提出了批判和抨击。阿塞拜疆共产党指出，正在受到压迫的工人阶级，在争取自身权利、争取社会主义的斗争中需要全方位的帮助。资本主义对工人权利和自由的侵犯变本加厉，迫使他们每天工作12—15个小时，而支付的劳动工资却十分低廉。廉价劳动力的人数之众多，彼此的相互竞争阻碍了工人联合起来并进行斗争。苏联时期，在苏维埃社会主义国家，所有工厂，各个领域的大联合企业，就像是一个彼此相连的整体。而苏联解体之后，一些部门得不到需要的原料，另一些部门可以生产高质量的产品，却没有订单。新建立的资本主义政府不需要有劳动力的工厂，它只想破坏掉一切，并把几千万工人弃之不管。他们出卖土地资源，用来盖新房子；出卖石油和自然资源，用来赚取大量的资本，对石油之外的部门毫无兴趣。政府掌控着被吸引来的大资本所签署（寻找新石油产地，修建石油、天然气运输管道）的百年合同，却不许国家干涉官僚们在西方银行的私人账

---

① Выступление председателя ЦК КП Азербайджана Рауфа Курбанова на засежании СКП - КПСС. 25 апреля 2013 года, Киев, http://skpkpss.ru/vystuplenie - predsedatelya - ck - kp - azerbajdzhana - raufa - kurbanova - na - zasedanii - skp - kpss - 25 - aprelya - 2013 - goda - kiev/.

② Там же.

号。在欺骗人民并实现私有化的同时，把土地分给农民，政府不用承担任何责任和义务，只管窃取人民的财富。除了石油部门，阿塞拜疆几乎没有什么工人了。而巴库的工人，在 20 世纪初、在伟大的卫国战争期间、在 20 世纪 80 年代末期的和平年代，永远都是革命运动中的先进队伍。在伟大的卫国战争期间，阿塞拜疆为苏维埃社会主义共和国联盟提供了 7500 万吨石油，在 70—80 年代，曾连续 14 年赢得了超产红旗奖章（Переходящее Красное Знамя）。今天，工人阶级已经失去了领导并进行目标明确的斗争的可能性。今天的阿塞拜疆是土耳其和许多其他国家的一个大市场。阿塞拜疆大量的资源都出口到这些国家，而他们只向阿塞拜疆的工人支付一点儿微不足道的工资。工会处于无法活动状态，谁也不拿工会当回事。为了一点儿小事，企业主从不与工会协商就开除工人。共产党也无法与工人阶级建立联系，并为工人阶级提供帮助。

阿塞拜疆共产党指出，起始于 2008 年年底的资本主义经济危机，无法靠自身的力量得以解决，经济危机将以全球战争的方式结束。战争有可能就在高加索附近爆发。从 21 世纪初资本家们就开始觊觎这片富饶的土地，发生在高加索的局部战争已经进行了 20 多年。它是从亚美尼亚和阿塞拜疆之间的冲突开始的，亚美尼亚非法占领了阿塞拜疆 20% 的领土。如果要消除全球战争，国际社会就应该支援正义的力量，如果国际共产党人不能积极地进行斗争，那么，帝国主义分子就会发起全球战争。这是国际正义力量所不允许的。阿塞拜疆共产党将全力支持争取世界各国和各个民族的社会公正、和平和繁荣的斗争。

第四节　实践活动

一　积极参加立法机构的选举

阿塞拜疆共产党重建之后，积极地参加国家立法机构的选举，以此参与国家的政治活动，扩大其在国内的政治影响。拉米兹·艾哈迈多夫领导的阿塞拜疆共产党参加了 2000 年举行的阿塞拜疆议会大选，并取得了两个议席。

在参加竞选的过程中，共产党人主张国家事务应该由本国政治家根据本国人民的意愿来决定，而不应受制于外国势力。例如，2013 年 10 月 3 日，劳夫·库尔班诺夫对阿塞拜疆正在进行的选举活动发表了看法。他对在选举前夕一些激进反对派的参选人员频繁地与欧洲或西方沟通的做法提出了批评。用他的话说："阿塞拜疆选举的命运既不应该在布鲁塞尔决定，也不应该在斯特拉斯堡决定，更不应该在任何一个其他的欧洲国家决定。阿塞拜疆选举的命运应该只取决于阿塞拜疆人民的意志。"阿塞拜疆共产党的书记坚信，一些激进反对派的参选人员频频去欧洲出访，对阿塞拜疆的选举没有任何作用。这些出访者会对自己的支持者说：欧洲支持我们，西方支持我们。一会儿，他们被邀请到伦敦，一会儿，他们被邀请到美国，难道阿塞拜疆选举的命运取决于伦敦、布鲁塞尔、斯特拉斯堡吗？候选人必须要做的是和本国人民在一起，解决一些建设性问题。阿塞拜疆人应该清楚，除了自己的民族，任何一个民族都不会和我们如此亲近。对劳夫·库尔班诺夫的这类言论，激进反对派将其评价为"新政府派"。劳夫·库尔班诺夫指出，反对派不能仅仅为了引起关注而批评当局。无论如何，不应让国家失去秩序，这不会带来什么好的结果。①

二 主张正确对待苏联历史和苏联文物

阿塞拜疆共产党始终主张正确对待苏联历史及其历史文物，旗帜鲜明地反对歪曲和抹杀苏联历史。2008年，阿塞拜疆政府计划拆除26个巴库人民委员的纪念碑。政府早就在民众中宣传了这个意图，但是一直没有采取具体行动。这些纪念碑坐落在巴库市中心，被安放在一个公园的中央。此外，巴库苏联时代的一些纪念碑，比如，纳里马诺夫纪念碑、阿齐兹别科夫纪念碑、贾帕里泽纪念碑、佐尔格纪念碑等，都坐落在相应的公园里，公园也以他们的名字命名。巴库市政府借要在所有的公园搞基础设施建设（如植树、修建喷泉等）的机会，拆除这26个苏联时期的人民委员纪念碑。拆除26个人民委员纪念碑的消息在民众中引起了不安，阿塞拜疆共产党中央委员会正式向议会议员、联合国教科文组织亲善大使、阿塞拜疆共和国第一夫人阿利耶娃·哈努姆·梅赫丽班（Мехрибан ханум Алиева）写信呼吁保护纪念雕像。但是，没有收到回音。阿塞拜疆共产党极其关注此事。阿塞拜疆共产党明确表示反对拆除这些纪念碑，认为这有损于阿塞拜疆政府的国际威望。在该党看来，拆除苏联时代的纪念碑，这

---

① Кандидат Нацсовета остается перед выборами один. http：//news.day.az/politics/434709.html，3 октября 2013г.

是对阿塞拜疆历史和未来的不尊重。这是当局企图篡改历史，把苏联时期的记忆从阿塞拜疆人民的头脑中抹去。然而，这是办不到的事情。比如，卡尔·马克思的纪念碑尽管早已被拆除，并在那里建立了一家加油站，但直到今天，巴库人还依然称这个地方原有的地名。因此，哪怕明天就拆除苏联时期的所有建筑物，比如，以巴吉罗夫、加加林的名字命名的桥梁，以斯大林命名的房屋，等等，它们仍将留在人民的记忆中，并传给下一代。巴库自古就是一个国际化的城市，26个人民委员的墓地在这里，就是明证。保留至今的这些人民委员的纪念碑证明了阿塞拜疆是一个政治多元化、具有包容精神、具有较高的政治文化修养以及具有与世界其他民族不同的独特的民族特性的国家。今天，在老牌的资本主义国家奥地利的首都维也纳，在苏维埃国家创始人之一斯大林曾经短期住过的建筑物上，还保留着纪念性的牌匾。奥地利人用这个向全世界证明了，这个国家具有较高的道德和文化修养。阿塞拜疆也应该择善而效，而不是重复恶行。何况，纪念碑也是艺术作品，摧毁纪念碑的人，对纪念碑的作者和为其付出了自己劳动的成千上万的人都表现出了不敬重。根据以上所列事实，整个社会，包括艺术家联盟、历史学院、版权保护委员会、学者、作家、诗人、作曲家和其他知识分子都应该反对这种破坏行为。阿塞拜疆共产党对这种破坏行为严厉谴责，要求尽快停止这类行径。同时，要再次提醒该行动执行委员会，这是对阿塞拜疆国家历史的大不敬行为，要在全体人民面前承担很大的责任。

第五节　国际联系

　　阿塞拜疆共产党是共产党联盟—苏共组织的成员。阿塞拜疆共产党积极支持并参与共产党联盟—苏共的各项活动。2013年4月25日在乌克兰首都基辅召开的共产党联盟—苏联共产党会议上，阿塞拜疆共产党中央书记劳夫·库尔班诺夫发言，表示20年前创建的共产党联盟—苏共组织的稳定性和持久性在未来将成为其他联合与合作的榜样。他指出了互相尊重、共同合作、民主氛围和坚定的思想是联盟的根基。作为这个组织的创建者之一，他表示，要为这个组织的活动负责。同时，在共产党联盟—苏共走过的这些年间，作为其在所经历的发展历程中克服重重困难的见证人，他指出，正是该组织的领导人坚持原则的、公正的、经得住时间考验的、有远见的政策引领了这个组织冲破重重困境，保持了组织的完整性，并进一步加强了该组织。所有加入该组织的各共和国党委，都应该首先努力提高该组织的威信，加强其对世界上某些政治进程的影响力。不久前，该组织新建了互联网站①，这为兄弟党创建了一个统一的信息空间。现在在这个网站上，各兄弟党可以分享党内生活的重大事件。这个网站为每一个党都设定了一个板块，包含着党的历史，党的活动和党的领导机构。普通的使用者通过互联网就可以了解参加共产党联盟—苏共的各个共产党。普通的党员也可以用这样的方法来区别真正的共产党和虚假的资产阶级"共产党"。这些都值得称许，该网站的启动将引发各个地方发生积极、严肃的转变。② 劳夫·库尔班诺夫指出，1994年12月，阿塞拜疆共产党加入共产党联盟—苏共，这是阿塞拜疆共产党活动的一个转折点，这是阿塞拜疆共产党提振普通党员士气的新动力。阿塞拜疆共产党直到今天，一直参加共产党联盟—苏共的各项活动，与加入该机构的所有各个共和国共产党的委员会保持了紧密的合作关系，以此来保证经验的交流。阿塞拜疆共产党派了4名代表作为常驻人员，在共产党联盟—苏共中从事工作。这是该机构进行民主运作、坚持平等原则的鲜明例证。以久加诺夫为首的共产党联盟—苏共的领导层极大地提高了该组织的国际影响和政治分量。阿塞拜疆共产党人对共产党联盟—苏共的活动充满了期望，阿塞拜疆共产党人坚信，在苏联的各个加盟共和国恢复劳动人民政权的过程中，共产党联盟—苏共将要起到关键性的作用。

阿塞拜疆共产党积极参与世界各国共产党的活动。2013年6月2日，阿塞拜疆共产党的领导人劳夫·库尔班诺夫参加了在布鲁塞尔召开的共产党人国际研讨会。在会上，他作了题为"在世纪资本主义危机中对民主和自由的进攻——应对战略与行动"的报告。在报告中，他谈到，通过对国际舞台上共产主义运动事件的跟踪观察，现在的政治局势十分紧张，帝国主义的思想家在不能让资本主义世界摆脱危机的情况下，想要煽动起与那些不接受资本主义发展道路的国家之间的战争。在苏联出人预料地解体之后，他们想要窒息那些已经取得了社会主义建设的显著成就的国家。阿塞

---

① 具体指的就是 skp. kpss. ru。
② Выступление председателя ЦК КП Азербайджана Рауфа Курбанова на засежании СКП - КПСС. 25 апреля 2013 года, Киев. http://skpkpss.ru/vystuplenie - predsedatelya - ck - kp - azerbajdzhana - raufa - kurbanova - na - zasedanii - skp - kpss - 25 - aprelya - 2013 - goda - kiev/.

拜疆共产党声援那些为争取社会正义而战的国家。阿拉伯国家，特别是叙利亚、巴勒斯坦、朝鲜、古巴、委内瑞拉等国，都属于这类国家。如果考察一下欧洲各国、阿拉伯各国以及其他国家的工人运动，其发展趋势十分明朗。但是，在工人运动中，左翼政党缺乏团结，左翼政党与工会之间欠缺明显的互动。还要考虑到左翼对手的实力，他们不遗余力地投资进行反对左翼，特别是反对共产党人的宣传。而令人遗憾的是，共产党和工人党之间一直都在进行斗争，而不是实现组织上和思想上的联合。也就是说，左翼力量要不断地与党内的机会主义和修正主义进行斗争，这阻碍了左翼政治力量的团结，而且这样的斗争最终也不会带来什么成果。在阿塞拜疆，共产党有联合起来的政治勇气和政治决心。但是，目前还有一派在干扰阿塞拜疆共产主义力量的团结。不过，阿塞拜疆共产党最近的一些决策，让阿塞拜疆共产党有理由坚信，在不久的将来，阿塞拜疆所有的左翼力量都能在"马克思列宁主义"的旗帜下联合起来。[①]

第六节　面临的问题和发展前景

阿塞拜疆是总统共和制国家，盖达尔·阿利耶夫和伊利哈姆·海德尔·奥格雷·阿利耶夫父子先后担任国家总统长达20多年，其领导的新阿塞拜疆党也长期占据执政党地位，现任总统、议长、总理及多数内阁成员和地方官员均为该党党员，其他政党很难得到执政机会。因此，阿塞拜疆独立以来，共产党始终难以进入国家政治舞台的前沿。

对阿塞拜疆共产党而言，如何在现有政治环境下发挥自身作用，为劳动者的利益代言，是个艰巨的任务。目前，该党已经注意从青年人入手，加强对青年人的马克思主义培训，这是个良好的开端。

总结20多年来阿塞拜疆共产主义运动的发展经历不难看出，共产党难以进入政治舞台，自然有客观原因，但也有共产党自身的问题，内部的分裂严重影响了共产党力量的发展壮大。因此，团结、整合所有阿塞拜疆共产主义、社会主义力量，是阿塞拜疆共产党面临的首要问题。

---

① Наступления на демократические права и свободы при мировом капиталистическом кризисе. Ответные стратегия и действия. http：//www.krasnoetv.ru/node/18901，26 июня 2013 г.

第七节　党的主要领导人

劳夫·穆斯利莫维奇·库尔班诺夫（Рауф Муслимович Курбанов），担任阿塞拜疆共产党中央委员会主席，同时担任共产党联盟—苏联共产党理事会成员。

菲克列特·尤西博维奇·拉什多夫（Фикрет Юсибович Рашидов），阿塞拜疆共产党中央委员副主席。

小　　结

在后苏联空间，格鲁吉亚、亚美尼亚、阿塞拜疆高加索三国的共产党处于阶级、民族和宗教矛盾异常激烈、局部战争频发的地区，它们的处境与其他地区共产党相比更加艰难。

正是在这样的背景下，高加索三国的共产党具有如下几个共同特点：一是党员少，组织规模小，大多数共产党的成员不超过几百人或者几千人，仅有亚美尼亚共产党的成员过万人，达到了 18000 人；二是政治影响力弱，这三个国家的共产党进入议会的机会不多，基本上处于在野党的地位，有的党甚至长期受到压制，处于地下状态，难以持续地在各国政治舞台上发出声音；三是各国共产党内部缺乏理论共识，组织不断分裂，行动上相互协调、支持不够。

然而，高加索地区各共产党作为苏联共产党在该地区的后继者，都坚信马克思列宁主义，肯定苏联社会主义历史时期高加索各国在政治、经济、社会和文化建设中取得的成绩，对苏联解体给高加索各国人民带来的痛苦和苏共丧权给共产党人带来的屈辱记忆犹新，对各国现行制度下大多数普通劳动者的无权、受剥削的状况及背后的原因认识深刻，对包括高加索在内的当今世界资本主义的问题和矛盾有独到的分析，都坚信只有社会主义制度才能给大多数劳动人民带来幸福。因此，尽管各国共产党处境艰难，但都不放弃自己的奋斗目标。现阶段，它们为普通劳动者争权利，为国内和地区的和平呼吁，为抵制欧美对该地区的渗透，恢复独联体地区的一体化建言献策。诚然，现在这些共产党在各国政治舞台的声音很微弱，而且未来发展的不确定因素也很多，但要相信这些共产党能够坚守阵地，薪火相传。

第五部分

中亚五国共产党

1991年"8·19"事件及苏联解体之后，中亚新独立国家的共产党组织在社会政治生活中的地位和作用发生急剧变化。各国新政治精英的骨干基本上来自原共产党，共产党组织的处境和发展情况却各有不同。在乌兹别克斯坦、哈萨克斯坦、塔吉克斯坦、土库曼斯坦等国，原苏联共产党地方组织领导人摇身一变成为新独立国家的领导人继续执政，而在吉尔吉斯斯坦，则禁止共产党活动。中亚各国共产党在失去执政地位的新历史条件下，组织和活动都面临严峻考验。

随着时间的推移，中亚各国共产党组织得以逐步恢复重建，但党员队伍大幅度缩减，活动不同程度地受到新政权的排挤，有的甚至被迫转入地下状态。与此同时，苏联解体在中亚各国所引起的社会与经济震荡，新独立国家的生产下滑，物价飞涨，贫富差距拉大，民族矛盾与冲突甚至内战爆发等新问题，促使普通民众普遍怀念苏联时期的稳定局面。这种情况成为中亚各国共产党组织恢复重建的社会基础和民意基础。与此同时，中亚各国共产党组织为了在新的政治条件下生存发展，对各自的纲领和目标等进行必要调整，在坚持社会主义、共产主义选择的同时，放弃通过武装斗争夺取政权等内容，强调在国家现行宪法和法律框架内开展政治斗争，通过合法的途径即通过参加选举赢得政权。

在目前的中亚各国共产党组织当中，哈萨克斯坦共产主义人民党（Коммунистическая народная партия Казахстана，КНПК）是议会政党，虽然掌握的席位不多，但拥有合法的议会讲坛，党员人数也较多，党组织的发展势头良好。哈萨克斯坦共产党（Коммунистическая партия Казахстана，КПК）则受到组织内部矛盾和外部因素的制约，影响力大大下降，甚至面临被取缔的危险。

吉尔吉斯斯坦的两个共产党组织——吉尔吉斯斯坦共产党人党（Партия коммунистов Кыргызстана，ПКК）和吉尔吉斯斯坦共产党（Коммунистическая партия Кыргызстана，КПК）目前都是议会外政党，在国内政党体系高度碎片化①、核心选民群体日益萎缩的情况下，两个政党在议会选举中赢得席位的可能性都不大。

土库曼斯坦共产党（Коммунистическая партия Туркменистана，КПТ）1991年就试图恢复重建，党的第一书记是阿·阿纳耶夫（А. Аннаев）。1994年，土库曼斯坦共产党向土库曼斯坦司法部提交了注册文件，1996年10月初得到拒绝注册的口头答复。1998年土共举行了成立大会。由于未能获得正式注册，土共一直处于半地下状态。2002年，反对派在全国范围内组织一系列抗议活动。2002年11月，土共领袖拉希莫夫被当局指控参与准备谋杀总统尼亚佐夫，并于2002年12月被判处25年监禁。土共主张在土库曼斯坦（按照1925年，1926年，1938年和1978年宪法）恢复议会制共和国并举行最高苏维埃选举，恢复免费中等教育（10—11年制）和免费医疗，与独联体国家实行免签证制度，释放所有政治犯，等等。乌兹别克斯坦共产党（Коммунистическая партия Узбекистана，КПУ）的第一书记是卡赫拉蒙·马赫穆多夫（Кахрамон Махмудов），乌共一直未能取得正式注册，也处于非法状态。

本部分内容涵盖中亚五国的哈萨克斯坦、吉尔吉斯斯坦、乌兹别克斯坦、塔吉克斯坦、土库曼斯坦以及乌兹别克斯坦共产党在苏联解体以来，尤其是21世纪以来在新独立国家内部的基本状况、纲领主张与政治实践活动等，但鉴于土库曼斯坦共产党和乌兹别克斯坦共产党尚处于地下状态，相关资料掌握不全，实际内容以哈萨克斯坦、吉尔吉斯斯坦和塔吉克斯坦三个国家的五个共产党组织为主。

---

① 截至2013年8月1日，在吉尔吉斯斯坦司法部注册的政党为188个。资料来源：吉尔吉斯斯坦共和国司法部网站，http://minjust.gov.kg。

第一章 哈萨克斯坦共产党

第一节 发展历程与组织状况

哈萨克斯坦共产党（Коммунистическая партия Казахстана，КПК，以下简称哈共），哈萨克斯坦共产党是原哈共的继承者，1991年9月恢复重建。1994年2月28日注册，1997年、2003年重新注册。党员人数为5.4万人。该党在全国各州都设有分支机构。党员以老战士、老工人和退休人员为主。党的基本目标是在科学社会主义基础上建设自由公正的社会，建设共产主义社会。1999年参加哈议会选举，获得3个席位。该党未参加2007年的议会选举。2011年10月4日，阿拉木图市跨区特设行政法庭裁决暂停该党活动六个月，此后又延长禁令六个月。因此哈共未能参加2012年的议会选举。现任党的第一书记是加济兹·卡马舍维奇·阿尔达姆扎罗夫（Газиз Камашевич Алдамжаров）。哈共拥有自己的青年组织——列宁共青团。①

2004年年初，在党的中央全会上，哈共中央十二位委员与当时的第一书记阿布季尔金发生严重分歧。党的第二书记弗拉基斯拉夫·科萨列夫（哈议会下院议员）和七个州的第一书记出走，决定组建新的哈萨克斯坦共产主义人民党。发生分裂的主要原因是党内部分负责人对党的第一书记的干部人事安排不满。哈共分裂、新的共产党组织的出现，其结果是拥有5.4万党员的哈共影响力大大受损，因为大约2.5万名哈共党员退党转而

---

① 资料来源：哈萨克斯坦共和国中央选举委员会官网，http://election.kz/portal/page?_pageid=73，47267&_dad=portal&_schema=PORTAL。

加入新的哈共人民党。

第二节 纲领主张

哈共认为，党的目标是，创造条件，在科学社会主义基础上在哈萨克斯坦建设一个自由公正的社会；建设共产主义社会制度，赞成国际主义。

哈共认为自己是劳动人民的党，是工人、农民、知识分子以及一切物质财富和精神财富创造者的先锋队。哈共是列宁主义的政党，利用一切合法的政治斗争手段、方法和形式开展政治斗争，与一切进步和民主力量建立政治联盟，致力提高劳动人民生活水平，加强劳动人民的团结。

哈共奉行无产阶级国际主义。哈共主张不分民族的团结和博爱，尊重哈萨克斯坦和全世界所有民族的民族自尊。哈共与原苏联各加盟共和国共产党、国际共产主义、工人和民族解放运动积极合作。

哈共在自己的活动中以民主集中制原则、民主与党的纪律统一、首创精神与责任感统一的精神为指导，主张不断提升党员群众在党的重大决策中的作用。

哈共是积极政治行动的党。党的工作任务是：宣传科学社会主义思想、马克思列宁主义学说和进步社会思想；参与社会的政治生活；依法参与国家权力机关的组建；加强各族人民的国际主义情感和友谊；培养年轻一代的爱国主义和关心祖国命运的情操。党将通过广泛宣传自己的思想，通过参加民主选举、通过新闻媒体和其他方式方法，努力实现自己的纲领性目标。

哈共积极支持妇女和老战士组织，在争取社会公正的斗争中取得他们的支持；积极参与工会工作，与其一道恢复强大和有组织的工会运动，捍卫劳动人民的经济和社会权益；特别关注青年工作，在解决青年问题时给予道义上的、组织上的和政治上的支持；采取措施努力恢复列宁共产主义青年团，发展少先队运动。在日常工作中，哈共依靠并全面支持工人运动，协助它的所有团队达到统一和团结行动。

哈共的主要思想武器是共产主义思想及其言论。党从不掩饰自己的意图，并且从不害怕困难。为了达到自己的目标，党依靠人民积极和自觉的支持。

哈共的具体策略根据国内外快速变化着的情况由中央委员会进行调

整。党在保持自己的政治思想和组织自主性的同时，愿意与其他政治党派和运动共同行动，解决与党的纲领相契合的具体问题。

哈萨克斯坦共产党的最高目标是，建设一个真正公正的社会制度，在这个社会里人人幸福，它的旗帜上写着："每个人的自由发展是所有人自由发展的条件！"

第三节　实践活动

哈共积极参与议会选举和总统大选。在1999年的总统大选中，哈共候选人阿布季尔金赢得12.08%的选票。在1999年的议会选举中，哈共赢得17.75%的选票，成为议会第二大党。哈共参加了2004年的议会选举，但未能进入议会。哈共抵制了2007年的议会选举。在2012年议会选举前夕，哈共被哈地方法院判决停止活动六个月，禁令到期之后又延长六个月。如此，哈共未能参加2012年的议会选举。

根据哈萨克斯坦法律，如果政党连续两次不参加选举的话，该党即被取缔。哈共抵制了2011年的总统大选，而2012年的议会选举则由于法庭禁令而未能参加[1]。

第四节　国际联系

哈共积极参加独联体乃至国际共产党的会议，是共产党联盟—苏共的成员党，与俄共等独联体共产党组织保持密切联系。哈共积极评价中国特色社会主义建设事业，高度评价中国取得的巨大成就。

第五节　面临的问题及原因

哈共在思想路线、组织发展、活动方式等方面存在着许多问题。但从目前情况看，哈共面临的最为迫切的问题就是党组织可能被当局依法取缔。

哈共抵制了2007年议会选举，2012年则由于受法庭禁令的限制未能

---

[1] http：//election.kz/portal/page?_pageid=73,47267&_dad=portal&_schema=PORTAL.

参加议会选举。与此同时，2012年的议会选举改变了议会下院的政党格局。纳扎尔巴耶夫的"祖国之光"党依然控制议会绝对多数席位，但议会格局从原来的一党独占变成三党并存。因此，哈共面临严峻局面。根据哈《政党法》第十四条的规定，政党连续两次不参加议会选举，可被法庭依法裁决取缔。

被法庭裁决延长半年（到2012年10月底）活动禁令之后，哈共向联合国人权法庭提出申诉。此外，哈共还写信给总统纳扎尔巴耶夫和哈总检察院，但未得到回应。同时，哈共也向国外兄弟共产党请求给予道义上的援助。哈共领袖加济兹·阿尔达姆扎罗夫表示，延长禁令事实上意味着"整个党被关闭"。

出现这种局面，有着多种因素。首先，执政当局有意借此清除一个有影响力的反对派政党。哈共作为不妥协的左翼政党，其政策主张在民众当中有一定的号召力。其次，该党没有汲取过去的教训，没有与时俱进，改变自己的工作方式方法，脱离群众。再次，策略方面的失误。2001年开始，哈共与"哈萨克斯坦民主选择"运动开展合作，引起了党内严重分歧，最终导致2003年年底2004年年初党的分裂，大约2.5万名党员追随自己的地区负责人成立哈萨克斯坦共产主义人民党。哈共一夜之间损失了近半的党员队伍。这无疑对哈共是一个沉重的打击。最后，2007年该党抵制议会选举也是一个策略上的失误。当时哈共抵制选举的理由是反对议会选举采用政党比例代表制。

2011年10月4日，阿拉木图跨区法院裁定，哈萨克斯坦共产党未经正式注册而参加反对派运动"人民阵线"违反有关法律，暂停该党活动六个月，哈共领袖加济兹·阿尔达姆扎罗夫被罚款约合100美元①。哈共因而未能参加2012年举行的议会选举。此后，法院又将此禁令延长半年，至2012年10月24日。

2012年11月20日，哈共宣布恢复活动。

2015年8月7日，阿拉木图市跨区经济法庭审理哈司法部关于依法取缔哈萨克斯坦共产党的诉状，裁定哈共违反有关法律，依法予以取缔，并罚款1812坚戈。②

---

① http://lenta.ru/news/2011/10/05/stop/.
② http://www.centrasia.ru/newsa.php?st=1441353420.

第六节　党的领导人

加济兹·卡马舍维奇·阿尔达姆扎罗夫（Газиз Камашевич Алдамжаров），哈萨克斯坦共产党中央第一书记，出生于1947年10月31日，先后毕业于阿斯特拉罕农业技校，阿斯特拉罕渔业技术学院，苏联共产党中央社会科学院。曾担任哈萨克斯坦驻白俄罗斯大使。在2010年4月17日举行的哈共中央全会上，当选哈共中央第一书记。

第二章 哈萨克斯坦共产主义人民党

第一节 发展历程

哈萨克斯坦共产主义人民党（Коммунистическая народная партия Казахстана，КНПК，以下简称哈共人民党），是哈萨克斯坦共产党（以下简称哈共）发生分裂之后于 2004 年 4 月成立的。2004 年 6 月 21 日，哈共人民党在哈萨克斯坦司法部正式注册，注册之时的党员人数为 9 万人，以工人、大学生、知识分子、退休人员和企业经营者为主。该党活动的指导思想是适应新的社会发展条件的马克思列宁主义。根据哈共人民党的政治纲领，该党坚持马克思列宁主义意识形态。在 2004 年的议会选举中，该党获得 1.98% 的选票，在 2007 年的议会选举中获得 1.29% 的选票，均未能进入议会。在 2012 年的议会选举中该党获得 7.19% 的选票，赢得七个席位。党中央的日常工作由三位中央书记集体负责。①

哈共分裂之后，哈共人民党和哈共两党内部有识之士都认为两党单打独斗都没有机会达到目标。在这个背景下，两党合并问题被提上议事日程。2007 年 3 月 28 日，哈共人民党和哈共举行联合新闻发布会，宣布准备合并。但此后不久，哈共人民党宣布拒绝与哈共合并。时任哈共人民党领袖科萨列夫认为，该党拒绝合并的主要原因是，双方存在严重的政治分歧。具体而言，哈共主张仅仅在中央机关层面实现合并，而在基层依然保持各自的组织架构。而哈共人民党认为，哈共的组织结构已经瓦解，党在人民当中的威望基本上等于零，因此没有合并的必要。

---

① 资料来源：哈萨克斯坦共和国中央选举委员会官网，http://election.kz/portal/page?_pageid=73,47267&_dad=portal&_schema=PORTAL。

第二节 组织状况

一 组织体系及组织结构年轻化措施

哈共人民党的组织体系按地域原则构成。党的最高机关是全国代表大会。党的领导和执行机关是中央委员会。工作机关是中央委员会的中央局。监察机关是中央监察委员会。哈共出版的机关报是《哈萨克斯坦真理报》。党的经费来源主要是党费、捐赠。

按照哈共人民党的章程，年满18岁的哈萨克斯坦公民可在自愿的基础上加入该党。

党的组织按地区原则组建。党的基层组织是党小组，三个及三个以上党员可以建立党小组，并由上级区党委或者市党委批准。党的地方组织在群众中开展工作，与国家执行权力和代议机构、其他政治和社会团体保持互动。

截至2010年7月，哈共人民党有1868个基层组织，178个区委会，33个市委会，14个州委会以及两个直辖市的市委会。

党的最高机关是全国代表大会，由党的中央委员会召集，每四年召开一次。党的中央委员会负责全党的工作。党的中央委员会全会每半年召开一次。

党的监督机关是中央监察委员会和州、市区监察委员会。中央监察委员会由党的代表大会选举产生，党的地方组织的监察委员会由各地党组织全体大会与党的地方领导机关同时产生。党的中央监察委员会向全国代表大会负责，党的地方监察委员会向地方党组织党员大会负责，基层组织的监察委员会向全体党员大会负责。

2013年6月1日，哈共人民党召开第八次非常全国代表大会，通过新的党章和党纲，其中规定，超过65岁便不能担任党的中央委员会书记和地方党组织负责人。根据新的规定，党中央有8位书记以及部分地方党组织负责人辞去职务，以便党的领导机构输入新鲜血液。

哈共人民党第八次非常全代会上选举产生两位新的中央书记，艾肯·科努罗夫（Айкын Конуров）和德米特里·列赫基（Дмитрий Легкий），另外一位中央书记扎姆贝尔·艾哈迈德别科夫（Жамбыл Ахметбеков）留任。新的党中央领导集体实行三人负责制，不再设第一书记。三位党中央书记中，列赫基负责意识形态工作，科努罗夫负责组织干部工作，艾哈迈德别科夫负责与国家机关和非政府组织的联络工作[①]。

原中央书记图列什·孔任（Тулеш Конжин）以及弗拉基斯拉夫·科萨列夫（Владислав Косарев）辞去党中央书记职务。图列什·孔任当选为党的中央监察委员会主席。原党中央第一书记科萨列夫被选为党中央荣誉书记[②]。年届75岁的科萨列夫自2004年以来一直担任哈共人民党中央第一书记。科萨列夫卸任党的第一书记之后，继续担任哈共人民党议会党团领导人[③]。

新当选的哈共人民党书记艾哈迈德别科夫表示，目前哈国内社会政治局势正在发生快速变化，给党的工作提出一系列新任务和新挑战。因此，党必须回应和适应新的形势。其中对党中央工作条例进行了修改，规定超过65岁的人不能进入党的领导机构。目前，在哈共人民党9.4万人的党员队伍中，年轻党员2.25万人，党员平均年龄为52岁，实行新规定之后，预计党员平均年龄将下降到45—47岁。

二 新形势下的建党原则

在新的历史条件下，首先要解决的问题是要建设一个什么样的党？如何打下社会主义社会的基础？哈萨克斯坦共产党人的党建实践表明，在这些重大问题上往往有两种截然不同的观点和立场，即怀旧党和希望党。那些害怕未来、希望维持现状的力量往往建立的是怀旧党。而相信未来更美好的力量则组建希望党，并把思想转化为行动的纲领，然后按照自己的纲领改变社会，使其变得更美好。

哈萨克斯坦共产主义人民党宣称是劳动人民利益的真正代表，是受剥削的职工、失业者、退休者、青年和其他一切追求社会和政治平等、民主和坚持共产主义思想的人民的先锋队。党过去、现在和将来都用自己的全部行动证明，它是希望的党，它能够使哈萨克斯坦回归到社会主义的发展道路上来。

哈萨克斯坦共产主义人民党主张实行议会制，通过发展和加强公民社

[①] http://vlast.kz/?art=1949.
[②] http://www.zakon.kz/4560097-po-novomu-ustavu-knpk-sekretarem-partii.html.
[③] http://tengrinews.kz/kazakhstan_news/kosarev-prodoljit-rukovodit-parlamentskoy-fraktsiey-knpk-235393/.

会、广泛吸引人民群众参与国家管理来建设哈萨克斯坦人民共和国；赞成没有人剥削人的多种所有制，主张国家、集体、个人、股份和合作社所有制并存，但优先发展公有制；反对买卖农业用地，主张租赁给农民使用；主张自然资源的开发应交给有国家控股参与的民族企业；主张对权力机关活动进行人民监督，采取有力措施打击犯罪、腐败、贩毒和走私；主张保护环境是国家、社会和每个人至关重要的任务。同时，党是无产阶级国际主义的党，对所有民族一视同仁，赞成各民族的团结和博爱，尊重哈萨克斯坦多民族、全世界各民族的自尊、语言、传统和历史；与原苏联各加盟共和国共产党组织，与国际共产主义、工人和民族解放运动积极合作。

1. 建设新型共产党的历史必要性

众所周知，马克思列宁主义政党在俄国的出现既非某些人的主观愿望，也不是偶然。这是社会发展的深刻需求产生的。19世纪末20世纪初，世界资本主义进入了最高和最后的发展阶段——帝国主义阶段，日渐成为社会发展的障碍，给全体劳动者不断带来新的压迫。20世纪末，马克思主义创始人的预言完全得到了证实。根据联合国的资料，20世纪90年代初，全世界高收入国家1/5的人口占有全世界总产值的85%，而世界最贫困的国家1/5的人口仅占全世界总产值的1%，其余60%的世界人口仅占有13%。并且这个差距还在越拉越大。

马克思主义者正是预见到这种巨大的不公平——富人越来越富，穷人越来越穷，因而得出了一个结论，只有一个新的社会制度，即没有生产资料和工具的私有制、没有人剥削人的制度，才能使亿万人摆脱贫困、剥削，使他们过上好日子。替代资本主义制度的应该是新的社会主义社会。但是，要改变这种状况，劳动人民、一切受剥削的群众应该有足够的力量来战胜资本家，夺取政权。正是出于这一点考虑，列宁曾经指出，社会主义物质前提的客观存在并不能解决从资本主义到社会主义的过渡问题。没有工人阶级和劳动群众的革命斗争，资本主义不会自行灭亡。因此，社会主观因素便具有巨大意义。而这正是革命阶级激发群众的革命行动、革命的坚定性、推翻反动政府、摧毁资本主义制度并用新的社会制度取而代之的必要条件。

在总结俄国劳动人民反对剥削者的斗争时，列宁论证了推翻专制的必要性，第一个打破帝国主义的战线，为建立新的社会制度开辟道路。为完成这一任务，必须更新阶级斗争的方式方法，改造党的工作以适应革命斗争的需要。

无产阶级完成这一任务的准备程度首先取决于政治觉悟和组织水平，以及是否善于把马克思主义带到群众中去。这个任务只有新型的无产阶级政党才能够完成，只有这个新型政党能够把阶级斗争意识、组织和团结意识带给工人阶级，领导工人阶级的行动，培养他们坚定不移的精神和首创精神。

现有的社会民主党不能完成推翻现有资本主义制度、建设新的社会主义社会这一历史任务。其原因是，这些政党的理论基础是对马克思主义的修正主义式的解读，并且承认资本主义不可战胜。这些政党的组织基础是知识分子的个人主义，造成党的涣散无力和不团结，缺乏纪律，热衷于在现体制框架内的议会斗争。

马克思列宁主义教导我们，真正的革命党是建立在科学的基础之上。这意味着，党的思想政治和组织基础、内部生活的规范和党的领导原则不是由党的领导人的主观观点和愿望所决定。党建原则具有客观性质，这些原则是以无产阶级的阶级斗争的需要、党的主要任务和近期目标所决定的。

列宁曾经指出，党在社会中的地位，党领导无产阶级的斗争活动是否成功在很大程度上取决于科学共产主义理论是否正确，党的政治路线和实际工作是否具有科学水平。列宁在自己的著作中全面论证了一个基本原则，即革命的马克思主义理论是建立一个新型政党的思想基础。只有在这个基础上才能团结党的全体成员，制定行动的纲领、战略和策略。

伟大的十月革命正是在新型政党的领导下取得胜利，而这个新型政党则是在新的思想和组织原则下为俄国无产阶级及其领导的全体劳动人民创造了良好的条件来建设一个新型的社会制度。至于此后发生了党内生活基本准则的倒退和破坏，这绝非普通共产党员的过失。20世纪90年代末，苏联解体，党也被解散。

正是从这些悲剧事实中汲取了教训，哈萨克斯坦共产党人决定在列宁思想和组织原则基础上重建一个共产党，切实贯彻党员群众优先原则。

在利用布尔什维克党的经验的基础上，哈萨克斯坦共产党人提出的任务是，以最高的组织性、以铁的纪律建党，把一切偶然因素和非共产主义分子从自己的队伍中清理出去。在社会发展、全面全球化的条件下，建设社会主义社会可能会具有新的特点。但是劳动大众必须有一个真正的，而不是口头上的共产党，它的任务不仅是夺取政权，而且是一砖一瓦地打下社会主义的基础，并在此基础上建成社会主义社会。

2. 新条件下党建工作面临的任务

首先，积极开展意识形态工作。为了使马克思列宁主义理论在目前依然是指路明灯，就必须使其与时俱进，用社会科学和自然科学的成果丰富其内容。党开展宣传的形式和方法要与新的内容保持一致，与人们的文化水平相适应。必须与思想上的反对派坚决斗争，同时也要与庸俗化、教条主义和修正主义作坚决斗争。现在的时机已经成熟，完全可以拿出一个马列主义主要和核心结论的清单，继续出版"辩论专页"，就现代条件下意识形态斗争的迫切问题发表一批材料，提出哈共人民党在现阶段和未来的主要口号。

意识形态斗争不仅是科学，更是一门艺术。在截然不同的两种思想的斗争中，凸显的不仅是知识和观点，而且是斗争的艺术。哈共人民党拥有强大的学说，因此不能让出思想斗争的阵地，但要坚决地与叛徒和变节者划清界限。党所遇到的客观困难可以靠更好的组织、更为严明的纪律、更为专业的工作团结劳动人民、做青年人的工作来加以克服。

在共产党员中展开广泛的学习马克思列宁主义遗产活动，从中培养宣传分子、鼓动者，通过经常性的讲座、圆桌会议、学术研讨会、谈话等形式广泛宣讲党的纲领、近期和未来的目标和任务。在每个城市小区和村镇组建党小组，使党的政治工作贴近小区居民。

生活实践要求每个共产党员要根据自己的能力，有理有据地积极宣传共产主义思想（马克思、恩格斯、列宁和其他理论家的学说）。在日常活动中，要系统地揭露对马克思主义学说的假冒，以及所谓的社会民主派、自由派、中间派、买办资本家对民众的欺骗，揭露其反人民的本质。宣传和鼓动应区别进行，并切实考虑到工人阶级、农民、知识分子、青年、退休者中不同阶层的程度、水平和切身利益问题。

全党的基本意识形态工作应服从劳动人民夺取政权的问题、（夺权的）形式与方法问题，即通过苏维埃、社会公正和民族公正、有效的立法、行政和司法权等方式组织人民政权等问题。应当利用一切传媒，及时地对当局的所作所为做出反应，揭露当局侵犯人权、社会组织、政党权利的实例，以及给国家利益造成的损失。应该采取措施，阻止当局和反动势力为了私利而操纵社会舆论、利用信息技术、电子传媒以及迫害反对派报刊的做法。

其次，完善党的组织工作。几十年来，共产党在地下工作和执政期间积累了丰富的工作经验，但是却缺乏在威权制度下合法工作的经验，因为党是当局的反对派。在这种条件下利用布尔什维克党1917年的经验是不现实的和危险的，因为条件完全不同。此外，法律规定的党组织地域原则使得党很难在劳动集体中开展工作。劳动者对雇主和国家在经济上的依赖也妨碍人民自由表达自己的意志。这都要求党组织密切关注完善自己的工作，探索新的工作方式和形式，放弃过时的传统、定式和程式。

考虑到过去新党员入党问题上的沉痛教训，必须向新党员提出更为严格的要求。新党员不仅要承认和熟知党的组织原则，也要有战士的品质，能够在实际工作中实践这些原则。新党员的推荐人应至少在两年内对党组织承担责任。每个党员都必须承担一定的具体任务，并定期向自己所在的组织汇报工作。根据党目前的工作环境，党员队伍应该切实有着铁的纪律，同时与发展党内民主相结合，鼓励普通党员的创新和创造活动。党的格言是："民主与责任"，"党员群众优先"。要十分关注培养和吸收青年人加入党组织的问题。

选举产生的党的机关不是要指挥党员，而是要把决定和决议中所表达出的党员群众的意志付诸实现，并应该想尽一切办法来促进党内相互尊重和同志间的信任气氛不断增强。在保持党的思想和组织自主性的同时，必须掌握与其他政党和运动建立联盟的艺术，学会为了劳动人民的利益和哈萨克斯坦的繁荣而达成妥协。

3. 网络化建党方针

新型的劳动者具有更高度的主体性和更高水平的个人意识。这是其个人主义的积极一面。他们一方面很难、也不大情愿组织成为传统的垂直群众性运动，而另一方面则很容易和很快地能够利用互联网建立协调机构。这样的协调机构未来可以成为比传统的有组织的政党和运动更加有效。从实际情况看，20世纪90年代几乎所有的群众性政党和运动被当局用一个十分简单的办法——上层的分裂所摧毁。在新的历史条件下，如果政党还是按照"领头羊——羊群"模式组织的话，这样的政党永远无法摆脱当局控制和操纵。

因此，必须采用网络组织方式，其每个部分在必要时可以单独行动。建党的步骤不应该从领袖开始，而应该从确立党的立场和评价体系开始，并由此出发确定斗争的目标和任务，而后在实际斗争中与志同道合者建立联系。只有这样，才能提高斗争的效率，获得必要的资源。与此同时，首要的任务是建立横向联系，包括党内和政党之间的联系。按照上述原则建立的政党基本上无法被分裂，而想要操纵它则更加困难[①]。

在发达国家，正在形成的共产主义关系的基础主要是那些赞成信息"拷贝"和传播自由、主张取消版权的社会力量。这些运动既采取非法的，也采取建设性的、合法的方式。新的共产主义关系与资本主义关系的斗争将具有相对和平的性质。而在哈萨克斯坦这样的第三世界国家里，社会主义运动只能依靠居民的自我意识或通过直接的革命暴力才能实现。哈萨克斯坦共产主义人民党反对暴力革命，主张通过民众自我意识的觉醒来推动社会主义运动，并认为在这个运动当中，一切劳动者阶层必须联合起来——这包括工人、劳动知识分子、农民、军人、小私有者和一切公司的普通员工、大中学校的学生、退休者、失业人员和小资产阶级[②]。

4. 党员群众优先原则

哈萨克斯坦共产党在党建工作中特别强调"党员群众优先原则"。该党认为，"党员群众优先原则"意味着，党活动的主要动力来源是党员群众的政治意志。党的各级委员会和党的中央机关贯彻党员群众的政治意志。这个原则要求工作的中心从集中转移到民主。党的政策，党的战略和策略，党的决议和决定的方案来自基层。而集中则是决定的执行、保障党的机构正常运转。当然，党的领导机关也能够提出自己的具体建议，由基层组织加以讨论。具体而言，党员群众优先原则包括以下几个内容。

（1）党员群众积极参与政策制定过程。每个党员可以按照党小组的委派出席区党委、市党委、州党委和中央委员会的会议并提出自己的建议和意见。党的各级委员会向基层组织通知会议举行的日期、时间和地点以及议程，以便基层组织能够提出自己的建议。

（2）一切有关改进党的工作、完善党内生活的建议都由基层党员提出和讨论。有关建议提交给中央，进行汇总并定期提交各级党组织进行讨论。中央将讨论结果汇总形成文件草案，提交中央全会讨论。中央全会的

[①] 资料来源：哈萨克斯坦共产主义人民党出版物"辩论专页"，Дискуссионный листок № 17.（на правах рукописи）. Г. Алматы. 2007г.

[②] 同上。

决议传达到各级组织，并必须执行。同时要记录少数人的意见。

（3）党员群众确定交给各级党委决定的问题清单。

（4）党内要形成党员群众监督党的领导人活动、反对党的机关官僚化的经常性机制。党的各级委员会和监察委员会要继续探索吸引党员群众参与监督检查的方式方法。

（5）必须进一步激活各级监察委员会的活动，使其全面履行自己的职能。为此有必要每年提交有关遵守党的决议、党纲和党章等情况的分析报告，供各级党委研究并采取措施。

确立党员优先原则不仅仅会把被党的官僚篡夺的权力拿回来，同时也会增强党员群众对党的命运和活动成败的责任感。必须对各级领导人所采取的一切步骤积极作出反应，使他们随时感觉到党员群众的政治意识，并对照检查自己的行为，使他们把自己全部的知识、才华和热忱用于反映人的利益的革新上来。

第三节　纲领主张

哈共人民党宣布，该党的目标是在科学社会主义原则基础上建设真正人民当家作主的社会，社会公正，精神文明，科技进步基础上繁荣的经济。哈共人民党认为，人应该是社会的中心，人应该拥有充分的公民权及自我发展和发挥自己才能、满足自己多种需求的广泛机会。

一　党的战略性任务

在政治领域：争取民主化，夺取权力，建立真正的人民当家作主的政权，建设哈萨克斯坦人民共和国，承认不剥削人的多种所有制形式，即国家、私人、集体、股份和合作社等所有制形式。

在经济领域：克服经济发展中的原材料依赖性，采用现代工农业技术，恢复基础行业的国家所有制。

在社会领域：恢复和扩大居民1990年改革之前所享有的社会保障。

在国际领域：支持哈萨克斯坦与独联体国家的一体化进程，打击恐怖主义，开展广泛的国际合作。

二　对国内社会政治局势的评价

虽然哈萨克斯坦自然资源丰富，国内生产总值增长、石油出口和投资增长较快，但是绝大多数居民依然贫困。其主要原因是，国内现行法律和所实施的改革措施使得极少数人把全民财富据为己有，霸占了土地及资源。自然资源被用来服务国际资本所承认和支持的几个家族。国家机关极度腐败，不可能从人民的利益出发来发展经济。**出售资源获得的利润以创建和扩大稳定基金为借口保存在国外，而没有用于发展经济、发展本国消费品生产**〔原文如此〕。近1/3的劳动人口没有固定工作和稳定的收入。贫富分化已经达到了极其危险的地步。

国家不是关注解决发展本国经济的问题，而是专注出口那些能够取得关税和税收的商品，同时也为了官员取得贿赂。

国家没有采取任何措施建立一个完整的生产市场，因此它十分弱小。生产市场的两个主要成分——生产者和购买者都是虚幻的。其原因是，本国生产商由于缺乏资金和能力无法生产日用品，而大的生产项目都掌握在外国投资者手中，他们并不愿意在哈境内生产日用品。因此，哈现在高度依赖外部市场。

在国内生产、销售到国内市场的产品往往要经过寄生虫式的倒手。普通民众很难开办中小企业。因为国家和银行机构为此设立重重障碍，此外还有勒索和腐败等问题。

雇佣劳动者只能获得生产价值的20%—35%，与其他国家相比低50%—75%。目前哈国内劳动人口约750万人，其中300万人受雇于生产企业。

劳动人民完全被排斥在生产管理之外。专业技能、创新精神不受鼓励。乡村的情况尤其严重，只有1/10的人能够找到工作。农民被迫出售或者放弃自己的土地，背井离乡。此外，许多人由于孩子上学难、生活条件得不到改善等离开乡村。

哈共人民党清醒地认识到目前的局势，认为唯一现实的出路是积极动员群众加入改善社会政治环境的斗争中去，并从中推举有能力者成为运动的组织者。当前的局势提升了政治力量的作用。哈共人民党完全认识到当前普通民众的境遇，将不断扩大与民众的联系，并组织斗争争取改善他们的切身利益。

几乎所有人都在谈论一个话题，那就是目前在哈萨克斯坦、俄罗斯和世界其他地区发生的危机带有系统性和全局性。并且不仅左翼人士认为，危机的到来是科学规律，除了社会主义，人类没有其他任何解决的办法。

甚至资产阶级媒体越来越多地出现"社会主义"这个词汇。当然，他们更多地倾向认为这场危机是一个暂时的疾病，是"美国模式资本主义"的缺陷。但头脑清醒的人们已经逐步意识到，在现存经济体制框架内已经没有走出死胡同的办法。也就是说，世界经济体系注定要彻底失败，现在只是时间早晚的问题，早则几个月，晚则不出数年之内。不过，这些结论中没有任何新鲜的地方——所有这些论点和结论是最近至少十年多时间里左翼经济学家、专家和政治家一再说过的。但是资产阶级却嘲笑并且不屑一顾，因为他们完全相信他们的秩序是永久的。而现在却要抢购马克思的《资本论》。

三　对当代资本主义的分析[①]

当代资本主义社会的主要统治工具已不再是占有物质生产资料，而是占有信息生产和信息传播的工具，以及占有能够借以对人的意识施加影响的信息技术。发达资本主义国家不断发展生产力、采用新技术，其结果是较少从事工业生产的人就可以满足全社会对商品的需求。富余出来的劳动力资源被转移到服务业和信息生产领域。发达资本主义国家的服务业和信息产业资本密集、从业人数庞大，已经逐步从附属性、服务性行业转变成为对社会经济发展具有重要意义的经济领域。随着科技进步的深入，产业工人数量持续减少，而从事信息生产、服务业人员的数量则在不断增加。面对以思维活动为主的信息生产，以体力劳动为基础的物质生产及其由此产生的工业无产阶级逐步退居次要地位。

但是，旧的资本主义生产关系却在人为地抑制生产力的发展，强行阻碍信息产品的自由传播，并且以违反自然的强制方式制造物资匮乏。因为只有这样，资本家才能维持自己的经济和社会地位。

按照马克思主义理论，生产力加速发展与现有的落后生产关系之间的冲突，是一切社会革命的根本原因。"版权"、专利和许可、打击所谓的"盗版"、技术保密等限制信息的自由复制和流通，这就是腐朽的资产阶级

---

① 资料来源：哈萨克斯坦共产主义人民党官方网站，www.knpk.zk。

遏制进步的主要手段。

事实上，发达国家现有的生产力水平已经足以通过自然方式消除私有制。但是，同样的生产力发展水平可能被用来建立一个人造的、虚幻的世界，而其背后的目标只有一个，通过人与现实的脱节、违反客观的经济现实保留资本主义生产关系。

这种发展道路是可能的，并且已经在实施之中。资本主义生产关系从实际的物质生产世界转移到虚拟现实世界，并且有可能使这种关系不受生产力进步的影响。资本家压迫的主要对象不再是劳动，而是人的理智（意识与思维）。借助特殊的信息技术，资本家使人们的意识屈服、将人变为可加以控制的、没有理智的生物体。[1]

哈萨克斯坦共产主义人民党认为，共产主义在全世界的退却与社会阶级基础的丧失，与工人阶级的历史性衰落密切相关。在发达国家，工人阶级队伍日益缩小并随着信息社会的发展将逐步消失。在落后国家，随着这些国家逐步成为原材料殖民地，工业阶级也逐步消失。在这两种情况下，工人阶级队伍的缩小和逐步消失这一进程是符合客观规律的。就哈萨克斯坦而言，哈共产主义人民党的社会基础基本上不是工人。

在现代消费社会，同样一个商品的价格可以相差很多倍，其中的区别只是在于品牌的价值。创造物化产品的不仅包括劳动，而且还有向大众消费者灌输的与产品有关的广告形象。资本在追逐利润时在更大程度上剥削的不是生产者，而是消费者。资本在经济上除了强迫人劳动，还通过信息强迫消费，同时还要使人们过度消费。与此同时，全球目前大约25亿人却在勉强糊口。

在新的后工业时代，主要受剥削对象是生产信息的雇佣劳动者——他不拥有生产资料、仅仅出售自己的智力以及收集、加工和传播信息的技能。这些人无疑不属于工人阶级。随着生产力的发展，产业和农业工人逐步并且绝对地减少，逐渐丧失自己的阶级意识和主体性，从一个主要阶级变成为一个社会阶层。

此外，随着工人阶级人数的不断减少，资产阶级越来越容易养活工人阶级。必须看到，当代产业工人是相当富足的人，比底层的劳动知识分子

---

[1] 资料来源：哈萨克斯坦共产主义人民党出版物《辩论专页》，Дискуссионный листок № 17（на правах рукописи）. Г. Алматы. 2007г. www. knpk. zk。

更为富足。正因为如此,当代工人的阶级意识与此前为生存而挣扎的无产阶级的意识大不相同。由此可见,后工业社会社会主义运动的主导力量将不再是产业工人,而是信息的生产者。

与此同时,信息生产的特点是生产者不再集中,这不利于他们形成集体阶级意识。一个普通的信息生产者不再是活动在一个大工厂的集体当中,其工作环境是实验室、公司等小集体,甚至单独在家工作。并且在大多数情况下,他单独完成自己的工作。因此,这样的劳动者的意识更多地具有个人主义的特点。

四 对苏联解体的原因及后果的分析

在分析苏联共产党经验教训时,哈共人民党得出一个结论:苏共和各个加盟共和国党组织原领导层内部的叛徒们对所发生的一切负有重大责任,但同时也有许多深刻的原因。首先,苏共的领导人在理论上停滞不前,不愿意、也无力在新的历史条件下继续对马克思主义进行创造性发展。他们在没有深度理论支撑、缺乏科学论证的行动计划的情况下就开始进行改革,结果敌对势力夺取了主动权,通过误导、抹黑过去和现在,把社会大多数人的思想搞乱。其次,党内民主受到损害,党员群众消极被动。再次,干部更替机制缺失,上级任命干部制度的封闭性导致党的精英和党的机构脱离普通党员,党脱离工人阶级和劳动人民。最后,歪曲党领导国家的原则,以党代政,干预文化、科研、宗教,党的机关的高层与国家机关和黑社会分子融为一体,镇压导致1991年的事件。

哈共人民党认为,资本主义在苏联的复辟,不仅对苏联各族人民是巨大的经济灾难和社会灾难,而且首先是国际工人运动的重大挫折和失败。苏联集团的解体放开了国际资本的手脚。世界帝国主义获得行动自由之后,马上全面暴露出其剥削者和侵略者的本性。在哈萨克斯坦,资本主义关系的确立导致了经济和文化的巨大倒退,全国许多地区发生非工业化、社会所有阶层道德蜕化,近200万人被迫移民他国。在这种体制下,绝大多数青年人没有前途和未来。当权者家族、哈萨克斯坦资产阶级和国家机器基本上都在推行跨国公司的政策。跨国公司这种黑势力除利润最大化外,根本不理会任何法律,为了追逐廉价劳动力,从不承认任何国家、民族和文化的分野。为了达到自己的目的,跨国公司为所欲为,不惜犯罪。哈萨克斯坦作为原材料附庸国进入国际市场、大规模和长期的失业、对劳动人民权利的侵害和生活水平的下降、对工人阶级的无情剥削，这些都毫无疑问地表明，哈萨克斯坦属于第三世界国家。而第三世界国家永远都不可能达到宗主国的发展水平。

五 关于哈萨克斯坦独立以来的社会政治发展状况

哈萨克斯坦独立以来推行的一系列改革，其结果使哈萨克人民处于极端贫困之中。工人、农民、职员、退休者和残疾人、大学生等生活窘迫。知识分子十分艰难，智力外流越来越多。科技、文化、道德日益退步。青年人的生长环境中充斥着非意识形态化以及全面否定过去。青年人看不到希望，不从事生产劳动，许多人更愿意经商，倒买倒卖，不愿意服兵役。少年犯罪率、吸毒等在上升。行贿受贿、腐败、滥用职权等大行其道。人民的不满和社会紧张不断加剧。哈萨克斯坦处于经济、政治和社会的危机状态。当局没有科学有效的解决办法。哈萨克斯坦国内的反社会主义势力大肆宣传市场经济，反对计划经济，实际上在把国家引向资本主义道路和市场经济的混乱，最终将导致经济和社会的崩溃。反社会主义力量正在破坏哈萨克斯坦人民传统的集体村社生活方式。西方个人主义、自私自利的规范和道德被强加于人。总之，哈萨克斯坦政治权力现存的权威主义体制不可能解决社会所面临的重大发展问题，也不可能引导国家摆脱危机。

首先，当局给人民强加了非民主的选举法，一步步地清除了苏维埃。政府被置于人民及其代表的监管之外。随着反人民的所谓"改革"政策的宣布，苏联社会制度及其经济和精神财富被逐步摧毁。哈萨克斯坦共产党遭到禁止。当局未经全民讨论通过的所谓宪法，其部分内容和条款严重损害了人民的权利和利益。哈萨克斯坦获得独立和主权，但人民生活水平却并未得到相应的改善。

其次，经济改革采用了野蛮的"休克疗法"。人们的劳动储蓄遭到贬值，通货膨胀肆虐，拖欠工资、退休金和助学金，生产持续下降，工厂停工，农业凋敝，失业率持续上升。当局所实施的混乱的私有化导致国家财富被盗窃，劳动人民遭抢劫。巨额财富积聚在全国1%—2%的人手中。这些人掌握了贸易资本和银行资本。哈萨克斯坦社会分化为富人和穷人。

最后，当局的外交政策乏善可陈。对外经济活动效率很低。原料、资源贸易根本不可能促进工业发展和改变国民经济的不合理结构。国家对外国垄断资本的依赖越来越大。①

这些情况表明,哈萨克斯坦不可能在资本主义道路上取得进步和发展。只有社会主义才能反制野蛮的资本主义。因此,为社会主义而斗争是哈萨克斯坦共产党人所面临的首要任务。

六 对社会主义社会的再认识

哈萨克斯坦共产主义人民党认为,在列宁的所有理论著作中,不是把社会主义看作一个现成的体系,而是一个鲜活的、不断更新的过程。社会主义思想应该不断地、创造性地发展和完善。苏联20世纪70年代丧失经济发展速度的优势,在新技术领域落后,各种困难不断加大,其主要原因在于,在党和社会的生活中,不再坚持科学社会主义原则。

在谈到列宁对社会主义的理解时,必须认识到,列宁本人的观点也一直在不断发展变化,尤其在从战时共产主义过渡到新经济政策时发生了重大变化。列宁对无产阶级专政的定义与他于1918年撰写的《苏维埃政权的当前任务》以及1920年撰写的《共产主义运动中的"左派"幼稚病》等文献中所提出的观点有着根本的区别。因此,必须非常认真地关注社会主义思想发展的各个阶段,这不仅是为了彻底恢复历史的真实,而且首先是为了在马克思列宁主义意识形态、列宁遗产基础上提出今天的观点。毫无疑问,今天已经不能简单地回到经典作家有关社会主义的观点上去。情况已经大不相同了。最主要的困难在于,如何根据今天的条件、当前的经验和任务、在当代世界和世界文明发展的总体背景下思考列宁的思想和学说。如果党要领导和组织人民群众建设社会主义社会,就必须这么做。此外,在研究和提出社会主义观的时候,必须认识到这一点,即社会主义是大量实际工作和尝试,是对每个社会主义国家的经验及其解决具体问题的方式方法的集体总结。

人类早已经科学证明了,社会主义是文明发展的一个阶段。它继承了人类进步过程中在各个领域中最好的东西。社会主义社会能够成立的前提是,它必须从各方面都是一个更高级的社会制度。它不应该在任何一个领域落后此前的任何一个社会制度。此外,由于社会主义在全球的胜利不可

---

① Программа коммунистической партии Казахстана, 资料来源: 哈萨克斯坦共产党官方网站: www.komparty.kz。

能发生在同一时刻,因此这是两种社会制度的长期的斗争。在实践中,这两种社会制度必须学会和平共处的原则,而不是用武器和破坏活动来证明自己的优越性。正是由于有这样一种客观情况,必须承认,所谓的社会主义和资本主义将各自独立发展的观点已经过时。社会主义和资本主义不得不学会在一个文明的框架内进行互动。如果有人认为,这两种制度需要协同一致,那就大错特错了。这根本是不可能的。社会主义和资本主义按照各自的客观规律在继续发展,相互竞争并且证明各自的优越性。只有这样,新社会制度取得胜利的进程才会加快。这是因为,社会主义是劳动者所有、为了劳动者的社会。我们在谈论新社会制度时所指的正是社会主义的民主人道本质、它的"以人为本"(человеческое измерение)。因此,社会主义必胜,而资本主义的卫道士、共产主义的叛徒将受到历史的羞辱并被抛进历史的垃圾堆。而社会主义的最终胜利只是个时间问题。[①]

七 党的目标及步骤

哈共人民党主张在科技进步和科学社会主义原则基础上建设真正的民主社会,社会公正,自由和繁荣的经济。这个社会的核心应该是使人拥有广泛的公民权利和广泛的机会,进而发展和展示自己的能力,满足人的多样需求。

为达到上述目标,预计需要两个阶段。**第一阶段**,作为反对党的哈共的任务是组织政治斗争,创造条件恢复真正的人民民主,向权力机关施加压力,阻止劳动人民生活进一步恶化,阻止对劳动人民政治和社会权力的损害。建立强大的左翼力量联盟,以期组建联合政府。夺取代表权力机关中的多数席位。具体来说,在哈萨克斯坦目前所实行的资本主义权威制度条件下,党必须组织斗争捍卫公民的政治权利与自由,反对掠夺性的公用事业收费和商品服务价格疯涨,要求按时发放工资、退休金和补助金。解决失业问题,失业是肆意剥削人民的主要条件因素。通过议会提出民主改革,首先是政治改革主张,其中包括各级行政负责人选举制,建立所有选举产生公职人员的召回机制,重审关于集会示威和游行的总统令,加强议会监督职能,赋予人民提议举行全民公决的权利,缩短总统任期,组织反

---

① 资料来源:哈萨克斯坦共产主义人民党辩论刊物《辩论专页》,Дискуссионный листок No. 18.(на правах рукописи). Г. Алматы. 2007 СТР. 3–4.

对派与当局的经常性对话机制。突破信息封锁，广泛宣传共产主义思想、马克思列宁主义理论、哈共人民党的纲领主张及其活动。全面支持言论自由、反对派媒体、民主派组织和运动的独立性。批判当局违反人权的做法，传播真实信息。停止抹黑苏联时期历史、列宁的学说。大幅度修改现行选举法，加强选举过程一切阶段的民主化，各级选举委员会的独立性和投票计票过程的透明性。积极参与各级选举，与各反对派政党和运动合作夺取各选举机构的多数席位，为建立真正民主创造条件。争取哈共人民党最大限度地参与国家权力机关。

第二阶段，在夺取权力之后，实行经济改革，恢复国民经济及改革之前的生活水平、公民的社会权利和保障，推行政治改革，通过苏维埃、工人自治和其他形式的直接民主建立真正的民主。为此必须实现国家民主化，将其从奴役人民的工具转变成为人民利益和国家繁荣服务的机构，建立对权力机关活动的真正的人民监督。使现行法律符合真正民主的原则，修改现行宪法。全面恢复社会福利，免费教育、医疗、养老，有保障的劳动权、休息权和住房权。优先关注精神文明、科学、文学，重建道德，用爱国主义和人道主义教育青年一代，停止抹黑历史，客观介绍历史。通过科学计划、管理和使用劳动，采用资源节约技术，达到较高水平的劳动生产率，保证生产资料的社会所有。

为了达到上述目的，党在国家发展的现阶段要通过合法手段完成下述任务：恢复真正的民主，保障劳动人民的宪法权力，采用苏维埃及其他民族自治的形式。为此要为实现下述途径而斗争：通过新的选举法，保证公民自由意志表达结果得到正确核计；争取哈共及其支持者在国家权力机关最大限度地获得代表权；争取公民获得真实信息，所有政党平等使用国家新闻媒体；积极开展政治斗争，以民主方式解决国内反对派——爱国人民运动的权力危机，推举反对派候选人参加总统大选；制止抹黑哈萨克斯坦苏联时期的历史，苏联、列宁的记忆与学说；通过法律保障国民完全就业。

八　现阶段国家发展的政策主张

恢复并扩大劳动人民在改革之前所享有的社会保障；在多种所有制并存的条件下，支持那些提供公共产品、服务人民的行业；在宗教方面，共产党人赞成信仰自由和信仰任何宗教和不信仰宗教的权利，宗教与国家分离、宗教与学校分离。与此同时，共产党人认为，必须进行广泛的无神论宣传，同时避免伤害信教群众的情感。

第四节 实践活动

参加总统大选和议会选举，并合理利用竞选活动，宣传自己的政治主张，构成哈共人民党实践活动的主体。哈共人民党自2004年成立之初便表现出相当的活力和冲劲。2004年4月举行党的成立大会，2004年6月已经在哈司法部正式注册。从成立到正式注册仅仅用了两个月时间。2004年哈共人民党第一次参加议会选举，获得1.98%的选票。2005年，哈共人民党候选人参加总统大选，获得0.34%的选票。2007年哈共人民党再次参加议会选举，获得1.29%的选票，有7.72万选民投票支持。也就是说，哈共人民党自成立以来，没有错过任何一次选举，并且得票率在稳步上升。

一 参加总统大选

2010年4月，哈共人民党的候选人参加了提前举行的总统大选，获得1.36%的选票，11.1万选民投票支持了哈共人民党的候选人。当然，由于哈萨克斯坦国内政治的特点，任何一个候选人都无法与现任总统纳扎尔巴耶夫抗衡。但是，选举本身对哈共人民党是一个宣传自己政治主张的机会。

在2010年竞选期间，哈共人民党组建了自己的竞选总部和分部，培训自己的人员参与选举委员会的工作以及竞选宣传活动。

二 参加议会选举

在2011年11月举行的哈共人民党第六次非常全国代表大会上，共推举23人参加2012年举行的哈萨克斯坦议会选举。其中包括哈共人民党第一书记弗拉基斯拉夫·科萨列夫和该党2011年总统候选人扎姆贝尔·艾哈迈德别科夫。

1. 竞选之前的准备工作

在竞选活动正式开始之前，哈共人民党举办了三期培训班，各个州和市委成员都经过了培训。竞选活动开始之后，哈共人民党在各地举办活动，宣传党的主张和竞选纲领，并组织竞选车队，深入各地乡村城市，向选民讲解自己的政策主张，散发传单等。

哈共人民党认为，党在全国拥有 15 万左右的选民基础。其中 10 万选民是党员和党的同情者，在大选中支持党的领袖艾哈迈德别科夫的选民约有 2 万—2.5 万人，另外 2 万—3 万选民则是哈共党员。在此基础上，如果能够吸引 50 万左右选民支持的话，哈共人民党便可以越过议会选举得票率 7% 的门槛，赢得一定数量的议席，成为议会党，为党的活动开辟更为广阔的空间。2012 年议会选举结果表明，哈共人民党对局势的分析是恰当的。

因此，哈共人民党争取的对象是农村居民和自雇就业者，以及没有固定收入的人。[1]

2012 年 1 月 15 日议会提前选举的投票结果显示，哈共人民党得票率超过了 7% 的"门槛"，赢得七个席位，进入国家最高立法机构，组建了"人民共产党员"议员团。[2] 哈共中央就此发表声明指出，承认选举有效，认为选举总体上符合现行法律，表示愿意与进入议会的另外两个政党一起为人民的福祉而努力工作。[3]

2. 哈共人民党的竞选纲领

哈共人民党参加 2012 年议会选举的竞选纲领——"我们要把未来的权力还给人民"。世界经济危机暴露了资本主义发展道路的缺陷。哈萨克斯坦已经成为"边缘资本主义"国家。民族资产阶级的贪婪远远超过其社会责任感。政商合流已经成为制度。腐败和国家的虚伪已经成为游戏规则。时代在交替，世界在剧变，而在我们的大地上时间似乎已经停止。国家需要经过认真思考的产业政策，需要保护人力资本。必须防止"稳定"变为停滞，用现代化的说辞代替社会的创造性能量。目前，国内已经有一大批资本原始积累时期的"失败者"。哈萨克斯坦人面临着一个抉择：由穷人组成的国家算是一个富裕国家吗？虽然近十年来哈萨克斯坦的石油总收入高达 2000 亿美元，但社会开支水平依然停留在 2002—2009 年的水平上。这些年来，从国内输出的资本高达 1200 亿美元，即 GDP 的 60%。腐

---

[1] http：//www.contur.kz/node/1821.

[2] http：//tengrinews.kz/kazakhstan_news/izbranyi－lideryi－kommunisticheskoy－narodnoy－partii－kazakhstana－235296/.

[3] http：//www.nomad.su/? a＝3－201201170034.

败的规模占GDP的25%—30%，已经达到了"平行经济"的规模。10%的富人和10%的穷人收入差距超过20倍，已经给社会稳定构成现实威胁。地区之间的生活水平和生活质量的差距高达11倍。全国有多达270万的自雇就业人群，个别地区几乎是劳动人口的一半，其收入水平大大低于全国平均水平。这是高风险群体。平均预期寿命从1991年的68岁下降到2010年的61岁。与此同时，哈萨克斯坦是世界上最富裕的国家之一。每年人均出产5吨石油，1吨粮食，每平方公里只有5.5个人。即使这样，全国有30%的人口生活在官方公布的最低生活保障线（1.5万坚戈/月）之下。按照官方统计数字，全国12%的人口属于贫困人口。全国60%的人口没有干净的饮用水。只有13%的孩子能够接受学前教育。在危机之前国家收入大幅度增长的年代里，资本外逃，预算盈余。但是，社会问题依然没有得到解决。国家不愿意向本国的人力资本投资。哈萨克斯坦国内可以看到的，就是所谓的"就业者的贫困"，以及代际传递的贫困，穷人造成新的穷人。从上述情况只能得出一个结论，经济制度本身几乎无法满足社会公正的需求。穷人越来越穷，富人越来越富。因此，国家财富的公平分配已经不是良好的愿望，而是时代的要求。21世纪的国家只能是社会导向的。其他的一切都是文明的死胡同。

世界经济危机表示资本主义发展道路是死胡同。而已经成为原材料附庸国的哈萨克斯坦正在走着资本主义道路。生产遭到破坏，城市居民失业，农民离开自己的土地，贫富差距在日益扩大，食品药品价格及水电费在上涨。医疗和教育的质量不符合人们的要求，官员腐败，道德沦丧。

哈萨克斯坦拥有丰富的自然资源和勤劳的人民，应该成为有着发达经济和文化的公正的社会国家。

哈共人民党在议会的工作目标是：

——对采矿业和其他基础经济部门实行国有化。公平地分配矿产收入，以保障绝大多数居民实际收入的增长。

——从农民的利益出发，立即改变土地资源使用办法，并且实行按照耕地面积收取一定数量的粮食，直接供应给消费者。

——降低经济的原材料依赖。扩大日用品的生产，在此基础上创造新的工作岗位。

——支持小企业和自雇人员，对其实行税收优惠，提供优惠贷款（年利率不高于6%）。

——实行新的最低生活保障线计算办法，大幅度提高退休金、社会补助和财政供养人员的工资。

——通过新的劳动法典，维护雇佣工人的权利，实行最低小时工资标准。

——国家对基本日用品和水电等制定最高限价，并由民众对其进行监督。

——国家保障经济住房、高质量的医疗服务，恢复免费教育，保证大学生和技校毕业生的初次就业。

——用人道主义、爱国主义、国际主义价值观教育青少年，建设哈萨克斯坦各族人民的自治管理。

——切实打击腐败，逐步改变国家管理体制，使其向人民负责。[①]

3. 哈共人民党的基本政策主张

哈共人民党主张实行累进税率，对低收入者的个人所得实行零税率，对其他较高收入人群按照5%和10%的税率征收。其原因是，根据哈有关学者的测算，哈国内收入差别高达30倍之多。按照官方统计数据，2011年收入差距为6.1倍。因此，为保障实现社会公正，有必要对个人收入实行累进税率，并对穷人实行零税率。[②]

4. 哈共人民党在议会选举中取得较好成绩的原因分析

2012年的议会选举中，哈共人民党在较低的起点上取得了不俗的成绩。总体上来看，其做法有如下特点。

第一，对进入该党中央和地方竞选总部的人进行了仔细挑选，特别注意邀请同情该党的人担任宣传员。

第二，哈共人民党在其竞选活动中正确地将普通民众、工人和家庭妇女确定为自己的核心选民群体，因此宣传活动、政治主张的针对性较强，采用口头解释、见面会、挨家挨户散发传单等方式。与此同时，该党最大限度地避免参加广播和电视辩论。选举结果表明，这个做法是奏效的。在短短的18天竞选期间（包括新年假期），哈共人民党做了大量工作，竞选工作人员走访了阿拉木图几十万家庭，发放了六十万份宣传材料。

---

① http：//regional.kz/party/knpk/2012 - 01 - 05 - 15 - 17 - 47.html.

② http：//yk - news.kz/novost/kazakhstanskie - kommunisty - predlozhili - otmenit - podokhodnyi - nalog - dlya - bednykh.

第三，组织宣传队，前往广大的城乡地区，与选民面对面，散发宣传材料，解释该党的政策主张。党的中央书记虽然年事已高，也亲自参加宣传队，与选民见面，进行宣传动员。

第四，哈共人民党竞选活动最突出的特点，就是人流聚集的集贸市场，有针对性地宣传该党保护中小企业的主张。哈共人民党的竞选工作人员佩戴标识，在市场上购物，十分自然地与民众进行交谈，介绍党的主张。

第五，哈共人民党的竞选工作人员走访了偏远地区的村镇，进行宣传活动。

在议会选举竞选开始之后，哈共人民党组织宣传队[1]，党中央第一书记科萨列夫、书记艾哈迈德别科夫等人带队前往地方进行宣传活动。宣传队用8天时间走完两个州、五个城市，九个区中心以及大约五十多个居民村镇，在集贸市场、矿场、大学等与选民见面。就业、住房、水电费涨价、拖欠工资等，都是普通选民关心的问题。

在首都阿斯塔纳也组织一支宣传队，在首都大街小巷用扩音器向民众宣传哈共人民党的竞选主张。哈共人民党的地方组织也派人前往乡村地区，举办选民见面会，向选民介绍自己的候选人情况以及党的政策主张，张贴宣传材料，向选民发放党的报纸。培训观察员、向其颁发观察员证，组织业余爱好者排球比赛，宣传健康的生活方式。举办青年晚会《切·戈瓦纳还活着》，举办歌唱比赛，向获胜者颁发的奖品是切·戈瓦纳的画像。举办苏联时期画展。

总之，哈共人民党的竞选宣传活动具有较强的针对性，对国内政治力量对比以及社会情绪、绝大多数民众诉求的分析较为恰当，采取的竞选形式灵活多样，注意针对不同年龄群体组织不同类型的活动，尤其是针对青年人的工作在形式和内容上与时俱进，取得了较好的效果。这也为哈共人民党以后的竞选活动锻炼了队伍，积累了经验。

第五节 国际联系

哈共人民党与俄罗斯联邦共产党、古巴共产党等建立并保持着密切

---

[1] http://regional.kz/digest/1174-2012-01-10-14-55-07.html.

联系。

哈共人民党主张积极学习中国社会主义建设的经验，与中国发展全面合作关系。在2012年中国共产党第十八次全国代表大会前夕，哈共人民党向中共发来贺电，热烈祝贺中共十八大胜利召开。贺电说，贵国经济发展的成就以及中共正确的社会政治政策得到全世界的承认，极大地表明了马克思列宁主义思想的正确性。世界进步人士将中共取得的成就与全球进步事业密切联系在一起。最后祝愿中共和中国人民安康幸福，并取得新的成就。[1]

第六节　面临的问题及发展前景

目前，哈共人民党定位为"建设性反对派"。该党面临的主要问题有如下几方面。

第一，如何在坚持马克思列宁主义基本原则的同时，对党的主张纲领进行调整，适应新的形势，争取更为广泛的支持；

第二，如何在现有宪法和法律框架下，坚持合法的政治斗争，处理好与执政当局的关系，争取并维护合法活动的空间；

第三，如何在缺乏行政资源、资金匮乏的情况下有效地开展政治斗争；

第四，如何汲取苏联共产党在思想路线、组织路线方面的教训，避免党在思想、意识形态和组织活动方面的僵化。

总体而言，哈共人民党面临的问题，既有战略方面的，也有策略方面的。

应该说，哈共人民党在新的形势下，采取了较为有效的策略，在议会选举中取得了较好的成果，成为议会党。但是，在哈萨克斯坦的政治现实中，哈共人民党候选人赢得总统大选、哈共人民党赢得议会多数席位的可能性不大。因此，该党只有坚持长期斗争，根据形势的变化不断调整自己的政策策略，同时保持马克思主义政党的本色，通过合法政治斗争，部分地实现自己的政策主张，争取更多的支持者和同情者，不断扩大自己的政治影响和队伍。

---

[1] http://kz.china-embassy.org/rus/zhgx/t986952.htm.

第七节　党的领导人

扎姆贝尔·阿乌扎诺维奇·艾哈迈德别科夫（Ахметбеков Жамбыл Аужанович），1961 年出生，毕业于农学院。1983—1987 年任共青团区委书记，1990—1992 年任区党委第一书记，1992—1994 年任卡拉甘达州腾吉斯区文化局长，1997—1998 年在一家加油站任技工，1998—2001 年在阿克莫拉州军事技术中学担任负责军训的副校长，2005—2011 年，任哈共人民党中央委员会书记，办公室主任。2012 年元月起为哈萨克斯坦议会下院议员，下院社会文化发展委员会委员，哈共人民党中央书记。

艾肯·奥伊拉托维奇·科努罗夫（Конуров Айкын Ойратович），出生于 1972 年 11 月 28 日，1997 年大学毕业后在中学任教，教授俄语。2005 年毕业于法学院（第二本科学位）。1989—2004 年先后做过钳工，经过商。2004—2011 年任一家出版公司负责人（出版发行《哈萨克斯坦版莫斯科共青团员》报）。2011 年 12 月作为哈共人民党候选人参加议会选举并当选下院议员。现任哈共人民党中央书记，党中央办公厅主任。

德米特里·列赫基（Дмитрий Легкий），历史学博士，科斯塔纳国立大学教授。

弗拉基斯拉夫·鲍里索维奇·科萨列夫·（Косарев Владислав Борисович），1937 年出生，俄罗斯族，1968 年毕业于（函授）奥姆斯克农学院，1972 年毕业于（函授）苏共中央高级党校。1954—1956 年在一家集体农场担任拖拉机手。1956—1959 年在苏军服兵役。1959—1961 年任一家集体农场的司机、团委书记。1961—1968 年先后在几家集体农场担任党委书记。1970—1974 年任共青团州委第一书记。1974—1980 年任区党委书记，1980—1990 年任州农业工会主席。1990—1997 年任州工会主席。1997—2004 年为议会下院议员。2004 年起担任哈共人民党书记。2012 年元月起任哈议会下院议员。2013 年 6 月 1 日起不再担任中央书记，但继续担任哈共人民党议会党团主席。

图列什·阿乌巴耶维奇·孔任（Кенжин Тулеш Аубаевич），出生于 1946 年。1961 年开始工作。1965—1968 年在苏军服兵役。1968—1973 年在"北方"煤矿任地下钳工队队长，团组织书记。1973—1977 年，任煤矿经理助理，党委书记，1979—1981 年，任"萨兰斯卡亚"煤矿副经理。

1988—1993年在私人公司就职。2004年起担任哈共人民党中央书记。2013年6月1日起不再担任中央书记。曾任哈议会下院议员,下院经济改革与地区发展委员会委员。

第三章　吉尔吉斯斯坦共产党

第一节　党的建立及组织状况

吉尔吉斯斯坦共产党（Коммунистическая партия Кыргызстана，КПК），是1992年吉尔吉斯斯坦共产党分裂之后组建的共产党组织。坚持马克思列宁主义意识形态。该党于1999年9月13日在吉司法部注册，注册之时的党员人数为1万人，在全国各地设有分支机构。党的第一书记是克拉拉·阿日别科夫娜·阿日别科娃。

第二节　纲领主张

吉尔吉斯斯坦共产党是劳动人民、工人、农民、知识分子和新社会阶层——企业家、农场主的党，是一切创造物质财富和精神财富、不剥削他人的人民的党。

吉尔吉斯斯坦共产党是共产主义政党。这意味着，它反对任何形式的剥削，并且将向共产主义的运动看作人类文明发展的一个自然历史的、必然的过程。

吉尔吉斯斯坦共产党是以马克思列宁主义、辩证唯物主义的科学和意识形态基础为指导的政党。对共产党人而言，马克思列宁主义不是乌托邦和教条，而是不断向前发展着的、不断认识和思考着自然和社会现实变化的鲜活的学说。

吉尔吉斯斯坦共产党是无产阶级和社会主义国际主义的政党。它主张苏联各国人民的民族平等，主张爱国主义和国际主义原则相统一。

吉尔吉斯斯坦共产党是实际民主的政党。它主张大多数劳动人民享有宪法权力、体现为各种形式的人民民主自治的民主。它主张公民对社会负责，社会对公民负责。

吉尔吉斯斯坦共产党是主张社会公正和社会平等的政党，主张保障劳动权以及获得报酬的权利，人人都能享有的免费教育和免费医疗，良好的住房、休假和社会保障。党主张以劳动自由为基础的平等，消灭一切形式的社会寄生，主张生产资料的社会所有制形式，财产属于创造财产的人。

吉尔吉斯斯坦共产党是采取积极政治行动的政党，它利用一切不违反宪法和法律的政治斗争形式和方法。党反对资产阶级和小资产阶级的蕴含有极大内战危险的极端主义。

党的经济主张：

——改变经济政策，由国家实行紧急措施遏止经济下滑，反通货膨胀，提高人民的生活水平。

——稳定并降低基本日用品的价格，首先是食品和生活必需品，交通、通信和油气的价格。

——对战略性商品的进出口实行国家垄断，包括原材料、紧缺的食品和其他消费品。

——实施国家区域计划，保障居民就业，采取综合措施消除失业。

——国家对商业银行和其他信贷金融机构的活动实施监管。

——在国民经济的具体部门，对生产企业给予国家扶持。首先是科技密集产业，高技术生产，对本国生产企业实行贸易保护措施，严厉打击资本外逃。

——重建经济基础和科研能力，为学者的创造性劳动创造条件。

——对军工产品的订货、生产和销售实行国家调节，制订切实可行的军工企业军转民计划。

——改革税收政策，鼓励生产企业、鼓励投资和提高土地利用效率。形成一个合理结合国家、地方、企业、组织和个人利益的税收制度。

党的农业政策的内容是：土地是全民财产，必须在完善经济关系的基础上提高农业生产的效率，最大限度地利用现代科技，加强农业的物质基础和技术基础。

第三节　面临的问题及前景

吉尔吉斯斯坦两个共产党面临的主要问题如下：第一，1999年吉共在组织上分裂，但两个党的意识形态与主张以及核心选民群是同一个。在新的形势下，两个共产党组织都未能填补意识形态真空。第二，两个共产党组织都属于领袖型政党，即党的活动在很大程度上取决于领袖个人的能力、品质。第三，两个共产党组织与其他所有政党一样，都面临国内政治中部族主义因素的困扰，无法在全国范围赢得广泛影响。第四，党的核心选民群在不断缩小，人数在不断减少，两个共产党组织都面临争取新一代选民、更新自己的队伍的严峻挑战。第五，从两个共产党组织的纲领主张可以看出，他们的语言风格和认识在相当程度上具有苏联时期的"惯性"因素，新的语言不多，这显然与党的队伍，尤其是领导层的老化有着直接的关系。

吉尔吉斯斯坦独立二十几年来社会经济发展乏善可陈。人们，尤其是老一代人怀念苏联时期的种种好处，因而支持恢复苏联，支持社会主义选择。与此同时，政治精英具有十分清晰且坚定的独立意识和国家主权意识。此外，政治精英集团内部的相当一部分人来自原苏共和苏联共青团、工会等组织，但出于实际政治需要，对内对外极力标榜民主和人权。虽然吉尔吉斯斯坦的政治环境总体上较之其他中亚国家更为宽松，但政治竞争十分激烈，在这种情况下，两个共产党组织的发展都面临着巨大困难。

第四节　党的领导人

克拉拉·阿日别科夫娜·阿日别科娃（Ажыбекова Клара Ажыбековна），吉尔吉斯斯坦共产党中央第一书记，1946年12月19日出生于纳伦。先后毕业于医科学校（1964年）和医学院（1970年），苏共中央社会科学院研究生（1973年）。1983—1991年担任政治教育局讲师、主任，吉尔吉斯斯坦共产党中央政治与社会管理学院院长。1991年迄今在吉数所大学担任教职[①]。

---

① http://kyrgyzby.narod.ru/party/kpk.htm.

第四章　吉尔吉斯斯坦共产党人党[①]

第一节　发展历程及组织情况

吉尔吉斯斯坦共产党人党（Партия коммунистов Кыргызстана，КПП），1992年6月22日成立，1992年9月17日正式注册。现有党员2.5万人，自1995—2010年该党一直是议会党。在2010年10月的议会选举中未能进入议会。

苏联解体之后，苏共的活动事实上遭到禁止。1992年10月，部分原苏共成员恢复重建共产党组织，起名为吉尔吉斯斯坦共产党人党，阿卜萨马特·马萨利耶夫当选为党中央第一书记。当时，几乎是从零开始，在当局不断干扰阻挠的情况下，逐步恢复重建党的基层组织和区、市、州三级地方机构[②]，党按地域原则在全国各个地区设立地方组织。

吉共第一书记阿卜萨马特·马萨利耶夫曾于1990年和1995年两次当选最高苏维埃主席，也就是事实上的国家最高领导人。在2000年的议会选举中，阿·马萨利耶夫领导的吉共获得27.65%的选票（40万选民），赢得6个议席（其中按照政党比例代表制5个议席，单选区制1个议席）。

该党有青年组织——吉尔吉斯共青团。现领导人是伊斯哈克·阿布萨马托维奇·马萨利耶夫（Исхак Абсаматович Масалиев）。

[①] 无论从组织渊源还是影响力等角度，吉尔吉斯斯坦共产党人党无疑是原苏共吉尔吉斯地方党组织的继承者。有鉴于此，本章行文中将吉尔吉斯斯坦共产党人党简称为"吉共"。——作者注。

[②] http://www.centrasia.ru/newsA.php? st = 1070530380.

第二节　纲领主张

一　党的基本目标和任务

吉尔吉斯斯坦共产党人党作为志同道合者的政治联盟，旨在捍卫劳动人民的自由、平等、社会权利和切身利益。吉共主张公民和民族和谐，主张国家走社会主义发展道路。

吉共是苏联共产党及其组成部分——吉尔吉斯共和国共产党的思想继承人。

吉共以马克思列宁主义学说为指导，创造性地利用自己多年的历史经验将本国社会转移到社会主义建设道路上来。党的思想和组织基础是创造性发展着的马克思主义、无产阶级国际主义和民主集中制。

吉共自愿作为共产党联盟—苏联共产党的平等一员。共产党联盟—苏共的主要任务是，集体研究共产党面临的共同问题，协调各党行动，交流政治活动的经验，维护共产党人的团结。

吉共的主要目标是，建立劳动人民的国家政权。这个政权应该为全社会的发展服务，保障生活各阶层的物质利益和社会文化发展。吉共将努力使工人、农民、知识分子，还有诚实的企业家都来关心全社会发展的需要。按照社会主义原则建设民主国家，主张人权和公民责任，社会公正和劳动人民通过人民自治实现真正的权力。

吉共的任务还包括：

——继续发展和深化经济、政治领域的一体化进程，加强苏联各国人民之间的精神联系和友谊，在自愿原则基础上恢复社会主义联盟国家，劳动人民当家作主，满足全体人民的需求；

——继续发展地方自治，包括人民大会等直接民主，代议制民主，选举各级代表；

——目前以自由、平等、博爱为理想，建设真正民主的社会，实现"每个人的自由发展是所有人自由发展的条件"，未来以共产主义为理想。

为了达到既定目标，吉共在政治斗争中可以与其他人民爱国力量结盟。吉共将参与各类非政府组织活动看作与人民群众在政治上打成一片。

吉共将在宪法和法律框架内采取一切能够采取的方式和方法为劳动人民政权而奋斗。吉共支持青年运动、妇女组织争取经济、政治和社会公正的斗争。

吉共为了捍卫群众的经济利益和社会利益与吉尔吉斯斯坦工会组织密切合作。

吉共捍卫信仰自由,认为每个人有信仰宗教的权利,尊重宗教情感,同时主张宗教与国家和学校分离。

吉共认为,目前的最主要任务是,反对沙文主义、宗教极端主义、民族分离主义,主张政治和社会平等、民族友谊,主张劳动人民的国际团结。吉共主张俄语作为官方语言。

二 对资本主义发展模式的认识

中亚国家独立以来的资本主义模式和道路的实践表明,资本主义发展模式及其在中亚各国的实践是不成功的。中亚各国经历了苏联时期社会主义改造,生产方式和生活方式发生巨大变化。但是,中亚各国在很大程度上占主导地位的依然是传统的生活方式,属于一般意义上的小农经济。资本主义生产关系的引入必将带来生产资料的集中和垄断,严重的社会分化成为社会不稳定的关键因素。对中亚国家而言,脱离了历史传统和现实基础的发展模式,加上外部势力的干预和诱导,其结果是不言而喻的。这也是中亚各国共产党和左翼运动主张和坚持社会主义道路、坚持共产主义理想的一个重要原因,也是其社会基础和民意基础之所在。

恢复和重建后的中亚各国共产党组织首先要回答的问题,就是各国目前所处的环境和时代。这也是各国党组织制定党的斗争战略与策略时所必须解决的首要问题。只有正确地回答这些问题,才能采取相应的斗争策略,动员广大劳动者积极投身到党的活动中来。这些问题涉及冷战后尤其是资本主义主导的全球化形势下的资本主义的新变化、本质和特征;社会主义的存在形式和发展前景,表述对社会主义、共产主义发展趋势的判断,回答为什么要坚持社会主义的问题。

吉尔吉斯斯坦共产党人党认为,资本主义的本质没有改变,世界资本主义的体系进入了危机状态。20世纪的资本主义利用了科学技术进步的成果以及社会主义制度的某些要素,继续剥削第三世界人民及其资源,建立起庞大的生产力,在一定程度上缓和或者暂时克服(但并未消除)资本主义所特有的对抗性矛盾。但是,21世纪的资本主义和人类文明面临着一系列重大问题,威胁到资本主义的生存。资本主义、帝国主义的实质没有改变。与帝国主义的斗争是一切进步力量、国际共产主义运动的迫切任务。

当代资本主义的显著特征是，它正在进入后工业化发展阶段，进入全球化时代。在这个阶段，跨国公司在各国经济金融中占据统治地位，社会继续分化为富人和穷人。政治上美国谋求全球霸主地位，谋求在世界事务中为所欲为。全球人口进程失控，大量难民和移民进一步加剧人口迁移的强度，而其原因不外是贫困和第三世界人民的无权状态。这些因素可能最终导致人道灾难。发达国家继续繁荣，但其繁荣的基础是对第三世界人民的残酷剥削。广大发展中国家的人民不会长久忍受下去。在这个意义上看，反恐战争是死路一条。必须消除恐怖主义产生的原因。全球电脑网络尤其是电子传媒的广泛应用使得反动势力得以操纵社会舆论，利用个人主义来分化世界各国人民，建立信息专政，其结果必然导致全球文化的根本性倒退。核武器及其他大规模杀伤性武器的泛滥，造成全球冲突的现实威胁，其后果难以估量。对自然资源的掠夺性使用、对自然环境的自私态度可能导致生态灾难。在资本依然唱主角的情况下，通过所谓的"可持续发展"概念来拯救资本主义的政策及其设想是注定要失败的。但资本主义不会自动退出历史舞台。

资本主义并不是一个公正的社会，因而是没有前途的。只有在促进各平等民族以及人与自然的和谐、在发展着的共产主义思想基础上，人类才可能得救。因此可以说，在全世界范围内，正在开始准备和实施共产主义思想的新时代。其第一个阶段将是建立公民社会，确立民主，建立一个平等分配物质财富的社会。

三　对世界社会主义前景的认识

吉尔吉斯斯坦共产党人党在自己的纲领中认为，虽然社会主义在中亚和欧洲大陆暂时退却，但在古巴、朝鲜、中国和越南等国家，劳动人民在共产党的领导下建设公正的社会并不断取得新成就。在一些国家，社会公正的支持者赢得议会选举。全世界左翼力量的影响正在不断增强。世界左翼力量坚决反对世界警察美国等少数几个帝国主义建立全球霸权，反对它们通过剥削本国劳动人民、掠夺发展中国家自然资源，在本国继续维持"福利国家"和"消费社会"的企图。帝国主义国家在全球化的背景下，将其国内现有的劳动与资本之间的矛盾转化为国家之间的矛盾，因而对世界人民构成威胁。美国及其盟国在巴尔干、中东和亚洲挑起的战争、在独联体国家扩大军事存在等就是具体的例证。与此同时，也应该看到，主张社会公正的政党在部分国家赢得议会选举。全世界范围内左翼力量的影响正处于上升阶段。吉尔吉斯斯坦共产党人党谴责以打恐为名在吉尔吉斯斯坦设立美国军事基地。

在共产主义思想影响下，十月社会主义革命取得了胜利，建立了多民族工农国家——苏联，彻底消除了人剥削人的现象，基本上实现了人的劳动、休息、免费教育和医疗权，住房权和养老保障。在较短的历史时期内克服了沙皇俄国的落后，尤其是少数民族边远地区的落后局面。形成了人的新历史共同体——苏联人民。苏联跻身世界经济、科技和文化强国之列。苏联在第二次世界大战中取得历史性胜利，使人类免遭法西斯奴役，因此对全世界的社会进步产生巨大影响——建立了世界社会主义体系，殖民主义的破产，资本主义的国家工人运动节节胜利。这些成绩的基础是社会主义优越性：生产资料社会所有、集体主义、各族人民友谊、计划性、集中全社会力量办大事等等。

作为一种社会经济形态，资本主义无法达到人与社会的和谐发展。资本主义所建立的消费社会正在耗尽地球上的资源，制造经济灾难，剥削"第三"世界人民，制造全球冲突。人口冲突的威胁越来越大。核威胁依然现实存在。因此，只有在发展中的共产主义思想基础上人类才可能得救，才可能促进各国人民利益以及人与自然的和谐。

四 对本国政治、经济、社会状况的认识

苏联解体后，中亚各国在民主化的浪潮之下选择了西方资本主义发展模式，这些国家的社会财富和政治权力迅速被集中到极少数人手里，广大的劳动者及其劳动成果被剥夺。资本主义发展道路给中亚各国造成严重后果。

吉尔吉斯斯坦在20世纪初的时候还是沙皇俄国最落后的边陲地区，是一个宗法制封建社会。苏联时期，吉尔吉斯社会和经济发展上了一个大台阶，建立了本国工业部门，工农业以及公路、住宅建设得到大力发展；所有人都能享受到免费医疗、义务教育和职业教育；人们对自己的明天充满信心。但是，国家独立以来在政治、经济和社会等方面的发展却乏善可陈。

首先，在政治上，当局掌权者不惜一切代价维持自己的权力——通过

全民公决几次修改宪法，最终建立威权体制，并在选举过程中粗暴侵犯选民权利，篡改选举结果。这一切引起群众大规模的示威，并在2005年3月24日最终导致政权更替。

其次，在经济方面，数十年间发展起来的各加盟共和国之间的经济联系被割断。在外部势力的诱导下，吉尔吉斯斯坦开始搞市场经济改革，结果是极少数人将大量国有资产据为私有。吉尔吉斯斯坦当局推行改革，名义上是要建设一个多种经济成分的、有效发展的经济，但实际上出现的是小私有经济、效率低下、毫无竞争力、技术落后。几乎所有重要的大企业被一步步推向破产并最终关门。激进的经济改革给吉尔吉斯农业造成灾难性后果。集体农庄和国营农场被解散，而私人农户实际上是自然小农经济，根本无力提供市场所需要的产品。吉尔吉斯经济在改革中逐步走向崩溃。生产大幅度下降，居民就业急剧萎缩，失业率上升，人民生活水平急剧下降。逐步形成了建立在落后小生产、对雇佣劳动力残酷剥削基础上的野蛮资本主义。

最后，社会分化急剧扩大。产业工人的数量大幅度下降，农民分化成为合作社农户、私有农户和雇佣劳动者。出现了一大批小私有者和一小批富人。知识分子阶层急剧缩小，其物质生活状况迅速恶化。

总之，国家的经济改革为一小撮买办资本家服务，既反映了买办资本家的利益，也代表着国际金融组织的利益。经济改革的结果是国家丧失经济自主权。在所谓的改革年代，吉尔吉斯斯坦社会经济发展水平倒退了数十年，在国际上现处于发展中国家的下游。绝大多数居民贫困化。社会道德沦丧、科学和文化遭到破坏。犯罪率居高不下。腐败横行且从下到上渗透到所有的国家权力机关。地下经济迅速成长，有组织犯罪达到空前的规模。而2005年的政权更替和此后的发展并未能改善绝大多数人们的生活状况。因此，吉尔吉斯斯坦需要更为有力的措施来解决国家经济发展、居民就业、打击腐败等问题。吉尔吉斯斯坦共产党人党认为，上述任务必须首先完成并尽快完成，国家必须采取有力措施改善广大民众的生活状况。

五　对建设社会主义道路的探索

吉尔吉斯斯坦共产党人党认为，建设社会主义是一个长期艰巨的任务。就具体的目标而言，就是要从吉尔吉斯斯坦劳动人民的利益出发，首先建立劳动人民的国家政权。这个政权应该为全社会的发展服务，保障各阶层的物质利益和社会文化发展。吉共将努力使工人、农民、知识分子及诚实的企业家都来关心全社会发展的需要。就现阶段而言，吉共面临的主要任务是：在前苏联地区继续发展和深化经济、政治领域的一体化进程，加强前苏联各国人民之间的精神联系和友谊，在自愿原则基础上恢复社会主义联盟国家，劳动人民当家做主，满足全体人民的需求；继续发展地方自治，包括人民大会等直接民主，代议制民主，选举各级代表；以自由、平等、博爱为理想，建设真正民主的社会，实现"每个人的自由发展是所有人自由发展的条件"，最终实现共产主义的理想社会。

吉共为了达到既定目标采取如下步骤：在政治斗争中与其他人民爱国力量结盟；参与各类非政府组织活动，与人民群众在政治上打成一片；在宪法和法律框架内采取一切能够采取的方式和方法争取劳动人民的政权；支持青年运动和妇女组织争取经济、政治和社会公正的斗争；与吉尔吉斯工会组织密切合作以捍卫群众的经济利益和社会利益；赞成信仰自由，维护每个人信仰宗教的权利，尊重宗教情感，同时主张宗教与国家和学校分离。

六　党在政治和意识形态领域的任务

吉共目前不掌握国家政权，无法直接影响国内社会关系的发展。在这种条件下，党应该通过全民的要求和支持任何社会政治力量的倡议来施加自己对社会发展的影响，条件是这些要求和主张符合社会经济、社会和文化进步的需要、能够切实提高劳动人民社会水平、改善全体人民的福利。

马克思列宁主义意识形态从来都不反对人的个体，从来都不反对人的创造性，相反，马列主义主张人的全面发展。但是，共产主义意识形态反对绝对的个人主义。有鉴于此，吉共主张，人的一切最好的体现，人的观点、利益和行动应该建立在集体和社会的基础之上并获得养料。

在精神领域，吉共认为，必须支持进步的文化艺术人士，捍卫公正、民族和社会平等、国际主义原则，促进社会主义意识深入劳动大众。

吉共主张从普通民众到国家总统都不可随意改变的法律至上原则，积极打击腐败，打击一切形式的有组织犯罪。

七　党在经济和社会领域的任务

目前，必须承认的是，吉尔吉斯斯坦向市场经济转轨是一个现实。但水电资源、矿产等其他自然资源都是国家财富，都应该为吉尔吉斯斯坦全体人民的利益服务，因此应该由国家来管理并且不得出售。吉共认为，将属于全国人民财富的土地变为自由财产以及买卖的对象是一个错误。因此，吉共主张将土地转交给集体、国家、合作组织和个人无限期使用。

吉共支持多种所有制形式。支持发展社会导向的计划市场经济，以乡村集体所有制、关键行业的国有制为主。吉共主张优先发展本国生产，由国家控制对外贸易、物价并实行平衡的预算税收政策。

吉共将提出并支持当局推行的旨在发展经济的一切改革措施，搞活所有最大限度的符合吉尔吉斯斯坦自然、民族以及历史形成的生产和文化条件的企业和行业。应特别关注农业及农产品加工业、食品业、轻工业，通过各种形式的合作用国产商品优先满足国内消费市场。国家的主要任务是，尽快转向实际投资关键经济部门，首先是能源电力行业，以及农产品加工业。

在社会领域，吉共主张保障每个人的劳动权，休息权，老有所养，免费教育和医疗。吉共主张必须定期对工资、退休金、社会补贴进行指数化核算，并主张按现价偿还1992年1月1日之时的居民存款。吉共将争取退休金不低于最低生活标准，并将退休金与通货膨胀挂钩。吉共主张国家通过专门计划保护妇女儿童，发展青年和妇女运动，禁止童工，主张8小时工作制。

吉共主张建立居民社会保障制度，保证居民就业，青年就业，取消收费医疗和收费教育。恢复住房建设，向低收入者免费提供住房。通过保护民族文化遗产来发展精神文明。

为达到上述目标，党将与一切赞成这些目标的政党、政治团体、工会组织、社会运动等开展建设性和文明的对话。

吉尔吉斯斯坦共产党人党决心为建立真正的社会主义努力奋斗。真正的社会主义有法律、平等和社会公正，无论其政治主张、性别、种族和民族，每个人的能力和天资都能得到发挥，每个人的权利和尊严由国家来保护和保障。

八　外交政策主张

党主张捍卫吉尔吉斯斯坦真正的独立，与国际社会所有国家建立平等的经济、政治和其他关系。吉共从无产阶级国际主义出发，积极参与国际共产主义运动和工人运动。吉共主张保障每个公民真正的言论自由、信仰自由，反对以民族特征、政治观点或者信仰等的歧视，反对宗教和民族的极端主义。

吉共主张加入俄罗斯、白俄罗斯联盟国家，坚决主张恢复独联体统一的经济空间，加强经济联系，主张在优先发展和增加自有生产和科技实力的条件下融入世界经济。

吉共愿意与国内一切爱国力量合作，同时，党根据具体情况以及国内社会政治力量对比、国家的内外政策确定自己的战略和策略。

第三节　实践活动

在2000年的议会选举中，吉共赢得6个席位（其中五个席位是按照政党比例代表制，获得27.65%的选票；另一个是单选区席位）。

从2001年到2005年，吉共一直是议会第一大党（在议会的60个席位中占有15席）。

在2007年举行的议会选举中，吉共获得5.12%的选票，赢得8个席位。

2010年5月14日，吉共中央主席马萨利耶夫因被指控参与组织了2010年5月13—14日的骚乱而被捕。为了避免党组织遭受损失，2010年7月31日，马萨利耶夫辞去党主席职务。吉共中央全会当天选举布马依拉姆·马马赛托娃（Бумайрам Мамасейтова）为党主席。

2010年8月24日，吉共举行第二十五次（非常）全国代表大会，确定该党参加议会选举的候选人名单。布马依拉姆·马马赛托娃，党中央副主席尼古拉·拜洛（Николай Байло）等列入候选人名单的前三位。然而，由于受到当局的打压，吉共自1995年以来首次未能进入议会。

2011年4月9日，吉尔吉斯斯坦共产党人党中央全会重新选举伊斯哈克·马萨利耶夫为党中央主席。此前，2011年3月10日，马萨利耶夫被法庭宣布无罪释放。布马依拉姆·马马赛托娃当选为党的副主席。此前担任党中央副主席的尼古拉·拜洛因健康原因辞职。

在2011年7月16日举行的吉尔吉斯斯坦共产党人党第二十七次全国代表大会上，伊斯哈克·马萨利耶夫被推举为总统候选人，参加2011年10月30日举行的总统大选。

2010年10月12日，吉共主席马萨利耶夫宣布退出总统大选。退选的主要原因是党在资金方面准备不足①。

第四节　国际联系

吉尔吉斯斯坦共产党人党积极发展与独联体及世界各国共产党组织的联系，积极参与共产党联盟—苏共的活动。该党领袖马萨利耶夫是共产党联盟—苏共执委会的成员。

该党主张与中国发展互利平等的全面合作关系，高度评价中国在社会主义建设事业中取得的成就。该党与中共建立并保持着党际联系。

第五节　党的领导人

伊斯哈克·阿布萨马托维奇·马萨利耶夫（Масалиев Исхак Абсаматович），1960年5月21日出生于奥什，吉尔吉斯族，2005年当选为吉尔吉斯斯坦共产党人党中央委员会主席，是共产党联盟—苏共中央理事会委员。

1982年毕业于吉尔吉斯国立大学历史系，1994年毕业于吉尔吉斯斯坦国立大学法学专业。1982—1986年，在吉尔吉斯斯坦国立大学苏联共产党教研室任历史教师。1986—1989年在吉尔吉斯斯坦国立大学攻读博士学位。1989—1993年，在奥什州内务机关工作。1993—1994年，在奥什税务局税务稽查队工作。1994—1995年，任奥什海关总检察员。1995—1997年，任奥什海关副关长。2005年当选议会议员。2005—2006年，任议会宪政立法、国家建设、法制与司法改革委员会副主席，2006—2007年任该委员会主席。2007年当选议会议员，2007—2009年任议会议员道德与议事规程委员会副主席。2011—2012年，任吉尔吉斯斯坦共产党人党中央主席。2012年9月12日起担任吉尔吉斯斯坦政府国家税务局局长，2014年4月8日辞职，理由是要领导党为参加2015年举行的议会选举做准备。

---

① http：//pda.kabar.kg/politics/full/20010.

第五章 塔吉克斯坦共产党[①]

第一节 发展历程与组织状况

塔吉克斯坦共产党（Коммунистическая партия Таджикистана，КПТ）（下文简称塔共）1991年恢复重建，1992年1月恢复合作活动，并举行党的第十九次全国代表大会，但当时的党员人数已经锐减到原来的1/4。与此同时，党员的社会成分发生重大变化。工人比例大幅度下降。这主要是俄罗斯等族裔工人离开塔吉克斯坦，农民的比例也有所下降。到20世纪90年代中期，国家公务员，知识分子和退休人员构成党员队伍的主体。

1993年年初，塔共开始恢复地方党组织。1993年5月，塔共在全国共有4240个党的基层组织，6万多名党员，其中30%是工人，19.6%是农民，30.4%是职员，20%是退休人员。2012年塔吉克斯坦共产党共有45000多名成员。[②]

该党坚持马克思列宁主义，主张在塔吉克斯坦重建社会主义国家。在内战期间支持总统埃莫马利·拉赫蒙。

在1995年2月议会选举中，恢复重建后的塔吉克斯坦共产党参加了选举。在1999年议会选举中获得20%的选票，进入议会，是议会第二大党。在2010年2月28日举行的议会选举中，塔共获得7.0%的选票，赢得塔议会下院两个席位（议会下院共有63个席位）。在2013年11月举行的塔吉克斯坦第四届总统选举中，塔共独立参选，但党的候选人 И. 塔尔巴科

[①] http：//www.ca－c.org/datarus/st_05_olimova.shtml.
[②] 塔吉克斯坦共产党研究参与总统竞选的问题，刘建芳译，参见亚心中亚网，http：//www.yaou.cn/news/201209/26/702.html.

夫与其他四个政党的候选人的得票率均未超过5%，执政多年的拉赫蒙得到83.6%的选票，再次连任总统。

塔共有自己的青年组织——塔吉克斯坦列宁共青团。党的第一书记是绍基·沙布多洛夫（Шоди Шабдолов）。

塔共中央机关报是《塔吉克斯坦之声》。

第二节　路线与策略分歧

塔共自恢复重建以来，党内从高层到普通党员对党的目标和发展前景存在分歧。

一部分人认为，党应该在官僚阶层恢复自己的地位并且在新的形势下，通过控制国家经济资源和私有化进程、分配财政资源和投资资金的官僚机构来控制权力。这种观点不无根据，按照有关专家的估计，在20世纪90年代中期，塔吉克斯坦议会下院65%—90%的议员是塔共党员，虽然正式以塔共党员身份当选的议员只有5人；塔吉克斯坦政府六位副总理当中，四位是塔共党员。此外，独立以来的困难，国民经济陷于瘫痪，内战，等等，促使人们怀念苏联时期的种种好处。塔共恢复苏联的口号得到了广泛的支持。当时的形势对塔共十分有利。

与此同时，恢复苏联是塔共大多数普通党员的愿望，而党内精英实际上赞成国家拥有独立主权。而在党内高层则有两派，一派是新的精英阶层，他们希望改变党的名称和意识形态，将其变成新精英的政治组织；另一派是保守派，主张维持原有的意识形态。

塔共的报刊中经常呼吁"要把动摇分子清除出去，严格新党员接收程序，改善党的意识形态工作，吸纳老同志，不忘青年人"。

第三节　发展中的困难

早在20世纪80年代末，塔共顺应苏联国内改革的潮流，对党的队伍进行了年轻化，积极扩展共青团，引导国内开始出现的新的社会团体，组建人民阵线，试图遏制国内出现的分离主义趋势。

在1991年11月的总统选举中，前任塔共领袖纳比耶夫获胜。而其获胜的主要原因是，苏联时期的党和国家机构依然在民众当中具有较高的支持率。当时绝大多数政府官员同情塔共，支持恢复苏联时期社会政治实践，认为正是在苏联时期塔吉克斯坦获得了较大的发展。

与此同时，随着地方民族精英集团的崛起，到1995年年初国内出现200多个政党和团体。塔共的社会基础遭到极大削弱。其主要原因是，在国内地区和族群严重对立的情况下，塔共被看作与其他政党团体类似的、仅仅代表特定地区和族群的政党，而不是全国性政党。其中最为显著的是人民党，接替原共产党作为执政党。但这些新的政党是"自上而下"组建的，缺乏相应的群众基础，影响力十分有限。

在塔吉克斯坦政治精英、经济精英和强力部门人员以地方族群划线的背景下，塔共得以保持全国性政党的形象。为了避免党组织受到国内地方族群分殊的困扰，塔共十分谨慎地处理干部问题。譬如，党的主席沙布多洛夫来自南方，而他的副手季诺尔绍耶夫则来自北方。同时在接收新党员时也努力维持这种平衡。

第四节　政策主张

在政治上，自1992年11月起，塔共支持国家领导人，与执政当局合作。1993年5月，塔共主席沙布多洛夫表示，塔共中央主席团呼吁全国人民团结在国家领导人周围。他的呼吁得到了塔共全国各个地方委员会的支持。在1993年5月的塔共三中全会上，提出了塔共与国家领导机构合作的原则问题。

塔共支持国家向市场经济的过渡，以及对中小企业的私有化改造。塔共领袖沙布多洛夫表示，塔共并未放弃以国家和集体所有制为主的纲领主张，但支持将国有资产的相当部分以股份制形式转移，以优惠条件租赁给职工。私人部门的成长不应依靠"贱卖国企"，而是要通过发展个人经营和吸引外资来完成。

为了探索新的工作方式方法，塔共中央设立了名为"对话"的信息辩论俱乐部，建立政治研究中心。1993年秋，塔共举办学术研讨会，探讨新形势下党的工作和意识形态工作问题。

第五节　国际联系

1992年起，塔共与独联体国家共产党组织建立联系。1992年9月，塔共代表参加了莫斯科共产党和社会党会议。1992—1993年，塔共中央主席团成员与哈萨克斯坦、吉尔吉斯斯坦、乌兹别克斯坦、土库曼斯坦、白俄罗斯、乌克兰、波罗的海国家共产党组织的代表进行了接触。塔共主席参加了俄共第二次非常代表大会并作了报告。此后，塔共代表参加了苏共二十九大。1993年夏天，塔共成为共产党联盟—苏共的成员。

简而言之，塔吉克斯坦共产党伴随着国家独立以来的成长，也经历了极为重大的变化和调整，在一个快速变化的世界中努力探索寻找自己的位置。

小 结

纵观中亚各国共产党组织在各自国家获得独立以来20多年间的发展历程，可以得出以下几点初步的结论。

中亚国家获得独立，是在苏联解体之后、所谓的"第三波"民主化浪潮的大背景下发生的。中亚国家获得主权和独立，是原苏联内部的俄罗斯民族主义势力"甩包袱"的结果，而并非民族解放运动的胜利成果。在苏联解体之前，中亚各国内部独立建国的民族意识高涨，但对于建立新的民族国家，这些精英无疑缺乏政治、精神和知识方面的准备。与此同时，苏联共产党及苏联体制对中亚各加盟共和国任用当地干部的政策，无疑给中亚各国培养了一批政治精英和经济文化精英。这就决定了中亚国家政治精英的来源基本上是原苏联共产党和苏维埃、共青团系统。

中亚新独立国家二十几年来的社会经济发展乏善可陈。人们，尤其是老一代人怀念苏联时期的种种好处，因而支持恢复苏联，支持社会主义选择。与此同时，政治精英具有十分清晰且坚定的独立和国家主权意识，出于实际政治需要，对内对外极力标榜民主和人权。就目前中亚各国政治发展的状况而言，尽可能长期维持执政地位是现阶段各国政治精英的根本利益，同时各国内部的政治力量对比也有利于执政集团长期保持执政地位。

以上情况无疑是中亚国家共产党组织开展活动的新的"历史语境"。一方面，中亚各国共产党组织在工作方式、思维和意识方面的"惯性"（指的是在苏共框架体系内部多年来形成的习惯）依然在发生作用；另一方面，要在新的历史条件下找到合适的发展路径。共产党组织失去了执政地位，不再拥有相应的行政等方面的资源。因此，我们看到在哈萨克斯坦和吉尔吉斯斯坦党组织的分裂就是在这种新的形势下发生的。而所谓适应新的形势，就是一方面要维持自己的核心选民群，主要是主张恢复苏联或者至少是怀念苏联时期的人,包括普通的民众和新政权内部的部分同情者;另一方面要根据新的形势对党的纲领目标、工作方式方法、宣传和工作语言等进行调整。在这个问题上,可以看到,各国共产党组织能够根据新独立国家宪法和法律的要求,对党的部分纲领主张进行调整,放弃武装斗争夺取政权的主张,坚持通过合法的政治斗争,通过选举赢得胜利。与此同时,在党员人数锐减、财力有限、影响力大不如前的情况下,如何能够做到既保持自己的本色,又能积极参与政治进程并取得一定的影响力(包括参与选举、赢得议会席位、取得合法讲坛等),各国共产党组织给出了不同的答案。

中亚各国共产党面临的问题,既有战略方面的,也有策略方面的;既有理论上的,也有实践层面的。第一,如何在坚持马克思列宁主义基本原则的同时,对党的主张纲领进行调整,适应新的形势,争取更为广泛的支持。第二,如何在现有宪法和法律框架下,坚持合法的政治斗争,处理好与执政当局的关系,争取并维护合法活动的空间。第三,如何在缺乏行政资源、资金匮乏的情况下有效地开展政治斗争。第四,如何汲取苏联共产党在思想路线、组织路线方面的教训,避免党在思想、意识形态和组织活动方面的僵化。

总体而言,自1991年以来的20多年里,中亚各国共产党的活动经历了一个低潮、恢复重建的过程,有的党组织逐步适应新的形势,成为议会党,获得了合法的政治讲坛。但大多数共产党组织在人数锐减、内部分裂、经费匮乏、当局打压排挤的形势下,仅仅维持基本的存在甚至被迫转入地下,其发展前景在很大程度上既取决于这些党组织在多大程度上能够找到新的突破点,壮大队伍,也取决于各自国内的政治环境。从目前中亚各国内部发展情况来看,吉尔吉斯斯坦国内政治环境最为宽松,政治竞争较为激烈,共产党组织的活动没有法律上的障碍,但在财力、组织,尤其在意识形态方面的挑战最为严峻。哈萨克斯坦、塔吉克斯坦国内政治发展的环境同样给共产党组织的合法活动提供了空间。而在乌兹别克斯坦和土库曼斯坦两国,共产党组织的活动严重受限。在近期和中期发展来看,无论是在吉尔吉斯斯坦还是在哈萨克斯坦和塔吉克斯坦,共产党组织在各国现行宪法和法律框架下通过选举赢得执政地位的前景十分渺茫。而在乌兹别克斯坦和土库曼斯坦,共产党组织获得合法地位的前景并不明朗。未来数年,哈萨克斯坦和乌兹别克斯坦面临权力交接,但最终形成的新的政治格局未必会给这两国共产党组织的活动提供合法空间。中亚国家共产党组织面对的现实情况是残酷的，一方面通过武装斗争夺取政权已经不符合当今世界大潮流，因而已经不是一个选项；另一方面甚至议会斗争往往可遇而不可求。在这个意义上，对中亚各国共产党组织而言，争取或维护合法的活动空间、逐步发展壮大，最终成为一支有影响的政治力量，是一个十分艰难而又长期的任务。

第六部分

结论与思考

纵观独联体地区共产党在苏联解体后的发展历程，我们可以看到，各国共产党均经历了重建、崛起、挫折、调整几个阶段，所不同的是各党经历这几个阶段的时间节点不尽相同，崛起和挫折的程度各异。在这些共产党中，勇于理论创新和策略调整的党，其影响力和取得的成就普遍大于那些固守传统的党。总体而言，这一地区共产党20多年来的理论探索和斗争实践，形式多样，内容丰富，无论成功与失败，都值得研究。

第一章 几点结论

透过以上各部分关于独联体国家共产党的联合组织和单个组织的描述和分析，我们可总结出以下几点带有共性的结论。

第一节 苏联虽然解体，但社会主义事业并未终结

苏联解体后，独联体国家共产党近1/4个世纪的奋斗历程显示，苏联社会主义制度在这些国家虽被取代，但为使社会主义在这片土地上重获新生而奋斗的共产党人及其政党还在，社会主义事业并未"终结"。诚然，从规模上看，如今的共产党按人数来讲与苏共时期不可同日而语，甚至比20世纪90年代中期都少得多，但坚持下来的是更坚定、更纯洁的共产党人。他们在社会大动荡的风口，不随波逐流，不改旗易帜，在"主义"——马克思主义、"道路"——社会主义道路、"理想"——共产主义理想等大是大非问题上不动摇。20多年来，这些共产党人历经磨难，百折不挠。他们在逆境中奋斗不息，抨击当今社会寡头统治、官僚腐败、贫富两极分化，人剥削人的制度重回社会，相信只有重建社会主义制度，才能把国家和人民引上通往光明未来的发展之路。他们把理想与现实相结合，审时度势，根据世情、国情、党情确定长远目标和近期任务，既勾画了21世纪社会主义的蓝图，也确定了为实现这一目标所要经过的路径和应变之策。这些年来，他们经历了身份的转换，从执政党变成在野党。他们在斗争实践中学会了做反对派，不仅利用法律武器争取合法身份，利用现存制度为自己扩大生存空间，而且利用议会内外的一切机会，宣传社会主义思想，为劳动人民争取政治权利和经济社会权利，提出改变国家现行方针、旨在将国家引上社会主义道路的替代方案。他们克服各种困难，改变传统

工作方式，努力更新党的队伍，扩大党的社会基础，建立广泛的人民联合战线，为使国家重新走上社会主义道路做思想准备和组织准备。曾经重新执政的共产党，能顺应民意，大胆探索，用符合时代精神的规划改造社会，推动社会进步。总之，独联体共产党人以其对社会主义事业的执着向世人表明，独联体地区的制度变迁并不意味着社会主义事业从此中断，共产党就是这一事业的承继者。在共产主义意识形态、共产党被妖魔化的背景下，共产党人仍能得到一些社会民众的支持，这说明社会主义思想在这一地区仍有深厚的社会基础，马克思主义仍有生命力，社会主义事业定会复兴。

第二节 社会思潮向"左转"，但共产主义力量仍不敌对手

20世纪90年代初，苏联刚刚解体时，独联体国家的亲西方"民主派"曾经是那样迫不及待，在美国新自由主义导师的指导下，开始实行休克疗法的"改革"，急欲将苏联的经济基础摧毁，以确保其政权不再得而复失。然而，"改革"没有如他们许诺的那样把国家引到"人类文明的主干道"，而是造成整个地区在十几年里经济衰退，大多数人民生活水平下降。广大人民吃到了盲目接受西方药方带来的苦头之后，不再相信西方及其在本国的代理人，"民主派"也理所当然地被抛到政治舞台的边缘。从20世纪90年代中后期开始，尤其是1998年金融危机之后，独联体国家人们的意识形态偏好与苏联解体之初发生了微妙的变化，不再"向右倾"，而是"向左转"。甚至一些国家的执政者也开始宣称，西方的发展模式不一定适合本国国情，应该寻找适合自己的发展模式。正是在这种社会背景下，独联体国家的共产党纷纷走上政治舞台的中央。也是从那时起，人们对苏联历史和领导人的评价开始趋于冷静和客观，不再情绪化。曾几何时，斯大林几乎成了自由民主派用以攻击苏联和共产党的重型炮弹，而在2009年俄罗斯有关媒体搞的"俄罗斯名人"的全民评选中，斯大林竟先是荣登榜首，后经主办方的"技术处理"位列第三。在与俄罗斯并非同根同族、历史上即存在巨大差异的中亚地区，社会主义的影响也没有因为苏联的解体而消失。有学者指出，"在中亚五国，尽管苏联解体使社会主义制度在这里受挫，但资本主义也尚未真正扎根"。"社会主义在中亚并没有

被遗忘。"① 毫无疑问，这种社会心理的转变表明，有 74 年历史的苏联社会主义制度的影响，不是一夜之间就可以在人们心中抹掉，苏联社会主义的基因仍深深植根于这一地区的社会血脉之中。与此同时，各国共产党的存在，它们对苏联历史的澄清，包括对其正面成就的肯定和对负面问题的反思，自然对这些地区的社会倾向"向左转"产生了一定影响，因此可以说，共产党人对人们重塑社会主义的信念功不可没。

然而，我们说这些国家社会心理"向左转"，是相对于 20 世纪 90 年代初，并不是说现在的独联体社会思潮完全转到社会主义一边了。事实上，政治力量的平衡仍偏向代表小资产阶级社会阶层利益的中间派和代表大资产阶级利益的右翼势力，而不是偏向代表社会底层的左翼力量。各国共产党的党员人数呈下降趋势，共产党大多未能占据议会多数席位等情况，就足以说明共产党目前在各国的政治舞台上仍处于弱势地位。

那么，为什么会出现社会思潮"左转"而共产党式微的悖论呢？我们认为，这要从主客观两方面来分析。

从主观来讲，共产党自身的发展面临许多困境。其一，苏共的历史包袱仍压在各共产党身上。应该说，各共产党都程度不同地反思了苏共执政中后期存在的问题与最后垮台的关联，也都承认苏联的解体首先在于苏共自身的危机，并强调要向前进，走向新的社会主义。但由于它们肯定苏联社会主义的基本制度，并把重建社会主义作为自己的目标，这让现在的执政阶级及其舆论机器不能接受。共产党作为苏共的继承者，自然在人们心中成为苏共的代言人，苏共的一切罪过得由它们负责，它们不得不承受各种侮辱谩骂。这也是共产党难以吸收到当前的"社会精英"尤其是年轻人，被称为"老年党""退休者党"的主要原因。与此相关联，共产党因此缺乏行政资源、物质资源和人才资源，组织的影响力和战斗力显得孱弱。

其二，共产党内部分歧难以弥合，造成整体力量削弱。源于苏共后期的思想路线分歧为苏联解体后各国共产党内部的分化、分裂埋下祸根。各共产党都声称要重返社会主义之路，重建联盟国家，并认识到为此必须有强大的共产党领导，声称尊重其他共产党，主张共产主义运动的统一。但这些年来，无论在单个国家，还是在整个地区，共产党内部分歧严重，不

---

① 赵常庆：《中亚意识形态领域的大国博弈》，《百年潮》2008 年第 12 期。

断分裂。总体看来，这些国家共产党因现阶段的斗争途径问题形成了两大派：主张走议会道路的体制内共产党和主张实行社会主义革命的体制外共产党。在整个地区，前者最鲜明的代表是久加诺夫领导的共产党联盟—苏共，后者的代表是舍宁及其后继者领导的共产党联盟—苏共及更名后的苏联共产党。而体制内共产党往往因为理论（建设什么样的社会主义）、策略（以什么形式、途径走向社会主义，与什么人结盟）和组织（党内权力分配）等问题出现分化；体制外共产党更是分散，彼此之间还因各种原因而走不到一起，几经分化组合，难以形成规模。这样的结果造成共产主义运动内部的多党林立，相互掣肘。20多年来，共产党之间的这种不和从最初的思想分歧演变到今天的分道扬镳和互相拆台。如果说，20世纪90年代中后期各共产党还能在决定共产党命运的关键时刻暂时搁置分歧，携手共同对敌（如1995年俄罗斯各共产党甚至独联体共产党共同支持久加诺夫与叶利钦对决），那么现在，议会外各党公开与议会内党叫板，欲取而代之。最近的例子是：从俄共分裂出来的一些共产党人与其他议会外共产党组织成员组成新党，要与俄共领导人划清界限，有的党公开申明以俄共为竞争对手，提出要在地区选举中夺走俄共的选票。在乌克兰共产党遭遇被当局禁止活动的危难时刻，乌共议会党团的一批成员声明退出党团，使党雪上加霜。这样的例子在各个国家都可发现。共产党的内讧不仅削弱了队伍，使共产党的声誉蒙受损害，而且涣散了队伍，给对手提供了分化、瓦解共产党的可乘之机。在我们看来，共产党难以形成合力的主要原因有二。一是理念不同，在当今社会条件下，如何做才是坚持和发展马克思主义、科学社会主义，不同的共产党有不同的态度。议会内共产党选择议会斗争道路，主张通过议会内外的工作，逐渐改变现行方针，形成以共产党为核心的"人民信任"的政权，进而向社会主义道路迈进；议会外共产党认为只有领导劳动人民通过社会主义革命才能推翻现政权，应该把工作重心放在议会外的群众发动上，这才是"正统马克思主义"，那些把精力集中在议会内工作的共产党奉行的是机会主义，是帮资产阶级的忙。各党内还在如何界定社会主义、如何对待宗教、如何处理民族主义与国际主义的关系等问题上有分歧。可见，独联体地区共产主义运动内部仍未走出理论上坚持传统与发展创新的困惑，未能找到统一各党思想的新理念。二是利益之争，这不仅表现为各党内在党的领导职位、议会席位等分配上时常出现内讧，还表现在议会外党与议会内党之间在这些问题上的争夺。这些年来，议会外党虽不赞成走议会道路，但为了生存，有时不得不试图借助议会党的合法名分进入议会，以获得议会讲坛，扩大影响。一旦议会内党没有满足议会外党的要求，或者让与的席位过少，尤其是议会内党为了扩大党的财源把议会席位让给大款"盟友"，而冷落了同一战壕的战友的时候，就会引起议会外党的不满，谴责议会内党背叛无产阶级利益，是共产主义运动的叛徒。

从客观来讲，进入21世纪以来，独联体国家大都度过了苏联解体之初的混乱时期。各国执政集团从盲目模仿西方，逐渐转向寻求适合本国的发展之路，开始恢复国家秩序，稳定民心，加之恰逢国际油价攀升，那些石油资源丰富的国家，靠"石油美元"缓解了经济危机和社会危机，执政阶层因此站稳了脚跟。执政阶级为维护社会稳定，打压一切激进主义。应该看到，苏联解体以来，独联体国家在"非意识形态化"的口号下，颠覆了革命意识形态，妖魔化了共产主义思想，通过资产阶级意识形态的生活化，给人民"洗脑"，使人们确信资本主义不可超越。独联体各国宪法大都宣称不许任何一种意识形态作为国家的意识形态，但事实上却任凭社会民主主义、自由主义、民族主义大行其道，有的国家甚至纵容法西斯主义蔓延，而唯独不许共产主义力量抬头，使用共产主义标识都被视为违法。执政者可以允许共产党及左翼组织在法律许可的框架内存在，必要时还将共产党的口号拿过来，以凝聚民心，稳定社会。但他们不能允许共产党发展成可挑战统治阶级的政治力量，更不能允许共产党翻盘，发动民众夺取政权。在这些国家，时常以反极端主义为名，镇压领导罢工、集会等抗议活动的共产党人。有的左翼组织因为党徽中有五角星和拳头图案而六次申请注册合法政党而遭拒。执政者倡导社会奉行保守主义，打击任何激进主义。在这种背景下，广大民众的阶级意识已经消解，人们更多关心的不再是主义，而是利益。因此，在这些国家，社会保守主义占上风，政治环境仍不利于处于反对派地位的共产党。对这一地区的共产党人而言，他们面临的首要难题是国民对重振社会主义的淡漠和上层对共产主义力量的牵制。

不仅如此，从国际力量格局来说，共产党始终没有摆脱来自国际资产阶级的围攻。冷战后，以美国和北约为首的西方对原苏联地区一直没有放手，它们在与这一地区的大国俄罗斯进行地缘政治博弈的同时，也在使用各种手段拉拢、控制这一地区的其他国家，通过颜色革命，打击共产主意识形态，遏制共产主义力量，生怕其东山再起。这里先不说波罗的海沿岸国家（这些国家已经投入欧洲怀抱，共产党在这些国家基本处于地下状态），仅谈本书关注的独联体地区。这些年我们看到，在格鲁吉亚，亲西方的总统萨卡什维利刚一走上政治舞台，就要求禁止格鲁吉亚统一共产党的活动。他执政期间，残酷镇压共产党，关押共产党领导人。在他的高压政策之下，共产党的人数由2000年的82000人锐减到2013年的3000人，至今，这个国家的法律仍禁止人们使用共产主义符号和苏维埃意识形态。我们还看到，摩尔多瓦共产党人党重返政权后执政两届，在经济恢复和社会发展等领域均取得国家独立以来的最好成绩，在已经赢得第三届议会选举、准备继续执政的当口儿，美国和西方先通过颜色革命，然后又用软硬兼施的手段搞乱总统选举，最后使共产党丧失执政地位。我们最近又看到，2014年春夏之交，乌克兰亲西方势力在动乱中临时主政后，以反分离主义为借口，先是查封、后又放火焚烧乌克兰共产党中央总部大楼，把共产党议员赶出议会讲坛，追杀共产党领导人，并欲以共产党支持分离主义为罪名禁止其活动。

由此我们可以看到，苏联解体给该地区共产主义运动造成的阴影并未消散。在历史上曾经引起国际共产主义运动出现转折的一些重大理论与实践问题，今天仍困扰着这一地区的共产党人。除此之外，苏联解体后，独联体地区的形势错综复杂，地缘政治角逐和意识形态斗争交织在一起。共产党处于阶级矛盾与民族矛盾的旋涡之中，面临双重打压——既面临国内中右翼势力的挤压，又面临国际资产阶级的颠覆和扼杀。可见，只要资强社弱的国际力量格局不发生根本转变，非执政的共产党的日子就不会好过，共产党重建社会主义之路将是艰难曲折的。当然，要根本扭转目前的世界力量格局，需要多种因素的共同作用，首先需要全世界共产党和一切进步力量的共同努力，包括独联体国家共产党的自强。

第三节　议会道路选定，但能否行得通仍待观察

如前所述，独联体国家有一半的，且是主要的共产党选择了议会道路。这些共产党试图通过合法选举进入议会并占有议会的足够席位，通过立法逐渐改变现行政策，形成以共产党为核心的人民信任的政府，进而实现和平过渡到社会主义的目标。这一选择能否引导共产党走向自己理想的

彼岸,目前还不得而知。这既是一个实践问题,也是马克思主义的一个理论问题。在马克思主义看来,无产阶级政党只有用暴力革命才能推翻资产阶级的统治,打碎旧的国家机器,确立无产阶级的政权。当然,马克思和恩格斯也预见到在资产阶级民主制较为发达的国家的某些阶段,无产阶级政党可以利用和平方式争取工人阶级的权力,但要时刻警惕资产阶级的反扑,要用革命的两手对付反革命的两手。这说明,在实现社会主义的策略问题上,共产党应该根据阶级力量的对比条件做出选择。因此,独联体地区共产党在目前情况下选择议会道路,无可非议。

从现实来看,各共产党在议会道路上取得了一些成就。摩尔多瓦共产党人党曾连续执政八年,领导国家恢复了经济,重建了社会保障,改善了社会秩序,加强了党的自身建设。但摩共在这条道路上还没有来得及走远,即被迫下台。这一地区最大的共产党——俄罗斯联邦共产党利用议会讲坛也为劳动者谋到一些利益。如20世纪90年代中后期,俄共凭借在议会内占据的1/3的席位牵制了总统和政府,使其无法将激进的自由主义改革继续下去,社会主义时期的一些社会保障得以保存。21世纪以来,俄共议员在议会中的立法工作对保护广大弱势群体,弘扬爱国主义精神,推动社会"向左转",维护国家利益,都产生了促进作用。

但问题在于,共产党的议会斗争结果到底是对自己有利,还是对当局有利?以俄共为例,俄共通过议会的斗争,促使当局考虑反对派及其代表的社会群体的利益,对政府的政策作局部调整,结果群众的抗议减少,社会矛盾得到缓解,促进了社会的稳定。这在客观上是帮助了现行制度。普京总统借用俄共主张的爱国主义、国家主义等口号后,凝聚了人心,提高了自己的威望,巩固了执政集团的统治,这使俄共夺权的目标更难实现。因此,作为体制内政党,俄共越是提出一些建设性主张,越是授人以柄,例如议会外的一些共产党就是这样看待俄共的,它们抨击俄共是"在体制内修修补补",对当局是"小骂大帮忙"。事实上,俄共也曾为陷入一个两难选择而困惑:要么放弃党的性质成为一个真正的体制内政党,要么坚持党的性质而退出政权体制或者成为体制内无足轻重的反对派党。前一种选择可能使党成为一个现政权的附庸,直至消亡;后一种选择意味着党更加被边缘化。正如俄共中央副主席伊·梅利尼科夫在2004年3月举行的中央全会上作的报告中所说,十年来,俄共议会竞选成功并不意味着可能实施自己的纲领,反倒因自己参与的立法工作直接或间接地成全了当局;而选举失败就面临着在政治上被边缘化，招致政治死亡的命运，最终还是帮了当局的忙。可见，俄共走议会道路是一种无奈的选择。

现实中，在俄罗斯等国家，通过议会工作逐步改变现行方针，进而实现重掌政权、重走社会主义道路的目标，这也并非易事。我们知道，这一地区的多数国家其政治体制都带有强总统弱议会的特点，即总统享有否决议会决议直至解散议会的权力，议会多数政党无权组阁。这样一来，在现有政治制度框架下，只要共产党坚持反现存制度及总统的立场不变，即使占有议会绝对多数席位，都难以完全实现自己的纲领，更谈不上组建政府，进而达到重返政权的目的。因此，共产党试图通过议会斗争夺取政权的途径能否成功，还要靠实践来检验，有待历史作出回答。根据以往革命的经验可以作这样的假设，在国内形势出现危机，即统治阶级上层无法再继续统治下去，社会民众下层无法再继续生活下去时，作为反对派的共产党才有机会或者以革命手段夺取政权，或者通过和平手段弹劾总统，修改宪法，在赢得人民支持后可以上台执政。但目前，至少在可预见的未来，这种局面还不会出现。因此，议会内的共产党还要继续卧薪尝胆，做足准备，等待时机。

第二章　思考与启示

研究独联体国家共产党的理论与实践，使我们不免会产生许多感慨，思考一些问题，得到一些启示。

第一节　无产阶级的政权不能丢

独联体国家共产党失去政权后 20 多年的境遇告诉我们，无产阶级政权得来不易，保住政权更难，而失而复得则是难上加难。因此，作为执政的无产阶级政党，要时刻警钟长鸣，居安思危，在"主义""道路""理想"等大是大非问题上不能含糊，警惕西方对社会主义国家的和平演变，不能让西方的各种歪理邪说搞乱党心、军心、民心，始终坚持国家的社会主义制度不动摇，坚持共产党对国家、军队的统一领导，坚持共产党自身的廉洁和与群众的密切关系，确保社会主义江山永不变色。政权一旦丢失，后悔晚矣！俄共领导人曾多次为当初的天真、失算而悔恨。他们悔恨共产党人为俄罗斯联邦的独立投赞成票，没有想到这如同多米诺骨牌一样，让各加盟共和国一个个倒下，使整个苏联大厦分崩离析；他们悔恨共产党人对叶利钦太轻视，直到苏联解体、叶利钦炮轰了最高苏维埃大楼，通过了新的宪法，还不相信新的制度能够长久，以为可以凭借多年执政的基础夺回政权；他们悔恨共产党人对普京太抱希望，以为自己采取合作态度就能博得新总统的青睐，能给共产党人参政、执政机会。直到共产党人被打到政治舞台的边缘，他们才如梦初醒，共产党丢了政权，就丢失了一切，而要夺回丢失的政权，比登天还难！从此他们开始认真思考如何做反对派，怎样才能重返政权。

第二节　完善社会主义的探索不能停

独联体各共产党对苏联社会主义遭遇挫折和苏联解体原因的分析警示我们，社会主义社会是人类社会发展的一个历史阶段，不可避免地保留着前一个阶段的痕迹，新社会因素与旧社会因素的斗争始终存在，而非一劳永逸。因此，不断革新和完善社会主义制度，推进社会主义在政治、经济、社会等领域的建设，是一个长期的任务。作为执政的共产党必须坚持把马克思列宁主义的普遍原理与本国实践相结合，根据变化了的国情、世情，不断解决社会主义建设实践中出现的新问题，探索完善社会主义的新形式，提出新观点、新理论，以统一党和人民的思想意志，保持社会主义制度的生机活力，赢得人民的满意和信赖。独联体各共产党都程度不同地认为，苏联解体自然有西方在社会主义国家实施和平演变战略等外部因素，但关键在内因，是苏联社会中累积已久的问题酿成的。这包括：苏共对社会主义的理论存在僵化教条的理解，不能及时根据生产力的发展需要调整生产关系，根据客观条件的变化改变发展模式，没有充分满足全体社会成员不断增长的物质需求和文化需求；民主机制不健全，官僚主义严重，社会积极性受到压抑；共产党的思想和组织建设薄弱，缺乏干部更替和民主监督机制；党和国家的上层发生蜕变，在内外压力之下，选择错误的改革方向，放弃共产党的执政地位，背离社会主义道路；等等。这些教训值得认真汲取。

第三节　共产党的队伍不能散

独联体国家共产党力量分散薄弱的教训告诫我们，共产党作为无产阶级先锋队，必须有统一的指导思想和严明的纪律，列宁的党内生活的民主集中制原则不能放弃。由于苏共领导人戈尔巴乔夫当年以"民主""公开性"为名，对各种反马克思主义、反社会主义的论调听之任之，任凭那些抹黑党的历史、动摇党的根基的舆论泛滥，结果搞乱了苏共党员的思想，造成派别林立，加速了曾经拥有近2000万名党员的大党的分崩离析，也为后来独联体国家共产主义运动内部的长期不和埋下祸根。因此，共产党组织要了解党员的思想动态，及时解决思想认识问题，加强党员的"三观"教育，不能让错误的思潮在党内泛滥，要把全党统一到党的理论和政治立场上来。没有统一的思想、理论和政治立场，就无法凝聚全党，遇到大风大浪、艰难困苦，党就会一盘散沙，溃不成军。党要管党，从严治党，这既是经验所得，也是现实所迫。在任何情况下，作为共产党，除了工人阶级和广大劳动人民的利益，不能有其他利益，不能允许个人利益、集团利益凌驾党和人民的利益之上。

第四节 坚持中国特色社会主义道路不动摇

独联体国家共产党目前的整体状况提示我们，冷战后形成的资强社弱的世界力量格局并未发生根本逆转，共产主义运动，尤其是处于非执政地位的共产党还没有完全走出低谷。具体到独联体地区，俄罗斯、乌克兰、摩尔多瓦、吉尔吉斯斯坦等主要国家的共产党，经历了一度的复兴之后，又相继遭遇挫折，乌共、摩共、吉共这样的议会第一大党竟被排挤出议会，有的甚至处于被禁止活动的地步。我们说，社会主义代替资本主义这是人类历史发展的大势，各国选择什么样的社会主义道路，应该由各国共产党和人民来决定。但世界社会主义运动的复兴，需要世界大环境的改变。共产党执政国家的社会主义建设的成功，无疑对非执政共产党是莫大的鼓舞。因此，我们应该坚持中国特色社会主义道路不动摇，搞好社会主义建设，为非执政共产党树立榜样。我们应当看到，国际金融经济危机以来，以美国为首的西方大国开始了新一轮的攻势，一方面加紧对本国劳动人民的劳动权、社会保障权的侵害，另一方面加紧了对资本主义外围的盘剥和争夺，以军事、贸易、货币和舆论等各种手段对日益强大的社会主义中国及其他新兴国家进行遏制，以转嫁危机，巩固其对世界的统治。这预示着世界势必进入新的经济、政治和军事的动荡时期。后苏联空间及北非地区不断上演的地缘政治斗争，实际上就是这种动荡的表现。在这样的背景下，我们一方面要做好自己的事情，有理、有利、有节地应对各种挑战，以确保中国特色社会主义事业的稳固发展，另一方面应该团结国际上一切可以团结的力量，赢得道义支持，创造有利的国际环境。我们应当支持和促进全世界的（社会主义制度下的和资本主义制度下的）社会主义力量，求同存异，加强团结，共同反对资本主义，打破帝国主义对社会主义国家的围堵，捍卫社会主义建设的成果，反对战争，维护世界和平，促进人类的进步。

附录 1

俄罗斯联邦共产党纲领

这里发表的新版俄罗斯联邦共产党纲领文本
业经俄共 2008 年 11 月 29—30 日举行的
第十三次代表大会通过

俄罗斯正处在历史的急转弯处。国家已在欺诈和暴力之下退回到资本主义。**这是一条社会倒退之路，它将通向民族灾难和我国文明的毁灭。**[①]

俄罗斯联邦共产党为抵制资本主义复辟、苏联的解体、苏维埃政权的毁灭进行过不屈不挠的斗争。俄共是唯一彻底捍卫雇佣劳动者权利和民族国家利益的政治组织。**党的战略目标是在俄罗斯建成更新了的社会主义，即 21 世纪社会主义。**

本党在确定自己的纲领目标和任务、战略和策略时，从分析社会政治实践出发，以马克思列宁主义学说为指导并创造性地发展这一学说，其依据的是本国和世界的科学及文化的经验与成就。

一 当代世界与俄罗斯

俄罗斯共产党人认为，作为 20 世纪标志的**资本主义与社会主义之间的原则性争论并未结束。**尽管革命运动暂时处于退却，但当今时代仍是从资本主义向社会主义过渡的时代。

---

① 黑体字为原文标注，下同。

如今，在地球上大部分地区占统治地位的是资本主义。而资本主义是这样的一种社会：那里的物质生产和精神生产服从最大限度地攫取利润和积累资本的市场规律；一切都变成了商品，金钱成为人与人关系的主要尺度。**资本主义生产方式意味着资产阶级对人的剥削和对自然资源的掠夺**，而无视对后代生活及其居住环境所造成的致命后果。

列宁关于帝国主义是资本主义的最高和最后阶段的学说被证明是正确的。资本集中的过程在20世纪初带来了一些大型垄断联盟的建立，银行资本与工业资本的相互融合，重新瓜分市场的斗争日益激化，引发了两次世界大战和多起局部地区的武装冲突，造成巨大的人口损失。

20世纪后半叶，发达资本主义国家集团，即所谓拥有"金十亿"居民的国家，通过对地球资源的掠夺性开发、金融投机、战争和极其狡猾的新殖民主义方法而富裕起来，进入了所谓的"消费社会"阶段。在这一阶段，消费由人体的自然功能变成"神圣的目标"，个人的社会地位取决于对这一目标信奉的热诚程度。从本质上说，这是一种通过纠缠不休的广告及其他心理施压方法进行的超级剥削和市场扩张。

帝国主义利用最新技术对全球居民进行洗脑。它竭力用其信息网控制整个世界，在世界各地播撒利己主义、暴力、精神虚无和世界主义。

苏联解体和资本主义在后苏联地区及东欧复辟以后，美国及其亲密盟友推行帝国主义全球化政策。一种极其危险的局势正在形成。劳动和资本之间在国际范围的对立被强加上"文明之间战争"的形式。世界正遭遇新的瓜分。经济、政治和军事的影响范围正在重新瓜分。争夺对地球自然资源控制的斗争日益加剧。帝国主义集团为了实现自己的目的，积极利用军事政治同盟并诉诸公开的武装行动。

业已形成的世界格局使主要资本主义国家得以保持相对的稳定，削弱工人及其他抗议运动，缓解在单个国家的社会冲突。

然而，资本主义在保证了少数国家的高消费的同时，把人类引上了新一轮的矛盾，大大加剧了所有全球性问题。

资本主义作为在全球占统治地位的制度继续保存下去，将带来灾难性的威胁。甚至最狂热的资本主义的拥护者都承认，采用资本主义所固有的掠夺性方法发展生产将会迅速耗尽最重要的自然资源。世界经济危机正在深化。资本主义正以地区性战争和经常性威胁将地区性战争转变为世界性战争、重划国家边界、人类活动引起的灾难、文化衰落和精神堕落等破坏人类的生活。信息的自由交换也与现代市场不相容了。

资本主义本身为更加完善的社会制度的确立创造了前提。社会主义必然到来的主要物质基础是生产的社会化。这一进程的推动力过去是、现在仍然是劳动的人，即工人阶级。科学技术进步将促使城乡工人阶级发生根本的质变和结构上的更新。工程技术和科研人员、服务行业的劳动者就其多数而言今天也是雇佣劳动者。**一支先进部队，即现代工人阶级的核心由此而形成。共产党人将现代工人阶级视为自己的主要社会基础**。共产党人首先向现代工人阶级宣传自己的思想，促进劳动人民意识到并实现其在民族国家内和国际上的利益。这支先锋力量的手中不仅掌握着俄罗斯的命运，而且掌握着整个人类文明的命运。

俄罗斯共产党人满怀信心地面向未来。只有社会主义才能克服人剥削人，克服资本主义生产和消费的奢侈性质。资本主义在苏联和其他一系列国家发生的资本主义复辟意味着社会主义的暂时退却。而且失败的不是作为社会制度的社会主义，而是它的早期形式。社会主义力量正在成熟和壮大。社会主义中国在加速发展。其他国家也在沿着社会主义建设道路向前推进。在许多国家，共产党人或进步党派在执掌政权，这些党派的领导人对社会主义道路抱有好感。在拉丁美洲国家中，继古巴之后，越来越坚定地表现出对社会主义选择的追求。在世界许多国家中，民族解放运动在加强，使资本主义丧失了延长自己存在的最重要的储备和源泉。帝国主义全球化反对者的运动响亮地发出自己的声音。这就是为什么有一切理由认为，**在 21 世纪，社会主义作为一种学说、一种群众运动和一种社会制度，定会重获生机**。

二 历史教训和拯救祖国之路

在评价人类发展规律时，俄共的出发点是，每个民族和每个国家应当**根据自己的特点和历史经验**来实现这些规律。这完全适用我们的祖国。由于各族人民的忘我劳动和卓著战功，社会意识的独特性，伟大作家、音乐家、艺术家、学者和工程师的杰作，以及俄罗斯几代爱国者、革命者的牺牲精神，俄罗斯为人类的发展做出了独特贡献。只有在这个历史传承性的牢固基础上，才能建设我们祖国的未来。

地缘政治、民族和经济状况的错综复杂使俄罗斯社会成为独特文化和道德传统的载体。这一传统的基本价值是和衷共济，集体主义和爱国主义，个人、社会和国家的紧密相连。人民由此产生了对实现真理、善良和正义的最高理想的追求，对所有公民不分民族、宗教和其他差异一律平等的追求。这些品质是群众接受解放思想和革命思想的重要前提。

俄罗斯的历史完全证明了革命是历史的火车头的观点。没有斯·季·拉辛和叶·伊·普加乔夫的农民战争，没有阿·尼·拉吉舍夫思想，没有十二月党人起义，没有亚·伊·赫尔岑和尼·格·车尔尼雪夫斯基的不懈努力，农奴制就不会消失。没有革命力量的斗争，沙皇制度就不会垮台。没有列宁及其所领导的布尔什维克党的活动，人类就不会实现向另一种根本不同的社会制度的突破，由群众的历史性创造而诞生的新型政权——苏维埃共和国也不可能确立。

在军事上、政治上和经济上破产，国家分崩离析，执政的资产阶级—地主联盟完全无能的情况下，伟大的十月社会主义革命对俄国来说是唯一现实的民族自我保护的机会。多民族苏联的建立是伟大的十月革命创造性的合乎规律的表现。

我国是社会主义建设的开拓者。然而，"解决"在资本主义俄国已经累积的诸多问题的必要性和敌对的周围环境都给这一进程留下了深深的印记。

劳动者多数的政权确立了。向公有制基础上的国民经济计划管理的过渡实现了。苏联人很快完成了恢复时期的任务，取得了巨大的社会成就和文化成就。事件的进一步发展**表明，党在单独一个国家建成社会主义的方针是正确的**。

但是，我国的经济仍落后于主要的资本主义国家。苏联的劳动者认识到斯大林关于必须在 10 年内走完主要资本主义国家用了不少于 100 年所走过的历史路程这一思想的特殊重要性。在极短的时间内采用动员经济的方法实现了资本主义国家花了整整一个世纪才实现的**工业化**，快速进行了**农业集体化**，消灭了大批文盲，实现了**文化革命**。所有这一切使社会迈上了一个全新的水平。

苏联的和平发展被法西斯德国及其仆从国背信弃义的进攻所打断。侵略导致了数以百万计的人牺牲和巨大的破坏。苏联人民在伟大的卫国战争中的群众性英雄主义、国民经济的顺利恢复和国家的进一步发展，再一次证明了我们选择的社会主义发展道路具有历史性的优越性。

建立在原则上新型的劳动分工基础上的统一的国民经济综合体形成了。

公民的所有最重要的社会权利——劳动、休息、保健、老年物质保障、住房、教育、享用文化成果——都得到保障，居民福利不断增加，寿命不断延长。苏联在世界上首次实现了人类飞向太空，保证了和平利用核能，科学、文化蓬勃发展。苏联社会主义成了国际舞台上和平与稳定的最强大因素。"俄罗斯奇迹"展示了社会主义制度的巨大潜力，赢得了地球上所有人民应有的尊敬。

然而，建立与社会主义生产方式相适应的生产力的任务还远未彻底完成。在全国确立的动员型经济要求对社会生活许多领域实行极端严格的国家化和集中化。没有及时地实施与生产力的要求相适应的经营机制。官僚主义增长了，人民的自治组织受到压制，劳动人民的社会积极性和首创精神下降。社会主义的一个主要原则——"各尽所能，按劳分配"遭到严重背离。科技革命的成就没有充分地与社会主义的优越性结合起来。毫无根据的赶超得到允许，这在 1961 年通过的苏共第三个纲领中表现得特别明显。

社会面临的主要任务是，从过去很多方面尚不完善的社会主义形式向较为成熟的形式过渡，保证苏联的现实社会主义在其自身基础上得到发展。这首先不仅是要在法律形式上，**而且要真正地，在事实上使生产社会化**，达到比资本主义更高的生产力水平和更高质量的人民生活水平，过渡到劳动集体的自治管理，采用更有效的劳动激励和刺激机制，为人的和谐而全面的发展不断创造条件。

苏联人民意识到有必要进行业已成熟的变革。然而国家领导层却拖延通过必要的决定，在贯彻这些决定时也没有表现出应有的坚定性。结果在社会中积累了一些困难、问题和不利的倾向。这些情况妨碍了社会主义制度优越性的利用并使其变形，抑制了它的前进。这引起许多人的失望和不信任。

不考虑到这些情况，就不能正确地理解祖国历史上劳动人民群众性的创造热情与 30 年代和 40 年代破坏社会主义法制的现象并存这样的一些矛盾，我们党曾坚决地谴责了后一种现象。

共产党竭力成为工人阶级和全体苏联人民的先锋队，队伍中拥有最积极和训练有素的公民，具有忠于社会主义事业的干部，在世界革命运动中享有崇高的威望。然而，直到 90 年代初，苏共活动中积累了严重的负面现象。击溃苏联社会的危机，很大程度上是由党自身的危机引起的。苏共长期在理论上停滞不前。

正如弗·伊·列宁曾经警告过的，不少异己分子和没有任何理想的投机钻营分子混入了执政党内。这些小资产阶级思想的代表对社会主义来说始终具有特殊的危险性。

追求党员队伍的数量和缺乏领导干部的更替和年轻化机制削弱了苏共。党内政治上成熟的党员不能对领导层的活动施加应有的影响并防止越来越多的阶级敌对分子混入党内。对正在发生的进程的危险性低估，对权力和意识形态的垄断以及一部分党的领导人的蜕化变质，使苏共变成了"骄傲自大的党"。党的领导人与千百万名党员和劳动者之间的鸿沟越来越深。

然而，为争取列宁主义方针和真正的社会主义而进行的斗争从未停止过。苏联在继续前进，其实力和国际威望也在增强。党内的列宁主义者共产党人要解决业已成熟的问题、克服社会中累积的负面倾向并迈进新的天地的愿望更坚实了。但是，这个愿望却被社会主义的叛徒以欺骗的手段利用了。

20 世纪 80 年代下半叶，他们口头上假惺惺地高喊"多一些民主，多一些社会主义！"的口号，但实际上却展开了消灭社会主义的工事。社会主义制度的基础——公有制的作用遭到处心积虑的侵害。劳动集体和合作社的作用受到歪曲。没有采取应有的措施以杜绝"影子经济"。削弱国家的作用、放弃计划原则，导致国民经济和消费市场的混乱。人为制造的商品"短缺"引发了居民的抗议。大众传媒工具被有意地转到持有资产阶级观点的代表手里。这些人使用心理战的方法，向大众意识铺天盖地地灌输抹黑苏联和俄罗斯历史的信息，反苏维埃政权和统一联盟国家的"影子资本"、民族主义者、反人民的力量不受任何约束。

政治上层欲利用其地位以攫取全民的财产。当他们的行动遭到要求保存社会主义制度和苏联的真正的共产党员的反抗时，蜕化变质分子就于 1991 年 8—12 月实行了反革命政变，禁止了共产党人的党的活动。

公开背叛我们祖国的掌权者们签订《别洛韦日协定》是其培植资本主义、破坏国家的下一步骤。他们粗暴地践踏人民的神圣意志，人民希望生活在一个统一的多民族国家中，这已在 1991 年 3 月 17 日的全民公决中明确地表达了出来。

这些背叛行径的登峰造极之举是1993年的流血十月——坦克炮轰位于莫斯科的苏维埃大楼，驱散人民代表大会。这些事件是建立资产阶级国家和确立叛卖国家的制度的序幕。

美国及其盟友、西方的特务机关鼓舞我国的反苏势力。在它们的庇护下，在我国建立了"第五纵队"。在它的领导参与下，反革命政变得以实施，使强加给俄罗斯人民的资本主义得到了巩固并暂时有了稳定的保障。千百万人民对当局的破坏性方针及其有害的政策看得越来越清楚。

资本主义复辟不可避免地产生了人剥削人，导致了社会的深刻分裂。在一极，形成了所谓的战略私有者阶级，这一阶级的基础从一开始就是由银行投机资本和原料出口资本构成，它在经济上与西方紧密相连并带有明显的买办性质。民族资本尽管以发展本国经济为宗旨，但仍没有丧失其阶级的本质。在国内，百万美元和亿万美元富翁的人数在增加。而在另一极，受到失业威胁和对未来没有信心的贫困人口却大量存在。**雇佣劳动和资本之间的对抗性矛盾又回到了俄罗斯。**

支撑这一制度的国家机器反映的完全是大资产阶级及其以寡头为代表的上层的利益和意志。

国家笼罩在制度性危机之中。资本主义复辟造成工农业生产规模的急剧下降，科学、教育和文化衰落。尽管石油美元不断涌入，但迄今没有任何经济部门有实质性的进展。人口在减少，公民被排除在社会事务的管理之外，甚至连资产阶级民主制的规则也被践踏，权力机关的选举越来越变成一场闹剧。

富人与穷人、新生的大款与大多数人民之间的鸿沟在加深。劳动人民丧失了其大部分的社会经济和公民权利。大多数同胞伴随着社会分层而无产阶级化。相当大的一部分劳动者、老战士、退休人员持续地绝对贫困化。数以百万计的儿童流落街头，没有学上。地区之间、城市与农村之间的矛盾日益尖锐。

族际冲突的战火尚未平息。俄罗斯问题在资本主义复辟的年代极其尖锐。如今，俄罗斯族人是地球上最大的被肢解民族。一个伟大民族正在经历公然的种族灭绝。俄罗斯族人的数量在减少。历史形成的文化和语言正在被消灭。**解决俄罗斯问题的任务和争取社会主义斗争的任务，就其实质来说，是相伴而行的。**

国家丧失了在国际舞台上的地位。武装力量的战斗力下降。**北约肆无忌惮地推进到了我国边界**。俄罗斯联邦变成了下一轮世界瓜分的对象，**变成了帝国主义国家的原料附属地**。

俄共坚信：只有重建苏维埃制度并沿着社会主义道路前进，才能拯救祖国。历史再一次使我国各族人民面临1917年和1941年那样的抉择：要么是一个伟大的强国和社会主义，要么是国家继续遭到破坏并变为殖民地。这并不是说要回到过去，而是要向前进，走向厘清了过去错误和谬论、完全符合今天现实的更新了的社会主义。

随着制度性危机的加深，人民对当局的愤慨和抵抗与日俱增。被压迫者和生活无保障者的屈辱感与爱国者对强国荣誉被玷污的痛楚相交融，争取国家独立的人民爱国主义运动正在此基础上扩展开来。

在当前条件下，俄共认为自己的任务是把社会阶级运动和民族解放运动联合成为统一的人民阵线，赋予其目标明确的性质。**党为争取祖国的统一、完整和独立，苏联各民族兄弟联盟的重建，公民的福祉和安全、精神和身体健康而奋斗**。

俄罗斯共产党人将自己的思想首先诉诸当代工人阶级，广而言之，诉诸俄罗斯劳动阶级和阶层，诉诸用自己的劳动创造物质价值和精神价值，为居民提供有至关重要服务的人。共产党人把这些人看作自己主要的社会基础。

历史经验表明，在动荡的年代，只有当劳动者乃至全体人民都正确地认识到自己的根本利益并坚决地奋起加以捍卫时，我们的祖国才能取得成功。共产党人的义务就是竭力促进并领导这一进程。

俄共主张和平过渡到社会主义。与此同时，正如联合国大会通过的世界人权宣言中所说，当局有责任关心人民的需要，使"人类不致迫不得已、铤而走险对暴政和压迫进行反叛"。在我国业已形成的制度采取反人民的政策，它是在自掘坟墓。

俄共在促使社会阶级和民族解放斗争日趋活跃时，考虑到党拥有现实的和潜在的政治盟友。这指的是左翼的、社会主义阵营的政党和社会运动，进步的爱国主义运动；还有工会的、工人的、农民的、妇女的、老战士的、青年的、宗教的、教育工作者的、创作工作者的、生态主义者的、反全球主义者等的社会组织，即所有对劳动人民表现出关心、反对俄罗斯受奴役的人，所有不以与执政当局的破坏性方针妥协来玷污自己的人。共产党人尊重他们坚持其观点的权利，也不强加自己的观点。但是在同他们的对话和合作中，共产党人也没有必要隐瞒自己的坚定信念：今天，**捍卫俄罗斯的民族国家利益要同争取社会主义的斗争和人民政权的苏维埃形式有机地融合在一起**。我们相信，生活将证明我们是正确的。

三　国家发展的三个阶段

党认为，要和平地达到自己的战略目的，需经过以下三个阶段。

第一阶段。在这一阶段要完成的**任务是确立以俄共为首的劳动人民的、广泛的人民爱国主义力量的民主政权**。为此，共产党员要组织人民群众去争取其社会、经济和政治利益，领导劳动者、老战士和青年去维护自己的合法权利。

党要争取创造条件以实现各级政权机关的诚实选举并组成人民信任的政府。

利用所掌握的权力杠杆消除"改革"的灾难性后果，恢复公民的基本的政治和社会经济权利，将被违法窃取的基本生产资料的所有权返还人民并交由国家控制。国有化将为下一步的改造奠定牢固的经济基础。大资本、官员和黑手党团伙对小商品生产者的掠夺将被杜绝。

权力代表机关和政府要保证国家安全和独立所需的条件，建立屏障防范"世界新秩序"的创造者们掠夺俄罗斯的自然财富和生产基地的企图，全力促进被罪恶地肢解的苏联各共和国实现经济和政治一体化。

俄共将积极地恢复和发展直接的人民政权：地方人民代表苏维埃，劳动集体委员会，自我管理、自我组织和自我保护委员会，支持劳动者对执行权力机关和代表权力机关实施监督。将把有关完全恢复国家政权的苏维埃制度问题交付全民公决。

第二阶段。在实现政治和经济稳定之后，俄共将采取必要措施，最大限度地保证劳动人民更广泛地参与国家的管理。这必须通过苏维埃、工会、工人自治及其他从生活中产生的直接人民民主机构来实现。

在经济上，社会主义经营方式的主导作用将明显地表现出来，这些方式在保障人民福利方面最为有效。在这一阶段，受生产力水平制约的多种经济结构仍将保存。国家掌握了自然资源和战略性生产部门之后，将调整国民经济发展的主要计划指标，编制全额预算，并成为国内生产商产品最重要的订货方。人民政权将借助计划和市场机制积极调节经济领域和社会领域的发展。

农业生产将得到国家的扶持，消灭臭名昭著的工农业产品的"剪刀差"，消灭对乡村及其劳动者的掠夺。党将把农产品生产、加工和销售整合起来的大型企业视为农村复兴的基础。将逐渐提高劳动人民的生活水平。

第三阶段。这一阶段的主要内容是为彻底形成社会主义的社会关系，保证社会主义制度在自身基础上的稳固发展积极工作。基本生产资料的公有制形式将占主导地位。随着劳动和生产的实际社会化水平的提高，将逐渐确立这种形式在经济中的决定性作用。科学作为直接的社会生产力的意义将更明显地表现出来。将在科技革命成就的基础上对国民经济进行结构调整。更充分和更广泛地满足人们的需求。政权将保证教育和文化的快速发展。

俄共认为，社会主义是摆脱了人剥削人的自由社会，它建立在公有制基础之上，按照劳动的数量、质量和成果分配生活财富。这是在科学计划和管理，采用在知识密集型和资源节约型工艺基础上实现高度劳动生产率和高度生产效率的社会。这是实行真正的人民政权和发达的精神文化、激励个人的创造积极性和劳动者自治的社会。人将成为社会发展的主要目的和因素。

随着社会主义的发展，人类历史的未来——共产主义确立的必要前提将不断形成和成熟。共产主义的特点是公有关系的程度比社会主义条件下高得多，它是一个无阶级的联合体，在那里，每个人的自由发展是所有人自由发展的条件。

四 最低纲领

最低纲领规定了实现党的战略目标的首要措施。这个纲领酝酿成熟于最广泛的劳动者阶层之中。它在人民公决，在人数众多的抗议行动、示威游行及集会过程中都得到了支持。

因此，在当前条件下，俄共认为必须：

1. 确立劳动人民、人民爱国主义力量的政权；
2. 制止对国家的灭绝，恢复对多子女家庭的优待，重建普遍上得起的幼儿园网络，保障年轻家庭的住房；

3. 将俄罗斯的自然资源、经济战略部门国有化，这些部门的收入用于所有公民的利益；

4. 将国家的金融储备从国外银行转回俄罗斯，用于经济和社会发展；

5. 打碎选举中的全面造假体系；

6. 建立真正的独立司法体系；

7. 实施同贫困作斗争的紧急措施纲要，国家对第一必需品的价格实行监督；

8. 重新审定使公民的物质状况恶化并允许瓜分国家自然资源的法律，首先是优惠"货币化"法，劳动、住宅、土地、森林和水资源等法典，不允许提高退休年龄；

9. 恢复国家对住宅和公用经济的责任，规定住房和公用事业服务的支出不高于家庭收入的10%，不再使人流落街头，扩大国家的住房建设；

10. 增加对科学的拨款，保障学者得到体面的工资和科研活动所必需的一切；

11. 恢复高标准的普遍免费中等和高等教育；

12. 保障普遍享受得起的高质量保健；

13. 积极发展科技含量高的生产；

14. 保障国家的粮食和生态安全；支持从事农产品生产和加工的大型集体经济；

15. 规定偿还内债优先于外债，对居民在毁灭性的"改革"年代被冲销的存款进行补偿；

16. 实行累进税，免除低收入公民的税负；

17. 提高国家管理体制的效率，精简官员，扩大劳动集体和工会的权利；

18. 为中小企业的发展创造条件；

19. 保证文化财富可普遍分享，杜绝文化商业化，保护作为多民族俄罗斯的精神统一的基础的俄罗斯文化，保护国家所有民族的民族文化；

20. 保护社会免受大众传媒的低俗和犬儒主义宣传，允许在法律框架内活动的所有政治力量利用国家大众传媒工具，制止抹黑俄罗斯和苏联历史；

21. 采取最坚决的措施遏制腐败和犯罪，杜绝人为破产行为，防止强行侵占行为；

22. 巩固国家国防能力，通过立法禁止利用武装力量反对人民，禁止建立保护资本的雇佣军，扩大军人和护法机关工作人员的社会保障；

23. 保障俄罗斯领土完整，保护境外同胞；

24. 在各国及人民相互尊重的原则基础上推行对外政策，促进联盟国家的自愿恢复。

所有这一切要通过与罪恶——买办的资本的政权进行顽强的斗争才能达到。**我们号召所有劳动者都加入自己未来的创造者和建设者的队伍中来。**

五 在思想和组织上巩固俄共

俄共是从俄国社会民主工党—俄国社会民主工党（布）—俄罗斯共产党（布）—苏联共产党（布）—苏联共产党—俄罗斯苏维埃联邦社会主义共和国共产党发展而来的。俄罗斯联邦共产党是根据俄罗斯苏维埃联邦社会主义共和国共产党和苏联共产党的党员和基层组织的倡议而产生的，继续苏联共产党和俄罗斯苏维埃联邦社会主义共和国共产党的事业，是它们在俄罗斯联邦领域内的合法继承者。俄共从俄罗斯、苏联和世界共产主义运动的以往经验中吸收一切经过实践检验的成果，以便成为能对当代发展的最迫切问题作出回答的真正的劳动人民的党。

我们党号召同胞巩固和扩大爱国力量联盟，为争取社会主义、维护民族国家利益而斗争。党将竭尽全力促使工人、农民和人民知识分子及所有劳动者的联盟捍卫俄罗斯的尊严和独立，保证俄罗斯向社会主义推进。

俄共将千方百计地促使广大劳动人民阶层认识到自己的利益所在，认识到工人在拯救祖国、使国家转向进步发展道路进程中的决定性作用。达到这些目标的必要条件是

——**提高劳动人民的政治积极性，吸引他们加入争取社会主义复兴、争取俄罗斯的自由和完整、争取联盟国家的重建的全国运动中来。**

党要组织和支持各种议会外和议会内斗争的形式，包括群众性的抗议行动、罢工及国际人权公约规定的其他公民抵抗形式。俄共把议会内的斗争看作阶级斗争，在这一斗争中不容许与现政权的反人民方针进行妥协。只有在这种条件下，群众性的抗议运动和共产党人的议会内活动之间的联系才能变得有效。

俄共是一个未来的党，而未来属于青年。党将给予按照苏维埃传统建立的共青团和少先队运动以一切可能的帮助。

俄罗斯联邦共产党是一个独立的社会组织，承认所有其他共产主义政党的独立性。俄共同这些党的关系建立在共同的阶级利益和政治及社会目标、同志情谊和互相帮助、集体主义精神的原则上。党主张克服俄罗斯共产主义运动中的组织涣散状况，在世代俄罗斯和苏联共产党人形成的统一思想道德和政治基础上团结起来。

俄共是共产党联盟——苏联共产党的一员。党认为，巩固这一联盟是在自愿基础上重建联盟国家和统一的共产党的最重要的政治条件。

俄共发展与全世界共产主义政党、工人政党和反帝国主义运动的合作。党一如既往地主张更加紧密地协调和统一共产党人在国际舞台上的行动。

俄共要不断发展、完善自己的活动方式和方法。为了提高对社会进程的政治影响，党认为必须：

1. 保证俄共在所有对人民至关重要的社会活动领域和组织中有代表权；

2. 使反对资本主义制度的议会外和议会内斗争形式相配合，协调行动，最大限度地利用党在代表机构中的议会党团和共产党人议员团的影响来维护劳动人民的利益；

3. 完善在劳动集体，在自我管理、自我组织和自我保护机关中，在工会、工人、农民、爱国主义运动中，在创作团体和妇女、青年、老战士、慈善等组织中的政治工作；

4. 在经济和政治领域，在培养工人、农民和知识分子的阶级自我意识，使其积极进行维权斗争的工作中，与各职业联合会互动；

5. 采取行动支持劳动集体、雇佣工作者和失业人员、老战士的正当要求，建立广泛的俄共拥护者的联合组织网络；

6. 参加联邦和地区的各级权力代表机关的选举和地方自治机关的选举；

7. 维护俄罗斯联邦公民的权利和人的自由，保护居住在苏联各共和国疆域内建立的各个国家中的同胞的权利和尊严；

8. 保护祖国历史和文化，保护公民、爱国者和国际主义者的荣誉。

在党内关系方面的首要任务是：

1. 从思想上和组织上巩固党，首先是巩固党的基础——基层组织；

2. 在思想上和道义上的一致、批评与自我批评、同志情谊、平等和民主集中制基础上保证党的纪律；

3. 坚定不移地遵循列宁关于左的和右的机会主义危险的警告，任何派系和集团都是与党员身份不相符的；

4. 彻底更新党员构成，使党年轻化。广泛吸收正在成长的一代加入党的队伍和党的机关，使年轻一代党员的精力和热情与老一代党员的经验相结合并保证政治的继承性。为党的老战士提供支持；

5. 党内生活民主化，在建立劳动群众的党、杜绝官僚化和领袖至上现象方面开展目标明确的工作，有序地更新所有经选举产生的党的机构和领导干部、议会代表成员；

6. 创造条件，以杜绝出现利用自己在党内的地位达到利己目的、损害党的威信的政治上的腐化堕落分子和投机钻营分子；

7. 对共产党员进行政治教育和政治学习，把先进的社会主义意识灌输到劳动群众中去，对俄罗斯和世界的现实进行科学反思，发展基础性和应用性的社会科学。

俄罗斯联邦共产党的旗帜——红旗。

俄罗斯联邦共产党的党歌——《国际歌》。

俄罗斯联邦共产党的标志——城市、乡村、科学和文化界劳动者联盟的标志——锤子、镰刀和书。

俄罗斯联邦共产党的口号——"俄罗斯、劳动、人民政权、社会主义！"

（刘淑春译）

附录 2

乌克兰共产党纲领

这里发表的乌克兰共产党纲领文本业经乌共 2011 年 6 月 18—19 日举行的第四十四次代表大会通过

乌克兰共产党是一个所有信仰社会公正思想的人自愿联合而成的一个政治组织，其目的是在我国建立劳动人民政权，重新构建以共产主义为基础的社会生活。

党在马克思列宁主义学说的指导下，根据国内政治力量的强弱和国际形势的具体情况确定战略和战术。

在党的主要文件——党纲中阐述了党对当今世界的认识，党面临的任务和奋斗目标，实现这些任务和奋斗目标的途径和方法。

历史道路的教训

1918 年 7 月，在乌克兰领土上活动的布尔什维克组织在列宁的思想和组织原则的基础上联合起来，宣告了乌克兰共产党（布尔什维克）的成立（自 1952 年开始，称为乌克兰共产党）。直到 1991 年 8 月被非法禁止前夕，乌克兰共产党一直是俄共（布）——联共（布）——苏联共产党的一个组成部分，是它的战斗队。

在争取让社会发生革命性变革的斗争中，在争取让劳动人民过上应有的生活的斗争中，乌克兰共产党在坚持开创了人类历史新时代、开创了劳动从资本的桎梏中解放出来的新时代的十月社会主义革命——20 世纪的重大历史事件——的正确事业的过程中，走过了充满历史功绩和艰难困苦的光辉而漫长的道路。

在目前条件下，世界资本主义暂时实施了报复，我国劳动人民重新注定要遭受鄙视和压迫，记住无产阶级革命和苏联社会主义建设的伟大成就和取得胜利的经验教训十分重要。

伟大的十月革命给乌克兰人民，给多民族的俄罗斯的所有人民带来社会解放和民族解放。正是由于社会主义革命的胜利，乌克兰人民建立了自己的主权国家——乌克兰苏维埃社会主义共和国。同俄罗斯苏维埃联邦社会主义共和国、白俄罗斯苏维埃社会主义共和国和外高加索的几个苏维埃共和国一起，乌克兰苏维埃社会主义共和国成了1922年成立的苏维埃社会主义共和国联盟的创始成员国。

作为苏维埃社会主义共和国联盟的成员，乌克兰靠共产党领导的人民的忘我劳动，在很短的历史时期，就把国家变成了一个拥有强大的工业、集体农业经济、先进的科学技术和独特的文化的高度发达的国家。在20世纪60年代，乌克兰苏维埃社会主义共和国的大多数经济发展指标都进入了世界前十名最发达国家之列。还是在第二次世界大战之前的年代，失业、贫困、文盲、传染病、流浪儿、卖淫、被迫移民现象已经被从苏联人的生活中根除。

苏维埃乌克兰的事例令人信服地证明，社会主义，作为新的社会发展阶段——共产主义的第一个阶段，摆脱了令人屈辱的人剥削人，为展现每一个公民的才能并使每一个人协调发展、实现各项生命权益、掌握高水平的科技和文化创造了可能。在苏维埃国家不仅仅是宣告，而是实际保障所有公民享有平等的劳动和休息权、受教育和享受医疗保障的权利、居住、养老和社会保障权、参加管理国家的权力。

我国建立了全新的社会主义文明，与这个制度本质相符的集体主义和人道主义原则——团结互助、高尚的道德情操、对个人、民族和国家的尊重、善良公正——是全新的社会主义文明的基础。

苏维埃乌克兰国家的历史经验令人信服地证明了列宁民族政策的生命力。其最重要的原则——不以民族属性为转移、反映劳动人民总需求和利益的无产阶级的国际主义，——这个原则是形成新的历史共同体——苏联人民的基础，乌克兰人民是苏联人民的一个组成部分。苏联各个民族独一无二的兄弟情谊是社会进步的强有力的推动力。

正是在社会主义时期，共产党领导的苏维埃国家解决了重要的历史任务：乌克兰土地在现有的疆域内得以统一。乌克兰苏维埃社会主义共和国作为联合国的创始国和参与联合国活动的主体让苏维埃乌克兰在世界上享有较高的威信、乌克兰作为一个主权国家得到承认、乌克兰在国际舞台上的影响得到认可、对战胜法西斯主义做出的巨大贡献得到公认。

伟大的十月社会主义革命的成果是在我国建立了无产阶级专政类型的劳动人民政权，而共产党变成了执政党。正是取代了资产阶级专政、反映了大多数劳动人民意志的无产阶级政权能够压制挑起内战的少数剥削者的反抗，能够抵抗国外帝国主义国家的武装干涉，在乌克兰，中央拉达和其他资产阶级民族主义政府代表着乌克兰的少数剥削者的利益。无产阶级专政保障了工人阶级与农民的紧密联盟，在社会主义原则上建立了高于资本主义的社会生活和劳动组织形式。

我国的社会主义建设是在残酷的阶级斗争，敌对的资本主义包围，以及从沙皇制度继承来的经济和文化落后性的条件下开展起来的。在第一次世界大战和内战年间，在外国武装干涉年间，然后是在人类历史上最沉重的伟大卫国战争年间，遭受了巨大的破坏，牺牲了千百万人，必须要投入大量的物资巩固国防，以便时时防备帝国主义发动侵略的威胁——这一切都严重抑制了人民福利的提高。因此，苏联人民的消费水平与最富有的资本主义国家的人民的消费水平之间存在的差距缩小了，但是没能够最终战胜这个差距。

遗忘阶级斗争的教训、背离社会主义原则、拖延对政治和社会经济进程管理的完善、主观主义和唯意志论的出现对苏联社会主义建设的命运造成极大的危害。

对遵守列宁的党内生活的标准和主要原则——民主集中制和集体领导——的监督削弱了。这导致缺乏思想的野心家、资本主义思想和道德的拥护者充斥了党的队伍，一部分党的领导干部蜕化变质，脱离了劳动人民，最终——社会主义原则遭到歪曲。苏联共产党曾倡导批判违背社会主义本质的不合理现象，并克服由此产生的后果。

20 世纪 60—80 年代没有采取足够的措施制止帝国主义强国及其在苏联的代理人的破坏活动，也是一个教训。对资产阶级的民族主义，特别是乌克兰的民族主义的危险性的评价不够充分。帝国主义国家情报机构委派和支持的这些力量在 20 世纪 80 年代末 90 年代初展开了取消乌克兰的苏维埃政权并瓦解苏联，使乌克兰脱离俄罗斯的公开行动，这是帝国主义的主要目的之一。

伪改革家——蜕化变质分子和投降主义者——上台担任苏维埃国家和苏联共产党的领导促成了这一目标的实现。在"完善社会主义"、"新思维"这些蛊惑人心的口号的掩盖下，他们破坏了苏联的经济基础和政治制度，首先破坏了苏联的核心——共产党。社会主义思想和精神价值遭到损害，苏联人民在世界上捍卫的进步立场被抛弃。所谓的"主权共产主义"的产生起到了毁灭性作用。

1991年8月，在外部的支持和引导下，反共产主义力量、民族极端主义力量完成了反革命政变，开启了苏联解体和资本主义复辟之路。反革命力量在攫取了政权之后的第一步就是违法禁止了苏联共产党的活动和各加盟共和国共产党的活动。在狂热的反社会主义氛围中，背叛到极端民族主义力量方面去的那些原共产党的在册权贵非法禁止了乌克兰共产党。

对我们的国家和我们的人民而言，这些已经成为悲剧的历史事件，是沉痛的历史教训。革命应该善于自卫！[①]——列宁留下了遗训。共产党人和所有的社会主义拥护者无权忘记这一点。

1993年6月成立，通过了全新章程，并于同年10月登记注册的乌克兰共产党举起了为社会主义而奋斗的旗帜。通过长期的顽强斗争，共产党人成功地获得了乌克兰宪法法院对乌克兰最高苏维埃主席团有关禁止共产党活动的法令是违宪的认定。这是共产主义思想拥护者、国家的所有进步力量取得的重要胜利。召开联合代表大会之后（2002年5月），乌克兰共产党不仅仅是作为1918年7月成立的共产党的思想和传统的继承者于1991年7月在乌克兰司法部登记注册，而且是作为其权力继承者，进行合法活动。

乌克兰共产党走过的历史道路最值得总结的一条教训就是，只有党坚定地站在鲜明的阶级立场上，始终坚持以马克思列宁主义理论为指导，创造性地发展马克思列宁主义理论，保持党员队伍的纯洁性和较强的战斗力的时候，只有党严格地遵守列宁的党内生活标准和原则，密切联系群众，而人民把党看成自己的先锋队的时候，只有党果断地同阶级敌人的阴谋进行斗争，及时准确地响应时代号召的时候，争取社会主义的斗争才能取得

[①] 《列宁全集》第37卷，人民出版社1986年版，第11页。

成功。

相反——忘记了这一点，党注定要失败。

反社会主义政变之后的乌克兰社会

由于资本主义复辟，乌克兰的发展倒退了几十年，沦为资本主义世界的原料供应国，西方技术残渣和生产产品的倾销市场，正在变成一个人种走向灭绝的国家。

在乌克兰经济中、在国家权力体系中、在信息领域——在生活的各个领域，剥削阶级——资产阶级都占主导地位。这决定了在我国建立的社会政治制度的性质。

劳动人民政权被终结。社会主义生产关系的基础——生产资料的社会所有制被取消。几代苏维埃人靠劳动创造的财富被寡头氏族攫取，寡头氏族之间正进行着残酷的权力斗争、重新分割私有财产和倾销市场的斗争。

在生产资料私有制基础上，恢复了人对人的剥削。真正的人的集体主义的社会生活制度遭到瓦解。

国家的计划与监督机制遭到破坏。

多年来与俄罗斯联邦、其他原苏维埃社会主义加盟共和国建立起来的互利互惠的经济、科学、社会、宗教和其他联系被扯断。这导致我国经济中最重要部门的生产混乱，失业率大幅上升，向外移民增多。

社会领域遭受的破坏，世界上最先进的教育、卫生、社会保障体系的衰退，史无前例的社会按照财富的多寡分层，被抛到生存线以下的数百万人的赤贫是我国人民最大的悲剧。

繁重的劳动、简陋的生产条件、高工伤率、劣质饮食——所有这一切损害了人民的健康，让我国人民面临基因储备的威胁。酗酒和吸毒成了民族灾难。肺结核和艾滋病疫情、犯罪的猖獗、儿童无人照管的情况都达到了令人震惊的地步。

今天，同20世纪初通过第一个列宁政党的纲领的时候一样，挽救乌克兰人民，使其免于肉体灭绝、思想和道德的堕落的任务具有十分迫切的现实意义。

乌克兰社会被全面的制度性危机、权力机构的总体性贿买所困，正经历着严重的衰退。教育、科学、卫生、出版、电影业、博物馆和图书馆业资金严重短缺。文化企业的商业化导致它们不能为大多数人提供服务。通过所谓的"大众文化"在社会上灌输个人主义和放纵、暴力和恣意妄为，崇拜无信仰、放荡、看风使舵。诸如诚实、良心、尊严这些概念失去了其本身的价值。人们不再相互信任。拜金主义受到赞美。奸诈、背信弃义得到美化。集体主义心理、人道主义道德观、国际主义信仰、对英勇过去的记忆、对苏联人民在1941—1945年的伟大卫国战中取得的伟大胜利的记忆被从人民的意识中连根拔掉。

在带有法西斯取向的反对共产主义和反对苏维埃主义、仇视俄国和带有其他排外取向的基础上培育出来的乌克兰资产阶级民族主义被作为"国家理念"、思想核心强加给社会。正如早些年和近几年的现实所显示的，民族主义既不能成为任何创造性要素，也不能成为任何团结性要素。资产阶级民族主义思想的灌输只会分裂国家，并将国家引向法西斯专政。

资本主义的复辟导致乌克兰社会的社会阶级结构发生了急剧的退化性变化。

在乌克兰形成的资产阶级，贪得无厌、极端自私，靠损害国家和人民利益的犯罪手段致富，对外国资本卑躬屈膝，崇拜西方生活方式。用马克思的说法，当代乌克兰国家同任何一个资产阶级国家一样，是一个管理整个资产阶级共同事务的委员会。现有国家政权的所有分支机构和制度都是为剥削者的利益服务的。

在资产阶级改革进程中，随着社会主义生产的破坏，乌克兰不仅工人阶级的数量显著减少，尤其是大型物质生产部门的工人阶级数量显著减少，而且工人阶级丧失了自身的阶级属性。资产阶级及其政权贿买工人阶级，在工人阶级圈里培植职业隔绝，利用各种各样的影响方式企图让民众相信：他们关心人民。正是因此，劳动人民一下子就处在虚假宣传的控制之下，在选举中投票支持"好的"新主子及其仆从。

尽管由于资本主义复辟带来了巨大的损失，工人阶级依然是潜在的受剥削群众的主导性力量，工人阶级能够掀起反对压迫制度的斗争。乌克兰工人阶级的根本利益在于：消除资本的政权，让国家返回社会主义发展道路，终结人对人的剥削、贫穷和目无法纪的现象，与所有劳动人的利益保持一致，与我们整个社会发展的刚性需求保持一致。

因此，在现有条件下，乌克兰共产党认为工人阶级是其主要社会基础，并吸收工人阶级的先进代表加入自己的队伍。与此同时，党把赞同社会主义的农民、知识分子和其他雇佣劳动人口的积极代表人物吸收入党。

为了将工人阶级变成强大的革命力量，重新成为革命的阶级，党认识到在工人运动的发展中自身的最重要任务是提高工人阶级的觉悟并组织无产阶级为争取社会主义而进行奋斗。

1991年之后，乌克兰农民的命运是悲剧性的。集体农庄、国营农场制度的破坏和土地私有化，农村社会基础设施的损毁，国家不再解决农业部门的问题导致以社会主义原则为基础的、高效的农业生产终结，国家农业全面退化。几十万公顷的农业用地被新生的大地产主侵占。过去的集体农庄庄员和国营农场工人变成了雇农，或者是，没有找到工作，靠个体经济的微薄收入和土地入股的租金勉强维持生计，或者背井离乡去谋生。数百个乡村从乌克兰地图上消失了。

由于掠夺性开发，世上罕有的乌克兰土地失去了肥力。农产品的生产急剧缩减。乌克兰失去了自身的粮食安全，大部分粮食从国外进口，其中包括对身体有害的粮食。

党认为，保护劳动农民的利益，挽救乌克兰农村，最重要的、最紧迫的任务就是停止掠夺性地收购耕地。

党关心祖国知识分子的命运。在所谓的"改革"年间，一部分知识分子屈服反共产主义宣传，参与摧毁社会主义的基础。面对资本主义现实，遭受严酷的剥削，赚取微不足道的工资或者完全失业之后，绝大部分脑力劳动者远离社会政治活动，缄默起来。很多学者、拥有高等专业技能的专家、艺术活动家，不能在自己的国家施展自己的知识、才能和天赋，不得不移民，到国外去寻找更好的运气。

考虑到知识在当代世界的作用日益彰显、科技成就日新月异，知识分子的作用随之提高，共产党认为，帮助从事脑力劳动的人们从自由主义的幻想中解放出来是自己的责任，要让他们意识到，知识分子只有在同工人阶级和劳动农民一起进行的剥夺资产阶级权力、争取社会主义的斗争中，知识分子的才能和切身利益才能够得到实现，正如历史所昭示的那样。

在社会主义经济瓦解的条件下，私营企业的活动，包括小企业主的活动活跃起来。这保障了几百万人的就业。鉴于本国的历史经验和中华人民共和国等国家所获得的当代经验，乌克兰共产党支持那些取消了剥削雇佣劳动的小企业主的活动。同时，乌克兰共产党注意到了小企业主和中等企业主的两重性特征——他们既是劳动者，又是占有者。这导致他们在支持大资产阶级和支持无产阶级之间摇摆,产生小资产阶级心理和情绪,它们客观上是为保留并不断地再生产资本主义关系的基础服务的。

共产党人看到自身的任务在于对这些阶层讲清楚,他们之中的绝大多数都没有前途,——大资本和竞争者会毁掉他们。

党高度重视加强在青年中开展工作,尤其是在大学生中开展工作。他们的世界观形成于反共产主义思想扩张的条件下,资本主义势力为了自身利益,无所顾忌地利用青年人的幼稚和政治经验的匮乏。因此,党认为,在坚持社会主义立场的共青团员、老战士、专家学者的积极参与下,帮助年轻人从强迫他们接受的反共产主义成见中解放出来,具有重要意义。向青年人讲清楚资产阶级的道德和价值观的危害性,吸引青年人同城市和乡村的无产阶级一起进行争取美好未来的斗争极其重要。在这项工作中,支持并协助共青团员——共产党人的职责。

像平时一样,老战士——创造、建立并捍卫了我们的国家、把我们的国家推向了进步巅峰的一代人的代表,是党特别关注的对象。而今,在资产阶级占主导地位的条件下,资本将老战士弄成了社会的最弱势群体。

资产阶级的主导地位越牢固,乌克兰社会深刻的矛盾和激烈的冲突——政治的、经济的、社会的、意识形态的、宗教的——就会变得更多。只有取消资本主义并过渡到社会主义,才能够解决这些矛盾和冲突,才符合劳动人民利益。在当前条件下,劳资矛盾、一无所有的大多数民众与剥削他们的少数人之间的矛盾日益尖锐。这客观上导致了革命形势的成熟。但是,它的主观因素——无产阶级群众的意识,他们反对资本的有组织的斗争——成熟得比较缓慢。党认为有义务帮助人民群众认识到资产阶级氏族及其政府轮流执政政策的反人民的本质,并帮助人民群众认识到被剥削大众分散的、政治上没有进行有效组织的抵制资本占主导地位的尝试徒劳无益。

历史经验证明,革命形势的来临与劳动人民投身到无产阶级自觉地、有组织地反对资产阶级的自发斗争紧密相关,与在这一斗争中联合围绕在工人阶级及其先锋队——马克思列宁主义政党周围的所有被剥削者紧密相关。乌克兰共产党认为自己的使命和最重要的任务就在于此。

争取社会主义斗争中的党

作为一贯反对资本主义制度的一支政治力量,让劳动人民掌握政权、在乌克兰建设社会主义、恢复各兄弟民族的联盟、让各兄弟民族团结在一个统一的社会主义联盟国家里是乌克兰共产党的主要目标。

在当代的所有实践活动中,共产党都像十月革命前(1917年)一样,用列宁的话说就是,没有向社会主义迈出步伐,就不要向前进。

共产党认为,由于资本主义复辟,在后乌克兰形成的社会经济条件导致向社会主义的过渡不能一蹴而就。这条路要分几个阶段走,要克服巨大的困难。

实现第一阶段的任务,应该在社会向社会主义的发展中,为高质量、革命性地跳跃铲平道路,并实现劳动人民掌握国家政权。该阶段任务的内容不可避免地具有泛民主主义的性质。为了劳动人民的利益,应该引领国家摆脱深刻的危机,解决尖锐的社会经济问题和其他问题。只有通过有组织的反抗运动,劳动人民才能够改善自身的处境。

在开展反对国际金融资本强加的所谓的"自由主义改革"的"休克疗法"政策的同时,共产党为了劳动人民的利益,考虑到乌克兰的现实,提出了彻底地改革整个社会关系体系的最低纲领。

在政治领域,共产党坚决反对统治制度滑向独裁主义,坚决反对国家政策被罪恶的寡头氏族和国外金融资本圈操纵。

该领域的具体任务是:

——废除总统制,确立国家与社会生活的民主原则;

——审查选举法,以确保工人、农民、知识分子、妇女、青年在地方自治机构、乌克兰最高拉达中的代表,符合其在居民构成中所占的比重;

——对那些不能博得劳动人民信任的各个层面的人民代表和法官可由选民召回;

——基层法官由相应地区的公民直接选举;

——区域和地方自治要有切合实际的内容和相应的财政保障;

——采用人民监督制度;

——建立享有全权监督企业经营活动的劳动集体委员会;

——抑制腐败、有组织犯罪,权力高层做表率;

——取消为官僚们提供的优惠和特权。

在坚决反对任何分裂主义现象的同时，共产党十分重视各个地区因历史背景、民族构成、传统和其他情况的不同而形成的特色，在稳定的宪法保证国家统一的情况下，不排除乌克兰向联邦制过渡的可能性。

在提出"全部政权归劳动人民代表苏维埃"的口号作为自己斗争的最重要目标的同时，共产党人确定其准备与其他进步社会力量进行开诚布公的合作。

共产党认为经济政策领域的主要方向如下：

——全面恢复十分需要的国家职能——计划、管理、协调和监督、靠内部投资实现国民经济现代化、技术创新；

——建立一个强大的、在世界市场上具有竞争力的经济部门，首先，要在最短的时间里，把具有战略意义的基础工业部门的企业：能源、冶金、机械制造、军工生产、其他部门的高利润企业，以及运输、通信和基础设施建设，变回全民所有；

——实行社会对经济的监督，以便使各个部门摆脱影子经济，预先防止投机倒把、垄断经营现象，抑制通货膨胀、价格和税率的自发上涨；

——制订并实施国民经济各部门现代化的具体方案，让国民经济的各个部门变成现代的技术基地，逐步地改变专业结构，提高效率；

——切实扩大国家在科学、教育、文化和卫生保健发展方面的投入；

——靠扩大开采自有能源，其中包括扩大对我国具有特殊意义，也包括具有社会意义的煤炭的开采和加工，使用可再生能源（风能、太阳能、潮汐），采用蓄能技术，实现我国经济能源独立；

——酒精饮品和烟草制品的生产和销售实行国家垄断；

——买卖土地不许改变农业用地的用途，无条件地遵守乌克兰宪法关于土地是重要国家财富、归乌克兰人民所有，受国家保护的条款。土地、水、森林、矿藏和其他自然资源不能私有化——这是乌克兰共产党不可动摇的立场；

——制订并实施一项全面的、期限为10—15年的农工综合体发展计划，在自愿合作基础上，重建大型的、高度发达的农业生产，支持国有农业企业；

——保护并恢复人民的传统的居住环境；

——克服破坏住房公共事业的后果；

——建立现代化的交通基础设施；

——停止带有歧视性的，以限制乌克兰主权为条件的获取国际金融组织和跨国银行组织贷款的反国家行为；

——将存在外国银行的资本收回，不允许资本非法外流；

——建立有效的国有银行和投资部门，确保国家货币汇率稳定。

在社会领域，共产党正在发动旨在消除贫困、实现劳动权和有尊严的生活的权力、建立社会公正的反抗斗争。

党极其重视：

——保证经济活跃人口的充分就业、安全的生产条件和相应的工资收入；

——制定切合实际的最低生活保障，确保退休金和按小时支付的最低劳动工资不低于这个水平；

——使用累进税率制度和国家调控价格机制，采取一系列举措以期进行公平的收入再分配，目标是消灭贫穷和反常的财产不平等，追究投机倒把行为的刑事责任；

——保障所有人都可以平等获得的、免费的医疗服务，中、高等教育；

——国家投资为生活上缺乏保障的公民和年轻家庭建设社会住房；

——保障科学家有相应的收入以及开展科研活动必需的一切必要条件；

——建立可信赖的社会保险制度，为母亲、儿童和体力上受到限制的人提供社会保障；

——制订并实施旨在刺激出生率、巩固居民身心健康的国家计划；

——恢复儿童休养、康复和创造性发展的国有机构体制，国家保护并援助孤儿、伤残儿童和拥有多个孩子家庭的儿童，以及家庭条件不好的家庭的儿童；

——保障公民享有根据工龄支付的相应退休金，不允许在派发退休金时搞平均主义和破坏公平原则；

——设立并严格遵守生态安全标准，加强国家对遭受到切尔诺贝利核电站爆炸事故后果伤害的人群、贫困地区居民提供的保护；

——国家适当出资消除人为的和自然灾害的后果；

——根本改变国家对社会领域发展的态度，尤其是在农村，保留现有的国有部门和公共事业部门的卫生和教育机构；

——根据1992年1月1日的实际价值，在各储蓄机构对居民的存款进行全额补偿；

——共产党人今后要坚决反对改变现行法律，以及恶化乌克兰劳动人民处境的任何企图——提高退休年龄、增加工作周的长度、强制搬迁、包括不按时为住房的公共服务付费。

在精神领域，共产党支持：

——拟定并执行旨在让青年人实现自我的青年政策，保障所有青年人享有平等的接受教育、选择专业、安置就业、参与国家与社会管理的条件；

——建立有效的国家培养和教育儿童和青年的制度；

——实行有效的国家举措以保留和保护历史和文化纪念碑，制止对为列宁和其他著名社会活动家、我国人民生活中的历史性事件设立的纪念碑的野蛮破坏；

——严惩贩毒、贩卖人口、组织卖淫和宣传色情、暴力。

共产党人一贯反对青年的精神和道德堕落，一贯反对文化的商品化，一贯反对灌输不讲道德、低级趣味、厚颜无耻、民族沙文主义和其他排外思想，一贯反对篡改历史、藐视我国人民英雄事迹和劳动功绩、企图复辟并宣传法西斯和新纳粹主义思想，其中包括在科研机构、普通和高等教育机构里。一贯反对将背叛者英雄化，反对反共产主义和反苏维埃主义的嚣张气焰。共产党要求禁止在乌克兰出现的新纳粹组织，为任何法西斯主义的出现设置刑事处罚。

伴随着劳动人民政权的建立，争取社会主义的斗争将进入第二个阶段。克服资本主义复辟产生的后果，重建并巩固社会主义社会的基础将成为第二个阶段的内容。

在该阶段，必须恢复主要生产资料的社会所有制和计划经济体制，恢复"各尽所能，按劳分配"的社会主义分配原则。同时，将参考苏维埃政权年代社会主义改造的历史经验，特别是列宁的新经济政策，运用这些社会生活的组织机制和组织方式，能够为全面实现社会主义的人道主义潜能提供可靠的保证，并防止其变形。

实现社会主义改造的具体途径和方式将由其所处的形势决定。党希望社会主义革命的实现和劳动人民的政权的建立是和平的——通过对资产阶级政权施加政治压力和道德压力的途径,通过人民民主意愿的表达。正如历史经验所显示的,如果广大民众联合起来进行有组织的、积极的反抗运动,这是有可能的。但是,历史同样表明,革命力量应该为历史事件的发展准备另外的方案,这些方案可能要求采取与乌克兰宪法和世界人权宣言预先规定的相一致的、用暴力行动反抗反人民力量的举措。

共产党员意识到,完全恢复过去的、在另一种条件下、在另一种生产和分配组织原则和层面上、在另一种社会阶级结构中、在另一种社会意识水平下存在过的社会经济关系体系是一种空想。

共产党人认为,只要对主要生产资料和工具、对土地和原料的私人所有制还占据主导地位,资本主义的经济基础就会得以保留。消灭生产资料私有制——社会主义取得完全胜利的必要前提。这一任务,同克服转型社会的经济多元性一样,将随着解决这些问题的客观必要前提的成熟,通过根据具体的情况设定的路径得到解决。与此同时,我们谈的不是个人通过诚实劳动获得的个人的(个体的)财产。

马克思主义经典作家的原则性立场为党解决这类问题指明了方向:"……私有财产是生产力发展到一定阶段上必然的交往形式,这种交往形式在私有财产成为新出现的生产力的桎梏以前是不会消灭的,并且是直接物质生活的生产必不可少的条件。"[①]

生产力的全面发展、提出直接的脑力劳动是最重要的、体力劳动的智力化,在这一进程中是决定性的。这同样也影响到生产关系,首先是财产关系。社会性逐渐地扩大到财产的全部要素——占有、使用、分配,这将促使人们克服对财产、对生产管理的疏远。各种形式的社会所有制——全民所有制、集体(团体)所有制、私人(个体)所有制将获得发展。在科技进步成就、电子计算机技术的成就、计算机化的基础上,新型的交往、支付、不包括腐败和施展各种诡计在内的积累,将取代商品货币关系。这将促进计划的完善、工作效率和灵活性的提高。

以社会主义原则为基础,恢复社会消费基金的作用并扩大其规模,将会使真正的社会平等获得保证。在这种情况下,共产党人理解的国家公民社会地位的实际平等,绝不是个体在体能和智能上的平等。只有社会主义国家为所有公民的能力的发展提供了平等的法律前提。这种以所有社会成

---

① 《马克思恩格斯全集》第三卷,人民出版社1960年版,第410—411页。

员平等掌握生产资料为基础的社会平等既排除了平均主义，又排除了靠别人供养，倡议创造必要的条件以保证真正的智力和才能的竞争，保证人们的多样化立场和生活态度都能够得以实现。

根据列宁的遗嘱，让民主斗争从属于社会主义斗争的同时，共产党必须把争取民主的斗争同争取社会主义革命的斗争结合起来。共产党将要为乌克兰资产阶级宪法宣布的人和公民的权利和自由提供实质性内容和保障。这一点尤其重要，因为资产阶级及其走狗虚伪地利用"民主"、"人权"、"言论自由"等口号压制公民的权利和自由，并把它们作为反对社会主义斗争的工具。

共产党坚决反对强迫社会接受民族沙文主义思想的任何企图，民族沙文主义思想是法西斯主义、民族排外主义和仇视其他民族和人民思想的基础。

党反对语言歧视，支持全面发展乌克兰语言和文化，支持为俄语提供国家语言的地位，俄语是我国大多数公民的母语或者日常生活用语，是民族间交往的通用语，党支持我国历史形成的乌克兰语、俄语的双语国情进一步得到发展。共产党人保证为所有民族团体和语言团体提供乌克兰宪法和乌克兰的国际责任规定的自由使用母语的权利，双亲为孩子选择教学语言的权利。

党力争始终遵守宪法有关世界观和信仰自由的规定、有关教会和宗教组织与国家分离、学校与教会分离的规定。国家不能认定任何宗教是必需的。作为辩证唯物主义世界观、科学无神论的拥护者，共产党人尊重宗教信徒的信仰和感受。党反对为政治目的，利用教会的反共产主义的力量，党也反对以煽动宗派和种族纷争为活动目的的外来的伪宗教流派，党看到自身的任务是团结所有劳动人民，无论其世界观如何，进行争取社会公正并在地球上，而不是在死后的世界过上有尊严的生活而斗争。

对于民族政策、语言、文化、宗派关系的问题，共产党的立场是承认个人权利优先和必须捍卫社会利益。

党认为必须更换乌克兰的各种符号，乌克兰国歌的歌词和曲调。

新型社会主义的基本特征将得到修正、变得更加明确，但其本质没有发生变化——这是旨在为每个人创造平等的社会机会、个性全面协调发展的以生产资料的社会所有制和劳动人民政权为基础的一种制度。

在接下来的几个阶段，社会主义改造将要在社会主义的原有基础上进行，目的是确立由"各尽所能、按需分配"原则为内容的共产主义生产关系和价值观。这样，社会主义就会在自然的发展进程中，逐渐地发展成为共产主义。

共产主义社会是一个联合体，在这个联合体中，每个人的自由发展是所有人自由发展的前提，共产主义社会的建设是共产党的最高目标。生活将会展示，共产主义的形成将要经历哪些历史时期和以哪些具体的形式存在。党认识到，必须对与向社会主义过渡相关的具体问题进行深入的理论分析，并邀请学者、所有有觉悟的公民参加这项工作。

当代世界中的乌克兰

反社会主义政变之后，乌克兰像所有其他的原苏维埃加盟共和国一样，被卷入世界资本主义体系，世界资本主义体系反人道的本质在数百万乌克兰公民的命运中得到了充分的体现。

在世界舞台上，阶级斗争日益严酷，资本主义与社会主义之间的历史角逐仍在继续。

尽管资本主义生产关系在后苏联空间和中东欧等国实现了复辟，一小撮发达资本主义国家靠掠夺性地剥削地球上的人力资源和自然资源、金融投机、新式巧妙的殖民化手段让一部分居民达到了相对比较高的消费水平，但资本主义无力解决任何人类所面临的任何一个最尖锐的问题。它不能终止周期性危机、失业、一小撮富国和绝大多数的穷国之间差距的灾难性扩大，不能把战争从社会生活中排除，不能制止能引发生态灾难、给人类的后代带来毁灭性后果的对人和自然资源的肆意剥夺。

当今社会的客观一体化进程被用来推行帝国主义的全球化政策，确立美国的霸主地位，这对和平和国际安全构成了新的威胁，提出了新的挑战（恐怖主义、大规模杀伤性武器的扩散、海盗、毒品生意、网络犯罪、贩卖人口等等），让人类面临文明的冲突和自我毁灭的危险。

当代世界发生的进程更有力地证实了列宁关于帝国主义是资本主义最高阶段的表述的正确性。

资本的集中和输出获得了本质上不同的特点。银行资本和生产资本以前所未有的规模融合导致强大的跨国金融工业公司和集团的形成，它们就像一个巨大的吸血鬼，笼罩着整个地球，是进行超级剥削的工具。争取重新瓜分市场、重新分配经济和政治影响力的范围、争取控制地球上的能源、粮食、水和其他资源及这些资源的运输路径的斗争日益激烈。

帝国主义在利用工程、技术、信息领域的最新成就，利用心理膨胀方法的同时，不仅有针对性地欺骗地球上的居民，培植消费心理，而且还借助纠缠不休的广告和其他施加心理压力的方法扩大自身的影响。为了达到自己的目的，美国、其他帝国主义国家的统治集团纷纷加强政治军事联盟，发动军事侵略反对独立国家，要求重新划分边境线。

由于帝国主义者的过错，世界不止一次处在大规模冲突的边缘，在目前局势下，大规模冲突可能演变成全球核灾难。与此同时，一些精心考虑的方法——挑起民族主义、煽动所谓的"民主"、"天鹅绒"、"颜色"革命，在主权国家培植新殖民主义者满意的傀儡政权——开始投入应用。

世界上事态的发展为我们提供的新的证据表明，当今时代，像从前一样，依然是从资本主义向社会主义过渡的时代。只有社会主义的胜利能够让人类克服资本主义世界所固有的矛盾。

正如马克思列宁主义经典作家所预言的那样，生产力的发展合理地提出了资本主义经济条件下生产关系"社会化"的问题。这与工业技术向后工业技术过渡、与计算机、信息技术、自动化生产的广泛应用密切相关。生产劳动性质的根本改变成为一种必然趋势，生产劳动日益地在向智力主导的劳动转变，智力主导的劳动完全是社会发展的社会主义阶段本性所固有的。一切都变得越来越尖锐，并且难以解决，在资本主义所固有的掠夺性使用自然资源的条件下，与使用自然资源相关的问题实际上已经变得无法解决。

周期性爆发的金融危机和经济危机是世界资本主义经济注定要失败、单极世界模式无法存在、经济发展的新自由主义理论崩溃、资本主义的矛盾无法解决的一个证明。

现在，资本主义已经进入了社会制度总危机的第四个阶段。第一个阶段——导致伟大的十月社会主义革命的胜利，第二个阶段——导致世界社会主义体系的形成，第三个阶段——导致帝国主义殖民体系的瓦解。当前阶段的特点是资本主义的各种矛盾越来越尖锐、资本主义丧失了历史发展前景、世界资产阶级都在努力使社会走向倒退。

鉴于乌克兰处在欧洲中心的重要战略地位，乌克兰是地缘政治对抗的主要主体集中关注的对象和不断地施加野蛮的帝国主义影响的对象，地缘政治对抗的主要主体都希望让乌克兰留在自己的势力范围里，希望把乌克兰变成反俄罗斯的桥头堡。在他们施加的压力之下，乌克兰在没有获得国际法律保证自身安全的前提下，在地缘政治对抗主体的压力之下，丧失了核武器潜力世界第三的强大实力。乌克兰的武装力量被削弱。

党认为加强并始终遵守乌克兰不加入北大西洋公约组织和其他侵略集团的政治方针是最重要的任务。这就要求加强反对危险的帝国主义国家的计划、国内受其影响的代理人的活动的斗争，加强反对拉乌克兰加入侵略性的帝国主义集团挑起的军事冒险行动的斗争。共产党人反对让那些附敌分子的余孽——伟大卫国战争时期法西斯分子的帮凶——活跃起来，主张在国际团结的原则上，联合欧洲和世界上的反法西斯和反帝国主义力量，捍卫东斯拉夫的统一。

共产党认为乌克兰摆脱深刻的、全面的危机，捍卫国家主权的必不可少的外部政治条件是：

——执行服从乌克兰国家利益的独立外交方针；

——对建立涵盖欧洲大陆所有国家并有助于战胜冲突思维和国际关系中的结盟立场的新泛欧洲集体安全体系持积极态度；

——审查不平等的、损害乌克兰利益的，与世界贸易组织成员国有关的，与世界货币基金组织和其他组织的合作有关的国际协议；

——加强防卫能力，支持将防卫能力保持在我国武装力量具有较高水平的战斗力、国家拥有靠得住的国防能力和国家安全这样一个水平，加强对军人及其家属的法律保护和社会保护。

共产党认为，原则上不准许在解决内部冲突时使用武装力量，支持加强社会对强力部门的监督。

考虑到这些情况，共产党开始着手解决与乌克兰可能加入的各种国家间组织有关的一些问题。在这个阶段，积极参加独联体并作为其全权成员国、加入同俄罗斯联邦、白俄罗斯共和国、哈萨克斯坦的关税联盟和统一经济区最符合我国的利益。

关于共产党的纲领性目标——恢复权利平等的各个民族的自愿联盟，实现1991年3月17日在全民公决上所表述的绝大多数人民的意愿，把权利平等的各个民族团结在一个统一的联盟国家——苏维埃共和国联盟中。根据世界形势，首先是后苏联地区形势的发展，党取得的成就与恢复劳动人民政权、实现后苏联地区的各个国家的社会主义改造、始终遵守列宁的联邦制原则联系在一起。在这个阶段，首要的任务——全力促进该地区的一体化进程，保证乌克兰、俄罗斯，所有原加盟共和国的共产党人和无产阶级在反对资本、争取社会主义的斗争中的统一、一致行动。

在争取社会主义的斗争中联合劳动人民的力量

乌克兰共产党在组织社会在社会主义基础上进行革命变革的斗争时，其出发点是，革命依然是马克思和恩格斯所强调的那样，不能靠党来实现，革命只能靠人民来实现。加强共产党在工人阶级、农民、知识分子、青年和老战士圈中的影响，在反对资本主义剥削和资产阶级制度、阶级统治和阶级压迫制度的斗争中，阶级运动和各种社会运动的团结是实现这一点的必要前提。

党看到，在劳动人民根本利益、他们的政治和社会目标一致的基础上，所有进步力量形成的统一行动是这场斗争胜利的保证。克服共产主义运动和工人运动、左翼力量圈中的彼此孤立，让他们在共同的反帝国主义基础上团结起来，是这场斗争胜利的必要条件。党认为，帮助劳动人民认识到资产阶级政党和妥协性政党，其中包括那些寡头资本为了自己的目的，利用人民大众中流行的社会公正的口号，由寡头资本创建并资助的分裂型伪共产主义政党的活动对我国和我国人民命运的危害性影响是自己的职责。

当务之急是进行反对左倾机会主义和右倾机会主义的斗争，揭露共产主义运动和工人运动中的冒险主义和离间行为，它们靠伪革命的说辞逞强装能，号召没有准备的群众进行"街垒战"，在缺少必要前提的情况下，这只能损害左翼力量的名誉并削弱左翼力量，为巩固反人民的政权服务。

共产党十分重视在利用信息技术领域的最新成就的基础上，加强并迅速更新自身的宣传武器，完善思想工作的方式方法，增强对社会进程的政治影响力。

在已形成的政治环境中，党的活动要有针对性地解决以下任务。

——加强理论工作，首先要仔细研究向社会主义过渡的时期问题、实现社会主义革命的方式和途径问题、将社会主义取向的学者团结在党周围的问题；

——目的明确地在工人阶级中进行共产主义宣传，目标是让工人阶级形成阶级意识并组织争取社会主义的革命斗争；

——展示社会主义的优越性，揭露资本主义制度的反人道性和无前途性，揭发乌克兰执政制度的反人民性，揭示资产阶级民族主义和反共产主义的危险性；

——促使广大劳动人民群众意识到自身的利益，意识到为实现和捍卫自身的利益进行有组织斗争的必要性，形成团结和乐观主义情感，坚信胜利；

——共产党保证积极参与所有对劳动人民有重要的社会意义的社会领域和社会生活事件，并派有相应的代表；

——反对用主观态度评判祖国历史和歪曲祖国历史，培养公民的国际主义信念；

——把完善反宣传活动作为反对敌对阶级、思想敌人对我们党、对社会主义进行诽谤攻击的一个重要手段。

为了完成以上所列的各项任务，党采用各种斗争形式，首先是议会外的斗争，包括群众抗议、罢工、捍卫合法权利和自由的公民的不合作行为，以及其他法律和国际公约允许的斗争形式。

在当前条件下，党认为加强自己在劳动人民的群众性组织中的影响力具有特别重要的意义。正如列宁所指出的，"在工会里进行共产主义工作"极其重要，因为"除了通过工会，通过工会同工人阶级政党的协同动作，无产阶级在世界上任何地方从来没有而且也不能有别的发展道路"。[①] 党组织号召推荐并支持在劳动集体中享有威望、能够积极地进行反对执政机关里的官僚和企业主的恣意妄为的、有本事的共产党员和无党派人士组织者担任工会领导。

共产党把议会活动和参加地方委员会的工作看成阶级斗争的变体，完全从属于捍卫劳动人民的切身利益，公开宣传党的政策，就国际和社会生活的重要问题表明党的立场，揭露剥削制度的反人民本质，吸引群众有意识地、有组织地进行争取社会主义的斗争。

党认为，改善提高自身活动质量，实现党的现代化的必要条件如下：

——从思想和组织上巩固自己的队伍，提高基层党组织的战斗力，吸引新的、有觉悟的、有自我牺牲精神的战士入党，首先是在青年中；

---

① 《列宁选集》第四卷，人民出版社 1995 年第 3 版，第 160 页。

——吸引关心党的老战士，运用老战士的经验；

——加强共产党员在劳动集体、教育机构和居住点的影响力；

——系统地进行思想和理论培训，党员的自我政治教育，在当代条件下，帮助党员掌握有效的政治斗争方法，培养有威信的、职业化的党领导；

——让党的活动激进起来，发展并加强党的革命性，巩固党反对资产阶级国家的阶级基础；

——严格遵守列宁的党的生活的准则和集体领导的原则；坚决制止任何破坏党的战斗力、给党的队伍制造分裂危险的行为；

——党内生活民主化，确立党内的交流与互助氛围，在严格遵守民主集中制原则的基础上，加强党的纪律；

——保持共产党人纯洁的道德面貌，加强党员群众对党的领导人和党的领导机构的监督和影响，不允许出现小资产阶级、宗派主义、官僚主义化和唯领袖是尊。

历史经验表明，党的生命力在很大程度上取决于它及时发现错误并改正错误的能力，善于开展批评和自我批评——这是同破坏党的健康的肌体的缺点和病态现象进行斗争的有效武器，证明了党的严肃性和党有责任感，是培养教育一个阶级的表率，更是培养教育全体民众的表率。

马克思列宁主义学说是我们的思想基础，它的组成部分——唯物主义哲学、政治经济学、科学社会主义得到了共产党和工人党实践、马克思主义学者理论著作的充实。

马克思列宁主义的创造性发展和每一个共产党员，首先是领导干部，都通晓布尔什维主义的理论和实践——我们党提高在群众中的影响，有效地抵制反动力量的进攻和反共产主义的宣传，及其对人们心理和精神造成的有害影响，组织人们进行争取社会主义的斗争的最重要条件。

在政治斗争中，其中包括选择可能的盟友，加入各种集团和联盟的时候，共产党在列宁关于战略和战术的学说指导下，在坚定不移地坚持共产主义的原则性立场的同时，都以争取社会主义斗争的利益为出发点。

作为共产党联盟——苏共的成员党，乌克兰共产党积极参加共产党联盟——苏共的活动，开展同共产党、工人党、全世界进步的反帝国主义运动的合作，始终支持共产党人在国际舞台上进行最紧密的合作并行动一致。

历史经验证明，在艰难的经受考验的年代，只有当劳动人民正确地意识到自身的根本利益，并果断地支持为实现这些利益领导他们进行斗争的党的时候，反对资本的束缚、争取社会主义的斗争的胜利才会到来。乌克兰共产党意识到自己的最高职责在于，加快劳动人民在政治上的自我组织进程，要当之无愧地完成历史使命——成为争取我们祖国社会主义未来的斗争中的先锋队。

乌克兰劳动人民，在争取苏维埃政权、社会主义和兄弟民族联盟的斗争中团结起来！

（陈爱茹译）

附录 3

摩尔多瓦共和国共产党人党纲领

这里发表的摩尔多瓦共和国共产党人党纲领文本
业经摩共 2008 年 3 月 15 日举行的第六（二十三）次
代表大会通过

一　我们的价值观

我们，当代摩尔多瓦共产党人认为自己是代表全社会长远利益的政党。社会、民族和政治多样性的社会将保障个人有选择的自由及自我实现的条件。我们不仅为捍卫穷人的利益而斗争——我们还要同贫穷进行斗争。我们不反对财富——我们所争取的是，财富是清白收入的结果，而不是掠夺、贪污及对人力资源和自然资源的无情使用的结果。我们争取条件平等、社会公正及社会对国家真正的民主监督。

条件平等——对我们意味着，不仅全体公民在法律面前一律平等，而且社会和国家为每一个公民的发展、培养、教育、健康保障负责，为每一个公民的生活水平及自由地参加政治及所有的民主机构负责，为每一个公民所享有的不依赖物质状况、社会地位和民族属性的法律、经济和社会保护负责。

社会公正——对我们意味着，确定国家居民更高的生活质量标准并在实际中把其变成现实。社会公正就意味着，每一个公民都不受压迫和侮辱，摆脱了贫困和饥饿，面对失业、疾病和衰老而不感到恐惧。

社会对国家的民主监督——对我们意味着，不仅要无条件地实现法律至上的原则，还要最大限度地公开国家的所有决议和行为，与国家机关的权力相比，不断地扩大社会及其公民机构的权力，与中央的权力相比，不断地扩大地方当局的权力。

我们当代摩尔多瓦共产党人不渴望对现实，总体来讲，是对周围世界，确立任何唯一的观点并使之居主导地位。我们——赞成各种意识形态和思想、各种观点和立场的良性竞争。但是，正是我们共产党人，坚决反对社会上出现蒙昧主义和盲目信仰、上级任命的干部独裁和寡头专断的条件。

我们共产党人坚信，在我国历史发展的现阶段，社会重新变成了一个关注构成我们世界观基础的人道主义理想和价值观的社会。我们共产党人响应时代的召唤。我们会顺应新的时代——在这个时代，没有自由的社会公正、没有平等的民主是不可思议的。

当今世界的新现实使我们对此寄予希望。我们的思想遗产使我们能够确信这一点。使我们能够对此寄予希望的是我们自己的经验——摩尔多瓦共和国共产党人党的经验。

二 我们的遗产

1. 思想传统的本质与潜力

有不少界定我们思想传统的尝试。但通常是，这些界定要么不全面，要么过于简单，要么就是完全教条的。

左翼正统派会把我们的思想遗产阉割为一些极简单的口号及失去实践意义的理论表述。右翼教条主义者主要是不断地抨击这些口号和表述，而没有发现，这些口号和表述使用的概念和范畴，不仅仅最先出现在马克思、恩格斯、列宁、布哈林、葛兰西的理论著作中，并正是在那里得到了论证，而且现在仍是经济学家、社会学家、政治学家的有效分析工具。只要回顾一下像周期性经济危机现象、社会的阶级结构和阶级矛盾、资本和社会自由的种类、意识形态现象、政治极权主义和官僚社会主义现象就足够了。这些概念和范畴，早就已经远远不是只有马克思主义者、共产党人和社会民主党人在使用，也并不是只有他们，在自己对过去、现在和未来的分析中，遵循对历史和世界的唯物主义理解。

时间对共产党人的理论和思想探索作出了合理的修正。工业无产阶级不仅正在产生，而且在矢志不渝地为自己的权利而斗争，但有时变成新的、更积极的社会范畴。传统的社会矛盾明显地从发达国家向过渡型经济的国家和第三世界国家转移，导致了一系列本质上全新的矛盾和冲突。私有制的本性在一些国家转变成了经济和科技进步的强大动力，而在另一些国家，则恰恰相反，带有反常的特征，等等。这要求对很多老问题作出全新的回答。首先，要回答的问题就是：过去，是什么把自称共产党人的人始终联合在一起？今后，什么东西能够并应当把他们联合在一起？

当艰难地爬到权力顶峰的共产党员，自己变成了思想上的法官，剥夺自己的同事和同志使用这一名称的资格时，根据一些众所周知的例子，就会看到这个问题非常不简单。以某个永不复返的逝去的时代为目标、推行孤立主义并压制自由的、在本质上反动的政治集团，偶尔会打着共产党的幌子采取行动，在今天，要做到这一点也非常困难。在一些教条的共产党人、昨天的党的领导者，热衷于败坏共产主义思想声名的条件下，很难对思想政治传统作出评价。

作为对剥削和压迫世界的另一种选择的社会主义的早期实践模式的出现，以及对这些模式的批判，都是19—20世纪全球社会实践和全球理论研究的标志性现象。通过对这些历史现实的客观评价就更为清楚：共产党人在理论观点和政治实践方面成为真正的共产党人，只有不背弃三样东西：即①自己所有活动的目的和动机——把人从社会的具体历史矛盾的消极影响中解放出来；②对现实持积极的批判态度，这种态度要建立在公正的科学分析的基础上，而所进行的分析每一次都要揭示出类似矛盾的新程度；③现实的国际主义和对世界历史进程的特点和相互关联性的客观认识。

毫无疑问，共产党人当时首次宣称自己是一个新型政治流派，靠的正是这三个根本特点。只有这一态度在不同国家、不同时代被创造性地变成现实时，才能使得共产党人成为有影响的政治力量并获得成功。现在共产党人仍是共产党人，也就是说在信奉这些基本原则之前，他们只能是民主主义者和自由的拥护者。

这就是说，当代共产党人首先应该清楚地意识到，自己是一种解放运动和人道主义运动，旨在进行不可调和的反对剥削和对人的各种形式压迫的斗争，旨在彻底根除贫困和无权地位，旨在坚决确立民主和社会公正原则。

这意味着，当代共产党人——不仅是政治运动，也是学术运动，它无权完全以提出的任何一种理论来束缚自己。而应该以自己的思想价值为目标，以对世界的唯物主义认识的辩证方式大胆地探寻对过去、现在和未来的解释，继承和发展马克思列宁主义的思想传统。

这意味着，共产党人无论何时、何地都应该在国际共同努力推进全人类进步的背景下，审视自己和自己的行为。

这一切都意味着，真正的共产党人负有的使命，是要像真正的人道主义者、革命者和改革者那样思考和行动，像设计和创造未来并感到自己对未来的责任的人那样思考和行动，像善于在自身的政治实践中，从所有积极的、有利害关系的社会力量的团结中寻求支撑点，而不是在公民的对抗中寻求支撑点的人那样思考和行动。

2. 共产党人政治实践的矛盾及教训

我们自己的历史多次证明，当共产党人因某种原因哪怕是放弃了上述原则中的一条，就会有什么事情发生。

当客观的科学分析让位伪科学的教条主义之时，当社会解放的理论家提出的理论假说变成干涩的教条，——那时精神上的专制和暴力就会获得胜利，不给共产党人留下成为其原本就应该成为的为自由服务的人的机会。

当共产党人以捍卫政权的名义，在原来剥削制度的废墟上，建立起以官僚化的党的干部为代表的新的统治阶级的金字塔时，——那时，我们政治世界观的客观性就会在足以阉割掉任何革命和任何进步性改革的粗俗的政治文化和无情的国家机器的压制下被摧毁。

当共产党人背叛了国际主义理想，开始建立自己的与世隔绝的封闭的、特殊的民族模式的时候，——沙文主义、民族主义瞬间就会复活，总体来讲，人类的人道主义思想所反对的一切都会瞬间复活。

因此，不能片面地阐释我们遗产的历史。它同人类的任何一段历史一样，是矛盾的。

是的，我们记得，20世纪30年代，极权制度是怎样消灭并根除了在三次俄国革命的逼攻下，从沙皇帝国深处冒出的、具有创造性的社会、政治和文化自由的。

我们记得，在停滞时代，以口是心非的官职等级名录为代表的新统治阶级，是怎样厚颜无耻地压制平等思想，将自己置于平等原则之外，却为贝阿干线工程的建设者、集体农庄庄员、矿工、工程师，总之，是所有劳动者保留了这些原则。

我们记得，在20世纪80年代，兄弟友谊如何被那些在自己的民族领地上发家致富，并想要主权的在册干部的奔走呼号中所破坏，昨天还诚挚地信奉国际主义思想的人，全都卷入了令人痛苦的民族之间的混战。

我们看到，正是这个权力和镇压金字塔中最令人讨厌的部分，在后苏联地区占主导地位，他们不断地对财产进行再分配，培植排外性、民族偏执性，挥舞着同共产主义和共产党人斗争的大旗。

但是，苏联时期共产主义实践的成果也显示了其中所包括的对反动力量进行的强有力的抵抗，因为反动力量一次又一次地企图熄灭革命斗争孕育出的社会创造的火花，竭力要阻止受到公正和团结价值观鼓舞的几代人的勇敢行进。在20世纪欧洲历史最紧要的关头，当时欧洲大多数民主国家都向法西斯低头了，正是苏联和欧洲的共产主义者，不顾斯大林的专政暴行，为挽救人类，使其避免褐色瘟疫，做出了决定性的贡献，为胜利做出了无数的牺牲，这绝不是偶然的。

在指出苏联时代的全部文明成就的同时，重要的是要记住，史无前例的科学发现、伟大的文化作品，不是党阀和惩罚机构从人们身上挤压出来的；那些长期作为苏联类型的社会主义再生产和竞争力的强有力手段的经济、社会和人文革新的宏伟建筑，也不是他们设计出来的。这些巨大变革的性质和规模、制度根基本身首先是来自追求自由和进步的社会上最积极的那一部分人的世界观的高涨和宗教的热情。

当这个社会主义的精神的、科学的、政治的取向与优先发展方向没有同新时代发生矛盾以前，它是具有现实意义的。对新时代而言，没有最广泛的公民自由、没有公开性和竞争性，进一步实现社会和文化需求就变得更加不可思议和无法实现。重要的是要明白——这不只是社会主义自身的危机——这是某种类型的工业社会的危机。这种工业社会不同于西方发展模式，它的发展和现代化是以追赶的速度跃进式地进行的，跨越了客观的发展阶段。对社会财富、教育、文化、科学进行巨额投资，最终导致苏联产生了积极的社会阶层。这个阶层既不满当局低水平的管理，也不满对政治生活的调节以及与外界隔绝。这就是危机，在这一危机中，在苏联社会内部客观形成的——个人自由与创作自由、多元论、私人生活的自主性、民族文化的认同、信息权等价值观——与建立的社会经济、政治和意识形态体制相矛盾。

局势因显而易见的情况而复杂化，主要是处于体制性的意识形态和经济危机条件下的社会，要求把民主化与增加社会成果、扩大文明市场和增进团结的目标有机地结合在一起，但没有能及时防止意外事故发生的、这样的一种发展方案。这是可以克服的发展的危机，但却没有克服，结果以垮台告终。

国家官僚们充分地利用了这种情况。作为最有组织的、团结一致的帮派组织，它厚颜无耻，在没有任何理论和观点的条件下，它就能够把自己的历史性纲领变成现实——使自己的特权地位合法化，保证自己的积极分子拥有国有财产。就本质来讲，这是真正的政变，既没有带来经济上的突破，也没有带来民主制的转折，而是相反，它牢牢地巩固了最没有原则、行动迅捷的行政命令体制的代表们的政权——但已是在正在形成的可控民主的框架下，在重新分配私有财产、崩溃的经济破产及普遍贫困的情况下。

正是他们，过时体制的典型代表，又成了行政命令式的社会主义所特有的、最不好的东西（而它原本与社会主义没有这种关系）的完美体现者。正是他们过去是、现在是、将来还会是我们的政治论敌，我们还将要同他们进行顽强的斗争。

3. 新视野和新目标

认清所有这些现实，我们同时也看到、感受到，也很清楚，正在到来的新世纪是另一个时代、另一种政策，对未来进行另一种思考的开端。

我们看到，否定团结精神及社会对个人、个人的发展和自我实现的责任的绝对自由主义思想的胜利，是多么短暂。我们看到，政治复辟和民族偏执性的实践带来了多少苦难，尤其在东欧诸国、巴尔干和后苏联地区。我们看到，一些左翼和中左翼运动的政策是如此简单，它们试图仅仅用偶尔取得的，或多或少的成绩对出现的社会问题做出反应，但是，他们不仅拒绝对社会发展道路从根本上进行重新审视，而且还拒绝对这种发展进行全球性思考。

已受到历史考量的不仅仅是苏联时期的人员、道德与文化的损失，还有建立的权贵寡头资本主义及与之相伴的民族战争时期的损失。的确，损失可以比较。但重要的是，要比较的不只是损失。今天，已经清楚，苏联时代的损失不是实现社会主义和共产主义理想的直接后果。今天，已经清楚，后来的、反共产主义时期的无法计数的损失，也不是实行民主、公开性和宽容性思想的结果。分析过去的沉痛教训，我们不能不承认，共产主义实践的主要问题不是平等、公正的人道主义思想，不是所推行的社会政策，而是民主的实际缺失、对人通过决议并公开对决议负责的能力的信任的缺失。评价以往的经验时，我们明白，压在后苏联国家头上的无尽苦难——不是实行多党制、实行受法律保障的选举自由的结果。这一切，都是失去了公民可靠的社会发展保障的权贵寡头占统治地位的体制，在骗人的公民自由掩饰下的社会中根深蒂固的结果。

摩尔多瓦共产党人在2001年和2005年的民主议会选举中，取得令人震惊的胜利，欧洲和拉丁美洲左翼力量取得的令人瞩目的成就，都是建立在人们努力要把争取社会变革的斗争同争取公民权利、争取社会对当局的监督的斗争结合在一起的基础上的——这一切都是大众政治意识开始发生积极变化的现实征兆。

很清楚，乐观的未来——只属于那些民主和社会公正构成其政治纲领主要支撑结构的力量，构建成自己政治纲领的主要承重结构的力量，对这些力量而言，没有后者，前者是不可能的，而后者也意味着前者。当代人所追求的是生活在一个富足、公正和自由的社会里。我们的遗产——共产党人的遗产、我们的政治责任、我们的焕然一新的人道主义世界观要求我们在争取这样社会的斗争中，做出自己应有的贡献。

三　当今世界与新的时代矛盾

1. 当代文明的各极

20世纪末21世纪初，对人类而言，是全新的经济和社会发展的全球化趋势最终确立的时段。

第一，技术和信息革命的序列链条造就出了两极化的全球文明。该文明的一极，是高流动性、技术和通信达到空前水平、金融和投资快速流动、社会结构和价值观迅速变化的世界。最富有的后工业国家是这个世界的核心，它们为当今的各种变化定调。

第二，我们看到，处于另一极的是生活在第二、第三世界贫穷国家中的人类的大多数。对这些国家而言，有代表性的是，对后工业发展的价值观胆怯地认可（常常是"强制"及逆向的）及完全不接受这条道路。不接受，更多地表现为追求自我封闭、推行畸形的资本主义模式，而资本主义则是要无情地掠夺自然资源和社会资源，推行各种臆想出来的过去或未来壮丽图景的主张。

社会政治发展的这些"截然不同的情况"，在实践中，没有表现出任何相互迎合的一致行动。后工业国家的金融经济和政治精英，或是倾心在第二、第三世界国家放肆地扩张自己的制度，而且扩张既没有考虑到这些国家的心理，也没有考虑到这些国家的文化特点；或是实际上避开人类大多数感到烦恼的各种问题。先进国家的这类行为和立场，被第二、第三世界的一系列国家的反人民的制度巧妙地用来达到自己的政治目的：他们轻易就把自己国家不断增强的不满，从自然而然的社会反抗轨道，转引入对西方的"文明报复"以及通过这种"复仇"证明建立独裁的政治体制的正确性的轨道。全世界的金融经济精英的利益具有明显的共性——回避长期的社会发展任务，造成互不信任的局面，区分民族和文明，使它们在争取虚假价值观的斗争中冲突。

这一危险的、有可能引发灾难的、当今世界发展的两面性，开始在应有的精神责任和政治责任层面上，被越来越认真地意识到了。世界对其实现能够及时防止现存的发展各极之间鸿沟的加深，制止与日俱增的各种不同文明之间的"冷战"和全球生态灾难的思想，越来越能理解了。世界在探寻这样的人道主义理想：即能够把先进国家的努力和落后世界各国人民的努力联合成统一的解救能量，联合成为统一的、超民族的、非宗教的文明进一步发展的战略。正是在这样的条件下，共产党人的基本目标——信守社会解放的目标、批判地科学分析国际主义，始终都具有现实意义。只有在这些目标的坚实基础上，才能构建起对全球化前景的新观点，建立相应的协同政治行动机制。

2. 前台的新社会阶级

在先进国家，作为过去历史时期的资本主义的典型特点的财产上的阶级对抗关系，已发生根本性变化，这已十分明显且毫无争议。更多地以罕见的科学知识、技能、技术形式表现出来的财产，开始具有日益增强的与人不可分割的特点。社会结构越来越复杂。除了把剥削变为更加巧妙、经常是更加隐秘形式的劳资之间仍旧存在的全球性矛盾外,知识和权力之间的矛盾明显地在尖锐化。知识本身正变成主要生产力,这意味着要批判性地重评作为全球社会主义转变的主要的,甚至是唯一的动力的工业无产阶级的历史作用的论断。

在正在取代工业社会的信息社会、高科技社会,知识根本改变了自身的本质和作用。用马克思的术语,可以说,知识变成了社会活动的中心要素。劳动密集型的公式化的活动正被排挤到社会生产进步的边缘。在任何经济领域、在任何重要的社会活动领域——从农业到高科技领域——都有对能够做出富有创见性的决议、具有多种技能、受过高等教育的另类劳动力的大量需求。

在这些条件下,全新的社会阶级——独特的知识无产阶级普遍地走上政治前台。确切地说,也像当时的工业工人阶级一样,这个现代社会阶级正在越来越坚定地成为新社会重要变化的载体,有着毋庸置疑的历史前景。这个成百上千万大军的代表人物——就在我们身边。这是发现自己领域的各种新知识的学者;力求按新的方式,对某个进程进行管理的经理人;在自己的生产领域,紧跟进步步伐的工人和工程师;在自己的土地上,采用农作物新品种或新技术的农民;掌握新知识并把它们传授给学生的教师;使用先进保健方法的医生等。也就是说——所有这些人,都以这样或那样的方式,积极地参与社会进步,他们的最终目标就是建立并完善现代价值观。这是可以在经济、科技和人文领域建立新的社会关系的人,可以自我组织起来、能够实现并捍卫自己权利的人。

这个全新的社会范畴的动机,与其说是追求发财的目标和物质需求,不如说是以追求自我实现为宗旨。它的主要生产工具——智力——与拥有者不可分割。其生产的产品——商品和服务——可以在市场上销售,同时,也始终不断地重复再生产。因此,这个新阶级在"全面消费"时代创造的实际上已经不是价值,而是价值观,当代市场制度暂时只是下意识地没有落后于这种难以置信,但远非市场的状况。

正是"知识无产阶级"大军,客观上显示了对现代国家最积极的追求。正是它,对建设并巩固这样的国家表现出极大的兴致,因为,这样的国家必须负担某类社会开销,而且它首先应发挥对人不断加大社会投资的作用,即对教育、科学、卫生保健的投资。越来越清楚,没有这种极为重要的职能，社会就不能进行自身的再生产和相应的价值观水准的再生产。正是这个新阶级，对能够保障对全球化发展的目标本身进行有效的社会监督的民主制度的发展的水平和质量提出了最高的要求。

在后工业国家中，这个新阶级实际上是各种积极变化的火车头，这个火车头是因越来越不具有从事独立的专业政治斗争能力的农业工人和产业工人的严重社会蜕化而出现的。在第二、第三世界国家，它既同国家官僚对立，又同靠自然地租或者非国有的财产过寄生生活的寡头集团对立。这个社会阶级，一方面，它使自下而上的整个垂直的社会关系具有完整性，另一方面，——它通过自身的社会、政治和人道诉求的客观共性，把世界和文明结合在一起。

3. 所有制问题的变化

这是当今评价全球社会和政治进程发展的最重要因素之一，它以新的方式展示着我们政治实践的前景，也展示着我们发展的理论的水平。过去的整整一百五十年，所有制问题及相应的私有制与压迫和剥削存在着不可避免的联系的问题，或相反，公有制与摆脱剥削存在不可避免的联系问题，是各种社会争论和政治争论的基本核心。今天有各种理由认定，以这种形式提出这个问题正失去意义。

我们记得，早在 19 世纪，客观深刻的马克思主义的分析就已经揭示了私有制的这些历史局限。这些历史局限，无论是自由主义理论家还是历史本身都不能完全推翻。同时，我们也坚信，全面的国家所有制不仅无法消除社会矛盾，恰恰相反，还会引发新的社会矛盾。而且，对国有资源的垄断式的政治处理，在实践中必然产生相应的国家官僚统治阶级和新的压迫形式。在实践中，我们坚信，国有制在变成私有制后，不能"获取"更高的效益，只是在后苏联地区复辟了最恐怖的资本主义模式。

可以断言，在一定意义上讲，所有制问题发生了明显的贬值。但是，不是经济的无前景损害了国家所有制的声誉，因为有很多的例证，正是国家资本集中用于战略发展方面出现了突破和现代化。不仅是私有制的剥削性损害了这一基本关系要素的声誉，因为，在当今世界，有不少例证，在私有制合理地起作用的情况下，社会得到了不少于社会主义国家的社会公正。如果社会以民主的方式确定并监督其主要目标：有效性、公共福利、选举自由，则市场经济是一种不断进步的有效模式。结论非常清楚：重要的与其说是所有制的具体形式，不如说是管理、分配和控制财产的那些人的主要社会动机。一切都取决于社会公认的发展目标是什么样的，如何进行国民收入的最终再分配，全社会对权力的监督机制是什么样的。因此，所有制问题，如今从占有问题变成了对发展动机的管理问题，从监督企业家活动的来源问题变成了监督其结果的全民机制问题。

正是出于这一原因，对我们当代共产党人而言，现在，不是在生产资料的重新分配政策上推行公有化，而是在争取对社会财富进行投资的过程中，努力地为个人的发展创造平等的条件，达到对权力的社会监督和切合实际的社会公正。我们认为，只有这样的社会，符合对社会主义是人类发展合理的、有前景阶段的当代理解。今天，当代政治和政治家的责任，就在于往这个方向一次接一次地进行推进。这已经不是"通往地狱的路上布满的美好幻景"，这是唯一可能的发展原则，是为阻止人类文明自身的毁灭做出的选择。对这个全球性挑战做出应有的回应——这不仅仅是当代共产党人的职责。这是我们的历史使命。

透过我们更新的世界观，看到的世界图景的本质特征基本上就是这样的。这是既决定了我们的名称，又决定了我们对当代现实态度的政治纲领的概念核心。

四 建设战略：摩尔多瓦模式

1. 从战胜危机到稳定：摩共执政的经验

2001年之前，摩尔多瓦共和国是真正的社会灾难地区。在过去的10年时间里，国家实际上取消了工业化：大部分工业项目不但被当时的国家政治精英私有化了，而且还脱离了经济生活。分给农民土地，伴随着消灭大规模的商品生产并恢复农业领域的最原始的实物交换。法律基本上是惩罚性的。税负和腐败官僚的沉重压榨，使摩尔多瓦和外国的企业主都失去了在摩尔多瓦积极地进行经济活动的动因。城市和农村的普遍失业，反人道的社会政策，几个月地拖欠工资、养老金、助学金，对科学、教育、医疗卫生和文化领域微不足道的资助，导致国内生活水平雪崩式的下跌、人口减少、大规模的劳务外迁和种群退化。局势因当局在民族关系领域无系统的政策、公民对民族团结的任务完全漠不关心，而且复杂化。在德涅斯特河沿岸，冲突实际上已经被制止的背景下，发生了德涅斯特河沿岸和摩尔多瓦主体部分的政治精英营私舞弊的对接发展历程，当时，合法当局对把国家有效、和平地统一在一起的可能性本身，却表现出了绝对的漠不关心。一方面，官僚机构的工作人员增加了8倍，前工业社会的氏族制度恢复，另一方面，在摩尔多瓦形成了独特的统治阶级和以形式上的市场自由主义的分配口号和伪民主的蛊惑宣传做掩饰的、相应的、半封建的统治模式。国家自己退出了欧洲一体化进程，当局暗中抵制后苏联地区的一些一体化进程框架内的有效互动。摩尔多瓦是作为欧洲最贫困的国家、作为一个丧失了任何认同感和对未来的希望的分裂国家走入21世纪的。

2001年2月，根据议会选举结果，共产党人党上台执掌国家政权。根据胜利的标准，获得了国家的所有管理权柄——这是一场独特的天鹅绒革命。共产党人取得了议会101个议席中的71个。这样的胜利要求共产党人在摆脱体制性危机方面采取有力行动。这是欧洲第一次独特的测验，测试的不仅是共产党人进行系统的政治批评的能力，不仅是共产党人提出尖锐问题的能力，也是对共产党人解决全民族的任务，为社会承担起全部的政治责任的能力本身的测试。

从一开始，摩尔多瓦共产党人就选定了自己在复苏社会、经济和国家方面三个基本的政策原则。第一，从最开始就清楚、明确地确定，社会资源，更准确地讲，国家的人力资源是改革的唯一资源，这一资源当局拥有，同时它也要求再生产；第二，也是从一开始，共产党人就清楚明确地宣布，无条件地从法律层面上保护各种合法财产，自己打算促进其合法化和发展；第三，执政几个月之后，当局就明确了自己的阶级喜好，清楚地意识到，以保守的国家官僚的利益为一方和以全社会为另一方的两者之间的矛盾和对立的全部危害。时间不仅以摩尔多瓦共和国共产党人党在2005年议会选举再次获胜的形式，证明了摩尔多瓦共和国共产党人党选择的战略和策略的正确性，而且还通过国家整体的社会经济形势、摩尔多瓦的国际地位、摩尔多瓦社会和国家发展的急剧变化，证明了其选择的战略和策略的正确性。总结我们国家政治实践还相当罕见的经验，必然会得出一系列说明各项改革的基本战略方向性质的原则性结论。

正是积极的社会政策——多次提高工资、退休金和助学金——奠定了摩尔多瓦共和国整个国民经济复苏的基础。尽管有反对派的批评、有平民主义的指责，但该政策的首要作用，正是导致了有支付能力的需求急剧增长，成为独具特色的经济复活的启动机制。后来，尽管有时要面临最复杂的外交和对外经济条件，但摩尔多瓦的经济在稳步增长。

我们证明了，进行真正的市场改革，其实只能依靠对组成这个市场（不论是国内消费市场还是劳动力市场等）的那些人负担社会责任。我们已经极其明显地证明了，只有在全体人民的福利，而不是小范围的上流精英的福利成为改革目标的条件下，市场改革才能取得成功。卫生保健体制的改革及推行强制性的医疗保险正是要解决这样的任务。以这个任务为出发点，进行了后苏联地区史无前例的科学及创新领域、社会信息化体制、知识产权保护的改革。

自2001年开始，在消除经济犯罪和消除经济官僚化、实施减轻税收压力及为社会的创新活动和企业家活动创造体制性动因的政策方面，展开了真正的斗争。不断遏止被国家官僚解除禁止的权限，行政系统内的改革和干部裁员，立法废除了数千条属于腐败交易范围的条例，把经济代理人登记放到了"同一个渠道"，大大压缩了许可的企业家活动种类的清单，把利润税从32%降到零，资本大赦和国库大赦——这一切不仅是经济持续增长的因素，而且严重破坏了官僚阶级的经济基础。同时，在摩尔多瓦也彻底消灭了有组织犯罪，经济摆脱了犯罪集团的违法监管。

在摩尔多瓦共和国共产党人党执政的这些年里，进行了一系列最重要的制度性的民主改革。其中包括——地方公共管理的改革、司法改革、《祭祀法》的改革、检察机关的改革、特工机关的非军事化、《选举法》的改革、建立独立的公共电视广播公司并贯彻施行新的大众传媒法。欧洲的现代化道路被选作国家实现民主的、法制健全的现代化最重要手段之一。之前，在摩尔多瓦执政的任何一个政党、任何一次运动，都没有宣告过这种优先发展方向。从来都没有人尝试把欧洲一体化的价值观与对东方一体化进程的开放态度有机地结合起来。

正是在不断出现的内政危机及与反对派政党冲突的局势下，摩尔多瓦共和国共产党人党在后苏联地区，首次使用了直接诉诸公民社会和国际民主鉴定委员会的手段，而不是诉诸警察强制的方法。2002—2003年的社会公约政策、2005年的政党协商、政治利他主义实践——通过立法赋予反对派对特工机关、公共资金、中央选举委员会的监督——这一切不仅是摩尔多瓦民主制度发展的全新的里程碑，而且也是欧洲左翼运动历史上的全新里程碑。在这种背景下，摩尔多瓦共和国共产党人党在稳定国内民族间关系方面的行动很重要。贯彻《少数民族权利法》、灌输民族政策构想、贯彻众多的《公民法》、补充并扩大加告兹自治州的权利——所有这些最重要的决议，都有可能把不协调的民族文化和语言资源团结在一起，以达到公民团结的目的。

毫无疑问，摩尔多瓦共和国共产党人党的执政经验证明，甚至在复苏和采取反危机举措的条件下，以正确的方式使社会资源、文化资源、全体公民资源活跃起来，它们的合乎要求的推动取得了经济成效，更不用说在社会和经济更为稳定的有利情况下，使用这些手段了。

摩尔多瓦共和国共产党人党的执政经验表明，正是左翼政党能够进行真正的、始终如一的市场改革，左翼的经济自由主义——这的确是扩大经济自由的手段，而不是造成大规模赤贫化和社会衰退的手段。摩尔多瓦共和国共产党人党的执政经验表明，正是左翼政党能够成为社会上的民主改革的发电机，能够成为公开性、国际主义和公民团结价值观的真正领路人。

因此，我们根据自己的经验，可以坚定地认为，处于政治组织状态中的当代共产党人能够有效地管理国家，能够主要依靠我们更新了的意识形态的基本方针，推行成功的政策。针对摩尔多瓦的情况及摩尔多瓦的问题，这些方针在五个纲领性任务中得到了具体体现，这五个纲领性任务的实现，会使国家和社会发生根本性的新质变。这些任务也是我党最近的或将来的战略。

2. 摩尔多瓦共产党人的五个战略任务

摩尔多瓦共和国的社会、经济、文化需要一个质的新变化。越来越清楚的是，当代对外政治和对外经济的挑战方式就是这样的，这就要求摩尔多瓦、摩尔多瓦的经济、社会领域、公民社会的稳固性达到另一种优质的水平。任何拖延向这一水平迈进、拖延国家现代化的企图，都意味着对独立的摩尔多瓦国家今后的生存能力本身提出了质疑。

只有摩尔多瓦共和国以不可逆转的方式，获得高水平的社会、经济和政治竞争力，才有可能对这种挑战作出相应的回应。只有这样的观念——同时也是负有责任和自负的观念——才可能成为摩尔多瓦共和国真正不断深入的现代化的真正动机。

在摩尔多瓦共和国的现代化进程中，摩尔多瓦共和国共产党人党的主要目标，就是要坚决从农业经济和官僚权贵资本主义过渡到以知识、专长、技术、高质量的生活和民主型文化为基础的后工业社会。在这条战略道路上的第一个任务，就是实施不断增加社会投资和建设社会国家的政策。

摩尔多瓦共和国共产党人党将在实践中坚定不移地推行社会公正、所有居民发展条件平等的原则。这意味着，不仅要构建有效运行的社会保障制度，还要使生活质量提高到一个完全不同的水平。摩尔多瓦共和国共产党人党认为，摩尔多瓦工资和退休保证金的平均水准应该始终高于邻国。今天已经很清楚，只有在这些条件下，才可能实现不仅是具有专业技能的劳动力的不断再生产、劳动力的补充和就业，而且还能维持国家的公民潜力。

这意味着，人人可以享用的、专业的医疗救助，不应该取决于收入水平。卫生保健制度应该作为旨在提高摩尔多瓦共和国全体公民的健康水平、出生率和寿命的有效技术手段发挥作用。

这意味着，获得免费中等及高等教育的机会应实际得到国家的保障。而教育本身、教育质量和结构应该完全符合公民的社会、经济和文化需求的不断变化。

这意味着，为了使公民日益增长的文化需求和创作主动精神得到广泛实现，在摩尔多瓦共和国应该形成持续稳定、长期有效的激励机制。只有具有主动精神、完全掌握了人类文明的各种多样化文化经验的创造性活跃的公民，才能够成为积极现代化的资源。

卫生保健、教育、文化的发展，应该成为摩尔多瓦共和国投资和制度性改革的优先领域。国家的作用和责任，就在于全面地保障这种政策——这是摩尔多瓦共和国共产党人党意识形态、政治和社会经济实践的本质。

第二个任务——营造有利的企业经营气候，建立开放的创新取向的经济。只有这样的经济，才能保证高水平的社会标准，维护公民自由的充分发展。此前，建立发达市场经济和改善企业经营气候的任务，从来没有同社会发展目标直接联系在一起。改革政策，还从来没有预先规定实现相互关联的目标——积极的社会投资和刺激企业主积极性的过程中的义务的同步性。这些任务的一致性，迫使摩尔多瓦必须进行新型的改革。在新型的改革中，社会自由的发展和经济自由的发展互为条件。

摩尔多瓦共和国共产党人党认为，自己的任务不仅仅是进行社会取向的、旨在扩大经济自由的彻底的自由主义改革。摩尔多瓦共和国共产党人党认为，摩尔多瓦共和国投资环境的潜在的区域优势，应保持长期的比较优势。摩尔多瓦经济应该既对西方开放，又对东方开放，变成建立在广泛使用高级专业技能的劳动力基础上的、知识密集型的、高科技部门占主导地位的出口型生产部门的舞台。摩尔多瓦共和国共产党人党坚信，在农业产量不断上涨的条件下，该部门在国民经济中的比重应不断降低。在农业中，应当确立并建立，在推动大的商品生产部门发展基础的原则上，大的商品生产部门，应在有竞争力的技术基础上发挥作用，保障国家的粮食安全。

发展科学、技术，在国内营造具有竞争力的投资环境，为最广泛地吸引人力资本创造条件，被摩尔多瓦共和国共产党人党看作经济发展战略的基础。

摩尔多瓦共和国共产党人党的第三个任务——建立多层次的民主。

我们的政治实践有力地证明了，只有发达的、多角度的社会对政权的监督，才能够保证全民族利益的实现和所选择的政治方针的不可逆转性。

摩尔多瓦共和国共产党人党认为，当今欧洲的民主制是世界上发展最为迅速的政治原则和政治制度体系，其基础是欧洲左翼政党中我们的志同道合者和同行的大量成就。正因为如此，对我们摩尔多瓦共产党人而言，欧洲一体化和发达的、多层面的民主制度的形成——与其说是加入欧盟的问题，不如说是国内的政治选择问题、彻底的法制现代化问题、保证不受压迫和专制统治的、社会的建设问题。但是，在摩尔多瓦构建多层次的民主的任务，要比上述问题更为广泛。考虑到我国的特点，这些任务自然还要附加上必须构建以发达的语言和民族文化的多样性为基础的、和谐的多民族社会。只有摩尔多瓦人民进一步团结起来，深化双语制和民族间的包容，才可以使摩尔多瓦不仅保留自己独一无二的认同感，而且能够成为独特的民族关系、语言和文化模式。

在民主制度的建设和发展中，对摩尔多瓦共和国共产党人党极为重要的是，要使积极的社会创造精神，不断争取政治、社会和文化自由的斗争实践在社会上具有坚实的基础。只有发达的公民社会，只有公民社会的主动精神，只有公民社会的广泛自治和免疫性，才能成为摩尔多瓦共和国不可逆转的民主发展的要素。摩尔多瓦共和国共产党人党认为，自己的使命就是建立广泛发展公民责任感的激励制度，建立形成现代公民国家的制度，而对现代公民国家而言，已变成现实的追求认同感、自我实现和高质量生活的权利价值观，为祖国、国家和爱国主义这类象征性范畴注入了更鲜活的内涵。

摩共的第四个任务——提高摩尔多瓦共和国的国家竞争力。

彻底废除官僚制，缩小官员作用和权限，为政治和经济腐败的发展设立客观障碍，同时，提高对国家机关工作人员的素质和职业化的要求——这就是摩尔多瓦共和国共产党人党系统性的革命战略。

国家不应该成为官员的财产，它应该是全社会的财产。

改变管理文化的水平，提高公共行政机关的权威性，提高它对国家今天所受到的各种挑战的应对能力——这是摩尔多瓦国家具有竞争力的基本条件之一。

摩尔多瓦共和国共产党人党的第五个任务——确定摩尔多瓦共和国安全的长期基本原则：永久中立、领土完整、全面开放。

摩尔多瓦共和国共产党人党不认为摩尔多瓦共和国有参加任何军事集团的理由，认为军事集团是与现代文明的价值观相对立的、落后于时代的事物，是压制自由的工具，而不是建立民主和安全的工具。从这个意义上看，摩尔多瓦共和国共产党人党将要逐渐地、分阶段地降低军事在整个国家和全民族规划中的分量，逐渐转向建设一个非军事化的国家。

摩尔多瓦共和国共产党人党认为，妥善解决德涅斯特河沿岸问题并恢复国家的领土完整是摩尔多瓦全社会的特殊任务，是我们国家富裕程度的基本保障之一。我们坚信，只有在加强公民信任和团结、营造统一的全民族发展前景的基础上，才能解决这个任务。

摩尔多瓦共和国共产党人党坚信，只有完全开放、敢于超越闭关自守的幻影，敢于超越单向的对外方针模式，才能使摩尔多瓦共和国为自己的全体公民创造出完全合乎要求的前景，使公民团结一致并达到新的安全水准。我们的出发点是，摩尔多瓦共和国应该作为具有发达的经济和很高生活水平的统一而领土完整的国家进入由各个民族和国家构成的统一的欧洲。

有竞争力的社会国家，具有开放的创新型经济的国家，具有高安全水平的发达的民主社会——这就是摩尔多瓦共和国共产党人党的主要目标。

五　摩尔多瓦共和国共产党人党——欧洲的左翼政党

摩尔多瓦共产党人的国家政治实践是党、党的战略、党的思想方针进行重大改革的基础，它要求认真地分析并负责任地评价我们今后党建的优先发展方向。摩尔多瓦共和国共产党人党始终负有**成为有作为的群众性政治组织的使命，它天然地具有利用日常的实践活动，加强对在捍卫国家主权和巩固国家制度、国家超前的社会经济和精神发展方面的有效的政治战略的不断探索**。

一方面，摩尔多瓦共和国共产党人党坚决不赞同后苏联地区的一些信奉孤立主义、强国主义、民族主义和分离主义思想的左翼运动的理论和实践。我们非常遗憾地看到，它们在自己国内民主程度最低的国家寡头资本主义形式的复辟面前的实际退却。

从另一个方面看，欧盟各国、西欧和中欧社会主义思想富有成效的发展，不能不让我们感到高兴。欧洲——不仅是社会主义传统的摇篮，也正是在这里，这些传统与现代的民主和自由价值观间的不间断的、根本的联系仍然存在。今天不能不看到，欧洲民主的凯歌行进就是我们的左翼政党同行在实际贯彻国际主义、社会公正和保护人权思想的多年细致工作的结果。

在这种情况下，摩尔多瓦共和国共产党人党认为，自己的使命就在于积极地发掘欧洲共产主义与社会主义所有的思想遗产及政治经验，以便成为民族主义的反动势力和独裁主义势力的一个具有竞争力的政党。我们是这样一个政党，对它而言，争取社会主义的斗争同争取国家体制和有效的民主制度的斗争是不可分割的。民主和人权如今是我们所追求的重要的社会标准的不可分割的组成部分。这既是生活质量，也是人类发展的基本参数。

摩尔多瓦共和国共产党人党现今是一个积极不断地进行社会改革的政党。这种改革可以促进各种所有制形式的发展，这种改革将会展示出全社会的创新资源，这种改革能够建立以知识和极高的智力资源为基础的具有持续性的经济。

如今，摩尔多瓦共和国共产党人党暂时还是独立的摩尔多瓦国家和多民族人民唯一的一个始终致力国家统一的政党。

如今，摩尔多瓦共和国共产党人党是一个事实上遵循多级民主制原则的政党，它坚信，民主机制的形成和发展，应该与社会保障的确立及国家对社会和公民义务的确立、真正的人民政权的确立密不可分。

如今，摩尔多瓦共和国共产党人党是一个欧洲现代化的政党，是一个力求向世界展示摩尔多瓦、按最现代的法律、经济和社会标准改造国家和社会的政党，这也为它从2007年起获得的欧洲左翼联合党的平等会员资格所证明。

如今，摩尔多瓦共和国共产党人党正在变成一个新型的政党，它力争在新的历史条件下继续为人道主义理想、为树立人的尊严、为社会主义而斗争。

（陈爱茹译　苏岩　校）

附录 4

白俄罗斯共产党纲领

这里发表的白俄罗斯共产党纲领文本业经白共 2011 年 12 月 17 日举行的第十（四十二）次代表大会通过①

白俄罗斯共产党认为，当代资本主义正经受制度性危机。它不能克服其固有的基于对财富增长无节制的追求而产生的问题：全球生态平衡的破坏，地球人口不断增长的条件下自然资源的枯竭，以及世界经济发展的波动所引起的社会矛盾的尖锐化。只有以社会公平为基础、以劳动人民利益优先和尊重劳动人民的权利与自由的社会主义发展道路，能引领当代社会走出危机，拯救人类文明免于战争、民族冲突、贫穷和道德堕落的威胁，消除恐怖主义的社会经济与政治土壤，消除资本主义政权所催生的其他社会缺陷。

几百年来，人类一直渴望建立一个以平等和正义为原则的社会，这些理想见诸各种各样的乌托邦方案中。只有马克思列宁主义科学地阐释了建立公平和人道的世界秩序的必要性和可能性，在那里，每个人的自由发展是所有人自由发展的条件。共产主义学说在苏联和其他社会主义国家的社会主义建设实践中得以实现。社会主义理想在全球千百万人中并没有丧失自己的吸引力。他们中的一些人正坚持不懈地建立公正的社会，另一些人正努力重建暂时被破坏的制度。历史证明，共产党人是工人阶级、农民和

---

① Программа коммунистической партии Беларуси（Принята X（XLII）съездом КПБ 17 декабря 2011 г.）．Коммунист Беларуси Мы и время．№ 5（789）от 4.02.2012 г..

劳动知识分子等人民意志的表达者。

白俄罗斯共产党代表劳动人民的利益，竭力将他们为保护合法权利和自由而进行的斗争联合到统一的群众社会阶级运动中，并赋予这一运动自觉性和目的性。白俄罗斯共产党将始终捍卫白俄罗斯共和国的统一、完整和独立，捍卫白俄罗斯公民的民族尊严、福祉和安全，保护白俄罗斯人民的物质健康和精神健康，坚持自由、社会平等、正义和人道主义，坚持爱国主义和国际主义以及国家的社会主义发展道路。

一　当代世界与白俄罗斯

在理解当代世界的发展时，白俄罗斯共产党人认为，作为 20 世纪标志的资本主义与社会主义之间的原则性争论并未结束。

今天，在地球大部分地区占据统治地位的资本主义没有改变自己的本质，在这一社会发展结构中，人类物质生产与精神发展服从于利益追逐与贪婪的法则。这决定了资本主义的特性，即把生产视为尽一切可能攫取最大利润，通过全面剥削人民和国家、掠夺自然资源和物质资源、忽视社会代价和对后代与生态环境造成的灾难性后果来进行资本积累。

在 20 世纪，全球化是人类发展的主导方向。工业资本和金融资本的集中导致跨国公司和跨国银行的出现，加深了经济全球化和政治全球化的进程。控制着全球绝大多数物质资源的世界寡头决定着资本主义国家的政策，任何一个国家概莫能外。在金融资本的影响下，对投机利润的追求降低了工业资本增长的机会，导致全球危机爆发、剥削形式日趋严酷和失业飙升。跨国资本控制世界的欲望使人类文明的成就不能造福于地球上的大多数国家和人民，留给他们的角色只是廉价的物质资源与智力资源的提供者。世界寡头还控制着政治进程，这为当代资本主义营造一个稳定的假象，瓦解和击退工人运动，孤立先进队伍于人民大众之外，缓和个别国家的社会矛盾，使其转变为国际冲突提供了机会。

资产阶级关于当代资本主义是人道的、"文明的"、无阶级的，并为人们建立起高生活水平的宣传是无依据的。经济危机不仅没有成为历史，反而更为经常性地爆发。当代资本主义在本质上使生态、人口和民族问题更为尖锐，扩大了"金十亿"与其余人类在生活水平上的差距。资产阶级对工人阶级和一切劳动者的剥削没有消除，而是更为强化，劳资矛盾越来越公开。跨国公司对全球进行操纵和垄断统治遭遇中小企业和某些知识分子的顽强抵抗。国家在对劳动者为保护自己的权利而进行的斗争进行打压时，日益演变为大资本利益的保护人。最近几年，不仅已有矛盾尖锐化，而且由帝国主义全球化所引起的矛盾越来越清晰地显现出来：

（1）劳资矛盾；

（2）帝国主义集团之间的矛盾；

（3）不同跨国企业之间、跨国银行之间及它们为争夺全球统治而结成的联盟之间的矛盾；

（4）富国与穷国之间的矛盾，南北矛盾，以及由此导致的全球范围的对抗性矛盾；

（5）资本主义国家的不同民族与种族集团为独立生存而产生的矛盾；

（6）当地居民与外来移民为新生存地和工作岗位而产生的矛盾。

资本主义的社会组织方式已濒临自身极限的可能。资本家公开大肆利用科技进步来制造用于消灭生命和毁灭人类的武器。美国和北约操纵世界的现实威胁出现。

在国际社会发展中，资本主义的生产和消费模式是一条绝路，正在以新的地区战争和世界战争、重划国家边界、技术成因灾难、文化衰落和精神堕落来毁灭人类的生活，世界金融—经济危机就是上述现象的证明。

结论显而易见：必须选择一条能稳步增长全球所有人福利的创新之路，这将是在对生产力、生产方式与消费方式进行根本性变革和对科技进步方向进行人道主义调整的基础上强制保护全球生态平衡的条件下进行的。

当今时代，帝国主义之间无法调解的矛盾要求民族爱国主义者和有社会主义倾向的社会阶层和阶级联合到反对帝国主义全球化的斗争中。白俄罗斯共产党坚信，对我们国家而言，**社会主义发展道路**是最合理和最符合劳动人民利益的选择。

共产党人正在促使人民意识到自己的利益并在国家范围和国际范围内努力实现自己的利益。不仅白俄罗斯，而且整个人类文明的命运都掌握在这一先锋力量的手中。

白俄罗斯共产党把全面支持和积极坚持世界的社会主义发展道路作为自己的任务。基于此，白俄罗斯共产党为实现一个社会公正和政治平等的世界而制定了自己的斗争战略。

二 祖国历史的经验与白俄罗斯人民的选择

基于人类发展的一般规律，白俄罗斯共产党认为，每个民族和每个国家都将在考虑自身特点与特有历史经验的前提下实现上述目标。

对历史的回顾表明，白俄罗斯人的精神价值起源于东斯拉夫心理背景下。这决定了白俄罗斯人民在劳动活动和生活组织中坚持集体主义原则。正是白俄罗斯人的斯拉夫—俄罗斯的一体性可以解释他们追求与俄罗斯结盟的原因。

伟大的十月革命在人类历史上具有划时代的意义。十月革命为人类指明了通往社会主义与民族平等的道路，开辟了工人阶级、农民与劳动知识分子的创造性力量。旧俄帝国的各族人民联合成立了苏维埃社会主义共和国联盟，在最短的历史时间内实现了规模庞大的现代化，完成了巨大的文明突破，带领国家在教育、科技、文化、工业生产和农业生产领域迈入世界先进行列，实现了人类向宇宙的飞跃。

人民群众的社会创造力创造出全新的具有世界历史意义的国家体制与社会制度，例如劳动人民的苏维埃和苏维埃多民族联邦。在世界历史中，首次在国家范围内实现了每个人获得劳动、休息、免费教育、医疗、住宅和社会养老保障的权利，能够拥有幸福的童年，并对未来充满信心。苏联社会的基本价值观是集体主义、爱国主义和个人、社会与国家的和谐互动，是对作为最高理想体现的真、善和正义的追求，所有公民不分民族、地区及其他差别一律平等。这些品质是群众接受社会主义理想的重要前提。

伟大的十月社会主义革命为白俄罗斯人民自愿自决留在兄弟民族联盟中提供了历史机会。1919年1月1日，在布尔什维克党的领导下，白俄罗斯人民在多世纪的历史上第一次建国——白俄罗斯苏维埃社会主义共和国成立。

包括白俄罗斯在内的苏维埃多民族社会主义国家的建立，让所有的民族和人民克服了数个世纪的落后状态，社会经济和文化的发展达到高峰。作为真正人民当家做主的体现，劳动人民政权的成立实现了国民经济在集体所有制基础上向计划经济的过渡。每个加盟共和国的劳动知识分子的形成是社会主义的宝贵成就。

苏联各个兄弟共和国人民之间的友谊和互助保证了苏联在卫国战争中

对法西斯主义的胜利，民族独立和独特性得以保留，国家在战后继续成功发展。白俄罗斯人民对战胜纳粹做出了巨大贡献，而白俄罗斯苏维埃社会主义共和国是联合国的创始国之一，是国际法与国际关系中享有全权的主体，得到国际承认。

在社会主义社会建设过程中，对消除失业和免受剥削的社会保障达到很高水平，实现了免费的普及教育和医疗卫生，建立起涵盖各阶层的社会保障体系。国家实现电气化、农业实现机械化和包括全新领域在内的现代工业的建立是社会现代化的成果。

劳动生产率的高速增长、对人民进行最重要的社会保障、卫国战争的胜利和国民经济在最短时间的恢复——这是社会主义发展道路在历史上具有前途的见证。

我国的社会主义建设是在艰苦的阶级斗争和持续的帝国主义侵略威胁的条件下进行的，这决定了必须向国防领域投入相当多的资源，抑制了人民福利的增长。因此苏联居民的消费水平与最富有的资本主义国家之间的差距虽然缩小，但最终未能消除。冷战的条件也不允许苏维埃制度的政治体制得到应有的发展。

苏联在社会主义建设中对阶级斗争的教训未加重视产生了致命的后果，完善政治体制和社会经济管理体制的过程明显缓慢。

对遵守列宁主义原则和党内生活的主要原则——民主集中制和集体领导的监管受到削弱。结果让一些思想肤浅的野心家和资产阶级意识形态与道德的信徒混入党的队伍，导致部分领导干部蜕化并脱离劳动群众。对帝国主义国家及其代理人在苏联进行的颠覆活动并未采取应有的行动加以阻止。

所有这些导致伪改革者、蜕化变质分子和投降主义分子进入苏共和苏联国家领导层。

在"完善社会主义"和"新思维"的民主口号掩盖下，"改革"政策的思想家们瓦解了苏联的经济基础和政治体制，首当其冲的是其核心——共产党。关于"完善"社会主义、使其"民主化"和"人道主义化"等可能性的讨论，都存在复辟资本主义的潜在目标。大众传媒和其他意识形态机构有意识地被转移到资产阶级和民族主义意识形态代言人手中。他们反复强调"还原历史真相"的必要性，掀起了一股强大的抹黑苏联历史的逆流，加紧向大众意识灌输自由主义意识形态，宣传自由市场关系和资产阶级生活方式。党和国家高层中背叛了社会主义理想的"民主派"的活动合乎逻辑地导致了1991年8—12月的反革命国家政变的进程，不仅消灭了共产党，也消灭了统一的苏维埃国家。

白俄罗斯苏维埃社会主义共和国最高苏维埃非法停止了白共的活动。一场狂妄的反共歇斯底里地掀起，"别洛韦日阴谋"是这些无耻行动的终结。在1991年3月17日的全民公决中明确表达的苏联人民在统一国家生活的愿望被深深践踏，社会主义建设被强制中断，遭到暂时挫折。

苏联的瓦解给白俄罗斯以最沉重的打击。基于发达的工业、运输业、社会基础结构、强大的科技潜能和高素质的人才，白俄罗斯共和国在全联盟劳动分工的框架内占据着重要的地位。白俄罗斯共和国是苏联独特的"总装车间"，与联盟的所有共和国建立了紧密的合作联系。随着国家的瓦解，白俄罗斯丧失了大部分经济潜能，开始失去领先地位，消极进程与日俱增。很大一部分劳动者天真地误认为，共产党退出政权、实行市场改革会改善他们的生活。但是现实让他们的愿望落空。有赖于白俄罗斯人民历史上形成的聪明才智和健康的保守主义以及90年代中期进入政权的左翼爱国主义政治势力，白俄罗斯才得以停止经济、社会和科技文化的继续崩溃，避免丧失自己的民族国家。白俄罗斯共产党并没有从历史舞台上消失。

白俄罗斯的发展模式保留了白俄罗斯苏维埃社会主义共和国建国之基的社会道德价值观，能够克服90年代的危机，稳定了局势，促进了国家社会经济潜能的发展，并在考虑民族利益的同时融入世界经济体系。社会取向的经济促进了社会问题的成功解决，实现了白俄罗斯社会的国内和平。

白俄罗斯共产党是苏联共产党成员——白俄罗斯共产党在思想和组织上的继承者，利用现有政治体制和国家发展模式，在考虑当代社会经济发展趋势的情况下代表和维护劳动人民的利益。白共以马克思列宁主义的科学方法论武装自己，是社会主义价值观、社会主义理想、民族利益和白俄罗斯人民历史文化传统的体现者。

党的主要目标：

——**人民政权**。体现经各级人民代表苏维埃和其他人民自治形式联合起来的大多数劳动者的宪法权利；

——**社会公正**。包括在生产资料关系上人人平等，保障人们的劳动权利及根据劳动成果获得相应报酬的权利，免费的素质教育和专业医疗救助的普及，舒适的住房，休闲及社会保障体系；

——**社会平等**。作为自由的必要条件，建立在消除人对人的剥削、各种社会不公平现象和寄生关系的基础上，建立在所有人平等地实现自我发展以及平等地参与社会事务、组织、企业和机关的管理基础上；

—— **社会主义**。社会主义应符合当代生产力发展水平并能解决社会所面临的问题，居民在这一条件下拥有较高的生活水平，具有其个性发展的必要条件。

白俄罗斯共产党认为，历史进程的实现形式各异，白共支持一切符合劳动人民利益的形式。在实现社会主义的社会变革的同时，白共支持在法律范围内利用各种形式的有效途径和方法实现上述目标，反对破坏国内和平的社会暴力、资产阶级和小资产阶级极端主义。

三　白共在当前阶段的战略与策略

在确定纲领目标、战略和斗争策略时，白共以发展的马克思列宁主义学说和唯物辩证法为指导，以我国和世界的科学成就与经验为依据。

白俄罗斯共产党人的战略目标——建成社会主义，这是白俄罗斯共产党的最高纲领。社会主义，根据列宁的定义，我们认为是摆脱了人对人剥削的社会，根据劳动数量、质量与结果来分配财富。这是在科学规划与科学管理的基础上，在利用创新、节能和工业技术的基础上达到的高水平的劳动生产率和生产效率的社会。这是具有真正民主政治和发达精神文化的社会，能促进个人创造性地发展和劳动者的自治。白俄罗斯共产党维护无产者——受雇佣的体力和脑力劳动者的利益，这包括希望根据自己的劳动贡献能获得公平报酬，不论是在国有经济中还是私有经济中受雇佣的劳动者，甚至包括不对他人劳动进行剥削的个体业主，以及一切低保障居民阶层，例如退休者和残疾人。在实现自己提出的目标时，白共有现实和潜在的联盟，其中包括社会主义政党和进步爱国主义政党，包括工人组织、农民组织、妇女组织、老战士组织、青年组织、创作组织和教育组织。白共与其他政党和社会组织的互动关系建立在自己的战略和策略目标与国内其他政治力量在某一具体阶段试图解决的任务相一致的基础上，旨在保护白俄罗斯民族国家利益，反对反革命复辟资本主义的企图。

根据对现实情况与世界发展主要趋势、国内外政治力量对比和白俄罗斯人民各阶层的利益和态度的客观评价，白共认为在我国建成社会主义是一个必然进程。为了达到既定目标，实现自己的理想，党将利用宪法资源以合法的政治斗争方式掌握国家政权。

白共认为必须实现如下最低纲领：

——在兼顾人民政权思想的同时，巩固白俄罗斯国家及其基本的政治体制，以保障白俄罗斯国家经济和政治的稳定、安全、公民的基本权利和自由；

——通过优化国家管理体制，克服官僚主义、繁文缛节、独断专行、保护主义和腐败来提高国家管理体制的工作效率；

——尽可能实现劳动人民在各级权力机关和自治机关的代表资格，保护劳动集体的权利，为地方自治、公民自我组织和自我活动的发展创造条件；

——禁止国家资本主义化和资产阶级进入国家政权，向大众阐释社会主义发展道路的优势和复辟资本主义制度路线的反历史性和致命性；

——促进原苏联空间内一体化进程的巩固与发展，在联盟国家框架内实现白俄合作的现实性和互利性；

——保持并发展具有积极社会取向的国家经济，以保证公民的高福利水平和低保社会阶层的社会保障；

——促进国家保持对工业、农业、金融信贷等经济领域的调控作用，关系到国家安全的关键经济领域应由国家控制；

——禁止掠夺国家财产和集体财产，禁止个别商人及集团利用国家财产和集体财产进行盈利活动，通过立法巩固国家对土地、自然资源、能源系统、交通通信、文化和历史遗产的所有权；

——恢复更符合社会公平的税收累进制；

——支持对社会负责的私有经济成分，其中包括个体经营，作为一种劳动所有制并能保障公民自主就业的体现；

——继续免费的、普遍能享受的中高等教育，通过利用苏联时期积累的积极经验保证教育的高水准与高质量；

——保障普遍能享受的高水平免费医疗；

——保持和发展白俄罗斯的科技潜能，扩大科技人才的规模，提高科技人才的素质，对科技提供必要的资金与物质保障，发展知识密集型生产、创新和节能科技；

——保证文化资源的普及性，发展作为民族精神基础的白俄罗斯文化，限制流行文化对社会的影响和文化商业化，为保护公民的精神财富和道德健康而建立相应的条件；

——保持白俄罗斯国家的世俗性，保证人们对信仰自由和无神论世界观的权利，据此，尊重能够对形成精神道德关系中的有益准则产生影响的传统宗教；

——保证社会中出现的分歧、冲突和矛盾一律在法律框架内解决；

——与一切领域的犯罪进行全面斗争，保障公民个人安全和社会安全，遵守宪法赋予的权利和自由；

——为保持白俄罗斯的独立性和完整性创造条件，加强白俄罗斯的国际地位和国防能力，提高其世界声誉。

四 从思想和组织上巩固党的任务

白俄罗斯共产党联合了地方布尔什维克组织，成立于1918年12月。白俄罗斯共产党从我国历史和世界共产主义运动中吸取了所有经过实践检验的经验，这让白俄罗斯共产党成为真正的劳动人民的政党，能够回答当代社会发展最迫切的问题。

白俄罗斯共产党与苏联共产党共同承受了社会主义建设暂时失败的痛苦。白俄罗斯共产党是后苏联空间首先恢复组织功能并积极投入抵抗资产阶级反动派和反共狂潮进攻斗争的政党之一。

在马克思列宁主义基础上重建的白俄罗斯共产党是苏共成员白俄罗斯共产党组织上的继承者。白俄罗斯共产党以马列理论和实践为基础开展自己的活动，保持并发展党在社会主义建设年代所积累的经验。共产党人认为自己行动的主要动机是为白俄罗斯人民和祖国服务。对党员而言，人民政权、社会正义与社会公平这样的价值观不仅是通往社会主义道路上的主要目标，也是党的基本原则。

白俄罗斯共产党是独立的政治组织，承认所有其他共产主义政党的独立性。白俄罗斯共产党与其他共产主义政党的关系建立在阶级利益相同、政治和社会目标一致的基础上，建立在同志关系、互助和集体主义精神的基础上。白共支持国际共产主义运动和工人运动在共产党人历经几个世纪创造的道德理想和政治基础上的统一。白俄罗斯共产党是共产党联盟—苏共的正式成员，认为这一联盟的加强是苏维埃国家联盟在自愿基础上重建并在此之上组建统一共产主义政党的最重要的政治条件。

白俄罗斯共产党发展与世界上的共产党和工人党、反帝国主义社会运动和工会的合作关系。

为提高自己的对社会进程的政治影响，白共认为有必要：

——保证白共在所有对白俄罗斯人民极其重要的社会政治活动与组织中的代表权；

——参加竞选并增加在各级立法和代议机构、地方自治机构以及执行权力机关活动中的代表；

——利用各种形式协调代议机关中的党团活动，最大限度地利用他们的影响力来保护劳动人民的利益；

——揭露资产阶级政党与运动的反人民本质，揭露作为主要思想对手的资产阶级意识形态和民族主义意识形态的反人民本质；

——在劳动集体、工会和工人、农民与爱国主义的运动中，在创作组织、妇女组织、青年组织、老战士组织、生态团体、慈善组织以及其他社会团体中改善党的工作方式；

——与工会组织在经济和政治领域进行互动，提高劳动人民争取自己权利与合法利益的战斗力；

——采取政治行动支持劳动集体、雇佣工人和失业人员的正当要求；

——维护白俄罗斯公民的权利与人的自由，保护海外同胞的权利与尊严；

——科学保护祖国历史与文化，道义上支持公民、爱国者和国际主义者的荣誉。

在党内关系方面亟待解决的任务如下：

——从思想和组织上巩固党，首先是党的基础——基层党组织；

——保证党的队伍在思想上的统一，根据白共党章，遵守民主集中制原则；

——更新党的领导成员并使其不断年轻化，广泛吸收青年和妇女的积极代表加入党的队伍；

——党内生活民主化，消除官僚主义化和领袖至上现象，对所有选举机关和领导干部进行系统性更新；

——在与公开和隐蔽的社会主义反对者的斗争中，白共反对不能容许的宽容、过分妥协和合作等种种表现，对违反白共章程和纲领的人不能不切实际地实行通行的党纪；

——对党员进行系统的政治教育，在白俄罗斯社会推行先进的社会主义思想，科学理解白俄罗斯形势与世界形势，发展基础科学和应用科学。

白俄罗斯共产党的旗帜是红旗。

白俄罗斯共产党的党歌是《国际歌》。

白俄罗斯共产党的党徽是工人和农民联盟的象征——锤子和镰刀，其上是五角星。

（康晏如译）

附录 5

哈萨克斯坦共产主义人民党纲领

这里发表的哈萨克斯坦共产主义人民党纲领文本业经哈共人民党 2004 年 6 月举行的成立代表大会通过[①]

本纲领是哈萨克斯坦共产主义人民党[②]的第一份纲领,是从社会、经济和政治上捍卫雇佣劳动者权利的纲领,是为劳动人民夺取权力的纲领,是反对剥削人、争取和平与族际和睦、建设新社会形态的纲领。

引 言

数百年来,共产主义思想鼓舞着人类最优秀的人才。科学共产主义的奠基人卡尔·马克思和弗里德里希·恩格斯,以历史经验为依据,提出了社会发展的客观规律,从理论上证明人类社会将不可避免地过渡到新的共产主义形态。

在 20 世纪,马克思主义对世界历史的进程产生了巨大影响。在共产主义思想和在俄国建立的第一个共产党的旗帜下,伟大的十月革命取得了胜利。建立了多民族的工农国家——苏维埃社会主义共和国联盟,消除了人剥削人的现象,基本上实现了人的劳动和休息、免费教育和医疗、免费

[①] Программа коммунистической партии Беларуси (Принята X (XLII) съездом КПБ 17 декабря 2011 г.). Коммунист Беларуси Мы и время. № 5 (789) от 4.02.2012 г..

[②] 为行文方便,下文将哈萨克斯坦共产主义人民党简称为哈共人民党。——译者注

住房和养老保障等权利。在一个短暂的历史时期内克服了沙皇俄国数百年的落后局面，尤其是其民族边疆地区的落后。形成了新的历史共同体——苏联人民。

国际主义是人际和民族关系中的主导。苏联在经济、科技和文化领域进入先进国家行列。

苏联在伟大卫国战争中的历史性胜利，拯救了人类免遭法西斯主义的奴役，对全世界社会进步产生了巨大影响——社会主义体系得以建立、殖民主义垮台、资本主义国家的工人运动取得成绩。

这些成绩的基础就是社会主义制度的优越性：对生产资料的社会所有，集体主义，各族人民友谊，计划性，集中力量办大事，等等。

但是，20世纪80年代末东欧国家和1991年8—12月苏联发生的戏剧性事件的结果却中断了共产主义思想的向前发展：苏联解体，苏共被禁，苏维埃政权被取消，开始了建设资产阶级社会的进程。

在分析苏联共产党经验教训时，哈共人民党得出一个结论：苏共和各个加盟共和国党组织原领导层内部的叛徒们对所发生的一切负有重大责任。但同时也有许多深刻的原因、客观因素，其中最主要的是：

第一，联共（布）、苏共的领导人奉行教条主义，在理论上停滞不前，不愿意也无力在新的历史条件下继续列宁开始的对马克思主义的创造性发展。他们在窃取掌握"终极真理"的权力之后，排斥有才华的干部，为教条主义者、本本主义者和溜须拍马之徒大开方便之门。因而，在没有深度理论支撑、缺乏科学论证的行动计划的情况下就开始进行改革，这也就不是偶然的了。敌对势力夺取了主动权，通过误导、抹黑过去和现在，把社会大多数人的思想搞乱。

第二，损害党内民主，采用命令领导方式，无视来自基层的批评，将共产党员变成党的机器上的普通"螺钉"。缺乏实现党员群众意志的机制，遏制了创造积极性，导致党员和基层组织随大溜，消极被动。

第三，干部的培养、教育和配备体系中存在严重缺陷，缺乏有潜力的领军人物脱颖而出的竞争环境，搞各种各样的特权，上级任命干部制度的封闭性导致党的精英和党的机构脱离普通党员，党脱离工人阶级和劳动人民。

第四，歪曲党领导国家的原则，以党代政，干预文化、科研、宗教，党的机关的高层与国家机关和黑社会分子融为一体，镇压导致1991年的事件。

哈萨克斯坦的共产党人重建了哈萨克斯坦共产党，为维护科学共产主义思想迈出重要一步。党经过多个阶段的发展，在改革条件下未能避免活动内容过于集中，丧失了联系人民群众的原则。党内的一切事务都由中央决定，在决定党的战略与策略时，基层组织不再居主导地位。哈萨克斯坦共产党开始复制反政府政党的毛病，而这些政党都具有自上而下的结构。这些倾向愈演愈烈，导致违反党的章程，用长官意志和一人说了算代替民主原则。

现在应该重新认识到，党的主要源泉和动力应该是党员群众的政治意志，是党员群众的优先关注，而党的机关应该执行党员群众的意意。

此外，党内应该有党员群众监督领导层活动、防止其官僚化、预测社会发展实际趋势、及时对条件变化做出反应的常设机制。变革应该来自人的利益、生活的切实需求，应该依靠群众鲜活的创造。

分析社会主义建设和实现苏维埃权力失败的原因，可以使我们有理由认为，苏联社会本质上没有足以导致其灭亡的对抗性矛盾，而它所具有的矛盾都是可以克服的，一些社会主义国家的经验证明了这一点，因而是完全可以在苏联继续社会主义建设的。

第一，最为实质性的问题在于如下几方面。

（1）在经济领域，生产关系与生产力发展水平之间的脱节不断加剧，"按劳分配"原则不断遭到破坏，对 20 世纪 70 年代技术革命的实质缺乏理解，而西方国家则成功地利用了其成果。所有这些严重阻碍了劳动生产率的提升，而劳动生产率是"新社会制度取得胜利的主要条件"（列宁语）。

（2）在政治领域，苏维埃从人民当家做主的机构逐步蜕变成为行政命令体制的附庸。对民主形式和发展道路进行选择的幻想的破灭，最终导致权力和整个政治制度合法性的丧失。缺乏有效的反馈渠道和干部更替，最终导致苏维埃丧失了人民的支持。

（3）在民族关系方面，民族政策带有保守性（缺乏与时俱进）。在最后几年，中央与地方之间出现矛盾。体制开始出现危机，重新分配权利与管辖范围的条件已经成熟，但却什么也没有做。而极端民族主义分子利用了这一点。各地竞相宣布主权独立，发生流血冲突，为苏联解体埋下祸根。

（4）帝国主义强加的冷战和军备竞赛、核对抗迫使苏联为保持对美国和北约的均势花费大量资源用于国防，结果降低了苏联人民生活水平提高的速度，导致经济出现危机。

（5）热衷和平，丧失阶级警惕性，对帝国主义势力在破坏社会主义阵营、肢解苏联、强加市场关系和经济的资本主义化、宣传消费主义生活方式等方面的活动估计不足，所有这一切对人民、国家和共产党产生了销蚀作用。

与此同时，哈共人民党认为，在社会主义建设过程中没有利用一切潜在的可能和社会主义对资本主义的优越性。社会主义国家20世纪80年代和90年代所发生的事件，这不是社会主义本质的危机。遭到失败的不是共产主义思想，而是被歪曲的社会主义建设的理论和实践。

第二，在评价过去和历史前景时，哈共人民党认为，20世纪的资本主义利用科技进步的成果以及社会主义制度的某些因素，剥削第三世界人民及其资源，得以暂时克服（但没有消除）其所固有的对抗性矛盾并创造新的生产力。但在21世纪，资本主义和人类文明面临一系列威胁到生存的问题。资本主义世界体系已经进入危机状态：对新的社会发展形式的探索正在进行，这表现在以下几个趋势之中。

（1）当代资本主义的典型特点是，进入后工业发展阶段，进入全球化时代，跨国公司在经济、金融中起主导作用，社会不断分化为穷人和富人，在政治上则是美国企图建立世界霸权，在国际关系上为所欲为。

（2）人口发展过程失控，涌现大量的难民和迁移人口，第三世界贫困、赤贫和无权利所导致的移民在扩大。这些及其他事实可能造成人道灾难。

（3）所谓的"黄金十亿"人口在很大程度上继续靠剥削而繁荣。世界人口的其余部分不会继续忍受。反恐战争是死路一条。必须消除导致恐怖主义的原因。

（4）全球计算机化，尤其是电子媒体使得反动势力有条件操纵社会意识，利用个人主义进行分化，建立信息专政，这将导致地球文化层的根本性衰退。

（5）核武器及其他大规模杀伤性武器的扩散正在导致后果不堪设想的全球性冲突的现实威胁。

（6）对自然资源的掠夺性开发、对环境的自私态度可能导致环境灾难。

（7）只要资本占据统治地位且不自愿退出历史舞台，通过"可持续发展"概念、不顾"第三世界"的拯救资本主义的政策及其他方案都注定要失败。

不仅共产党人，而且有许多重要政治家、经济学家都认为，资本主义是一个不公正的社会，是没有未来的。只有在发展能够促进各国人民利益和谐、人与自然和谐的共产主义思想基础上才能拯救人类。

结论：在全球范围内，准备和实现共产主义思想的时代正在开始，其第一阶段就是建立公民社会，人民当家做主，并且建设一个社会财富平等分配的社会。

哈萨克斯坦的社会经济和政治状况

（1）苏联解体导致历史上形成的经济、政治、文化上的联系，精神和人与人之间的联系中断。主权和独立并未改善劳动人民的生活状况。统治精英将其用于维护自身利益，不顾人民意志，将国家推上资本主义道路，而这种资本主义具有犯罪形式。这不仅是一个没有前途的方向，而且是直接通往全面危机和死胡同的道路。哈萨克斯坦需要另一条道路。

（2）脱离了苏联统一经济体系的哈萨克斯坦经济处于十分严峻的状况。社会经济改革在社会的压力下不情不愿地进行着。在私有化的口号下全民财产被盗走。工业在衰退，农业在退化，科技落后日益严重，失业减少的速度缓慢。官员的为所欲为制约着经济的发展。外国资本大肆收购自然资源，国家成为国际垄断组织的原材料附庸，隐性收入（石油美元）则被窃取。

（3）社会主义时期建立起来的社会领域遭到破坏。教育、医疗、退休制度、保险都在退化。科学、文化、道德在退步。人们传统的集体——社群生活方式遭到破坏，西方个人主义、自私自利的规范被强加给社会。腐败、犯罪、吸毒、卖淫猖獗。苏联政权时期已经彻底根治的社会病卷土重来。人口出生率和预期寿命减少。

（4）社会相对稳定与其说是当局工作的结果，不如说是哈萨克斯坦多民族人民智慧和毅力的表现。但劳动人民的忍耐是有限度的。不满情绪在滋长，社会紧张局面在不断强化，人们丧失了对国家政权机构的信心。社会严重分化。靠掠夺人民形成一小撮富人，另外是千百万穷人。正在形成的商业和金融资产阶级与国家官僚结为一体，各个集团争夺资产的斗争在加剧。工人阶级被排除在生产资料之外，成为无产阶级。失去生存手段的农民正在逐步消失。知识分子在当局的压力下非政治化，物质和精神状况十分糟糕。青年人看不到前途和理想，当局对妇女和儿童不闻不问。退休者艰难度日。由于这些和其他原因，独立后的头十年间有两百多万人离开哈萨克斯坦。解散共产党、撤销苏维埃之后，国内建立了权力不受限制的总统制。议会没有任何权力，法院、检察院和警察不保护人民，政权为富人服务。宪法中规定的人权和公民权成为空话。民主派媒体、反对派政党和运动的领袖人物遭到迫害。设立假民主政党、人民大会，电视台和广播电台。选举制度始终为当局的利益和金钱服务。

（5）外交政策效果很差，具有看风使舵的性质。政策优先考虑的是各个集团、相互竞争的政治精英的利益，而不是人民的利益。不采取任何措施制止资本外流并将其返回国内。在独联体一体化进程问题上说空话，没有采取任何实际行动。

结论：

（1）哈萨克斯坦共和国在国家和社会生活各领域没有克服经济、社会和政治上的落后局面。执政当局找不到走出困境的途径。

（2）威权主义体系和执政精英在全球化条件下离开积极的反对派就无力解决社会的重大问题，带领国家走出危机，保障人民过上体面生活。

（3）只有走社会主义道路，与社会主义国家经济紧密一体化，才能停止国家变成为帝国主义国家原材料附庸。

哈共人民党的基本原则与目标

哈共人民党是哈萨克斯坦共和国公民的自愿联合组织，是为实现社会和政治平等、人民当家做主而奋斗的被剥削劳动者、失业者、退休者、青年和其他社会阶层、共产主义思想忠诚者的先锋队。

哈共人民党在马列主义这个唯一的关于社会发展的唯物主义理论的科学和意识形态基础上开展行动。对共产党人而言，马克思列宁主义是根据外部世界的变化而不断发展、不断积累和思考社会发展中的新的事物的创造性的科学。

哈共人民党的组织原则是民主集中制，其中最重要的是党员群众优先。

党员群众是党的基础，权力来源。党制定战略和策略、决定和决议的过程，监督其执行情况，消除错误和缺点时，都应该从基层开始。而集中主要体现在组织实施决策，保障党的机体正常运转。

哈共人民党是列宁主义类型的政党，是积极政治行动的政党，采用国际共产主义运动所熟知的一切合法的政治斗争手段、方式和方法，与一切进步和民主力量广泛结盟，用自己的行动改善劳动人民的生活水平，加强劳动人民的友谊和团结。

哈共人民党是无产阶级国际主义政党，对各个民族不做任何区分，主张团结和谐，尊重世界所有民族和多民族哈萨克斯坦各民族的民族尊严、语言、传统。哈共人民党致力于与原苏联各加盟共和国共产党组织积极合作，与国际共产主义、工人和民族解放运动密切合作。

哈共人民党赞成没有人剥削人的多样化所有制形式，赞成国家、集体、私人、股份和合作社所有制，赞成优先发展社会所有制。

我们反对买卖农业用地，主张将其由农民租赁。我们主张将自然资源的开采交给国家参与的本国公司。

保护环境是国家、社会和每个人关系生死存亡的重要任务。

哈共人民党主张建立议会制国家，通过发展和加强公民社会机构、广泛吸引人民群众参与管理国家，建成哈萨克斯坦人民共和国。

在宗教关系领域，共产党人主张信仰自由，赞成信仰任何宗教或者不信仰任何宗教的权利，主张教会和清真寺与国家分离，学校与教会和清真寺分离。与此同时，共产党人进行广泛的无神论宣传，同时不以任何方式伤害信教者的感情。

哈共人民党的活动内容是：

（1）宣传科学社会主义思想，马克思列宁主义学说以及进步社会思想；

（2）参与社会政治生活，形成和实现赞同党的纲领目标的哈萨克斯坦共和国公民的政治意愿；

（3）依法参与国家权力机关；

（4）加强各族人民的国际主义情谊和友谊；

（5）培养青年的爱国主义情感、对本国人民命运的责任感。

哈共人民党将努力组织对权力机关的人民监督，采取有力措施打击犯罪、腐败、贩毒和走私。

"哈共人民党的目标是，在科技进步和科学社会主义基础上，为真正人民当家做主的社会、社会公正、广泛的精神道德、自由和繁荣的经济而奋斗。社会的核心应该是享有充分公民权利、广泛的发展及展现自己能力的可能、满足各种需求的人。"

为达到既定目标，党需要以下两个阶段。

第一阶段，在威权资本主义体制条件下必须：

（1）组织维护劳动者政治权利和公民自由的斗争，反对掠夺式公用事业收费以及物价疯涨，要求及时发放工资、退休金和补助金。解决失业这个无限剥削人民的主要条件。

（2）通过议会议员提出民主改革倡议，首先要进行政治改革，包括各级行政首长实行选举制，建立召回一切选举制官员的机制，重新审议有关集会、游行示威的总统令，加强议会的监督职能，给人民赋予发起全民公决的权利，缩短总统任期，组织反对派与当局之间的常设对话机制。

（3）打破信息封锁，广泛宣传共产主义思想、马克思列宁主义理论和哈共人民党的纲领主张及其活动。全面支持言论自由及反对派、民主组织和运动的新闻媒体的独立地位。批评当局侵犯人民权利的行为，传播真实可信的信息。停止抹黑苏联时期的哈萨克斯坦、苏联的历史以及列宁的学说。

（4）争取大幅度修改现行选举法，加强选举过程中各个阶段的民主化保障，选举委员会的独立性和投票过程的透明度。积极参与各级选举，与反对派政党和运动联合夺取各级选举机关的多数席位，为建立真正的人民政权奠定基础。最大限度地保障哈共人民党及其民主阵营支持者在国家权力机关的代表性。

第二阶段，通过苏维埃、工人自治和其他广泛的人民民主形式，建立真正的人民政权。为达此目的必须：

（1）对国家机器进行民主化改造，将其从统治人民的工具变成为按照人民共和原则为人民利益服务的机关，保障国家的繁荣，建立对国家权力机关活动的真正的人民监督。

（2）修改现行法律，使其符合真正人民民主原则。对国家宪法进行相应的修改和补充。

（3）全面恢复社会领域：免费教育、医疗、养老，有保障的劳动权、休息权和住房权。

（4）优先关注精神领域、科学、文化、道德，培养青少年的爱国主义和人道主义精神，制止抹黑过去，客观介绍历史。

在科学计划和管理、使用劳动和资源节约型后工业技术、在生产资料社会所有的基础上，保障高水平的劳动生产率。

哈共人民党的活动方式与方法

作为积极行动型政党，哈共人民党将通过广泛宣传自己的目标，通过参与民主选举，通过新闻媒体和其他方式方法，来实现自己的纲领目标。

哈共人民党将强化自己对社会生活一切领域的影响力。党将积极支持妇女和老战士组织，寻求他们支持党争取社会公正的斗争。

哈共人民党将积极参与工会工作，与工会一起恢复重建一个强大的有组织的、捍卫劳动者经济社会权利的工会运动。

党将特别关注青年工作，给予其道义上的、组织上的和政治上的支持。党将努力恢复共青团，宣传和发展少先队运动。

党在自己的日常工作中将依靠和全面支持工人运动，促进其团结和一致行动。

党的主要武器是共产主义思想和话语。党不隐瞒自己的意图，也不怕困难。为达到自己的目标，党将依靠人民的积极和有意识的支持。**劳动者**在意识到自己的角色和意义之后，将不可避免地站在哈共人民党一边。

在第一阶段，作为反对派政党的哈共人民党的任务是，组织政治斗争，为建立真正的人民政权创造条件，向权力机关施加压力，防止其采取任何可能恶化劳动人民生活、损害其政治和社会权利的步骤。建立强大的中左翼力量政治联盟，以组建联合政府，拯救社会和国家，支持独联体国家一体化进程。夺取代议制权力机关的多数席位。

在夺取政权之后的第二阶段，进行经济改革，恢复国家的国民经济和改革前既有的公民的生活水平、社会权利和保障。根据党的纲领目标推行政治改革。

哈萨克斯坦共产主义人民党的最高目标是，建成人人都享有的幸福的共产主义社会制度，它的旗帜上写着："每个人的自由发展是所有人自由发展的条件！"

（薛福岐　译）

附录6

独联体国家共产党一览表

序号	党的名称	国别	领导人	党员人数	状态
1	俄罗斯联邦共产党	俄罗斯	根纳季·久加诺夫	15.9万	议会第二大党
2	苏联共产党内的俄罗斯共产主义工人党	俄罗斯	维克多·秋利金		准备注册
3	全联盟布尔什维克共产党	独联体	尼娜·安德烈耶娃		不申请注册
4	全联盟共产党（布尔什维克）	独联体	亚历山大·拉宾（原）		未注册
5	俄罗斯共产党—苏共	俄罗斯	阿列克谢·普里加林		未注册
6	俄罗斯共产党人	俄罗斯	马克西姆·苏拉伊京	约5万	合法政党
7	社会公正共产党	俄罗斯	尤里·莫洛佐夫		合法政党
8	联合共产党	俄罗斯	弗拉基米尔·拉基耶夫		准备注册
9	俄罗斯联合劳动阵线	俄罗斯	维克多·秋利金	约6万	合法政党
10	乌克兰共产党	乌克兰	彼得·西蒙年科	11.4万	合法政党
11	乌克兰工人和农民共产党	乌克兰	亚历山大·萨文科		合法政党
12	乌克兰工人党（马克思列宁主义）	乌克兰	亚历山大·邦达尔丘克		合法政党
13	乌克兰共产党（更新）	乌克兰	米哈伊尔·萨文科		合法政党
14	乌克兰共产主义马克思列宁主义党	乌克兰	列·伊·格拉奇		未注册
15	白俄罗斯共产党	白俄罗斯	伊戈尔·卡尔片科	0.6万	合法政党
16	白俄罗斯左翼联盟——公正世界党	白俄罗斯	谢尔盖·卡利亚金		合法政党
17	摩尔多瓦共和国共产党人党	摩尔多瓦	弗拉基米尔·沃罗宁	3万	合法政党

续表

序号	党的名称	国别	领导人	党员人数	状态
18	格鲁吉亚统一共产党	格鲁吉亚	铁木尔·皮皮亚	0.3万	合法政党
19	亚美尼亚共产党	亚美尼亚	塔恰特·萨尔基相	1.8万	合法政党
20	亚美尼亚统一进步共产党	亚美尼亚	瓦兹根·萨法良		合法政党
21	亚美尼亚联合共产党	亚美尼亚	尤里·马努基扬		合法政党
22	阿塞拜疆共产党	阿塞拜疆	劳夫·库尔班诺夫		合法政党
23	阿塞拜疆"新生代"共产党	阿塞拜疆	尼亚齐·拉特扎波夫		
24	阿塞拜疆共产党联盟	阿塞拜疆	捷利曼·努鲁拉耶夫		合法政党
25	哈萨克斯坦共产党	哈萨克斯坦	加济兹·阿尔达姆扎罗夫	5.4万	合法政党
26	哈萨克斯坦共产主义人民党	哈萨克斯坦	扎姆贝尔·艾哈迈德别科夫	9万	合法政党
27	吉尔吉斯斯坦共产党人党	吉尔吉斯斯坦	伊斯哈克·马萨利耶夫	2.5万	合法政党
28	吉尔吉斯斯坦共产党	吉尔吉斯斯坦	克拉拉·阿日别科娃	1万	合法政党
29	塔吉克斯坦共产党	塔吉克斯坦	绍基·沙布多罗夫	7万	合法政党
30	土库曼斯坦共产党	土库曼斯坦	不详		地下状态
31	乌兹别克斯坦共产党	乌兹别克斯坦	卡赫拉蒙·马赫穆多夫		地下状态
32	阿布哈兹共和国共产党	阿布哈兹共和国	列夫·尚巴	0.15万	合法政党
33	南奥塞梯共产党	南奥塞梯共和国	斯坦尼斯拉夫·科奇耶夫	0.13万	合法政党
34	共产党联盟—苏共	原苏联地区共产党联盟	根纳季·久加诺夫		
35	苏联共产党	原苏联地区共产党联盟	谢尔盖·亚历山德罗夫		

参考文献

论文

1. 丁黎：《颇有俄罗斯特色的国家杜马及其选举规则》，千龙网，转载自 2007 – 09 – 13，http：//news. 163. com/07/0913/11/3O92QU2T0001121M. html#.
2. 丁汝俊：《在稳定中求发展——白俄罗斯共和国经济改革述评》，《俄罗斯中亚东欧研究》2005 年第 6 期。
3. ［俄］德·格·诺维科夫：《现阶段前苏联地区的共产主义运动》，陈爱茹编译，《当代世界与社会主义》2011 年第 4 期。
4. 杜萌、方华山、徐绍文：《白俄罗斯金融危机的原因、特点及启示》，《武汉金融》2011 年第 8 期。
5. 李兴耕：《俄罗斯各政党围绕俄政府应对金融危机措施的争论》，《国外理论动态》2009 年第 8 期。
6. 李兴耕：《俄罗斯实施〈政党法〉后的政党格局新变化》，《国外理论动态》2002 年第 1 期。
7. 李兴耕：《2007 年以来俄共的党内斗争评析》，《当代世界与社会主义》2011 年第 4 期。
8. 李亚洲：《摩尔多瓦共产党再次执政的意义与前景》，《马克思主义研究》2006 年第 9 期。
9. 刘淑春：《从舍宁退出俄共，看俄罗斯共产主义运动的分化》，《国外理论动态》2000 年第 12 期。
10. 刘淑春：《经受大选考验的俄共——俄共大选结果解读》，《当代世界与社会主义》2008 年第 3 期。

11. 刘淑春：《久加诺夫取代舍宁当选共产党联盟—苏共理事会主席》，《国外理论动态》2001 年第 3 期。

12. 刘淑春：《为建设"21 世纪社会主义"而斗争——俄共十三大述评》，《俄罗斯中亚东欧研究》（北京）2009 年第 4 期。

13. 牛安生：《苏共党章述评》，《苏联东欧问题》1988 年第 2 期。

14. 孙凌齐：《俄罗斯联邦共产党第七次代表大会纪实》，《国外理论动态》2001 年第 1 期。

15. Алексей Пригарин: Против "вульгарного сталинизма". http://left-front. ru/20. 12. 2009 г.

16. В. Тюлькин: Защита И. В. Сталина от 《державников》, 《патриотов》, 《истинно верующих》 и прочих немарксистских элементов. http://www. rkrp - rpk. ru 19 января 2005.

17. Иван Осадчий: Как рождалась Компартия РСФСР. Диалог. 2000. № 6.

18. Е. И. Копышев. Информационное сообщение о XXXIII съезде Союза коммунистических партий – КПСС. http://kprf. ru/19. 04. 2005/.

19. Е. И. Копышев. Союз Коммунистических Партий – КПСС. История образования, основные вехи деятельности. http://www. cprf. ru/spss.

20. Г. А. Зюганов: Над пропастью во лжи. 20 - летие антисоветского переворота в СССР. Горбачев дал согласие на введение ЧП, но сам объявлять о нем не желал. http://kprf. ru/russoc/95824. html/2011 - 08 - 18.

21. Г. А. Зюганов: Побеждают коммунисты – побеждает народ! Доклад на XII (внеочередном) съезде КПРФ. http://kprf. ru/2007 - 09 - 24.

22. Г. А. Зюганов: Россия, труд, народовластие, социализм. Политический отчет Ценрального Комитета КПРФ Ⅶ Съезду и очередные задачи партии. Советская Россия 5. 12. 2000.

23. Г. А. Зюганов: Русский социализм — ответ на русский вопрос. "Правда". 06. 04. 2006.

24. Г. А. Зюганов: 《Сталин - революционер и патриот》. 《Правда》 № 98 (29440). 8 - 9 сентября 2009 года.

25. Г. А. Зюганов: Строитель Державы. Правда. №140 (28754). 10 - 15

декабря 2004.

26. Декларация о государственном суверенитете Российской Советской Федеративной Социалистической Республики от 12 июня 1990 г. 俄罗斯联邦宪法网站：http：//constitution. garant. ru/act/base/10200087/。

27. Десятилетие создания КПРФ，http：//www. cprf. ru/13. 02. 2003.

28. И. И. Мельникова：Доклад Президиума ЦК КПРФ Ⅳ（совместному）Пленуму ЦК и ЦКРК КПРФ：《О задачах по повышению эффективности работы депутатского корпуса КПРФ》. Пресс－служба ЦК КПРФ. http：//kprf. ru/party－live/cknews/130223. html. 12 апреля 2014 г.

29. Информационное сообщение о ⅩⅩⅩⅣ съезде Союза коммунистических партий － КПСС. http：//kprf. ru/2009－10－25. Пресс－служба СКП － КПСС.

30. Информация о российских политических партиях. http：//www. izbiraem. ru/party.

31. Конституция Российской Федерации. http：//www. constitution. ru/10003000/10003000－3. htm.

32. Медведев：Россия，вперёд！http：//news. kremlin. ru/transcripts/5413，10 сентября 2009 г.

33. Облик партии перед ⅩⅤ съездом. http：//gazeta－pravda. ru/ content/view/ 13772/79.

34. Новая редакция программы Коммунистической партии Российской Федерации. http：//kprf. ru/2008－12－12.

35. Отчетный доклад первого секретаря ЦК ВКП（большевиков）тов. Лапина А. А. ⅩⅩⅡ Съезду ВКП（б）. http//bolshevick. narod. ru.

36. Отчётный доклад Первого Секретаря ЦК ВКП（б）тов. Лапина А. А. ⅩⅩⅣ съезду Всесоюзной Коммунистической Партии（большевиков）. http：//bolshevick－arhiv. narod. ru/BZ/gazeta_ BZ_ 004. htm.

37. 《Очередные Задачи КПРФ－Тезисы для обсуждения в партийных оргазациях к Ⅶ съезду партии》，《Советская Россия》. 29 июня 2000г. № 73［11968］стр. 3.

38. Политический отчет Совета Союза Коммунистических партий － КПСС ⅩⅩⅩⅣ съезду Союза. Доклад Председателя Совета Г. А. Зюганова. ht-

tp：//kprf. ru/ 2009 – 10 – 24/ Пресс – служба ЦК КПРФ.

39. Политический отчет Совета СКП—КПСС XXXIII съезду. Доклад Г. А. Зюганова. http：//kprf. ru/16. 04. 2005/.

40. Постановление XXXIV съезда КПСС от 20 марта 2010 года. http：//skps – ussr. narod. ru/KPSS1. htm.

41. Пресс – служба ЦК КПРФ：О Политическом отчёте Центрального Комитета КПРФ XV съезду партии. Доклад Председателя ЦК КПРФ Г. А. на XV съезде КПРФ. http：//kprf ru/party – live/cknews/ 115790. html. 2013 – 02 – 23 13：15.

42. Программа Всесоюзной коммунистической партии большевиков （ВКПБ），Принята на Ⅲ съезде ВКПБ （26 – 27 февраля 2000 года）. http：//www. vkpb. ru/prog. shtml.

43. Программа действий Компартии РСФСР. ПРОЕКТ. "ПРАВДА". 24 августа 1990 г. № 236 （26319）.

44. Программа КПСС. http：//k – p – s – s. ru/index. php/joomlaorg/75 – programma – kpss.

45. ПРОГРАММА Объединенной Коммунистической партии （ОКП）. http：//com – stol. ru. 3s3s. org/? p = 13854.

46. Программа Российской Коммунистической партии – КПСС. http：//rkp – kpss. boom. ru/.

47. Программа Российской коммунистической рабочей партии – Российской партии коммунистов，принята Объединительным съездом РКРП и РПК 28 октября 2001 г. http：//www.˙. rkrp – rpk. ru/.

48. ПРОГРАММНОЕ ЗАЯВЛЕНИЕ ПАРТИИ КОММУНИСТЫ РОССИИ. http：//www. komros. info/about/programma/.

49. Программное Заявление РКП – КПСС. Принято V съездом РКП – КПСС 6 апреля 2004 года. http：//rkp – kpss. boom. ru / 15. 08. 2004.

50. Разрыва не было – Из истории образования партии. К Х годовщине создания РКРП и РПК. http：//rkrp – rpk. ru/content/view/21/38/.

专著

1. 丁军、王承就：《转型中的俄罗斯、乌克兰和白俄罗斯》，世界知识出版社 2010 年版。

2. 李亚洲：《俄共理论与政策主张研究》，中国社会科学出版社 2010 年版。

3. 《列宁全集》，人民出版社 1995 年第 2 版。

4. 刘淑春等：《当代俄罗斯政党》，中央编译出版社 2006 年版。

5. 刘淑春等：《欧洲社会主义研究》，中国社会科学出版社 2013 年版。

6. 刘淑春：《俄罗斯联邦共产党二十年》，社会科学文献出版社 2015 年版。

7. 《马克思恩格斯全集》，人民出版社 1995 年版。

8. 《斯大林选集》（下卷），人民出版社 1979 年版。

9. 谭索：《戈尔巴乔夫的改革与苏联的毁灭》，社会科学文献出版社 2006 年版。

10. ［美］小杰克·F. 马特洛克：《苏联解体亲历记》，吴乃华等译，世界知识出版社 1996 年版。

11. ［俄］亚·维·菲利波夫：《俄罗斯现代史（1945—2006）》，吴恩远等译，张树华、张达楠校，中国社会科学出版社 2009 年版。

12. Адамович Т. И. *Эономичемкая история Беларуси.* Минск，2003г.

13. Александр Бузгалин，Андрей Колганов 10 мифов об СССР. М.：Яуза：Эксмо，2010.

14. В. А. Олещук，В. Б. Павленко：Политическая Россия：Партии，Блоки，Лидеры，Москва. 1997г.

15. В. И. Головлев，Т. И. Нефедова：Государственная дума второго созыва：роль и место в политическом переломе. Москва. 2000.

16. Г. А. Зюганов：Россия и современный мир. Москва. 1996.

17. Г. А. Зюганов：Мы выстояли. Внереди трудный марш! Политический отчет ЦК КПРФ X съезду КПРФ. Материалы X съезда КПРФ. Москва. 2004.

18. Г. А. Зюганов：Уроки жизни. Москва. 1997.

19. Джуманкулов Ж. М. Конституция Кыргызской Республики 1993 года：возрождение суверенного государства. Бишкек：ДА МИД КР, 2009. – 278 с.

20. *К времен до нашего времени*，Минск，2000 г.

21. Киргизии. – Алматы, Бишкек, 2005. – 252 с.
22. Князев А. А. Государственный переворот 24 марта 2005 года вР. Медведев: Десять политиков новой России. Москва. 2003.
23. Орозбаев С. Развитие от кризиса до кризиса: Сб. ст. об актуальных вопросах экон. Кыргызстана. – Б. : 2007. – 112 с.
24. Садыкова Замира. Годы ожиданий и потерь. Время перемен. – Бишкек, ОсОО 《Res Publica》, 2003. – 304 стр.
25. С. Г. Кара – Мурза, С. Г. Мусиенко *Куда идем? Беларусь, Россия, Украина*. М., 2009 г.
26. Сташкевич Н. С. *История Беларуси*. Минск. 2000 г.
27. Устав и программа Коммунистической Партии Советского Союза. Москва. 2004 г.
28. ФоминВ. М., ПаноС. В., ГанущенкоН. Н *История Беларуси 1945 – 2005 гг.*. Минск. 2006 г.
29. Под общ. ред. Филиппова. П. С История новой России. Т. 1 – 3. СПб. : Норма, 2011.
30. Чотонов У. Новейшая история Кыргызстана: 1985 – 1998гг. Учеб. пособие для учащихся IX и XI кл. ср. шк. – Бишкек, Кыргызстан. – 1999. – 216 стр.
31. Чотонов У. Ч. Кыргызстан по пути суверенитета. Историко – политологический анализ. – Б. , 2007. – 384 стр.

报刊

1. *Альтернативы*
2. *Аргументы и факты*
3. *Коммунист*
4. *Коммунист Беларуси Мы и время*
5. *Марксизм и современность*
6. *Независимая газета*
7. *Политическое просвещение*
8. *Правда*
9. *Советская Россия*

网站

1. 白俄罗斯共产党网站：http：//www. comparty. by
2. 白俄罗斯时新网：http：//www. date. by/
3. 白俄罗斯新闻网：http：//naviny. by/
4. 俄罗斯联邦共产党网站：http：//www. kprf. ru/
5. 俄罗斯共产主义工人党—革命的共产党人党网站：http：//www. rkrp - rpk. ru/
6. 俄罗斯共产党—苏共网站：http：//www. rpk - kpss. boom. ru/
7. 俄罗斯共产党人党网站：http：//www. komros. info/
8. 俄罗斯左翼阵线网站：http：//leftfront. ru/
9. 共产党联盟—苏共网站：http：//skp. kpss. ru/
10. 摩尔多瓦共和国共产党人党网站：http：//www. pcrm. md/
11. 全联盟布尔什维克共产党网站：http：//www. vkpb. ru/
12. 全联盟共产党（布尔什维克）网站：http：//bolshevick - arhiv. narod. ru/
13. 社会公正共产党：http：//k - p - s - s. ru/
14. 塔吉克斯坦共产党官方网站：http：//www. kpt. freenet. tj/
15. 维基百科：http：//ru. wikipedia. org/wiki/
16. 乌克兰共产党网站：http：//www. kpu. ua/
17. 哈萨克斯坦共产党网站：www. komparty. kz/
18. 哈萨克斯坦共产主义人民党网站：http：//www. knpk. zk/
19. 吉尔吉斯斯坦共产党人党网站：http：//pkk. kg/
20. http：//www. ca - c. org/
21. http：//www. centrasia. ru/
22. http：//www. easttime. ru/
23. http：//evrazia. org/
24. http：//www. fergananews. com/
25. http：//www. krasnoetv. ru/
26. http：//news. tj/ru/

后　　记

《独联体国家共产党的理论与实践》一书是国家社会科学基金一般项目"独联体国家共产党的理论与实践研究"的最终成果。项目组由中国社会科学院马克思主义研究院和俄罗斯东欧中亚研究所的研究人员组成，刘淑春任项目负责人，陈爱茹、薛福岐和康晏如为项目组成员。本书各章节的分工如下：

导言、第一、二、六部分和后记：刘淑春；

第三部分第一章和第三章、第四部分：陈爱茹；

第三部分第二章、小结：康晏如；

第五部分：薛福岐；

书稿的结构设计和统稿：刘淑春。

本项目的研究历时六个寒暑，项目组成员为此花费了大量心血。书稿最初完成于2014年年中，付排前，又作了修改和补充，所使用的资料截至2015年年底。

本项目的研究得到原苏联地区共产党协调组织——共产党联盟—苏共领导人的关注和支持，联盟中央理事会副主席德米特里·格奥尔吉耶维奇·诺维科夫拨冗为本书撰写了序言。谨此，向德·格·诺维科夫同志表示深深的敬意和衷心的感谢！

本项目的研究还得到中国社会科学院俄罗斯东欧中亚研究所刘显忠研究员的支持，他为附录中的文献翻译做了大量审校工作，在此表示感谢！

本书的出版得到中国社会科学出版社的大力支持，田文编辑及校对人员的严谨编校工作为本书增光添彩，在此一并表示感谢！

作者
2016年2月4日